Fehlzeiten-Report 2002

Springer
*Berlin
Heidelberg
New York
Hongkong
London
Mailand
Paris
Tokio*

B. Badura · H. Schellschmidt · C. Vetter (Hrsg.)

Fehlzeiten-Report 2002
Demographischer Wandel: Herausforderung für die betriebliche Personal- und Gesundheitspolitik

Zahlen, Daten, Analysen aus allen Branchen der Wirtschaft

Mit Beiträgen von
M. Astor · B. Badura · J. Behrens · H. Buck · D. Frey · E. Frieling
J. Ilmarinen · R. Kerschreiter · A. Köchling · K. Kuhn · I. Küsgens
G. Maintz · G. Marstedt · M. Morschhäuser · R. Müller · G. Naegele
R. Osterkamp · B. Raabe · N. Rossiyskaya · F. Schliehe · J. Tempel
W. Timm · C. Vetter · A. Walker · E. Zimmermann · P. Zollmann

Springer

Prof. Dr. BERNHARD BADURA
Universität Bielefeld
Fakultät für Gesundheitswissenschaften
Universitätsstraße 25
33615 Bielefeld

Dr. HENNER SCHELLSCHMIDT
CHRISTIAN VETTER
Wissenschaftliches Institut der AOK (WIdO)
Kortrijker Str. 1
53177 Bonn

ISBN-13: 987-3-540-43625-6   e-ISBN-13: 987-3-642-59351-2
DOI: 10.1007/987-3-642-59351-2

Bibliografische Information Der Deutschen Bibliothek
Die Deutsche Bibliothek verzeichnet diese Publikation in der Deutschen Nationalbibliografie; detaillierte bibliografische Daten sind im Internet über <http://dnb.ddb.de> abrufbar.

Dieses Werk ist urheberrechtlich geschützt. Die dadurch begründeten Rechte, insbesondere die der Übersetzung, des Nachdrucks, des Vortrags, der Entnahme von Abbildungen und Tabellen, der Funksendung, der Mikroverfilmung oder der Vervielfältigung auf anderen Wegen und der Speicherung in Datenverarbeitungsanlagen, bleiben, auch bei nur auszugsweiser Verwertung, vorbehalten. Eine Vervielfältigung dieses Werkes oder von Teilen dieses Werkes ist auch im Einzelfall nur in den Grenzen der gesetzlichen Bestimmungen des Urheberrechtsgesetzes der Bundesrepublik Deutschland vom 9. September 1965 in der jeweils geltenden Fassung zulässig. Sie ist grundsätzlich vergütungspflichtig. Zuwiderhandlungen unterliegen den Strafbestimmungen des Urheberrechtsgesetzes.

Springer-Verlag Berlin Heidelberg New York
ein Unternehmen der BertelsmannSpringer Science + Business Media GmbH

http://www.springer.de

© Springer-Verlag Berlin Heidelberg 2003

Die Wiedergabe von Gebrauchsnamen, Handelsnamen, Warenbezeichnungen usw. in diesem Werk berechtigt auch ohne besondere Kennzeichnung nicht zu der Annahme, daß solche Namen im Sinne der Warenzeichen- und Markenschutz-Gesetzgebung als frei zu betrachten wären und daher von jedermann benutzt werden dürften.

Produkthaftung: Für Angaben über Dosierungsanweisungen und Applikationsformen kann vom Verlag keine Gewähr übernommen werden. Derartige Angaben müssen vom jeweiligen Anwender im Einzelfall anhand anderer Literaturstellen auf ihre Richtigkeit überprüft werden.

Einbandgestaltung: Erich Kirchner, Heidelberg
Satz: K+V Fotosatz GmbH, Beerfelden

Gedruckt auf säurefreiem Papier   SPIN 10855952   14/3130/AG - 5 4 3 2 1 0

Vorwort

Der Fehlzeiten-Report beschäftigt sich in diesem Jahr in seinem Schwerpunktteil mit den Konsequenzen des demographischen Wandels für die Arbeitswelt. Sinkende Geburtenraten und die zunehmende Lebenserwartung werden die Altersstrukturen in der Bundesrepublik Deutschland entscheidend verändern. Der Anteil der Älteren wird zunehmen. Prognosen gehen davon aus, dass im Jahr 2050 mehr als die Hälfte der Bevölkerung 65 Jahre und älter sein wird. Dass dies gravierende Folgen für die Altersversorgung und die sozialen Sicherungssysteme haben wird, ist spätestens seit Einführung der „Riester-Rente" allgemein bekannt. Weit weniger ins öffentliche Bewusstsein gedrungen ist bisher die Tatsache, dass der demographische Wandel auch Auswirkungen auf den Arbeitsmarkt haben wird. Schon heute herrscht in vielen Branchen Fachkräftemangel. Nach Berechnungen des Instituts für Arbeitsmarkt- und Berufsforschung wird aufgrund des Bevölkerungsrückgangs das Angebot an Arbeitskräften nach dem Jahr 2010 deutlich zurückgehen. Im Jahr 2005 wird es erstmals unter den Erwerbspersonen mehr über 50jährige als unter 30jährige geben. In den Jahren 2005 bis 2010 wird der Anteil der Altersgruppe der über 50jährigen weiter zunehmen und im Jahrzehnt danach Spitzenwerte erreichen.

Viele Betriebe werden schon bald mit einem steigenden Durchschnittsalter ihrer Belegschaften konfrontiert sein. Die häufig in den Unternehmen noch dominierende jugendzentrierte Beschäftigungspolitik wird angesichts der sich abzeichnenden demographischen Veränderungen nicht länger durchzuhalten sein. Bisher praktizierte Vorruhestandsregelungen werden nicht mehr greifen. Das Renteneintrittsalter wurde bereits deutlich nach oben verschoben. Viele Ausnahmeregelungen zu einem vorzeitigen Rentenbezug wurden aufgehoben. Während heute noch das frühzeitige Ausscheiden aus den Betrieben aus arbeitsmarktpolitischen Gründen durchaus als attraktiv erscheint und entsprechend genutzt wird, wird es zukünftig von entscheidender

Bedeutung sein, auf einen längeren Verbleib der Beschäftigten im Arbeitsleben hinzuwirken. Angesichts der Alterung der Erwerbsbevölkerung wird es zunehmend darauf ankommen, die Gesundheit und Leistungsfähigkeit der Beschäftigten langfristig zu erhalten und zu fördern. Die entsprechenden Weichenstellungen in der betrieblichen Personal- und Gesundheitspolitik müssen frühzeitig erfolgen. Die meisten Betriebe sind allerdings auf diese Entwicklung noch nicht ausreichend vorbereitet. Umfragen zeigen, dass die „Überalterung" der Belegschaft bisher nur von den wenigsten Betrieben als Personal-Problem erkannt wurde. In einer im Jahr 2000 durchgeführten repräsentativen Befragung hatten lediglich 4% der Betriebe dieses Problem bereits auf ihrer Agenda.

Der Fehlzeiten-Report 2002 will mit seinem Schwerpunkt dazu anregen, sich mit dieser Thematik und den damit verbundenen Herausforderungen verstärkt auseinander zu setzen. In den einzelnen Beiträgen wird aufgezeigt, mit welchen Veränderungen zu rechnen ist und was die Unternehmen tun können, um angesichts der veränderten Rahmenbedingungen ihre Innovations- und Leistungsfähigkeit zu erhalten. Konzepte, Handlungsanleitungen und praktische Lösungsansätze für die anstehenden Herausforderungen werden vorgestellt. Die Darstellung erfolgreicher Programme und Strategien aus dem europäischen Ausland rundet das Bild ab.

Neben den Beiträgen zum Schwerpunktthema enthält der Fehlzeiten-Report auch in diesem Jahr einen umfangreichen Teil mit aktuellen Daten zur Krankenstandsentwicklung in Deutschland. Datenbasis sind die Krankmeldungen aller erwerbstätigen AOK-Mitglieder in der Bundesrepublik Deutschland im Jahr 2001. Neu aufgenommen wurden Auswertungen zu den häufigsten Einzeldiagnosen, die zu Arbeitsunfähigkeit führen, und zu längerfristigen Trends bei der Morbiditätsentwicklung. Bei den regionalen und branchenbezogenen Ergebnissen werden erstmalig auch standardisierte Krankenstände ausgewiesen, die einen Vergleich der Werte unter Berücksichtigung der Alters- und Geschlechtsstruktur ermöglichen. Nachgegangen wird auch der Frage, wie Deutschland hinsichtlich der krankheitsbedingten Fehlzeiten im internationalen Vergleich abschneidet.

Auch in diesem Jahr gilt unser Dank den Autorinnen und Autoren, die trotz des eng bemessenen Zeitrahmens und vielfältiger anderer Verpflichtungen Beiträge für den Fehlzeiten-Report zur Verfügung gestellt haben. Zu danken haben wir auch den beteiligten Kolleginnen und Kollegen im Wissenschaftlichen Institut der AOK. Ingrid Küsgens gilt unser Dank für die Aufarbeitung und Bereitstellung der Datengrundlagen. Wertvolle Unterstützung erhielten wir von Natascha

Rossiyskaya bei der Erstellung der Tabellen und Grafiken. Georg Kirchmann danken wir für die Hilfe bei der Endredaktion. Nicht zuletzt gilt unser Dank auch dem Springer-Verlag und seinen Mitarbeiterinnen und Mitarbeitern.

Bielefeld und Bonn, im Oktober 2002 B. BADURA
H. SCHELLSCHMIDT
C. VETTER

Inhaltsverzeichnis

A Schwerpunktthema: Demographischer Wandel: Herausforderung für die betriebliche Personal- und Gesundheitspolitik

Der demographische Wandel und die Zukunft der Arbeit

1 Alterung der Gesellschaft – Dilemma und Herausforderung
   H. Buck 1

2 Daten und Fakten zur Erwerbsbeteiligung Älterer
   G. Marstedt · R. Müller 15

3 Gesünder älter werden – Betriebliche Personal- und Gesundheitspolitik in Zeiten demographischen Wandels
   B. Badura 33

4 Leistungsfähigkeit älterer Arbeitnehmer – Abschied vom Defizitmodell
   G. Maintz 43

Handlungsfelder und Lösungsansätze im demographischen Wandel

5 Gesund bis zur Rente? Ansatzpunkte einer alternsgerechten Arbeits- und Personalpolitik
   M. Morschhäuser 59

6 Programme und Strategien zur Förderung älterer Arbeitnehmer in Europa
   K. Kuhn 73

7	Erhaltung, Förderung und Entwicklung der Arbeitsfähigkeit – Konzepte und Forschungsergebnisse aus Finnland J. Ilmarinen · J. Tempel	85
8	Altersgerechte Arbeitsgestaltung E. Frieling	101
9	Fehlzeit Frühberentung oder: Länger erwerbstätig durch Personal- und Organisationsentwicklung J. Behrens	115
10	Führung älterer Mitarbeiter: Vorurteile abbauen, Potentiale erschließen B. Raabe · R. Kerschreiter · D. Frey	137
11	Innovation – eine Domäne der Jugend? Betriebliche Strategien zur Stärkung der Innovationsfähigkeit M. Astor	153
12	Chancen und Risiken innovativer Arbeitszeitmodelle für ältere Arbeitnehmer E. Zimmermann	167
13	Rehabilitation und Wiedereingliederung im demographischen Wandel P. Zollmann · F. Schliehe	185
14	Betriebliche Rehabilitationspolitik und individuelle Versichertenbetreuung. Das regionale Erprobungsprojekt der AOK Niedersachsen „LauRA: Langzeitarbeitsunfähigkeit – Rehabilitation in der Arbeitswelt" W. Timm	201

Leitlinien und Analyseinstrumente

15	Altern in der Arbeitswelt – Europäische „Leitlinien einer Guten Praxis (good practice)" für die Gleichbehandlung älterer Arbeitnehmer/innen in der betrieblichen Personalpolitik G. Naegele · A. Walker	225

16   Leitfaden zur Selbstanalyse altersstruktureller Probleme
     in Unternehmen
     A. Köchling 235

B   Daten und Analysen

17   Einfluss der Altersstruktur auf die krankheitsbedingten
     Fehlzeiten
     C. Vetter 249

18   Arbeitsausfall durch Krankheit – ein internationaler
     Vergleich
     R. Osterkamp 265

19   Krankheitsbedingte Fehlzeiten in der deutschen Wirtschaft
     im Jahr 2001
     I. Küsgens · N. Rossiyskaya · C. Vetter 277

19.1   Branchenüberblick 277
19.2   Banken und Versicherungen 326
19.3   Baugewerbe 338
19.4   Dienstleistungen 351
19.5   Energiewirtschaft, Wasserversorgung, Bergbau 366
19.6   Erziehung und Unterricht 379
19.7   Handel 392
19.8   Land- und Forstwirtschaft, Fischerei und Fischzucht 404
19.9   Metallindustrie 418
19.10 Öffentliche Verwaltung und Sozialversicherung 432
19.11 Verarbeitendes Gewerbe (ohne Baugewerbe und Metall) .. 446
19.12 Verkehr und Transport 463

Anhang

Übersicht der Krankheitsgruppen nach dem ICD-Schlüssel
(10. Revision, 1999) 479
Klassifikation der Wirtschaftszweige (WZ 93/NACE)
Übersicht über den Aufbau nach Abteilungen 488
Die Autoren 491
Sachverzeichnis 507

Die Beiträge im Überblick: Kurzzusammenfassungen

**A   Schwerpunktthema:
Demographischer Wandel: Herausforderung für die
betriebliche Personal- und Gesundheitspolitik**

1   Alterung der Erwerbsgesellschaft – Dilemma und Herausforderung
H. BUCK

Die demographische Entwicklung wird den Arbeitsmarkt und die Arbeitswelt der Zukunft nachhaltig beeinflussen. Die Alterung der Bevölkerung im erwerbsfähigen Alter betrifft nicht alleine Deutschland, sondern auch die anderen Länder der EU. Obwohl es auf absehbare Zeit zu keinem quantitativen Arbeitskräftemangel auf breiter Front kommt, ist auf Teilarbeitsmärkten sehr wohl eine verstärkte Nichtübereinstimmung von Arbeitskräftenachfrage und -angebot (sog. Missmatches) zu erwarten: Regionale, berufsbezogene und qualifikatorische Diskrepanzen werden zunehmen. Die Alterung der Erwerbsbevölkerung und der betrieblichen Belegschaften wirft weitreichende Fragen auf, da bisher viele Erwartungen und Strategien auf jüngere Erwerbspersonen zugeschnitten waren.

2   Daten und Fakten zur Erwerbsbeteiligung Älterer
G. MARSTEDT · R. MÜLLER

Die „Regelaltersrente" hat sich zu einer Ausnahme entwickelt: „Normalfall" ist das vorzeitige Ausscheiden aus dem Erwerbsleben vor Erreichen der Altersgrenze von 65 Jahren. Für die insbesondere in den 90er Jahren dominante Praxis der Externalisierung älterer und gesundheitlich eingeschränkter Mitarbeiter/innen zeigt sich bislang noch keine Trendwende. Der in den meisten Betrieben sehr kurzfristige Zeithorizont von Personalplanung und -entwicklung und die Unwägbarkeiten des zukünftigen Arbeitskräftebedarfs lassen es für Betriebe rationaler erscheinen, den von Demographen heraufbeschworenen Problemdruck erst einmal abzuwarten, bevor man Investitionen und Anstrengungen mit einer ungewissen Input-Output-Relation tätigt. Graduell verändert hat sich jedoch die Sichtweise der Problematik und die Einstellung betrieblicher Entscheidungsträger gegenüber älteren Erwerbstätigen. Massive Vorurteile gegenüber Älteren, was deren Qualifikationsbereitschaft oder Flexibilität anbetrifft, findet man in jüngeren Umfragen kaum mehr. Es ist im Gegenteil frappierend, wie positiv diese von maßgeblichen betrieblichen Akteuren dargestellt wird. Hier ist ein gewisser Hoffnungsschimmer für die zukünftige Verbreitung von Integrationsmaßnahmen zu sehen, selbst wenn die aktuelle betriebliche Praxis den artikulierten Urteilen noch massiv widerspricht. Hervorzuheben bleibt schließlich das gewandelte „Ruhestands-Bewusstsein" älterer Erwerbstätiger: Das vorzeitige Ausscheiden aus dem Erwerbsleben kommt Perspektiven und Interessen vieler durchaus entgegen, auch wenn die Frühverrentung oft weniger geprägt ist durch den Wunsch nach dauerhafter Freizeit als sehr viel eher durch die Erfahrung sozialer Diskriminierung und gesundheitlicher Beanspruchung. Maximen zu einer stärkeren Erwerbsintegration Älterer laufen Gefahr fehlzuschlagen, wenn diese veränderten sozialen und kulturellen Normen von Arbeitnehmern/innen samt der Barrieren gegenüber einer „Verlängerung der Lebensarbeitszeit" bis zum „normalen" Renteneintrittsalter von 65 Jahren nicht mit reflektiert werden.

3 Gesünder älter werden – Konsequenzen des demographischen Wandels für die betriebliche Personal- und Gesundheitspolitik
B. BADURA

Alterung der Belegschaft macht „gesünder älter werden" zu einer zunehmend wichtiger werdenden Führungsaufgabe in Unternehmen. Pflege des Humankapitals erschöpft sich nicht in Qualifizierung. Auch Gesundheit und Wohlbefinden sind wesentliche Voraussetzungen für die Erreichung von Unternehmenszielen. Das soziale System eines Unternehmens, seine Aufbau- und Ablauforganisation und das Führungsverhalten haben einen wesentlichen Anteil daran, wie gut oder schlecht das Ziel des „Gesünder-älter-werdens" erreicht wird. Ausgehend vom Sozialkapitalansatz und einer salutogenetischen Perspektive skizziert der Beitrag Ziele und Vorgehensweisen modernen Gesundheitsmanagements in Richtung „gesunde Organisation".

4 Leistungsfähigkeit älterer Arbeitnehmer – Abschied vom Defizitmodell –

G. MAINTZ

Die Leistungsfähigkeit älterer Arbeitnehmer steht vor dem Hintergrund der Debatten um die Verlängerung der Lebensarbeitszeit wieder in der Diskussion. In den vergangenen Jahrzehnten war die arbeitsbezogene Forschung eher darauf ausgerichtet, gesicherte arbeitswissenschaftliche Erkenntnisse zu erhalten, die zur besseren Gestaltung der Arbeitsbedingungen für Ältere (Humanisierung des Arbeitslebens) herangezogen werden konnten. Vielfach wurde hierbei der Ältere mit dem „Leistungsgewandelten" gleichgesetzt, eine Sichtweise, die im Wesentlichen auf dem Defizitmodell des Älterwerdens beruhte. In Verbindung mit den europaweit angewendeten Programmen zur Frühverrentung älterer Beschäftigter wurde diese Haltung weiter verstärkt, obwohl diese mit den Ergebnissen großer gerontologischer Längsschnittuntersuchungen längst nicht mehr vereinbar ist.

Angemessener und den neueren Forschungserkenntnissen entsprechend ist es, das Altern als einen Prozess anzusehen, der individuell stark unterschiedlich verläuft und neben den bekannten Phänomenen der Abnahme insbesondere physischer Leistungsvoraussetzungen zur Entwicklung anderer Persönlichkeitsfaktoren führt und zwar nicht zuletzt solcher, die in der modernen Arbeitswelt verstärkt nachgefragt werden. Dieser Prozess kann vielfältige Unterstützung erfahren und zu messbaren Verbesserungen der Arbeitsfähigkeit älterer Beschäftigter führen, wie im Finnischen Nationalprogramm FinAge gezeigt werden konnte.

5 Gesund bis zur Rente? Ansatzpunkte einer alternsgerechten Arbeits- und Personalpolitik

M. MORSCHHÄUSER

Während die über 50jährigen zukünftig einen sehr viel größeren Anteil an der Erwerbsbevölkerung stellen werden als heute, werden ihnen zugleich nicht mehr die Frühverrentungsmöglichkeiten der vergangenen Jahre offen stehen. Viele werden darauf angewiesen sein, länger erwerbstätig zu sein als bislang üblich.

Um die Gesundheit und die Arbeitsfähigkeit der Erwerbstätigen langfristig zu erhalten und zu fördern, müssen die Arbeits- und Beschäftigungsbedingungen alternsgerecht gestaltet werden. Dies gilt ganz besonders für Tätigkeitsfelder, in denen die Erwerbsunfähigkeitsraten hoch sind und es besonders schwer ist, „gesund bis zur Rente" zu arbeiten.

Angesichts des demographischen Wandels gewinnen zum einen eher traditionelle Maßnahmen des Belastungsabbaus an Bedeutung. Zum anderen sind erwerbsverlaufsorientierte Strategien erforderlich, die auf eine Begrenzung der Verweildauer an Verschleiß- und Routinearbeitsplätzen und auf Tätigkeitswechsel und Personalentwicklung zielen. Um betriebliche Gesundheitsförderung in einer derart umfassenden Gestaltungsperspektive wahrzunehmen, muss sie als gesamtbetriebliche und als gesellschaftliche Aufgabe verstanden werden.

6 Programme und Strategien zur Förderung älterer Arbeitnehmer in Europa
K. Kuhn

Die zahlreichen Facetten des demographischen Wandels haben gesundheitspolitische Bedeutung auf betrieblicher wie auch überbetrieblicher Ebene, sozialpolitische Folgen für alle Zweige der Sozialversicherung und nicht zuletzt Folgen für die Strategien der Prävention und der Gesundheitsförderung im Betrieb.

Die Europäische Kommission hat in zahlreichen Berichten dargelegt, welche Folgen die Alterung der Bevölkerung für die Beschäftigung, die soziale Sicherung, die Gesundheitsversorgung und -vorsorge und die Sozialleistungen hat. Sie hat darauf aufbauend zahlreiche Strategien vorgeschlagen, die wirksame politische Maßnahmen in diesen Bereichen umfassen und sich auf die Zusammenarbeit aller Beteiligten sowie die Solidarität und die Gerechtigkeit zwischen den Generationen stützen.

7 Erhaltung, Förderung und Entwicklung der Arbeitsfähigkeit – Konzepte und Forschungsergebnisse aus Finnland
J. Ilmarinen · J. Tempel

Der Begriff der Arbeitsfähigkeit wird durch die finnischen Forschungsergebnisse neu gefasst: Das „Haus der Arbeits(bewältigungs)fähigkeit" beschreibt mehrere Komponenten („Stockwerke"), die zueinander in ein ausgewogenes Verhältnis gebracht werden müssen. Das Konzept ist ein wichtiger Beitrag, um den demographischen Wandel der Erwerbsbevölkerung und den strukturellen Wandel des Arbeitslebens in der Zukunft zu bewältigen. Der Arbeitsbewältigungsindex hat sich dabei als epidemiologisches Mess- und individuelles Beratungsinstrument im betrieblichen Alltag bewährt: Neben der Umsetzung des Arbeitsschutzgesetzes können Chancen für Handlungen und Risiken bei Unterlassung im betrieblichen Arbeits- und Gesundheitsschutz besser abgewogen werden. Drohende Erwerbsunfähigkeit kann besser vorhergesagt werden. So können Produktivität und Produktqualität der Arbeit in gleicher Weise gesichert werden wie Gesundheit und Wohlbefinden der Mitarbeiterinnen und Mitarbeiter. Im Mittelpunkt steht dabei das komplexe Verständnis für die Erhaltung der Arbeitsfähigkeit der Beschäftigten, die Anpassung der Arbeitsanforderung an deren Alter und Altern und die optimale betriebliche Kombination von Ausbildungswissen der Jüngeren mit dem Erfahrungswissen und der sozialen Kompetenz der Älteren.

8 Altersgerechte Arbeitsgestaltung
E. FRIELING

Die Gestaltung der Arbeitsbedingungen muss sich mit den ständig ändernden technischen Gegebenheiten, den organisatorischen Veränderungen und den unterschiedlichen Altersgruppen der Beschäftigten auseinandersetzen. Als gestaltungsrelevant sind die Arbeitsmittel, die Arbeitsumgebung bzw. Arbeitsbedingungen, die Arbeitszeit und die Arbeitsorganisation zu berücksichtigen.

Die Beschäftigten sind durch entsprechende Kompetenzentwicklungsmaßnahmen auf die erforderlichen Anpassungen vorzubereiten und die Widerstände und Strategien gegen eine, meist kostenverursachende altersgerechte Arbeitsgestaltung sind deutlich aufzuzeigen.

9 Fehlzeit Frühberentung
Oder: Länger erwerbstätig durch Personal- und Organisationsentwicklung
JOHANN BEHRENS

Unter allen Fehlzeiten ist eine zweifellos die ökonomisch und sozialpolitisch kostspieligste: die Fehlzeit durch vorzeitigen Ausschluss aus dem Erwerbsleben. Für die vorzeitige Begrenzung der Erwerbstätigkeit sind, wie Fallstudien in den Branchen Automobilindustrie, Transport und Verkehr, Zulieferer-Automobilindustrie, Alten- und Krankenpflege, Bau, EDV und Bank zeigen, allgemein menschliche biologische Alternsprozesse nahezu irrelevant. Dass einige mit 70 noch produktiv, innovativ, zumindest gut bezahlt sind, andere dagegen schon mit 45 als viel zu alt für ihre Tätigkeiten gelten, kann kaum mit allgemein geltenden Gesetzen menschlichen Alterns erklärt werden – eher mit den spezifischen sich unterscheidenden Arbeitsplätzen. Diese soziale Ungleichheit scheint fast ausschließlich reproduziert zu werden durch den Zuschnitt von Tätigkeiten, die sich als qualifikatorische und gesundheitliche Sackgassen erweisen, und durch die Zuweisung von Personen zu diesen Tätigkeiten nach schulischen Abschlüssen, Geschlecht und Region.

10 Führung älterer Mitarbeiter – Vorurteile abbauen, Potenziale erschließen
B. RAABE · R. KERSCHREITER · D. FREY

Aufgrund der demographischen Entwicklung wird die Zahl älterer Mitarbeiter in den nächsten Jahren bedeutend anwachsen. Gegenwärtig werden das vielfältige Wissen und die wertvollen Erfahrungen dieser „Senior Potentials" allerdings nur suboptimal für die betriebliche Wertschöpfung genutzt. Im folgenden Beitrag wird aufgezeigt, warum es in Zukunft unausweichlich sein wird, das Potential älterer Mitarbeiter besser auszuschöpfen. Konkret werden zunächst Forschungsergebnisse und Stereotypen über ältere Mitarbeiter dargestellt. Hierbei wird sowohl auf organisationale Outputvariablen (z.B. Leistung, Krankheitsrate) als auch auf individuelle Veränderungsvariablen (z.B. Weisheit, Arbeitsfähigkeit) Bezug genommen. Anschließend wird ausgeführt, was die angesprochenen Punkte für die Führung älterer Mitarbeiter bedeuten. Es werden Ansätze vorgestellt, wie Organisationen „Senior Potentials" besser einbinden können und dabei insbesondere auf die zentrale Rolle der Führungskräfte eingegangen.

11 Innovation – eine Domäne der Jugend? Betriebliche Strategien zur Stärkung der Innovationsfähigkeit
M. ASTOR

Personal- und Innovationsstrategien werden sowohl in den Betrieben als auch in der sozialwissenschaftlichen und ökonomischen Forschung häufig getrennt voneinander behandelt. Die Diskussionen über unterschiedliche Arbeitskulturen, die Organisation des Wissensmanagements und die Folgen des demographischen Wandels rücken zunehmend den Prozesscharakter von Innovation, auch in seinen sozialen Dimensionen, in den Mittelpunkt der Betrachtung. Die vorliegenden Ergebnisse aus Forschung und Beratung zeigen, dass hier ein weites Feld gestalterischer Aufgaben der Personalarbeit identifiziert worden ist. Sowohl aus betrieblicher Sicht als auch aus gesellschaftlicher Perspektive bedeutet eine weitgehend akzeptierte, sozialstaatlich flankierte, einseitig auf Externalisierung Älterer ausgerichtete Personalstrategie ein hohes Maß an Verschwendung von Humanressourcen und Innovationspotentialen.

12 Chancen und Risiken innovativer Arbeitszeitmodelle für ältere Arbeitnehmer
E. ZIMMERMANN

Der vorliegende Beitrag beschäftigt sich mit der Frage, inwieweit in der betrieblichen Praxis vorhandene innovative Arbeitszeitmodelle spezifische Funktionen aufweisen, deren Anwendung und Nutzung die Erwerbstätigkeit von ArbeitnehmerInnen in der letzten Erwerbstätigkeitsphase fördern können. Dabei wird herausgearbeitet, dass nicht von spezifisch auf ältere ArbeitnehmerInnen zugeschnittenen Arbeitszeitmodellen eine Verbesserung der Erwerbsbeteiligung erwartet werden kann, sondern die Alterserwerbsarbeit eher durch eine Neustrukturierung von Arbeitszeiten innerhalb der Erwerbsbiographie ermöglicht bzw. gefördert wird. Für eine Veränderung der Arbeitszeiten in erwerbsbiographischer Sicht bieten innovative Modelle durchaus Gestaltungsmöglichkeiten an, die Chancen für eine verbesserte Integration von Beschäftigten beim Altern im Betrieb aufweisen. Einer präventiv orientierten Erwerbsbiographiegestaltung, die gesundheits-, qualifikations- und motivationsförderliche Aspekte berücksichtigt, stehen allerdings vielfältige Umsetzungsprobleme entgegen. Innovative Modelle können allerdings richtungsweisende Impulse für eine veränderte Arbeitszeitpolitik zum Nutzen aller Altersgruppen geben, insbesondere für die der älter werdenden Erwerbstätigen.

13 Rehabilitation und Wiedereingliederung im demographischen Wandel
P. ZOLLMANN · F. SCHLIEHE

Aufgrund der langfristigen demographischen Veränderungen ist mit nachhaltigen Auswirkungen auf den Arbeitsmarkt und die Sozialen Sicherungssysteme zu rechnen. Der Gesetzgeber hat bereits mit der Anhebung der Altersgrenzen für Renten auf 65 Jahre und der Reform der Erwerbsminderungsrenten reagiert. Inwieweit eine höhere Erwerbsbeteiligung von Älteren möglich ist, hängt aber u. a. von deren gesundheitlichen Bedingungen ab. Für Personen, die in ihrer Leistungs- bzw. Erwerbsfähigkeit erheblich gefährdet sind, stehen Leistungen zur Teilhabe am Arbeitsleben und medizinische Rehabilitationsleistungen der gesetzlichen Rentenversicherung zur Verfügung. Mit der Verlaufsuntersuchung des Reha-Jahrgangs 1996 der Arbeiterrentenversicherung wird aufgezeigt, wie unter den heutigen Arbeitsmarkt- und Berentungsbedingungen mithilfe medizinischer Rehabilitation eine Integration in das Erwerbsleben erzielt werden kann.

14 Betriebliche Rehabilitationspolitik und individuelle Versichertenbetreuung. Das regionale Erprobungsprojekt der AOK Niedersachsen „LauRA: Langzeitarbeitsunfähigkeit – Rehabilitation in der Arbeitswelt"
W. TIMM

Das Projekt „LauRA" ist ein dezentrales Innovationsvorhaben der AOK Niedersachsen in der Region Osnabrück zur Reduktion von chronischen Erkrankungen im betrieblichen Kontext (Laufzeit: 01/2001 bis 06/2003). Beteiligt sind vier Partnerbetriebe. Zwei Handlungsebenen werden zu einem umfassenden Rehabilitationsansatz in diesem Projekt verknüpft. Auf der individuellen Ebene findet eine intensive Versichertenbetreuung (Case Management) für chronisch erkrankte Mitarbeiter/innen der Betriebe statt zur Unterstützung bei der Krankheitsbewältigung und zur beruflichen Wiedereingliederung (eingeschlossen ist die Kooperation und Koordination im Behandlungssystem). Auf der betrieblichen Ebene werden die beteiligten Unternehmen bei der Einführung und Umsetzung eines betrieblichen Gesundheits- und Rehabilitations-Managements unterstützt.

15 Altern in der Arbeitswelt, Europäische „Leitlinien einer guten Praxis (good practice)" für die Gleichbehandlung älterer Arbeitnehmer/innen in der betrieblichen Personalpolitik
G. NAEGELE · A. WALKER

Im Auftrag der Europäischen Union hat eine europäische Forschergruppe, die unter der Leitung von Prof. Dr. Alan Walker der Universität Sheffield und Prof. Dr. Gerhard Naegele der Universität Dortmund stand, einen Code zur guten Praxis im betrieblichen Umgang mit älteren Arbeitnehmern erarbeitet.

Der Code beruht auf Gesprächen mit insgesamt 50 Experten aus 8 Mitgliedsstaaten der EU. Im Einzelnen bezieht er sich auf folgende Bereiche: Lernen-, Fort- und Weiterbildung, Flexible und moderne Arbeitsorganisation, Arbeitsplatzgestaltung und betriebliche Gesundheitsförderung, Einstellung von neuen Mitarbeiter/innen, Innerbetriebliche Beförderung und Arbeitsplatzwechsel, Ausscheiden aus dem Erwerbsleben und Übergang in die Rente.

16 Leitfaden zur Selbstanalyse altersstruktureller Probleme in Unternehmen
A. KÖCHLING

Der „Leitfaden zur Selbstanalyse altersstruktureller Probleme in Unternehmen" ist das Ergebnis sowohl theoretischer und empirischer Vorarbeiten als auch betrieblicher Erprobungen. Insgesamt sind Erkenntnisse und Erfahrungen aus über 90 Unternehmen aller Größenklassen vorwiegend aus dem industriellen Sektor eingeflossen. Im Vergleich zu anderen Konzepten werden „beide Seiten der Altersschere" in ihren möglichen Auswirkungen auf Unternehmen betrachtet: Abnahme von jüngeren Erwerbspersonen in ihrer Zuspitzung als Mangel an jüngeren (qualifizierten) Fachkräften einerseits, Zunahme von älteren Erwerbspersonen andererseits. Die daraus entstandene Vorgehensweise zur Selbstanalyse mündet in betriebliche Problemlösungen, die Einflussfaktoren wie u. a. Größe, wirtschaftliches Wachstum, Entwicklungsstand des Personalwesens, regionales Umfeld berücksichtigen.

17 Einfluss der Altersstruktur auf die krankheitsbedingten Fehlzeiten
C. VETTER

Arbeitsausfälle durch Krankheit bringen schon jetzt erhebliche Belastungen für die Unternehmen und deren Mitarbeiter mit sich. Im Zuge des demographischen Wandels werden sich die Altersstrukturen in den Betrieben entscheidend verändern. Das Durchschnittsalter der Beschäftigten wird zunehmen. In dem vorliegenden Beitrag wird untersucht, welchen Einfluss die Altersstruktur auf die krankheitsbedingten Fehlzeiten hat, welche Faktoren neben dem Alter für die Höhe des Krankenstandes bedeutsam sind und welche Krankheitsarten in den höheren Altersgruppen die meisten Fehlzeiten verursachen. Abschließend wird darauf eingegangen, welche Konsequenzen daraus für die betriebliche Gesundheitspolitik resultieren.

18 Arbeitsausfall durch Krankheit – ein internationaler Vergleich
R. OSTERKAMP

Während die Inanspruchnahme von Gesundheitsdienstleistungen die Verwendung des BIP beeinflusst, wirkt der mit der Krankheit i. A. verbundene Arbeitsausfall (negativ) auf die Höhe des BIP. Für ein vollständiges Bild der krankheitsbedingten Belastungen einer Volkswirtschaft müssen beide Faktoren berücksichtigt werden. Der Arbeitsausfall durch Krankheit hängt u. a. von der Qualität des Gesundheitswesens und der Großzügigkeit der Lohnfortzahlung ab. Der Produktionsausfall durch Krankheit erreicht in den meisten Ländern ungefähr die Hälfte der Aufwendungen für Gesundheitsdienstleistungen. Bei den gesamten Kosten des Krankseins – Gesundheitsdienstleistungen und Arbeitsausfall – weist Deutschland unter den hier betrachteten 20 Industrieländern den dritthöchsten Wert auf.

19 Krankheitsbedingte Fehlzeiten in der deutschen Wirtschaft im Jahr 2001
I. KÜSGENS · N. ROSSIYSKAYA · C. VETTER

Der Beitrag liefert umfassende und differenzierte Daten zu den krankheitsbedingten Fehlzeiten in der deutschen Wirtschaft. Datenbasis sind die Arbeitsunfähigkeitsmeldungen der 11,2 Millionen erwerbstätigen AOK-Mitglieder in der Bundesrepublik Deutschland. Ein einführendes Kapitel gibt zunächst einen Überblick über die allgemeine Krankenstandsentwicklung und wichtige Determinanten des Arbeitsunfähigkeitsgeschehens. Im Einzelnen wird u.a. eingegangen auf die Verteilung der Arbeitsunfähigkeit, die Bedeutung von Kurz- und Langzeiterkrankungen und Arbeitsunfällen, regionale Unterschiede in den einzelnen Bundesländern sowie die Abhängigkeit des Krankenstandes von Faktoren wie der Betriebsgröße und der Beschäftigtenstruktur. In elf separaten Kapiteln wird dann detailliert die Krankenstandsentwicklung in den unterschiedlichen Wirtschaftszweigen analysiert.

A. Schwerpunktthema: Demographischer Wandel: Herausforderung für die betriebliche Personal- und Gesundheitspolitik

Der demographische Wandel und die Zukunft der Arbeit

Alterung der Gesellschaft – Dilemma und Herausforderung

H. Buck

Einleitung

Sinkende Geburtenzahlen bei gleichzeitig steigender Lebenserwartung sind die Ursache dafür, dass Deutschlands Bevölkerung in einigen Jahren zahlenmäßig abnehmen und das Durchschnittsalter der Bevölkerung steigen werden. Es steht schon heute fest, dass im Jahr 2010 die Alterspyramide der Bevölkerung in Deutschland umgekippt sein wird. D.h. der Anteil der „Jungen", der unter 30jährigen, wird unter dem der „Älteren", der über 50jährigen, liegen [10]. Aussagen über die Alterung der Bevölkerung können im Gegensatz zu anderen Prognosen auf recht sicherer Grundlage getroffen werden:

- Die Geburtenziffern bleiben weit unter der für die Bestandserhaltung notwendigen Größe.
- Die weitere Zunahme der Lebenserwartung gilt als gesicherter Trend.
- Deutschland wird auch in Zukunft einen positiven Nettowanderungssaldo behalten. Wenn auch die Höhe der zu erwartenden Zuwanderungen umstritten ist, so werden sie in keinem Fall ausreichen, um den Alterungsprozess der deutschen Bevölkerung zu stoppen oder gar umzukehren.

Demographischer Wandel der Erwerbsbevölkerung

Der Prozess der Alterung der deutschen Bevölkerung zwischen 15 und 64 Jahren (Erwerbspersonenpotential) wird bei einer langfristig abnehmenden Gesamteinwohnerzahl auch in Zukunft anhalten – er wird sich sogar deutlich beschleunigen (Abb. 1.1). Unbenommen aller Prognoseunsicherheiten kommen alle vorliegenden Szenarien zu dem Ergebnis, dass nach 2010 der Anteil der über 50jährigen an der Bevölkerung im Erwerbsalter deutlich weiter steigen, derjenige der 20- bis 30jährigen weiter leicht abnehmen wird [1].

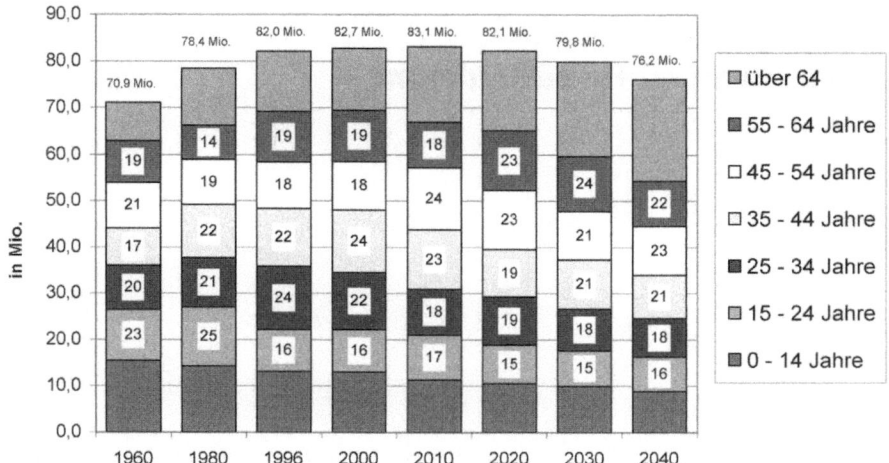

Abb. 1.1. Bevölkerung nach Altersgruppen in Deutschland 1960–2040 in Millionen und Anteile der Altersgruppen an den 15- bis 64jährigen. Anteile der Personen in den Altersgruppen in Prozent aller 15- bis 64jährigen. Quelle: Rössel, Schaefer, Wahse 1999, S. 25ff. [9]

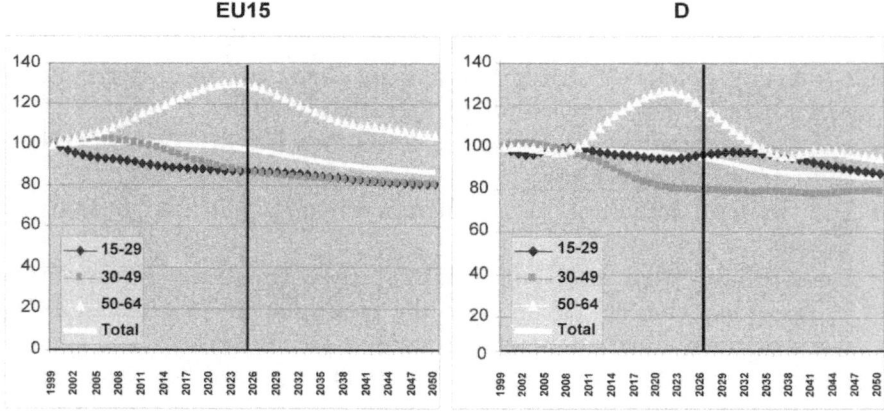

Abb. 1.2. Veränderung bei den Altersgruppen der Erwerbsbevölkerung zwischen 1999 und 2050 (EU und D), Angaben in Prozent, Indexdarstellung (1999 = 100%). Quelle: Eurostat 2000 Demographische Hochrechnungen (Basis-Szenario) – vgl. Coomans 2001 [1]

Deutschland ist mit dieser Alterung der Bevölkerung im erwerbsfähigen Alter jedoch nicht allein. Auch die anderen Länder der EU werden ähnliche Veränderungen erleben [2]. Abb. 1.2 zeigt den Anstieg der Altersgruppe der 50- bis 64jährigen in den Ländern der europäischen Union bis zum Jahr 2025. Diese Altersgruppe hat auch in Deutschland eine ähnliche Wachstumskurve zu verzeichnen, wenn sie auch früher und steiler verläuft als im EU-Vergleich.

Während in den 80er Jahren ein Überangebot an jungen Arbeitssuchenden auf den damaligen Arbeitsmarkt drängte und Politik wie Gesellschaft die Unternehmen zu einem Mehr an (Erst)Ausbildung drängte, wird der demographische Wandel gegenwärtig von vielen Unternehmen eher als „Fachkräftemangel", speziell bei jüngeren technischen Fachkräften und Ingenieuren, wahrgenommen und weniger als das, was ihn vorrangig ausmacht, nämlich ein Älterwerden des Arbeitskräfteangebots insgesamt. Wenn auch der Bevölkerungsrückgang erst ab 2020 in Deutschland ein spürbarer Vorgang sein wird, vollzieht sich die Änderung der Alterszusammensetzung der Erwerbstätigen bereits hauptsächlich in den Jahren 2000 bis 2020. Diese Veränderungen erfolgen jedoch nicht linear, da sehr unterschiedlich stark besetzte Jahrgangskohorten – die schwach besetzten Kriegsjahrgänge, die stark besetzte Generation der Baby-Boomer – durch die Altersgruppen „hindurch altern". Erstmals gibt es 2005 unter den Erwerbspersonen mehr über 50jährige als unter 30jährige. Zunächst werden die 20- bis 30jährigen weniger, dann die 30- bis 40jährigen. Zunächst wächst die Zahl der 40- bis 49jährigen, sie erreichen ihren höchsten Anteil im Jahr 2010. Die Altersgruppe der über 50jährigen Erwerbspersonen beginnt ihr anteilsmäßiges Wachstum zwischen 2005 und 2010 und erreicht im Jahrzehnt danach Spitzenwerte [11].

Wie Tabelle 1.1 zeigt, verläuft die Zunahme von Älteren im Arbeitskräfteangebot ab 2010 sprunghaft. Welche Konsequenzen hat diese Entwicklung für die Unternehmen?

- Phase 1: Bis in die 90er Jahre hinein profitierten Unternehmen, welche sich vorrangig auf die Rekrutierung jüngerer Mitarbeiter konzentrierten (jugendzentrierte Personalpolitik), von der demographischen Lage, weil die Jahrgänge der unter 40jährigen stark besetzt waren.
- Phase 2: In der ersten Dekade dieses Jahrhunderts nimmt der Anteil der über 40jährigen zu. Die Entwicklung der Humanressourcen gewinnt als Wettbewerbsfaktor an Bedeutung. Es geht darum, die Qualifikationsausstattung der „Baby-Boomer" mittleren Alters weiterzuentwickeln und ihre Leistungsfähigkeit zu erhalten. In dieser Phase besteht die Notwendigkeit einer präventiven Umorientierung hin zu einer langfristig angelegten Personalentwicklung, wenn verlängerte Tätigkeitsdauern zu einem Ziel werden.
- Phase 3: Ab 2010 steigt der Anteil der über 50jährigen weiterhin und stärker an. Viele Betriebe müssen sich mit einem steigenden Durchschnittsalter auseinandersetzen, wenn bisher praktizierte Vorruhestandsregelungen nicht mehr greifen. Unternehmen, die zu diesem Zeitpunkt noch keine nachhaltigen Konzepte im Umgang mit

Tabelle 1.1. Die demographische Entwicklung der Erwerbspersonen in 10er Kohorten 1979 bis 2020 in Prozent. Basis: Stat. Bundesamt, verschiedene Jahrgänge; ab 2005 Prognos 1998, S. 64 ff. (Darstellung in Anlehnung an: GfAH, Volkholz, Köchling 2002 [10])

	1979	1984	1989	1996	2005	2010	2015	2020
bis 29jährige	32	33	32	25	21	21	21	20
30- bis 39jährige	23	21	24	29	25	21	21	23
bis 40jährige	**55**	**54**	**56**	**54**	**46**	**42**	**42**	**43**
40- bis 49jährige	24	23	22	24	30	31	27	23
50jährige und älter	21	22	22	22	23	27	31	34
ab 40jährige	**45**	**45**	**44**	**46**	**53**	**58**	**58**	**57**
Verhältnis[1] bis 29jährige zu über 50jährige	1,52	1,50	1,45	1,13	0,94	0,80	0,68	0,58
				Phase 1: Anteil unter 29jähriger Erwerbspersonen nimmt ab		Phase 2: Anteil der über 40jährigen Erwerbspersonen nimmt zu		Phase 3: Anteil der über 50jährigen Erwerbspersonen nimmt weiterhin stark zu

[1] Verhältnis der unter 30jährigen zu den über 50jährigen. Diese Kennziffer gibt an, wie viele jüngere Erwerbstätige auf einen älteren Erwerbstätigen kommen.

alternden Belegschaften entwickelt haben, befinden sich in der Gefahr, an Innovationskraft und Leistungsfähigkeit zu verlieren.

Ein Indikator für die kontinuierliche Veränderung der Altersstrukturen zeigt sich im Verhältnis der unter 30jährigen zu den über 50jährigen Erwerbspersonen (siehe Tabelle 1.1). Kamen Ende der 70er und Anfang der 80er Jahre noch eineinhalb Jüngere auf einen Älteren, so dreht sich dieses Verhältnis in den nächsten Jahrzehnten um. Auf einen über 50jährigen kommen im Jahr 2020 nur noch 0,6 unter 30jährige.

Jenseits dieser Durchschnittszahlen hat der altersstrukturelle Wandel regional sehr unterschiedliche Ausprägungen. So bewirkt der Geburtenrückgang in den neuen Ländern z.B. nichts anderes als eine in Kürze total andere Situation am ostdeutschen Ausbildungsstellenmarkt. Herrscht dort gegenwärtig noch ein großer Überschuss an Bewerbern, der nur durch viele überbetriebliche Ausbildungsplätze und Wanderung in die alten Länder abgemildert werden kann, so wird in den neuen Ländern bereits in wenigen Jahren nur noch rund die Hälfte an Bewerbern um einen Ausbildungsplatz zur Verfügung stehen. Obwohl es auf absehbare Zeit zu keinem quantitativen Arbeitskräftemangel auf breiter Front kommt, ist auf Teilarbeitsmärkten sehr wohl eine verstärkte Nichtübereinstimmung von Arbeitskräftenachfrage und -angebot (sog. Mismatches) zu erwarten: Regionale, berufsbezogene und qualifikatorische Diskrepanzen werden zunehmen [1].

Herausforderungen

Die Alterung der Erwerbsbevölkerung und der betrieblichen Belegschaften wirft weitreichende Fragen auf, da bisher viele Erwartungen und Strategien auf jüngere Jahrgänge zugeschnitten waren:
- Wie kommt eine alternde Erwerbsgesellschaft mit der zunehmenden Informatisierung und Wissensintensivierung in fast allen Tätigkeitsfeldern zurecht?
- Wie kann es den Unternehmen gelingen bei alternden Belegschaften ihre Innovations- und Wettbewerbsfähigkeit zu erhalten?
- Wie sollen älter werdende Arbeitnehmer mit den steigenden Flexibilitäts- und Mobilitätsanforderungen sowie den steigenden psychischen Belastungen in qualifizierten Tätigkeiten umgehen?
- Wie kann der einzelne Arbeitnehmer seine Beschäftigungsfähigkeit über das Erwerbsleben hinweg erhalten und seine Qualifikation zielgerichtet erneuern?

Arbeitsmarkt. Die bisherige Praxis des Generationenaustausches in den Betrieben über Frühverrentung wird aus finanziellen Gründen immer schwieriger. Sicher ist, dass bisherige Vorruhestandsregelungen angesichts des bevorstehenden Berges an Älteren im erwerbsfähigen Alter für die Zukunft nicht durchzuhalten sind. Die Kosten für die Sozialversicherung setzen in diesen Größenordnungen eindeutig Grenzen.

Eine Anhebung der Renteneintrittsgrenze z.B. auf 67 Jahre würde erst einmal ein rein rentenrechtsinternes Instrument bleiben, ohne konkreten Betriebs- oder Arbeitsmarktbezug. Weder der Gesundheitszustand noch die Qualifikation älterer Arbeitnehmer, noch ihre Lage in den Betrieben oder auf dem Arbeitsmarkt verbessern sich automatisch, wenn die Lebensarbeitszeit verlängert wird [8].

Die Zahl der älteren Arbeitslosen ist seit den frühen 90er Jahren fast stetig und überproportional gestiegen. Das Problem Älterer besteht nicht darin, dass sie schneller als Jüngere entlassen werden. Sind sie aber erst einmal arbeitslos, so ist ihre Chance auf einen neuen Arbeitsplatz eher gering [4].

Arbeitsmarktpolitische Maßnahmen für ältere Arbeitslose bzw. von Arbeitslosigkeit gefährdete ältere Arbeitnehmer haben in den letzten Jahren nicht zuletzt über die Initiative „50 plus – die können es" der Bundesanstalt für Arbeit an Bedeutung gewonnen. Vermittlungs- und

Finanzierungsanstrengungen der öffentlichen oder privaten Arbeitsvermittlungen bleiben allerdings begrenzt erfolgreich, wenn in den Unternehmen Vorurteile über die Leistungsfähigkeit älterer Arbeitnehmer bestehen oder wenn Ältere tatsächliche Qualifikationsdefizite aufweisen. Individuelle Betreuungsmaßnahmen, persönliches Coaching und Profiling sowie die Unterstützung des Selbstmarketings sind unverzichtbare Instrumente, um die Arbeitsmarktchancen älterer Arbeitsloser zu erhöhen. Die Chancen Ältere wieder in den ersten Arbeitsmarkt zu integrieren, hängen allerdings nicht nur von der Güte und Intensität der Vermittlungsanstrengungen ab, sondern auch vom Entstehen zusätzlicher Arbeitsplätze und neuer Tätigkeitsfelder. Über lange Jahre wird an spezifischen Maßnahmen für Ältere im Sinne einer aktiven Arbeitsmarktpolitik festgehalten werden müssen.

Unternehmen. Welches Problem der demographische Wandel für einzelne Unternehmen darstellt bzw. in Zukunft darstellen wird, hängt von der Branche, der Betriebsgröße und den regionalen Wirtschafts- und Arbeitsmarktstrukturen ab. Generell stehen die Unternehmen aber vor der Herausforderung, ihre Personaleinsatz- und Rekrutierungsstrategien, welche oftmals auf jüngere Mitarbeiter orientiert sind, zu überdenken und neu auszurichten. Zu den wichtigsten betrieblichen Herausforderungen für die Vorbereitung auf den altersstrukturellen Wandel der Belegschaften zählen:

- Die Schaffung heterogener Altersstrukturen: Ausgeprägte altershomogene Rekrutierungs- und Berentungswellen sollten vermieden werden.
- Eine alternsgerechte Arbeitsgestaltung und betriebliche Gesundheitsprävention, um eine Berufsverweildauer bis zum Erreichen der Altersgrenze zu ermöglichen.
- Die ständige Aktualisierung der Wissensbasis durch die Realisierung lebenslangen Lernens im Unternehmen: Wenn neues Wissen zunehmend weniger über die Rekrutierung jüngerer Nachwuchskräfte integriert werden kann, gewinnen die Pflege und Weiterentwicklung der betrieblichen Qualifikationsbasis an Bedeutung.
- Die Vermeidung einseitiger Spezialisierungen und statt dessen systematische Förderung von Kompetenzentwicklung und Flexibilität durch Tätigkeits- und Anforderungswechsel im Rahmen betrieblicher Laufbahngestaltung.
- Die Förderung des Transfers von Erfahrungswissen zwischen den betrieblichen Altersgruppen und die systematische Nutzung der komplementären, altersspezifischen Fähigkeiten Jüngerer und Älterer durch altersgemischte Arbeitsgruppen oder Tandems.

- Die systematische Einbeziehung älterer Beschäftigter in den Innovationsprozess, um deren Erfahrungen zu nutzen.

Erwerbspersonen. Die Anzahl gesundheitlich beeinträchtigter Arbeitnehmer mit bestimmten Einsatzeinschränkungen steigt in den Betrieben gemeinhin in den höheren Altersgruppen stark an. Was viele von ihnen benötigen, ist ein ihrem Leistungsvermögen angepasster Arbeitsplatz. Tätigkeitsfelder mit reduzierten Arbeitsbelastungen, die früher als Nischen zur Beschäftigung Älterer mit gesundheitlichen Einschränkungen dienten, sind jedoch im Zuge von Modernisierung und Rationalisierung eingeschränkt worden oder ganz entfallen. Gleichzeitig sind die Leistungsanforderungen in weiten Bereichen von Produktion und Dienstleistung gestiegen. Damit wird es aber immer schwerer, diese Arbeitnehmer, die bisher vor allem vorzeitig ausgegliedert wurden, adäquat einzusetzen, insbesondere wenn sie gering qualifiziert sind [7].

Wirksame Konzepte einer Gestaltung der Erwerbsbiographie setzen nicht erst bei Älteren an, die bereits von Leistungseinschränkungen betroffen sind, sondern beginnen bereits mit dem Start in die Berufstätigkeit oder sogar in der Berufsausbildung. So frühzeitig wie möglich sollte einem absehbaren Verschleiß an Qualifikation, Gesundheit und Motivation entgegengewirkt werden. Dazu ist auch ein Umdenken bei den Arbeitnehmern notwendig: nicht mehr die Stelle bzw. die Stellenbeschreibung oder der Beruf bzw. die Tätigkeit sind als Orientierungspunkte zu betrachten, sondern Tätigkeitsfelder mit fachlichen und persönlichen Entwicklungsmöglichkeiten. Zu diesem Lernprozess gehört auch, dass ein Wechsel zwischen verschiedenartigen Tätigkeitsfeldern nicht ausschließlich unter dem Vorbehalt stehen sollte, dass damit eine bessere Entlohnung oder ein hierarchischer Aufstieg verbunden ist, sondern auch dann akzeptiert bzw. sogar angestrebt wird, wenn sich damit „nur" die Chance verbindet, ein neues Arbeitsumfeld kennen zu lernen, zusätzliche Erfahrungen zu sammeln, seine Erfahrungen und Kenntnisse in veränderten Kontexten einzubringen [9]. In gewissen Abständen geht es für jede Erwerbsperson darum, den eigenen Standort zu bestimmen und neue Herausforderungen anzunehmen. Die Frage nach dem Sinn der eigenen Arbeit und nach zukünftigen Zielen stellt sich insbesondere in der Mitte der Erwerbsbiographie.

Die in letzter Zeit oft erhobene Forderung nach einer intensiveren Weiterbildung älterer Arbeitnehmer hat durchaus ihre Berechtigung, greift allerdings zu kurz. Es geht darum, die Formel vom lebensbegleitenden Lernen inhaltlich und methodisch für alle Altersgruppen zu füllen. Das größte Risiko entsteht für die Arbeitnehmer durch zu lange Phasen des Nichtlernens, die zu Lernungewohntheit führen.

Konsequenzen

Es bestehen durchaus Chancen, den Alterungsprozess der Erwerbsbevölkerung so zu gestalten, dass er sich nicht negativ auf die wirtschaftliche Entwicklung und die Beschäftigung auswirken muss. Es ist weiterhin festzustellen, dass spätestens im Jahr 2001 die öffentliche Diskussion um alternde Belegschaften und ältere Arbeitnehmer deutlich an Breite und Tiefe zugenommen hat[1]. Woran es aber noch fehlt, ist eine breite und rasche Durchsetzung von Lösungskonzepten, die angesichts der Brisanz und Dringlichkeit der zu bewältigenden Probleme sowohl auf betrieblicher als auch auf überbetrieblicher Ebene geboten sind.

Nicht nur Unternehmen, sondern auch überbetriebliche Organisationen wie Kammern, Verbände und Tarifparteien müssen sich auf die Auswirkungen des demographischen Wandels einstellen und Strategien zur Unterstützung einer alternsgerechten Erwerbsarbeit für ihre jeweiligen Zielgruppen entwickeln [6].

Literatur

[1] Buck, H.; Kistler, E.; Mendius, H.G.: Demographischer Wandel in der Arbeitswelt. Chancen für eine innovative Arbeitsgestaltung. Broschürenreihe „Demographie und Erwerbsarbeit". Stuttgart: IRB-Verlag, 2002
[2] Coomans, G.: Die Alterung der arbeitenden Bevölkerung in Europa Fragen und Prioritäten. In: Bullinger, H.-J. (Hrsg.): Zukunft der Arbeit in einer alternden Gesellschaft. Broschürenreihe „Demographie und Erwerbsarbeit". Stuttgart: IRB Verlag, 2001
[3] Drucker, P: The next society. The Economist, Nov 1st 2001
[4] Kistler, E.; Huber, A.: Die Beschäftigung älterer Arbeitnehmer und die demographische Herausforderung. In: Huber, A.; Kistler, E.; Papies, U. (Hrsg.): Arbeitslosigkeit Älterer und Arbeitsmarktpolitik im Angesicht des demographischen Wandels. Broschürenreihe „Demographie und Erwerbsarbeit". Stuttgart: IRB Verlag, 2001
[5] Köchling, A. u. a. (Hrsg.): Innovation und Leistung mit älterwerdenden Belegschaften. München: Mering, 2000
[6] Mohr, H.; Wolff, H.: Alterns- und altersgerechte Erwerbsarbeit – Leitfaden für überbetriebliche Akteure. Broschürenreihe „Demographie und Erwerbsarbeit". Stuttgart: IRB Verlag, 2002
[7] Morschhäuser, M.: Betriebliche Gesundheitsförderung angesichts des demographischen Wandels. In: Morschhäuser, M. (Hrsg.): Gesund bis zur Rente – Konzepte gesundheits- und altersgerechter Arbeits- und

---

[1] Vgl. das vom BMBF geförderte Transferprojekt „Öffentlichkeits- und Marketingstrategie demographischer Wandel", www.demotrans.de [13].

Personalpolitik. Broschürenreihe „Demographie und Erwerbsarbeit". Stuttgart: IRB Verlag, 2002

[8] Naegele, G.: Demographischer Wandel und Erwerbsarbeit. In: Aus Politik und Zeitgeschichte, Das Parlament, 19. Jan. 2001

[9] Pack, J.; Buck, H.; Kistler, E.; Mendius, H. G.; Morschhäuser, M.; Wolff, H.: Zukunftsreport demographischer Wandel – Innovationsfähigkeit in einer alternden Gesellschaft, 2. Aufl. Bonn, 2000

[10] Rössel, G.; Schäfer, R.; Wahse, J.: Zum Wandel der Alterspyramide der Erwerbstätigen in Deutschland. Frankfurt, New York: Campus, 1999.

[11] Volkholz, V.; Köchling, A.: Strukturwandel in die Zukunft. 2002 (www.strukturwandel-zukunft.de)

[12] Weimer, St., Mendius, H.-G.; Kistler, E.: Demographischer Wandel und Zukunft der Erwerbsarbeit am Standort Deutschland. In: Bullinger, H.-J. (Hrsg.): Zukunft der Arbeit in einer alternden Gesellschaft. Broschürenreihe „Demographie und Erwerbsarbeit". Stuttgart: IRB Verlag, 2001

[13] www.demotrans.de

KAPITEL 2

Daten und Fakten zur Erwerbsbeteiligung Älterer

G. Marstedt · R. Müller

Das Ende des „Jugendwahns"?

Die in den 90er Jahren vorherrschende betriebliche Personalpolitik, die bei Neueinstellungen ebenso wie bei beruflichen Weiterbildungsmaßnahmen jüngere Erwerbstätige massiv privilegierte und zugleich ältere Mitarbeiter/innen mit vielfältigen Maßnahmen in die Frühverrentung drängte, geriet schon recht früh zur Zielscheibe gesellschaftlicher Kritik. Probleme bei der Finanzierung der Renten wurden zunächst erkannt. Die Strategie zur „Verjüngung von Belegschaften" führte zu einer „Ausplünderung der Rentenkassen" – so der damalige Arbeitsminister Norbert Blüm in einer Bundestags-Rede 1996. In der Begründung der Bundesregierung für die Einführung der Altersteilzeit-Regelung heißt es: „Die ausufernde Frühverrentung mit 60 Jahren wegen vorangegangener Arbeitslosigkeit stellte eine ernste Gefahr für die Finanzen der Renten- und Arbeitslosenversicherung dar. (...) Dieser Zustand, dass die Sozialversicherung ganz überwiegend den Personalabbau oder die Verjüngung der Belegschaften finanziert, war nicht länger hinnehmbar".

Nicht nur die zukünftige Finanzierung der Renten schien in Gefahr, bedroht sah man auch die Zukunft des „Standorts Deutschland". Volkswirtschaftliche Prognosen zur Entwicklung des Arbeitskräfte-Angebots auf der Basis der sozio-demographischen Entwicklung erkannten massive Risiken für die Befriedigung des zukünftigen betrieblichen Arbeitskräftebedarfs. Die Enquête-Kommission der Bundesregierung mahnte im Jahre 1994: „Diese Trends führen langfristig zu einer Verknappung des Arbeitskräfteangebots. (...) Es wird darum gehen müssen, die zu beobachtende Tendenz zur Verjüngung der Belegschaften in den Unternehmen angesichts des beobachteten Anstiegs des Durchschnittsalters umzukehren" [7]. Befürchtet wurde ebenso, dass das umfängliche Erfahrungswissen und Know-how älterer Arbeitnehmer als Humankapital vergeudet und in vielen Branchen und

Betrieben sich schon bald ein Qualifikationsdefizit bemerkbar machen würde. Umfängliche Gesetzes-Novellen zur Rentenversicherung haben seither das Renteneintrittsalter deutlich nach oben verschoben, viele Ausnahmeregelungen zu einem vorzeitigen Rentenbezug (für Arbeitslose, Schwerbehinderte, Frauen) aufgehoben und damit auch die legalen Spielräume von Betrieben zur Externalisierung älterer Arbeitnehmer/innen ausgedünnt. Hinzu kamen umfängliche Forschungsaktivitäten und eine breit angelegte Marketing-Kampagne der Bundesregierung, um die Idee der Erwerbs-Integration älterer Arbeitnehmer/innen auch in den Köpfen betrieblicher Entscheidungsträger zu verankern. Eine Abkehr vom Jugendwahn wurde im Berufsbildungsbericht 2001 der Bundesregierung gefordert und von vielen Institutionen, wie der Bundesvereinigung der Deutschen Arbeitgeberverbände (BDA) oder der Bundesanstalt für Arbeit ausdrücklich unterstützt: „Bisherige Leitbilder und einseitige Zentrierung auf „jung" oder „Jugend" sind nicht mehr zeitgemäß" [3, S. 31].

Betrachtet man die Schlagzeilen in der überregionalen Presse, so scheint es fast, als würden diese Anstrengungen schon Früchte tragen. „Die Alten kehren zurück" liest man da (Die Zeit 16, 2001), „Der Jugendwahn verliert an Kraft" (Wirtschaftswoche, 24.8.2000) oder „Die Renaissance der 40jährigen" wird festgestellt (Süddeutsche Zeitung, 10.3.2001). Zugleich werden Unternehmensberater zitiert, die eine nachhaltige Trendwende erkennen: „Von den 200 innovativsten Unternehmen in Deutschland betreiben schon mindestens 20% aktiv die Weiterbildung älterer Mitarbeiter/innen. Und der Rest beschäftigt sich mit dem Problem. Der Prozess ist im Gang" (Die Zeit 11, 2001).

Ist tatsächlich eine Trendwende zu verzeichnen, was die Erwerbsbeteiligung älterer Arbeitnehmer/innen anbetrifft? Wir wollen im Folgenden zunächst einige zentrale Fakten zur Erwerbsbeteiligung Älterer vortragen, dann wesentliche betriebliche Hintergründe der Externalisierung benennen, aber auch verdeutlichen, dass der vorzeitige Ausstieg aus dem Erwerbsleben durchaus den Interessen vieler Arbeitnehmer/innen entgegenkommt. Nach einer Resümierung neuerer Befunde zur Frage, ob in den letzten Jahren eine Trendwende beobachtbar ist, versuchen wir abschließend, ein Fazit zu ziehen.

Fakten zur Erwerbsbeteiligung: Erwerbsquoten und Rentenzugänge

Dem steigenden Durchschnittsalter in der Wohn- und Erwerbsbevölkerung zum Trotz zeichnet sich etwa seit Beginn der 70er Jahre in Deutschland ein Trend zur abnehmenden Erwerbsbeteiligung älterer

Daten und Fakten zur Erwerbsbeteiligung Älterer

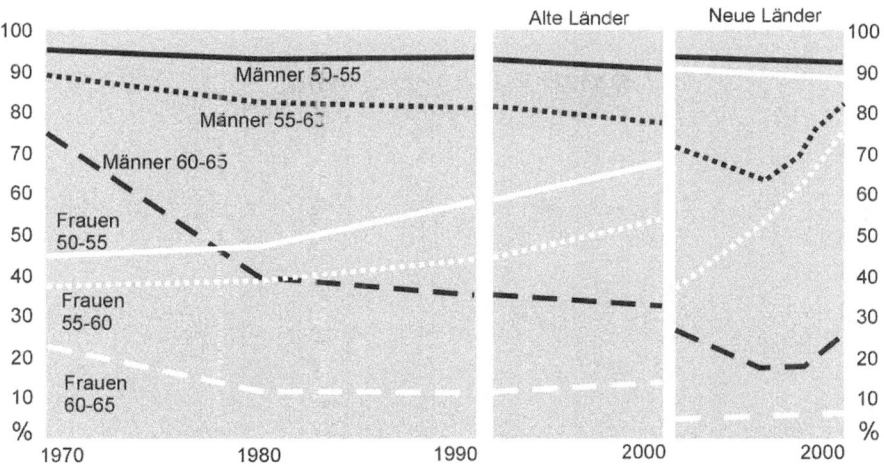

Abb. 2.1. Erwerbsquoten Älterer 1970–2000

Arbeitnehmer/innen aufgrund vorzeitiger Verrentungen ganz deutlich ab. Abb. 2.1 macht einerseits zwar deutlich, dass die Erwerbsbeteiligung von Frauen auch noch im höheren Alter von 50 bis 59 Jahren etwa seit 1980 ansteigt. Für Männer und damit auch für den Großteil aller Vollzeit-Beschäftigten wird jedoch der gegenläufige Trend deutlich. Bei 55- bis 60jährigen sinkt die Erwerbsquote bereits deutlich (von 1970 bis 1990) von 90 auf 80%, bei 60- bis 65jährigen ist der Abstieg von 74 auf unter 40% sogar dramatisch zu nennen. Dieser Trend setzt sich in den 90er Jahren zumindest in den alten Bundesländern recht geradlinig fort. In den neuen Bundesländern zeigt der Kurvenverlauf bei über 54jährigen Männern zunächst noch stärker beschleunigte Abwärtstendenzen, die sich dann allerdings etwa ab 1995 langsam auf das Niveau der alten Bundesländer einpendeln.

Die sehr niedrige Erwerbsbeteiligung Älterer ist kein allgemeines Merkmal, das sich in allen westlichen Industrieländern in dieser oder ähnlicher Form zeigt. Wie aus einer OECD-Befragung deutlich wird (vgl. Tabelle 2.1), liegt Deutschland bei den Erwerbsquoten Älterer nur im Mittelfeld, weit hinter Staaten wie Schweiz, Norwegen oder Schweden und rund 10 Prozentpunkte unter dem Durchschnitt aller OECD-Staaten.

Zentraler Hintergrund der immer weiter gesunkenen Erwerbsquoten Älterer ist das vorzeitige Ausscheiden aus dem Erwerbsleben vor Erreichen der einmal als „Normalfall" definierten Altersgrenze von 65 Jahren. Tatsächlich hatte sich jedoch (vgl. Abb. 2.2) die Regelalters-

Tabelle 2.1. Alterserwerbstätigkeitsquoten im internationalen Vergleich (Erwerbstätige im Alter von 55 bis 64 Jahren in Prozent der gleichaltrigen Bevölkerung)

	1990	1998
Schweiz	71,1	71,3
Norwegen	61,8	66,9
Japan	62,9	63,8
Schweden	69,4	63,0
USA	54,0	57,7
Dänemark	53,6	50,4
Großbritannien	49,2	48,3
Australien	41,8	43,7
Irland	38,6	41,6
Deutschland	**39,2**	**38,8**
Finnland	42,6	36,2
Spanien	36,8	34,8
Niederlande	22,4	33,3
Frankreich	35,6	33,0
Italien	32,0	26,9
Belgien	21,4	22,5
OECD	48,4	47,9

Quelle: Institut der Deutschen Wirtschaft 2000 [14]

rente eher zu einer Ausnahme entwickelt. Nimmt man alle Regelungen, die einen vorzeitigen Rentenbezug (vor dem 65. Lebensjahr) ermöglichen, zusammen (dies sind: die Altersrente für langjährig Versicherte, Altersrente für Schwerbehinderte, Altersrente für Berufs- und Erwerbsunfähige, Altersrente wegen Arbeitslosigkeit und Altersteilzeitarbeit, Altersrente für Frauen sowie die Berufs- und Erwerbsunfähigkeitsrente), so zeigt sich, dass diese den überwiegenden Anteil an allen Renten darstellen: Bei den Männern sind es im Jahre 1998 insgesamt 84%, bei den Frauen 54%, die schon früher als mit 65 aus dem Erwerbsleben ausscheiden.

Versucht man die Hintergründe der in den 90er Jahren vorherrschenden „Verjüngungsstrategien" näher zu umreißen, so ist zunächst deutlich zu machen, dass hier ein komplexes Geflecht unterschiedlicher Faktoren maßgeblich ist: Betriebliche Strategien (und der Verzicht auf bestimmte Maßnahmen), staatliche und tarifvertragliche Regelungen, aber auch „Ausstiegs-Interessen" der Beschäftigten sind durchaus kongruente und einander verstärkende Determinanten der beschriebenen Entwicklung.

Daten und Fakten zur Erwerbsbeteiligung Älterer

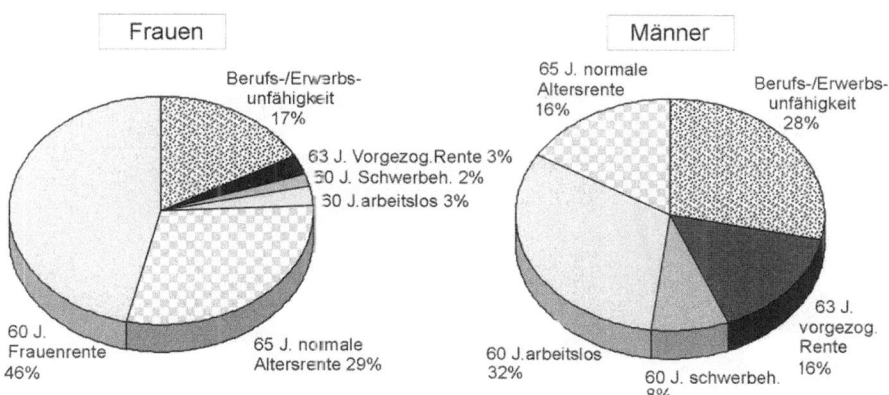

Abb. 2.2. Rentenzugänge im Jahre 1998

Betriebliche Hintergründe

Auf betrieblicher Ebene reduzieren Rationalisierungsprozesse und neue Konzepte der Arbeits- und Organisationsgestaltung direkt und indirekt die Einsatzmöglichkeiten für Ältere und Leistungsbeeinträchtigte auf ein Minimum. Die Ära der „Schon-Arbeitsplätze" gehört – auch im Gefolge von „lean production" und „just-in-time-Produktion", von Privatisierung und Outsourcing seit etlichen Jahren der Vergangenheit an. Da zugleich jedoch auch auf kompensatorische Maßnahmen weitgehend verzichtet wird (Arbeitsgestaltung, Rehabilitation, berufliche Weiterbildung, Personalentwicklung), entsteht zwangsläufig ein „Überhang" an Arbeitnehmer/innen, der zu personalpolitischen „Lösungen" drängt. Zwei Forschungsergebnisse sind in diesem Kontext besonders hervorzuheben.

Zum einen: Ältere werden nach wie vor von beruflichen Weiterbildungsmaßnahmen in erheblichem Maße ausgeschlossen. Dies dürfte sowohl bewirkt sein durch Vorurteile betrieblicher Entscheidungsträgern gegenüber den Qualifikationspotentialen Älterer (Lernfähigkeit, Flexibilität), als auch durch den höheren Organisations- und Zeitaufwand für Weiterbildungsmaßnahmen dieser Gruppe.[1] Eine Analyse der BIBB/IAB-Daten 1998/99 von über 30 Tausend Erwerbstätigen

---

[1] Forschungsstudien zeigen zwar, dass Ältere grundsätzlich nicht weniger lernfähig sind als Jüngere. Allein: Eine erfolgreiche Qualifizierung Älterer setzt besondere didaktische und organisatorische Rahmenbedingungen voraus, die sich von den standardisierten Weiterbildungskriterien für Jüngere deutlich abheben [19]. Schon dadurch erhöht sich für betriebliche Akteure der Planungs- und Organisationsaufwand.

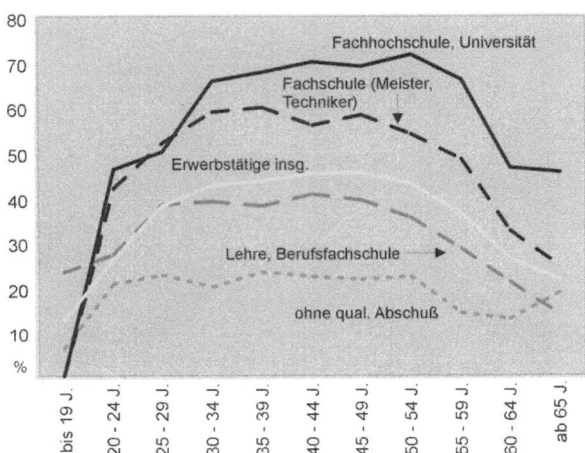

Abb. 2.3. Teilnahme an beruflicher Weiterbildung nach Lebensalter und Qualifikation

zeigt ganz erhebliche Selektionsmechanismen für die Teilnahme an beruflicher Weiterbildung. Die Teilnahme-Quoten (vgl. Abb. 2.3) bilden – mit Ausnahme der Unqualifizierten – durchgängig eine umgekehrte U-Kurve mit hohen Teilnahmeraten im mittleren Lebensalter etwa von 30 bis 49 Jahren – allerdings auf unterschiedlichem Niveau, je nach Höhe der beruflichen Qualifikation. Von einem bestimmten Lebensalter an sinkt die Teilnahmequote teilweise abrupt, teilweise langsam nach unten ab. Auffällig ist dabei, dass dieser Grenzwert (das betrieblich und von erwerbstätigen Nachfragenden so definierte „Höchstalter" für berufliche Weiterbildung) qualifikationsabhängig variiert. Es liegt bei Hochqualifizierten (höchster Abschluss: Fachhochschule, Universität) etwa bei 54 Jahren, bei mittlerer Qualifikation (Fachschule mit Meister-, Techniker-Ausbildung) etwa bei 49 Jahren (ein erstes Absinken der Kurve ist auch schon bei 39 Jahren erkennbar) und schließlich bei niedriger Qualifikation (Lehre, Berufsfachschule) schon bei 44 Jahren. Für Erwerbstätige ohne qualifizierten Abschluss liegt die Teilnahmequote durchgängig auf einem sehr niedrigen Niveau von etwa 20%, sinkt aber ab 55 Jahren noch einmal weiter ab.

Zum zweiten: Parallel dazu bestehen ökonomische Vorbehalte gegenüber Älteren aufgrund höherer Arbeitskosten (Senioritätsprinzip der Entlohnung, höhere Zahl von Arbeitsunfähigkeitstagen), die als Selektionskriterien bei Neueinstellungen ebenso wirksam werden wie bei geplantem Personalabbau. Zwar erfolgt die Bewertung der Verdiensthöhe in Tarifverträgen primär über Qualifikationsanforderungen der Tätigkeit und Qualifikationen des Arbeitnehmers[2]. Formal und dem Buchstaben des Tarifvertrags folgend ist Qualifikation das zentrale Bestimmungsmoment der Verdiensthöhe. De facto setzt sich jedoch ein Senioritätsprinzip durch, da innerhalb der einzelnen Qualifikationsgruppen (mit unterschiedlichem Niveau der Berufsausbildung) über innerbetriebliche Weiterbildung und Karriereverläufe mit zunehmendem Lebensalter auch höhere Stufen der Qualifikationshierarchie erklommen werden und gegenläufige Tendenzen oftmals durch tarifvertragliche Bestimmungen (Abgruppierungsschutz, Verdienstgarantie) ausgeschlossen sind. Im Ergebnis führt dies dazu, dass sich auch innerhalb einzelner Leistungsgruppen[3] (also bei vergleichbarem Qualifikationsniveau) ein deutlicher Anstieg der Bruttoverdienste in Abhängigkeit vom Lebensalter durchsetzt.

Neben dem sehr stark altersgeprägten Verdienstniveau sind in ökonomischer Perspektive auch die durch Arbeitsunfähigkeit verursachten höheren Kosten bei älteren Erwerbstätigen eine mögliche Barriere für eine systematische Integrationspolitik. Zwar sind Ältere seltener krankgemeldet als Jüngere, jedoch ist die durchschnittliche Zahl der Arbeitsunfähigkeitstage (AU-Tage) pro Krankmeldung bei ihnen (aufgrund oftmals vorliegender chronischer Erkrankungen) sehr viel größer, so dass die für den Betrieb relevante Zahl der AU-Tage mit zunehmenden Lebensalter deutlich ansteigt.

Die Perspektive der Beschäftigten

Auf der anderen Seite sind jedoch auch Interessen von Erwerbstätigen an einer vorzeitigen Beendigung der beruflichen Biographie hervorzuheben, begünstigt durch Negativerfahrungen in der Arbeitswelt und zunehmende Gesundheitsprobleme. Vielfach ist auf Arbeitnehmerseite ein gewandeltes „Ruhestandsbewusstsein" zu verzeichnen, das den Austritt aus der Erwerbstätigkeit durch Vorruhestand, Frühverrentung, Arbeitslosigkeit mit anschließender Altersrente etc. unter dem Strich attraktiver erscheinen lässt als den weiteren Verbleib im Beruf. Dies resultiert einerseits aus Negativerfahrungen und Befürchtungen aus der Arbeitstätigkeit, sowie Positiverwartungen gegenüber der bevorstehenden Rentner/innen-Situation mitsamt ihrer Gratifikationen:

---

[2] Explizit altersabhängige Einkommens-Komponenten finden sich allerdings auch (wie die lebensaltersstufenbezogenen Zuschläge im Öffentlichen Dienst), ebenso wie belastungsabhängige Zuschläge (Nacht-, Schichtarbeit).
[3] Innerbetrieblich und in Tarifverträgen geltende Lohn- bzw. Gehaltsgruppen werden in der Amtlichen Statistik zu Leistungsgruppen zusammengefasst.

Mehr Freizeit und Reisen, Muße für Hobby und Familie.[4] Maßgeblich sind in diesem Zusammenhang:

- Zunehmende gesundheitliche Beeinträchtigungen und damit verbundene Probleme zur Bewältigung von steigenden Arbeitsbelastungen und Leistungsanforderungen,
- Bedrohungen durch mögliche Abgruppierungen, durch Dequalifikation, Statusverlust und Einkommensminderungen, aber auch durch neue Herausforderungen und Belastungen (etwa im Kontext von Informationstechnologien und EDV),
- Zukunftsängste im Kontext von Rationalisierungsprozessen, neuen Qualifikations- und Weiterbildungserfordernissen, versperrte berufliche Aufstiegs- und Entwicklungsperspektiven,
- die Wahrnehmung des Ruhestands als verdiente Mußezeit nach einem langen, beanspruchenden Arbeitsleben, mit überwiegend günstigen materiellen Voraussetzungen für Existenzsicherung und auch Konsumchancen (Ruhestand wird heute weithin nicht mehr als „Stigma" interpretiert).

Dass für einen sehr großen Teil der Erwerbstätigen, die in den 90er Jahren im Rahmen sozialverträglicher staatlicher, tarifvertraglicher oder betrieblicher Regelungen vorzeitig aus dem Erwerbsleben ausgeschieden sind, dieser Schritt unter dem Strich eher als gewollte und wünschenswerte denn als unliebsame und erzwungene Statusveränderung erlebt worden ist, lässt sich aufgrund des hierzu weniger fundierten Forschungsstandes empirisch zwar nicht vollkommen zweifelsfrei aufzeigen. Gleichwohl gibt es einige Befunde, die dieses Fazit doch plausibel machen.

Zu nennen ist dazu zunächst eine Studie des Deutschen Instituts für Altersvorsorge (DIA), die im Jahre 2000 eine Befragung in mehreren EG-Ländern zur Reformbereitschaft in der Bevölkerung im Rah-

---

[4] Nicht zu übersehen sind dabei allerdings auch Gruppen, für die diese Charakterisierung nicht gilt, für die Vorruhestand und Frühverrentung erzwungenermaßen eingetreten sind und die sich eine längere Berufsbiographie gewünscht hätten. Hier spielt, wie Untersuchungen zeigen, die Identifikation mit der Arbeit und die Berufszufriedenheit eine große Rolle. Darüber hinaus ist Frühverrentung/Vorruhestand aber auch eine emotional negativ besetzte Veränderung der Lebenssituation für: a) Erwerbstätige, die sehr früh, also weit vor dem 60. Lebensjahr ihre Arbeitstätigkeit aufgeben mussten, b) Betroffene mit sehr ungünstigen familiären und außerhäuslichen Voraussetzungen zur aktiven Ausgestaltung der neuen Lebenssituation und inhaltlichen Füllung des entstandenen „Lochs", darunter insbesondere alleinstehende Frauen, c) Betroffene mit unzureichender finanzieller Renten-Absicherung.

men der Rentenversicherung durchführte[5]. Thematisiert wurden dabei auch Reform-Alternativen zur Stabilisierung der Rentenfinanzierung. Eine solche Stabilisierung der Beiträge zur gesetzlichen Rentenversicherung kann durch eine Senkung des Rentenniveaus oder eine Erhöhung des Renteneintrittsalters erreicht werden. Die sozialversicherungspflichtigen Arbeitnehmer/innen wurden befragt, ob sie eine dieser beiden Maßnahmen überhaupt akzeptieren, und danach gebeten, sich zwischen den beiden Maßnahmen zu entscheiden. Als Ergebnis zeigte sich: 54% der Befragten würden einer finanziellen Absenkung der Rentenhöhe zustimmen, um die Rentenbeiträge zu stabilisieren, und zwar im Mittel um ca. 7%. Für 42% der Befragten wäre eine Absenkung kein akzeptables Mittel zur Beitragssenkung.

Eine Erhöhung des Renteneintrittsalters käme auf der anderen Seite für nur wenige Arbeitnehmer/innen in Frage, um die Beiträge zu stabilisieren[6]. Lediglich 32,4% aller Befragten fänden eine Erhöhung des Renteneintrittsalters akzeptabel, und dies im Durchschnitt um 2,5 Jahre. Jene, bei denen eine solche Entscheidung in unmittelbarer Zukunft anstehen könnte (55- bis 64jährige), sind sogar noch deutlicher in ihrer Ablehnung. Zwar bleibt im Rahmen dieser Befragung offen, auf welche Altersgrenzen sich die Befragten jeweils beziehen, ob hier die Tradition der bis zum Befragungszeitpunkt gängigen vorzeitigen Rentenbezüge (mit 58, 60 oder 63 Jahren) zur Beantwortung der Frage herangezogen wird oder eher der Fixpunkt der „normalen" (wenngleich statistisch gesehen überaus seltenen) Verrentung mit 65 Jahren. Gleichwohl macht das Ergebnis deutlich, dass für fast zwei Drittel der Erwerbstätigen die bislang in der berufsbiographischen Perspektive maßgeblichen Zeitlimits und Standards so eindeutig und individuell stabil verankert sind, dass Abweichungen davon und „Verlängerungen" der Erwerbstätigkeitsphase inakzeptabel erscheinen (Tabelle 2.2).

Ergebnisse einer anderen Befragung, die im Rahmen des „Eurobarometers" 1993 in verschiedenen EG-Ländern unter dem Namen „Age and Attitudes" durchgeführt wurde, deuten in dieselbe Richtung [9]. Befragt wurden insgesamt etwa 5.200 ältere Männer und Frauen (60 und älter) aus 12 EG-Staaten, die ganz überwiegend bereits Rentenempfänger waren, danach, ob sie damals zum Zeitpunkt ihres Eintritts in den Ruhestand gerne weitergearbeitet hätten (Vollzeit oder

---

[5] DIA (2000) [8], Im deutschen Teil wurden 2500 Haushalte im Februar/März 2000 vom infas-Institut, Bonn, befragt.
[6] Die Frage lautete: Eine weitere Möglichkeit, die zukünftigen Rentenbeiträge stabil zu halten, ist eine Erhöhung des Renteneintrittsalters. Wären Sie bereit, später in Rente zu gehen, wenn dafür die Beiträge zur gesetzlichen Rentenversicherung in Zukunft stabil bleiben könnten?

Tabelle 2.2. Akzeptanz eines späteren Renteneintrittsalters bei Erwerbstätigen

	ja	nein	weiß nicht
18- bis 24jährige	65,5	32,5	1,9
25- bis 34jährige	36,5	63,4	0,1
35- bis 44jährige	36,7	61,6	1,7
45- bis 54jährige	23,5	73,5	3,0
55- bis 64jährige	20,4	70,6	9,1
Gewerkschaftsmitglieder	**22,4**	**75,9**	**1,7**
Nicht-Gewerkschaftsmitglieder	**36,2**	**61,0**	**2,7**
alle Befragten	32,4	65,1	2,5

Quelle: DIA (2000)

Teilzeiten) oder nicht.[7] Im Durchschnitt aller Länder sind es etwa 60% der Älteren, die zum Zeitpunkt ihrer Verrentung weder Vollzeit noch Teilzeit hätten weiterarbeiten wollen. Deutschland-West liegt dabei an der Spitze mit über 80% Befragten, die nach diesen Ergebnissen nicht gegen ihren Willen vorzeitig aus der Erwerbstätigkeit hinausgedrängt wurden – auch wenn dabei das Alter der Verrentung noch unberücksichtigt bleibt. Hervorzuheben ist weiterhin, dass ein nicht unbeträchtlicher Teil der Älteren (EG-weit etwa ein Drittel, in Deutschland-West allerdings nur ein Siebtel) zumindest in Teilzeit gerne weitergearbeitet hätte (Tabelle 2.3).

Erwähnenswert ist schließlich ein Ergebnis dieser Studie, das den Hintergrund dieser Befunde zumindest teilweise erklärt. Ältere fühlen sich auf dem Arbeitsmarkt und im Betrieb ganz erheblich benachteiligt, wenn nicht sogar diskriminiert. In Deutschland-West artikulierten eine solche Benachteiligung im Rahmen von Stellenangeboten 76% der Befragten, im Rahmen von Personalentwicklung und Karrieregestaltung 56%, bei der Weiterbildung 64%. (In Deutschland-Ost liegen die Zahlen ähnlich hoch: 87%, 50%, 63%).

Zumindest für die Situation in Deutschland Anfang der 90er Jahre und für die Gesamtheit der damals in den Ruhestand getretenen Erwerbstätigen wird aus diesen Ergebnissen deutlich, dass die überwiegende Mehrheit den Austritt aus dem Erwerbsleben unter dem Strich

---

[7] Die Frage wurde auch noch einmal wiederholt für die aktuelle Situation: Hat sich zum Zeitpunkt der Befragung, etliche Jahre oder auch Jahrzehnte nach der Verrentung etwas an der Einschätzung geändert, würde man im Nachhinein sagen, man hätte lieber weiterarbeiten sollen? Beide Urteile zeigen jedoch nur minimale statistische Differenzen, d.h. es gibt nur einen sehr kleinen Teil Älterer, der von den Erfahrungen im Ruhestand (unangenehm) überrascht wurde.

Tabelle 2.3. Frühere Wünsche nach Weiterbeschäftigung oder Ruhestand zum Zeitpunkt der Verrentung in 12 EG-Staaten 1993 (Angaben in %)

Staat	Befragte, die gerne in Vollzeit weitergearbeitet hätten	Befragte, die gerne in Teilzeit weitergearbeitet hätten	Befragte, die nicht mehr weiterarbeiten wollten
Deutschland-West	4,3	13,8	81,9
Belgien	13,4	13,0	73,6
Luxemburg	12,7	16,7	70,6
Frankreich	16,8	17,8	65,5
Niederlande	12,8	25,7	61,5
Dänemark	13,3	25,9	60,8
Deutschland-Ost	**14,2**	**28,0**	**57,8**
Großbritannien	25,4	23,4	51,2
Irland	19,1	30,3	50,5
Spanien	29,4	22,2	48,3
Griechenland	24,6	35,7	39,8
Italien	36,9	31,1	32,0
Portugal	35,9	37,8	26,3

Quelle: European Commission (1993) [9]

positiv erlebt hat und nicht als völlig unerwünschte und erzwungene Veränderung. Dabei bleibt allerdings auch im Auge zu behalten, dass die Erfahrungen in der Arbeitswelt im höheren Alter für sehr viele von Belastungen und Diskriminierungen geprägt waren. Der Eintritt in den Ruhestand war also weniger ein hedonistischer Sprung ins Reich von Freizeit und Konsum, sondern eher Flucht aus einer Lebenssphäre, die zuletzt sehr stark geprägt war durch Negativerfahrungen und Belastungen.

**Neuere Forschungsbefunde:
Gibt es eine Trendwende von der Externalisierung zur Integration?**

Die erkannten Probleme der Rentenfinanzierung und die Widersprüche zwischen sozio-demographischem Strukturwandel und Verjüngungs-Strategien der Betriebe führten etwa seit Ende der 80er Jahre auch zu Forschungsinitiativen. Seit 1999 wird versucht, gewonnene wissenschaftliche Erkenntnisse zur „Zukunft der Erwerbsarbeit im demographischen Wandel" hinsichtlich ihrer Praktikabilität im Betrieb zu überprüfen und exemplarisch umzusetzen. Ziel eines großen Transferprojekts zur „Öffentlichkeits- und Marketingstrategie demographischer Wandel" ist es, „sensibilisierend, beratend und gestaltend

Lösungen zur Bewältigung der Folgen des soziodemographischen Wandels für Erwerbspersonen, Betriebe und Verbände zu erarbeiten, umzusetzen und zu verbreiten" [5].

Zumindest in den Schlagzeilen überregionaler Tageszeitungen und Wochenzeitschriften hat – wie eingangs unseres Aufsatzes ausgeführt – die Marketing-Offensive bereits Spuren hinterlassen in Form von Berichten über Großunternehmen im Industrie- ebenso wie im Dienstleistungssektor, in denen bereits ein anderes Denken eingekehrt ist. Auch finden sich zuletzt häufiger Bilanzen von Wissenschaftlern/innen, die auf eine Trendwende betrieblicher Konzepte und Maßnahmen hinweisen[8]. Es erscheint jedoch Skepsis angebracht. Forschungsbefunde aus Felderhebungen und Umfragen bei betrieblichen Entscheidungsträgern belegen zumindest noch keinen breitflächigen Sinneswandel betrieblicher Arbeits- und Personalpolitik.

In einer Befragung des BIBB [4] bei ca. 1700 Ausbildungsbetrieben mit unterschiedlicher Beschäftigtenzahl und in verschiedenen Wirtschaftssektoren, die am sog. „Referenz-Betriebs-System" (RBS) teilnehmen und sich zu drei bis vier Befragungen im Jahr bereit erklärt haben, zeigt sich mit frappierender Deutlichkeit (vgl. Tabelle 2.4): Ältere Arbeitnehmer/innen sind von Weiterbildungsmaßnahmen weitgehend ausgeschlossen und mehr noch: Auch andere Maßnahmen zur Erwerbsintegration werden nach eigener Aussage nur von einer Minderheit der Betriebe (je nach Maßnahme 11 bis 18%) realisiert. Gleichzeitig werden jedoch auf Seiten der befragten Entscheidungsträger in den Betrieben nur in sehr begrenztem Umfang Meinungen (oder Vorurteile) artikuliert, die eine Ausgrenzung Älterer im Kontext unterschiedlicher Maßnahmen der Arbeits- und Organisationsgestaltung erklären könnten. Ältere sind nach diesen Urteilen in keinerlei Hinsicht eine Belastung für den Betrieb (dies artikulieren 81%), und immerhin noch 57% der Betriebe bestreiten ganz entschieden, dass Ältere in ihrer Leistung und den Leistungsvoraussetzungen eingeschränkt sind. 92% sind völlig oder überwiegend der Meinung, Ältere

---

[8] „Bei alternden Belegschaften und einem enger werdenden Feld, aus dem junge Nachwuchskräfte rekrutiert werden können, verläuft der Generationenaustausch in Betrieben nicht mehr naturwüchsig. Mit Konzepten zur Weiterbildung Älterer in Personal- und Organisationsentwicklung versuchen Betriebe auf diese Situation zu reagieren. Zugleich zielen betriebliche Konzepte auf die Prävention von Arbeitslosigkeit Älterer. (...) Aus den bisherigen Arbeiten im Rahmen des Forschungsprojekts wird – generell – deutlich: Der demographische Wandel ist für Betriebe und Beschäftigte ebenso wie für Akteure der Arbeitsmarktpolitik ein aktuelles und an Bedeutung gewinnendes Thema. Dies dokumentiert sich in den zahlreichen und vielfältigen Modellen und Konzepten zur Weiterbildung Älterer" [20].

Tabelle 2.4. Betrieblicher Umgang mit Älteren und Meinungen von Entscheidungsträgern

Programme und Maßnahmen für ältere Erwerbstätige, Ergebnisse einer Befragung von Betrieben aus dem RBS des BIBB; Betriebe die im jew. Handlungsfeld Maßnahmen für Ältere realisieren			
Weiterbildung	18%		
Arbeitsanforderungen	18%		
Arbeitsplatzgestaltung	17%		
Arbeitsorganisation	15%		
Personalentwicklung	11%		
Organisationsentwicklung	11%		
Meinungen betrieblicher Entscheidungsträger zur Bedeutung älterer Arbeitnehmer für den Betrieb			
	trifft voll zu	trifft überwiegend zu	trifft gar nicht zu
Ältere sind eine Belastung	1%	18%	81%
Ältere sind in ihrer Leistungsfähigkeit eingeschränkt	2%	41%	57%
Ältere sind unverzichtbar	30%	62%	8%
Ältere sind ein wichtiges Potential	6%	51%	43%

seien für den Betrieb unverzichtbar. Dies sind überraschende Meinungen und Urteile, denn sie widersprechen der Praxis betrieblicher Handlungskonzepte erheblich.

Tabelle 2.5 zeigt, dass auch in einer anderen Befragung über den Stellenwert älterer Arbeitnehmer im Betrieb sozial erwünschte Werturteile eindeutig dominieren.

Frerichs [10, S. 189ff] fasst als Ergebnis von etwa 20 Betriebs-Fallstudien aus unterschiedlichen Branchen zusammen: „Insgesamt zeigt sich, dass in den Betrieben Rationalitätskalküle vorherrschen, die davon ausgehen, sich über Produktivitätssteigerungen und verbesserte Attraktivität für die begrenzte Anzahl jüngerer Erwerbspersonen dem gesamtwirtschaftlichen Alterungsprozess entziehen zu können. Eine aktive Handlungsweise, die in Antizipation des demographischen Wandels arbeitsgestalterische und arbeitspolitische Weichenstellungen vornimmt, findet sich kaum. Dies wird in den Fallstudien auch nicht zuletzt damit begründet, dass eine langfristig orientierte Personalpolitik unter den Unwägbarkeiten der wirtschaftlichen und technologischen Entwicklungen als nicht opportun erscheint."

Zu ähnlichen Befunden kommt Huber [12], der in 24 Unternehmen aus vier Wirtschaftsgruppen Befragungen von Geschäftsführungen,

Tabelle 2.5. Meinungen der Betriebe über ältere Arbeitnehmer (Befragte in Prozent, die jeweils Zustimmung äußern)

Ältere Mitarbeiter sind im Prinzip genau so leistungsfähig wie Jüngere	84%
Älteren Mitarbeitern mangelt es oft an der Bereitschaft und Fähigkeit, sich auf neue Entwicklungen und Anforderungen einzustellen	30%
Nur durch einen altersgerechten Einsatz der Mitarbeiter kann man die Stärken der Älteren nutzen und Probleme vermeiden	62%
Es ist sinnvoll, ältere und jüngere Mitarbeiter gemeinsam in altersgemischten Teams und Arbeitsgruppen einzusetzen	88%
Man sollte auch ältere Mitarbeiter in Qualifizierungsmaßnahmen einbeziehen	86%
Es ist günstiger, sich von älteren Mitarbeitern zu trennen und sie durch jüngere Mitarbeiter zu ersetzen, um der Überalterung entgegenzuwirken	17%

Quelle: IAB-Betriebspanel 2000, zit. nach Kistler u. a. (2001) [16]

Personalleitungen und betrieblichen Interessenvertretungen durchführte: „Ältere bilden das Potential schlechthin für Maßnahmen des Personalabbaus. (...) Eine betriebliche „Politik", die für Ältere andere Konzepte als die Planung ihres möglichst konfliktfreien Ausstiegs entwickelt, wurde in keinem der untersuchten Fälle erkennbar; (...) Vorherrschend sind die Verschiebung möglicher Probleme auf eine „noch ferne" Zukunft, mit der sich Personalpolitik nicht beschäftigen könne, oder eine Entproblematisierung des Themas durch das (aktuell nicht überprüfbare) Zugeständnis, die Beschäftigung steigender Anteile Älterer bewältigen zu können. (...) Erst wenn Probleme virulent werden, ist deshalb mit einer gezielten Auseinandersetzung mit dem Thema zu rechnen" [1, vgl. auch: 11, 12].

Deutlich wird in vielen Fallstudien zur Erwerbsintegration Älterer, „dass in den Betrieben bei Personalverantwortlichen eine Vorurteilsstruktur mit dem Stereotyp des „schwachen" und weniger leistungsfähigen älteren Arbeitnehmers existiert. Diese wird als Begründung benutzt, um den Arbeitsplatzwechsel älterer Beschäftigter in anspruchsvollere Aufgabenfelder zu verhindern. Das zentrale Problem hinsichtlich der Qualifizierung Älterer besteht nach Morschhäuser [20] nicht vorrangig darin, dass ältere Arbeitskräfte nicht mehr fähig oder motivierbar sind, sich in neue Tätigkeitsbereiche einzuarbeiten. Entscheidender sei die Tatsache, dass der Aufwand zur Qualifizierung für Ältere und das Unternehmen häufig höher ist als für die jungen Fachkräfte. Der Personaleinsatz richte sich durchgängig danach, welche fachliche Kompetenz im Betrieb vorhanden und am leichtesten einsetzbar ist" [6, S. 25].

Betriebliche Planungshorizonte begnügen sich mit einem maximalen Zeitraum von 1–3 Jahren. Für das Verbundprojekt V „Innovationen, Belegschaftsstrukturen und Altern im Betrieb" (Forschungsverbund mit 35 komplexen Betriebsfallstudien [17, 18]) zeigt sich: „Personalmaßnahmen sind tendenziell eher am situativen Bedarf (...) orientiert als an einer vorausschauenden kontinuierlichen und systematischen Erhaltung, Pflege und Verbesserung der Humanressourcen" [6, S. 42]. Auch in anderen Studien zeigt sich dieses Ergebnis eines zeitlich meist sehr kurzfristigen Planungshorizonts im Rahmen der Personalbedarfsplanung und Personalentwicklung [2, 11].

In Interviews mit privaten Dienstleistern/innen im Bereich der Personalwirtschaft (sog. „nichtöffentlichen Arbeitsmarktmediatoren") wurde deutlich: „Unser erster Eindruck ist, dass insbesondere in den Ballungsräumen mit angespannter Arbeitsmarktsituation die Bereitschaft der Personaldienstleister/innen wächst, auch wieder verstärkt ältere Arbeitskräfte in ihre Beratungs- und Vermittlungsleistungen einzubeziehen. Allerdings wurde übereinstimmend darauf verwiesen, dass diese Bemühungen bislang nur mäßigen Erfolg gehabt haben, da hier generell von Seiten der personalnachfragenden Unternehmen immer noch massive Bedenken und Widerstände gegenüber der Einstellung älterer Arbeitskräfte bestehen" [15].

In einer Analyse des IAB-Betriebspanels 2000 (repräsentative Stichprobe von 14 000 Betrieben) wurde deutlich [16], dass eine „Überalterung" der Belegschaft nur von einer extrem geringen Zahl von Betrieben für die kommenden Jahre als Personal-Problem benannt wurde

Tabelle 2.6. Von Betrieben erkannte Personalprobleme der kommenden Jahre (Angaben in %, Mehrfachnennungen möglich)

Hohe Belastung durch Lohnkosten	26
Rekrutierungsprobleme für Fachkräfte	22
Personalmangel	9
Nachwuchsmangel	9
Mangelnde Arbeitsmotivation	7
großer Bedarf an Weiterbildung/Qualifikation	6
Abwanderung von Fachkräften	5
Hohe Fehlzeiten, Krankenstand	5
Zu hoher Personalbestand	4
Organisatorische Probleme durch Mutterschaft, Erziehungsurlaub	4
Überalterung	4
Hohe Personalfluktuation	3
Andere Personalprobleme	3
Keine Personalprobleme	51

Quelle: IAB-Betriebspanel 2000, zit. nach Kistler u. a. (2001) [16]

(vgl. Tabelle 2.6). Als Problem für Betriebe vorherrschend sind vielmehr die Rekrutierung qualifizierter Fachkräfte und hohe Lohnkosten. Zwischen einzelnen Branchen zeigen sich, was die Bewertung des Überalterungs-Problems betrifft, keine gravierenden Unterschiede. In den einzelnen Branchen schwankt die relative Anzahl der Betriebe, die Überalterung als zukünftiges Personalproblem wahrnehmen, zwischen 4 und 11%. Dabei liegen der Bereich Erziehung und Unterricht sowie die Öffentliche Verwaltung mit jeweils 11% ganz vorne.

Fazit

Insgesamt zeigt sich aufgrund der vorgestellten Forschungsbefunde damit (noch) keine Abkehr von der bislang dominanten Praxis der Externalisierung älterer und gesundheitlich eingeschränkter Mitarbeiter/innen. Von den unternehmerischen Strategien des Umgangs mit älteren Arbeitnehmer/innen – Laufbahngestaltung, Arbeitsplatzgestaltung, Externalisierung – steht die Externalisierung weiterhin im Vordergrund. Selbst die Altersteilzeit wird als „Vorruhestand im neuen Gewand" durch die einseitige Bevorzugung des „Blockmodells"[9] überwiegend zur vorzeitigen Ausgliederung älterer Erwerbstätiger oder genauer: zur sozialverträglichen Umsetzung geplanter Maßnahmen zum Personalabbau genutzt. Der in den meisten Betrieben sehr kurzfristige Zeithorizont von Personalplanung und Personalentwicklung und die Unwägbarkeiten des zukünftigen qualitativen und quantitativen Arbeitskräftebedarfs lassen es für die meisten Betriebe rationaler erscheinen, den von Demografen heraufbeschworenen Problemdruck erst einmal abzuwarten, bevor man Investitionen und Anstrengungen mit einer ungewissen Input-Output-Relation tätigt. Nach wie vor ist es für Betriebe teurer und zeitaufwendiger, ältere Erwerbstätige in Qualifikations- und Umstrukturierungsmaßnahmen einzubeziehen.

Geändert hat sich jedoch möglicherweise die Sichtweise der Problematik und die – man ist geneigt zu sagen: „allgemein-menschliche" – Einstellung betrieblicher Entscheidungsträger gegenüber älteren Erwerbstätigen. Die in früheren Forschungsberichten oftmals hervorgehobenen massiven Vorurteile gegenüber Älteren, was deren Qualifikationsbereitschaft und Lernfähigkeit, Leistungsmotivation oder auch Flexibilität anbetrifft, tauchen (zumindest in betrieblichen Umfragen) kaum mehr in dieser Deutlichkeit auf. Es ist im Gegenteil frappierend,

---

[9] Beim „Blockmodell" arbeitet der Beschäftigte bis zum Ende der ersten Hälfte der Altersteilzeitdauer normal weiter und hat danach in der zweiten Hälfte bei Weiterbezug seiner Teilzeiteinkünfte keinerlei Arbeitsverpflichtungen mehr.

wie positiv diese Gruppe in jüngeren Umfragen von maßgeblichen betrieblichen Akteuren dargestellt wird. Auch wenn diese Urteile durch Medienberichte und wünschbare soziale Normen erheblich mitbeeinflusst sein dürften, ist hier doch ein gewisser Hoffnungsschimmer für die zukünftige Verbreitung von Integrationsmaßnahmen zu sehen, selbst wenn die aktuelle betriebliche Praxis den artikulierten Urteilen noch massiv widerspricht.

Hervorzuheben bleibt schließlich aber auch noch einmal, was in vielen Publikationen und Medienberichten, die betriebliche Verjüngungs-Strategien nachhaltig als arbeitnehmerfeindlich kritisieren, oftmals unterschlagen wird: Die Externalisierung Älterer ist in den meisten Fällen keineswegs eine krude kapitalistische Maßnahme, „knallhart" durchgesetzt gegen die erklärten Interessen und Bedürfnisse von Arbeitnehmerinnen und Arbeitnehmern. Vielmehr kommt sie deren Perspektiven durchaus entgegen – auch wenn die Frühverrentung oft weniger geprägt ist durch den Wunsch nach dauerhafter Freizeit als sehr viel eher durch die Erfahrung sozialer Diskriminierung und gesundheitlicher Beanspruchung. Gleichwohl erfordern Maximen, die eine stärkere Erwerbsintegration Älterer proklamieren, auch eine Reflexion dieser sozialen und kulturellen Normen von Arbeitnehmern/innen samt der ihnen inhärenten Widerborstigkeiten und Sperren gegenüber einer „Verlängerung der Lebensarbeitszeit" bis zum „normalen" Renteneintrittsalter von 65 Jahren.

Literatur

[1] Arbeitskammer des Saarlandes (Hrsg) (1997) Ältere Arbeitnehmer im Betrieb von morgen. Tagungsbericht, AK-Beiträge Nr. 3/1997, Saarbrücken: Arbeitskammer des Saarlandes
[2] Bäcker G, Naegele G. (1993) Alternde Gesellschaft und Erwerbstätigkeit, Modelle zum Übergang vom Erwerbsleben in den Ruhestand. Hans-Böckler-Stiftung, Forschung Band 11, Köln
[3] Berufsbildungsbericht 2001 der Bundesregierung, Berlin 2001
[4] BIBB, Referenz-Betriebs-System, Information Nr. 14, August 1999
[5] Buck H, Schletz A (Hrsg) Wege aus dem demographischen Dilemma durch Sensibilisierung, Beratung und Gestaltung. Öffentlichkeits- und Marketingstrategie demographischer Wandel, Stuttgart 2001
[6] Clemens W (2000) Integration älterer und gesundheitlich beeinträchtigter Arbeitnehmer/innen des Öffentlichen Dienstes in die Erwerbsarbeit – Aktueller Forschungsstand. Literaturexpertise im Auftrag des Zentrums für Sozialpolitik (ZeS) der Universität Bremen, Juni 2000
[7] Deutscher Bundestag, Referat Öffentlichkeitsarbeit (Hrsg) (1994) Zwischenbericht der Enquete-Kommission Demographischer Wandel, Herausforderung unserer älter werdenden Gesellschaft an den einzelnen und die Politik. Zur Sache, 4/94, Bonn

[8] Deutsches Institut für Altersvorsorge (DIA) Mehrländerstudie zur Reformbereitschaft in der Rentenversicherung, Köln, April 2000
[9] European Commission: Eurobarometer 37.2 „Elderly Europeans, Report „Age and Attitudes", Inter-university Consortium for Political and Social Research, ICPSR 9958, Ann Arbor Michigan 1993; Daten und Report verfügbar beim Zentralarchiv für empirische Sozialforschung Köln, ZA 2242
[10] Frerichs F (1998) Älterwerden im Betrieb. Beschäftigungschancen und Risiken im demographischen Wandel, Opladen/Wiesbaden
[11] Huber A (1997) Demographischer Wandel und betriebliche Personalplanung. Hans-Böckler-Stiftung: Graue Reihe, Neue Folge 133, Düsseldorf
[12] Huber A (1998) Demographischer Wandel und Personalmanagement. In: Personalführung, Heft 1/1998: 39–43, Arbeitskammer des Saarlandes 1997
[13] Huber A (1998) Demographischer Wandel und Personalmanagement. In: Personalführung, Heft 1/1998, S. 39–43
[14] Institut der Deutschen Wirtschaft: Mitteilung IWD 28-2000, 13.7.2000, Ältere Arbeitnehmer: Erfahrung bleibt ungenutzt
[15] ISF München: Sensibilisierung nichtöffentlicher Arbeitsmarktmediatoren für die Probleme älterer Erwerbspersonen – Potentiale und Barrieren, München 2001
[16] Kistler E, Wahse J, Widmann P (2001) Demographischer Wandel und hohe Arbeitslosigkeit – Die Herausforderungen und die Sichtweisen der Betriebe. In: arbeit und beruf 5, S 129–133
[17] Köchling A (1999) Altersstrukturelle Zusammensetzung und Veränderung des betrieblichen Gesamtarbeitskörpers. Verbund 5: Innovation, Belegschaftsstrukturen und Altern im Betrieb (IBAB). Zwischenbericht 1998. Dortmund: GfAH
[18] Köchling A, Reindl J, Astor M, Nawroth K, Jasper G, Schmid S, Hitzblech T (1999) Innovation, Belegschaftsstrukturen und Altern im Betrieb (IBAB, Verbund 5). Zwischenergebnisse Stand 11/1999. Dortmund u.a.: vervielf. Manuskript
[19] Marstedt G, Müller R (1998) Ein kranker Stand? Fehlzeiten und Integration älterer Arbeitnehmer im Vergleich Öffentlicher Dienst – Privatwirtschaft. Berlin: Edition Sigma
[20] Morschhäuser M (1999a) Altersgerechte Arbeit: Gestaltungsaufgabe für die Zukunft oder Kampf gegen Windmühlen? In: Behrens J, Viebrok H, Zimmermann E: Länger erwerbstätig – aber wie? Opladen/Wiesbaden 1999, S 19–70
[21] Puhlmann, A, Gravalas B (1999) Zwischenbericht zum Forschungs-Projekt 1.1005 „Berufliche Entwicklung, Qualifizierung und Perspektiven in der zweiten Hälfte des Erwerbslebens – Betriebliche und berufsbiographische Sichtweisen Älterer", BIBB, Berlin 1999

KAPITEL 3

Gesünder älter werden
– Betriebliche Personal- und Gesundheitspolitik
in Zeiten demographischen Wandels

B. BADURA

Wegen der damit verbundenen vermeidbaren Kosten und negativen Auswirkungen auf das Produktionsgeschehen sind Fehlzeiten gegenwärtig der wohl häufigste Grund, warum Betriebe in die Gesundheit ihrer Mitarbeiterinnen und Mitarbeiter investieren. Sehr viel spricht dafür, dass zukünftig die in einigen Bereichen bereits heute schon spürbare Knappheit des Arbeitskräfteangebots zu einem zweiten Zentralmotiv für Gesundheitsinvestitionen werden dürfte. Die Ursache dafür liegt im demographischen Wandel, m.a.W. in der Alterung und Schrumpfung unseres Erwerbspotenzials. Der demographische Wandel und seine Folgen für Wirtschaft und Gesellschaft sind im jüngst veröffentlichten Schlussbericht der gleichnamigen Enquete-Kommission des Bundestages ausführlich dargestellt. Die Kommission fordert einen „Paradigmenwechsel in der betrieblichen Personalpolitik". Das zentrale Ziel dieser Politik müsse es sein, „künftig die Arbeits- und Beschäftigungsfähigkeit alternder Belegschaften zu erhalten und zu erhöhen". Gefordert wird ein „strategischer Wechsel ... weg von Jugendzentrierung' und hin zu einer altersgruppenübergreifenden, integrierten Personalpolitik" [6, S. 91]. Im Zentrum der Kommissionsempfehlungen zum Thema Arbeitswelt steht die „Beschäftigungsfähigkeit", in die es zu investieren gelte. Beschäftigungsfähigkeit wird nach Auffassung der Kommission vor allem anderen durch Bildungsinvestitionen bewirkt [6, S. 78 ff.].

Im Folgenden wird die These vertreten, dass Beschäftigungsfähigkeit nicht nur abhängt von der Qualifikation eines Menschen, sondern auch von seinem Wohlbefinden und von seiner Gesundheit. Auf diesen Zusammenhang geht der Schlussbericht der Enquete-Kommission nur am Rande ein. Aus gesundheitswissenschaftlicher Sicht muss die Betonung der Qualifikation zur Sicherung der Beschäftigungsfähigkeit ergänzt werden um Wohlbefinden und Gesundheit als ebenso zentrale Voraussetzung dafür und für die Wettbewerbsfähigkeit der Unternehmen.

Der Zusammenhang von Alter und Gesundheit ist offenkundig. Alter ist neben Schichtzugehörigkeit einer der wichtigsten Prädiktoren für Krankheit und Anfälligkeit. Die Alterszusammensetzung einer Belegschaft ist deshalb mitverantwortlich für das Fehlzeitengeschehen und dadurch verursachte Kosten. Der Zusammenhang zwischen Alter und Gesundheit bzw. Krankheit ist jedoch keine konstante, sondern eine variable Größe, abhängig z. B. von Bildungsgrad und Berufsstatus der Beschäftigten, abhängig aber auch von der betrieblichen Gesundheitspolitik, vom Führungsverhalten und der Unternehmenskultur, von Arbeitsbedingungen und Partizipationsmöglichkeiten und insbesondere von der Qualität der sozialen Beziehungen. Allgemein darf unterstellt werden: je gesundheitsförderlicher die Strukturen und Prozesse einer Organisation, je angemessener und wirksamer ihr Gesundheitsmanagement, je gesünder und leistungsfähiger sind ihre Mitarbeiter, auch die älteren unter ihnen.

Im Verständnis eines großen Teils der Bevölkerung und auch immer noch im Verständnis zahlreicher betrieblicher Experten wird unter Gesundheit die Abwesenheit von Krankheit verstanden. Die Weltgesundheitsorganisation plädierte bereits Ende der 40er Jahre für eine Definition von Gesundheit als körperliches, seelisches und soziales Wohlbefinden. Im Jahre 1986 formulierte sie in Ottawa auf einer vielbeachteten internationalen Konferenz Grundsätze und Ziele zur Förderung von Gesundheit und zur Schaffung bzw. Erhaltung gesunder Umwelten. Dort heißt es: „Gesundheitsförderung zielt auf einen Prozess, allen Menschen ein höheres Maß an Selbstbestimmung über ihre Gesundheit zu ermöglichen ... über die Entwicklung gesünderer Lebensweisen hinaus auf die Förderung von umfassendem Wohlbefinden" (Ottawa-Charta 1996).

Gesundheit verstanden als „umfassendes Wohlbefinden" einerseits und „Beschäftigungsfähigkeit" andererseits hängen in der Wissens- und Dienstleistungsgesellschaft auf das Engste zusammen. Arbeitsvermögen wird nicht mehr nur vom körperlichen Zustand und der fachlichen Qualifikation der Beschäftigten bestimmt, sondern darüber hinaus auch von ihrer emotionalen und sozialen Kompetenz. Diese wiederum sind abhängig nicht nur von den personalen, sondern auch von den sozialen Voraussetzungen in der Arbeitswelt: von der Aufbau- und Ablauforganisation, von der Qualität der Unternehmenskultur und der sozialen Beziehungen in Unternehmen, Dienstleistungsorganisationen und Verwaltungen. Der von der Enquete-Kommission zu Recht geforderte Paradigmenwechsel in der betrieblichen Personalpolitik erfordert daher nicht nur eine Qualifizierungsoffensive in Richtung älterer Beschäftigter, sondern auch einen Neuansatz in der betrieblichen Gesundheitspolitik in Richtung gesünder älter werden durch Institutionalisierung und Systematisierung eines modernen Betrieblichen Gesundheitsmanagements.

Die praktischen Konsequenzen des demographischen Wandels stehen heute ganz im Vordergrund der sozial- und gesundheitspolitischen Diskussion. Es gibt aber – und das sollte an dieser Stelle nicht gänzlich übersehen werden – noch einen ganz anderen, nämlich konzeptionellen Grund, sich mit dem ja bereits seit dem 19. Jahrhundert zu beobachtenden Trend steigender Lebenserwartung zu beschäftigen.

Die betriebliche Gesundheitspolitik geht üblicherweise von der Annahme aus, dass Arbeit krank macht und dass die Verhütung von physischen Risiken, Erkrankungen und Unfällen ihr Hauptaufgabengebiet darstellt. Diese pathogenetische Sicht gilt es heute zu ergänzen durch eine salutogenetische Sichtweise, d.h. um die Frage nach den Ursachen guter Gesundheit und nach den Möglichkeiten der Förderung von Wohlbefinden als zentralem Element einer Politik des gesünder Älterwerdens.

Industrialisierung, Modernisierung und Lebensdauer

Seitdem wir in Westeuropa und in den USA über verlässliche Mortalitätsstatistiken verfügen, fällt ein Trend vor allen anderen auf: der anfangs dramatische, heute immer noch moderate Anstieg der Lebenserwartung. Entgegen der lange Zeit gültigen Ansicht, dass Industrialisierung und Modernisierung sich überwiegend negativ auf Lebensqualität und Lebensdauer auswirken, lehrt uns die Mortalitätsstatistik etwas ganz anderes. Erklärungsbedürftig wird mit Blick auf die Entwicklung der Lebenserwartung als einer zentralen Determinante der demographischen Entwicklung der mit der Industrialisierung und Modernisierung einhergehende Gewinn an Gesundheit (Tabellen 3.1 und 3.2). Wie kann es sein, diese Frage drängt sich auf, dass die wirtschaftliche Entwicklung immer neue Risiken produziert und die Menschen trotzdem immer länger leben? Eine einseitige pathogenetische Sichtweise, also eine Sichtweise, die nur nach Risiken und Gesundheitsgefahren fahndet, wird dieses Rätsel nicht lösen können. In den Gesundheitswissenschaften hat sich daher in den vergangenen Jahrzehnten eine neue, eine salutogenetische Sichtweise durchgesetzt. Sie fragt nach den Ursachen guter Gesundheit, m.a.W. nach Merkmalen sozialer Systeme, die Wohlbefinden und Gesundheit ihrer Mitglieder erhalten, fördern oder wiederherstellen – in Ergänzung, nicht als Ersatz der pathogenetischen Sicht. Für diese ursprünglich von dem Medizinsoziologen Aaron Antonovsky angeregte neue Perspektive finden sich heute in der sozialepidemiologischen Forschung immer mehr Be-

Tabelle 3.1. Lebenserwartung in Deutschland, 1870 bis 1999; Quelle: Statistisches Jahrbuch für das Ausland 2001, S. 219

Deutsches Reich	männlich	weiblich	Durchschnitt
1870	35,6	38,5	37,1
1880	37,2	40,3	38,8
1890	n/a	n/a	–
1900	44,8	48,3	46,6
1910	n/a	n/a	–
1920	56,0	58,8	57,4
1930	59,0	62,8	60,9
1940	n/a	n/a	–

Deutschland	männlich	weiblich	Durchschnitt
1950	64,6	68,5	66,6
1960	66,9	72,4	69,7
1970	67,4	73,8	70,6
1980	71,7	78,0	74,9
1990	72,4	78,9	75,7
1995	73,0	79,5	76,3
1998	74,0	80,3	77,2
1999	74,4	80,6	77,5

lege [1, 2]. Wie immer wir es damit im Einzelnen halten, die Frage nach dem Zusammenhang zwischen Gesellschaft und Gesundheit und – im verkleinerten Maßstab – zwischen Arbeitsorganisation und Gesundheit erfordert eine differenzierte Betrachtung, die beides – Gesundheitspotenziale und Gesundheitsrisiken – berücksichtigt und dabei ihre Aufmerksamkeit nicht nur auf die physische, sondern auch auf die psychische Gesundheit richtet.

Gesünder älter werden – für dieses Ziel benötigen wir zuallererst ein valides Instrumentarium zur Beobachtung und Bewertung von Wohlbefinden und Gesundheit einer Belegschaft und der darauf wirkenden pathogenen wie salutogenen Einflüsse. Deutschland (AU-Statistiken gibt es in anderen Ländern auch, z. B. Österreich, vgl. Beitrag Jaufmann im Fehlzeiten-Report 1999) verfügt mit seiner Arbeitsunfähigkeitsstatistik der Gesetzlichen Krankenversicherung über einen dafür hervorragend geeigneten Datenschatz zur Diagnostik und Evaluation betrieblicher Gesundheitsinvestitionen. Dieser Datenschatz sollte weiter entwickelt und ergänzt werden.

Laut Fehlzeitenstatistik der AOK[1] und auch anderer Kassenarten wird die Gesundheit der Beschäftigten der deutschen Wirtschaft im We-

---
[1] S. dazu den Beitrag von I. Küsgens, N. Rossiyskaya und C. Vetter in diesem Band.

Tabelle 3.2. Lebenserwartung von Männern und Frauen. Quelle: OECD Health Data, 2001

	Männer		Frauen	
	1998	1950	1998	1950
Japan	77,2	57,5	84,0	60,8
Schweiz	76,5	66,9	82,5	71,3
Spanien	74,8	66,3	82,2	70,5
Frankreich	74,6	63,9	82,2	69,7
Schweden	76,9	59,8	81,9	64,3
Italien	75,3	64,3	*81,6*	67,9
Island	77,0	68,7	81,5	73,6
Australien	75,9	66,5	81,5	71,7
Kanada	70,6	69,9	*81,4*	72,4
Norwegen	75,5	67,4	81,3	72,8
Belgien	74,8	63,8	81,1	67,3
Österreich	74,7	62,2	80,9	67,3
Finnland	73,5	61,4	80,8	68,1
Niederlande	75,2	70,5	80,7	72,8
Deutschland	74,5	64,4	80,5	68,3
Luxemburg	73,7	61,7	80,5	65,7
Neuseeland	75,2	67,4	80,4	71,1
Großbritannien	74,8	66,5	79,7	71,3
Griechenland	74,6	63,4	79,4	68,3
USA	73,9	65,6	79,4	71,2
Irland	73,5	64,4	79,1	37,1
Portugal	71,7	56,1	78,8	61,3
Dänemark	73,7	69,0	78,6	71,7

Die Werte in Kursivschrift stammen aus dem Jahr 1997

sentlichen durch eine Handvoll chronischer Krankheiten bedroht: durch Muskel- und Skeletterkrankungen, Herz-Kreislauf-Erkrankungen, psychische Erkrankungen und bösartige Neubildungen. Fehlzeitenstatistiken sind hervorragend, wenn es darum geht, Schwachstellen in einer Organisation zu identifizieren. Sie tun dies allerdings mit Blick auf den natürlichen Krankheitsverlauf erst relativ spät: wenn eine krankhafte Störung bereits eingetreten ist. Auch aus Sicht des Managements eines Unternehmens handelt es sich bei der Fehlzeitenstatistik um „Spätindikatoren", weil sie ein Ereignis anzeigen (Abwesenheit durch Erkrankung), dessen Eintritt eigentlich verhindert werden sollte.

Für das Ziel, „gesünder älter werden", benötigen Unternehmen zusätzliche Indikatoren, die frühzeitig anzeigen, wann sich das Befinden eines Teils der Mitarbeiter verschlechtert, als mögliche „Frühindikatoren" drohender Gesundheitsprobleme. Aus diesem Grund sollte das Instrumentarium der betrieblichen Diagnostik mit Hilfe von Fehlzeiten ergänzt werden, um das Instrumentarium Mitarbeiterbefragung zur Erfassung „weicher" Werte wie Wohlbefinden, Ängstlichkeit, Hilflosigkeit, Selbstwertgefühl usw. Psychische Beeinträchtigungen sind nach Auffassung der WHO und der Internationalen Arbeitsorganisation eine der häufigsten Ursachen mangelhafter Arbeitsleistungen und krankheitsbedingter Abwesenheit von der Arbeit. Sie wirken maßgeblich mit bei der Verursachung chronischer Krankheiten und bilden damit Frühindikatoren, auch für die genannten Krankheitsbilder älterer Beschäftigter [8].

Aufgrund der hierzulande verfügbaren Routinedaten der Gesetzlichen Krankenversicherung über das Arbeitsunfähigkeitsgeschehen besitzen wir ein im internationalen Vergleich sehr gutes Instrument zur quantitativen Beobachtung arbeitsbedingter Morbidität, allerdings ohne daraus genauere kausale Folgerungen ziehen zu können. Auf der anderen Seite wissen wir aus der sozialepidemiologischen, arbeitswissenschaftlichen und -psychologischen Grundlagenforschung mittlerweile einiges darüber, was an den Arbeits- und Organisationsbedingungen eher pathogene und was eher salutogene Konsequenzen für Befinden und Gesundheit der Beschäftigten erwarten lässt – allerdings ohne Genaueres über die faktische Verbreitung dieser Bedingungen in der deutschen Wirtschaft aussagen zu können. Zwingend geboten erscheint in dieser Situation ein „Brückenschlag" zwischen nationaler Gesundheitsberichterstattung einerseits und kausaler Relevanz des sozialepidemiologischen Grundlagenwissens andererseits. Dieser Brückenschlag gelingt nur über einen dritten, unseres Erachtens für die Weiterentwicklung von Gesundheitsförderung und Prävention zwingend gebotenen Schritt: den Aufbau einer betriebsspezifischen Berichterstattung und Diagnostik. Nur dadurch erhalten wir valide Kenntnisse über die je spezifische Gesundheitssituation der Beschäftigten und die diese Situation beeinflussenden betriebsspezifischen Rahmenbedingungen und Ursachen als unabdingbarer Voraussetzung bedarfsgerechter, wirksamer und effizienter Intervention [3, 7].

Gesundheitsmanagement – eine Investition in das betriebliche Sozialkapital

Die systematische und kontinuierliche Verfolgung des Zieles „gesünder älter werden" erfordert den Aufbau eines Betrieblichen Gesundheitsmanagements. Unter Betrieblichem Gesundheitsmanagement verstehen wir die Entwicklung betrieblicher Rahmenbedingungen, Strukturen und Prozesse, die die gesundheitsförderliche Gestaltung von Arbeit und Organisation und die Befähigung zum gesundheitsförderlichen Verhalten der Mitarbeiterinnen und Mitarbeiter zum Ziele haben. Eine dementsprechende Neuausrichtung betrieblicher Gesundheitspolitik muss von allen Beteiligten gewollt werden, und sie muss daher auch den wirtschaftlichen Zwecken der Unternehmen dienen. Gesundheit ist stets nur Mittel, aber kein Endzweck marktorientierter oder auch öffentlicher Produktion. Investitionsbereitschaft in das Betriebliche Gesundheitsmanagement ist heute immer noch alles andere als selbstverständlich. Es kommen dafür nur Interventionen in Frage, die nachweisbar beidem dienen: der Gesundheit der Beschäftigten und der Zwecksetzung einer Organisation.

Betriebliches Gesundheitsmanagement verstanden als Investition in das Sozialkapital eines Unternehmens entspricht dieser doppelten Zielsetzung. Sach- und Humankapital sind mittlerweile geläufige Begriffe und beziehen sich auf die technische Ausstattung der Unternehmen und die Qualifikation ihrer Beschäftigten. Was aber ist Sozialkapital? Warum ist es gleichermaßen bedeutsam, für die Leistungsfähigkeit von Organisationen wie für das Wohlbefinden ihrer Mitglieder? Der Sozialkapitalansatz fügt dem Sach- und Humankapitalansatz eine auf das soziale System eines Unternehmens gerichtete Sichtweise hinzu. Erst dadurch wird das lebendige, prozesshafte und ergebnisorientierte Zusammenwirken von Mensch und Technik vollends transparent und im mitarbeiterorientierten Sinne gestaltbar. Kooperatives und zur Verfolgung gemeinsamer Ziele koordiniertes Handeln erfordert mehr als sachliche Kompetenz und hochentwickelte Technik. Es erfordert soziale Vernetzung, vertrauensvolle Zusammenarbeit und die Identifikation mit gemeinsamen Überzeugungen, Werten und Regeln, m. a. W. Merkmale einer Organisation, die, wie wir heute wissen, in gleichem Maße dem unternehmerischen Erfolg wie dem Wohlbefinden und der Gesundheit ihrer Mitarbeiter dienen (vgl. Abb. 3.1).

Investitionen in das Sozialkapital sind kein Ersatz für einen durchdachten Geschäftsplan oder eine treffsichere Marketingstrategie, sehr wohl aber eine notwendige Ergänzung von beidem. Sie fördern

- sinkende Transaktionskosten wegen hohen gegenseitigen Vertrauens und guter Zusammenarbeit,
- schnellen Informationsfluss und Wissensaustausch,
- sinkende Fehlzeiten und Fluktuation, was Qualifikationskosten spart, Betriebsstörungen vermeidet, Fehlerraten reduziert und die Entwicklung stabiler sozialer Beziehungen erleichtert,
- gesteigerte Produktivität und stabiles Selbstwertgefühl, hohe Identifikation mit der eigenen Arbeit und der Organisation insgesamt,
- salutogene Potenziale durch hohe Berechenbarkeit des Unternehmenshandelns auf allen Ebenen – bei persönlichem Hilfebedarf wie auch in wirtschaftlich schwierigen Zeiten.

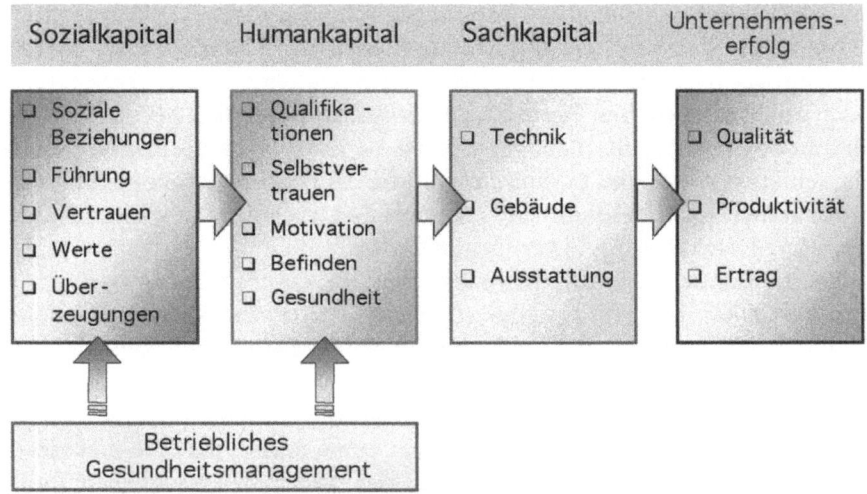

Abb. 3.1. Der Zusammenhang von Betrieblichem Gesundheitsmanagement, Sozialkapital und Unternehmenserfolg

Gesundheitswissenschaftler teilen heute weithin die von Antonovsky als salutogenetisch bezeichnete Position, nach der insbesondere der Grad der Sinnhaftigkeit des eigenen Tuns und der Verstehbarkeit und Beeinflussbarkeit der Lebens- und Arbeitsbedingungen für das Wohlbefinden von großer Bedeutung sind. Antonovskys Kohärenzempfinden („sense of coherence") bezeichnet dabei die Fähigkeit einer Person, die Welt, in der er oder sie lebt, als sinnhaft, verständlich und beeinflussbar zu erleben. Ergänzend dazu muss m. E. berücksichtigt werden, dass sich nicht nur Menschen in ihrer Fähigkeit unterscheiden, Lebens- und Arbeitswelt als mehr oder weniger kohärent zu erleben, sondern auch soziale Systeme darin, in wieweit sie dabei den entsprechenden Bedürfnissen ihrer Mitglieder entgegenkommen oder nicht: Auch soziale Systeme unterscheiden sich in ihrer objektiven Sinnhaftigkeit, Verständlichkeit und Beeinflussbarkeit. Je intransparenter ein soziales System ist, umso weniger leicht verstehbar ist es. Je weniger zweckmäßig oder wertorientiert ein soziales System arbeitet, umso weniger Sinn vermittelt es an seine Mitglieder. Je weniger Handlungsspielräume und Beteiligungsmöglichkeiten es einräumt, umso weniger beeinflussbar ist es. Je unkalkulierbarer und inkonsistenter der Umgang der Mitglieder untereinander, umso weniger Vertrauen wird unter ihnen entstehen können. Nicht nur Personen lassen sich, so gesehen, auf einem Kontinuum „gesund/krank" einordnen, sondern auch soziale Systeme. Gestaltung sozialer Systeme wird damit zu einer zentralen Aufgabe Betrieblichen Gesundheitsmanagements. Unsere Vision ist die „gesunde Organisation". Der Weg dahin ist das Betriebliche Gesundheitsmanagement: das systematische und nachhaltige Bemühen um die gesundheitsförderliche Gestaltung von Strukturen und Prozessen sozialer Systeme und um die gesundheitsförderliche Befähigung der Beschäftigten. Führung und Mitarbeitervertretung müssen dabei partnerschaftlich zusammenarbeiten. Zentrales Ziel ist das Gesünder älter Werden durch Investitionen in das Sozial- und Humankapital.

Gesundheitsförderung, Diseasemanagement und Rehabilitation

Das Ziel „gesünder älter werden" erfordert nicht nur eine Intensivierung und Professionalisierung betrieblicher Gesundheitspolitik, es erfordert auch eine bessere Verzahnung gesund erhaltender, krankheitsverhütender, behandelnder und rehabilitativer Anstrengungen. Die heute beobachtbare Ausdifferenzierung gesundheits- und krankheitsbezogener Aktivitäten folgt Prinzipien, die durch modernes Diseasemanagement überwunden werden sollen. Diseasemanagement dient der Integration fragmentierter Versorgungsprozesse gegenwärtig zuallererst im Bereich der ambulanten Versorgung. Diseasemanagement ist nicht in erster Linie berufsgruppen- oder institutionsbezogen, sondern es ist populationsbezogen, denn es richtet sich auf einzelne Patientengruppen chronisch Kranker. Und es ist prozessorientiert, weil es eine patientenbezogene Verkettung ambulanter Versorgungsprozesse anstrebt. Dies ist ein erster wichtiger Schritt auch zur Verhütung von Erwerbsunfähigkeit und Frühberentung. Was sich hier als zweiter Schritt geradezu aufdrängt, ist die bessere Verzahnung von Diseasemanagement, Rehabilitation und betrieblicher Gesundheitspolitik.

Von chronischen Krankheiten sind immer häufiger Beschäftigte weit vor ihrem gesetzlichen Verrentungsalter betroffen. Die Folge einer chronischen Erkrankung ist in dieser Altersgruppe häufig der Wunsch nach krankheitsbedingter Frühberentung.

So wie aktive, präventive betriebliche Gesundheitspolitik zur Verhütung chronischer Krankheiten beitragen sollte, sollte eine aktive Politik der Rehabilitation zur Verhütung von Frühberentung und zur Förderung von Wiedereingliederung bedingt Gesunder beitragen. Diese Option wird gegenwärtig noch eher selten gewählt. Auch hier ist Wandel erforderlich, bei der Gesetzlichen Krankenversicherung, bei der Gesetzlichen Rentenversicherung, bei den Betrieben und bei den Betroffenen. Eine Politik des „Gesünder-älter-werdens" kann wesentlich zur Attraktivität von Arbeit beitragen und damit dazu, dass bei chronisch Kranken nicht mehr der Wunsch nach Frühberentung dominiert, sondern der Wunsch nach aktiver Wiedereingliederung in das Erwerbsleben.

Literatur

[1] Badura, B., Kickbusch, I. (1991) (eds.): Health promotion research: towards a new social epidemiology. WHO Regional Publications, European Series, No. 37, Copenhagen, WHO, Regional Office for Europe
[2] Badura, B. (2002): Betriebliches Gesundheitsmanagement – ein neues Forschungs- und Praxisfeld für Gesundheitswissenschaftler. In: Zeitschrift für Gesundheitswissenschaften, 10. Jg. 2002, H. 2, S. 100–118
[3] Badura, B., Hehlmann, T. (2002): Betriebliches Gesundheitsmanagement. Der Weg zur gesunden Organisation, im Erscheinen
[4] Bertelsmann Stiftung/Hans Böckler Stiftung (2000): (Hrsg.): Erfolgreich durch Gesundheitsmagement. Beispiele aus der Arbeitswelt. Gütersloh: Verlag Bertelsmann Stiftung
[5] Bundesministerium für Familie, Senioren, Frauen und Jugend (2001): Dritter Bericht zur Lage der älteren Generation. Deutscher Bundestag 14/5130, 19.1.2001
[6] Enquete-Kommission (2002): Schlussbericht: „Demographischer Wandel – Herausforderungen unserer älter werdenden Gesellschaft an den Einzelnen und die Politik". Deutscher Bundestag, 14. Wahlperiode
[7] Walter, U., Münch, E., Badura, B. (2002): Implementierung eines Betrieblichen Gesundheitsmanagements bei der Essener Verkehrs-AG. In: Badura, B., Litsch, M., Vetter, C. (Hrsg.): Fehlzeiten-Report 2001 – Gesundheitsmanagement im öffentlichen Sektor. Zahlen, Daten, Analysen aus allen Branchen der Wirtschaft. Berlin u.a.: Springer, S. 197–214
[8] WHO/ILO 2000 (Bearbeitung Harnois, Gabriel, PH 2000): Mental Health and Work Impact, Issues and Good Practices. Eigenverlag, Genf

KAPITEL 4

Leistungsfähigkeit älterer Arbeitnehmer – Abschied vom Defizitmodell

G. Maintz

Ausgangslage: Ältere Arbeitnehmer – ein Problem für die Arbeitswelt?

Der säkulare Trend der steigenden Lebenserwartung und des Rückganges der Geburtenrate in unserem Kulturraum, der Anfang des vorigen Jahrhunderts begann, setzt sich auch in Deutschland unvermindert fort. Er führt längerfristig zur Zunahme des Durchschnittsalters sowohl insgesamt (bis 2040 um 7 Jahre) als auch in Bezug auf die Erwerbstätigen (Anstieg um 3 Jahre) [1].

Weiterhin wird aufgrund des Geburtenrückgangs der Anteil der für die Erwerbsarbeit zur Verfügung Stehenden zukünftig stark zurückgehen. Prozentual wird sich das Angebot an jüngeren Arbeitskräften in den folgenden Jahren stark reduzieren (Abb. 4.1). Schon jetzt zeigt

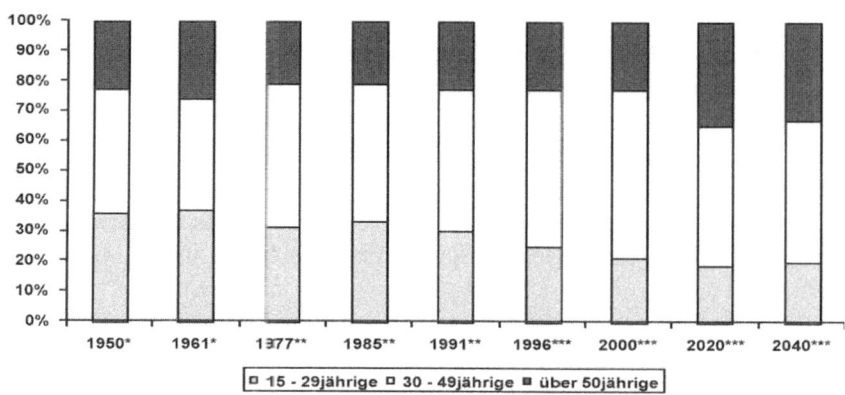

Quellen:
* Statistisches Bundesamt 1972, S. 144 (früheres Bundesgebiet)
** Statistisches Bundesamt 1978-Tab. 6.3; 1987-Tab. 6.3 (beide früheres Bundesgebiet), 1993-Tab. 6.5
*** Fuchs, Thon 04/1999

Abb. 4.1. Das Arbeitskräfteangebot in Deutschland nach Altersgruppen, 1950–2040. Quelle: [7]

sich, dass aus volkswirtschaftlicher Sicht auf die älteren Arbeitnehmer nicht verzichtet werden kann und dass Betriebe (und Verwaltungen) in Zukunft mit älter werdenden Belegschaften zu rechnen haben [2]. Diesem Phänomen stehen die Beschäftigten selbst, Arbeitgeber, Politiker und Wissenschaftler mit unterschiedlichem Problembewusstsein gegenüber, wobei sich bereits hier die Frage stellt, inwieweit der ältere Arbeitnehmer an sich als „Problem" angesehen werden muss.

Die sich entwickelnde Überalterung gehört nicht zu den drängendsten Herausforderungen, vor die sich ein Unternehmen derzeit gestellt sieht. Auch bei gesonderter Betrachtung der auf das Personal bezogenen kurzfristig zu lösenden Probleme rangiert das Thema „Überalterung" an letzter Stelle, lediglich 3% der befragten Betriebe sahen hierin eine zu lösende Aufgabe. Hohe Lohnkosten (30%) und Fachkräftemangel auf dem Arbeitsmarkt (16%) sowie zu hoher Personalbestand (7%) wurden weitaus häufiger genannt [3]. Je größer der Betrieb, desto eher wird die älter werdende Belegschaft als Personalproblem wahrgenommen. Kleinere Betriebe sind häufig auf die Fachkompetenz der Älteren unmittelbar angewiesen. Sie planen oftmals nicht soweit voraus und richten sich eher auf vorhandene Leistungsmöglichkeiten aus. Hingegen trugen größere Betriebe in der Vergangenheit einen europaweiten Trend mit: den der Externalisierung Älterwerdender mittels Frühverrentungsprogrammen, die im Konsens von Arbeitgebern, Arbeitnehmern und Politik eingesetzt wurden. Diese Möglichkeiten waren für die kleineren Betriebe in der Regel aus finanziellen Gründen nicht in gleichem Maße realisierbar.

Es ist wichtig darauf hinzuweisen, dass die Gründe für die massive Nutzung von Frühverrentungsprogrammen – übrigens mit Verzicht auf das Erfahrungswissen ganzer Belegschaften – keineswegs in einer nachlassenden oder gar nachgewiesenen Leistungsminderung der Betroffenen lagen. Es wurde lediglich eine weitgehend für alle Interessengruppen einvernehmlich gestaltbare Möglichkeit zur betrieblichen Rationalisierung genutzt. Parallel dazu erfolgte das Outsourcing älterer Belegschaftsmitglieder weiterhin über den Weg in die Arbeitslosigkeit.

Die Arbeitslosenstatistik war in den letzten Jahren zunehmend geprägt durch einen steilen Anstieg der Zugänge zur Arbeitslosigkeit in der Altersklasse der 50- bis 55jährigen (Abb. 4.2).

Auch wenn in den Jahren 1999 bis 2000 geringere Zugangszahlen zu verzeichnen waren, ist die Arbeitslosenquote im Altersbereich ab 55 Jahre weiterhin mit Abstand die höchste im Vergleich zu allen anderen Altersgruppen. Diese Statistik wird auch geprägt durch die geringeren Chancen Älterer, wieder aus der Arbeitslosigkeit in Beschäf-

Leistungsfähigkeit älterer Arbeitnehmer – Abschied vom Defizitmodell

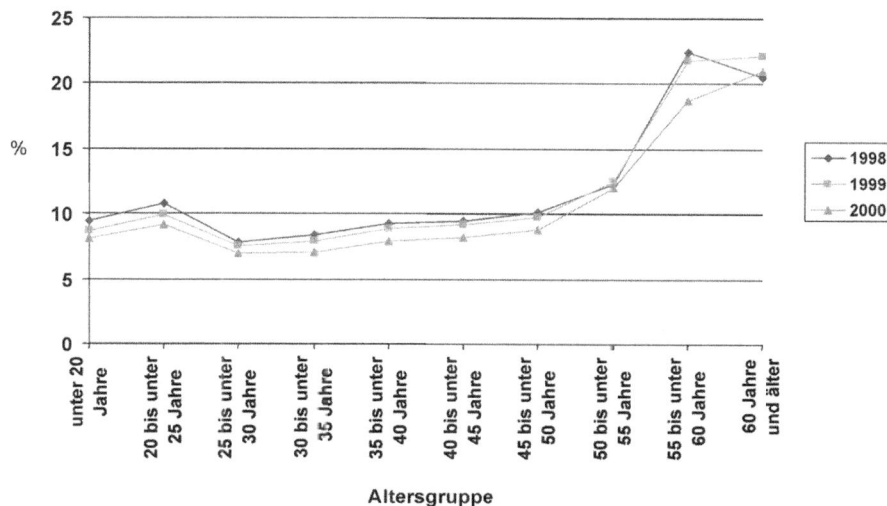

Abb. 4.2. Arbeitslosenquote nach Altersgruppen in den alten Bundesländern, 1998–2000. Quelle: [4]

tigung zu gelangen [4]. Insofern scheinen die Älteren pauschal als Problemgruppe angesehen zu werden; sie scheiden eher als andere Gruppen aus dem Arbeitsprozess aus und haben geringere Chancen der Wiedereinstellung. Einige statistische Daten zu vielfältigen Gesundheitsbeschwerden, zu chronischen Gesundheitsstörungen, zu Arbeitsunfähigkeiten sowie die erhöhte Häufigkeit tödlicher Arbeitsunfälle in der Altersgruppe der 50- bis 65jährigen stützen diese These und scheinen eine eher defizitäre Sicht auf das Altern zu untermauern. So nimmt der Mittelwert der Anzahl genannter gesundheitlicher Beschwerden (aus einer Liste von 23 Einzelbeschwerden) mit dem Alter nahezu stetig zu. Während die Gruppen bis 39 Jahre weniger als 2 Beschwerden nennen, liegt der Durchschnitt in den älteren Altersgruppen (50 bis 64 Jahre) bei 2,5 [5].

Die Ergebnisse arbeitsmedizinischer Vorsorgeuntersuchungen (Datenmaterial aus dem Bestand der Bundesanstalt für Arbeitsschutz und Arbeitsmedizin (über 1,5 Mio. Datensätze) und dem TÜV Rheinland (über 400000 Datensätze) zeigen eine deutliche und stetige Zunahme ärztlich dokumentierter Gesundheitsstörungen bei arbeitsfähigen Beschäftigten mit zunehmendem Alter. Dies betrifft vor allem kardiovaskuläre und muskuloskeletale Befunde und betrifft sowohl die Kohorte der ehemaligen DDR als auch die vom TÜV Untersuchten (in Abb. 4.3 beispielhaft dargestellt für die ostdeutschen Männer) [6].

Die Unfallstatistik weist aus, dass Ältere zwar seltener von Unfällen betroffen werden, aber ein höheres Risiko in Bezug auf tödliche Un-

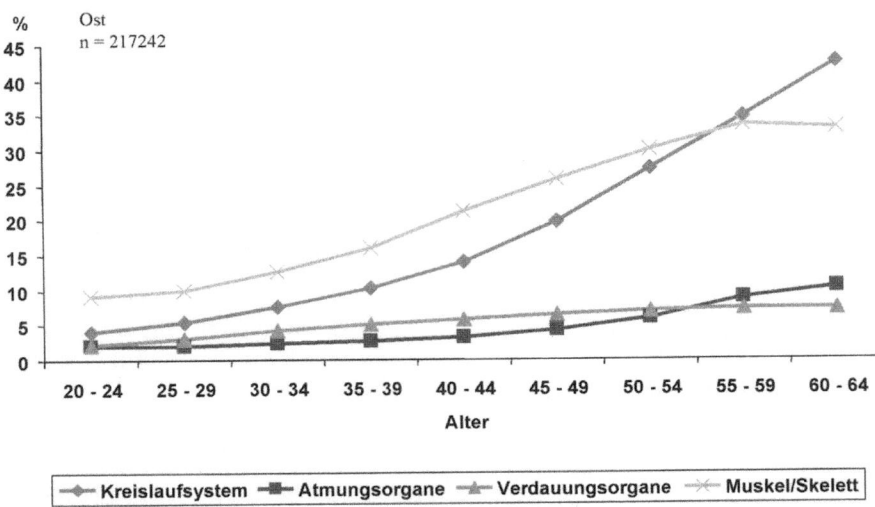

Abb. 4.3. Prävalenz chronischer Störungen, Männer (Ostdeutschland). Quelle: [6]

fälle haben. Nach Angaben von Eurostat wurden 1998 in der Altersklasse 26 bis 45 Jahre auf 100 000 Beschäftigte 4.364 Unfälle gezählt; die Altersklasse 46 bis 65 Jahre wies auf die gleiche Bezugsgröße 3952 Unfälle aus. Die Relation für tödliche Unfälle betrug 4,7 zu 8,3 pro 100 000 Beschäftigte [7].

Die Arbeitsunfähigkeitsstatistiken zeigen ebenfalls in gegensätzliche Richtungen. Die Dauer der Arbeitsunfähigkeit verlängert sich mit dem Alter. Dieses Phänomen ist besonders ausgeprägt für die Krankheiten des Muskel-Skelettsystems. Auch die beiden anderen großen Krankheitsgruppen (Kreislauf, Psyche) weisen auf stärkere Beeinträchtigungen im Alter hin: ab der Altersklasse 50 ist auch hier ein Anstieg zu verzeichnen, der aber wesentlich flacher und geringer als bei der erstgenannten Krankheitsgruppe ausfällt. Allerdings zeigt die Betrachtung der Häufigkeiten von Arbeitsunfähigkeit ein hiervon abweichendes Bild. Atmungserkrankungen und Krankheiten des Verdauungssystems treten in den jüngeren Altersklassen häufiger auf als bei Älteren[1].

---

[1] Näheres zum Einfluss des Alters auf das Arbeitsunfähigkeitsgeschehen findet sich im Beitrag von C. Vetter in diesem Band.

Das Defizitmodell und seine Grundlagen

Zur Legitimation der Nichtbeschäftigung Älterer wird häufig mit Gründen argumentiert, die in der Person des Älterwerdenden liegen und – mehr oder weniger verdeckt – aus dem Defizitmodell des Alterns stammen. In der Tat gibt es eine Reihe von Körperfunktionen, die einen deutlichen Altersgang zeigen, das heißt, nach dem Erreichen eines Maximums über die folgenden Lebensjahre nach unterschiedlich langem Halten des erreichten Niveaus mehr oder weniger steil abfallen (Abb. 4.4).

Im Bereich der physischen Leistungsfähigkeit erreichen die charakteristischen Parameter (Schnelligkeit, Flexibilität, Ausdauer, Kraft, Koordination) frühzeitig Höchstwerte. Das Maximum zeigt sich zwischen Pubertät und frühem Erwachsenenalter. Auch wenn die interindividuellen Unterschiede gerade für die betrachteten Beanspruchungsformen gravierend sein können, ist in der Regel – für die einzelnen Parameter zu unterschiedlichen Zeitpunkten – im Alter von Mitte 20 bis Anfang 50 eine Abnahme der Leistungsfähigkeit zu verzeichnen [8]. Die Leistungsfähigkeitskurve fällt zunächst bis zum Alter von 40 Jahren nur flach ab; dann wird der Abfall steiler. Wegen der hohen Reservekapazitäten des gesunden Organismus besteht zunächst kaum die Gefahr, dass die Leistungsfähigkeit die Arbeitsanforderungen unterschreitet. In Abhängigkeit von dem Belastungsprofil am Arbeitsplatz kann das Nachlassen der physischen Leistungsfähigkeit für den Älteren aber in der Tat problematisch werden.

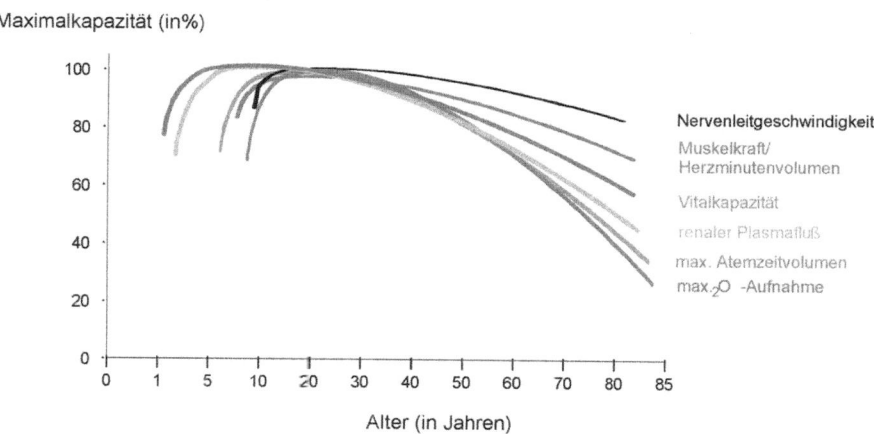

Abb. 4.4. Altersgang physiologischer Parameter nach Schmidt/Thews [8]

Für die Arbeitstätigkeit besonders wichtige Sinnesfunktionen wie Sehen und Hören verändern sich im Laufe des Berufslebens. Das Hörvermögen beginnt schon recht früh (ab dem 20. Lebensjahr) abzunehmen, zeigt aber erst etwa ab dem 40. Lebensjahr zunehmend stärkere Verluste in den höheren Frequenzen. In diesem Alter werden auch Summationseffekte aus beruflicher Belastung des Hörorgans und Freizeithörgewohnheiten bedeutsam. Alternsbedingte Änderungen der Augen und der Sehfähigkeit haben mit der Nutzung des Bildschirmes als universal eingesetztem Arbeitsmittel eine hohe Bedeutung gewonnen, dabei ist die Abnahme der Akkommodationsfähigkeit des Auges die gravierendste. Sie ist darauf zurückzuführen, dass die Linse nicht mehr problemlos auf das Sehen in der Nähe eingestellt werden kann und setzt etwa um das 45. Lebensjahr ein. Diese so genannte Alterssichtigkeit kann sehr rasch fortschreiten.

Vor allem diese Untersuchungsergebnisse der Leistungs- und Sinnesphysiologie sind es, die die Grundlage für eine Betrachtungsweise gelegt haben, im Älterwerden einen stetigen Verlust von Leistungsfähigkeit zu sehen und von ständig größer werdenden Defiziten im Laufe des Lebens auszugehen. Diese Erkenntnisse bilden aber auch die Grundlage für eine alternsgerechte Gestaltung der Arbeit und sind somit unverzichtbar. Zunächst schienen auch die Ergebnisse der Untersuchung von psychomentaler Leistung in die gleiche Richtung zu weisen. Aber – ähnlich wie bei den Zahlen zu Arbeitsunfällen und zur Arbeitsunfähigkeit – gehen hier die Veränderungen in gegensätzliche Richtungen.

Bekanntermaßen zeigen denkmechanische, „flüssige Leistungen" (Informationsverarbeitung, Problemlösung) einen Altersgang im Sinne eines Leistungsabfalls. Mit dem 4. Dezennium wird für diese Fähigkeiten das Maximum erreicht und zunächst gehalten, um dann erst geringfügig und mit den sechziger Jahren stärker abzufallen. Pragmatische, „kristallisierte Leistungen" (faktisches Wissen, prozedurales Wissen) bleiben unverändert oder nehmen mit dem Älterwerden eher zu [9].

Nicht jede Leistungseinschränkung ist jedoch auf den natürlichen Alternsprozess zurückzuführen; im Ursachengefüge reduzierter Leistungsfähigkeit oder der Entstehung chronischer Krankheiten können neben dispositionellen und alterungsbedingten, lebensstilbedingten und psychosozialen Faktoren auch arbeitsbedingte Einwirkungen eine Rolle spielen. Diese Aussage sei an zwei Beispielen verdeutlicht.

In einer Verwaltung wurden die Beschäftigten nach ihren Beschwerden befragt. Bei der Auswertung der Daten konnten bei eindimensionaler Betrachtung den älteren Gruppen zunehmende Häu-

Leistungsfähigkeit älterer Arbeitnehmer – Abschied vom Defizitmodell

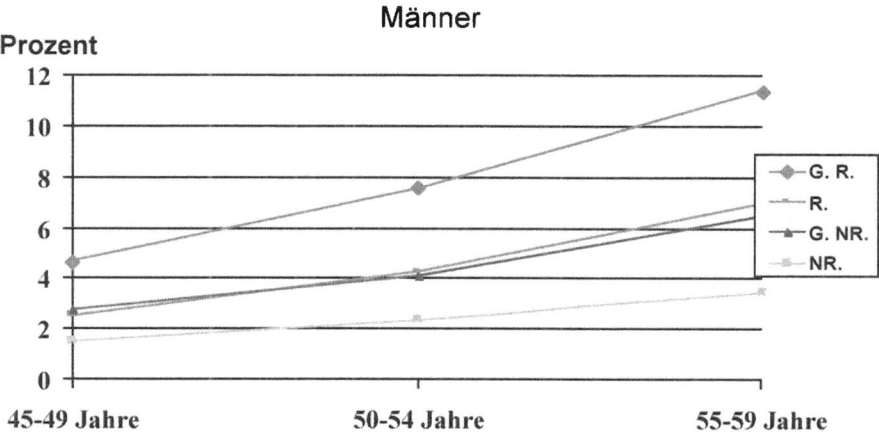

Abb. 4.5. CNSLD-Entwicklung mit dem Alter: Gefahrstoffexponierte Raucher und nichtexponierte Raucher vs. gefahrstoffexponierte Nichtraucher und nichtexponierte Nichtraucher. Quelle: [11]

fungen der Beschwerden zugeordnet werden. Wenn multivariat – also unter Gewichtung weiterer, für die Zielgröße maßgeblicher Faktoren – nach dem Einfluss des Alters gesucht wird, hatte das „kalendarische Alter" kaum Bedeutung. Bei 18% der Befragten lag ein hohes Beschwerdeniveau vor. Dieses wurde bestimmt von den Faktoren hohe subjektive Arbeitsbelastung, hoher individueller Stellenwert der Arbeit, Furcht vor Arbeitsplatzverlust und eher niedrige soziale Unterstützung. Das kalendarische Alter spielte übrigens nur in der Frage vorzeitiger Müdigkeit eine Rolle, und zwar waren hier Jüngere häufiger betroffen als Ältere [10].

Die Entwicklung von chronisch obstruktiven Lungenkrankheiten (CNSLD) ist in starkem Maße abhängig von Bedingungen am Arbeitsplatz (Abb. 4.5).

Im Vergleich zu nichtexponierten Nichtrauchern ergibt sich in der letzten Altersstufe für nichtrauchende Gefahrstoffexponierte eine Verdoppelung des Risikos, bei zusätzlichem Rauchen ein etwa dreifach höheres Risiko, an CNSLD zu erkranken (Datenquelle waren Ergebnisse aus rund 200000 Vorsorgeuntersuchungen, s.a. [6]).

Der Einfluss des Alters ist hier von geringerer Bedeutung als berufliche Belastung und Lebensstil [11].

Aktuelle Erkenntnisse über das Älterwerden

Das Defizitmodell des Alterns ist durch die Ergebnisse großer gerontologischer Längsschnittuntersuchungen, die seit den siebziger Jahren durchgeführt worden sind, nachhaltig erschüttert worden (z.B. von Studien des National Institute of Mental Health in Philadelphia, der Universität von Queensland in Australien, von Thomae in Deutschland und Rabbitt und Abrams in England sowie aktuell BASE in Berlin und die in Deutschland laufende Längsschnittstudie ILSE) [12, 14]. Schon 1971 konnte festgestellt werden: der „Verfall der kognitiven Fähigkeiten, der normalerweise mit fortgeschrittenem Alter assoziiert wird", war „weder bemerkenswert noch durchgängig, die meisten Leistungsminderungen waren gering und statistisch nicht signifikant. Es gab eine Anzahl von Tests, bei denen gar kein Leistungsabfall zu beobachten war. Bei manchen konnte sogar eine deutliche Verbesserung beobachtet werden" [13]. Defizitäre Daten aus Querschnittsuntersuchungen, die zuvor zur Stützung des Defizitmodells des Alterns herangezogen wurden, waren durch Kohorten- und Hospitalisationseffekte überlagert und ließen sich **nicht** im Längsschnitt bestätigen. Durch diese Ergebnisse der Längsschnittuntersuchungen ist die Defizithypothese nachhaltig erschüttert worden. An ihre Stelle ist die Annahme eines differentiellen Alterns getreten, die besagt, dass sich mit dem Alter unterschiedliche Leistungs- und Persönlichkeitsbereiche unterschiedlich stark und in unterschiedliche Richtung verändern können.

Diese Befunde werden auch gestützt durch die Berliner Altersstudie BASE, die Anfang der neunziger Jahre von einem interdisziplinären Team um Mayer und Baltes durchgeführt worden ist. Beteiligt waren etwa 1900 alte und sehr alte Berliner/innen (70 bis 105 Jahre).

Die 70- bis 84jährigen finden sich vor allem in den Gruppen mit den eher positiven Merkmalen wie körperlich und geistig sehr fit, sozial verankert, geistig fit und sozial aktiv; auch die sehr Alten, d.h. 85jährigen und Älteren, die sich stärker in den Gruppen mit gesundheitlichen Einschränkungen finden, schätzen sich in über 60% als „relativ gesund und selbstständig" ein [14].

Eine pauschalierende Defizithypothese scheint also selbst bei dieser Klientel nicht angebracht, wenn die Anforderungen auf ein selbst bestimmtes, aktives Leben zielen und die Fähigkeiten hierzu in die Bewertung der Ergebnisse einbezogen werden.

Man kommt dem Phänomen des Älterwerdens nur näher, wenn man es als Wandlungsprozess begreift, der sich über die ganze Lebenszeit erstreckt und zur Ausprägung und Veränderung unterschiedlicher körperlicher, geistiger und sozialer Bereiche in unterschiedlichen Lebensphasen führt.

Diese Betrachtungsweise (Paradigma) fügt sich in den gegenwärtig beobachtbaren Paradigmenwechsel der Wissenschaften ein, dessen Kernstück die Annahme wechselseitiger Beeinflussung zwischen Subjekt und Objekt ist. So kann auch der Mensch als Teil eines biopsychosozialen Systems, das er selbst formt und das ihn formt, begriffen werden.

Nach Uexküll [15] sind die sich überlappenden, hierarchisch geordneten Teilsysteme sozialer, psychischer und biologischer (physiologischer und anorganischer) Vorgänge durch Bedeutungskopplungen untereinander verbunden, wodurch Auf- und Abwärtseffekte möglich sind (Abb. 4.6). Z. B. können verlässliche soziale Bindungen Belastungen abpuffern (im Sinne des s. g. social support), die ungünstigenfalls zu psychischen und auch biologischen Störungen bis hin zur Krankheit führen können. Von außen auf der „biologischen Ebene" einwirkende Faktoren wie beispielweise Gefahrstoffe am Arbeitsplatz können ihrerseits bis in die soziale Ebene Effekte erzielen (Folgen von Berufskrankheiten). Nicht allein die genetisch determinierten biologischen Voraussetzungen bestimmen den individuell sehr unterschiedlichen zeitlichen Verlauf und die inhaltliche Ausprägung geistiger, körperlicher und psychischer Fähigkeiten; die Auseinandersetzung mit Herausforderungen (physische und mentale Belastung, Lernen), Unterforderungen und Fehlbelastungen, die sozialen und emotionalen Bindungen hinterlassen im Laufe des Lebens ebenso ihre Spuren.

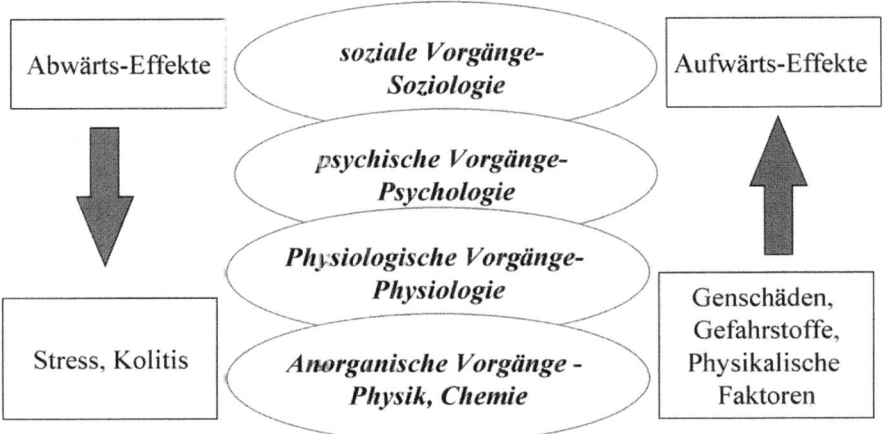

Abb. 4.6. Integrationsebenen eines hierarchischen Systems nach Uexküll [15]

Die systemische und umfassendere Betrachtungsweise macht es möglich, so genannten objektiven oder „harten" Daten, die mittels naturwissenschaftlicher Methoden gewonnen werden, gleichwertig subjektive oder „weiche" Daten beizustellen, die sich etwa aus Befragungen oder aus psychologischen Untersuchungen ergeben, wenn es beispielsweise um die Beurteilung alternsbedingter Veränderungen geht. Auch erfahren jetzt neben der bisher eher auf physische Voraussetzungen (wie Muskelkraft, Schnelligkeit) orientierten Leistungsbeurteilung die psychosozialen (z. B. Konsensfähigkeit) und emotionalen (emotionale Intelligenz) so genannten „weichen" Persönlichkeitsmerkmale die gleiche Wertschätzung. Dadurch wird das Bild des Älterwerdenden positiver und wirklichkeitsnäher.

Wichtigstes Merkmal des Alterns ist die erhebliche interindividuelle Streuung, die es verbietet, Leistungseinschätzungen allein nach dem kalendarischen Alter abzugeben. Etliche als alternsbedingt angesehene Leistungsminderungen und Beschwerden können entweder vermieden oder vermindert werden oder treffen im Einzelfall nur bedingt zu. Einige Faktoren bleiben ohnehin weitgehend konstant; so die Fähigkeit, sich normalen physischen und psychischen Anforderungen anzupassen und einen optimalen Leistungszustand während eines Arbeitstages beizubehalten.

Belastungen unterhalb der Dauerleistungsgrenze sind kaum eingeschränkt, die Konzentrationsfähigkeit – genügende Erholung vorausgesetzt – sowie der Gebrauch von Wissen sind langhin verfügbar. Auch ist das geistige Leistungsvermögen, insbesondere die (dem Altersgang nicht drastisch unterliegende) Lernfähigkeit Älterer, lange Zeit erheblich unterschätzt worden. Wichtiger noch ist aber die Erkenntnis, dass der Älterwerdende in der gelebten Zeit Entwicklungen und Bereicherungen erfährt.

Eigenschaften, die bei Älteren besser ausgeprägt sind als bei Jüngeren, wie
- die Leichtigkeit im Umgang mit komplexen Sachverhalten, weiterreichende Zeitplanungen,
- ein herabgesetztes Erleben von Eigenbetroffenheit in potentiell belastenden Situationen,
- erhöhte Toleranz für alternative Handlungsstile,
- bessere Entscheidungs- und Handlungsökonomie,
- Erkennen eigener Möglichkeiten und Grenzen,
- bedächtigere Entscheidungen und Schlussfolgerungen,
- mehr Sinn für das Machbare und
- geringere Belastung im privaten Bereich, damit bessere zeitliche Verfügbarkeit

werden im Zeitalter des wachsenden Dienstleistungssektors auf dem Arbeitsmarkt mehr und mehr nachgefragt [16].

Der neue Umgang mit dem Phänomen älter werdender Belegschaften

Alternsbedingte Änderungen der Leistungsvoraussetzungen können und müssen besondere Beachtung bei der Gestaltung von Arbeit und bei dem Bemühen um Arbeitsmöglichkeiten für Älterwerdende finden. Das gilt vor allem für die ausgesprochen starke interindividuelle Variabilität. Besonderes Augenmerk muss gelegt werden auf die verringerte Geschwindigkeit, mit der geistige und körperliche Prozesse ablaufen, die Abnahme der Sinnesfunktionen (z. T. korrigierbar, wie z. B. durch Sehhilfen) und der Körperkräfte, sowie das stärkere Erholungsbedürfnis Älterer.

Innovative Arbeitsgestaltung, die Fehlbeanspruchungen vermeidet und alternsbedingte Änderungen der Leistungsvoraussetzungen berücksichtigt, eine Lernkultur, die Kompetenzen entwickeln und erhalten hilft, die Wertschätzung der Persönlichkeit in ihrer jeweiligen Entwicklungsphase und nicht zuletzt das gesundheitsbewusste Verhalten des Einzelnen tragen dazu bei, dass auch Älterwerdende im Beruf gesund alt werden können und wollen.

Ein europäisches Land zeigt seit den 90er Jahren, wie man sich den demografischen Herausforderungen der kommenden Jahre stellen kann. Finnland hat seit 1992 das FinnAge-Programm aufgelegt, ein breitangelegtes Forschungs- und Umsetzungsprogramm, das den Erhalt von Arbeitsfähigkeit und Gesundheit der Älterwerdenden zum Inhalt hat.[2]

Orientierende Leitvorstellung ist die Age-Management-Pyramide, in welcher persönliche Voraussetzungen, Arbeitsumgebung, Arbeitsorganisation und berufliche Kompetenz als Ansatzpunkte angesehen werden, um gute Leistungsfähigkeit und Arbeitsqualität zu fördern und zu erhalten sowie gute Lebensqualität und Wohlbefinden zu erreichen (Abb. 4.7). Inzwischen ist dieses Vorgehen in Finnland etabliert, die Erfolge sind in Längsschnittuntersuchungen nachgewiesen [7]. Zur Bestimmung der Leistungsfähigkeit in Bezug auf die tatsächlich zu erbringenden Anforderungen am gegebenen Arbeitsplatz wird ein Fragebogen eingesetzt, in welchem die Dimensionen Arbeitsfähigkeit, ärztlich behandelte Krankheiten und Arbeitsunfähigkeitstage, Beeinträchtigung durch Krankheit, Einschätzung der eigenen Arbeitsfähig-

---

[2] Näheres dazu finden Sie im Beitrag von Ilmarinen & Tempel in diesem Band.

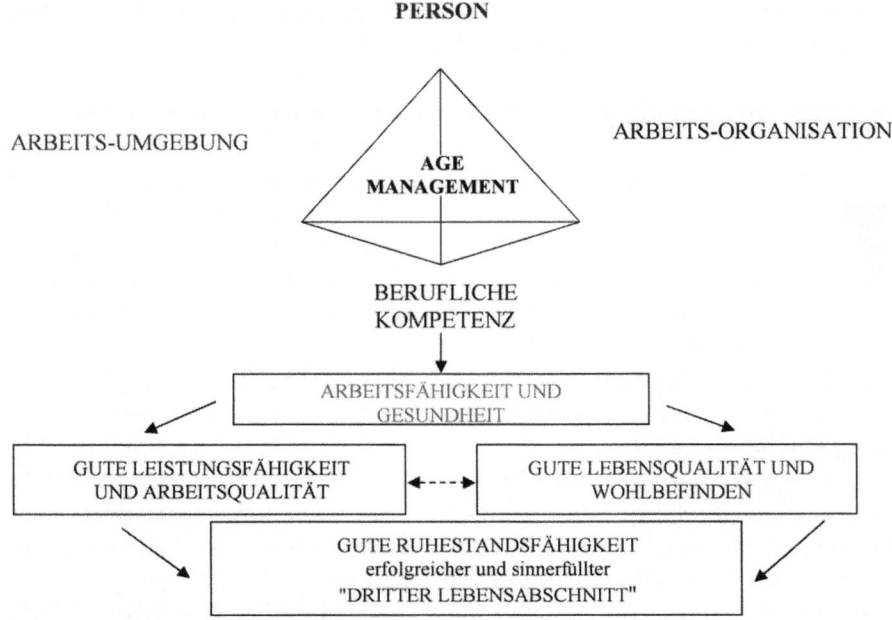

Abb. 4.7. Age-Management-Pyramide nach Ilmarinen [7]

keit in 2 Jahren sowie psychische Leistungsreserven abgefragt und gewichtet werden. Die Auswertung ergibt den so genannten Work Ability Index (WAI) oder Arbeitsbewältigungsindex (ABI), dessen autorisierte Übersetzung ins Deutsche inzwischen vorliegt [18]. Mit diesem Instrument können betriebliche Schwachpunkte aufgedeckt werden, gezielte Gesundheitsförderungsprogramme etabliert und deren Ergebnisse evaluiert werden.

Interventionen zur Förderung der Einsatzfähigkeit älterer Arbeitnehmer (employability) können ansetzen:
- auf personaler Ebene (Erhalt der körperlichen und geistigen Leistungsfähigkeit durch betriebsärztliche Beratung, Training und Qualifikation),
- auf arbeitsorganisatorischer Ebene (für Ältere besonders wichtig: ausreichende Erholungszeiten, Vermeiden von Zeitdruck, Verständnis des Managements für die besondere Situation des Älterwerdenden),
- bei der ergonomischen Gestaltung der Arbeit (Vermeiden schwerer körperlicher Belastung, Beachten nachlassender Sinnesfunktionen, hierzu s. a. [7, S. 239–241] und
- auf überbetrieblicher Ebene. Hier geht es insbesondere darum, die Barrieren bei der Wiedereinstellung Älterer zu überwinden.

Gesamtgesellschaftlich gesehen ist es an der Zeit, sich von der Überbetonung des Jugendideals und dem Defizitmodell des Alterns zu verabschieden, die beide verschiedene Seiten einer Münze sind, die ihre Zahlungsfähigkeit längst verloren hat.

Literatur

[1] INIFES – ISF – SÖSTRA: Arbeits- und Innovationspotential im Wandel. Thesen und Befunde zur Arbeit in einer alternden Gesellschaft. Starnberg, Novotny (1997)
[2] Volkholz nach [7]
[3] IAB Betriebspanel 1999
[4] IAB Werkstattbericht Nr. 7/2001
[5] BIBB/IAB-Erhebung 1998/1999
[6] Enderlein et al.: Fb 825 „Daten aus arbeitsmedizinischen Vorsorgeuntersuchungen zur Gesundheitslage von Erwerbstätigen in Deutschland-West und -Ost", BAuA Dortmund/Berlin 1998
[7] Ilmarinen, J., Tempel, J.: Arbeitsfähigkeit 2010 – Was können wir tun, damit Sie gesund bleiben? Hrsg. Marianne Giesert im Auftrag des DGB-Bildungswerk e.V.; VSA-Verlag Hamburg 2002
[8] Schmidt, Thews: Memorix Spezial „Physiologie des Menschen". 26. Aufl. 1995
[9] Lehr, U.: Psychologie des Alterns. 2. Historischer Überblick über die Erforschung der Alternsprozesse. Wiesbaden: Quelle & Meyer 1996, 8. überarb. Aufl.
[10] Junghanns, G.; Ullsperger, P.; Ertel, M.: Zum Auftreten von Gesundheitsbeschwerden bei computergestützter Büroarbeit – eine multivariate Analyse auf der Grundlage einer fragebogengestützten Erhebung. Z. Arb.wiss. 53 (25 NF), 1999/1
[11] Kersten, N.: Schätzungen des arbeitsbezogenen attributablen Risikos für ausgewählte Erkrankungen (Ergebnisse des Forschungsprojektes 03.011, Teil 4). Bundesanstalt für Arbeitsschutz und Arbeitsmedizin (BAuA), AM 1.2
[12] Groneck, S.; Patterson, R.D.: Human Aging II – An Eleven-Year Biomedical and Behavioral Study, U.S. Public Service Monograph, Washington, D.C.: Government Printing Office, 1971
[13] Friedan, B.: Mythos Alter – Die beiden Gesichter des Alterns
[14] Mayer, K.U.; Baltes, P.B. (Hrsg.): Ein Projekt der Berlin-Brandenburgischen Akademie der Wissenschaften: Die Berliner Altersstudie. Berlin: Akademie-Verlag 1996
[15] Uexküll, T. von; Wesiack, W.: Theorie der Humanmedizin. München-Wien-Baltimore: Urban und Schwarzenberg, 3. Aufl. 1998, S. 129
[16] Maintz, G.: Neue Arbeitsformen und älterwerdende Beschäftigte: ein Gegensatz? Sicherheitsingenieur 8/2000, S. 34–38
[17] Ilmarinen, J.: Älterwerdende Arbeitnehmer – Ergebnisse aus nationalen Forschungsprogrammen im Europäischen Rahmen (Tb 105) Bundesanstalt für Arbeitsschutz und Arbeitsmedizin, Dortmund/Berlin 2000, S. 15
[18] Tuomi, K. et al.: Arbeitsbewältigungsindex – Work Ability Index. Schriftenreihe der Bundesanstalt für Arbeitsschutz und Arbeitsmedizin, Ü 14, Dortmund/Berlin 2001

Handlungsfelder und Lösungsansätze
im demographischen Wandel

KAPITEL 5

Gesund bis zur Rente?
Ansatzpunkte einer alternsgerechten Arbeits- und Personalpolitik[1]

M. Morschhäuser

Die demographische Herausforderung

Während die Lebenserwartung in den Industriestaaten kontinuierlich angestiegen ist, sind die Erwerbstätigen in den vergangenen Jahren zugleich immer früher aus dem Berufsleben ausgeschieden. Neben vorzeitigen Berufsaustritten wegen Berufs- und Erwerbsunfähigkeit (s. u.) wurden Beschäftigte vor allem im Rahmen betrieblicher Personalabbaumaßnahmen frühverrentet. Dies geschah bislang weitgehend sozialverträglich, sprich: finanziell gut abgefedert sowie im Einverständnis der Sozialpartner und der Beschäftigten selbst.

Von daher gibt es aktuell nur relativ wenige ältere Arbeitnehmer und Arbeitnehmerinnen. Im Jahr 2000 sind lediglich 24% (West) bzw. 15% (Ost) der 60- bis unter 65-Jährigen in Deutschland erwerbstätig [2, S. 61]. Und in fast 60% der Betriebe gibt es nach einer Studie des Instituts für Arbeitsmarkt- und Berufsforschung (IAB) sogar keine Beschäftigten mehr, die älter als 50 Jahre sind [10, S. 7]. Zukünftig wird der Anteil Älterer an den Erwerbspersonen jedoch drastisch steigen und eine jugendzentrierte Beschäftigungspolitik wird – zumindest gesellschaftspolitisch – immer widersinniger.

- Während die Anzahl und der Anteil junger Arbeitskräfte auf Grund der seit den 70er-Jahren niedrigen Geburtenzahlen rückläufig ist, kommt die „Baby-Boom"-Generation in die Jahre (vgl. Abb. 5.1). Die heute 33- bis 45jährigen sind die bei weitem personenstärkste Alterskohorte in der Erwerbsbevölkerung, und auch in vielen Be-

---

[1] Die Ausführungen beruhen auf den Ergebnissen eines empirischen Forschungsprojektes des ISO-Instituts mit dem Titel „Betriebliche Beratungsstrategien für eine alternsgerechte Arbeits- und Personalpolitik". Das Vorhaben wurde im Rahmen der Gesamtstrategie „Öffentlichkeits- und Marketingstrategie demographischer Wandel" mit Mitteln des Bundesministeriums für Bildung und Forschung unter dem Förderkennzeichen 01 HH 9901/0 gefördert. Die Verantwortung für den Inhalt dieser Veröffentlichung liegt bei der Autorin.

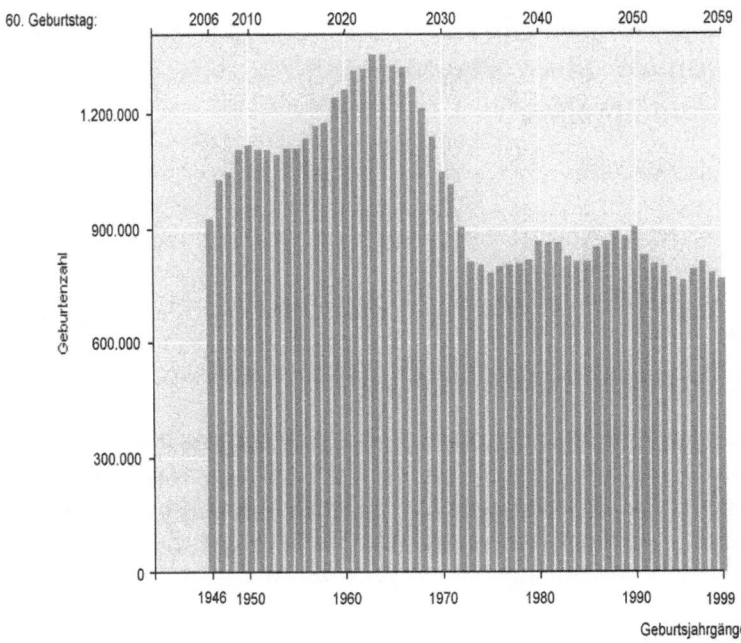

Abb. 5.1. Die Geburtsjahrgänge von 1946 bis 1999 in Deutschland (Quelle: Statistisches Bundesamt 2000; eigene Darstellung)

trieben bilden sie die am stärksten besetzte Altersgruppe (*gestauchte Altersstrukturen*). In zehn Jahren werden sie – dann 43 bis 55 Jahre alt – den Anteil älterer Erwerbspersonen in unserer Gesellschaft stark ansteigen lassen.
- Seit Mitte der 90er Jahre haben viele Staaten, so auch die Bundesrepublik Deutschland, die Anreize für einen vorzeitigen Eintritt in den Ruhestand verringert[2]. Es kann davon ausgegangen werden, dass – spätestens wenn die geburtenstarken Jahrgänge in das rentennahe Alter kommen – weitere politische Weichenstellungen hin zu einem späteren Berufsausstieg folgen werden. Heute schon werden Forderungen laut, das Renteneintrittsalter weiter heraufzusetzen. Eine Frühverrentung wird für die zukünftig Älteren mit beträchtlichen finanziellen Nachteilen verbunden sein. Viele von ihnen werden zudem auf Grund eines späteren Berufseinstiegs und diskontinuierlicher Erwerbsverläufe weniger Rentenbeitragsjahre nachweisen können, so dass sie gezwungen sein werden, länger erwerbstätig zu sein. „Der Traum von »ich werde 55 und kann dann

---

[2] Hierzulande wurden bspw. die Altersgrenzen zum Renteneintritt angehoben und Rentenabschläge bei einem früheren Rentenbezug eingeführt.

nach Hause gehen«", so der Betriebsratsvorsitzende eines Großunternehmens, „ist ausgeträumt".

Die wirklichen demographischen Herausforderungen stellen sich in der Arbeitswelt erst nach dem Jahr 2010, wenn die *Baby-Boomer* in die höheren Altersgruppen hineingewachsen sind. Ab diesem Zeitpunkt wird das Erwerbspersonenpotenzial stark altern und sich zugleich merklich verringern [4]. Die zentrale Frage ist, ob die zukünftig Älteren den Arbeitsanforderungen der Zukunft gewachsen sein werden. Angesichts der *künftigen* Altersstruktur unserer Bevölkerung stehen also *heute* insbesondere die geburtenstarken mittleren Jahrgänge im Blickfeld, die teilweise schon über 20 Erwerbsjahre hinter sich und zugleich noch mehr Arbeitsjahre vor sich haben. Es gilt, ihre Arbeits- und Beschäftigungsfähigkeit langfristig zu erhalten und auszubauen. Nur so kann verhindert werden, dass die momentan schon existierenden Missmatch-Probleme auf dem Arbeitsmarkt – partieller Fachkräftemangel bei gleichzeitig weit mehr als vier Millionen Arbeitssuchenden, darunter überproportional viele Ältere – in den kommenden Jahren in noch weit größerem Ausmaß auftreten. Dafür müssen heute schon die richtigen Weichen gestellt werden.

Erwerbsunfähigkeit vor Rente

Der Frührentner, der körperlich fit, dynamisch und leistungsstark seine freie Zeit genießt und (endlich!) selbstbestimmt gestaltet, der Berge besteigt und in der Tiefsee taucht: Dieses Bild wird vielfach in den Medien transportiert und wirkt auch als Leitbild für die heute noch jüngeren Beschäftigten. Die Realität sieht jedoch häufig anders aus: Jeder fünfte (vorzeitige) Renteneintritt in Deutschland ist einer verminderten Erwerbsfähigkeit auf Grund gesundheitlicher Beeinträchtigungen geschuldet[3]. Und noch weitaus größer ist die Anzahl derjenigen, die lange vor dem Ruhestand an einer der großen Zivilisationsleiden wie Muskel- und Skeletterkrankungen oder Herz-Kreislaufstörungen dauerhaft erkranken.

Der Eintritt von Erwerbsunfähigkeit ist allerdings weniger ein Alters- als ein Berufsrisiko, wie eine Aufschlüsselung der EU-Raten nach ausgeübten Berufen vor Renteneintritt illustriert. Abb. 5.2 stellt Berufsgruppen mit jeweils höchsten und niedrigsten EU-Raten gegenüber. Dabei zeigt sich: Es sind vor allem körperlich anstrengende und

---

[3] In 2001 waren 200.579 bzw. 19,7 Prozent aller Rentenneuzugänge (ohne Renten wegen Todes) Renten wegen verminderter Erwerbsfähigkeit (Quelle: VDR).

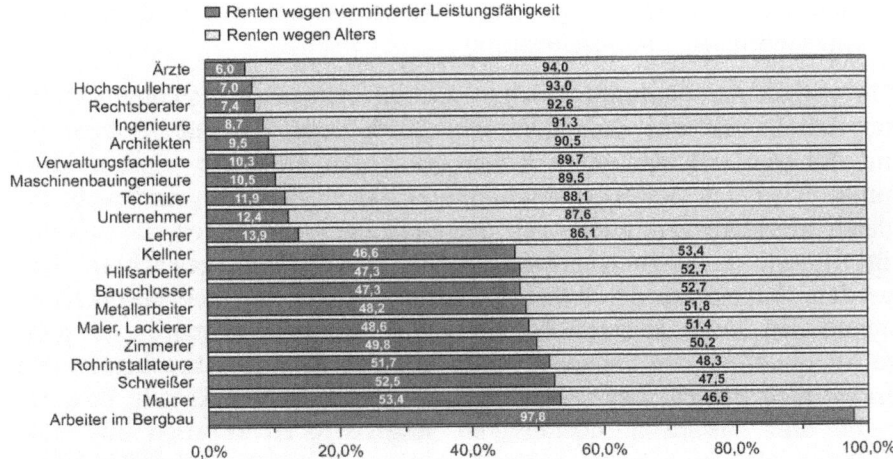

Abb. 5.2. Rentenzugänge nach ausgewählten Berufen vor Rentenbeginn (Quelle: VDR; eigene Berechnungen)

gering qualifizierte Tätigkeitsfelder mit geringen Entscheidungsspielräumen, die mit hohen Erwerbsunfähigkeitszahlen korrelieren, während es sich bei Berufen mit vorrangig kognitiven Anforderungen und hohem Sozialprestige genau umgekehrt verhält [4].

Wie sich die Gesundheit und damit auch die berufliche Leistungsfähigkeit[5] mit dem Älterwerden entwickeln, hängt zu einem großen Teil von der Art und Dauer der im Erwerbsleben ausgeübten Tätigkeiten ab, von den damit verbundenen Belastungen, aber auch Entlastungen und Ermutigungen. Bestimmte Arbeitsanforderungen, *langfristig* erfahren, erhöhen das Risiko, zu erkranken bzw. körperlich vorzeitig abzubauen und dadurch „leistungseingeschränkt" oder sogar erwerbsunfähig zu werden. Solche Anforderungen können deshalb als „*alterns*-kritisch" bezeichnet werden (vgl. Tabelle 5.1).

Im Zuge von Rationalisierung und Modernisierung haben sich – entgegen mancher Annahmen – selbst traditionelle Gesundheitsrisiken, wie körperliche Fehlbeanspruchungen oder Arbeitsumgebungsbelastungen, keineswegs generell verringert; teilweise haben sie sogar

---

[4] Entsprechende berufsspezifische Differenzen finden wir auch bei den Arbeitsunfähigkeitsraten, die beispielsweise bei Gleisbauern und Straßenreinigern mehr als fünfmal so hoch sind wie bei Naturwissenschaftlern oder Staatsanwälten (vgl. dazu Kap. 20.1.10 in diesem Band).
[5] Während es nach den Ergebnissen zahlreicher Studien keine generellen Unterschiede in der beruflichen Leistungsfähigkeit *gesunder* älterer und jüngerer Arbeitnehmer in derselben Tätigkeit gibt [9, S. 76], können chronische Erkrankungen, die bei Älteren gehäuft auftreten, zu erheblichen Leistungseinschränkungen führen [13].

Tabelle 5.1. Alternskritische Arbeitsanforderungen

Alternskritische Arbeitsanforderungen	Beispiele
• Körperliche Fehlbeanspruchungen	Heben und Tragen schwerer Lasten, Zwangshaltungen, einseitig belastende Tätigkeiten, kurzzyklische Tätigkeiten
• Arbeitsumgebungsbelastungen	Hitze, Lärm, schlechte Beleuchtungsverhältnisse
• Hohe bzw. starre Leistungsvorgaben	Taktgebundene Arbeit, hoher Zeitdruck
• Hohe psychische Belastungen	Soziale Isolation, schlechtes Arbeitsklima, hohe räumliche Mobilität, Daueraufmerksamkeit
• Schicht- und Nachtarbeit	

zugenommen [7]. Nach einer 1998/99 vom IAB und vom Bundesinstitut für Berufsbildung (BIBB) durchgeführten repräsentativen Befragung heben bzw. tragen 27% der Erwerbstätigen praktisch immer oder häufig schwere Lasten, 19% arbeiten in Zwangshaltungen, 20% unter Lärm, 21% bei Kälte, Hitze, Nässe oder Zugluft und 10% sind regelmäßig nachts tätig [3]. Zugleich sind die Leistungsanforderungen und psychischen Belastungen in weiten Bereichen von Produktion und Dienstleistung gestiegen. Dazu hat sicherlich auch die Frühverrentungspraxis der vergangenen Jahre beigetragen, indem sich die betrieblichen Leistungserwartungen zunehmend an der Leistungsfähigkeit jüngerer Arbeitnehmer ausrichteten.

Die Anhebung des *gesetzlichen* Rentenzugangsalters zielt in erster Linie auf eine Entlastung der Rentenversicherung. Damit Erwerbstätige zukünftig *tatsächlich* länger erwerbstätig sein können, müssen die Arbeits- und Beschäftigungsbedingungen auch entsprechend alterns- und gesundheitsgerecht gestaltet werden. Dabei ist es wichtig, gerade in solchen Arbeitsbereichen anzusetzen, in denen es auf Grund der Anforderungsstruktur besonders schwer ist, gesund alt zu werden.

Von den Gesunden lernen ...

Wie können Gesundheit und Leistungsfähigkeit der Beschäftigten in alternskritischen Arbeitsbereichen in einer präventiven Perspektive gefördert werden? Unter dem Motto „von den Gesunden lernen" haben wir mit acht der ältesten Produktionsarbeiter eines Automobilunternehmens biographische Interviews durchgeführt und sie nach ihrer Meinung und ihren Erfahrungen dazu gefragt [12]. Die Befragten, zum Erhebungszeitpunkt 57jährig, wurden zufällig unter denjenigen ihrer Jahrgangsgruppe ausgewählt, denen betriebsärztlich keine gesundheitlichen Einschränkungen diagnostiziert wurden und die bezüglich der von ihnen ausgeübten Tätigkeiten als voll leistungsfähig galten.

Uns ging es darum, gesunderhaltende Bedingungen im Berufsleben aus Sicht der Beschäftigten zu erfassen und herauszufinden, inwieweit bestimmte Gegebenheiten und Ereignisse in dem betreffenden Unternehmen dazu beigetragen haben, über den Erwerbsverlauf hinweg leistungsfähig zu bleiben. Wir haben damit keine repräsentativen Ergebnisse, sondern lediglich acht individuelle Meinungsbilder ermittelt. Gleichwohl werden bestimmte „Gesundheitsfaktoren" mehrheitlich und eindrücklich herausgestellt.

Auffällig ist zunächst, dass sich der Berufsverlauf der Befragten – mit einer einzigen Ausnahme – so gestaltete, dass sie nach langjähriger Beschäftigung in einem stark belastenden Arbeitsbereich mit geringen Entscheidungskompetenzen in ein körperlich weniger anstrengendes Tätigkeitsfeld mit größerem Handlungsspielraum wechseln konnten.

So schildert ein Arbeiter, 25 Jahre lang als Schleifer in der Motorenfertigung beschäftigt, seine frühere Tätigkeit folgendermaßen: „Sie mussten die Kurbelwelle vom Band herunternehmen, sie auf den Tisch stellen, messen, dann vom Tisch und wieder in den Automaten hinein – 386 Wellen am Tag [wobei eine Welle ca. 8 kg wog, Anm. der Verf.]. Der Ablauf war immer der gleiche. Die Muskeln hatten sich so eingearbeitet, das haben sie gar nicht gemerkt. Das fing dann nach 15, 16, 17 Jahren an. Wenn sie Urlaub hatten und sie hatten Ruhe und haben wieder angefangen zu arbeiten: Was ist denn das für ein Mist? Dir tut das Kreuz weh." Vor etwa 10 Jahren wurde der Motorenbau aus dem Werk ausgegliedert und der Befragte daraufhin in die Logistikabteilung versetzt, wo er als Staplerfahrer eingesetzt wurde. Seitdem, so seine Worte, habe er „mit dem Rücken sehr wenig Probleme" und sei auch kaum noch krankgeschrieben.

Weitere von den Befragten so bezeichnete „Schicksalsfügungen" oder „Glücksfälle" führten sie beispielsweise nach 20 Jahren körperlich schwerer Arbeit im Presswerk in die Warenannahme, nach 15 Jahren Schweißen im Akkord in die Logistik und nach 26 Jahren Bandarbeit im Anschluss einer betrieblichen Weiterbildungsmaßnahme in die Anlagenführung.

Durchweg benennen die Beschäftigten Gesundheitsbeschwerden in Zusammenhang mit ihrer ehedem ausgeübten Tätigkeit, wobei weniger die körperliche Schwere als die Einseitigkeit der Arbeit hervorgehoben wurde. „Weil der Kopf immer ein bisschen im Nacken war", berichtet ein Schweißer, der über Jahre hinweg ein- und dieselbe Arbeitsaufgabe verrichtet hat, habe er Schwierigkeiten mit dem Halswirbel gehabt. Wären sie heute noch in ihrem früheren Arbeitsbereich eingesetzt, so die einhellige Meinung der Produktionsarbeiter, dann wäre es mit ihrer Gesundheit bergab gegangen. Dementsprechend bewerten sie ihren Positionswechsel als entscheidend dafür, auch noch mit 57 Jahren „ihren Mann stehen" zu können. Zwar leiden Einzelne auch heute noch an Rücken-, Hüft- oder Beinbeschwerden, aber sie fühlen sich dadurch nicht in der Ausübung ihrer aktuellen Tätigkeit beeinträchtigt und sind insofern „*relativ gesund*"[6].

Neben solchen belastungsvermindernden Positionswechseln im Berufsverlauf heben die Befragten durchweg eine gute Zusammenarbeit und die soziale Unterstützung am Arbeitsplatz als wesentlich dafür hervor, dass man die vorhandenen Belastungen über lange Jahre hinweg weitgehend unbeschadet verkraftet habe und die Arbeit im Rückblick sogar auch positiv bewerte. „Es war eine Sauarbeit", so ein Schweißer, „aber es war eigentlich eine schöne Arbeit. Es war Kameradschaft da. Wenn jemand kaputt war – für den Kollegen wurde mitgeholfen."

Und schließlich kommt in unterschiedlichen von den Beschäftigten geäußerten Verhaltensmustern und Umgangsweisen mit der Arbeit eine gesundheitsbewusste Einstellung zum Ausdruck. So betonen einige auf die Frage, welchen Ratschlag sie jüngeren Kollegen geben würden, um langfristig gesund zu bleiben, dass diese „gelassener an die Arbeit herangehen", „sich nicht verrückt machen" und sich ruhig auch einmal eine Kur gönnen sollten. „Das sage ich auch zu jedem Kollegen", so ein Befragter „ich sage ‚Mensch, gehe zur Kur. Du musst das mit einem Auto vergleichen. Du kannst nicht mit einem Auto nach 10 Jahren in die Werkstatt fahren. Der Wagen muss auch eine Inspektion haben'". Und ein weiterer Interviewter betont, dass er für sich eine Art inneres Anti-Stress-Programm entwickelt habe: „Da muss man z. B. zu sich sagen: Bleib' ruhig! Morgen ist Freitag. Die Sonne scheint. Es ist bald wieder Wochenende oder Urlaub."

---

[6] Der Begriff der „relativen Gesundheit" berücksichtigt, dass organmedizinischer Befund und Einschränkung von Lebensvollzügen nicht übereinstimmen müssen und „Gesundheit" im Alltagsverständnis eher daran gemessen wird, ob man an den Aktivitäten teilhaben kann, die als normal bzw. wichtig angesehen werden.

Ansatzpunkte einer zukunftsorientierten betrieblichen Gesundheits- und Personalpolitik

Grundsätzlich können zwei Strategien unterschieden werden, wie alternskritischen Arbeitsanforderungen im Sinne einer präventiv ausgerichteten betrieblichen Gesundheitspolitik begegnet werden kann (vgl. Abb. 5.3).

Zum ersten geht es um den *Abbau von Arbeitsbelastungen* an Verschleiß- und Routinearbeitsplätzen. Altbekannte Ansatzpunkte sind hier etwa: ergonomische Verbesserungen, Lärmschutzmaßnahmen, die Verlängerung von Taktzeiten bei maschinengebundener Arbeit oder gesundheitsschonende Schichtarbeitsmodelle. In diesem Zusammenhang sind auch – wie es die oben dargestellten Interviewaussagen illustrieren – „entlastende" Bewältigungsstrategien der Beschäftigten wichtig. Dazu zählen sowohl gesundheitsbewusste Einstellungen (z. B. „Entärgerungsstrategien") als auch ein gesundheitsbewusstes Arbeiten (z. B. verstärkte Nutzung von Hebehilfen).

In Anbetracht verschärfter Wettbewerbsbedingungen und erhöhten Kostendrucks in Unternehmen wäre es aber wohl eine Illusion anzunehmen, man könne auf absehbare Zeit alle Tätigkeits- und Berufsfelder alternsadäquat umgestalten. Auf lange Sicht wird es schwer bleiben, typische Arbeiten in der Industriemontage, in Gießereien, im

Abb. 5.3. Ansatzpunkte einer zukunftsorientierten betrieblichen Gesundheitspolitik

Frachtumschlag oder im öffentlichen Personennahverkehr „gesund bis zur Rente" auszuüben.

Von daher sind zum zweiten Maßnahmen notwendig, die sich auf eine *Begrenzung der Verweildauer* an belastenden Arbeitsplätzen richten; und zwar möglichst bevor nicht mehr kurierbare Gesundheitsschäden oder Erwerbsunfähigkeit auftreten. Durch einen Tätigkeits- bzw. Positionswechsel können zugleich die Qualifikation von Beschäftigten erweitert sowie ihre Lern- und Umstellungsfähigkeit trainiert werden. Ein Ansatzpunkt „im Hier und Jetzt" besteht in arbeitsorganisatorischen Modellen wie Gruppen- oder Mischarbeit, sofern sie eine Rotation über Arbeitsplätze mit unterschiedlicher Anforderungsstruktur und einen gesundheitsschonenden Belastungswechsel vorsehen.

Um die Leistungsfähigkeit von Arbeitnehmern langfristig zu fördern und um einem sich mit dem Älterwerden verändernden Fähigkeitsprofil Rechnung zu tragen, ist darüber hinaus eine *erwerbsbiografische Perspektive* wichtig. Die Ergebnisse unserer Gespräche mit älteren Produktionsarbeitern veranschaulichen, wie entscheidend ein Wechsel im Berufsverlauf von einer belastungsintensiven zu einer psychisch oder physisch weniger anstrengenden Position für den Erhalt von Gesundheit und Arbeitsfähigkeit sein kann. Solche Positionswechsel finden heute schon statt; oftmals jedoch eher ungeplant, z. B. wenn ein Leistungsabfall und gesundheitliche Beeinträchtigungen nach längerer Tätigkeitsausübung auftreten. Von daher ginge es darum, alternsadäquate Positionswechsel im Sinne von Fach- bzw. Know-how- Karrieren und im Rahmen von Personalentwicklungsmaßnahmen systematisch zu planen. Solche Übergänge können beispielsweise in einem Maschinenbaubetrieb von der Schweißerei in produktionsnahe Serviceabteilungen führen; im Automobilwerk von der Montage am Band in die Logistik oder in einer Gießerei von der Kernmacherei in die Sandaufbereitung.

Personalentwicklung, sofern sie aktuell in Firmen als explizite Aufgabe wahrgenommen wird, ist ganz überwiegend an junge High Potenzials adressiert. Aber gerade für langjährig Beschäftigte an Verschleiß- und Routinearbeitsplätzen wäre eine berufliche Entwicklungsplanung bzw. die Vereinbarung einer begrenzten Verweildauer wichtig, um Gesundheitsschäden und Qualifikationsverluste, die mit der dauerhaften Ausübung solcher Tätigkeiten verbunden sein können, zu vermeiden. Dies gilt umso mehr, als Tätigkeitsfelder mit reduzierten Arbeitsbelastungen, die früher als Nischen zur Beschäftigung Älterer mit gesundheitlichen Einschränkungen dienten, im Zuge von Restrukturierungs- und Rationalisierungsmaßnahmen weitgehend entfallen sind. Absehbare Neuanfänge können die Betreffenden zudem – sofern sie sich auf attraktivere neue Tätigkeitsfelder bei zumindest gleicher Entlohnung richten – stark motivieren und auch dadurch gesund erhalten.

Ein weiterer wichtiger Ansatzpunkt, um die Dauer von Belastungseinwirkungen zu begrenzen, bezieht sich auf die Regelung der Arbeitszeit. Durch eine Arbeitszeitreduktion kann das Risiko von Überbeanspruchungen – beispielsweise bei Schicht- oder Hitzearbeit – gesenkt werden. Und neue Lebensarbeitszeitkonzepte eröffnen Beschäftigten die Möglichkeit, sich im Erwerbsverlauf phasenweise notwendige Kompetenzen für neue Aufgabenbereiche anzueignen oder sich mittels Sabbaticals körperlich und geistig zu regenerieren[7].

Um die Ressourcen für den Gesunderhalt im Unternehmen zu stärken, ist schließlich – auch darauf verweisen die befragten älteren Produktionsarbeiter – ein unterstützendes soziales Umfeld am Arbeitsplatz von entscheidender Bedeutung. Dieses hängt nicht zuletzt von einer Unternehmenskultur ab, die eine Sensibilität gegenüber Alternsprozessen ebenso beinhaltet wie die grundsätzliche Wertschätzung älterer Arbeitnehmer.

Zusammenfassend kann festgehalten werden, dass es unterschiedliche, parallel zu verfolgende Strategien und Ansatzpunkte gibt, um Arbeit und Personaleinsatz in Tätigkeitsfeldern mit hohen Arbeitsbelastungen gesundheits- und alternsgerecht zu gestalten [1, 5, 11, 13]. Welcher Weg für ein Unternehmen der „richtige" und gangbare ist, hängt von den konkreten betrieblichen Ausgangsbedingungen, Problemlagen und Handlungsvoraussetzungen ab.

Um neue Einsatz- und Beschäftigungsperspektiven für (zukünftig) ältere Arbeitnehmer zu erschließen, sind gesetzliche und tarifliche Regelungen wichtig, etwa zur Förderung der beruflichen Weiterbildung oder zu einer belastungsreduzierenden Gestaltung der Arbeitszeit. Gleichwohl bleibt der Betrieb das zentrale Handlungs- und Umsetzungsfeld.

Wichtig ist dabei zunächst eine Blickfelderweiterung, die unter „betrieblicher Gesundheitsförderung" nicht ausschließlich verhaltensorientierte Angebote oder ergonomische Gestaltungsansätze versteht. Unter dem Gesichtspunkt eines langfristigen Erhalts der Arbeits- und Beschäftigungsfähigkeit gehören Arbeitsorganisation und Personaleinsatz, Qualifizierung und Arbeitszeitregelungen, die Unternehmenskul-

---

[7] Näheres dazu finden Sie im Beitrag von Eberhard Zimmermann in diesem Band.

tur, das Arbeitsklima sowie die Arbeitseinstellungen der Beschäftigten ebenso auf den Prüfstand. Eine so verstandene umfassende Gestaltungsperspektive bedeutet zugleich, dass die betriebliche Gesundheitspolitik nicht alleine dem Verantwortungsbereich der Betriebsärzte zugeordnet, sondern als gesamtbetriebliche Aufgabe verstanden wird.

Ein gemeinsamer biographischer Rückblick mit gesunden – aber auch mit den nicht (mehr) gesunden – älteren Mitarbeitern und die Ermittlung kollektiv erfahrener, für den Gesunderhalt wichtiger Faktoren kann, so unsere Erfahrung, dazu dienen, innerbetriebliche Grundsatzdiskussionen über gesundheitsriskante und gesundheitsfördernde Arbeitsbedingungen anzustoßen. Indem die Berufsverläufe der älteren Beschäftigten nachvollzogen werden, wird die Bedeutung des Erwerbsverlaufs und dessen Gestaltung für den Gesunderhalt deutlich. Die Ergebnisse – die sich ja von vornherein konkret auf den jeweils eigenen Betrieb beziehen – geben wichtige Hinweise zu erhaltenswerten und veränderungsbedürftigen Aspekten der Arbeit.

Alternsgerechte Arbeitsgestaltung: Promotoren und Barrieren

Mit den dargestellten Ansatzpunkten einer gesundheits- und alternsgerechten Arbeitsgestaltung werden Konzepte aufgegriffen, die teilweise schon in den 70er und 80er Jahren – sowohl in der Debatte um eine „Humanisierung des Arbeitslebens" als auch in Studien zur spezifischen Situation älterer Arbeitnehmer – entwickelt und diskutiert wurden [3, 6]. Dies gilt sowohl für eher „traditionelle" Maßnahmen zum Abbau körperlicher Belastungen als auch für lern- und gesundheitsförderliche Gruppenarbeits- und Laufbahnmodelle. Angesichts eines zukünftig wachsenden Anteils älterer Erwerbspersonen und einer verlängerten Erwerbsarbeitsdauer gewinnen diese Konzepte an Bedeutung.

Ihre Umsetzung stößt in der betrieblichen Praxis jedoch an vielfältige Barrieren [11]: Die betriebliche Arbeits- und Personalpolitik ist gemeinhin kurzfristig ausgerichtet; Maßnahmen müssen sich nachweisbar und in kurzen Fristen rechnen. Das Tagesgeschäft dominiert und reagiert wird zumeist erst dann, wenn „die Probleme auf dem Tisch liegen". In Phasen betrieblicher Restrukturierung und absehbaren Personalabbaus überlagern die damit verbundenen Herausforderungen dann vollends mögliche „Alternsprobleme".

Gleichwohl belegen eine ganze Reihe von Good-practice-Beispielen[8], dass trotz aller ökonomischen Zwänge Spielräume für altersgerechte Arbeits- und Personalpolitiken bestehen. Ihre Existenz ist häufig, so die Ergebnisse von uns durchgeführter Recherchen, auf das Engagement einzelner durchsetzungsfähiger Akteure in den Betrieben zurückzuführen. Sie machen sich als Promotoren – oft gegen den betrieblichen Mainstream für präventiv ausgerichtete Regelungen bzw. Veränderungen stark und leisten innerhalb der Unternehmen Aufklärungs- und Überzeugungsarbeit.

Wenngleich die „Kümmerer" viel bewegen können, ist es, um Nachhaltigkeit zu erreichen, wichtig, dass vorbildliche Maßnahmen im Betrieb auf breiter Basis sowohl von „oben" als auch von „unten" getragen und vorangetrieben werden: Zum einen bedarf es eines auf der Leitungsebene verankerten betrieblichen Selbstverständnisses, wonach der langfristige Erhalt von Gesundheit und Leistungsfähigkeit der Beschäftigten als eine Zielgröße der Arbeits- und Personalpolitik betrachtet wird. Zum anderen müssen gesundheitsbewusste und lernrelevante Arbeitsformen von den Mitarbeitern selbst praktiziert und eingefordert werden. Angesichts einer künftig eher längeren Erwerbsarbeitsdauer wird es für den Einzelnen existentiell wichtig, mit den eigenen Kräften zu haushalten, sich nicht in jungen Jahren auszupowern und darauf zu achten, nicht in berufliche Sackgassen hineinzugeraten.

Literatur

[1] Buck H, Kistler E, Mendius H-G (1992) Demographischer Wandel in der Arbeitswelt. Chancen für eine innovative Arbeitsgestaltung. Stuttgart

[2] Deutscher Bundestag (2002) (Hrsg.) Schlussbericht der Enquete-Kommission „Demographischer Wandel – Herausforderungen unserer älter werdenden Gesellschaft an den Einzelnen und die Politik". Bonn

[3] Dohse K, Jürgens U, Russig H (1982) (Hrsg.) Ältere Arbeitnehmer zwischen Unternehmensinteressen und Sozialpolitik, Frankfurt/Main

[4] Fuchs J, Thon M (1999) Potentialprojektion bis 2040. Nach 2010 sinkt das Angebot an Arbeitskräften. IAB Kurzbericht, Nr. 4

[5] Gussone M, Huber A, Morschhäuser M, Petrenz J (1999) Ältere Arbeitnehmer. Altern und Erwerbsarbeit in rechtlicher, arbeits- und sozialwissenschaftlicher Sicht, Frankfurt/Main

---

[8] Mittlerweile existieren etliche Dokumentationen guter Beispiele einer altersgerechten Arbeitsorganisation. Hier sei auf die aktuelle internationale Datenbank der Industriellenvereinigung und der Arbeiterkammer Wien verwiesen, die bei ihrer Zusammenstellung den Gesundheitsaspekt besonders berücksichtigen: www.arbeitundalter.at; vgl. auch www.demostrans.de.

[6] Hainke H (1995) Präventive Strategien des Arbeitsschutzes für leistungsgewandelte ältere Arbeitnehmer. Dortmund
[7] Ilmarinen J, Tempel J (2002) Arbeitsfähigkeit 2010. Was können wir tun, damit Sie gesund bleiben? Hrsg. von Giesert M, Hamburg
[8] Jansen R (1999) Arbeitsbelastungen und Arbeitsbedingungen. In: Badura B, Litsch M, Vetter Ch (Hrsg.) Fehlzeiten-Report 1999. Berlin, S 5–30
[9] Kruse A (2000) Psychologische Beiträge zur Leistungsfähigkeit im mittleren und höheren Erwachsenenalter – eine ressourcenorientierte Betrachtung. In: von Rothkirch Ch (Hrsg.) Altern und Arbeit: Herausforderung für Wirtschaft und Gesellschaft. Berlin, S 72–87
[10] Leber U (2001) Ältere – ein Schatz muß gehoben werden. IAB Materialien, Nr. 2/2001, S 6–7
[11] Morschhäuser M (1999) Alternsgerechte Arbeit: Gestaltungsaufgabe für die Zukunft oder Kampf gegen Windmühlen? In: Behrens J, Morschhäuser M, Viebrok H, Zimmermann E: Länger erwerbstätig – aber wie? Wiesbaden, S 19–70
[12] Morschhäuser M (2002) Betriebliche Gesundheitsförderung angesichts des demographischen Wandels. In: Morschhäuser M (Hrsg.) Gesund bis zur Rente. Konzepte gesundheits- und alternsgerechter Arbeits- und Personalpolitik. Stuttgart, S 10–21
[13] Petrenz J (1999) Alter und berufliches Leistungsvermögen. In: Gussone M, Huber A, Morschhäuser M, Petrenz J (1999) Ältere Arbeitnehmer. Altern und Erwerbsarbeit in rechtlicher, arbeits- und sozialwissenschaftlicher Sicht, Frankfurt/Main, S 63–99

KAPITEL 6

Programme und Strategien zur Förderung älterer Arbeitnehmer in Europa

K. Kuhn

Der tief greifende demographische Wandel hinterlässt in ganz Europa seine Spuren: Im Jahr 2001 waren in Europa bereits mehr als 14 Prozent der Beschäftigten über 50 Jahre alt. Im Jahr 2025 wird europaweit die Altersgruppe der 50- bis 64jährigen doppelt so groß sein wie die Altersgruppe der 15- bis 24jährigen. Das Durchschnittsalter der Belegschaften war noch nie so hoch wie heute, und es wird mit großer Wahrscheinlichkeit weiter wachsen, weil der Zustrom von jungen Mitarbeiterinnen und Mitarbeitern in den nächsten Jahrzehnten geringer werden wird. Dieser Alterungsprozess hat Konsequenzen auf betrieblicher Ebene, Konsequenzen für die Systeme der sozialen Sicherung und Folgen für die Politiken des Arbeitsmarktes, der Bildung, der gesundheitlichen Vorsorge und Förderung.

Bei der betrieblichen Bewältigung altersstruktureller Probleme müssen folgende Aspekte berücksichtigt werden:
- Besteht die Gefahr des langfristigen „personellen Ausblutens" durch Fehlen von permanenten Personalzugängen bei anstehenden Personalabgängen. Welche Altersgruppen sind davon besonders betroffen?
- Ist die Arbeitsfähigkeit – als Einheit von Gesundheit, Qualifikation und Motivation – für alle Altersgruppen bis zur Rente gewährleistet?
- Findet eine kontinuierliche Erneuerung von betrieblichen Wissensbeständen statt, das der produkt- bzw. dienstleistungsspezifischen Geschwindigkeit der Wissensentwicklung Rechnung trägt? Geschieht dieses über die eigenen Humanressourcen und/oder über Integration in externe Wissensnetzwerke?
- Ist die Unternehmenskultur an einem „Miteinander der Generationen" ausgerichtet? Werden die Wertvorstellungen, Interessen, Bedürfnisse spezieller Altersgruppen gegenüber denen Anderer bevorzugt?
- Befasst sich die Personalpolitik mit dem Thema Altersstrukturen? In welcher Form geschieht dieses (Gegenwarts- und Zukunftsorien-

tierung, quantitative und qualitative Personalanpassung)? Welchen Stellenwert hat die Personalpolitik im Betrieb?

Die meisten europäischen Unternehmen sind auf die zu erwartenden demographischen Veränderungen mehr oder weniger nicht oder nur schlecht vorbereitet, die Problematik wird noch kaum gesehen oder eher verdrängt. Dies ist insofern nicht weiter erstaunlich, als in den vergangenen Jahren im Zusammenhang mit dem drastischen Personalabbau in den Unternehmen ein schrittweiser Personalumbau stattgefunden hat. Wie Ergebnisse von zahlreichen Untersuchungen gezeigt haben, erfolgte und erfolgt der Personalabbau in hohem Maße altersbezogen, d.h. ältere Arbeitskräfte waren und sind überdurchschnittlich von ihm betroffen[1]. Dadurch wurde der betriebliche Problem- und Handlungsdruck, der durch eine älter werdende Belegschaft hätte entstehen können, kurzzeitig entschärft, was zu der oftmals diagnostizierten Indifferenz der Betriebe gegenüber diesem (potentiellen) Problem sicherlich beigetragen hat. Möglich wurden diese „Externalisierungsmaßnahmen", weil zum einen die Unternehmen in der Lage waren, die damit verbundenen Kosten ebenfalls weitgehend zu verlagern, d.h. vorwiegend auf die Träger der sozialen Sicherungssysteme zu überwälzen. Für die Zukunft stellt sich die Frage, ob solche Strategien angesichts der knappen finanziellen Ressourcen der Rentenversicherungsträger und der veränderten Gesetzeslage, aber auch angesichts der wachsenden Erkenntnis, dass mit den Älteren auch wertvolles Know-how das Unternehmen verlässt, durchführbar sein werden.

Angesichts der demographischen und durch den Strukturwandel bedingten Verschiebungen rücken damit gerade auch diejenigen Erwerbspersonen ins Blickfeld, die bisher nicht oder unterbeschäftigt waren, ob als Arbeitslose registriert oder in verschiedenen Formen der stillen Reserve: Jugendliche in Bildungswarteschleifen, Frauen nach der Familienphase, unfreiwillig Teilzeitbeschäftigte oder Frühverrentete sowie unterwertig Beschäftigte. Der demographische Wandel könnte ein Stück dazu beitragen, das Humankapital dieser Personen, das bisher durch Nichtnutzung immer schneller entwertet wird, wieder höher zu schätzen, zu pflegen und zu entwickeln. Eine besondere Bedeutung kommt dabei zweifellos der gestiegenen und nach aller Voraussicht noch weiter steigenden Frauenerwerbsneigung zu. Altersgerechte, der demographischen Entwicklung entsprechende

---

[1] Walker, A., (1997) Combatting Age Barriers in Employment, Portfolio of Good Practice. European Foundation for the Improvement of Working and Living Conditions. Dublin.

Maßnahmen und frauenfördernde, die Vereinbarkeit von Familie und Beruf verbessernde Maßnahmen widersprechen sich dabei keineswegs, sondern decken sich in ihren Inhalten in vielerlei Hinsicht. Dies zu berücksichtigen und zu unterstützen wäre nicht nur volkswirtschaftlich und arbeitsmarktpolitisch eine sinnvolle Strategie – und auch ein Beitrag gegen Diskriminierung – sondern ist auch in der längerfristigen demographischen Perspektive sinnvoller als ein sowieso kaum erfolgreicher Versuch eines Zurückdrängens der steigenden Erwerbsneigung.

Diese zahlreichen Facetten des demographischen Wandels haben gesundheitspolitische Bedeutung auf betrieblicher wie auch überbetrieblicher Ebene, sozialpolitische Folgen für alle Zweige der Sozialversicherung und nicht zuletzt Folgen für die Strategien der Prävention und der Gesundheitsförderung im Betrieb.

Europäische Strategien gegen die Alterungsproblematik

Die Europäische Kommission hatte am 27. Mai 1999 eine Mitteilung mit dem Titel „Ein Europa für alle Altersgruppen" angenommen, die den Beitrag der Kommission zum Internationalen Jahr der Vereinten Nationen für ältere Menschen bildete. In dieser Mitteilung wird dargelegt, welche Folgen die Alterung der Bevölkerung für die Beschäftigung, die soziale Sicherung, die Gesundheitsversorgung und die Sozialleistungen hat. Darin wird eine Strategie vorgeschlagen, die wirksame politische Maßnahmen in diesen Bereichen umfasst und sich auf die Zusammenarbeit aller Beteiligten sowie die Solidarität und die Gerechtigkeit zwischen den Generationen stützt.

Das Problem der demographischen Alterung und die sich daraus ergebende Herausforderung für die Europäische Gesellschaft hat aus Sicht der Kommission verschiedene Dimensionen:

- Ein Aspekt ist der relative Rückgang und die Alterung der Erwerbsbevölkerung in Europa, als deren Folge die Altersstruktur sich in den nächsten 20 Jahren grundlegend ändern wird. Die Altersgruppe der 20- bis 29jährigen wird um 11 Millionen Personen abnehmen (d.h. um 20%), während die Altersklasse der 50- bis 64jährigen um 16,5 Millionen (mehr als 25%) in Europa wachsen wird. „Dies macht es erforderlich, im Personalmanagement die Altersproblematik stärker einzubeziehen, ein Faktor, der bisher vernachlässigt wird. Auch ist ein Umdenken in der Politik nötig: nicht ein frühzeitiges Ausscheiden aus dem Arbeitsleben sollte propagiert werden, sondern lebenslanges Lernen und die Nutzung neuer Beschäftigungsmöglichkeiten".

- Ein zweiter Aspekt ist der Druck auf die Rentensysteme und die öffentlichen Finanzen, bedingt durch die wachsende Zahl der Rentner und den Rückgang der Erwerbsbevölkerung. In den nächsten 20 Jahren wird die Anzahl der Menschen, die das Regel-Rentenalter von 65 Jahren überschritten haben, um 17 Millionen zunehmen. Innerhalb dieser Gruppe wird sich die Anzahl der Hochbetagten, d. h. der über 80jährigen, um 5,5 Millionen erhöhen. „Die Generationengerechtigkeit erfordert es, stärkere Aufmerksamkeit auf die langfristige Sicherung der öffentlichen Finanzen zu richten. Daraus ergibt sich die Notwendigkeit, neue Arbeitsplätze zu schaffen, um die finanzielle Basis der Sozialschutzsysteme zu verbreitern. Auch müssen die Rentensysteme so ausgelegt werden, dass sie weniger anfällig für demographische und sonstige Veränderungen sind".
- Eine dritte Dimension ist der wachsende Bedarf an Gesundheits- und Pflegedienstleistungen für ältere Menschen. Im Zuge des sprunghaften Anstiegs der Zahl der pflegebedürftigen Hochbetagten wird ein zunehmender Bedarf an institutionalisierten Pflegeeinrichtungen entstehen. Die entsprechenden Systeme sind weiterzuentwickeln, sollen sie der neuen Situation gerecht werden. Parallel hierzu sollte durch gezielte politische Maßnahmen der Bedarf eingedämmt werden: Förderung des gesunden Alterns, der Unfallverhütung und der Rehabilitation.
- Eine vierte Dimension ist das zunehmende Gefälle bei den Senioren in Bezug auf verfügbare Mittel und Bedürfnisse. Unterschiede in der familiären Situation und der Wohnungssituation, im Bildungsniveau und im Gesundheitszustand sowie bei Einkommen und Vermögen determinieren die Lebensqualität der älteren Menschen. Glücklicherweise ist die große Mehrheit der Senioren in Europa noch gut versorgt. „Die Tatsache, dass die meisten Senioren unter besseren Bedingungen leben als in der Vergangenheit, darf Europa jedoch nicht blind machen für das Risiko altersbedingter sozialer Ausgrenzung und Armut."
Erforderlich sind politische Maßnahmen, die den Unterschieden in der sozialen Situation älterer Menschen besser Rechnung tragen, indem sie beispielsweise für einen großen Teil der älteren Menschen mehr Ressourcen bereitstellen und das Risiko der sozialen Ausgrenzung im Alter wirksamer bekämpfen.
- Auch die Geschlechterfrage ist von erheblicher Bedeutung. Frauen machen heute nahezu zwei Drittel der über 65jährigen in Europa aus. Ein wichtiger Aspekt hierbei ist die soziale Absicherung. Die traditionell geringe Erwerbsbeteiligung der Frauen, die auf dem Prinzip des männlichen Alleinverdieners basierenden Systeme der

sozialen Sicherung und die Geschlechterunterschiede in der Lebenserwartung haben dazu geführt, dass viele ältere Frauen nur über ein unzureichendes Renteneinkommen verfügen.

Aus diesen unterschiedlichen Aspekten der demographischen Alterung hat die Europäische Kommission folgende politische Schlussfolgerungen gezogen:

1. In der europäischen Beschäftigungsstrategie hat die Europäische Union der Arbeitslosigkeit den Kampf angesagt und das Ziel vorgegeben, „die Erwerbstätigenquote in Europa signifikant und auf Dauer anzuheben". Ansetzen will man hier vor allem auch bei der niedrigen Erwerbstätigenquote der älteren Menschen. Dementsprechend wurden die Mitgliedstaaten aufgefordert, Maßnahmen zu entwickeln, um die Arbeitsfähigkeit dieser Arbeitskräfte zu stärken, das lebenslange Lernen und flexible Arbeitsformen zu fördern sowie die Steuer- und Sozialleistungssysteme zu überprüfen, damit die angebotenen Arbeitsplätze und Ausbildungsmöglichkeiten auch angenommen werden. Die Kommission wird die Sozialpartner auffordern, Überlegungen anzustellen, wie die Altersproblematik im Personalmanagement stärker berücksichtigt werden kann.
2. Sozialschutz: Im Arbeitsprogramm für 1999 hatte sich die Kommission bereits zum Ziel gesetzt, Strategien zu entwickeln, um die Modernisierung und Verbesserung des Sozialschutzes fortzusetzen. Dies könnte in Form einer Mitteilung über den Sozialschutz geschehen, in der eine neue Form der Zusammenarbeit zwischen der Kommission und den Mitgliedstaaten in diesem Bereich vorgeschlagen wird. Eine der wichtigsten zu behandelnden Fragen wird dabei die Anpassung an die Altersstruktur sein. Im Einzelnen geht es insbesondere darum, den Trend zur Frühverrentung umzukehren, neue Formen des schrittweisen Übergangs in den Ruhestand zu erproben und die Rentensysteme nachhaltiger und flexibler zu gestalten.
3. Gesundheitspolitik, Altenpflege und damit verbundene Forschung: Der medizinischen Forschung und der Sozialforschung hat die Kommission in Verbindung mit der demographischen Alterung bereits im Fünften Forschungsrahmenprogramm der Gemeinschaft einen hohen Stellenwert eingeräumt. Die gesundheitlichen Aspekte der Alterung werden auch in der Erarbeitung neuer gemeinschaftlicher Instrumentarien im Bereich der öffentlichen Gesundheit eine zentrale Rolle spielen. Weiterhin wird die Kommission die Mitgliedstaaten in deren Bemühungen unterstützen, angemessene Lösungen für die gesundheitliche Versorgung und die Altenpflege

zu entwickeln. Hierzu wird sie in entsprechenden Studien die Funktionsweise verschiedener bestehender Systeme untersuchen.
4. Maßnahmen gegen Diskriminierung und soziale Ausgrenzung: Die Kommission hat sich in ihrem sozialpolitischen Aktionsprogramm 1998 bis 2000 vorgenommen, Vorschläge auf der Grundlage von Artikel 13 EG-Vertrag in der Fassung des Vertrags von Amsterdam zu unterbreiten. Darin wird unter anderem die Diskriminierung am Arbeitsplatz aus Altersgründen behandelt.

Der demographische Wandel hat an der Schwelle zum 21. Jahrhundert eine Größenordnung angenommen, die die Europäische Union darüber hinaus zwingen wird, überkommene Verfahren und Einrichtungen zu überdenken und zu verändern. Will man eine aktive Gesellschaft für alle Altersgruppen schaffen, so erfordert dies eine Strategie, die ältere Menschen in die Lage versetzt und motiviert, weiterhin am Arbeitsleben und am sozialen Leben teilzuhaben. Die steigende Zahl der Rentner birgt ein Potential brachliegender Erfahrung und zu wenig genutzter Fähigkeiten. Auch schafft sie neue Bedürfnisse, die von den Unternehmen, den öffentlichen Einrichtungen und den NGO (Nichtregierungsorganisationen) befriedigt werden müssen.

Auf Initiative von Anna Diamantopoulou, für Beschäftigung und Soziales zuständiges Kommissionsmitglied, schlug die Kommission im Juli 2001 eine gemeinschaftliche Strategie vor, um trotz der prognostizierten EU-weiten Zunahme der Rentenempfänger ein angemessenes Einkommen im Ruhestand sicherzustellen und gleichzeitig die finanzielle Tragfähigkeit der Rentensysteme zu gewährleisten. In diesem zweiten Strategiepapier zum Thema „Renten" – im ersten Papier vom Oktober 2000 ging es um gemeinsame Grundsätze der Rentenpolitik – schlägt die Kommission vor, angesichts der demografischen Alterung der Bevölkerung die Zusammenarbeit der Mitgliedstaaten zu formalisieren und auszubauen. Die Kommission reagiert damit auf Forderungen des Europäischen Parlaments und des Europäischen Rates (Gipfel von Stockholm), die so genannte offene Koordinierungsmethode (gemeinsame Ziele, Vereinbarung von Indikatoren, Berichterstattung und Identifizierung vorbildlicher Verfahren) auch im Bereich Rentenreformen anzuwenden. Nach Einschätzung der Kommission kann in Übereinstimmung mit der Vorgabe des Europäischen Rates von Göteborg bis Ende dieses Jahres Einigkeit über die gemeinsamen Ziele und die neue formalisierte Zusammenarbeit erzielt werden. Somit könnten bis Sommer 2002 die ersten nationalen Strategieberichte fertiggestellt werden.

Die Kommission schlägt in ihrem Strategiepapier drei übergeordnete Ziele für Rentensysteme vor, wobei sie alle drei „Säulen" (d. h. gesetzliche Altersversorgung, betriebliche und private Altersvorsorge) berücksichtigt:

- Angemessenheit des Rentenniveaus: Rentensysteme sollten soziale Ausgrenzung verhindern und den Versicherten ermöglichen, im Ruhestand einen angemessenen Lebensstandard zu wahren.
- Finanzielle Tragfähigkeit: Die Erwerbsbeteiligung muss gesteigert werden, insbesondere durch den Abbau von Anreizen für einen vorzeitigen Eintritt in den Ruhestand, und die Staatsschulden müssen vermindert werden, um die Zinsbelastung der öffentlichen Haushalte zu senken. Zugleich ist bei jeder Anpassung der Rentensysteme auf ein faires Gleichgewicht zwischen Erwerbspersonen und Rentnern zu achten, und es sollten hohe Aufsichtsstandards für Instrumente der privaten Altersvorsorge aufgestellt werden, damit die Sicherheit der erworbenen Ansprüche gewährleistet ist.
- Anpassung der Rentensysteme an eine Gesellschaft im Wandel: Die Rentensysteme sollten mit den Erfordernissen der Flexibilität und der Sicherheit auf dem heutigen Arbeitsmarkt vereinbar sein; die geschlechtsspezifische Diskriminierung durch Rentensysteme sollte beseitigt werden.

Das von der Kommission vorgeschlagene Verfahren sieht vor, dass die Mitgliedstaaten nationale Strategieberichte erstellen, in denen sie ihre Pläne für Rentenreformen und Maßnahmen zur Gewährleistung eines angemessenen Rentenniveaus sowie der finanziellen Tragfähigkeit ihres Rentensystems vorstellen. An der Erstellung dieser Berichte sollten sämtliche relevanten Akteure (Regierungsstellen, Sozialpartner, Zivilgesellschaft) mitwirken. Anschließend untersuchen Kommission und Rat die nationalen Strategien mit Unterstützung der einschlägigen Ausschüsse (Sozialschutzausschuss, Ausschuss für die Wirtschaftspolitik, Beschäftigungsausschuss). Die Mitteilung der Kommission stützt sich auf die Arbeit des neu geschaffenen Sozialschutzausschusses, dem hohe Beamte aus allen Mitgliedstaaten angehören. Der Ausschuss hat dem Europäischen Rat auf seiner Tagung in Göteborg einen umfangreichen Bericht zum Thema „angemessene und zukunftssichere Renten" vorgelegt.

Die Alterspolitik der EU zielt darauf ab[2], das volle Potenzial der Menschen aller Altersgruppen auszuschöpfen. Ein Leitsatz dabei ist,

---

[2] Mitteilung der Kommission an den Rat und das Europäische Parlament vom 18.3.2002: „Die Reaktion Europas auf die Alterung der Weltbevölkerung". KOM (2002) 143 endgültig.

dass die Politik zur Bewältigung der Bevölkerungsalterung über Maßnahmen für die gegenwärtig älteren Menschen hinausgehen muss. Gerecht wird man der Problematik der Bevölkerungsalterung nur, wenn man die Menschen aller Altersgruppen einbezieht. Zweckmäßig erscheint ein Ansatz, der auf dem Konzept der Gesamtlebensperspektive basiert, denn er fördert die Entwicklung angemessener politischer Maßnahmen unter Berücksichtigung aller relevanten altersspezifischen und geschlechtsspezifischen Fragen. Ergebnis dieser Ausrichtung ist eine *Politik des aktiven Alterns*. Wesentliche Komponenten dieser Politik sind lebenslanges Lernen, die Verlängerung der Lebensarbeitszeit, ein späterer und schrittweiser Übergang in den Ruhestand, ein aktives Leben im Ruhestand sowie leistungs- und gesundheitsfördernde Maßnahmen.

Zusammenwirkend sollen sie die durchschnittliche Lebensqualität der Menschen anheben und gleichzeitig auf gesellschaftlicher Ebene beitragen zu einem stärkeren Wachstum, einer niedrigeren Altenabhängigenquote und erheblichen Kosteneinsparungen bei Renten und Gesundheitsversorgung. Insgesamt bildet dies aus Sicht der Kommission eine Win-Win-Strategie für alle Altersgruppen.

Die Auswirkungen auf die Erwerbsbevölkerung sind jedoch nicht nur demographisch determiniert. Einen ganz erheblichen Effekt können Maßnahmen haben, die darauf abzielen, die Beschäftigungsquote der Erwerbsbevölkerung insgesamt und insbesondere der älteren Arbeitskräfte und der Frauen anzuheben[3]. Die Bevölkerungsalterung verstärkt also die Notwendigkeit, die Erwerbsbeteiligung und die Beschäftigungsquoten in Europa zu steigern. In Bezug auf die Beschäftigungsquote der Frauen unterstreicht dies darüber hinaus, wie entscheidend es ist, die Gleichstellung der Geschlechter in der Arbeitswelt zu gewährleisten und die Erfordernisse von Familienleben und Berufsleben miteinander in Einklang zu bringen. Was die älteren Arbeitskräfte angeht, so ergibt sich aus der Bevölkerungsalterung die Notwendigkeit, das Altersmanagement am Arbeitsplatz und auf den Arbeitsmärkten zu verändern. Der Rückgang der Zahl der jüngeren Arbeitskräfte und der Arbeitskräfte im Haupterwerbsalter dürfte die Chancen älterer Arbeitskräfte – sie bilden ein seit vielen Jahren unzureichend genutztes, wertvolles Arbeitskräftepotenzial – auf dem Arbeitsmarkt ganz beträchtlich verbessern. Es ist unerlässlich, durch entsprechende Maßnahmen die älteren Arbeitskräfte in die Lage zu

---

[3] Die Frühverrentung hat zur Folge, dass in Europa die Erwerbs- und die Beschäftigungsquote der älteren Arbeitskräfte (55 bis 64) nur halb so hoch sind wie diejenigen der Arbeitskräfte im Haupterwerbsalter (15 bis 49) und generell erheblich niedriger als in den USA und in Japan.

versetzen und zu motivieren, diese neuen Möglichkeiten voll zu nutzen. Eine Reihe von Anpassungen ist in diesem Kontext wichtig:
- Erstens gilt es, die Arbeitsfähigkeit und Beschäftigungsfähigkeit älterer Arbeitskräfte, Männer wie Frauen, zu erhalten durch Ausbildung, Arbeitsschutzmaßnahmen, Anpassung des Arbeitsplatzes und entsprechende Arbeitsgestaltung, Einführung arbeitserleichternder Technologien und neue Arbeitszeitregelungen.
- Zweitens gilt es, die aktive Beschäftigungspolitik auf die älteren Arbeitskräfte auszuweiten. Das Potenzial der Schaffung von Beschäftigungsmöglichkeiten für ältere Arbeitskräfte und der Steigerung der Beschäftigungsquote durch Wiedereingliederung und Verlängerung des Arbeitslebens sollte ausgeschöpft werden. Im Ergebnis würde das effektive Rentenalter von Frauen und Männern angehoben und folglich vermieden, dass der gegenwärtige Trend der Frühverrentung sich fortsetzt und die Bevölkerungsalterung noch negativer als bisher auf das Arbeitskräfteangebot durchschlägt. Eine so gestaltete Förderung des aktiven Alterns ist ein zentrales Element der europäischen Beschäftigungsstrategie und auch ein wesentlicher Schritt auf dem Weg zur Vollbeschäftigung in der EU.

Nachdem der Europäische Rat in Stockholm auf EU-Ebene einzuhaltende Zielvorgaben für die Beschäftigungsquote[4] festgelegt hatte, wurden die Mitgliedstaaten aufgefordert, auch auf nationaler Ebene entsprechende Ziele vorzugeben als Grundlage für die Ausrichtung nationaler Strategien auf die Förderung der Erwerbsbeteiligung, insbesondere auch der älteren Arbeitskräfte. Im Einzelnen sollen diese Strategien Maßnahmen beinhalten, die auf Folgendes abzielen: die Qualität der Arbeit und damit auch deren Attraktivität steigern; die Auswirkungen finanzieller Arbeitsanreize optimieren, insbesondere die Nettoauswirkungen der Steuer- und Sozialleistungssysteme; das geschlechtsspezifische Gefälle bei Arbeitsentgelt und Arbeitsmarktzugang beseitigen und dabei die Erwerbsbeteiligung von Personen – vor allem Frauen – mit Betreuungspflichten im Haushalt fördern; die Maßnahmen zur Senkung der Schulabbruchquote überarbeiten; und schließlich eine gemeinsame Initiative der Regierung und der Sozialpartner auf den Weg bringen, um die Arbeitskräfte länger in Arbeit zu halten durch betriebsinterne Schulung zur Förderung der Anpassungsfähigkeit und längerfristigen Beschäftigungsfähigkeit und durch Steigerung der Arbeitsqualität. Eine derartige Initiative muss nach

---

[4] Beschäftigungsziele für 2010: insgesamt 70%, Frauen 60% und ältere Arbeitskräfte 50%.

Meinung der Kommission getragen werden durch die Erkenntnis, dass sie im allgemeinen Interesse liegt, der Gesellschaft als Ganzes zugute kommt und deshalb eine Umleitung öffentlicher Mittel zugunsten dieses Bereichs rechtfertigt. In der europäischen Beschäftigungsstrategie spielen die älteren Arbeitskräfte folgerichtig eine zunehmend wichtige Rolle: sie sollen das Arbeitskräfteangebot erheblich erweitern und wesentlich beitragen zur nachhaltigen Entwicklung eines alternden Europas. Als weitere Maßnahme gegen die Benachteiligung älterer Arbeitskräfte wurden neue europäische Rechtsvorschriften erlassen. Im November 2000 verabschiedete der Rat eine Richtlinie, die eine Diskriminierung am Arbeitsplatz [5] u. a. auch aus Gründen des Alters untersagt. Er einigte sich ferner auf ein Aktionsprogramm, das gegen die Diskriminierung in allen Lebensbereichen angeht, auch gegen die Diskriminierung älterer Menschen [6].

Bedarfe an alternsangepasste Konzepte

Notwendig ist ein Wechsel von den traditionellen Konzepten einer reaktiven „Ältere im Betrieb-Politik" hin zu einer erwerbsbiographisch orientierten Arbeitnehmer-Politik, die beschäftigungssichernd und -fördernd ist. Ziel muss es sein – auch im Sinne des Amsterdam-Vertrages – Arbeits- und Beschäftigungsfähigkeit alternder Belegschaften zu erhöhen, mit dem Ziel, ihre produktive Weiterbeschäftigung zu fördern und sicherzustellen. Dazu werden alternsintegrierende Förderkonzepte benötigt. Der Forschungsschwerpunkt „Demographischer Wandel" des BMBF hat dies nachhaltig durch seine Forschungsverbünde bestätigt. Zahlreiche Instrumente und Konzepte sind in Europa bekannt geworden, die durch Institutionen jedoch aktiv aufgegriffen und umgesetzt werden müssen. Dazu zählen:
- Alternsintegrierende Karriere- und Laufbahnplanung
- Arbeitszeitgestaltung
- Lebenslanges Lernen, berufliche Qualifizierung, Qualifikationsanpassung
- Arbeitsanforderungsgestaltung, Arbeitsplatzgestaltung

---

[5] Richtlinie des Rates 2000/78/EG zur Festlegung eines allgemeinen Rahmens für die Verwirklichung der Gleichbehandlung in Beschäftigung und Beruf.
[6] Beschluss des Rates 2000/750/EG vom 27.11.2000 über ein Aktionsprogramm zur Bekämpfung der Diskriminierungen (2001 bis 2006). Eine weitere Komponente des rechtsbezogenen Ansatzes ist die Ausarbeitung einer Grundrechtecharta, die das Verbot der Diskriminierung auch aus Gründen des Alters weiter fasst und „das Recht älterer Menschen auf ein würdiges und unabhängiges Leben und auf Teilnahme am sozialen und kulturellen Leben anerkennt und achtet" (Artikel 25).

- Gesundheitsförderungskonzepte
- Vorsorge
- Berufliche und medizinische Rehabilitation
- Zweite und dritte Karrieren
- Modelle guter Praxis

Die Europäische Kommission hat mit der Entwicklung einer europäischen Strategie hervorragende Grundlagen für eine erfolgreiche nationale Umsetzung gelegt.

KAPITEL 7

Erhaltung, Förderung und Entwicklung der Arbeitsfähigkeit – Konzepte und Forschungsergebnisse aus Finnland

J. Ilmarinen · J. Tempel

Alltagserfahrungen?

Ein Busfahrer im Öffentlichen Personennahverkehr, über 50 Jahre alt, 20 Dienstjahre „auf dem Bock", hat innerhalb von acht Jahren drei Bandscheibenvorfälle im Bereich der Lendenwirbelsäule. Beim letzten wird er aufwendig mit einem speziellen technischen Verfahren operiert und aus der anschließenden Rehabilitationsmaßnahme arbeitsunfähig entlassen. Bei Fortsetzung der Therapie wird jedoch mit Wiedereintritt der Arbeitsfähigkeit in etwa drei Monaten gerechnet. Der Fahrer hat eine Muskelschwäche des linken Beines mit Einschränkung der Gefühlswahrnehmung zurückbehalten. Da er Busse mit Automatikgetriebe fährt und dafür überwiegend das rechte Bein benötigt, steht seiner Wiederverwendung als Fahrer grundsätzlich nichts im Wege. Seine Arbeitsbewältigungsfähigkeit gemessen mit dem ABI (s. u.) liegt in der Kategorie „mäßig", die Analyse der Items ergibt akute Defizite im Bereich der individuellen Leistungsfähigkeit und Bedarf an Maßnahmen der Arbeitsorganisation:

Busfahren ist in Bezug auf körperliche Bewegung eine relativ monotone Tätigkeit; die üblichen Wartezeiten am Ende einer Fahrt sind recht kurz und der Fahrer bekommt nach anderthalb bis zwei Stunden kontinuierlichem Sitzen unangenehm brennende Schmerzen im Bereich der Lendenwirbelsäule. Durch Bewegungs- und Entspannungsübungen, die er mittlerweile sehr gut gelernt hat, kann er sich Entlastung verschaffen. Dafür benötigt er aber Pausen von etwa 20 Minuten. Erschwert wird die Situation durch Fahrten im Stau bzw. stop-and-go, was mit einer erhöhten inneren Anspannung einhergeht, die Verkrampfung der Muskeln im Bereich des Rückens erhöht, die Schmerzen verstärkt und die benötigte rechtzeitige Pause hinauszögert. Eine volle Schicht von 9 bis 10 Stunden inklusive Pausen hält er – noch? – nicht durch und weiß auch nicht richtig, wie er dahin gelangen kann.

Der Fahrer selber befürchtet Fahrdienstuntauglichkeit und gerät in eine Krise. Er liebt seinen Beruf, möchte ihn gerne weiter ausüben und hat Angst vor der Konfrontation mit dem Entzug der Fahrerlaubnis. Es ergibt sich daraus ein Schwanken zwischen Resignation mit Arbeitsplatzwechsel und/oder Rentenantrag („Das schaffe ich nicht mehr") und Durchhalten mit zusammengebissenen Zähnen („Es muss gehen"). Je länger dieser Prozess sich nun hinschleppt, desto stärker ist auch seine Würde als „unabhängiger Einzelkämpfer" bedroht. Auf Seiten der Kassenärzte und des medizinischen Dienstes seiner Krankenkasse wird seine zögerlich-resignative Haltung fehlgedeutet, denn man verdächtigt ihn der Verschleppung der Rehabilitation und des Rentenbegehrens. Eine Teilarbeitsfähigkeit mit vier Stunden pro Tag scheitert unter solchen Bedingungen nach ca. vier Wochen. Daraufhin wird der Fahrer ohne Wiedervorladung nach Aktenlage vom medizinischen Dienst seiner Krankenkasse voll arbeitsfähig geschrieben[1].

Am ersten Tag der Arbeitsaufnahme kommen Vorgesetzter und Fahrer gemeinsam zum Betriebsarzt und schildern das Dilemma. Der Fahrer fühlt sich von seinem behandelnden Kassenarzt „irgendwie im Stich gelassen, obwohl der sich schon Mühe gibt", versteht aber seine Kasse nicht, die ihn plötzlich für „voll arbeitsfähig" erklärt und die Zahlung des Krankengeldes einstellt. Seine berechtigten Sorgen, dass auch das rechte Bein „etwas abbekommen haben könnte", sind übergangen worden. In dieser Lage wird nun folgendes Vorgehen vereinbart:

- Der Betriebsarzt erklärt den Fahrer befristet für fahrdienstuntauglich, bis durch eine fachneurologische Untersuchung (Ausschlussuntersuchung ohne krankhaften Befund) geklärt ist, dass keine zusätzliche Schwächung des rechten Beines vorliegt und er den Bus fahren darf.
- Der Fahrer entbindet alle beteiligten Akteure der inner- und außerbetrieblichen Behandlung bzw. Gesundheitsförderung von der Schweigepflicht.
- Mit dem Vorgesetzten wird ein spezifischer Dienstplan entwickelt, der sowohl die notwendigen Pausen berücksichtigt als auch die Verkehrsverhältnisse und Verkehrsdichte, auf die der Fahrer im Linienverkehr stoßen wird.
- Auf dieser Grundlage soll dann in Ruhe ein erneuter Teilarbeitsversuch vorgenommen werden, zunächst über vier Stunden pro Tag für wenigstens 6 Wochen und später über 6 Stunden.

---

[1] Eine vergleichbare Situation ergab sich für den Straßenbahnfahrer Herman S.; s. bei Ertl, B., M. Schmid-Neuhaus, J. Tempel. (1998) [1].

Aus der Sicht des Betriebsarztes ist die drohende Fahrdienstuntauglichkeit – wenn überhaupt – nur durch ein langfristiges und „langsames" Konzept zu vermeiden, das zwischen Mitarbeiter, Arbeitgeber, behandelnden Ärzten und Arbeitsmediziner abgesprochen werden muss. Er schlägt deshalb das oben beschriebene Programm als nächsten Schritt vor, der dann auch von den anderen Akteuren akzeptiert wird. Auch der Fahrer sieht nun für sich realistische Möglichkeiten, die Arbeitsfähigkeit wieder herzustellen. Realistisch bedeutet hier:

Erstens traut sich der Fahrer zu, auf der Grundlage dieses Konzeptes stufenweise in den Arbeitsalltag zurückzukehren (Ausweg aus der Krise). Zweitens ist das Unternehmen bereit, seine Arbeitsanforderung – so weit wie möglich – individuell zu gestalten (Anpassung der Arbeitsanforderung, soziale Unterstützung durch den Vorgesetzten). Sollte dieses Konzept dennoch scheitern, so würde drittens der Fahrer besser verkraften können, dass er sich inner- oder außerbetrieblich nach einer anderen Tätigkeit umsehen bzw. einen Rentenantrag stellen muss (Entwicklung neuer Sichtweisen und Bewältigungsstrategien). Viertens sammelt das Unternehmen neue Erfahrungen beim Umgang mit älteren Mitarbeitern[2].

Arbeitsfähigkeit: Ein alter Begriff mit neuem Inhalt

In den Sprechzimmern der Kassenärzte, in den Büros von Personalabteilungen und Betriebsräten und letztlich auch im Kopf der Betroffenen wird der Begriff der *Arbeitsfähigkeit* relativ eng gefasst: Entweder man schafft die Arbeit – oder nicht! Die gestellte Arbeitsanforderung wird in der Regel wenig oder gar nicht in Frage gestellt. Besonders bei älteren oder älter werdenden Arbeitnehmern kommt überwiegend das so genannte *Defizitmodell* (s. Beitrag von Gunda Maintz) zur Anwendung. Demnach interessiert vor allen Dingen, ob ältere Mitarbeiterinnen oder Mitarbeiter die Arbeit noch schaffen – oder eben ausscheiden (müssen). Was bei akuten Erkrankungen, die die vorherrschenden Arbeitsanforderungen nicht in Frage stellen, sinnvoll erscheinen mag, wird um so problematischer, je stärker Menschen

---

[2] Dieser Beitrag beruht – wenn nicht anders zitiert – auf: Ilmarinen, J. und J. Tempel (2002): „Arbeitsfähigkeit 2010 – Was können wir tun, damit Sie gesund bleiben?" [4] und in englischer Sprache: Ilmarinen, J. (1999): „Ageing Workers in the European Union – Status and promotion of work ability, employability and employment" und Ilmarinen, J. and V. Louhevaara, Eds. (1999): „FinnAge – respect for the aging: Action programme to promote health, work ability and well-being of aging workers in 1990-96" [3].

Tabelle 7.1. Gesundheitsprobleme und Arbeitserschwernis in Europa.
Wird Ihre Arbeit für sie dadurch erschwert, dass sie an einem chronischen oder lang dauernden Gesundheitsproblem leiden? (Auffassung nach Geschlecht und Altersgruppe in der Europäischen Union, Prozent (EURO-Barometer 1996)

Altersgruppe	Männer, n=9054		Frauen, n=6728	
	Ja	Nein[a]	Ja	Nein
<45 Jahre	12,54	87,46	13,82	86,18
=45 Jahre +	18,42	81,58	21,58	78,15
n	1323	7731	1096	5632

[a] nein = keine chronischen Krankheiten
Quelle: Ilmarinen 1999: S. 50 [2]

von chronischen Leiden betroffen sind, die auf die aktivierbare Arbeitsleistung nachhaltigen Einfluss nehmen.

Aus Tabelle 7.1 ist ersichtlich, dass in der Altersgruppe 45+ Jahre 18,4% der Männer und 21,6% der Frauen solche Arbeitserschwernis durch Gesundheitsprobleme haben. Untersucht man die Differenzen zwischen den beiden o.a. Altersgruppen nach EU-Ländern, dann findet man z.B. für Deutschland einen Unterschied von plus 10,3% bei Männern über 45 Jahre, bei den Frauen liegt der Unterschied bei 14,1%.

Zunächst ist festzustellen, dass etwa vier Fünftel der europäischen Befragten mit steigendem Lebensalter *keine* gesundheitlichen Probleme mit Auswirkung auf das Arbeitsleben haben. Bei etwa einem Fünftel können Veränderungen der Arbeitsfähigkeit auftreten, die jedoch mit den *traditionell-statischen Vorstellungen* des Begriffs nicht mehr ausreichend zu beschreiben sind. Das Beispiel des Busfahrers zeigt das deutlich: Nach dem ersten Bandscheibenvorfall war er „wieder voll einsatzfähig", nach dem zweiten waren ausgedehnte Rehabilitationsmaßnahmen notwendig, und der dritte hat dann sozusagen die Krise seines Arbeitslebens ausgelöst.

Als Ergebnis der finnischen Forschung zur Arbeits(bewältigungs)fähigkeit verstehen wir diese als „Potenzial eines Menschen, einer Frau oder eines Mannes, eine gegebene Aufgabe zu einem gegebenen Zeitpunkt zu bewältigen. Dabei muss die Entwicklung der individuellen funktionellen Kapazität ins Verhältnis gesetzt werden zur Arbeitsanforderung. Beide Größen können sich verändern und müssen ggf. alters- und alternsadäquat gestaltet werden". Abb. 7.1 zeigt das grundlegende Problem.

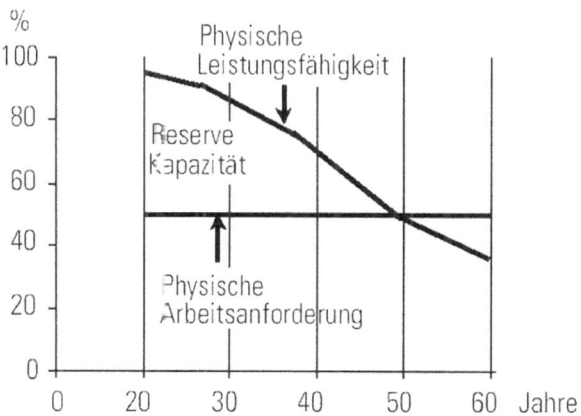

Abb. 7.1. Beziehung zwischen menschlichen Ressourcen und Arbeitsanforderungen

Es besteht darin, dass die *physische Leistungsfähigkeit* (physische, mentale und soziale Leistungsfähigkeit sind die drei Komponenten der funktionellen Kapazität) mit steigendem Lebensalter abnimmt. Die *physische Arbeitsanforderung* soll allgemein nicht mehr als 50% der maximalen Leistungsfähigkeit betragen, dann können alle Altersgruppen der Beschäftigten die Arbeitsanforderung bewältigen. Die Differenz zwischen Arbeitsanforderung und physischer Leistungsfähigkeit beschreibt die *Reservekapazität*, die mit steigendem Lebensalter aus biologischen Gründen abnimmt.

Wenn nun ein chronisches Leiden diese Veränderung beschleunigt oder es wird aus betrieblichen Gründen die Arbeitsanforderung erhöht, dann wird in der Regel zu wenig darauf geachtet, wie die *Auswirkungen auf die unterschiedlichen Altersgruppen* sein werden. Grundsätzlich bietet sich als Lösung einerseits die Verbesserung der physischen Kapazität der Betroffenen an. Die Arbeitsanforderung wird andererseits nicht oder zu wenig mit einbezogen, obwohl es durchaus möglich ist, diese für ältere oder allgemein für unterschiedliche Mitarbeiter auch unterschiedlich zu gestalten. Dies gilt besonders für

- monotone körperliche Überlastung (zu hohe Gewichte) mit hohen statischen Anteilen (Haltearbeit),
- für lang dauerndes Arbeiten unter Zeitdruck ohne adäquates Pausenkonzept,
- bei Defiziten in der Weiterbildung und/oder Ausschluss von Älteren aus der Weiterbildung und
- für das Errichten von „Spezialisierungsfallen" [10], in denen ältere Arbeitnehmer in ihrer Tätigkeit auf ihre vorhandenen Kenntnisse

und Fähigkeiten beschränkt werden und dann das Lernen verlernen.

Das „Alter" und das „Altern": Bestandteile von Lebendigkeit

Es handelt sich letztlich um Veränderungsprozesse, die in unterschiedlichem Ausmaß jeden Menschen betreffen. Es ist biologisch unmöglich, Leben und Tod, Gesundheit und Krankheit, Leistungsentwicklung und -einschränkung im Alltag des Arbeitslebens voneinander zu trennen. Wenn Menschen sich über biologische Vielfalt und Unterschiedlichkeit freuen (was wir allgemein tun), dann müssen sie dies auch in Kauf nehmen [5].

Im ersten Abschnitt dieses Buches wurde von verschiedenen Autoren die Entwicklung der Bevölkerungszahlen und der demografische Wandel in dieser Bevölkerung ausführlich dargestellt. Unternehmen, die sich auf die Altersentwicklung in den Betrieben nicht frühzeitig vorbereiten, müssen mit erheblichen Schwierigkeiten rechnen, den Bedarf an Arbeitskraft zu decken und eine optimale Kombination von modernem Ausbildungswissen und im Betrieb erworbenem Erfahrungswissen zu sichern. Die finnische Forschung kann dazu neue Erkenntnisse beitragen, die – wie inzwischen auch bestätigt – gut auf andere Länder übertragbar sind:

- Wir verfügen nun über ein komplexes Verständnis der Arbeitsfähigkeit/Arbeitsbewältigungsfähigkeit.
- Dies ermöglicht die Verbesserung der individuellen Betreuung der Mitarbeiterinnen und Mitarbeiter durch die Integration verschiedener Maßnahmen (s. u.).
- Wir müssen das Alter und das Altern der Personen beachten, deren Arbeitsplätze ergonomisch überprüft werden (z. B. bei der Gefährdungsbeurteilung) und wir benutzen eine Betriebs- oder Branchen-Epidemiologie, die in der Lage ist, frühzeitig Belastungsschwerpunkte und altersabhängige Veränderungen der Betroffenen aufzudecken oder vorherzusagen, um drohende Erwerbsunfähigkeit zu erkennen und zu vermeiden (Messbarkeit).
- Wenn mehrere Belastungsschwerpunkte ermittelt werden, dann sollten Erhebungsinstrumente in der Lage sein, die unterschiedlichen Auswirkungen auf die Betroffenen zu messen (Grad der Einschränkung der Arbeitsfähigkeit) und
- so eine Rangfolge der Maßnahmen nach Dringlichkeit ermöglichen (Risikoabschätzung).

- Getroffene Maßnahmen sollten durch einfache, betrieblich leicht handhabbare Instrumente in ihrer Auswirkung bewertet werden (Evaluation).

Das „Haus der Arbeitsfähigkeit"

In Finnland wurden über 11 Jahre mehr als 6000 Personen im Verlaufe ihres Arbeitslebens beobachtet, untersucht, befragt und ggf. gefördert. Wenn man alle Erkenntnisse bezüglich der Faktoren zusammenfasst, die die Arbeitsfähigkeit eines Menschen bestimmen, dann lässt sich das „Haus der Arbeitsfähigkeit" errichten. Das Haus der Arbeitsfähigkeit vereinigt viele Faktoren unter einem Dach (Abb. 7.2).

Das Fundament des Hauses ruht in einem sozialen Gefüge mit unterschiedlichen Auswirkungen auf Gesundheit und Leistungsfähigkeit, die gegenwärtig im 1. Stock eine entscheidende Grundlage bilden. Gesundheit wird hier verstanden als physische, psychische und soziale, die grundsätzlich die Voraussetzung für eine gewisse Leistungsfähigkeit im Arbeitsleben bildet. Bei dem Busfahrer sind hier im Laufe seines Arbeitslebens schwerwiegende richtungsweisende Veränderungen aufgetreten, die er alleine nicht (mehr) bewältigen kann.

Dieser 1. Stock kann nur ausreichend tragen, wenn sozusagen im 2. Stock für eine berufsspezifische Bildung gesorgt wird, wenn sich die Beschäftigten im weiteren Verlauf des Arbeitslebens entsprechende Kenntnisse und berufliche Geschicklichkeit zulegen und im Arbeitsleben selbst über ausreichende fachliche und soziale Kompetenz verfügen.

Darauf aufbauend finden wir im 3. Stock die sozialen und moralischen Werte der Mitarbeiter, ihre Einstellungen und ihr persönliches Konzept, sich in das Arbeitsleben einzubringen. Hier sind die individuellen Sichtweisen im Verhältnis zur betrieblichen Arbeitskultur von besonderer Bedeutung. Darüber wissen wir im Grunde noch relativ wenig, man kann aber nachvollziehen, dass

- sich das Fehlen eines komplexen Rehabilitationskonzeptes und
- die mangelhafte Kooperation und die unterschiedlichen Bewertungen der beteiligten Akteure (Krankenkasse, Hausarzt usw.) auf Würde, Selbstwertgefühl und Coping des Busfahrers negativ ausgewirkt haben.
- Man erkennt aber auch, welch positiven Einfluss das Eingreifen des Vorgesetzten auf den weiteren Verlauf genommen hat.

Der 4. Stock umfasst schließlich die Arbeit mit allen Aspekten der Gestaltung, der physikalischen, physischen, psychischen/mentalen und

Abb. 7.2. Das Haus der Arbeitsfähigkeit vereinigt viele Faktoren unter einem Dach

organisatorischen Beanspruchung. Hier nimmt das Management mit seinem Führungsverhalten, wie wir später sehen werden, eine besondere Stellung ein[3].

Entscheidend ist zunächst, dass diese vier Stockwerke in einem ausgewogenen Verhältnis zueinander stehen, und dass bei Problemen der Arbeitsfähigkeit in *jedem* dieser Stockwerke nachgesehen und ggf. „Ordnung geschaffen" werden muss. Bezüglich der Entwicklung oder der Arbeit eines betrieblichen Gesundheitsmanagements sollten dann die Fragen geklärt werden, wie die Kommunikation zwischen den einzelnen Stockwerken abläuft, wie die verschiedenen Abteilungen miteinander kooperieren, wie sich die internen Experten in diesem „Haus der Arbeitsfähigkeit" bewegen und die externen sich integrieren. Und:

---

[3] Es ist sicher problematisch, dass im Haus der Arbeitsfähigkeit der Mensch die Grundlage bildet und die Arbeit „auf ihm lastet". Wir sind aber der Meinung, dass dies in der Realität überwiegend der Fall ist. Es ist – trotz aller Fortschritte – noch ein langer Weg, bis Mitarbeiter wirklich als „höchstes Gut" anerkannt werden.

Erhaltung, Förderung und Entwicklung der Arbeitsfähigkeit

wie ist die Stellung der Mitarbeiter in diesem Gebäude und in diesem Entwicklungsprozess (Partizipation der Experten in eigener Sache)?

Solche Sichtweise der Arbeitsfähigkeit eröffnet dem Unternehmen neue Möglichkeiten, frühzeitig Maßnahmen der betrieblichen Gesundheitsförderung zur Vermeidung vorzeitiger Erwerbsunfähigkeit und zum Erhalt „der Mannschaft" durchzuführen. Benötigt wird dafür die gleichberechtigte, interdisziplinäre Zusammenarbeit aller Beteiligten aus den verschiedenen Stockwerken. Und: Es ist im *Dialog mit dem oder den Betroffenen* möglich, Problemfelder zu ermitteln, gemeinsam eine Rangfolge der Probleme aufzustellen und über die Reihenfolge der Bearbeitung zu entscheiden.

Der ABI: Ein einfaches, nützliches Messinstrument...

Eine besondere Bedeutung hat dabei die systematische Erfassung der *Arbeitsbewältigungsfähigkeit* in Abhängigkeit von Alter und Arbeitsanforderung durch den Arbeitsbewältigungsindex (ABI). Dieser Fragebogen dient der Erfassung des vorhandenen Mitarbeiterpotenzials sowohl im Rahmen einer allgemeinen Ist-Analyse oder Betriebsdiagnose als auch bei der individuellen Beratung.

Der ABI umfasst die folgenden Fragenkomplexe (Items):

Arbeitsbewältigungsfähigkeit im Vergleich mit der besten jemals erreichten	0–10 Punkte
Arbeitsbewältigungsfähigkeit im Verhältnis zu den Anforderungen der Arbeit	2–10 Punkte
Anzahl der aktuellen Krankheiten, die von einem Arzt diagnostiziert worden sind	1–7 Punkte
Geschätzte Behinderung bei der Arbeit als Folge dieser Erkrankungen	1–6 Punkte
Krankenstand während des letzten Jahres (12 Monate)	1–5 Punkte
Eigene Vorhersage über die Arbeitsbewältigungsfähigkeit ab jetzt innerhalb der nächsten zwei Jahre	1, 4 u. 7 Punkte
Mentale Ressourcen und Befindlichkeiten	1–4 Punkte

Die Antworten werden nach Punkten ausgewertet, addiert und kategorisiert. Die Einstufung „schlecht" entspricht dann 2 bis 27 Punkten, „mäßig" 28 bis 36, „gut" 37 bis 43 und „sehr gut" 44 bis 49 Punkten. Die Beurteilung des Ergebnisses darf keinesfalls von der Arbeitssituation (Arbeitsanforderung) der Befragten abgetrennt werden. Grundsätzlich ist das gesamte „Haus der Arbeitsfähigkeit" nach Erklärungen und Lösungen zu durchsuchen.

Der ABI gehört in die Hand des *Arbeitsmedizinischen Dienstes* eines Unternehmens oder eines externen Anbieters. In Finnland wurden gute Erfahrungen gewonnen mit der Durchführung der Befragung auch durch Assistenzpersonal. Es muss aber eine individuelle Betreuung und – bei Bedarf – eine ärztliche Beratung gesichert sein[4].

Der *Zeitaufwand* für die Befragung liegt zwischen zehn und fünfzehn Minuten und für die Auswertung werden drei bis fünf Minuten benötigt. Bei der Erhebung der arbeitsmedizinischen Anamnese (Krankengeschichte) kann der Fragebogen zur *inhaltlichen Strukturierung* des Gesprächs und besseren Erfassung der Probleme beitragen. Bei *systematischer Anwendung zum Aufbau einer Betriebsepidemiologie*, die z.B. im Rahmen der arbeitsmedizinischen Untersuchungen oder vor Rehabilitationsmaßnahmen sinnvoll ist, wird ein Statistikprogramm benötigt.

Das Ausfüllen des Fragebogens bleibt für die Mitarbeiterinnen und Mitarbeiter freiwillig, auch wenn Geschäftsführung und Betriebs- oder Personalrat seiner Verwendung (Betriebsvereinbarung) zugestimmt haben. Die Form der Datenerhebung muss mit den Richtlinien des Datenschutzes übereinstimmen. Soweit ein Datenschutzbeauftragter vorhanden ist, soll dieser der Datenerhebung zustimmen.

Dieses Vorgehen gilt grundsätzlich auch für mittlere und kleine Unternehmen (KMU), obwohl dem die – teilweise sehr geringen – Einsatzzeiten der Betriebsärzte und Sicherheitsfachkräfte eine Grenze setzen können. Hier müssen in Deutschland in den nächsten Jahren eigene Erfahrungen gesammelt und veröffentlicht werden.

Bei der Entwicklung dieses Erhebungsinstrumentes hat sich gezeigt, dass die *Selbsteinschätzung* der Betroffenen nur wenig von der *Fremdeinschätzung* des Experten (Arbeitsmediziner, Arbeitswissenschaftler, Ergonomen, Ingenieure) abweicht.[5] Trotzdem können sich in der Einzelberatung Probleme ergeben, da Individuen ggf. sehr unvermittelt mit den Grenzen ihrer Möglichkeiten (ihres Potenzials) konfrontiert werden. Insbesondere bei psychosozialen Belastungen ist dies zu

---

[4] In Deutschland sollen dazu Erfahrungen im Rahmen eines Forschungsprojektes gewonnen werden. Dabei werden Fachkräfte für Arbeitssicherheit nach einer speziellen Schulung eingesetzt (s. *www.piza.org*, Arbeitspaket: Arbeitsbewältigungsindex, ab 2003).
[5] Der ABI wird inzwischen in wenigstens vierzehn Sprachen benutzt. Die deutsche Fassung mit Arbeitsanleitung findet man bei: Tuomi, K., J. Ilmarinen, et al. (2001) Arbeitsbewältigungsindex – Work Ability Index [9]. Die Bundesanstalt für Arbeitsschutz und Arbeitsmedizin Dortmund/Berlin hat diese in Kooperation mit dem Finnischen Institut für Arbeitsmedizin (FIOH) herausgegeben.

berücksichtigen. Das Ausfüllen des Fragebogens in einer Gruppensituation wird deshalb nicht empfohlen.

Insgesamt hat der Fragebogen im Rahmen der 11jährigen Verlaufsstudie eine hohe Vorhersagefähigkeit bezüglich *Erwerbsunfähigkeit* und *Mortalität* bewiesen. Diejenigen Teilnehmer an der Studie, die 1981 z. B. einen „schlechten" Arbeitsbewältigungsindex hatten, wurden in diesen 11 Jahren zu fast zwei Drittel vorzeitig erwerbsunfähig. Bei den Probanden mit „mäßigem" Ergebnis waren es etwa ein Drittel, während es im Bereich „sehr gut" und „gut" deutlich weniger waren. Man kann darüber hinaus durch wiederholte Messungen im Abstand von 3 bis 5 Jahren fließende Übergänge erfassen, so dass z. B. bei den arbeitsmedizinischen Gesundheitsvorsorgeuntersuchungen frühzeitig auch ein wachsendes Missverhältnis zwischen individueller Leistungsfähigkeit und Arbeitsanforderung erkannt werden kann[6] (Abb. 7.3).

... und Helfer beim (arbeits)medizinischen Paradigmenwechsel

Neben dieser Möglichkeit, solche Entwicklungen zu quantifizieren und zu objektivieren, kann dieser Fragebogen im Bereich der arbeits-

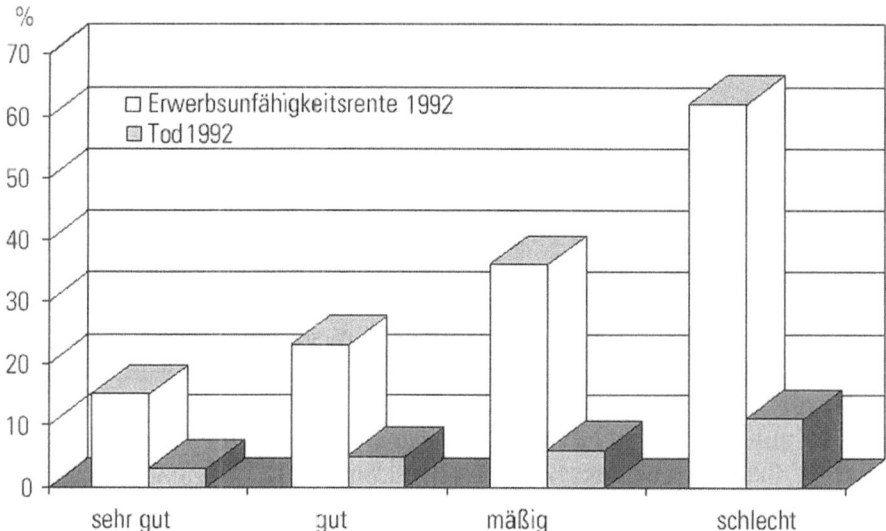

Abb. 7.3. Zusammenhang zwischen Arbeitsbewältigungsindex und der Vorhersage von Sterblichkeit und Berufs- oder Erwerbsunfähigkeitsrente bei kommunalen Arbeitnehmern in den Jahren 1981–1992

---

[6] S. dazu den Beitrag von Timm in diesem Band.

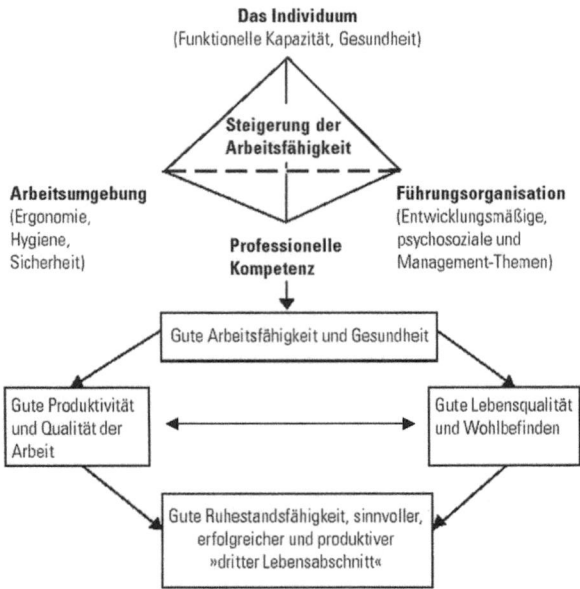

Abb. 7.4. Förderungsmodell der Arbeitsfähigkeit – Vier Dimensionen von Maßnahmen und Konsequenzen

medizinischen Betreuung der Beschäftigten mithelfen, ein zentrales medizinisches Problem zu lösen: Er verbessert die Möglichkeiten der individuellen Beratung und verändert die Stellung der Mitarbeiterinnen und Mitarbeiter, die den Betriebsarzt aufsuchen, richtungsweisend, weil er unmittelbar deren subjektive Sichtweisen in das Zentrum der Betrachtung und Gestaltung setzt. Wie auch in anderen Bereichen der Medizin steht die Arbeitsmedizin vor der Aufgabe, stärker als bisher mitarbeiter- oder klienten- bzw. patientenzentriert zu arbeiten [7]. Uns werden in Zukunft nicht nur mögliche pathogene Risiken am Arbeitsplatz interessieren, sie gehören erfasst und beseitigt, sondern auch die Art und Weise, wie Mitarbeiter diese Belastungen bewerten, welche subjektiven Sichtweisen sie einbringen und über welche spezifischen Bewältigungsmöglichkeiten sie verfügen. Hier bahnt sich ein Paradigmenwechsel an.

Es ist im Arbeitsalltag immer wieder erstaunlich, wie schnell mit Hilfe des ABI ein solcher Dialog mit der Mitarbeiterin oder dem Mitarbeiter aufgebaut werden kann. Der Begriff des *Mitarbeiterpotenzials* lässt sich dann konkret mit Inhalt füllen, gemeinsam kann eine *Stärken-Schwächen-Analyse* vorgenommen und dann können die entsprechenden Handlungsschritte im Rahmen des Arbeitsschutzgesetzes festgelegt werden. Letztlich resultiert daraus das in Abb. 7.4 vorgestellte Konzept.

Folgt man diesem Modell, dann sind das Erhalten, das Fördern und die nachhaltige Entwicklung der Arbeitsfähigkeit drei Seiten eines Prozesses, von dem sowohl das Unternehmen als auch Mitarbeiterinnen und Mitarbeiter Nutzen haben werden (win-win-situation). Wir finden letztlich wieder die vier Stockwerke des „Hauses der Arbeitsfähigkeit" in einer etwas anderen Darstellung der Komponenten als Voraussetzung für gute Arbeitsfähigkeit und Gesundheit. Aber: An der Spitze einer dreiseitigen Pyramide steht nun das Individuum, die Mitarbeiterinnen und Mitarbeiter, die in das Zentrum von Interesse und Auseinandersetzung gerückt sind – eine Zukunftsperspektive. Auf dem Weg in diese Richtung sollten Unternehmensleitung und Mitarbeiter ihre Interessen klar definieren: Die geforderte gute Produktivität und Qualität der Arbeit steht – trotz mancher Fehldeutungen – in keinerlei Gegensatz zu dem Wunsch nach guter Lebensqualität und Wohlbefinden auf der Seite der Beschäftigten, sondern sie bedingen sich gegenseitig.

Die Ergebnisse sind außerdem messbar: Durch Kosten-Nutzen-Analysen in verschiedenen Unternehmen ergaben sich drei- bis zwanzigfache Einsparungen gegenüber den getätigten Ausgaben („das Geld kommt wieder"). Für die Mitarbeiterinnen und Mitarbeiter erhöht es Gesundheit und Wohlbefinden nicht nur im Arbeitsleben, sondern darüber hinaus im „dritten Lebensabschnitt" [8].

Mit „Pflicht" und „Kür" die Zukunft bewältigen[7]

Dieses Modell ist auch in der Lage, den Wandel des Arbeitslebens in der Praxis zu interpretieren und die ermittelten Veränderungen den verschiedenen Komponenten (Stockwerken) der Arbeitsfähigkeit zuzuordnen. So ist es nicht nur „Pflicht", auf die Einhaltung der Bestimmungen des Arbeitsschutzgesetzes zu achten, sondern sinnvoll, gemeinsam zur „Kür" der Hausbesichtigung überzugehen. Es geht darum, nicht nur Sicherheitsstandards einzuhalten und Unfallzahlen so weit wie noch irgendwie möglich zu senken, sondern Wohlbefinden und Sinnfälligkeit bei der Arbeit zu entwickeln, pathogene Anteile der Arbeit kontinuierlich zu erfassen und abzubauen und salutogene zu fördern. Je besser die Zusammenarbeit der einzelnen Stockwerke funktioniert, desto größer sind die Chancen, die Arbeitsfähigkeit der einzelnen Mitarbeiterinnen und Mitarbeiter wie auch des Teams zu

---

[7] Das Bild stammt von Torsten Bökenheide, unveröffentlichtes Referat DGB-Workshop für Betriebsärzte in Hamburg-Sasel, Oktober 2001.

Tabelle 7.2. Positive und negative Einflussfaktoren auf die Arbeitsfähigkeit

1. Chancen durch Maßnahmen der Entlastung			2. Risiken durch Unterlassung oder Verschlechterung		
Variable	OR	95% CI	Variable	OR	95% CI
Repetitive, monotone Bewegung:[a]			Monotones Stehen an einem Platz:[a]		
Nicht vermindert	1,0	1,0–3,4	Nicht erhöht	1,0	
Vermindert	2,1		Erhöht	1,7	1,0–2,9
Zufriedenheit mit Verhalten des Vorgesetzten:[a]			Zufriedenheit mit dem Arbeitsplatz:[a]		
			Nicht vermindert	1,0	
Nicht erhöht	1,0		Vermindert	1,6	1,0–2,6
Erhöht	3,6	1,8–7,2			
Intensives körperliches Training in der Freizeit:[a]			Möglichkeiten für Anerkennung und Wertschätzung bei der Arbeit:[a]		
Nicht vermehrt	1,0	1,0–3,5	Nicht vermindert	1,0	
Vermehrt	1,8		Vermindert	2,4	1,4–4,3
[a] Veränderungen in der Zeit von 1981–1992			Intensives körperliches Training in der Freizeit:[a]		
			Nicht vermindert	1,0	
			Vermindert	1,8	1,2–2,8

[a] Der Arbeitsbewältigungsindex hat sich wenigstens um *drei* Punkte in der Zeit von 1981 bis 1992 verbessert (1) oder um wenigstens *zehn* Punkte verschlechtert (2). Odds Ratio (OR) und 95% Konfidenzbereich (95% CI) des logistischen Regressionsmodells
Quelle: Tuomi et. al. 1997

erhalten. Umgekehrt führen Hindernisse bei der Kooperation und die Missachtung von Erkenntnissen und Belastungsschwerpunkten zu erheblichen Risiken, die die Unternehmen bei der Bewältigung der Zukunft beeinträchtigen. Tabelle 7.2 beschreibt die wichtigsten Einflussfaktoren. Die Bedeutung des Führungsverhaltens wird durch Untersuchungen in anderen Bereichen bestätigt [6].

Abschließend soll noch einmal auf den Busfahrer eingegangen werden: Bei ihm hat die klassische, in Deutschland vorherrschende Form der Rehabilitation (in diesem Fall: aufwendige Operation und dann Förderung der individuellen Fitness) zu keinem befriedigenden Ergebnis geführt. Erst die Intervention des Vorgesetzten, die Einschaltung des Betriebsarztes, die langfristige Modifizierung der Arbeitsanforderung und die Kooperation der verschiedenen Akteure der Gesundheitsförderung lassen die Vermeidung vorzeitiger Fahrdienstuntauglichkeit möglich erscheinen. Nach ca. drei Monaten kann er seine Arbeitsanforderung wieder vollschichtig, aber individuell besser angepasst an seine Fähigkeiten, bewältigen. Wenn mit dem Altern und Älterwerden der Beschäftigten deren Individualität zunimmt, dann muss auch Platz geschaffen werden für solche speziellen Problemlösungen.

Literatur

[1] Ertl, B., M. Schmid-Neuhaus, J. Tempel (1998) Lebensqualität für Leistungskraft – Das Gesundheitsförderungsprojekt für die Bus-, Straßenbahn- und U-Bahn-Fahrer/innen der Verkehrsbetriebe/Stadtwerke München. Bremerhaven: Wirtschaftsverlag NW

[2] Ilmarinen, J. (1999) Ageing Workers in the European Union – Status and promotion of work ability, employability and employment. Finnish Institute of Occupational Health, Ministry of Social Affairs and Health, Ministry of Labour, Helsinki, Finland

[3] Ilmarinen, J., V. Louhevaara (Eds.) (1999) FinnAge – respect for the aging: Action programme to promote health, work ability and wellbeing of aging workers in 1990–96. People and Work – Research Reports. Nykipaino Oy, Helsinky, Finland

[4] Ilmarinen, J., J. Tempel (2002) Arbeitsfähigkeit 2010 – Was können wir tun, damit Sie gesund bleiben?, VSA-Verlag

[5] Markl, H. (1996) Eine evolutionäre Perspektive der Medizin. Die Zukunft der Medizin – Neue Wege zur Gesundheit. G. Kaiser, J. Siegrist, E. Rosenfeld, K. W.-À. Vandai. Frankfurt/New York. Campus 4

[6] Oppolzer, A. (2000) Ausgewählte Bestimmungsfaktoren des Krankenstandes in der öffentlichen Verwaltung – zum Einfluss von Arbeitszufriedenheit und Arbeitsbedingungen auf krankheitsbedingte Fehlzeiten. Fehlzeiten – Report 1999. B. Badura, M. Litsch, C. Vetter. Berlin u. a.: Springer

[7] Tempel, J. (1994) Prävention in der hausärztlichen Vertragsarztpraxis – Probleme, Möglichkeiten und ein praktischer Versuch. Bremerhaven, Wirtschaftsverlag NW – Verlag für neue Wissenschaft GmbH

[8] Tuomi, K., P. Huuhtanen, et al. (2001) „Promotion of work ability, the quality of work and retirement". Occup. Med. 51 (No. 5): 318–324

[9] Tuomi, K., J. Ilmarinen, et al. (2001) Arbeitsbewältigungsindex – Work Ability Index. Bremerhaven, Wirtschaftsverlag NW

[10] Wolff, H., K. Spiess, et al. (2001) Arbeit – Altern – Innovation. Wiesbaden, Universum Verlagsanstalt

KAPITEL 8

Altersgerechte Arbeitsgestaltung

E. Frieling

Altersgerechte Arbeitsgestaltung definiert sich nicht über ein bestimmtes Alter der arbeitenden Personen, denn mit dem Älterwerden einer Person verändern sich auch die Bedingungen, unter denen Arbeitstätigkeiten vollzogen werden. Daher muss sich altersgerechte Arbeitsgestaltung mit den Wechselwirkungen zwischen der Person und den Arbeitsbedingungen und zwischen den Personen auseinandersetzen. Nicht nur Personen altern, sondern auch Umgebungsbedingungen, Organisationsformen, Werkzeuge und Arbeitsmittel, ja selbst die gesetzlichen Regelungen zu den Arbeitsbedingungen unterliegen ständigen Anpassungsprozessen, um eine möglichst effiziente Lebensbewältigung sicher zu stellen.

Arbeitsgestaltung muss sich mit diesen Veränderungen befassen, und die Wechselwirkungen müssen so gestaltet werden, dass Personen unterschiedlichen Alters möglichst keine gesundheitlichen Beeinträchtigungen in sich ständig verändernden Arbeitsumwelten erfahren, oder positiv formuliert: gesundheitsförderliche Arbeitssituationen vorfinden.

In Kindergärten arbeiten Erzieherinnen unterschiedlichen Alters mit Kindern bis zu sechs oder sieben Jahren. Für die Erzieherinnen ist der Kindergarten eine Arbeitssituation, die so zu gestalten ist, dass die Tätigkeit möglichst nicht durch gesundheitliche Beeinträchtigungen begleitet wird. Das heißt ganz praktisch, die Erzieherinnen sollten auf Stühlen sitzen, die ihrer Körpergröße entsprechen und die Kinder auf Stühlen, die ihnen angemessen sind. Eine einfache, aber wie die einschlägigen Untersuchungen z.B. von Buch & Frieling [3] zeigen, nur selten realisierte Forderung, denn das Problem ist der Tisch, der sowohl vom Kind als auch der Erzieherin genutzt wird (siehe Abb. 8.1). Die Lösung ist ein höhenverstellbarer Kinderstuhl (z.B. das Modell „Tripp Trapp" von der Firma Stokke), der aber mehr kostet als ein herkömmlicher Kinderstuhl (Abb. 8.2 und 8.3).

Abb. 8.1. Gebeugte und gedrehte Körperhaltung beim Arbeiten auf dem Tisch

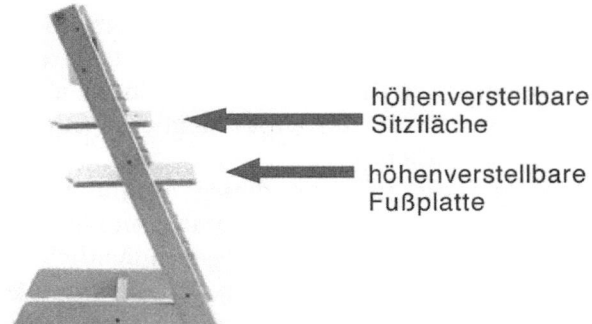

Abb. 8.2. Höhenverstellbarer Kindersitz „Tripp Trapp" der Firma Stokke

Unter technischen Gesichtspunkten ist die Problemlösung relativ einfach. Kompliziert wird sie, wenn Kostenträger gesucht und gefunden werden müssen und die triviale Tatsache zu begründen ist, dass ein Kinderstühlchen kein adäquates Sitzmöbel für Erwachsene ist. Oder dass Rückenbeschwerden durch die verqueren Sitzpositionen begründet sind, denn Kreuzschmerzen, so die Vertreter der Sparversion, haben auch Manager auf ergonomischen, lederbespannten, Lebensgefühl vermittelnden ästhetischen Hochpreissesseln.

Altersgerechte Arbeitsgestaltung hat etwas mit der „Marktmacht" der Personen zu tun, die altersgerechte Arbeitsbedingungen einfordern. Der Einleger an einer Presse hat auf die individuelle Ausgestaltung des eigenen Arbeitsbereiches weniger Einfluss als die Managerin

Altersgerechte Arbeitsgestaltung

Abb. 8.3. Arbeit mit funktionalem Mobiliar

eines Unternehmens. Die Austauschbarkeit der individuellen Arbeitskraft ist ein wesentliches Hindernis altersgerechter Arbeitsgestaltung. Je höher die Wertschätzung einer Person und ihrer Kompetenzen, umso eher die Bereitschaft, altersangemessene Arbeitsbedingungen zu schaffen.

Das Bemühen um altersgerechte Arbeitsgestaltung zeigt sich in der Bereitschaft, auf die individuellen Belange eines Beschäftigten einzugehen und die Wechselwirkungen zwischen Person, Organisation und Arbeitsbedingungen so anzupassen, dass eine aus Sicht der Unternehmung und des Individuums optimale Arbeitsleistung erbracht werden kann.

In den folgenden Ausführungen sollen Ansatzpunkte für eine altersgerechte Arbeitsgestaltung aufgezeigt werden. Viele Hinweise können der Kategorie „Trivialergonomie" zugeordnet werden und sollten eigentlich in der betrieblichen Praxis zu den Selbstverständlichkeiten ergonomischer Arbeitsgestaltung gehören.

Gestaltung der Arbeitsmittel

Arbeitsmittel, Werkzeuge und technische Einrichtungen müssen so gestaltet werden, dass sie von unterschiedlich großen, kräftigen oder schwachen Frauen und Männern benutzt oder bedient werden können, ohne zu einseitigen Belastungen zu führen. In der betrieblichen Praxis zeigt sich aber häufig ein geschlechtsspezifizierender Einsatz von Arbeitsmitteln. Der Transportbehälter, der bis zu 30 kg aufnehmen kann (z. B. Kegelräder, Schrauben, Kleinteile aus Stahl oder sonstigen Metallen) ist für einen schwachen Mann oder eine etwas kräftigere Frau nicht zumutbar, da sie den Inhalt des gefüllten Behälters nicht über Herzhöhe in ein anderes Behältnis kippen können (vgl. Abb. 8.4 und 8.5). An solchen Arbeitsplätzen finden sich in der Regel nur jüngere, kräftige und großgewachsene Männer.

Abb. 8.4 und 8.5. Heben des Transportbehälters und Befüllen der Anlage

Altersgerechte Arbeitsgestaltung

Altersgerecht ist die Gestaltung, wenn eine entsprechende Hebehilfe existiert, ausreichend Zeit zur Verfügung steht, diese zu nutzen oder wenn die Behältergröße so gewählt wird, dass unterschiedliche Personen beiderlei Geschlechts den Behälter mehrmals pro Stunde ohne extreme Bandscheibenbelastung heben können. Altersgerecht könnte die Gestaltung sein, wenn der schwere Behälter von zwei Personen gehoben werden kann, d. h. wenn bei Bedarf eine zweite Person zur Verfügung steht und den Hebevorgang unterstützt.

Altersgerechte, ergonomisch gut gestaltete Arbeitsmittel haben keinerlei Selektionseffekte auf das Geschlecht, die Größe oder das Alter der damit arbeitenden Person. Entweder sind die Werkzeuge und Arbeitsmittel so variabel, dass sie mit unterschiedlichen Körpergrößen oder Kräften optimal bedient werden, oder es werden in Abhängigkeit von der Körpergröße und der Körperkräfte jeweils spezifische Werkzeuge zur Verfügung gestellt.

Bei im Dauereinsatz befindlichen Werkzeugen (z. B. Schrauber, die an Balancern aufgehängt sind) ist darauf zu achten, dass durch die einseitigen Belastungen keine körperlichen Beeinträchtigungen und Überforderungen auftreten (z. B. einseitige Beanspruchung des Schulter-Arm-Bereichs durch Herunterziehen des Schraubers). Ansatzpunkte für Gestaltungen ergeben sich aus der Reduzierung der erforderlichen physikalischen Kräfte, die durch das Werkzeug auf die Finger, Hände, Arme, Schulter, Rücken übertragen werden. Bei Elektro- oder Luftdruckschraubern ist auf Rückstell- bzw. Rückschlagkräfte, das Gewicht der Werkzeuge und die Vibration zu achten.

Einseitige Körperhaltungen bei der Maschinenbedienung bzw. bei dem Gebrauch von Werkzeugen unter Einsatz von Körperkräften sind weder für jüngere, noch für ältere Personen zumutbar. Als besonders problematisch haben sich so genannte Überkopfarbeiten erwiesen, bei denen mit einem Werkzeug über Kopfhöhe gearbeitet werden muss (vgl. Abb. 8.6).

Bei einer Dauerbeschäftigung treten selbst bei jüngeren kräftigeren Mitarbeitern schon nach wenigen Jahren erhebliche Beschwerden auf, die bei einem relevanten Prozentsatz der Beschäftigten zu Leistungsminderungen führen. Erfahrungen liegen hierzu in der Automobilindustrie vor. Bei Überkopfarbeit ist der Krankenstand gegenüber der Vergleichsgruppe ohne Überkopfarbeit in der Regel um einen Prozentpunkt höher.

Da im höheren Alter die psychomotorischen Funktionen etwas nachlassen, ist bei der Gestaltung von Anzeigen darauf zu achten, dass durch die Verwendung von Vorsignalen (ähnlich wie die Ampel

Abb. 8.6. Überkopfarbeit bei Montagetätigkeiten

von Grün auf Rot über Gelb geschaltet wird) die erforderliche Reaktionszeit verlängert werden kann (vgl. [1, S. 4]).

Bei der Beschaffung von neuen Maschinen und Anlagen sollten die Betriebsanleitungen nach der DIN 4500 gestaltet sein, um dem Nutzer der Maschine oder der technischen Einrichtung die Bedienung möglichst zu erleichtern. Die softwareergonomische Gestaltung der Betriebsanleitung, der Anzeigen und Symbole sollte dazu beitragen, die Verständlichkeit der Systemnutzung zu erhöhen. Älteren Mitarbeitern, aber auch neu einzuarbeitenden Mitarbeitern wird dadurch die Einarbeitungsphase verkürzt und erleichtert und die Akzeptanz neuer, meist EDV-gestützter Arbeitsmittel wird größer.

Die Untersuchungen des IAB/BiBB [2] haben gezeigt, dass trotz zunehmendem Rechnereinsatz die Variation der mit Körperkraft eingesetzten einfachen Werkzeuge in den letzten Jahren nicht abgenommen hat. Für den Arbeitsgestalter ergibt sich daher die Aufgabe, sich mit dieser Thematik zu befassen. Noch immer finden sich in der betrieblichen Praxis einfache Werkzeuge (z.B. Schrauber), die für den Dauereinsatz (besonders bei hoher Wiederholungsfrequenz an kurzgetakteten Montagebändern) nicht geeignet sind und besonders bei älteren Mitarbeitern zu Beschwerden im Arm-/Handbereich führen. Werkzeuge, die durch Pflaster, Klebebänder und umwickelten Schaumstoff von den Beschäftigten selbst modifiziert werden, sollten auf ihre Tauglichkeit für den Dauereinsatz kritisch überprüft werden.

Gestaltung der Arbeitsumgebung, der Arbeitsbedingungen

Belastungen durch die Arbeitsumgebung können in Abhängigkeit vom Alter zu unterschiedlichen Beanspruchungen führen. Besonders altersabhängig sind die Auswirkungen der Leuchtdichten bzw. Beleuchtungsstärken (vgl. Abb. 8.7). Mit zunehmendem Alter der Beschäftigten (z.B. 45 bis 50 Jahre) werden die Gestaltungsanforderungen an die Beleuchtung höher; d.h. es werden höhere Leuchtdichten benötigt, um die gleiche Sehleistung wie bei Jüngeren (20- bis 25 Jahre) zu erreichen [4]. Für die Arbeitsgestalter heißt dies, die Werte der Mindestnormen (DIN-Empfehlungen/Vorgaben) erheblich zu überschreiten, um auch für ältere Beschäftigte angemessene Beleuchtungsbedingungen für die durchzuführenden Aufgaben zu schaffen. Unabhängig vom Alter reduzieren höhere Beleuchtungsstärken die Ermüdung, verbessern die Leistungsfähigkeit und verringern die Fehler [11].

Durch eine gute Gestaltung der Arbeitsunterlagen, z.B. durch Helligkeits- oder Farbkontraste kann auch im Alter den zunehmenden Anforderungen an die Qualität der Arbeitsergebnisse (z.B. glatte, farb- und kratzempfindliche Oberflächen) entsprochen werden.

Die Toleranz älterer Mitarbeiter gegenüber Blendung an Bildschirmen oder durch glänzende Oberflächen, die kontrolliert werden müssen, ist geringer als bei jüngeren Mitarbeitern.

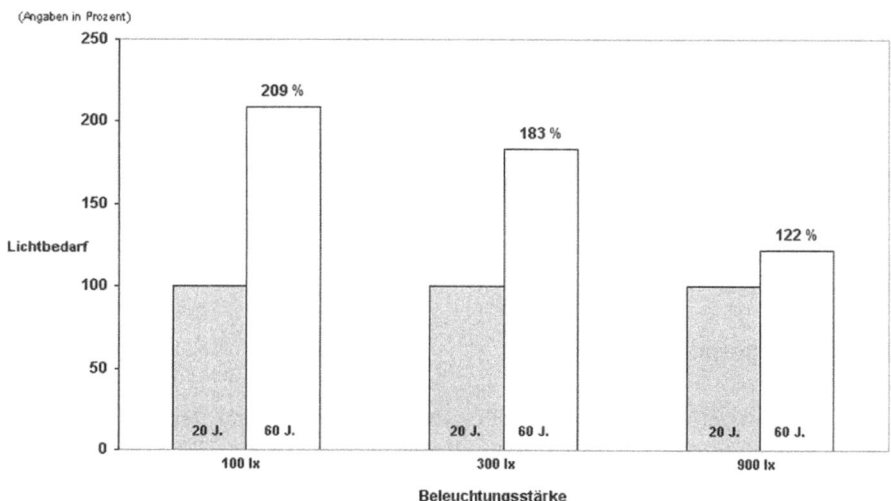

Abb. 8.7. Unterschied im Lichtbedarf zwischen alten (60 Jahre) und jungen Arbeitern (20 Jahre) bei verschiedenen Beleuchtungsstärken (100% = Lichtbedarf 20jähriger Personen (Hartmann, 1999, S. 16 [5])

Natürliches Licht und der Blick ins Freie fördern nicht nur die Sehbedingungen, sondern auch das Raumerleben und die Bindung an das natürliche Umfeld.

Es ist davon auszugehen, dass mit zunehmendem Alter die Toleranz gegenüber Hitze und Kälte abnimmt [1, S. 16]. Für die Arbeitsgestaltung heißt dies, älteren Mitarbeitern die arbeitsbedingte Exposition durch Hitze und/oder Kälte möglichst zu ersparen [6, S. 238 ff]. Dies reduziert jedoch die Einsatzflexibilität der betroffenen älteren Mitarbeiter und schafft organisatorische Probleme, wenn jüngere Beschäftigte klimabedingte Arbeiten für ältere Personen ausführen müssen.

Nach Ahrend & Konietzka [1, S. 7] ist die altersunterschiedliche Speicherung, Elimination und Wirkung von toxischen Stoffen am Arbeitsplatz denkbar, aber wenig erforscht. Für die Praxis der Arbeitsgestaltung heißt dies, toxische Arbeitsstoffe (z. B. Lösungsmittel, Schweißgase, Aerosole oder sonstige giftige Schadstoffe) möglichst zu vermeiden, gleichgültig, ob jüngere oder ältere Mitarbeiter dadurch betroffen werden.

Der von Ilmarinen & Tempel [6, S. 242] aufgestellten „Empfehlung 1: Physikalische Belastungsfaktoren (z. B. Vibration, Lärm, Hitze, Kälte, Luftverschmutzung) müssen bei älteren Mitarbeitern vermindert werden" ist sicherlich zuzustimmen. Da die Arbeitsbedingungen aber durch die eingesetzte Technik, die Maschinen und Anlagen und die Raumsituation bestimmt werden, ist eine von der Altersstruktur der Belegschaft abhängige Reduzierung der physikalischen Belastungsfaktoren unwahrscheinlich. Durch eine gute ergonomische Gestaltung können die meisten gesundheitlich beeinträchtigenden Arbeitsbedingungen nach dem Stand der Technik vermieden werden, so dass altersbedingte Selektionen überflüssig werden. Bei unvermeidbaren physikalisch-chemischen Belastungsfaktoren sind neben Schutzausrüstungen (persönlicher Arbeitsschutz) arbeitsorganisatorische Ausgleichsmaßnahmen erforderlich; z. B. längere Pausen, Arbeitszeitverkürzung oder Job-Rotation.

Arbeitszeitgestaltung

Aus dem EURO-Barometer 1996, in dem 15 EU-Staaten miteinander verglichen werden – zitiert nach Ilmarinen & Tempel [6] – zeigt sich, dass Deutschland zwar über relativ kurze Arbeitszeiten verfügt, während dieser Arbeitszeiten den Mitarbeitern aber wenige Spielräume geboten werden, um die eigenen Pausen frei zu wählen. Hier ist Deutschland Schlusslicht. Die Wahl der Pausen ist aber für ältere Mitarbeiter von entscheidender Bedeutung, um die eigenen Arbeitsanforderungen mit den individuellen Leistungsfähigkeiten abstimmen zu können. Da in Deutschland auch die Reihenfolgeplanung der einzelnen Arbeitsaufgaben (vgl. EURO-Barometer, zit. nach [6, S. 121] relativ wenige Spielräume für den einzelnen Mitarbeiter bietet, ergeben sich für ältere Mitarbeiter erhebliche Anpassungsprobleme und es besteht die Gefahr, dass die Pausen geopfert werden, um das Zeitpensum zu schaffen bzw. um die Auftragsreihenfolge nicht zu gefährden.

Die Vermeidung von Schicht- und Nachtarbeit für ältere Mitarbeiter ist eine altbekannte und weitgehend akzeptierte Empfehlung der Arbeitswissenschaft (z.B. [7] oder [1]), die jedoch in der betrieblichen Praxis nur dann weitgehend befolgt wird, wenn mit der Schichtarbeit zusätzliche erschwerende Bedingungen (z.B. Lärm, Hitze, körperliche Schwerarbeit) gegeben sind. Dies ist häufig der Fall. Fehlen diese besonderen Erschwernisse, so besteht in den Unternehmen kein Druck, ältere Arbeitnehmer aus der Schichtarbeit herauszunehmen.

Schicht- und Nachtarbeit macht besonders bei un- und angelernten Arbeitnehmern einen erheblichen Umfang aus. In der IAB/BiBB-Studie sind es 27% der Beschäftigten, mit steigender Tendenz. Daher ist es für die Betriebe bei relativ hohen Altersdurchschnitten der Belegschaft schwierig, ältere Mitarbeiter (über 45 Jahre) aus der Schichtarbeit herauszunehmen. Hinzu kommt, dass die Mitarbeiter auf die Schichtzulagen angewiesen sind; dies gilt besonders für die un- und angelernten Mitarbeiter. Die Mitarbeiter „wollen" daher auch nicht auf die Nachtschichten verzichten. Nach Aussagen des leitenden Werksarztes von Audi-Ingolstadt (Dr. Stork) hat sich im VW-Konzern gezeigt, dass freiwillige Nachtarbeit zu erheblich geringeren medizinisch relevanten Beschwerden führt als fest vorgegebene Schichtregelungen. Auch Nachreiner betont in seinen Untersuchungen zur Schichtarbeit, dass Vereinbarungen zur Schichtarbeit, bei denen die Mitarbeiter ihre persönlichen Interessen mit einbringen können, zu weniger psychophysischen Beeinträchtigungen führen.

Nach Ahrend & Konietzka [1, S. 17] wird in der Literatur durchgängig festgestellt, dass sich im Alter die negativen Intoleranz-Symptome wie subjektive Müdigkeit, Leistungseinbußen, verminderte Schlafdauer, Unterbrechungen und gastrointestinale Störungen verstärken. Um diese Effekte möglichst gering zu halten, sollten Schichtsysteme in Abstimmung mit den betroffenen Mitarbeitern gestaltet und Arbeitsbedingungen geschaffen werden, die unnötige Erschwernisse vermeiden (siehe hierzu die Arbeiten von Knauth an der Universität Karlsruhe, z.B. [8]).

Gestaltung der Arbeitsorganisation

Mit den Bemühungen der Automobilindustrie, die Produktivität im Interesse einer verbesserten Wettbewerbsfähigkeit seit Anfang der neunziger Jahre des letzten Jahrhunderts zu steigern, geht die Entwicklung von ausgefeilten Konzepten zur Standardisierung der Produktionsprozesse einher. Beispielsweise werden in dem Audi- oder dem Mercedes-Produktionssystem unter anderem standardisierte Formen der Gruppenarbeit eingeführt; die Visualisierung von Kennzahlen (Fehler, Fehlzeiten, Produktivität, Unfälle etc.) wird vorangetrieben, der Materialfluss optimiert, der kontinuierliche Verbesserungsprozess gefördert, das Qualitätsmanagement intensiviert, die Arbeitsabläufe strukturiert und von „Verschwendung" (unnötige Bewegungen und Handgriffe) befreit.

Wenn diese Standardisierungsbemühungen in Kooperation mit den betroffenen Mitarbeitern erfolgen, Fehlerstatistiken gemeinsam erarbeitet und Arbeitsbedingungen und Arbeitsabläufe gemeinsam gestaltet werden (gemeinsam heißt, dass Produktionsplanung, Personalwesen, Fertigungsleitung und Mitarbeiter, unter Einbezug der Betriebsräte, kooperieren), besteht die Chance einer hohen Akzeptanz der standardisierten Abläufe. Ist diese zeitaufwändige gemeinsame Erarbeitung weniger im Bewusstsein des Managements verankert, sondern wird nur das Konzept vermittelt und der standardisierte Prozess verordnet, so ist besonders für ältere Arbeitnehmer mit Zusatzbelastungen zu rechnen, da sie sich auf neue Strukturen einstellen müssen, die sich an der Leistungsfähigkeit der jüngeren Mitarbeiter orientieren.

Dies gilt besonders bei der Einführung von Gruppenarbeit[1]. Die Vorteile der älteren Mitarbeiter, die organisatorischen Strukturen des Unternehmens gut zu kennen, die Erfahrungen mit organisatorischen Veränderungen, die gesammelten Erkenntnisse über die Halbwertszeiten von Managementmoden und das Wissen über die „Wirksamkeit" von Beratern bei Umorganisationen, wenden sich zum Nachteil, wenn diese Erfahrungen nicht positiv gewendet werden, sondern als Argumentationshilfen für die Beibehaltung des Status quo dienen, zu Jammerinhalten schrumpfen und mit den negativen Erfahrungen von Vorgestern zu einer Defensivtaktik verkommen. Die älteren Mitarbeiter müssen ihre Erfahrungen nutzen, um aus Fehlern zu lernen, und sie müssen motiviert werden, gemeinsam mit jüngeren Kollegen konstruktive Lösungen für die Entwicklung neuer Arbeitsstrukturen unter dem Signum „Gruppenarbeit" zu erarbeiten. Dieser Beteiligungspro-

---

[1] Näheres dazu finden Sie im Beitrag von Achim Huber in diesem Band.

Altersgerechte Arbeitsgestaltung

zess ist in der Phase der Implementierung von Gruppenarbeit aufwändig, erspart aber im Nachhinein langwierige und konfliktreiche Aufarbeitungsaktivitäten. Der mit Gruppenarbeit häufig verbundene variable Entgeltanteil (in Form einer Gruppenprämie zur Produktivität, Vermeidung von Nacharbeit oder Fehlern/Reklamationen) führt zu einem verstärkten Leistungs- und Verantwortungsdruck, der von den älteren Mitarbeitern nur dann aufgefangen werden kann, wenn die individuellen Kompetenzen von der gesamten Gruppe optimal genutzt und entwickelt werden. Hierzu sind vielfältige Abstimmungsprozesse notwendig, die zum Teil von gruppen-externen Moderatoren begleitet werden müssen, um potenzielle Konflikte (z.B. im Rahmen der Urlaubsplanung, der Durchführung einfacher Reinigungstätigkeiten, der Qualifizierung mit neuen Techniken etc.) möglichst schon im Vorfeld zu klären. Die Vorgesetzten müssen hierzu zeitliche Spielräume freigeben.

Wenn der Einführungsprozess systematisch durchgeführt wird und auch die Führungskräfte sich für dieses Arbeitsprinzip öffnen, bietet Gruppenarbeit die Chance, die Kompetenzen der älteren Mitarbeiter nachhaltig zu verbessern, denn nichts ist lernförderlicher als das eigene Tun, die bewusste Selbstanwendung.

Kompetenzentwicklung

Die Veränderungen in der Arbeitsorganisation erzwingen kontinuierliche Lernprozesse von allen Mitarbeitern. Auf das Alter der Mitarbeiter sollte nur bei der Art der Wissensvermittlung Rücksicht genommen werden. Altersbegrenzte Qualifizierungsmaßnahmen bewirken eine Ausgrenzung von Mitarbeitern mit fatalen Folgen. Die Älteren erfahren, dass sich Investitionen in ihre Person nicht mehr lohnen, sie „lernen", dass das Lernen nur für Jüngere notwendig ist und kümmern sich nicht mehr eigenaktiv um die Fortentwicklung ihres Bereichs, sondern lassen sich von den Umständen antreiben.

Altersgerechte Arbeitsgestaltung heißt daher, die Mitarbeiter ohne Rücksicht auf ihr Alter in Qualifizierungsprozesse einzubinden und ihnen die Möglichkeit zu geben, neue Dinge zu lernen. Die Form der Wissensvermittlung sollte aber den jeweiligen Lernerfahrungen Rechnung tragen. Im Rahmen von „Train-the-trainer"-Programmen sind Didaktiken zu entwickeln, um altersadäquate Lernsequenzen erstellen zu können. Dem Lernen im Prozess der Arbeit kommt hier eine entscheidende Rolle zu (siehe hierzu die umfangreichen Forschungsberichte des Bundesministeriums für Bildung und Forschung – Quem-Forschungsberichte).

Widerstände und Strategien gegen altersgerechte Arbeitsgestaltung

Um die Auseinandersetzung mit altersgerechter Arbeitsgestaltung zu vermeiden, haben die Unternehmen eine Reihe von Strategien entwickelt, die als besonders wirtschaftlich betrachtet werden:

Einsatz von jungen Frauen für einfache Montagearbeiten

Besonders in der Elektroindustrie werden gern junge Frauen eingestellt, die weitgehend unqualifiziert sind, da diese als besonders monotonieresistent gelten sowie über hohe Fingerfertigkeit verfügen (so die Angaben der Fertigungsleitungen). Nach wenigen Jahren verlassen sie das Unternehmen wieder, um zu heiraten, Kinder zu kriegen oder beides. Diese Frauen üben Tätigkeiten aus, die durch einseitige Körperhaltungen (z. B. Montage unter einer Lupe) längerfristig zu erheblichen Beschwerden im Nacken-/Schulter- oder Armbereich führen. Durch die hohe, eingeplante Fluktuation der Beschäftigten sind keine besonderen arbeitsorganisatorischen und ergonomischen Maßnahmen erforderlich, um die negativen gesundheitlichen Folgen der kurzzyklischen, monotonen Arbeiten abzufedern. Niedrige Löhne verhindern auf diese Weise innovative Arbeitsgestaltungsmaßnahmen.

Einsatz von Leiharbeitskräften

Unangenehme, weil körperlich beeinträchtigende Reinigungsarbeiten (mit Lösungsmitteln, in engen Behältern mit schlechter Belüftung, mit Staubbelastungen etc.) werden gerne mit Leiharbeitskräften ausgeführt. Da diese Tätigkeiten von wechselnden Personen durchgeführt werden, können mögliche gesundheitliche Schädigungen kaum nachgewiesen werden. Ein Druck, diese Tätigkeiten unter ergonomischen Gesichtspunkten zu gestalten, ist nicht vorhanden. Ältere Beschäftigte werden hierfür nicht eingesetzt.

Einsatz von befristet tätigen Asylanten

Asylanten mit einer Arbeitsgenehmigung sind dankbar, wenn sie in Deutschland eine Arbeit finden. Für sie ist jede Arbeit von existenzieller Bedeutung und angesichts des Elends, das in ihren Ländern herrscht (z. B. Länder Westafrikas), ist Arbeit in Deutschland ein „Paradies". Diese Mitarbeiter haben befristete Verträge von Leiharbeitsfirmen und führen jede anfallende Arbeit aus, z. B. kurzzyklische Einlegearbeiten an Pressen und Stanzen. Sie sind bereit, in kurzer Zeit die deutsche Sprache zu lernen und dankbar, wenn sie sich und ihre Familie durch ihre Arbeit ernähren können. Durch diesen Personenkreis entsteht kein Druck, die Arbeit unter ergonomischen Aspekten zu gestalten, denn die Arbeitsbedingungen sind optimal, wenn man sie mit den Bedingungen in Westafrika vergleicht. Etwaige gesundheitliche Beeinträchtigungen werden von den Betroffenen in Kauf genommen, sie haben in der Regel keine Alternativen. Der Arbeitgeber sichert auf diese Weise durch einen einzigen Arbeitsplatz die Existenz mehrerer Personen.

Was ist schlecht an diesen Strategien? Schlecht daran ist die Tatsache, dass durch derartige Strategien der Druck entfällt, große Anstrengungen auf dem Gebiet der ergonomischen Gestaltung von Arbeitsplätzen zu unternehmen, um an diesen auch ältere Personen längerfristig beschäftigen zu können.

Literatur

[1] Ahrend, K.D., Konietzko, J. (1995) III-6.3 – Der ältere Mensch am Arbeitsplatz. In: J. Konietzko, H. Dupuis, H. (Hrsg.), Handbuch der Arbeitsmedizin, S. 1–34. Landsberg: Ecomed
[2] Biersack, W.; Dostal, W.; Parmentier, K.; Plicht, H.; Troll, L. (2001) Arbeitssituation, Tätigkeitsprofil und Qualifikationsstruktur von Personengruppen des Arbeitsmarktes – Ergebnisse der BIBB/IAB-Erhebung 1998/99 im Überblick (BeitrAB 248). Nürnberg: Bundesanstalt für Arbeit
[3] Buch, M., Frieling, E. (2002) Ableitung und Evaluation von Arbeitsgestaltungsmaßnahmen bei ErzieherInnen in Kindertagesstätten. In: B. Badura, M. Litsch, C. Vetter (Hrsg.) Fehlzeiten-Report 2001. Gesundheitsmanagement im öffentlichen Sektor, S. 103–118. Berlin, Heidelberg, New York: Springer
[4] Hartmann, E. (1989) Akkommodation und Refraktion im Alter. In D. Platt (Hrsg.) Handbuch der Gerontologie. Stuttgart, New York: Fischer
[5] Hartmann, E. (1999) I-2 – Licht und Mensch. In: H. Lange (Hrsg.) Handbuch für Beleuchtung. Landsberg: Ecomed
[6] Ilmarinen, J., Tempel, J. (2002) Arbeitsfähigkeit 2010 – Was können wir tun, damit Sie gesund bleiben? Hamburg: VSA Verlag
[7] Knauth, P. (1989) II-2.3.3 – Belastung durch Schichtarbeit. In: J. Konietzko, H. Dupuis (Hrsg.) Handbuch der Arbeitsmedizin, S. 1–8. Landsberg: Ecomed
[8] Knauth, P., Schönfelder, E. (1992). Gestaltung diskontinuierlicher Schichtpläne für die Metall- und Elektroindustrie unter Berücksichtigung arbeitswissenschaftlicher Erkenntnisse. Angewandte Arbeitswissenschaft, 132, 1–31
[9] Knauth, P. (1997) Nacht- und Schichtarbeit. In: H. Luczak und W. Volpert (Hrsg.) Handbuch der Arbeitswissenschaft, S. 938–942. Stuttgart: Schäffer-Poeschel
[10] Nachreiner, F. (2002) Flexible Arbeitszeiten ergonomisch bewerten und gestalten. In BMBF (Hrsg.) Innovative Arbeitsgestaltung – Zukunft der Arbeit – für eine menschengerechte Arbeitswelt (1. Tagung des Bundes-

ministeriums für Bildung und Forschung, 18.-19.4.2002, Berlin) (Rubrik , 1-3). Berlin: BMBF
[11] Schierz, Ch., Krueger, H. (1996) II-3.5 – Beleuchtung. In J. Konietzko & H. Dupuis, H. (Hrsg.) Handbuch der Arbeitsmedizin, S. 1-40. Landsberg: Ecomed
[12] Scholz, H. (1980): Altersadäquater Arbeitsplatz aus der Sicht der Arbeitsphysiologie. Sonderheft Ernährungs-Umschau, 27: 46-50

KAPITEL 9

Fehlzeit Frühberentung: Länger erwerbstätig durch Personal- und Organisationsentwicklung

J. Behrens[1]

Sechs einfache Wahrheiten

Unter allen Fehlzeiten ist eine zweifellos die ökonomisch und sozialpolitisch kostspieligste: Die Fehlzeit durch vorzeitigen Ausschluss aus dem Erwerbsleben. Über sie lassen sich einige einfache Wahrheiten festhalten:

(1) Die Fehlzeit Frühberentung und die ihr häufig vorangehende Arbeitslosigkeit schließt noch mehr Menschen von der Erwerbstätigkeit aus als die Fehlzeit Jugendarbeitslosigkeit.

(2) Die am meisten diskutierten sozialpolitischen Probleme (Sicherheit und Auskömmlichkeit der Renten, Finanzierung des Gesundheitswesens, Beitragssatz-Stabilität und viele andere) gehen zum guten Teil zurück auf die Fehlzeit Frühberentung.

(3) Da die Frühberentung die Lohnnebenkosten aller Beschäftigten, auch der jungen, erhöht, gefährdet sie auch die Beschäftigungschancen aller und führt keineswegs nur zu einem vermehrten Beschäftigungsangebot für jüngere Arbeitssuchende. Die Arbeitsplätze einer Gesellschaft sind bekanntlich keine feste Größe wie ein Kuchen, der nicht vermehrbar und nicht verringerbar, sondern nur in einem Nullsummenspiel unter den Interessierten zu verteilen ist. Arbeitsplätze vermehren und verringern sich in Abhängigkeit von Produktivität und Nachfrage und anderen Größen.

(4) Die ungeheuren Kosten der Frühberentung und der ihr häufig vorausgehenden Arbeitslosigkeit spielen im Kalkül der betrieblichen Kostenkontrolleure kaum eine Rolle. Da die Kosten der Frühberentung von allen Betrieben und allen Sozialversicherten getragen

---

[1] Das Projekt, aus dem in diesem Beitrag berichtet wird, wurde vom Bundesministerium für Bildung und Forschung (BMBF) im Rahmen des Programms „Innovative Arbeitsgestaltung – Zukunft der Arbeit" unter dem Förderkennzeichen 01HH9901/0 gefördert. Die Verantwortung für den Inhalt liegt allein beim Autor.

werden, ist es für das einzelne Unternehmen weniger lohnend, in ihre Verringerung zu investieren als in die Verringerung der Fehlzeiten innerhalb eines Beschäftigungsverhältnisses. Betriebswirtschaftlich erscheint Frühberentung daher häufig gar nicht als betriebliches Kostenproblem, sondern im Gegenteil als Lösung im Rahmen personalwirtschaftlicher Externalisierungsstrategien. Es handelt sich bei der Vorbeugung der Frühberentung um die typische Falle kollektiver Güter, von deren Existenz auch die profitieren, die nichts zu ihnen beitragen: Die Anreize, für sie zu investieren, sind zu schwach, ja die Investitionsverweigerung wird sogar lohnend. Für jedes einzelne Unternehmen erscheint es als das Kostengünstigste, alle anderen Unternehmen würden nebenkostensenkend in die Verringerung der Frühberentung investieren, nur es selber nicht.

(5) Für die vorzeitige Begrenzung der Erwerbstätigkeit sind biologische Alternsprozesse nahezu irrelevant. Diese einfache Wahrheit hat sich vielleicht noch nicht soweit herumgesprochen wie die vorhergehenden. Um die Irrelevanz biologisch fassbarer Alternsprozesse nachzuweisen, müssen wir keineswegs belegen, es gingen mit wachsendem Alter überhaupt keine Wandlungen der Leistungsfähigkeit einher. Im Gegenteil können wir sogar davon ausgehen, dass mit zunehmendem Alter Wandlungen der Leistungsfähigkeit bei jeder und jedem zu erwarten sind. Denn gerade wenn solche alternsbedingten Wandlungen alle treffen, wird deutlich: Dass einige mit 70 noch produktiv, innovativ, zumindest gut bezahlt sind, andere dagegen schon mit 45 als viel zu alt für ihre Tätigkeiten gelten, kann kaum mit allgemein geltenden Gesetzen menschlichen Alterns erklärt werden, eher mit den spezifischen sich unterscheidenden Arbeitsplätzen. Ob einer mit 45 viel zu alt oder mit 70 noch im besten Erwerbsalter ist, liegt eher an der Art der Tätigkeit und dem Erwerbsverlauf, der zu ihr führte, als an biologisch determinierten altersbedingten Wandlungen genereller menschlicher Leistungsfähigkeit.

(6) Die Ungleichheit der Chance, länger erwerbstätig zu sein, hat wahrscheinlich – so die These – auch wenig mit ungleicher biologischer Ausstattung zu tun. Diese soziale Ungleichheit scheint fast ausschließlich reproduziert zu werden durch zwei Einflüsse
 – durch den Zuschnitt von Tätigkeiten, die sich als qualifikatorische und gesundheitliche Sackgassen erweisen, und
 – durch die Zuweisung von Personen zu diesen Tätigkeiten nach schulischen Abschlüssen, Geschlecht und Region.

Für die Ermöglichung längerer Erwerbstätigkeiten sind wir aber keineswegs nur auf Visionen und gute Vorschläge angewiesen. Vieles können wir uns von betrieblichen Beispielen abgucken.

Was heißt begrenzte Tätigkeitsdauer? Wie gehen wir mit ihr um?

Wir wissen mehr darüber, wie wir bis zum gesetzlichen Rentenalter und häufig sogar noch darüber hinaus (auch als „Leistungsgewandelte") recht befriedigend berufstätig bleiben können, als es die öffentliche Diskussion vermuten lässt. Dieses Wissen beziehen wir nicht so sehr aus Modellprojekten, sondern vor allem aus der systematischen Beobachtung alltäglicher Strategien von Betrieben und Beschäftigten[2]. Aus diesen systematischen Beobachtungen lassen sich auch die Weichenstellungen, ja die „Fehler" an Statuspassagen erkennen, die in vielen Fällen verhindern, dass Menschen, die das wollen, tatsächlich bis zum gesetzlichen Rentenalter befriedigend berufstätig bleiben.

Was heißt „begrenzte Tätigkeitsdauer"? In vielen unserer Betriebsfallstudien verweisen betriebliche Vorgesetzte auf Arbeitsplätze, die von mehr als 50% der auf ihnen Beschäftigten nicht bis ins gesetzliche Rentenalter, ja häufig nicht einmal bis ins 55. Lebensjahr ausgefüllt werden können: Auf diesen Arbeitsplätzen ist die Tätigkeitsdauer für die Mehrheit der Beschäftigten „begrenzt". Dies ist eine quantitativ gut nachvollziehbare operationale Definition von „begrenzter Tätigkeitsdauer". Sie tritt aus zwei unterschiedlichen Perspektiven ins Bewusstsein. Aus der individuellen Perspektive einzelner Beschäftigter mag diese Begrenzung unvorhersehbar zufälligen biographischen Entwicklungen, z.B. gesundheitlichen, entspringen und nichts mit dem Arbeitsplatz, sondern nur mit der eigenen persönlichen Biographie zu tun haben. Den Vorgesetzten fällt aber auf, dass sich diese begrenzenden Ereignisse an manchen Arbeitsplätzen häufen, an anderen nicht. Dadurch wird begrenzte Tätigkeitsdauer von einer individuellen Eigenschaft eines Beschäftigten zum Merkmal eines Arbeitsplatzes. Mit ihm hat der Betrieb zu rechnen.

---

[2] In unsere Untersuchung sind Betriebe aller Größen und unterschiedlicher industrieller und Dienstleistungsbranchen aufgenommen worden, und zwar nach dem Kriterium des theoriegeleiteten kontrastierenden Samplings [24, 37]: Suche zu jedem Fallbeispiel nicht ein ähnliches, die These bestätigendes Beispiel, sondern das Gegenbeispiel – also zur These über stark arbeitsteilige Großbetriebe die Ein-Personen-Arbeit usw.

Drei betriebliche Strategien gegenüber begrenzter Tätigkeitsdauer und ihre Rückwirkung auf das „Altern"

Das Spektrum betrieblicher Reaktionen auf arbeitsplatzspezifisch begrenzte Tätigkeitsdauer umfasste drei Strategien [6]: Arbeitsplatzgestaltung, betriebliche und überbetriebliche Laufbahnpolitik und Externalisierung der betroffenen Beschäftigten aus ihren Betrieben heraus (zu anderen Betrieben, in die Arbeitslosigkeit, in die Frührente).

Diese drei Möglichkeiten sind wechselseitig begrenzt substitutiv. Je mehr eine von den dreien genutzt werden kann, umso weniger muss von den beiden anderen Gebrauch gemacht werden. Je „sozialverträglicher" und kostengünstiger leistungsgewandelte, darunter auch ältere Beschäftigte zum Verlassen eines Betriebes bewegt werden und neue eingeworben werden können, umso weniger notwendig sind aus einzelbetrieblicher Sicht alternsgerechte Gestaltung von Arbeitsplätzen und Einrichtung betrieblicher Laufbahnen. Wer sich funktionale Äquivalente gerne in „magischen Dreiecken" klarmacht, könnte hier eines sehen.

Wir erkennen dabei sofort, dass begrenzte Tätigkeitsdauer kein Sachverhalt ist, der völlig unabhängig von den drei betrieblichen Reaktionen auf sie auftritt. Im Gegenteil ist begrenzte Tätigkeitsdauer und Leistungswandel selber auch ein Ergebnis der negativen Rückkoppelung zwischen Arbeits- und Laufbahngestaltung einerseits, Externalisierung andererseits: Weil es die Möglichkeit der Externalisierung gibt, können Betriebe es sich leisten, Arbeitsplätze und Berufswege so zu gestalten, dass sie Arbeitsfähigkeit frühzeitig verschleißen und nicht die qualifikatorischen und organisatorischen Ressourcen zum rechtzeitigen Tätigkeitswechsel innerhalb eines gegebenen Berufes (nach dem Vorbild der vertikalen oder horizontalen „Berufskarriere") beinhalten. Und umgekehrt: Weil Arbeitsplätze die Arbeitsfähigkeit frühzeitig verschleißen und nicht mit den qualifikatorischen und organisatorischen Ressourcen zum rechtzeitigen Tätigkeitswechsel verbunden sind, scheint am Ende die Externalisierung als einzige Reaktion übrig zu bleiben.

Die negative Rückkoppelung wirkt auch auf die Konstitution des Alterns innerhalb der Betriebe. Dies wird besonders deutlich, wenn man zwischen drei Komponenten des Alterns und ihren empirisch vorgefundenen Lösungen unterscheidet. Ein großer Teil der praktisch-betrieblichen, aber auch der gerontologischen Diskussion über alternde Belegschaften erörtert Altern vor allem unter dem Aspekt des physisch-psychischen Verschleißes, des Abbaus physisch-psychischer Leistungsfähigkeit. Dabei sind es noch zwei ganz andere Entwicklungen,

die uns „alt" aussehen lassen. In unseren Untersuchungen hat es sich bewährt, zwischen drei Komponenten von Altern im Betrieb zu unterscheiden. Sie kommen häufig gemeinsam vor und steigern sich gegenseitig. Aber dass es sich um unterschiedliche Komponenten handelt, erkennen wir daran, dass sie fast immer ganz unterschiedliche Lösungen erheischen, dass die Lösung für eine Komponente wirkungslos bleibt, wenn es für die anderen keine gibt [6]:
1) Physisch-psychischer Verschleiß,
2) Veralten von Qualifikationen,
3) Reputationsverlust und Entmutigung.

Psychophysische Grenzen zeigten sich
- bei schwerem Heben und Tragen (Bauhof, Innenausbau, Pflege, Frachtumschlag, sehr viel weniger in der Automobilmontage),
- bei besonderen körperlichen Anforderungen (Feuerwehr, Bau),
- bei Arbeitsumgebungseinflüssen wie Hitze, Nässe, Lärm (z. B. Feuerwehr, Bau, Frachtumschlag, weniger Montage),
- bei Zwangshaltungen (Bau, Frachtumschlag, Schreibtätigkeiten, z. T. Montage),
- bei Schicht- und Nachtarbeit (nahmen in allen Branchen eher zu),
- bei besonderen Anforderungen an Konzentration und Monotonieresistenz (Daueraufmerksamkeit), Programmierung, Service im EDV-Bereich,
- bei geringer Autonomie, insbesondere gegenüber eng getakteten Zeitvorgaben (begrenzt in der Automontage und Zulieferindustrie die Tätigkeitsdauer selbst da, wo schweres Heben und Tragen nicht mehr alternskritisch verbreitet sind).

Veraltende Qualifikation begrenzte die Tätigkeitsdauer fast in allen Branchen, vom Bau (wo Ältere sich scheuen, mit neuen Geräten umzugehen) bis zum EDV-Bereich, wo System-Spezialisten mit den Systemen obsolet wurden, auf die sie spezialisiert waren (Tabelle 9.1). Qualifikatorische Sackgassen und gesundheitliche Belastungen korrelierten hoch und wirken aufeinander nach dem bekannten Muster des Teufelskreises: gesundheitlich belastende Arbeitsplätze qualifizieren häufig nicht; und die mangelnde formale Qualifikation begrenzt die Chancen zum Tätigkeitswechsel. Daraus resultiert, dass primär- und sekundärpräventive Maßnahmen gegen vorzeitigen gesundheitlichen Verschleiß häufig zugleich Qualifizierungsmaßnahmen sein müssen.

Entmutigung und Rufverlust bilden eine vom psychophysischen Verschleiß und vom qualifikatorischen Nutzbarkeitsverschleiß von Qualifikationen unabhängige Dimension. Wenn sie auch häufig mit

Tabelle 9.1. Branchen, Bereiche mit begrenzter Tätigkeitsdauer

Branche/Bereich	Grenzen (Beispiele)	Bewältigung (Beispiele)
Automobilindustrie		
Montagebereiche	Taktzeiten	Frühberentung
	Gruppenarbeit	Boni
	Schichtsysteme	Reservierung
		Gruppenarbeit
Transport und Verkehr		
Frachtumschlag	Heben usw.	Frühberentung
Betriebshof	Hohe Leitern	
Feuerwehr	Lungenleistung	Umsetzung
Personalabteilung	„Flexibilität"	Frühberentung
Zulieferer Automobilindustrie		
Reifenfertigung	Taktzeiten	Frühberentung
Teilefertigung	Gruppenarbeit	Boni
	Schichtsysteme	Reservierung
Alten- und Krankenpflege		
Altenheim	Dauerbelastung	Aufstieg
Rehaklinik	Heben	Kollegiale Unterstützung, Aufstieg
	Schicht	
	Tarif	Ausgründung
Bau		
Maler	Gewichte	BU/EU-Rentenantrag
Innenausbau	Balance	Nischenspezialisierung
	Neue Techniken	Aufstieg
	Zeitdruck	Nischenmarketing
	Keine Hilfestellung	
EDV		
Service	Zeitdruck	Outsourcing
Wartung	Moralischer Verschleiß	
	Image	
Bank		
Anlageberatung	Karrieredruck	Frühberentung
(Privatkunden)	Veralten (EDV)	Personalabbau

gesundheitlichem und moralischem Verschleiß gleichgesetzt werden und Entmutigte sich manchmal krank und zurückgeblieben fühlen, haben Entmutigung und Rufverlust doch auch eigene Quellen. Statistisch erhöht sich die Wahrscheinlichkeit, bei unvorhergesehenen Fehlern dabei gewesen zu sein, mit der Dauer der Tätigkeit. Da Berichtigungen und Umorientierungen in Organisationen häufig mit Wechseln von Führungskräften verbunden sind, können auch – wie insbesondere unsere Fallstudien in Banken zeigten – die jeweiligen Mitarbeiter mit vom Rufverlust betroffen sein.

Organisationen, die durch das Versprechen von Karrieren herrschen und motivieren, erzeugen ebenfalls Entmutigung und Rufverlust bei zu langer Tätigkeit in derselben Position. Dieses Motivationssystem ist auch darauf angewiesen, dass keine Beförderungsstaus entstehen. Entmutigung und Rufverlust drohen mit steigendem Alter drittens in Bereichen, die sich als besonders jung und dynamisch darstellen. Dafür ist die EDV nur ein Beispiel. Erst diese voneinander unabhängigen Quellen von Entmutigung und Rufverlust führen dazu, dass Ältere weniger innovativ wahrgenommen werden, als sie es biomedizinisch sein können.

Obwohl die Literatur für eine Reihe von Dienstleistungen, z. B. für Banken, kaum gesundheitliche Probleme, die die Tätigkeit erheblich begrenzen können, aufführt, verjüngten Banken ihre Belegschaften in den vergangenen fünf Jahren erheblich. Dieser Befund aus Fallstudien erhärtete sich statistisch für das Bankgewerbe allgemein.

Diesen drei Komponenten des vorzeitigen Alterns entspricht je eine typische Gegenstrategie, die in der Abb. 9.1 jeweils unter „B Gegenmittel" aufgeführt wird.

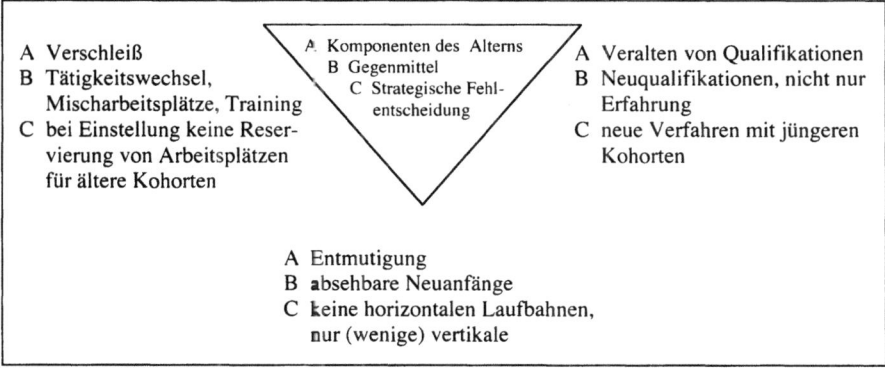

Abb. 9.1. Was uns alt aussehen lässt: Komponenten des vorzeitigen Alterns, beobachtete Gegenmittel und betriebsstrategische „Fehl"entscheidungen

1) Verschleißbezogene Trainings- und Rehabilitationsmaßnahmen, Tätigkeitswechsel, Mischarbeitsplätze;
2) Erwerb neuer Qualifikationen, nicht nur Kumulation von Erfahrung;
3) Absehbare Neuanfänge als Reaktion auf Reputationsverlust und Entmutigung.

Diese typischen Gegenstrategien können durch strategische Entscheidungen von Betrieben erschwert werden. Bezogen auf das Problem der begrenzten Tätigkeitsdauer erweisen sie sich als „Fehl"entscheidungen. Auf diese Weichenstellungen in Sackgassen (in Abb. 9.1 sind sie als „C strategische Fehlentscheidungen" den Komponenten des vorzeitigen Alterns und den Gegenmitteln zugeordnet) und auf ihre möglicherweise guten Gründe gehen wir später im übernächsten Abschnitt ein, nachdem im folgenden Abschnitt die Gegenstrategien skizziert worden sind.

Alle drei Gegenstrategien in einer:
Die horizontale und die vertikale Laufbahn

Alle drei Gegenstrategien kommen, wie leicht erkennbar, in einer Maßnahme zusammen, die aber nur für Teile von Belegschaften zugänglich ist. Dies ist die Laufbahn. Laufbahnen ordnen im Lebenslauf Anforderungen, Anreize und Belastungen so hintereinander, dass ein Erwerbsleben bis ins gesetzliche Rentenalter hinein regelmäßig erreicht werden kann, auch dann, wenn die einzelne Tätigkeit nur befristet auszuüben ist (z.B. Schichtarbeit, schweres Heben und Tragen, einige Dienstleistungen). Die bekannteste derartige Laufbahn ist die Karriere, vertikal als beruflicher Aufstieg, horizontal als zunehmende Spezialisierung und Virtuosität:

a) *Karrieren lösen das Problem des physischen, z.T. des psychischen Verschleißes*, indem sie auf zumindest orthopädisch weniger belastende Arbeitsplätze führen: z.B. von der Montage in die Meistertätigkeit, vom Bett zur Tätigkeit als Lehrschwester, vom Außen- in den Innendienst, vom Heben schwerer Lasten in die Bauleitung. Viele Vorgesetztenarbeitsplätze können zumindest orthopädisch gesehen als relative Schonarbeitsplätze gelten; fast alle Vorstände sind buchstäblich insofern „Leistungsgewandelte", als sie nicht mehr zu denselben Leistungen fähig sind, zu denen sie mit 20 Jahren fähig waren.

b) *Karrieren lösen das Problem des moralischen Verschleißes von Qualifikationen*, in dem sie nicht nur neue Qualifikationen erfordern, sondern vor allem kränkungslose Übergänge ermöglichen. Die Entwertung der alten Qualifikation wird gar nicht bewusst: bevor sie bemerkt wird, ist man eine Stufe weiter. Es müssen auch nicht neue Qualifikationen für die alte Position, sondern andere Qualifikationen für eine bessere Position erworben werden. Dabei erscheint der Übergang zu altersgerechten Tätigkeiten nicht als Unfähigkeit zu den bisherigen, sondern als Fähigkeit zu neuen Aufgaben.

c) Reputationsverzehr: Dass *Aufstieg ein Mittel gegen Reputationsverzehr und Entmutigung* ist, braucht nicht weiter ausgeführt zu werden.

Dabei fällt auf: als je schwieriger eine Arbeit gilt, um so eher finden sich Ältere in ihr. Das Ausmaß kann man sich an einer Erscheinung klarmachen, die sich als Alterskorridor bezeichnen ließe. Er misst die Jahre zwischen den tätigkeitsbedingten „Altersgrenzen" verschiedener Berufe. Der Alterskorridor ist 30 Jahre breit, der Abstand zwischen den tätigkeitstypischen „Altersgrenzen" ist so lang wie eine ganze Generation: während man für einige Berufe in den Augen der befragten Vorgesetzten schon mit 42 fast zu alt ist, ist man es für andere erst jenseits der 70. Sehen wir uns an, welche Berufe die frühe, welche die späte tätigkeitsbedingte Altersgrenze zeigen, so finden wir als Faustregel, natürlich mit einigen Ausnahmen: Je besser entlohnt, je schwieriger und anspruchsvoller, je qualifizierter, je „prestigeträchtiger" ein Beruf oder eine Position ist oder – besser gesagt – als solche gilt, um so eher finden wir sie an der oberen Grenze des Alterskorridors, umso eher liegen ihre tätigkeitsbedingten Altersgrenzen erst nahe an oder sogar jenseits der gesetzlichen[3].

Die praktische Schlussfolgerung daraus scheint beim ersten Ansehen unrealistisch bis zur Absurdität: Man braucht sich das folgende Rechenexempel nur vor Augen zu führen, um das sichere Gefühl zu haben, dass es zwar rechnerisch richtig, aber sachlich weit von der Wirklichkeit der Bundesrepublik entfernt ist: Soll eine Bevölkerung bis weit ins siebente Lebensjahrzehnt hinein erwerbsfähig und erwerbstätig bleiben, so wäre ein möglichst frühzeitiger massenhafter Wechsel zu den besser bezahlten und „prestigeträchtigeren" Tätigkeiten, eine massenhafte Beförderung ein rechnerisch probates Mittel. Die Wechsel müssten frühzeitig, etwa am Ende des dritten Lebensjahrzehnts erfolgen. Denn Verschleißerscheinungen, die sich im fünften Lebensjahrzehnt zeigen, haben ihre Ursache viel früher [34].

---

[3] Diese Ergebnisse wurden in den oben erwähnten Betriebsfallstudien gewonnen; sie geben die Einschätzungen und Entscheidungsroutinen („Regeln") betrieblicher Vorgesetzter wieder.

Aber die Lösung „Aufstieg in Leitungs- und Ausbildungspositionen" – so häufig sie bei Rückenproblemen Bauarbeitern, Pflegekräften, Handwerkern von ihren Ärzten angeraten wird – widerspricht einer Bedingung, die eingangs für die Präsentation von Beispielfällen gemacht wurde: Die vertikale Karriere ist eine Lösung, die nicht für alle Bedürftigen verallgemeinerbar und zugänglich sein kann.

Einzelne andere gelungene Bewältigungen aller drei Alternskomponenten sind in fast allen Branchen, wenn auch eher selten, nachweisbar. In der Montage und Fertigung konnte die Belastung durch schweres Heben und Tragen eingeschränkt werden. Im Bau und Transportwesen verbreiteten sich spezielle Schulungen richtigen Hebens und Tragens. In industriellen und in Dienstleistungsbereichen (Alten- und Krankenpflege) konnten durch Gruppen- und Teamarbeit, wenn die Art der Entlohnung dies erlaubte, Arbeiten auch unter dem Gesichtspunkt individueller Einschränkungen umverteilt werden. In Einpersonen-Arbeitsprozessen, in denen Arbeitsteilungen und Hilfestellungen nicht möglich sind, ließen sich spezifisch zugeschnittene Marketing-Strategien beobachten. In einigen Industrie- wie auch Dienstleistungsbetrieben fanden sich formelle und informelle Reservierungen von Arbeitsplätzen für Leistungsgewandelte.

Verallgemeinerbare Ergebnisse

Die jeweils spezifischen Maßnahmen der Arbeits-, Organisations- und damit in der Regel der Laufbahngestaltung darzustellen, sprengt den Rahmen einer Kurzdarstellung. Verallgemeinern lassen sich aber folgende Beobachtungen:

a) In den Betriebsfallstudien finden sich eine Fülle von Beispielen für die Bewältigung begrenzter Tätigkeitsdauer, wenn auch die häufigste Lösung nicht die Arbeitsplatz-, Organisations- und Laufbahngestaltung, sondern die Externalisierung über Frühberentung oder Aufhebungsverträge darstellt. Es zeigte sich, dass fast alle untersuchten Betriebe wie bisher auf die Externalisierung Älterer setzten (selbst in der Altersteilzeit), also die alternsgerechte Arbeitsplatz- und Laufbahngestaltung eher vernachlässigten und die Lösung der betriebsdemographischen Alternsprobleme der nächsten Generation von Führungskräften überließen. In der Automobil- und in der Zuliefererindustrie und anderen Branchen erwies sich ein Verständnis von Altersteilzeit als verbreitet, das Altersteilzeit nicht für einen fließenden Übergang in den Ruhestand nutzt. In der ersten Hälfte der Altersteilzeitperiode wird voll, in der zweiten überhaupt nicht mehr gearbeitet. Jede der beiden Hälften umfassen etwa zwei bis drei Jahre (vgl. zu Teilzeitregelungen ausführlich die Beiträge von Zimmermann und Marstedt/Müller in diesem Band). Aber auch als Einzelfälle bleiben die gelungenen Bewältigungsversuche exemplarisch.

b) Häufig ist es nicht nur ein Grund, der eine Tätigkeit nur begrenzt ausübbar sein lässt (z. B. Heben und Tragen schwerer Lasten in ungünstiger Körperhaltung plus ungünstige Schichtarbeit plus eng getaktete Zeitvorgaben). Der Fortfall eines dieser begrenzenden Arbeitsumstände reicht dann allein nicht, um die Tätigkeitsdauer zu verlängern.

c) Gesundheits- und qualifikationsbezogene Programme müssen integriert werden, nicht nur in der rehabilitativen Tertiärprävention, sondern schon in der Primär- und Sekundärprävention.

d) Die Erleichterung von Wechseln und Neueinstellungen auch nach dem 45. Lebensjahr ist entscheidend zur Bewältigung begrenzter Tätigkeitsdauern. Da nach früheren Untersuchungen des ISIS[4] etwa die Hälfte aller Unternehmen nicht länger als 5 Jahre bestehen [6, 7, 8], kann eine alternsgerechte Arbeitspolitik nicht nur auf die innerbetriebliche Laufbahn beschränkt bleiben. Vielmehr kommt es auf die Einstellungspolitik gegenüber Älteren an. Die Einstellung Älterer, um eine ausgewogene betriebliche Altersstruktur zu erreichen, ist kaum ausgeprägt. Hierin ist eine Barriere der Beschäftigung Älterer deutlich zu erkennen. Das Arbeitslosigkeitsrisiko bei Eintritt in einen anderen Betrieb nach dem 40. Lebensjahr zeigte auch unsere Auswertung von Erwerbsverlaufsdaten der Gesetzlichen Krankenversicherung deutlich [10].

e) Es ist darauf zu achten, dass alle im Einzelnen beispielhaften Maßnahmen der Arbeits- und Laufbahngestaltung nicht nur Maßnahmen für die durch Outsourcing kleiner werdenden Kernbelegschaften größerer Unternehmen sind. Die Beschäftigung von Frauen, aber auch von Ausländern war in einigen untersuchten Betrieben mit der Erwartung verbunden, dass diese Erwerbspersonen mit begrenzten Tätigkeitsdauern an ihren Arbeitsplätzen besser zurechtkämen, weil sie aus scheinbar intrinsischen Gründen (Kinderwunsch, Rückkehrwunsch) ohnehin eine frühzeitige Unterbrechung der Erwerbstätigkeit planten. Diese z. B. in der Montage, aber auch in personalen sozialen Dienstleistungen verbreitete Erwartung scheint den langfristigen Bedürfnissen der betroffenen Erwerbstätigen ebenso wenig zu entsprechen wie den Erfordernissen der Sozialversicherung im demographischen Wandel.

---

[4] Institut für Supervision, Institutionsanalyse und Sozialforschung.

f) Niemand wird nur deswegen innerbetrieblich befördert, weil er einen humanisierten (nicht unbedingt Schon-) Arbeitsplatz braucht. Und Betriebswechsel – eine auch orthopädisch häufig durchaus ratsame Entlastungs-Strategie [34] – sind in der Bundesrepublik für Arbeiterinnen und Arbeiter jenseits des 40. Lebensjahres hoch riskant. Wie wir nachweisen konnten [8], werden ältere Betriebswechsler besonders häufig arbeitslos, während das Risiko, arbeitslos zu werden, bei denen, die ihren Betrieb nicht wechseln, mit dem Alter sinkt.

g) Je schmaler die Alterspyramide der Bevölkerung an ihrer Basis wird oder sich sogar – wie zu erwarten – zu einer Vasen- oder Urnenform umkehrt, um so notwendiger und zugleich schwieriger können bei Vollbeschäftigung diese Wechsel werden, weil immer mehr Ältere immer weniger Jüngeren gegenüberstehen. Bei hoher Arbeitslosigkeit schlägt der demographische Wandel nicht direkt durch. Das Generationsverhältnis im Erwerbssystem muss dann das Generationsverhältnis in der Bevölkerung keineswegs abbilden. Das Erwerbssystem hat sich relativ verselbständigt, der demographische Wandel wirkt sich vor allem über Lohnnebenkosten und Steuern auf es aus.

h) Je mehr Positionen vom Bewerber den Besitz eines in jungen Jahren zu erwerbenden Ausbildungsabschlusses voraussetzen, umso schwerer wird der Quereinstieg für Ältere ohne solche Zertifikate. Für diese Älteren wird die Akademisierung der Berufswelt zum Laufbahnhindernis, wenn es nicht gelingt, altersspezifische Lernformen und Quereinstiege zu etablieren.

i) Auch der Trend zur „lean production" begünstigt innerbetriebliche Laufbahnen keineswegs. Der Trend zur Verringerung von Fertigungs- und Servicetiefen, zur Verjüngung der Belegschaften weist eher in die Gegenrichtung.

Schon diese neun Ergebnisse zeigen, dass Laufbahnen Produktions-, Bildungs- und betriebliche Altersstrukturen voraussetzen, von denen nicht behauptet werden kann, dass sie derzeit im Trend lägen. Dieses Ergebnis muss von keinem der beteiligten Akteure gewollt sein. Es stellt sich ein, als unbeabsichtigte Folge interdependenter Handlungen der einzelnen Akteure, als „Emergenzeffekt". Mit jedem Durchlaufen der Feedbackschleife von Externalisierung und Arbeitsgestaltung verfestigt sich die Struktur.

Wie Strategien der Arbeitsplatz- und Laufbahngestaltung aussehen, die vorzeitig begrenzte Tätigkeitsdauer abwenden, dafür konnten eine Reihe empirischer Präzedenzfälle gezeigt werden. Wir kennen sie von den Firmen, für die wegen des einstellungsbedingten Vorherrschens einer Altersgruppe und aus anderen Gründen bereits derzeit Externalisierungswege versperrt sind. Denn diese müssen schon heute Probleme lösen, die in 20 Jahren alle Betriebe haben. An diesen Firmen lassen sich aber auch die „Hauptfehler" an Weichenstellungen und Statuspassagen erkennen.

„Fehl"-Entscheidungen an Weichenstellungen und Statuspassagen und ihre gesundheitlich-qualifikatorischen Folgen

Sechs falsche Weichenstellungen

Fehler Nr. 1: Keine rechtzeitige Mischung von Tätigkeiten
Laufbahnen verlangen bzw. werden erleichtert durch frühzeitige Mischung von Tätigkeiten, weil Mischungsverhältnisse von Tätigkeiten sich leichter ändern lassen, als abrupte Wechsel eingeführt werden können. Gegen diesen einfachen Grundsatz wird am häufigsten verstoßen. Personen werden jahrelang in Tätigkeiten belassen, die sich vorhersehbar als begrenzt erweisen und keine Trainingseffekte für Folgetätigkeiten aufweisen. Sie stellen das Gegenteil von Laufbahnen, nämlich Sackgassen dar. Die Personen scheinen dann für andere Tätigkeiten ungeeignet. Wurden in den von uns untersuchten Unternehmen hingegen schon in relativ jungen Jahren Tätigkeiten gemischt, z. B. Feuerwehrdienste mit Aufsichtsdiensten, Fahrertätigkeiten mit Wartung, Bauausführung mit Arbeitsorganisation und Verwaltungstätigkeiten, erwiesen sich Wechsel nicht nur im Mischungsverhältnis zwischen diesen Komponenten, sondern sogar Wechsel in bisher nicht ausgeübte Tätigkeiten und zu anderen Arbeitgebern als leichter.

Fehler Nr. 2: Virtuose Spezialisierungen in veraltende Wissensbestände
Höchste Investitionen bis hin zu virtuosen Spezialisierungen können genauso wirken wie ein Mangel an Weiterbildung, wenn die virtuosen Spezialisierungen in veraltende Wissensbestände erfolgen. In unserem Sample boten dafür hochspezialisierte Systemspezialisten für EDV-Programme ein schlagendes Beispiel. Sie werden als Spezialisten mit einem System groß und zu anerkannten Autoritäten, und wenn das (z. B. proprietäre) System ersetzt wird, ist ihr Wissen entwertet. Die betriebliche Regel, die diese Wirkung erzeugt, ist ebenso einfach wie deutlich: Auf ganz neue Entwicklungen setzen Betriebe eher neueintretende Hochschulabsolventen als die eigenen älteren Spezialisten an; damit nutzen Unternehmen auch das für sie ziemlich freie Gut der Hochschulausbildung.

Fehler Nr. 3: Zu wenig „Absehbarkeit" horizontaler Laufbahnen
Laufbahnen werden in vielen Fällen erst möglich, wenn es absehbare Laufbahnen auf gleicher hierarchischer Ebene gibt, weil dann Wechsel auch bei ausgedünnten Vorgesetztenpositionen in die Lebensplanung einbezogen werden können. Die Absehbarkeit dieser Wechsel ist für Betriebe und Beschäftigte entscheidend, auch wenn später von ihnen kein Gebrauch gemacht wird. Das Problem spezieller Altenarbeitsplätze lag, wie insbesondere unsere Untersuchungen älterer ArbeitnehmerInnen nach einer Rehabilitation zeigte [11], darin: Sie stellten einen so krassen Bruch mit dem erreichten Status dar, dass Beschäftigten auch bei großen finanziellen Einbußen die Berentung erstrebenswerter schien, als diesem Statusverlust ausgesetzt zu sein.

Fehler Nr. 4: Zu wenig Neueinstellungen Älterer (unausgewogene betriebliche Altersstrukturen)
Bei Neueinstellungen sind im betrieblichen Interesse auch Ältere einzustellen, weil Laufbahnen durch ausgewogene Altersstrukturen der Betriebe erleichtert werden (heute noch ganz unüblich, vgl. [8]). In mehreren Fallstudien zeigte sich immer dieselbe falsche Weichenstellung: Einerseits klagten die Verantwortlichen der Personalabteilung über Kohorten gleich alter Mitarbeiter, die in Tätigkeiten mit begrenzter Ausführbarkeit eingestellt wurden und weder ihre Tätigkeit ausüben könnten noch anderweitig einsetzbar seien. Paradoxerweise erschien es ihnen selbstverständlich, auch in Zukunft möglichst keine Älteren einzustellen. Ganz unüblich war es, in der eigenen Verwaltungsabteilung eine Reihe von Arbeitsplätzen für Ältere aus anderen Abteilungen zu reservieren. Am Beispiel zweier Flughäfen im öffentlichen Eigentum kann das veranschaulicht werden: Die Personalverantwortlichen sehen deutlich und lange im Voraus, dass es im Betrieb Bereiche mit begrenzter Tätigkeitsdauer gibt. Sie nennen die Flughafenfeuerwehr, in der regelmäßig um das 45. Lebensjahr herum einige Feuerwehrleute die betriebsärztlich durch Simulation geprüften Anforderungen nicht mehr erfüllen können, innerhalb von ein bis zwei Minuten an ein brennendes Flugzeug heranzukommen und Menschen vor dem Erstickungstod durch die Giftschwaden der brennenden Flugzeugeinrichtung zu bewahren. Dennoch stellten sie nicht ausgewogen jüngere und ältere ein.

Weiter wird deutlich, dass eine Einstellung auch Älterer erfolgen muss, um die horizontalen Laufbahnen sichtbar und damit absehbar zu machen und Vakanzen kontinuierlich zur Verfügung zu haben. Dies wurde mit weithin sichtbaren Folgen bei den Einstellungswellen der Schulen und z.T. der Universitäten Anfang der Siebziger Jahre nur unzureichend beachtet. Wenn die Gesamtheit der Stellen nicht ausgeweitet wird, dominiert die gemeinsam eingestellte relativ junge Kohorte für Jahrzehnte und für Neueinstellungen entstehen keine Vakanzen.

Fehler Nr. 5: Fortbildung und Arbeit in ungünstig zusammengesetzten Teams
Fortbildung ist häufig in aufgabennahen altersspezifischen Qualifikationsgruppen günstiger, weil bei stark unterschiedlichen Aneignungsstilen und Vorbildung dadurch manchmal das Lernen leichter wird. Die Arbeit selber sollte dann aber in altersgemischten, nicht altershomogenen Teams geleistet werden.

Fehler Nr. 6: Zu wenig flankierende Strategien im Marketing
Flankierende Anstrengungen im Marketing, insbesondere im Dienstleistungsbereich, sind für die Laufbahngestaltung häufig schon deshalb entscheidend, weil die Anpassung der Marketing-Strategie an die Belegschaft erfolgreicher ist als die umgekehrte Anpassung. Darauf werden wir im nächsten Abschnitt noch zurückkommen.

Erwerbs- und Berufsunfähigkeit, das sei als Ergebnis aller sechs genannten „Fehl"-Strategien festgehalten, zeigt häufig nichts anderes an als den Mangel an angemessen gestalteten Arbeitsplätzen und den Mangel an Laufbahnen.

Interne und externe Einflüsse auf die drei betrieblichen Strategien bei begrenzter Tätigkeitsdauer

Indirekte Einflüsse auf direkte Akteure

In welchem Mischungsverhältnis und Ausmaß Betriebe die drei Strategien – Arbeitsplatzgestaltung, Laufbahngestaltung, Externalisierung – realisieren, hängt ab von ihrer inneren „betrieblichen Sozialverfassung", von der zeitlichen Ausdehnung ihres Planungshorizontes, ihrer Marketingkompetenz und von der Einschätzung ihrer Umwelt (siehe Abb. 9.2). Zu dieser Umwelt gehört neben der Arbeitsmarktlage auch das Sozialversicherungssystem. Wenn das Sozialversicherungssystem es erleichtert, sich von älteren Beschäftigten mehr oder weniger einvernehmlich über die Frühberentung zu trennen, ist ein Anreiz gegeben, der dritten Strategie, der Externalisierung, betrieblich den Vorrang zu geben. Insofern hätte die Sozialversicherung, insbesondere die Rentenversicherung, einen sicherlich unbeabsichtigten Effekt auf

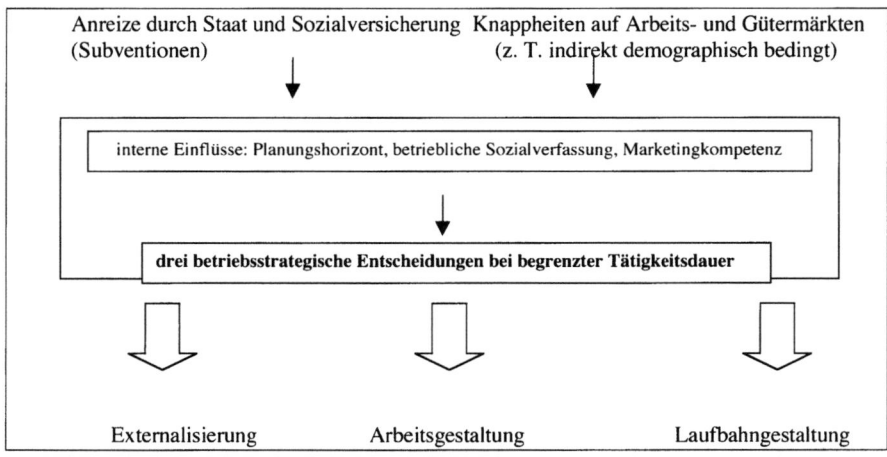

Abb. 9.2. Drei betriebliche Strategien gegenüber begrenzter Tätigkeitsdauer: Wovon werden sie beeinflusst?

Arbeitsbedingungen, nämlich den, sie zu verschlechtern – für alle, die einmal älter werden.

Diese Anreizwirkung hat die Sozialversicherung zugestandermaßen nur deshalb, weil die Kosten der Externalisierungsstrategie nicht denen zugerechnet werden (können), die sie nutzen. Im Gegenteil sind „Externalisierer" und „Arbeitsplatz- und Laufbahn-Gestalter" gleichermaßen an der Aufbringung von Frührenten beteiligt. Erst dadurch werden die Kosten zu externen Effekten. Das Umlageverfahren der Sozialversicherung bringt die Unternehmen in eine Situation, die in Ökonomie und Spieltheorie als „Gefangenendilemma" erörtert wird: Selbst wenn für alle Unternehmen Investitionen in Arbeitsplatz- und Laufbahngestaltung am lohnendsten sind, kommt es nicht zu diesen Investitionen – solange das einzelne Unternehmen, das diese Investitionen tätigt, sich dadurch kostenmäßig schlechter stellt als das Konkurrenzunternehmen, das diese Investitionen nicht trägt. Im Vergleich zur Externalisierungsstrategie verteuert die Frührenten-Finanzierung die Gestaltungsstrategien relativ (vgl. zu diesem ökonomischen Argument ausführlicher [7, 8, 9]. Dasselbe Argument gilt in der Tendenz auch für die Kosten der Arbeitslosigkeit. Auch deren Kosten können Unternehmen zwar keineswegs ganz, aber doch weitgehend externalisieren. Die kostenmäßige Internalisierung derartiger externer Effekte ist in der Umweltökonomie wesentlich breiter erörtert worden als in der Sozialpolitik-Forschung. Prinzipiell liegen ähnliche Erfassungsprobleme vor. Die „Verursachung von Erwerbsunfähigkeit" ist wegen Beschäftigtenmobilität, multifaktorieller Krankheitsentstehung und, vor allem wegen der großen Bedeutung der Verursachung durch Unterlassen präventiver Qualifikation und Arbeitsplatzgestaltung [8], ähnlich schwer einzelnen Unternehmen zuzuordnen wie die Verursachung von Luftverschmutzung und ihrer Folgeschäden. Für solche Zurechnungsprobleme werden in der Umweltökonomie Modelle der zivilrechtlichen Proportionalhaftung diskutiert [40]. Es würde den Rahmen dieses Aufsatzes sprengen, die Übertragbarkeit dieser Modelle auf den Bereich der Rentenversicherung – insbesondere auch unter verteilungspolitischen Gesichtspunkten – zu diskutieren. Im Unterschied zur Umweltpolitik propagiert auch kein sozialpolitischer Akteur zur Zeit eine solche Zurechnung von Erwerbsunfähigkeit zu Unternehmen. Allerdings ist festzuhalten, dass bereits heute durch die eigenen Daten der Kranken- und Rentenversicherung, die im Verwaltungsprozess routinemäßig anfallen und sowohl wichtige gesundheitliche Ereignisse der Versicherten als auch die Zugehörigkeit zu Unternehmen erfassen, bessere Voraussetzungen als im Umweltbereich für eine solche Zuordnung erfüllt wären (vgl. ausführlicher [5] und [8]).

Zumindest gegenwärtig spielen solche in der Umweltökonomie verbreiteten Modelle in der Rentenversicherungsdiskussion keine Rolle. So bleibt die Frage zu beantworten, ob es unternehmensinterne Gründe dafür gibt, den Anreizen nicht zu folgen.

Generationen im Betrieb: Wirkt eine „Herrschaft durch Karriere" Externalisierungsanreizen der Sozialversicherung entgegen?

Dem Externalisierungsanreiz braucht kein Betrieb zu folgen. Wie wir zu zeigen versucht haben [4], kann es aus macht- bzw. kontrolltheoretischen, aber auch moralökonomisch [2, 3, 4, 5, 6] fassbaren innerbetrieblichen Gründen einzelwirtschaftlich rationaler sein, Beschäftigten lange Karrierewege zu eröffnen („Herrschaft durch Karriere") statt sie tayloristisch durch aktuelle Entlohnung zu kontrollieren. Wenn der Lohn für heutiges Wohlverhalten in einer eher unbestimmten langfristigen Absicherung des Erwerbsverlaufs liegt, muss Fehlverhalten eher gemieden werden, als wenn es durch einen kalkulierbaren sofortigen Lohnabzug oder einen schnellen Zyklus von Feuern und Heuern geahndet würde. Wenn Berufe, wie im Gefolge Durkheims Parsons annahm, für Sozialintegration entscheidend sind, dann deshalb, weil sie Erwartungen über viele Tätigkeitswechsel hinweg zu stabilisieren scheinen und langfristige Orientierungen lohnend machen. Aus betrieblichen Kontroll- und Integrationsinteressen kann eine Investition in Arbeitsplatz- und Laufbahngestaltung auch gegen Anreize des Sozialversicherungssystems resultieren. Aber ein Anreiz zur Externalisierung bleibt. Und gerade Herrschaft durch Karriere ist darauf angewiesen, dass ein würdiger Abschluss des Berufslebens früh genug gefunden wird, um auch nachwachsenden Kohorten Laufbahnen eröffnen zu können. Es dürfen, wie der Terminus technicus heißt, keine Beförderungsstaus entstehen, weil sie den Kontroll- und Motivationspfad „Herrschaft durch Karriere" gefährden.

Insofern geht vom selben Karrieremechanismus, der im mittleren Alter Leistungswandlungen durch laufbahngerechte Tätigkeitswechsel ausgleicht, in späteren Jahren ein Druck zur Externalisierung aus, und zwar, worauf es mir hier ankommt, völlig unabhängig von der Leistungsfähigkeit des alternden Beschäftigten wie von der konjunkturellen Lage des Betriebes. Herrschaft durch vertikale Karriere ist ein ganz eigenständig wirkender Mechanismus, der zunächst Externalisierung einschränkt und sie später, allerdings auf möglichst würdige Weise, unumgänglich macht. Das zeigen nicht nur die Untersuchungen in Banken.

Altersexternalisierung als sozial verträgliche Lösung der Probleme „begrenzte Tätigkeitsdauer" und „Arbeitslosigkeit"

Betriebe sind kollektive Akteure, d.h., sie sind selber in ihrem Handeln Produkt der Strategien der Akteure Unternehmer, Betriebsräte usw., deren Handeln und seine Emergenzeffekte erklärt werden müssen. In unseren Betriebsfallstudien ergab sich, dass bis auf eine einzige Ausnahme in allen Fällen Betriebsräte oder Personalvertretungen und Personalleitungen insofern an einem Strang zogen, als sie sich um eine von ihnen so genannte „sozial verträgliche Lösung" des Problems begrenzter Tätigkeitsdauer bemühten und dadurch meist einvernehmlich auf die Lösung „Externalisierung durch frühes Ausscheiden aus der Erwerbstätigkeit" kamen, insbesondere, aber nicht nur, wenn auch aus konjunkturellen Gründen die Zahl der Arbeitskräfte reduziert werden sollte.

Zweifellos ist die Sozial- und insbesondere die Rentenversicherung nicht die einzige Instanz, die Externalisierungsstrategien begünstigt und damit Strategien der Arbeitsplatz- und Laufbahngestaltung relativ benachteiligt. In unserem Projekt fanden wir z.B. bei Frauen häufig die Sequenz: Erwerbstätigkeit im Beruf A – Geburt eines Kindes – Erwerbstätigkeit im Beruf B. Hier ist es die Geburt eines Kindes oder genauer die soziale Konstruktion der Familienphase, die Externalisierungsstrategien begünstigt, weil das Personalmanagement mit einer „natürlichen", d.h. von den Betroffenen nicht dem Betrieb angekreideten, Fluktuation aus dem Beruf A heraus rechnen kann. In vielen Fertigungsbereichen war diese durch die soziale Konstruktion der Familienphase „natürlich" gewordene Fluktuation ein wichtiges Argument dafür, früher typische Männerarbeitsplätze, z. B. in der Auto-Montage, vermehrt Frauen zugänglich zu machen. So wie hier die soziale Konstruktion der Familienphase, so begünstigt generell die Ausgestaltung der Sozialversicherung Externalisierung gegenüber Arbeitsplatz- und Laufbahngestaltung.

Strategische Verteuerung der Externalisierung durch die Rentenversicherung

Von den drei betrieblichen Strategien Laufbahngestaltung, Arbeitsplatzgestaltung, Externalisierung haben wir zu zeigen versucht, inwiefern sie teilweise substitutiv sind. Daraus könnte gefolgert werden, dass man nun nur den einen Weg verteuern oder schließen muss, um die Betriebe zu zwingen, die ersten beiden genannten Strategien zu wählen. Könnte nicht insbesondere die Rentenversicherung, wenn sie in der Vergangenheit mit Frühberentungsregelungen dazu beitrug, Externalisierungsstrategien zu begünstigen und damit Ältere zur Manövriermasse des Arbeitsmarktes zu machen, in Zukunft eine Trendumkehr auslösen?

In der Tat lässt sich die Heraufsetzung des Rentenalters als Versuch lesen, Externalisierung zu verteuern. Diese Strategie ist allerdings insofern sehr sorgfältig zu prüfen, weil es keine Verwechslung geben darf zwischen einer generellen Erschwerung der Externalisierung und der Erschwerung nur eines der Externalisierungswege. Das Verschließen eines Weges aus der Erwerbstätigkeit, z. B. des Weges vorgezogener Berentung und Invalidität, führt ceteris paribus zu nichts anderem als einer stärkeren Nutzung anderer „Exits", z. B. Arbeitslosigkeit, wenn Beschäftigungsstrategien der Unternehmen auf Exits drängen. Dies ist schwer innerhalb eines Sozialversicherungssystems zu testen, aber der internationale Vergleich der OECD-Länder belegt die Äquivalenz von Externalisierungen [7, S. 119–128]. So sind betriebsinterne Gründe gegen Externalisierungsstrategien von besonderer Relevanz.

Fazit

Gestaltung von Laufbahnen ist ein unverzichtbarer Bestandteil vorausschauender Personalpolitik und des Arbeitsschutzes. Ohne sie bleiben Bildungsmaßnahmen isoliert, Altenarbeitsplätze unerreichbar oder unattraktiv, und Präventionsmaßnahmen verschieben Altersgrenzen der Tätigkeitsdauer nicht wirksam. Insofern sich die Ergebnisse unserer Fallstudien generalisieren lassen, so kann man zusammenfassen: Alle Maßnahmen, die erkennbar auf eine Altersphase als „Problemgruppe" zugeschnitten sind statt auf den Lebenslauf, stigmatisieren schnell und verstärken das Alternsrisiko „Reputationsverlust". Umgekehrt zeigen in Deutschland Millionen „Leistungsgewandelte", die in Karrieren oder auch horizontale Laufbahnen hineingefunden haben, dass sie wegen der Mischung und absehbaren Abfolge ihrer Tätigkeiten den kritischen Altersgrenzen einzelner Teiltätigkeiten entgehen konnten. Solche Laufbahnen stützen auch Lern- und notwendige Verlernprozesse motivational und in der Umsetzung. Dass Fünfzigjährige und Ältere zusammen nur 16% der Teilnehmer beruflicher Weiterbildungsmaßnahmen ausmachen und nur 9% der Weiterbildungsstunden nutzen [19, S. 6] ist ein Indiz für das zu frühe Ende von Laufbahnen oder berufliche Sackgassen aufgrund zu einseitiger Spezialisierung. So sehr Präventionsmaßnahmen am Arbeitsplatz physischem und auch psychischem Verschleiß vorbeugen können, sie werden nie alle Tätigkeitsgrenzen aufheben. Insofern können Präventionsmaßnahmen Maßnahmen der Laufbahngestaltung nicht ersetzen. Umgekehrt ist der rechtzeitige Wechsel von Tätigkeiten Voraussetzung dafür, dass die durch Prävention gesteigerte Fähigkeit in anderen Tätigkeiten überhaupt zum Zuge kommen kann. Laufbahngestaltung verbessert wegen der Mischung von Tätigkeiten nicht nur die Beschäftigungschance im jeweiligen Betrieb, sondern gerade auch beim Betriebswechsel.

Literatur

[1] Arnason, Johann (1987) Figurational Sociology as a Counter-Paradigm. In: Theory, Culture and Society 4: 429-456
[2] Barton, Allen H.; Lazarsfeld, Paul, Paul F. (1984, zuerst 1955) Einige Funktionen von qualitativer Analyse in der Sozialforschung. In: Hopf, Christel; Weingarten, Elmar (Hrsg.) Qualitative Sozialforschung. 2. Aufl. Stuttgart: Klett-Cotta, S. 41-89 (Quelle: Frankfurter Beiträge zur Soziologie I, S. 321-361, Frankfurt a. M.: EVA 1955
[4] Behrens, J. (1984) Die Reservearmee im Betrieb. Machttheoretische Überlegungen zu den Konzepten der „Kontrolle", der „Eigentumsrechte" und der „Sozialen Schließung". In: Jürgens, U. Naschold, F. (Hrsg.) Arbeitspolitik. Materialien zum Zusammenhang von politischer Macht, Kontrolle und betrieblicher Organisation der Arbeit, Leviathan, Sonderheft 5/1983, Opladen, S. 133-155
[5] Behrens, J., Leibfried, S., Mückenberger, U. (1987) Sozialpolitische Regulierung und Normalisierung des Arbeitsbürgers. In: Opielka, M. und Ostner, I. (Hrsg.) Umbau des Sozialstaates, Essen, S. 24-34
[6] Behrens, Johann (1990) Gnade, bürgerliche Autonomie, Krankheit. Staatliche Sozialpolitik und betriebliche Sozialverfassung: Strategien zu ihrer Erforschung. In: Zeitschrift für Sozialreform, Heft 11/12, S. 803-827
[7] Behrens, Johann (1994) Der Prozeß der Invalidisierung – das demographisch bedingte Ende eines historischen Bündnisses. In: Behrend, Christoph (Hrsg.) Frühinvalidität – ein „Ventil" des Arbeitsmarkts? Berlin: DZA (Beiträge zur Gerontologie und Altenarbeit Bd. 90)

[8] Behrens, Johann; Arrow, Jairo Oka; Dreyer-Tümmel, Anne; Dorenburg, Ulrich (1992) Gesundheitsberichterstattung und berufliche Mobilität. In: Laaser, U., Schwartz, F. W. (Hrsg.) Gesundheitsberichterstattung und Prävention, Heidelberg, New York, Tokio usw.: Springer
[9] Behrens, J. (1994) Der Prozeß der Invalidisierung. Das demographische Ende eines historischen Bündnisses. In: Behrend, Ch. (Hrsg.): Frühinvalidität - ein „Ventil" des Arbeitsmarkts? Deutsches Zentrum für Altersfragen. Berlin 105-135
[10] Behrens, Johann; Dreyer-Tümmel, Anne (in Zusammenarbeit mit Herrmann Kocyba, Jairo Oka Arrow und Detlef Schulz) (1994) Indikatoren der Rehabilitationsbedürftigkeit aus Routinedaten der gesetzlichen Krankenversicherung. Frankfurt a. M.: ISIS
[11] Behrens, J.; Braun, B.; Morone, J.; Stone, D. (Hrsg.) (1996) Gesundheitssystementwicklung in den USA und Deutschland: Wettbewerb und Markt als Ordnungselemente im Gesundheitswesen auf dem Prüfstand des Systemvergleichs. Nomos. Baden-Baden
[12] Behrens, Johann; Elkeles, Thomas; Schulz, Detlef; Koppelin, Frauke; Dreyer-Tümmel, Anne (1997) Wird der Zusammenhang von niedrigeren Einkommen und Erwerbsunfähigkeitsrisiko durch „wahrgenommene Arbeitsbelastungen" und/oder durch „relative Gesundheit" verständlicher? Eine multivariate Analyse mit dem Nationalen Gesundheitssurvey der DHP und dem sozioökonomischen Panel (GSOEP) in: Das Gesundheitswesen
[13] Behrens, Johann; Elkeles, Thomas; Schulz, Detlef (1998) Begrenzte Tätigkeitsdauer und relative Gesundheit. Berufe und betriebliche Sozialverfassungen als Ressourcen für Tätigkeitswechsel. In: Heinz, Walter R., Dressel, Werner, Blaschke, Dieter, Engelbrech, Gerhard (Hrsg.) Was prägt Berufsbiographien? Lebenslaufdynamik und Institutionenpolitik, Nürnberg: Institut für Arbeitsmarkt- und Berufsforschung der Bundesanstalt für Arbeit, BeitrAB 215
[14] Behrens, J., Morschhäuser, M., Viebrock, H., Zimmermann, E. (1999) Länger erwerbstätig aber wie? Westdeutscher Verlag Wiesbaden 2000
[15] Bourdieu, Pierre (1985) Sozialer Raum und Klassen - Zwei Vorlesungen. Frankfurt a. M.: Suhrkamp
[16] Cyert, Richard M.; March, James G. (1976) Die behavioristische Theorie der Unternehmung: eine Verbindung von Verhaltensforschung und Wirtschaftswissenschaft. In: Grochla, Erwin (Hrsg.) Organisationstheorie Band 2, Stuttgart: C.E.Poeschl, S. 360-372
[17] Elias, Norbert (1976) Der Prozeß der Zivilisation, 2 Bände. Frankfurt a. M.: Suhrkamp
[18] Faulbaum, Frank (1991) Von der Variablensoziologie zur empirischen Evaluation von Handlungsparadigmen. In: Esser, Hartmut; Troitzsch, K. G. (Hrsg.) Modellierung sozialer Prozesse, Bonn, S. 111-138
[19] Frerich Frerichs (Hrsg.) (1996) Älterer Arbeitnehmer im Demographischen Wandel - Qualifizierungsmodelle und Eingliederungsstrategien, Münster: Lit
[20] Gadamer, Hans (1993) Über die Verborgenheit der Gesundheit. Frankfurt: Suhrkamp
[21] Gerhardt, Uta (1993) Gesundheit - ein Alltagsphänomen. Konsequenzen für Theorie und Methodologie von Public Health. Berlin: Wissenschaftszentrum Berlin
[22] Gerhardt, Uta (1986) Patientenkarrieren. Frankfurt a. M.: Suhrkamp

[23] Giddens, Anthony (1998): Ist das Rentenalter eine Fiktion, Professor Giddens? Ein Interview mit Patrick Barton. In: Frankfurter Allgemeine Magazin, 31. Woche, 31. Juli 1998, Heft 961, S. 44-45
[24] Kelle, Udo; Kluge, Susann; Sommer, Thorsten (1998) Integration qualitativer und quantitativer Verfahren in der Lebenslaufforschung. In: Heinz, Walter R., Dressel, Werner, Blaschke, Dieter; Engelbrech, Gerhard (Hrsg.), Was prägt Berufsbiographien? Lebenslaufdynamik und Institutionenpolitik. Nürnberg: Institut für Arbeitsmarkt- und Berufsforschung der Bundesanstalt für Arbeit, BeitrAB 215, S. 335-361
[25] Krais, Beate (1989) Soziales Feld, Macht und kulturelle Praxis - Die Untersuchungen Bourdieus über die verschiedenen Fraktionen der herrschenden Klasse in Frankreich, In: Eder, Klaus (Hrsg.) Klassenlage, Lebensstile und kulturelle Praxis - Beiträge zur Auseinandersetzung mit Pierre Bourdieus Klassentheorie, Frankfurt a.M.: Suhrkamp
[26] Kuwan, H., Waschbüsch, E. (1994) Betriebliche Weiterbildung. Ergebnisse einer Befragung von Erwerbstätigen und betrieblichen Experten in Deutschland. Bonn: Eigenverlag des Bundesministeriums für Bildung und Wissenschaft
[27] Matthesius, R.-G. (Hrsg.) (1994) Internationale Klassifikation der Schädigungen, Fähigkeitsstörungen und Beeinträchtigungen (ICIDH) Wiesbaden: Ullstein Mosby
[28] Nienhüser, Wolfgang (1992) Wirkungsweise und Gestaltung betrieblicher Personalstrukturen am Beispiel der Altersstruktur. In: Zeitschrift für Personalforschung, 75-96
[29] North, Douglas (1992) Institutionen, institutioneller Wandel und Wirtschaftsleistung, Tübingen: Mohr
[30] Organization for Economic Co-Operation and Development (OECD) (1992) Employment Outlook, July 1992. Paris
[31] Olson, Mancur (1968): Die Logik kollektiven Handelns. Tübingen: Siebeck
[32] Rosenow, Joachim (1992): Personalanpassung durch Verrentung. In: Arbeit, Jg. 1, Heft 2/1992, S. 144-165
[33] Sadowski, Dieter; Frick, Bernd (1992) Die Beschäftigung Schwerbehinderter: Betriebswirtschaftliche Analysen und politische Empfehlungen. Idstein: Schulz-Kirchner Verlag
[34] Schmidt-Ohlemann, M., Behrens, J. (1987) Verläufe von Erkrankungen des Bewegungsapparates und berufliche Mobilitätsprozesse. In: Krasemann, E. O., Laaser, U., Schach, E., Sozialmedizin. Schwerpunkte: Rheuma und Krebs. Berlin, Heidelberg, New York, London, Paris, Tokyo, S. 163-176
[35] Simon, Herbert A. (1957): ‚Rationality and Administrative Decision Making. In: Herbert A. Simon, Models of man. New York: Wiley: 196-206
[36] Simon, Herbert A., and Associates (1992), Decision Making and Problem Solving. In: Zey, Mary (Hrsg.) Decision Making. Newbury Park: Sage, S. 32-53
[37] Strauss, Anselm; Cobin, Juliet (1990) Basics of Qualitative Research. Grounded Theory Procedures and Techniques. Newbury Park usw: Sage
[38] Stiegler, George; Becker, Gary S. (1977) De Gustibus Non Est Disputandum. American Economic Review: 76-90
[39] de Swaan, Abram (1993) Der sorgende Staat. Frankfurt/New York: Campus
[40] Wagner, Gert (1991) Altersgrenze, Arbeitsmarkt und Altersaustritt. Habilitationsschrift. Ms. Berlin: Fachbereich Wirtschaftswissenschaften der TU Berlin

KAPITEL 10

Führung älterer Mitarbeiter –
Vorurteile abbauen, Potenziale erschließen

B. Raabe · R. Kerschreiter · D. Frey

Einleitung

Die Verschiebung der Alterspyramide in unserer Gesellschaft wird in der näheren Zukunft zu einer deutlichen Zunahme des Anteils älterer Mitarbeiter in den Unternehmen führen. Laut Prognose des Institutes für Arbeitsmarkt- und Berufsforschung der Bundesanstalt für Arbeit wird der Anteil der über 50jährigen an allen Erwerbspersonen von 23% im Jahre 1996 auf ca. 33% im Jahre 2020 steigen. Auch langfristig wird der Anteil der über 50jährigen Erwerbstätigen nicht mehr unter 30% sinken [13]. Von einer derartigen Veränderung der Altersstruktur der arbeitenden Bevölkerung ist aber nicht allein Deutschland betroffen. In den USA wird der Altersmedian der arbeitenden Bevölkerung im Jahr 2008 höher liegen als je zuvor [14]. Unter dem Stichwort „Age Diversity" werden die Veränderung der Altersstruktur und deren Auswirkungen auf Wirtschaft und Gesellschaft in den USA schon länger diskutiert. Während die amerikanische Gesellschaft auf diese Veränderungen gut vorbereitet erscheint, rücken die bevorstehenden Entwicklungen in Deutschland nur langsam in das Bewusstsein der Öffentlichkeit.

Hinzu kommt, dass in Deutschland zusätzlich zu der demographischen Entwicklung eine Erhöhung der Lebensarbeitszeit in Zukunft den Anteil älterer Mitarbeiter vergrößern wird. Außerdem führt eine Ausweitung der Verwendung des Begriffs „ältere Mitarbeiter" dazu, dass verstärkt bereits jüngere" Mitarbeiter zu den „älteren" gerechnet werden. So gelten heute bereits Mitarbeiter über 40 in einzelnen Branchen als „älter" [21].

In Zeiten, in denen dem Kostendruck mit Rationalisierung einerseits und Personalabbaumaßnahmen andererseits begegnet wird, haben Mitarbeiter über 40, die sich um Arbeitsplätze bewerben, eine schwierigere Position auf dem Arbeitsmarkt, als jüngere Kollegen. Es lässt sich ein regelrechter „Jugendwahn" beobachten, der zu Vorurteilen gegenüber älteren Mitarbeitern führt, z.B. in Bezug auf deren geringere Leistungsfähigkeit und Belastbarkeit, höhere Krankheitsquoten oder eine geringere Bereitschaft, sich „ausbeuten" zu lassen. Durch die Veränderung der Arbeitsstruktur in der Bevölkerung werden es also immer mehr ältere Menschen schwer haben, Arbeit zu finden, ihre Stelle zu halten, und nicht benachteiligt zu werden – es sei denn, die gesellschaftlichen Stereotypen bezüglich älteren Mitarbeitern wandeln sich grundlegend.

Nicht zuletzt aufgrund der in Zukunft geringeren Zahl an neu qualifizierten Arbeitnehmern können Organisationen auf das Know-how älterer Arbeitnehmer nicht verzichten. Unternehmen müssen lernen, im Sinne von „Retention" die Leistungsträger unter ihren älteren Mitarbeitern zu halten und diese effizient einzusetzen. Neben dem klassischerweise betrachteten Segment der „High Potentials" tut sich also eine neue Gruppe von Mitarbeitern auf, bei denen es sehr wichtig ist, sie an die Organisation zu binden, wenn Unternehmen langfristig erfolgreich sein wollen: die „Senior Potentials".

Einige Wirtschaftszweige haben auf die anstehenden Altersveränderungen des geschellschaftlichen Umfeldes bereits reagiert. So hat der Marketingbereich die Zielgruppe der über 40jährigen schon etwas länger entdeckt, wie sich z.B. im Zeitschriftensegment mit Zeitschriften für die „Frau ab 40" erkennen lässt. In der Weiterbildung, und hier speziell im Karriereentwicklungsbereich, bieten Großunternehmen wie Siemens oder Lufthansa bereits Maßnahmen für Mitarbeiter ab 40 an, die auf die speziellen Bedürfnisse dieser Zielgruppe eingehen. Hier ist z.B. das Thema „Leben und Arbeit gestalten" angesiedelt, das mit dem Schlagwort „Work-Life-Balance" seit etwa drei Jahren ein Comeback feiert. Daneben gibt es die klassischen Weiterbildungsmaßnahmen für ältere Mitarbeiter, wie z.B. Workshops zur Vorbereitung auf die Pensionierung oder dazu, wie über Altersteilzeit die eigene Arbeitszeit schrittweise reduziert werden kann. Gegenwärtige firmenfinanzierte Modelle der Altersteilzeit werden in 20–30 Jahren allerdings gar nicht mehr finanzierbar sein – hier müssen auf Ebene der Gesellschaft, der Unternehmen und der Mitarbeiter neue Wege gefunden werden, um die bevorstehende Situation einer immer größer werdenden Zahl älterer Arbeitnehmer in Organisationen zu meistern und auf dem Weltmarkt wettbewerbsfähig zu bleiben. Speziell kleinere Betriebe können sich oft das Wegfallen von Know-how, das mit frühzeitigen Pensionierungen verbunden ist, kaum leisten, weil damit sehr oft auch die Wettbewerbsfähigkeit gefährdet ist. Betriebe und in den Betrieben vor allem die Führungskräfte können und müssen also eine Menge zu Einstellungsänderungen beitragen, und einige Ideen dazu werden wir in diesem Beitrag vorstellen.

Alles in allem wurde in Deutschland auf den bevorstehenden Strukturwandel der Arbeitswelt bisher kaum mit betrieblichen Maßnahmen eingegangen (s. dazu den Beitrag von Marstedt/Müller in diesem Band) und es gibt wenig Forschung zu alternden Mitarbeitern in Organisationen [23]. Das beinhaltet die Gefahr, dass das Potenzial, welches ältere Mitarbeiter für Unternehmen darstellen, nur unzureichend genutzt wird. Gleichzeitig gibt es eine Fülle von Stereotypen über ältere Mitarbeiter, die in Organisationen wirken und das Verhalten von Kollegen wie auch Führungskräften beeinflussen. Auf diese Stereotypen werden wir im Folgenden ausführlich eingehen.

Eine Vernachlässigung der Einbindung älterer Mitarbeiter bedeutet für ein Unternehmen einen Verzicht auf lebenslange Erfahrung, gewachsenes Know-how und Netzwerke, was einen erheblichen Kostenfaktor darstellt. Für Führungskräfte ist es daher besonders wichtig, sich rechtzeitig auf dieses Thema einzustellen und die eigene Führungspraxis auf stärker altersgemischte Teams auszurichten. Eine große Herausforderung stellt bspw. die kompetente Führung von Mitarbeitern dar, die bedeutend älter sind als die Führungskraft selbst.

In diesem Beitrag werden wir zunächst einige der gängigen Stereotypen aufgreifen, die gegenüber älteren Mitarbeitern bestehen, und darstellen, was die aktuelle Forschung demgegenüber an Wissen über ältere Mitarbeiter zur Verfügung stellt. Anschließend wird auf erfolgversprechende Maßnahmen zur Führung älterer Mitarbeiter in Organisationen im Allgemeinen sowie auf die Rolle der Führungskräfte im Besonderen eingegangen.

Was glauben und was wissen wir über ältere Mitarbeiter?

Zu den gängigen Stereotypen über ältere Mitarbeiter gehört, dass sie im Vergleich zu jüngeren Mitarbeitern weniger lernfähig und lernmotiviert seien, weniger Leistung brächten [25], höhere Krankheits- und Unfallraten aufweisen würden und weniger integrationsfähig seien, wenn sie in neue Arbeitskontexte kommen. Die damit zusammenhängende Schlussfolgerung vieler Führungskräfte und Personalverantwortlicher ist, dass Investitionen in die Weiterbildung älterer Mitarbeiter wenig nutzen.

Rosen und Jerdee [26] berichteten sehr früh über Feedback, Leistungsbewertungen, sowie Beförderungen als verschiedene Praktiken in Organisationen, in denen sich Vorurteile bezüglich älteren Mitarbeitern niedergeschlagen haben. In die gleiche Richtung weist eine Studie von Waldman und Avolio [29], in der die Leistungseinschätzung von älteren Mitarbeitern durch ihre Führungskräfte durchweg schlechter ausfiel als die tatsächlichen, mit objektiven Kriterien gemessenen Leistungsdaten dieser älteren Mitarbeiter. Interessanterweise gibt es in den USA erste Hinweise darauf, dass sich einige der Einstellungen gegenüber älteren Mitarbeitern bereits verändert haben [5]. Andere Ergebnisse belegen, dass älteren Mitarbeitern mitunter eine höhere Arbeitsqualität zugeschrieben wird, und geglaubt wird, sie seien bessere Arbeiter [15]. Inwieweit die Einstellungsänderungen, die in den USA sicherlich nicht zuletzt auch durch eine breite Öffentlichkeitswirkung des Themas „Age Diversity" vorangetrieben wurden, in den nächsten Jahren auch in Deutschland bewirkt werden können, bleibt abzuwarten.

Betriebswirtschaftliche Variablen

Leistung. Verschiedene empirische Untersuchungen haben gezeigt, dass stereotype Annahmen über ältere Mitarbeiter wie eine mit dem Alter abnehmende Leistung oder höhere Unfall- oder Krankheitsraten bei älteren Arbeitnehmern nicht der Wirklichkeit entsprechen [20, 27]. Im Durchschnitt nimmt die Leistungsfähigkeit von Menschen mit dem Alter zwar ab, allerdings sind die Unterschiede zwischen Menschen einer Altersgruppe in Bezug auf Kraft, Schnelligkeit, Ausdauer, Reaktionszeiten etc. so groß, dass Unterschiede zwischen verschiedenen Altersgruppen vergleichsweise gering erscheinen und daher von eher kleinem Aussagewert sind, zumal der Einfluss auf spezifische berufliche Leistungen nicht klar ist [30]. Berkowitz [6] weist zusätzlich darauf hin, dass die Leistungsunterschiede innerhalb einer Altersgruppe allgemein hin viel größer sind als zwischen Altersgruppen. Dies erklärt auch, warum bisherige Studien, in denen der Zusammenhang von Arbeitsleistung und Lebensalter untersucht wurde, gemischte Resultate erbracht haben; in vielen Studien findet sich gar kein Zusammenhang. Einige Studien zeigen, dass ältere Mitarbeiter genauer arbeiten und eine gleichbleibendere Leistung erbringen. Andere Studien wiederum zeigen, dass die Leistung in bestimmten Berufen mit dem Alter abnimmt [9]. Die vorliegenden Ergebnisse in diesem Bereich sind vermutlich unter anderem auch deshalb so heterogen, weil die berufliche Leistung, deren Beeinflussung durch das Alter und mit dem Alter zusammenhängende andere Variablen, die einen Einfluss auf die Leistung haben könnten, je nach ausgeübtem Beruf enorm unterschiedlich ausfallen. Das Vorurteil, die berufliche Leistung würde mit dem Alter auf jeden Fall abnehmen, kann aufgrund der vorliegenden Ergebnisse in dieser Form nicht bestätigt werden.

Abwesenheit vom Arbeitsplatz, Krankheitsrate, Unfallrate. Auch hinsichtlich der Abwesenheit vom Arbeitsplatz liegen gemischte Ergebnisse vor. Doering, Rhodes & Schuster [9] verweisen in diesem Zusammenhang darauf, dass es wichtig ist, zwischen den verschiedenen Gründen für die Abwesenheit vom Arbeitsplatz zu differenzieren. Sie berichten, dass die vermeidbare Abwesenheitsrate (i.S.v. freiwilliger, sporadischer, unsanktionierter oder regelmäßiger Abwesenheit) von älteren männlichen Arbeitnehmern niedriger ausfällt als die von jüngeren männlichen Arbeitnehmern. Gleichzeitig steigt aber die unvermeidbare Abwesenheitsrate (z.B. durch Krankheit) von älteren männlichen Mitarbeitern an, was die Autoren auf eine mögliche Verschlechterung des Gesundheitszustandes im Alter sowie längere Genesungszeiten zurückführen[1]. Im Hinblick auf die Unfallwahrscheinlichkeit belegen die vorliegenden Studien insgesamt, dass diese für ältere Mitarbeiter geringer ausfällt als für jüngere Mitarbeiter [9]. Auch hier erscheint es lohnend, genauer nach den Gründen zu forschen.

Psychologische Variablen

Intelligenz. Es gibt Ergebnisse, die darauf hinweisen, dass einzelne kognitive Fähigkeiten mit dem Alter abnehmen: hierzu zählen bspw. die „fluide Intelligenz" – also derjenige Intelligenzfaktor, der die Fähigkeit zum Schlussfolgern und Problemlösen widerspiegelt [7], oder das gleichzeitige Ausrichten der Aufmerksamkeit auf zwei parallel zu bewältigende Aufgaben [30]. Inwiefern diese einzelnen kognitiven Fähigkeiten dann allerdings im Arbeitsprozess positiv oder negativ zu einer Gesamtleistung zusammenwirken, ist noch ungeklärt. Gleichzeitig nimmt mit dem Lebensalter die „kristalline Intelligenz", ein Intelligenzfaktor, der mit dem erworbenen Wissen und dem Ausmaß an verbaler Ausdrucksfähigkeit zusammenhängt, zu. Hierin spiegelt sich unser Wissen über Dinge und „die Welt im Allgemeinen" wieder, welches sich Menschen durch ihre Lebenserfahrung aneignen.

Weisheit. Das soeben beschriebene Wissen kann zu Lebensweisheit werden. Zwar lässt sich ein direkter Zusammenhang zwischen Alter und Weisheit nicht belegen, doch gibt es Hinweise auf ein wichtiges Zusammenspiel zwischen Alter und Kontexten, die Erfahrungen in diese Richtung fördern, wenn man die „weisesten" Menschen verschiedener Altersgruppen vergleicht [3]. Die Arbeitsgruppe von Baltes

---

[1] Näheres dazu finden Sie im Beitrag von C. Vetter in diesem Band.

schätzt, dass der Mensch im Zenit seiner Weisheit steht, wenn er ungefähr sechzig Jahre alt ist [2].

Ein Zusammenhang von Alter und Weisheit liegt nahe, denn im Verlauf des Lebens gewinnen Menschen mehr Einsichten in sich selbst und andere. Clausen [8] untersuchte in einer bemerkenswerten Längsschnittstudie von über 60 Jahren Dauer das Erleben von Wendepunkten im Lebensverlauf und fand heraus, dass es vor allem Rollenveränderungen in Bezug auf Elternschaft, Partnerschaft oder Arbeitsleben sind, die als Wendepunkte erlebt werden, und die mit Lebenszufriedenheit in enger Beziehung stehen. Berufliche Einflüsse auf Lebenszufriedenheit wurden nur für Männer gefunden, und bei diesen stand die Zufriedenheit mit der Arbeitsstelle in Zusammenhang mit der Lebenszufriedenheit. Bei Frauen traf dies nicht zu. Weiter tauchte für beide Geschlechter ab dem Alter von 50 Jahren die Variable Gesundheit als eigener Faktor für Lebenszufriedenheit auf, der bei den selben Personen in jüngeren Jahren so nicht erkennbar war. Berufliche Wendepunkte bei Männern standen oft in Zusammenhang mit beruflichen Leistungen und den dafür erforderlichen Bemühungen, während bei Frauen der Einstieg in das Berufsleben, noch deutlicher aber der Wiedereinstieg in das Berufsleben nach einer Kinderpause von großer Bedeutung waren.

Vermutlich machen diese Erfahrungen – die oft durch Rollenveränderungen z.B. in Elternschaft, Partnerschaft, oder als Mitarbeiter entstehen – ältere Mitarbeiter emotional stabiler, weil sie am eigenen Leib erfahren haben, dass sie mit schwierigen und ungewohnten Situationen erfolgreich umgehen können, sich anpassen können, und so zum einen die Breite der eigenen Verhaltensmöglichkeiten erweitern können sowie zum anderen sich selber besser kennen lernen können in schwierigen Situationen. Ältere Mitarbeiter könnten damit eine Quelle von „Erfahrungswissen" darstellen, aus der andere Mitarbeiter schöpfen können, um sich Rat zu holen.

Zusammenfassend lässt sich also festhalten, dass unterschiedliche Veränderungen in kognitiven Fähigkeiten die Leistung älterer Mitarbeiter in entgegengesetzte Richtungen beeinflussen, wobei es durchaus wichtige Punkte gibt, bei denen ältere Mitarbeiter besser abschneiden als jüngere. Lehr [20, 21] führt dazu in diesem Zusammenhang an, dass ältere Mitarbeiter mit komplexen Organisationsgegebenheiten besser umgehen können, in möglichen Belastungssituationen weniger betroffen sind, und mehr Bedacht, Vorsicht und Realismus bei Entscheidungen walten lassen. Weiter nennt sie eine größere Toleranz für alternative Herangehensweisen an Probleme und Aufgaben.

Lernen. Ältere Mitarbeiter benötigen länger, um sich neuen Lernstoff anzueignen. Rogers [24] hat allerdings darauf hingewiesen, dass ältere Mitarbeiter genauso effektiv sein könnten wie jüngere, wenn es um das Behalten von integrierten Lerninhalten oder generellen Vorgehensweisen geht. Barth, McNaught und Rizzi [4] argumentieren, dass ältere Mitarbeiter durchaus noch Neues erlernen können und z. B. auch in Bezug auf neue Technologien generell sehr lernwillig sind, dass es aber wichtig ist, die Trainingsmethoden in der beruflichen Weiterbildung stärker an die speziellen Lernbedürfnisse älterer Mitarbeiter anzupassen. Dies könnte z. B. passieren durch mehr Gelegenheiten für ausführliche Zwischenfragen, eine längere Trainingsdauer oder häufigere Pausen, damit die volle Aufmerksamkeit erhalten bleibt.

Interne Kontrollüberzeugung. Die Wichtigkeit der Überzeugung, schwierige Situationen aus sich heraus meistern zu können, wurde für ältere Mitarbeiter schon relativ früh belegt.

Bei Männern im mittleren Lebensalter konnte gezeigt werden, dass eine enge wechselseitige Beziehung zwischen einer derartigen so genannten „internalen Kontrollüberzeugung" und Erfolg in der Arbeit besteht: die Überzeugung, selbst die Dinge im Griff zu haben, führt zu mehr Erfolgserleben, und dies wiederum erhöht die Überzeugung, alles unter Kontrolle zu haben [1]. Dies ist ein wichtiger Punkt bei der Führung von älteren Mitarbeitern, denn vermutlich hängt das eigene Erfolgserleben eng zusammen mit den unternommenen Anstrengungen für diesen Erfolg sowie mit der persönlichen Selbstwirksamkeit, die ihrerseits wieder mit Leistung eng zusammenhängen. Führungskräfte, die die Überzeugung ihrer Mitarbeiter stärken, dass die Mitarbeiter für ihren Erfolg Wesentliches selbst geleistet haben, können so indirekt die Leistungsbereitschaft ihrer Mitarbeiter erhöhen. Auf die Wichtigkeit der internalen Kontrollüberzeugung und weiterer psychologischer Faktoren für Lebensqualität im Alterungsprozess weisen auch Frey et al. hin [12].

Arbeitsfähigkeit. Faktoren, die mit abnehmender Leistungsfähigkeit bei Arbeitern über 45 Jahren zusammenhängen, sind laut Ilmarinen et al. [17] Rollenkonflikte, Versagens- oder Fehlerangst, mangelnder Einfluss in Bezug auf die eigene Tätigkeit, mangelnde berufliche Entwicklung und ein Mangel an Feedback und Wertschätzung. Auch wenn in dieser Studie finnische Arbeiter untersucht wurden, erscheint eine Übertragbarkeit auf die deutsche Arbeitsgesellschaft dennoch gerechtfertigt.

Ilmarinen [16] fand in einer europaweiten Studie keine Altersunterschiede in Bezug auf die körperlichen Belastungsanforderungen, die Jobs an ihre Inhaber stellen. Dies spricht dafür, dass noch keine altersgerechte Anpassung von Arbeitsbedingungen in körperlich sehr fordernden Tätigkeiten, wie z.B. beim Bewegen schwerer Lasten, stattgefunden hat, obwohl hier eine altersbedingte Abnahme der Leistungsfähigkeit vorliegt. Schätzungen gehen dahin, dass eine altersadäquate Reduktion des Gewichts von Lasten zwischen 45 und 65 Jahren ungefähr bei 20–25% liegen sollte, wenn z.B. Muskeln oder Knochen nicht geschädigt werden sollen. Deutschland liegt vor allem bei dem Ausmaß, in dem während der Arbeit ermüdende Körperhaltungen eingenommen werden müssen sowie schwere Lasten bewegt werden müssen, bei den über 45jährigen Frauen mit Platz 10 von 15 europäischen Ländern relativ weit hinten; auf Platz eins liegen die Niederlande, deren Arbeitsplätze die geringsten physischen Anforderungen an Frauen über 45 Jahre stellen [16]. Eine größere Aufmerksamkeit auf die altersgerechte Gestaltung von Arbeitsplätzen für Frauen wäre in Deutschland demnach wünschenswert.

Um die Vorteile und das Potenzial von älteren Mitarbeitern würdigen zu können, ist es also wichtig, zu erkennen, dass viele Vorurteile gegenüber älteren Mitarbeitern im Berufsalltag gegenstandslos sind. Vielmehr sehen ältere Mitarbeiter aufgrund ihrer persönlichen Erfahrung bestimmte Dinge mit mehr Gelassenheit, reagieren besonnener und sind eine Quelle guter Ratschläge; darüber hinaus besitzen sie häufig ausgezeichnete und lang gepflegte Kontaktnetzwerke, um nur einige ihrer Vorteile gegenüber jungen Mitarbeitern zu nennen. Führungskräfte müssen über diese Vorteile aufgeklärt werden, weil sie letztlich Multiplikatoren sind, um vor Ort Vorurteile über ältere Menschen zu widerlegen. Wie diese wertvollen Mitarbeiter von Führungskräften und Organisationen zum beiderseitigen Nutzen eingebunden und ihre Potenziale erschlossen werden können, ist Thema des nächsten Abschnitts.

Was bedeuten die angesprochenen Punkte konkret für die Führung älterer Mitarbeiter?

Nimmt man die soeben dargestellten Erkenntnisse über die Leistungsfähigkeit älterer Arbeitnehmer und die zunehmende Bedeutung, die dieser Altersgruppe in der Erwerbsbevölkerung schon allein aufgrund der demografischen Entwicklung zukünftig zukommt, ernst, ergibt sich sofort die Frage nach optimalen Einsatzmöglichkeiten. Welche Tätigkeiten sollten ältere Mitarbeiter in altersgemischten Teams übernehmen, damit ihr Potenzial über die eigene Aufgabe hinaus auch zum Nutzen der Gruppe oder Abteilung bzw. der Organisation optimal genutzt wird? Im Folgenden stellen wir einige generelle Überlegungen vor, wie ältere Mitarbeiter ihren Erfahrungsschatz zum Nutzen aller einbringen können, und wie sie ihre Fähigkeiten, Fertigkeiten und Erfahrungen in der Firma, in der sie arbeiten, entfalten können.

**Altersheterogene Teamzusammensetzung:
Voraussetzungen für Synergieeffekte**

Wenn Teams vom Alter her heterogen zusammengesetzt werden, ergeben sich im optimalen Fall zahlreiche Synergieeffekte. Die älteren Mitarbeiter lernen von den jüngeren, z. B. in Bezug auf die neuesten Technologien, die Arbeitsprozesse und Produkte betreffen, und die Jüngeren lernen von den Älteren, z. B. in Bezug auf professionellen Umgang mit schwierigen Situationen oder Geschäftspartnern. Dabei sind ein hohes Maß an gegenseitiger Toleranz und die Fähigkeit zum Perspektivenwechsel wichtige Anforderungen an stark altersgemischte Teams, denn unterschiedliche Generationen haben unterschiedliche Werthaltungen und Lebensstile, die für unser Alltagsverhalten auch in schwierigen Arbeitssituationen relevant sind. Es ist daher denkbar, dass sich eine altersheterogene Zusammensetzung positiv auf das Klima in der Abteilung auswirkt und heilsam für Rivalitäten und Konkurrenzkämpfe ist, da ältere Arbeitnehmer oft die Zeit des „Ellenbogens", um sich nach oben zu kämpfen, hinter sich haben. Sie können deshalb eher ausgleichen und sich mit einer gewissen Distanz für Dinge einsetzen.

Was kann das Unternehmen zur Einbindung älterer Mitarbeiter beitragen?

Im Folgenden stellen wir verschiedene Ansätze vor, über die „Senior Potentials" in Organisationen eingebunden werden können. Gefragt ist hier Fantasie bei allen Beteiligten: den älteren Arbeitnehmern, den Führungskräften, sowie der Personalorganisation, wenn es darum geht, Möglichkeiten zu schaffen, damit das Know-how der älteren Arbeitnehmer adäquat eingesetzt werden kann. Eine Vielzahl von Themen ist vorstellbar, für die ältere Arbeitnehmer Know-how anbieten und Lösungswege aufzeigen könnten, die für alle Beteiligten gewinnbringend wären. Es ist für uns nur ungewohnt, aus dieser Perspektive über die Praxis in Organisationen nachzudenken.

Mentoring durch ältere Mitarbeiter. Ältere Mitarbeiter können als Mentoren für jüngere fungieren und so ihr über die Jahrzehnte gewachsenes Wissen an Kollegen weitergeben. Informelle und/oder formelle Mentoring-Systeme gibt es in Organisationen schon seit vielen Jahrzehnten; bislang war Mentoring aber immer gekoppelt an eine entsprechend hohe und bedeutende Position des Mentors selbst im Unternehmen [19]. Mentoring-Systeme stärker auch für ältere Mitarbeiter unabhängig von ihrer Position in der Hierarchie zu öffnen, verspricht eine Reihe von Vorteilen: (1.) Das in der Organisation gesammelte Erfahrungswissen wird für die nächste Generation von Mitarbeitern mit entsprechender Breitenwirkung nutzbar gemacht. (2.) Der Selbstwert älterer Mitarbeiter wird gestärkt, da sie sich nützlich und gefragt fühlen. Ein vielfach beobachtetes Problem besteht ja gerade darin, dass sich ältere Mitarbeiter nicht mehr gebraucht fühlen und es ihnen so vorkommt, als würden sie aufs „Abstellgleis" geschoben. (3.) Bestehenden Altersstereotypen in der Organisation wird entgegengewirkt, weil jüngere Mitarbeiter Rat und Hilfestellung der älteren Mitarbeiter schätzen lernen.

Einführung einer Fragenbörse. Es fehlt oft an Transparenz, welche offenen Fragen/Probleme in einer Organisation vorhanden sind – und inwieweit diese Fragen/Probleme partiell mittels des Know-how älterer Arbeitnehmer gelöst werden können. Denkbare Themen sind z.B. die Gestaltung von Kontakten zu kritischen Lieferanten oder Kunden, ein angemessener Umgang mit schwierigen Mitarbeitern, oder Unterstützung bei der Einarbeitung und Betreuung junger Mitarbeiter.

Ein erster Schritt beim Aufbau einer Fragenbörse wäre, mehr Transparenz zu schaffen über das Know-how-Angebot von älteren Arbeitnehmern, also darüber, welche konkreten Fertigkeiten, Fähigkeiten, Know-how, Interessen usw. angeboten werden könnten. In einem zweiten Schritt müsste der Bedarf in der Organisation ermittelt werden. Wenn das Angebot und die Nachfrage einigermaßen „präsent" sind, könnten Vermittler ein Geben und Nehmen ermöglichen. Statt der „menschlichen" Vermittler würden sich diese Fragenbörsen auch gut mittels neuer Medien, z.B. mit Newsgroups oder virtuellen „schwarzen Brettern", realisieren lassen, zumindest dann, wenn Unternehmen auf Plattformen arbeiten. Die Frage der Vertraulichkeit ist bei beiden Realisierungswegen sorgfältig zu bedenken, und die Lösung muss gut an die Kultur des jeweiligen Unternehmens angepasst werden. Der ökonomische Vorteil liegt klar auf der Hand: Für einen großen Teil von Fragestellungen und Problemen – sofern diese transparent sind – finden sich kompetente Berater bereits im eigenen

Führung älterer Mitarbeiter – Vorurteile abbauen, Potenziale erschließen

Haus und müssen nicht erst teuer extern eingekauft werden. Es gilt die Expertise dieses Personenkreises für möglichst viele Mitarbeiter zugänglich zu machen und ihnen zu ermöglichen, dass sie ihr Wissen und ihre Erfahrungen einbringen.

Weitere Funktionen für ältere Mitarbeiter. Mit etwas Fantasie lassen sich über das bereits gesagte hinaus eine ganze Reihe weiterer Funktionen für ältere Mitarbeiter eruieren, die in der bisherigen organisationalen Praxis noch eher die Ausnahme bilden, bspw. Ombudsmann im Sinne von Ansprechpartner für Klagen, Konfliktmediator, Kundenberater z. B. im Banken- und Versicherungsbereich für ältere Kunden oder Intrapreneure/Berater für Startups innerhalb von Organisationen [11]. Ein sehr anschauliches Praxisbeispiel, das die besondere Nähe älterer Mitarbeiter zum Kunden zeigt, schildern Barth, McNaught & Rizzi [4]. Sie berichten von der Garten- und Heimwerkerbedarfskette B&Q aus Großbritannien, die 1989 wegen starker Expansion bei gleichzeitiger hoher Fluktuationsrate eine Filiale eröffnete, deren Personal komplett aus Mitarbeitern rekrutiert wurde, die über 50 Jahre alt waren. Der besondere Vorteil bestand nach Ansicht des oberen Managements darin, dass viele dieser Mitarbeiter selbst Haus- oder Wohnungsbesitzer sein würden, die eigene Reparaturen durchführen würden und daher Kunden auch aufgrund Ihrer eigenen Erfahrungen mit den Produkten kompetent beraten könnten. In der Vorbereitung auf die Tätigkeit wurde auf besondere Bedürfnisse bezüglich physischer Anforderungen (z. B. beim Heben schwerer Gegenstände) und Trainingsbedarf (durch längere Trainingsdauer) spezielle Rücksicht genommen. Die Filiale wurde ein Riesenerfolg: Im landesweiten Vergleich waren die Fluktuationsraten nur ein Drittel bis ein Sechstel so hoch wie in den übrigen Filialen; es gab eine vergleichbare Bereitschaft, Überstunden zu leisten; die Abwesenheit vom Arbeitsplatz war um 20% geringer als in anderen Filialen und der Warenschwund (durch Ladendiebstahl und Zerstörung von Waren in der Filiale) lag bei 40% des Warenschwundes einer Vergleichsgruppe von Filialen. Insgesamt war diese Filiale mit älteren Mitarbeitern um 9% profitabler als der Firmendurchschnitt und das Projekt so durchschlagend, dass die Firma beschloss, das Segment der Mitarbeiter über 50 Jahren im Gesamtunternehmen auszuweiten.

Viele der aufgeführten integrativen Maßnahmen verstärken die Bindung der älteren Mitarbeiter an die Organisation, tragen also zum Erhalt von Organizational Commitment bei. Eine starke gefühlsmäßige Bindung und Selbstverpflichtung der Organisation gegenüber wiederum reduziert die Absicht älterer Mitarbeiter, möglichst bald in Pension gehen zu wollen und schlägt sich in einem höheren Pensionierungsalter dieser Mitarbeiter nieder [28]. Auf diese Weise bleiben hochqualifizierte Arbeitskräfte dem Unternehmen mit ihrer Erfahrung und ihren Netzwerken länger erhalten. Daher sind diese Maßnahmen, die das Commitment gegenüber der Organisation verstärken, in zwei Richtungen wirksam: Zum einen tragen sie zur Funktion und Produktivität der Organisation bei, weil Wissen länger im Produktions- und Dienstleistungsprozess gehalten wird. Zum anderen führen diese Maßnahmen dazu, dass Mitarbeiter auch innerhalb von Organisationen in Würde älter werden können und nicht „zum alten Eisen" gehören. Dadurch, dass Mitarbeiter freiwillig länger im Arbeitsprozess bleiben, entlasten diese Maßnahmen darüber hinaus die Rentenkassen des Staates. Dies ist ein Nutzen, der gegenwärtig noch weit entfernt oder nachrangig erscheinen mag; für die nachfolgenden Generationen hingegen, zu deren eigenem Pensionierungs- bzw. Pensionsalter die Rentenkassen ohne eine derartige Trendwende vermutlich leer sein werden, ist dies ein zentraler Punkt.

Wie kann die einzelne Führungskraft ältere Mitarbeiter konkret führen?

Im vorangegangenen Abschnitt haben wir einige Ideen skizziert, wie der Einsatz älterer Mitarbeiter in Organisationen gestaltet werden könnte, damit sowohl die älteren Mitarbeiter als auch die Organisation profitieren. In diesem Absatz versuchen wir nun einige konkrete Hinweise zu geben, welche Herausforderungen sich bei der Umsetzung derartiger Ideen für Führungskräfte ergeben und wie diese Herausforderungen gemeistert werden können.

Prinzipiell sind an die Führung älterer Arbeitnehmer generell keine anderen Voraussetzungen geknüpft als an die Führung jüngerer Arbeitnehmer. Sie sollten nach denselben Prinzipien geführt (Prinzipienmodell der Führung [10]) und nach ihrer Leistung beurteilt werden. Wichtig ist allerdings, dass die Feinadjustierung im Verhalten der Führungskraft angepasst ist an Lebensalter und Erfahrungshintergrund der Mitarbeiter, und zwar frei von Vorurteilen. Älter werden am Arbeitsplatz hängt stark zusammen mit dem Bedürfnis von Mitarbeitern, ihre Würde zu bewahren und gewürdigt zu werden im Abteilungsgefüge. Das von Frey und Kollegen entworfene Prinzipienmodell der Führung legt nahe, sich als Führungskraft sensibel auf den Mitarbeiter einzustellen. Im speziellen Fall kann dies ein Mehr oder Weniger an Kommunikation, auf jeden Fall aber ein Mehr an Partizipation an Entscheidungsprozessen aufgrund der vorhandenen Reife und Erfahrung bedeuten. Wege zu einem Ziel können etwas unspezi-

fischer ausfallen und mehr Freiraum bei der Vorgehensweise für die Zielerfüllung gewährt werden. Exemplarisch seien folgende Punkte genannt, auf die Führungskräfte unseres Erachtens besonders achten sollten:
- Bei Stellenbesetzung: Das für die Aufgaben erforderliche Erfahrungsspektrum beschreiben und auch entsprechend im Interview abfragen und hinterher einschätzen und auswerten.
- Handlungsspielraum und „lange Leine" lassen, es sei denn, der Mitarbeiter will eng geführt werden.
- Erfahrungswissen zu wichtigen Problemstellungen abfragen und für sich nutzen – ältere Mitarbeiter beratend für jüngere miteinbinden und sich selbst so entlasten.
- Alles tun, was älteren Mitarbeitern ihre Würde lässt: Ihre Erfahrungen nicht abtun, Stereotypen und entsprechenden abfälligen Bemerkungen in der eigenen Abteilung entgegenwirken.
- Sonderaufgaben in der eigenen Abteilung: Ältere Mitarbeiter bei der Sozialisation von Newcomern einbinden, in den Spezialfeldern, in denen sie viel Erfahrung besitzen, einsetzen (z. B. bei der Betreuung besonders schwieriger Kunden) oder im Training von Führungsnachwuchskräften.
- Auch eigene Erwartungen deutlich machen – dass ein älterer Mitarbeiter sich nicht auf seinem erworbenen Wissen zur Ruhe setzen kann, sondern genauso Leistung erbringen und dazulernen muss wie jeder andere Mitarbeiter.
- Im Sinne einer Langzeitperspektive geht es darum, die berufliche Weiterentwicklung älterer Mitarbeiter im Fokus zu haben. Durch systematische Weiterqualifizierung auch für ältere Arbeitnehmer können Unternehmen zur längerfristigen Beschäftigungsfähigkeit des entsprechenden Mitarbeiters erheblich beitragen.
- Auf einer ganz anderen Ebene angesiedelt sind Überlegungen, die sich mit der Ergonomie am Arbeitsplatz und der Gestaltung der Arbeit befassen. Wichtig ist in diesem Zusammenhang richtige Körperhaltung bei der Arbeit, weniger körperlich anstrengende Tätigkeiten und dafür mehr kurze Pausen im Arbeitsalltag.

Die Zeichen der Zeit erkennen heißt aus unserer Sicht, den Übergang in die Pension oder Rente so individuell zu gestalten wie möglich und bestehende Handlungsspielräume zu nutzen. Schließlich ist die eigene Arbeit von zentraler Bedeutung im Leben von Menschen und hängt nicht nur mit finanzieller Absicherung, sondern auch mit sozialen Beziehungen, Identität und Selbstwertgefühl zentral zusammen [18]. Nicht alle Mitarbeiter nehmen den Übergang in den nächsten Lebensabschnitt gleich leicht oder schwer, wenn es um die Neudefinition des zentralen Wertes „Arbeit" im Leben geht – hier individuell auf den jeweiligen Menschen einzugehen und für Sie oder Ihn eine geeignete Form zu finden, erfordert Kreativität und Mut bei denen, die die entsprechenden Entscheidungen zu treffen haben.

Fazit

Aufgrund der demografischen Entwicklung wird die Zahl älterer Arbeitnehmer in den nächsten Jahren immer weiter zunehmen. Das vielfältige Wissen und die wertvollen Erfahrungen älterer Mitarbeiter werden jedoch gegenwärtig nur unzureichend in den Prozess der Wertschöpfung eingebunden. Eine verbesserte Nutzung dieses Potentials erscheint in der Zukunft nicht nur aus Verantwortung den Menschen gegenüber geboten, sondern ist auch ökonomisch unausweichlich. Unternehmen sind gefordert, die Ressourcen älterer Mitarbeiter durch neue Beschäftigungsmodelle besser auszuschöpfen und den älteren Mitarbeitern das Gefühl zu geben, dass ihr Wissen etwas wert ist und sie im Unternehmen gebraucht werden. Den Führungskräften kommt hierbei eine zentrale Rolle zu. Führungskräfte können auf jüngere Mitarbeiter einwirken, indem sie zum Abbau von Stereotypen in ihren Abteilungen beitragen und jüngere Mitarbeiter zu respektvollem Umgang mit älteren Mitarbeitern anhalten. Indem Führungskräfte ältere Mitarbeiter einstellen, weiter beschäftigen, weiterentwickeln, und ihnen die Möglichkeit geben, den Übergang in den Ruhestand so individuell zu gestalten wie möglich, leisten sie einen zentralen Beitrag für die Sicherung der Produktivität ihrer Unternehmen wie auch für das Funktionieren der Gesellschaft an sich. Für Deutschlands Wirtschaftskraft in den nächsten 20 Jahren wird die erfolgreiche Gestaltung der Einbindung älterer Mitarbeiter von zentraler Bedeutung sein.

Literatur

[1] Andrisani, P. J., Nestel, G. (1976) Internal-external control as contributors to and outcome of work experience. Journal of Applied Psychology, 61, 156–165
[2] Baltes, P. B., Staudinger, U. M. (2000) Wisdom. A Metaheuristic (Pragmatic) to orchestrate mind and virtue towards excellence. American Psychologist, 55 (1), 122–136
[3] Baltes, P. B., Staudinger, U. M., Maercker, A., Smith, J. (1995) People nominated as wise: A comparative study of wisdom-related knowledge. Psychology and Aging, 10, 155–166

[4] Barth, M.C., McNaught, W., Rizzi, P. (1993) Corporations and the Aging Workforce. In: Mirvis (Ed.) Building the Competitive Workforce: Investing in Human Capital for Corporate Success. John Wiley & Sons, New York
[5] Beehr, T.A., Bowling, N.A. (2002) Career issues facing older workers. In D.C. Feldman (Ed.) Career issues facing older workers. New York: Springer Verlag
[6] Berkowitz, M. (1988) Functioning ability and job performance as workers age. In: M.E. Borus, H.S. Parnes, S.H. Sandell, B. Seidman (Eds.) The older worker. Madison, WI: Industrial Relations Research Association, 87–117
[7] Cattell, R.B. (1963) Theory of fluid and crystallized intelligence: A critical experiment. Journal of Experimental Psychology, 54, 1–22
[8] Clausen, J.A. (1995) Gender, context, and turning points in adults' lives. In P.E. Moen, G. Elder, K. Lüscher (Eds.) Examining lives in context: Perspectives on the ecology of human development (pp. 365–389). Washington, D.C.: American Psychological Association
[9] Doering, M., Rhodes, S.R., Schuster, M. (1983) The aging worker. Beverly Hills, CA. Sage Publications
[10] Frey, D., Kerschreiter, R., Mojzisch, A. (2001) Führung im Center of Excellence. In: P. Friederichs, U. Althauser (Eds.), Personalentwicklung in der Globalisierung: Strategien der Insider (pp. 114–151). Neuwied: Luchterhand Verlag
[11] Frey, D., Kleinmann, M., Barth, S. (1995) Intrapreneuring und Führung. In A. Kieser, G. Reber, R. Wunderer (Eds.) Handwörterbuch der Führung. 2. Aufl. Stuttgart: Poeschel, S. 1272–1284
[12] Frey, D., Gaska, A., Möhle, C., Weidemann, J. (1991) Age is just a matter of mind: Zur (Sozial-) Psychologie des Alterns. In J. Haisch, H.-P. Zeitler (Hrsg.) Gesundheitspsychologie. Zur Sozialpsychologie der Prävention und Krankheitsbewältigung. Heidelberg: Asanger, S. 87–108
[13] Fuchs, J., Thon, M. (1999) Potentialprojektion bis 2040: Nach 2010 sinkt das Angebot an Arbeitskräften. IAB Kurzbericht, Nr. 4, 3–4
[14] Fullerton, H.N. (1999) Labor force projections to 2008: Steady growth and changing composition. Monthly Labor Review, November (19–32)
[15] Hassell, B.L., Perrewé, P.L. (1995) An examination of beliefs about older workers: Do stereotypes still exist? Journal of Organizational Behavior, 16, 457–468
[16] Ilmarinen, J. (2002) Physical Requirements associated with the work of aging workers in the European Union. Experimental Aging Research, 28, 7–23
[17] Ilmarinen, J., Tuomi, K., Eskelinen, L., Nygård, C.-H., Huuhtanen, P., Klockars, M. (1991) Summary and recommendations of a project involving cross-sectional and follow-up studies on the aging worker in municipal occupations, 1981–1985. Scandinavian Journal of Work, Environment and Health, 17 (Suppl. 1), 135–141
[18] Jahoda, M. (1982) Employment and unemployment: A social psychological analysis. Cambridge: Cambridge University Press
[19] Kram, K.E. (1983) Phases of the Mentor Relationship, Academy of Management Journal, 26 (4), 608–625
[20] Lehr, U: Psychologie des Alterns. 7. Aufl. Heidelberg 1991
[21] Lehr, U.M., Niederfranke, A. (1995) Führung von älteren Mitarbeitern. In: A. Kieser, G. Reber, R. Wunderer (Eds.), Handwörterbuch der Führung, 2. Aufl. Stuttgart: Poeschel, S. 3–14

[22] Perlmutter, M., Kaplan, M., Nyquist, L. (1990) Development of adaptive competence in adulthood. Human Development, 33, 185–197
[23] Robinson, P.K., Coberly, S., Paul, C.E. (1985) Work & Retirement. In: R.H. Binstock, E. Shanas (Eds.) Handbook of Aging and the Social Sciences, 2nd Edn., pp. 503–527, New York
[24] Rogers, W.A. (1996) Assessing age-related differences in the long-term retention of skills. In: W.A. Rogers, A.D. Fisk, N. Walker (Eds.) Aging and skilled performance. Mahwah, NJ, Erlbaum, S. 185–200
[25] Rosen, B. Jerdee, T.H. (1976) The nature of job-related age stereotypes. Journal of Applied Psychology, 61, 180–183
[26] Rosen, B. Jerdee, T.H. (1977). Too old or not too old. Harvard Business Review, November–December, pp. 97–106
[27] Sadri, G., Robertson, I.T. (1993) Self-Efficacy and Work-related behavior: A Review and Meta-Analysis. Applied Psychology, 139–152
[28] Taylor, M.A., Shore, L.M. (1995) Predictors of planned retirement age: An application of Beehr's model. Psychology and Aging, 10, 76–83
[29] Waldman, D.A., Aviolo, B.J. (1986) A meta-analysis of age differences in job performance. Journal of Applied Psychology, 71, 33–38
[30] Warr, P. (2001) Age and work behaviour: Physical attributes, cognitive abilities, knowledge, personality traits and motives. In: C.L. Cooper, I.T. Robertson (Eds.) International Review of Industrial and Organizational Psychology. John Wiley & Sons, 16, 1–36

KAPITEL 11

Innovation – eine Domäne der Jugend? Betriebliche Strategien zur Stärkung der Innovationsfähigkeit

M. Astor

Einleitung

Das Altersprofil von Belegschaften hat sich in den vergangenen Jahren weitaus weniger verändert, als angesichts der inzwischen breiten öffentlichen Diskussion um die Folgen des demographischen Wandels zu erwarten war. Mechanismen der Frühverrentung und des Vorruhestands haben dazu geführt, dass in Deutschland nach wie vor eine niedrige Beschäftigungsquote der 55- bis 64jährigen zu verzeichnen ist[1]. Folglich ist auch die Aufgabenstellung, zukünftig mit altersstrukturell veränderten Belegschaften im internationalen Wettbewerb konkurrieren zu können, nur von wenigen Unternehmen als Herausforderung einer langfristig orientierten Personal- und Innovationspolitik angenommen worden.

Strategien zum Umgang mit den Folgen des demographischen Wandels auf betrieblicher Ebene sind in einem engen Zusammenhang mit der gesamtgesellschaftlichen Diskussion zu sehen. Auf der einen Seite prägen gesellschaftliche Leitbilder von „jung" und „alt" das Handeln betrieblicher Akteure. Spezifische, scheinbar allgemeingültige Zuschreibungsmuster[2] bleiben häufig in den Betrieben wirksam, obwohl durch zahlreiche Studien nachgewiesen und durch Alltagserfahrung bestätigt wurde, dass „Alter" nicht notwendigerweise mit nachlassender Leistungsfähigkeit im beruflichen Alltag gleichzusetzen ist. Das an die Stelle des Defizitmodells getretene Konzept des „Leistungswandels"[3] im Alter spiegelt sich (noch?) nicht überall in der betrieblichen Personalpolitik wider. Auf der anderen Seite haben sich zahlrei-

---

[1] Diese liegt zwar leicht über dem EU-Durchschnitt, verharrt aber seit Jahren annähernd auf dem gleichen Niveau. Vgl. [4].
[2] Hier sind immer wieder einfache Verknüpfungsketten vorzufinden, wie z. B. „jung heißt veränderungsbereit, leistungswillig und innovativ" und „alt bedeutet erfahrungsgesättigt, weniger belastbar, bewahrend".
[3] S. dazu den Beitrag von Gunda Maintz in diesem Band.

che (Groß-) Betriebe der älteren Arbeitskraft durch Externalisierung entledigt. Dies ist ein Grund, weshalb die sozialen Sicherungssysteme so extrem belastet sind. D. h. die unternehmerischen Investitionen in das Humankapital werden zurückgefahren und Arbeitslosen- und Rentenversicherung gleichzeitig in die Pflicht genommen. Diese Leistungen werden häufig dahingehend instrumentalisiert, dass sich mit ihrer Hilfe ein erforderlicher Belegschaftsabbau sozialverträglich gestalten lässt.

Dieses Wechselspiel von „innen" und „außen" wird hier insbesondere mit einem Blick auf das Innovationsgeschehen in den Betrieben verfolgt. Abgesehen von den oben skizzierten groben Tendenzen soll im Einzelnen gefragt werden, ob sich insbesondere für die Innovationstätigkeit und -fähigkeit der Unternehmen Rückschlüsse aus spezifischen Altersstrukturen ziehen lassen. Welche Formen des Wissenstransfers haben sich in der Vergangenheit etabliert, die gerade das Know-how der Älteren im Betrieb weiterhin wirksam werden lassen? Wie sehen lernförderliche Arbeitsbedingungen aus, die einerseits die Lernbereitschaft der „alten Hasen", andererseits aber auch bei den jüngeren Mitarbeitern die Offenheit im Erfahrungsaustausch fördern? Sind junge Forschungsabteilungen und ‚olympiareife' Belegschaften innovativer als von älteren Mitarbeitern[4] geprägte Entwicklungsbereiche? In unterschiedlichen Projekten rückte aus Forschungs- und Beratungssicht der betriebliche Innovationsprozess in den Mittelpunkt der Betrachtung[5]. Aus der Analyse dieses Prozesses lassen sich Rückschlüsse auf Strategien ziehen, die zu einer erfolgreichen Integration aller Wissensträger und Altersgruppen führen. Daneben finden sich jedoch auch Formen des Personal- und Innovationsmanagements, die Raubbau mit einer der zentralen Unternehmensressourcen betreiben: Dem Wissen der Mitarbeiterinnen und Mitarbeiter.

---

[4] Wenn an dieser und anderer Stelle einseitig die männliche Form für die Beschäftigten in F&E-Bereichen verwendet wird, so dient dies nicht nur der sprachlichen Vereinfachung. In den Betrieben, die im Rahmen dieser Darstellung berücksichtigt werden, waren die Positionen in F&E und Konstruktion vor allem mit Männern besetzt. Lediglich einige technische Zeichnerinnen, die aber auch angesichts zunehmender Ausstattung von Entwickler-Arbeitsplätzen mit CAD mehr und mehr verdrängt werden, konnten in diese Phalanx einbrechen.
[5] Diese Projekte wurden im Schwerpunkt „Demographischer Wandel" vom BMBF unter den Kennzeichen 01 HH 9617/3 und 01 HH 9901/0 gefördert.

Methodik der Studien

Die hier vorgestellten Ergebnisse basieren im Wesentlichen auf zwei Projekten, die im Auftrag des Bundesministeriums für Bildung und Forschung (BMBF) durchgeführt wurden. In einem vorgelagerten Forschungsprojekt wurde grundlegend der Zusammenhang von sich wandelnden Altersstrukturen und der Gestaltung von betrieblichen Innovationsprozessen untersucht. In 35 qualitativen Fallstudien wurde ein breites Spektrum betrieblicher Akteure befragt. Hierzu gehörten die Geschäftsführung, die für Forschung und Entwicklung verantwortlichen Personen, die Personalabteilungen, Betriebsräte sowie jüngere und ältere „Innovateure", d. h. die unmittelbar an den Entwicklungsvorhaben Beteiligten. In betriebsbezogenen Auswertungen konnte ein detailliertes Bild der Gestaltung von innovationsrelevanten Abläufen, der Belegschaftsstrukturen, der Innovations- und Personalpolitik sowie der langfristigen Geschäftsstrategien gezeichnet werden. In einem weiteren Analyseschritt wurden die Betriebe zu vier Unternehmenstypen zusammengefasst, die sich insbesondere durch ihre Personal- und Innovationsstrategien unterschieden[6]. Die Ausrichtung betrieblicher Personalpolitik im Hinblick auf Integration bzw. Desintegration spezifischer Beschäftigten- und damit auch Altersgruppen war wiederum eng an die mittel- und langfristigen Geschäftsentwicklungsziele geknüpft.

In einem weiterführenden Beratungsprojekt wurden im Rahmen einer Prozessanalyse die wesentlichen Elemente der Kommunikations- und Kooperationsstrukturen betrachtet. Vor diesem Hintergrund sind Maßnahmen konzipiert worden, die einer Verbesserung des Wissenstransfers sowie der Optimierung der betrieblichen Abläufe dienten, und dies unter Berücksichtigung aller Kompetenzträger und Altersgruppen. Das eingesetzte Beratungsinstrumentarium basierte auf den Erfahrungen der vorausgehenden Forschungsphase. In einer Checkliste „Teambildung im Innovationsprozess" wurden die Kernelemente zu einem Leitfaden für die Selbstevaluation zusammengefasst. Berücksichtigt wurden dabei Fragestellungen zur Belegschaftsstruktur, zur Gestaltung des Innovationsprozesses, zum Personalmanagement und zur Teambildung[7].

---

[6] Vgl. hierzu [1].
[7] Diese Checkliste steht zum Download bereit unter: http://www.vdivde-it.de/innoundaltern/dokumente/checklist_it.pdf.

Ergebnisse in Thesen

Derzeit dominieren vor allem zwei Entwicklungstrends das Handeln der betrieblichen Personal- und Innovationsverantwortlichen. Zum einen sind dies veränderte Innovationsmodi, die sich durch verkürzte Produktentwicklungszeiten, größere Variantenvielfalt, unternehmensübergreifende, interdisziplinäre und arbeitsteilig organisierte Forschungs- und Entwicklungsprozesse und einen Bedeutungszuwachs des Produktionsfaktors „Wissen" auszeichnen; zum anderen die sich wandelnden Alters- und Beschäftigtenstrukturen, die sich in einem Mismatch von Arbeitskräfteangebot und -nachfrage manifestieren. Der viel zitierte Fachkräftemangel und die Green-Card-Debatte bei gleichzeitig nun seit Jahren nahezu unverändert hohen Arbeitslosenquoten sind deutliche Indikatoren für diese Problematik. Die meisten Unternehmen haben auf die erstgenannte Herausforderung in den vergangenen Jahren mit einer Reihe von Maßnahmen, wie z. B. der Beschleunigung interner Abläufe, reagiert. Dabei stehen interne organisatorische Veränderungen gleichberechtigt neben Ansätzen zur Netzwerkbildung und zur Intensivierung von Kooperationen mit Innovationsdienstleistern. Der demographische Wandel scheint jedoch erst allmählich und vereinzelt als ein betriebliches Handlungsfeld erkannt zu werden.

In der Wahrnehmung der Leistungsfähigkeit und des spezifischen Aufgabenzuschnitts unterschiedlicher Altersgruppen im Innovationsprozess vermischen sich eine Vielzahl von Betrachtungsebenen. Dazu gehören gesellschaftliche Leitbilder, generalisierende und individualisierende Perspektiven, Fremd- und Selbsteinschätzungen, altersgeprägte Zuschreibungsmuster und der unmittelbare betriebliche Erfahrungshintergrund. Eine integrierte Betrachtung und Verknüpfung der beiden skizzierten Entwicklungstrends – sich ändernde Innovationsmodi und daraus resultierende neue Anforderungen an das Innovationsmanagement sowie eine sich in den Betrieben wandelnde Altersstruktur und damit auch ein Überdenken etablierter Strategien des Personalmanagements – hat bisher nur in den seltensten Fällen stattgefunden. Gleichzeitig ist forschungsseitig nach wie vor die Frage zu stellen, inwieweit sich die Folgen dieser sich gleichzeitig vollziehenden Prozesse wechselseitig beeinflussen, ob ggf. Verstärkungseffekte in die eine oder andere Wirkungsrichtung festzustellen sind, oder ob hier parallel auftretende Ereignisse ohne Kausalbezüge stattfinden.

Ausgehend von aktuellen oder in jüngster Vergangenheit vollzogenen Produktentwicklungsvorhaben wird in diesem Aufsatz die Rolle von Akteuren im Innovationsprozess betrachtet, die unterschiedlichen

Altersgruppen angehören. Auch die Forschungs- und Entwicklungsbereiche (F&E-Bereiche) bzw. die Konstruktionsabteilungen blieben in der Vergangenheit nicht von Maßnahmen der Reorganisation und Neustrukturierung verschont. Insbesondere der Übergang von Abteilungsstrukturen, in denen sich sequentiell gestaltete Innovationsverläufe auch organisatorisch widerspiegelten, zu einer Projekt- und Teamorganisation führte in den Unternehmen zu drastischen Veränderungen innerhalb der Hierarchien, aber auch der Rollen- und Aufgabenzuweisungen auf den verschiedenen Mitarbeiterebenen. Zu fragen ist, ob sich hierbei jüngere, zumeist akademisch hochqualifizierte Mitarbeiter als flexibler und teamfähiger erweisen als ihre älteren Kollegen und mit welchen Maßnahmen und Strategien die Betriebe diese Veränderungsprozesse begleiten.

Die vorliegenden Ergebnisse[8] zeigen, dass sich auf der Wahrnehmungsebene erhebliche Diskrepanzen bezüglich der allgemeinen Einschätzung der Leistungs- und Innovationsfähigkeit älterer Arbeitnehmer in den innovationsrelevanten Bereichen und den konkretisierenden Beispielen einzelner Akteure im Innovationsprozess feststellen lassen. Einer eher negativen Stigmatisierung in der generellen Bewertung der Leistungsfähigkeit Älterer stehen eine Reihe von Leistungsträgern in den Unternehmen gegenüber, die als nahezu unentbehrlich angesehen werden – und die zu den Älteren gehören. Für diese widersprüchlichen Einschätzungen hinsichtlich der Innovationsfähigkeit älterer Mitarbeiter lassen sich folgende Argumente in vier Thesen diskutieren:

These 1: Die Wahrnehmung älterer Mitarbeiter im Bereich Forschung & Entwicklung unterliegt einem Verzerrungseffekt

Nahezu alle Betriebe nutzten für die interne Personalpolitik offensiv die Instrumente der Frühverrentung und Altersteilzeit. Zurückhaltend mit diesen Optionen waren lediglich einige Betriebe in den neuen Bundesländern. Hier werden die Handlungsmöglichkeiten durch die Probleme der Personalrekrutierung beschränkt. Eingeschlossen in einen Zirkel von geringer Innovationskraft, mangelnder Ertragslage, altershomogenen Belegschaften, geringem Lohn- und Gehaltsniveau und daraus resultierend mangelnder Attraktivität am Arbeitsmarkt wurde die Erhaltung der vorhandenen Belegschaftsstruktur zur Notwendigkeit. Das heißt, abgesehen von der genannten Ausnahme, stand

---

[8] Einen Überblick des Forschungsvorhabens „Innovation, Belegschaftsstrukturen und Altern im Betrieb" bietet [5]. Vgl. auch: http://www.demotrans.de.

älteren Arbeitnehmern die Möglichkeit zu einem finanziell abgefederten, mit staatlichen Mitteln flankierten vorzeitigen Ausstieg aus dem Erwerbsleben in allen größeren Betrieben offen. Damit einher geht eine positive Auswahl der noch bis zum Erreichen der gesetzlichen Altersgrenze Erwerbstätigen. Diese stellen – zumindest in den hier betrachteten Innovationsbereichen – häufig die Experten und Wissensträger dar, deren Ausscheiden nur schwer zu kompensieren ist. Darüber hinaus sind auch in den Unternehmen, die eindeutig eine Frühverrentungspolitik betreiben, in zahlreichen Führungsfunktionen noch Ältere zu finden. Die Personengruppe der älteren Fachkräfte unterliegt folglich in der Wahrnehmung durch die Personal- und Innovationsverantwortlichen einem Verzerrungseffekt: weniger Leistungsfähige bzw. Personen, die als solche eingeschätzt wurden, haben das Unternehmen verlassen und die noch erwerbstätigen Forscher und Entwickler strafen als aktive Ältere alle Altersstigmata Lügen. Festzuhalten ist auch, dass keine eindeutige Definition von Altersgrenzen, die eine Neuformulierung der Aufgaben und Leistungsanforderungen notwendig machten, in den F&E-Bereichen möglich war. Hier griffen fast alle Interviewpersonen auf die Einschätzung der individuellen Leistungsfähigkeit der einzelnen Personen zurück, wobei sich lediglich im Hinblick auf einige spezielle wissenschaftliche Gebiete sowie die Flexibilität in der Nutzung moderner Informations- und Kommunikationstechnologien eindeutig positive Beurteilungen von jüngeren gegenüber älteren Fachkräften fanden. Zu den Stärken älterer F&E-Mitarbeiter gehören vor allem das Erfahrungswissen, ein hohes Verantwortungsgefühl, kommunikative Fähigkeiten, Loyalität gegenüber dem Unternehmen sowie Motivation und Ergebnisorientierung.

Die Wahrnehmung des älteren Entwicklers wird folglich dominiert von den Beispielen der Personen, die ihre Kompetenz- und Wissensbasis erfolgreich behaupten und damit in den Betrieben verbleiben konnten. Sie sind in die laufenden Innovationsvorhaben integriert und nehmen darin zentrale Positionen ein. Ihre Bereitschaft zum Lernen ist hoch und ihre Kenntnisse sind für die jeweiligen Entwicklungsprozesse schwer entbehrlich. Die Kollegen, die sich für einen Weg aus dem Unternehmen heraus entschieden oder entscheiden mussten, entziehen sich zumeist den Überlegungen der Verantwortlichen. Hierin wird ein natürlicher Prozess gesehen, der mit einem Rechtsanspruch auf eine vorzeitige Verrentung untermauert wird. Fragen nach betrieblichen Konzepten, die eine höhere Quote von Beschäftigten auch im hochqualifizierten Bereich an die gesetzliche Altersgrenze heranführen, stellen sich nicht. Die Interessen zielen darauf ab, die Leistungsfähigen im Betrieb zu halten, die Leistungsschwachen zu externalisieren und zugleich neue, junge Mitarbeiter zu rekrutieren.

In diesem Zusammenhang auch zu diskutieren ist die Fragestellung, aus welchen Gründen einzelne Erwerbsbiographien dazu führen, dass sich ehemals hochqualifizierte Beschäftigte am Ende ihrer Berufskarriere auf dem internen Arbeitsmarkt als nicht mehr wettbewerbsfähig erweisen. Zu betrachten sind hier wiederum die betriebliche und die individuelle Perspektive. Treffen wir auf eine lernförderliche Arbeitsgestaltung, die es ermöglicht, vorhandene Kompetenzen zu aktualisieren und zu erweitern? Finden wir bei den einzelnen Beschäftigten wiederum Lernbereitschaft und genügend Motivation vor, um entsprechende Angebote aufzugreifen und für sich selbst zu nutzen[9]?

These 2: Wissen und Erfahrung stellen zentrale Elemente der Entwicklungsarbeit dar und stärken die Position der Älteren

Die Ursachen für ein positives Bild älterer Entwickler in den Unternehmen sind jedoch nicht ausschließlich in spezifischen Wahrnehmungseffekten begründet. Im Gegensatz zu den unmittelbar produktiven Bereichen, der Anlagenmontage und anderer körperlich stark verschleißender Arbeitsplätze stellen die belastenden Faktoren in F&E-Tätigkeiten vor allem psychische dar. Dazu gehören die Bereitschaft zur Verantwortungsübernahme, Termin- und Budgetrestriktionen, kommunikative Aspekte bei der Arbeit in Entwicklungsteams bzw. in den Verhandlungen mit Anwendern und Kunden sowie eine Aufgabendefinition, die nicht beim Verlassen des Werkstores abgeschlossen ist. Häufig werden komplexe und komplizierte Aufgaben nicht nur gedanklich mit nach Hause genommen, sondern in der Freizeit, nun losgelöst von den Störungen des Tagesgeschäfts, gezielt weiter bearbeitet. Auch ein großer Teil der fachlichen (Weiter-)Qualifikation verlagert sich in die Privatsphäre. Das hohe Anforderungsprofil führt wiederum dazu, dass auch ältere F&E-Mitarbeiter flexibel und leistungsfähig bleiben müssen, um ihre Aufgaben zu bewältigen.

Die Ressource „Wissen", die in betrieblichen Innovationsprozessen zur Anwendung kommt, ist keine abstrakte, am wissenschaftlichen Diskurs orientierte. Sie ist eingebunden in konkrete Projekte der Produktentwicklung oder Verfahrensverbesserung/-erneuerung, die zumeist an das vorhandene Produkt- und Leistungsportfolio an-

---

[9] Exemplarisch werden neuere Konzepte in diesem Sammelband von Ilmarinen, Frieling, Morschhäuser und Huber vorgestellt.

knüpfen[10]. Daraus folgt, dass am Ende eines Produktentwicklungsprozesses nicht die Entwertung des erworbenen Wissens vollzogen wird, sondern jeder neue Prozess auf den Erfahrungen des vorhergehenden aufbaut. Das qualifikatorische Potential jedes Beteiligten steigt mit der Zahl der durchgeführten Projekte. Gerade auch Misserfolge werden dabei als wesentliche Meilensteine der individuellen Berufskarriere angesehen. Das Lernen aus Fehlern bietet die Chance, eigene Routinen und Grundannahmen zu hinterfragen und zugleich unkonventionelle und neue Lösungswege zu beschreiten.

Demgegenüber steht das nach wie vor wirksame Zuschreibungsmuster vom Zusammenspiel aus Jugendlichkeit, Leistungsfähigkeit und Innovativität, mit dem besonders die Fachkräfte, die über einen Hochschulabschluss verfügen, identifiziert werden. Doch nur in einem der untersuchten Betriebe wurde dieses Innovationsmodell in Reinkultur gepflegt. Bezeichnenderweise stammt dieses Unternehmen aus der IT-Branche und bewegt sich in einem Markt mit radikaler Veränderungsdynamik. Hier traten technologische Kompetenzen, das Streben nach einer eigenverantwortlichen unternehmerischen Tätigkeit und extrem belastende Arbeitsbedingungen mit entgrenzten Arbeitszeiten als ein Anforderungsprofil auf, das nur von wenigen erfüllt werden kann. Die Erfahrungskomponente nahm in diesem Zusammenhang nur eine untergeordnete Rolle ein, und das radikal leistungsorientierte Entlohnungsmodell setzte eine hohe Einsatzbereitschaft jedes Einzelnen voraus. Dass dieser Betrieb in seinem Umfeld als hochinnovativ anerkannt und als Arbeitgeber sehr begehrt ist, kann vor allem dem zugrunde liegenden innovativen Unternehmensmodell zugeschrieben werden. Das Unternehmen stellt sich selbst als Netzwerkunternehmen bzw. Unternehmensnetzwerk dar, in dem jeder seine eigene betriebliche Einheit gründen und in die Unabhängigkeit bzw. Selbständigkeit führen kann.

Daneben finden wir in unterschiedlichen Differenzierungen die Politik des „Sowohl-als-auch", die in den Entwicklungsprojekten gewonnenen Erfahrungen der älteren Entwickler werden ebenso geschätzt wie die erhoffte Unkonventionalität des jungen Berufsanfängers. Beide verfügen über je spezifische Vorzüge und Nachteile. Hervorzuheben ist das umfassende Bewusstsein für die Bedeutung des „tacit knowledge", das oftmals den entscheidenden Wettbewerbsvorteil der Unternehmen ausmacht. Dieses nicht kodifizierte und nicht dokumentierte Wissen ist zunächst einmal an die Personen gebunden, die über die

---

[10] Die Innovationsforschung spricht hier von „Pfadabhängigkeiten" der Technologieentwicklung. Vgl. z. B. [3].

Innovation – eine Domäne der Jugend?

entsprechende erfahrungsbasierte Produkt- und Prozesskenntnis verfügen. Versuche, dieses Wissen zu explizieren, umzuformen und in EDV-gestützten Wissenssystemen festzuhalten, sehen sich unterschiedlichen Problemlagen gegenüber[11]. Nicht alle Produkt- und Verfahrenskenntnisse sind unmittelbar dokumentierbar, manchmal handelt es sich um Intuition bzw. eine Auffassung vom Gesamtprozess, die nicht als Einzelbeobachtung festgeschrieben werden kann. Nicht alle Beteiligten haben ein Interesse, ihr Wissen transparent zu machen. Status, Belohnungssysteme, formelle und informelle Anerkennung sind häufig an herausragende, individuelle Leistungen und Fähigkeiten geknüpft. Sind mit der Preisgabe dieser Wissensbestandteile Benachteiligungen verbunden, so sinkt auch die Bereitschaft zur Offenlegung der entsprechenden Informationen. Erfahrungsbasiertes Lernen gründet sich auf eigene Versuch-und-Irrtum-Erfahrungen, die nicht durch angelesenes Wissen ersetzt werden können. Bei der Entwicklung von komplexen Maschinen und Systemen kommt dem Verständnis des Gesamtzusammenhangs eine herausragende Bedeutung zu, ein Entwickler drückte dies folgendermaßen aus: „Man muss sich die Maschine im Kopf vorstellen können". Diese Imaginationskraft bedarf der eigenen Erfahrung und der gedanklichen Durchdringung des Gesamtzusammenhangs, so dass dem Produkt- und Prozesswissen eine überragende Bedeutung zukommt. Gleichzeitig droht jedoch das erfahrungsgesättigte Wissen in Erstarrung zu versinken: „Das haben wir schon immer so gemacht." Damit wird eine Abwehrstrategie beschrieben, die auf Erfahrung begründet ist, unter Umständen jedoch radikale Innovationspotentiale verschenkt. Hierin ist auch ein Hauptmotiv für die Ergänzung, nicht aber die Ersetzung der erfahrenen Entwicklerpersönlichkeit durch junge Hochschulabsolventen zu sehen. Sie sind frei von den betrieblichen Erfahrungen, stellen Dinge grundsätzlicher infrage und bringen das Potential zur Integration technischer Neuerungen mit ein. Inwieweit sich hieraus ein produktives Miteinander ergibt oder aber daraus „auflaufen lassen" und Konfrontation resultieren, hängt unmittelbar von der Gestaltung der Teamarbeit und der Unternehmenskultur ab. Bewährt haben sich Mentoren- oder Tandem-Modelle, in denen in enger Abstimmung ältere und jüngere Fachkräfte zusammenarbeiten, beiderseitige Verantwortungsübernahme gefördert wird und direkte Konkurrenzsituationen vermieden werden. Bei der Bildung größerer Teams im Bereich F&E ist sowohl bei

---

[11] Parallel gilt es auch bislang unberücksichtigte Wissensressourcen zu erschließen und „das im Unternehmen bereits vorhandene, aber auf verschiedene Funktionsbereiche verteilte Wissen zu aktivieren, auszutauschen und zusammenzuführen" (Hervorhebung im Original). Vgl. [6].

der Auswahl der Mitglieder als auch im Projektmanagement eine hohe Sensibilität für etwaig auftretende Konfliktpotentiale gefragt. Zeitbudgets für einzelne Aufgaben, Fehlertoleranz und Anerkennung für (Zwischen-) Erfolge dürfen bei den Beteiligten nicht das Gefühl der individuellen Benachteiligung hervorrufen. Essentiell ist die Transparenz der Vorgehensweise und Beurteilungsmaßstäbe, um ggf. Blockadesituationen zu verhindern.

These 3: Teambildung zur Erschließung der Wissensressourcen von Älteren und Jüngeren wird in der Praxis selten genutzt

In den untersuchten Betrieben waren unterschiedliche Präferenzen hinsichtlich der Verteilung von Aufgaben an verschiedene Altersgruppen im F&E-Bereich festzustellen. Als Konzept, das einerseits gezielt auf die Rekrutierung jüngerer Fachkräfte und Hochschulabsolventen ausgerichtet ist, und andererseits die Erfahrung der älteren Mitarbeiter zu bewahren sucht, kann das Streben nach einer „gesunden Mischung", d.h. altersgemischten Teams, genannt werden. Allerdings fand nur in wenigen Betrieben eine konkrete Umsetzung dieses Zieles in Form einer langfristig orientierten Personalentwicklungsplanung, entsprechenden Rekrutierungsvorgaben sowie eines organisierten Wissenstransfers zwischen jung und alt statt. Voraussetzung für das Ergreifen dieser Gestaltungsoptionen ist letztendlich die Möglichkeit zum Personalaufbau im Innovationsbereich. Nur dadurch kann es gelingen, eine kontinuierliche Zufuhr von Wissen, das dem neuesten Stand der Forschung entspricht, zu gewährleisten. Unternehmenswachstum oder aber eine bewusst vorgenommene antizyklische Personalpolitik ermöglichen erst die Erschließung dieser Wissensressource. Die gezielte Förderung von Personalfluktuation als Option zur Realisierung von Stellenneubesetzungen wird gerade in technischen Entwicklungsbereichen nur selten verfolgt. Sowohl die z.T. jahrelangen Einarbeitungszeiten in spezifische technologische Anwendungsfelder als auch der Know-how-Verlust mit dem Weggang der Mitarbeiter werden allgemein als hohe Investitionsverluste angesehen.

Mit dem Konzept einer altersgemischten und disziplinenübergreifenden Teambildung sollen jedoch auch die vorhandenen Wissensressourcen erhalten und in einem organisierten Wissenstransfer langfristig für das Unternehmen nutzbar gemacht werden. Hierzu sind in einer Reihe von Unternehmen die alten, an einer sequentiellen Prozessgestaltung orientierten Strukturen aufgelöst und die Innovationsaufgaben in spezielle Entwicklungsteams verlagert worden. Diese repräsentieren z.T. nicht nur die erforderlichen technischen Kompetenzen, sondern beziehen in einem umfassenden Prozess frühzeitig Vertriebs- und Produktionskenntnisse mit ein. Dieser radikale Schritt – Teambildung über die Abteilungsgrenzen hinweg unter Einbeziehung der gesamten Prozesskette von der Forschung bis zum Vertrieb – ist bisher jedoch nur in wenigen Fällen konsequent umgesetzt worden.

These 4: In mittelständischen Betrieben lassen sich Erwerbsbiographien über lange Zeiträume gestalten

Einbezogen in die empirische Untersuchung waren mittelständische Betriebe des verarbeitenden Gewerbes; es handelte sich überwiegend um Technologie entwickelnde und produzierende Unternehmen. Gewährleistet war in der Regel eine enge Kommunikation zwischen Geschäftsführung, Personal- und Innovationsverantwortlichen. In den kleineren Betrieben des Samples lagen diese Kompetenzen häufig in einer Hand. Damit rückte die Belegschaft insgesamt näher an die Unternehmensführung heran und bildete mehr als eine auf Personalkosten und Fehlzeiten zu reduzierende Rechengröße. Besonders bei der Rekrutierung hochqualifizierten Personals wurde als Maßstab die Möglichkeit einer (erwerbs-) lebenslangen Berufskarriere im Unternehmen angelegt. Im Bereich von hochtechnologischen Produktentwicklungsprozessen bedeutet jede Einarbeitung eine relativ lange „unproduktive" Phase des neuen Mitarbeiters, der zunächst einmal an die Komplexität der Aufgaben herangeführt werden muss. Der Weggang einzelner, durch lange Anlernzeiten spezifisch qualifizierter Personen ist mit dem Verlust wichtigen unternehmensbezogenen Wissens gleichzusetzen, das gerade mittelständische Betriebe stark belastet.

Die Personalpolitik ist in diesen Unternehmen folglich auf längere Zeiträume ausgerichtet. Den Unternehmen, die aufgrund hoher Innovationsraten oder durch Besetzung spezifischer Marktnischen relativ souverän agieren können, ist gemeinsam, dass sie sich jeder „hire-and-fire"-Mentalität entziehen, z.T. ihrer gesellschaftlichen Verantwortung als bedeutende Arbeitgeber am jeweiligen Standort stellen und an der Prosperität der Gesamtregion interessiert sind. Die erwartete Qualifikationsbereitschaft der Beschäftigten wird gefördert durch firmeneigene Einrichtungen (Abendschulen, Akademien), die es ermöglichen, berufsbegleitend weiterführende Kompetenzen zu erwerben. Die Langfrist-Perspektive in der Personalpolitik führt auch dazu, dass das Ende einer Berufsbiographie nicht mit überzogenen Erwartungen überfrachtet wird. Neben den auch hier offensiv vertretenen Modellen der Frühverrentung lassen sich Tendenzen erkennen, dass ein Nachlassen bzw. Wandel der Fähigkeiten im Alter im Sinne eines auf die gesamte Erwerbsbiographie ausgerichteten Beschäftigungsverhältnisses toleriert und akzeptiert wird und sowohl die Betriebe als auch die Arbeitnehmer auf dieser Grundlage allgemein anerkannte Kompensationsstrategien entwickelt haben. Damit bleibt nicht nur den Kreativen und Leistungsfähigen die Möglichkeit, weiterhin qualifizierte Aufgaben im Unternehmen auszuführen.

Im Sinne der F&E-Aufgaben heißt dies ggf., dass die älteren Kollegen eher in die Produktpflege gehen, als Ansprechpartner für den Service dienen oder einzelne, strategisch wichtige Kunden betreuen. Auch hier können sie auf ihre langjährigen Erfahrungen und gewachsenen Vertrauensbeziehungen verweisen. Hierbei handelt es sich nicht um Schonarbeitsplätze, sondern um eine Neudefinition der Aufgaben, die aber nicht mit einem Statusverlust gleichgesetzt werden kann. Ebenso finden sich Personen, die bereits älter sind als 60 Jahre, in den Kreativ- und Innovationsbereichen. Im Mittelpunkt der Personaleinsatzplanung stehen das individuelle Leistungs- und Einsatzvermögen und nicht fest definierte Altersmarken.

Personalpolitik umfasst in diesen Unternehmen nicht nur die Berücksichtigung unterschiedlicher Einsatzpotentiale jüngerer und älterer Mitarbeiter, sondern auch die Möglichkeiten, die Erwerbsbiographie unterschiedlich zu gestalten. Es wurden flexible Angebote zu Sabbaticals und individuellen Teilzeitlösungen eröffnet, bevor vom Gesetzgeber die entsprechenden Regelungen verabschiedet wurden. Damit finden auch Phasen der Familiengründung oder wissenschaftliche Qualifizierungsziele in den vorhandenen betrieblichen Strukturen einen angemessenen Raum.

Das positive Bild des Alters – ein Zufallsprodukt?

Der Untersuchungsfokus „F&E-Tätigkeiten in Technologie produzierenden Unternehmen" führte zu einem überwiegend positiven Bild des Alters, das mit den gängigen Klischees der leistungsgewandelten, an Etabliertem festhaltenden und veränderungsresistenten Persönlichkeit bricht. Dieser Befund ist einerseits erfreulich, weil er zeigt, dass die Verantwortlichen in den Unternehmen durchaus zu differenzieren wissen, andererseits dahingehend zu hinterfragen, ob hier nicht eine „heile Welt" beschrieben wird, die wiederum den konkreten Personalstrategien zuwider läuft.

Die schon unter These 1 diskutierten Aspekte der frühzeitigen Externalisierung der scheinbar oder offensichtlich weniger Leistungsfähigen und des Verbleibs der Leistungs- und Know-how-Träger in den Innovationsbereichen führten zu dem weitgehend positiven Altersbild in den Antworten der befragten Personen. Doch zugleich müssen wir feststellen, dass Deutschland im europäischen Vergleich immer noch nur durchschnittliche Werte im Hinblick auf die Erwerbstätigkeit Älterer aufzuweisen hat. Haben wir es hier mit einer Trennung zwischen mittelständischen und großbetrieblichen Innovationsmilieus, die von anders lautenden Rationalitätskriterien dominiert werden, zu tun? Der Personalabbau vollzog und vollzieht sich in den Großunternehmen eher schematisch, an Altersgrenzen und weniger am individuellen Leistungsvermögen orientiert. Damit geraten unhinterfragt alle 54 plus x-jährigen[12] in den Mittelpunkt von Maßnahmen des Personalabbaus. Mit dieser Form von Personalpolitik verschenken die Unternehmen eine ihrer zentralen Ressourcen: das Wissen und die Erfahrungen von Mitarbeitern, die Prozesse der Produktentwicklung begleiten, initiiert und zu einem erfolgreichen Ende geführt haben. Die mittelständischen Unternehmen in unserer Untersuchung sind sich dieser Ambivalenz bewusst: Freiräume zu schaffen für neue Lösungen durch neue Mitarbeiter und zugleich die Erfordernis der Erhaltung der Wissensressourcen zu berücksichtigen. Innovations- und Wettbewerbsorientierung und eine Personalpolitik, die Fähigkeiten und Kompetenzen der Älteren integriert, schließen sich nicht aus, sondern bilden zentrale Säulen eines zukunftsorientierten unternehmerischen Handelns.

Eine mögliche Schwäche älterer Entwickler hat sich angesichts der radikalen Beschleunigung der Innovationsprozesse zu einer Stärke gewandelt, die zunehmend Anerkennung findet: eine geringer ausgeprägte Bereitschaft, jeden Schritt der Beschleunigung mitzugehen. Die Erfahrung mit weniger ausgereiften Lösungen, der zusätzliche Aufwand, den Nacharbeit beim Kunden verursacht, und die Gefahr, sich den Ruf mangelhafter Qualität einzuhandeln, sind den älteren F&E-Mitarbeitern sehr bewusst, neben der außerordentlichen körperlichen und psychischen Belastung, die Arbeit unter beständigem Zeitdruck bedeutet. Hierin kann einerseits eine Defensivstrategie als „Bremser des Prozesses" gesehen werden, die letztendlich das Eingeständnis mangelnder Leistungsfähigkeit beinhaltet. Andererseits weist das immer wieder betonte Konzept der „gesunden Mischung" darauf hin, dass korrigierende, qualitätssichernde Eingriffe durchaus erwünscht sind. Die Entwicklungszeiten für hochwertige, technologisch anspruchsvolle Produkte lassen sich nicht beliebig verkürzen.

---

[12] Je nach aktuellen Anforderungen bzw. den gültigen gesetzlichen Regelungen.

Schlussbemerkung

Betriebe sind nicht deshalb innovativ, weil sie das „Problem ältere Mitarbeiter" durch Ausgliederung und Vorruhestand lösen, sondern weil es ihnen gelingt, Arbeitnehmer aller Altersstufen in den organisatorischen, hoch innovativen Gesamtzusammenhang zu integrieren. Die hier betrachteten mittelständischen Unternehmen lassen sich durchaus als Vorreiter einer langfristig orientierten, die gewandelten Anforderungen von Unternehmen und Beschäftigten reflektierenden Personalstrategie betrachten. Innovationsleitbilder sind nicht per se jugendorientiert. Die Unternehmen nahmen z.T. in ihren jeweiligen Marktfeldern Spitzenpositionen ein ohne gleichzeitig eine radikale Verjüngungspolitik zu betreiben. Die Stärken der Vergangenheit bildeten die Grundlage für die Erschließung neuer Technologien und Anwendungen der Zukunft. Dabei gehen die Förderung der vorhandenen Kompetenzen und die Erschließung zusätzlicher neuer Wissensressourcen Hand in Hand. Die Erfahrungskomponente in der Entwicklung bedarf der Ergänzung durch von außen gesetzte Impulse, dies ist jedoch keineswegs gleichbedeutend mit ihrer Ersetzung. Diese ist innovationshemmend und folglich kontraproduktiv. Produkt- und Prozesswissen sind auch und gerade in technologisch anspruchsvollen Branchen von entscheidender Bedeutung für den Innovationserfolg.

Literatur

[1] Astor M (2000) Innovationsfähigkeit, Wissenskulturen und Personalstrategien. In: Köchling A et al. (Hrsg.) (2000) Innovation und Leistung mit älterwerdenden Belegschaften. Rainer Hampp Verlag, München und Mering, S 317–360
[2] Böhle F (1998) Technik und Arbeit – neue Antworten auf „alte" Fragen. In: Soziale Welt 49: 233–252
[3] Hirsch-Kreinsen H (1993) NC-Entwicklung als gesellschaftlicher Prozess. Amerikanische und deutsche Innovationsmuster der Fertigungstechnik. Campus, Frankfurt/New York
[4] Kistler E, Huber A (2002) Die Beschäftigung älterer Arbeitnehmer und die demographische Herausforderung. In: Huber A, Kistler E, Papies U, (Hrsg.) Arbeitslosigkeit Älterer und Arbeitsmarktpolitik im Angesicht des demographischen Wandels (Broschürenreihe: Demographie und Erwerbsarbeit). Stuttgart, S 14–29
[5] Köchling A et al. (Hrsg.) (2000) Innovation und Leistung mit älterwerdenden Belegschaften. Rainer Hampp Verlag, München, Mering
[6] Lullies V, Bollinger H, Weltz F (1993) Wissenslogistik. Über den betrieblichen Umgang mit Wissen bei Entwicklungsvorhaben. Campus, Frankfurt/New York

KAPITEL 12

Chancen und Risiken innovativer Arbeitszeitmodelle für ältere Arbeitnehmer[1]

E. ZIMMERMANN

Die Ausgangssituation: Länger erwerbstätig, aber wie?

Seit Anfang der 90er Jahre sind eine Reihe von Änderungen in der Arbeitsmarkt- und Rentenpolitik vorgenommen worden, um die Finanzierungsprobleme in der Rentenversicherung sowie die demographisch bedingten Probleme am Arbeitsmarkt und den damit zu erwartenden Arbeits- und Fachkräftemangel in den Betrieben zu überwinden. Die Zunahme der Erwerbsbeteiligung und der Erwerbsdauer von älteren ArbeitnehmerInnen bildet bei den vorgenommenen Weichenstellungen einen zentralen Bestandteil in der Gesamtstrategie.

Älteren ArbeitnehmerInnen wird nämlich bei der Bewältigung der zukünftigen Herausforderungen aus dem demographischen Wandel eine außerordentliche Bedeutung zugemessen [1, 2, 3, 4]. Diese Rollenzuweisung steht allerdings in einem krassen Widerspruch zu den schon lange festgestellten Benachteiligungen Älterer auf den inner- und außerbetrieblichen Arbeitsmärkten [5]. Diese machen deutlich, dass für Ältere schon unter den bisherigen Bedingungen die Integration im Erwerbsleben schwierig war. Hinzu kommt, dass die Älteren selbst den frühen Ausstieg aus dem Erwerbsleben zunehmend als kulturelles Gut begriffen haben, wozu der „Personalabbau im Konsens der Sozialpartner" in der Vergangenheit einen erheblichen Anteil hatte [6]. Der Blick auf den nahezu kontinuierlichen Rückgang der Erwerbsbeteiligung von Älteren seit den 60er-Jahren, bspw. von 70% auf ca. 33% bei den über 60jährigen Männern, verdeutlicht die Entwick-

---

[1] Die nachfolgenden Ausführungen basieren schwerpunktmäßig auf dem vom Bundesministerium für Bildung und Wissenschaft im Förderschwerpunkt „Demographischer Wandel und die Zukunft der Erwerbsarbeit am Standort Deutschland" geförderten Projektvorhaben „Neue Arbeitszeitmodelle für ältere Arbeitnehmer – Lebensphasenorientiertes Gesamtkonzept" (Förderkennzeichen 01 HH 960 57/60/72/85), das durch das Institut für Gerontologie an der Universität Dortmund durchgeführt wurde.

lung der Problematik. Nach dem IAB-Betriebspanel 2000 werden mittlerweile sogar in über der Hälfte aller Betriebe in der Bundesrepublik überhaupt keine über 50jährigen Mitarbeiter mehr beschäftigt [7].

Die Strategie des Gesetzgebers, zuletzt mit dem Rentenreformgesetz von 1999, vornehmlich durch die Anhebung von Altersgrenzen auch eine Wende am Arbeitsmarkt einzuleiten, ist allerdings noch nicht aufgegangen, da sich bisher keine Einflüsse der rentenrechtlichen Änderungen auf die Erwerbsbeteiligung Älterer bemerkbar gemacht haben [8]. Der Gesetzgeber hat bei der Heraufsetzung der Altersgrenzen insbesondere die Frage unbeantwortet gelassen, wie eine Fortführung einer produktiven Erwerbstätigkeit über die faktisch bestehende Altersgrenze von im Durchschnitt 59 Jahren realisiert bzw. gefördert werden kann. Aufgrund der fehlenden Eingliederung Älterer im Arbeitsmarkt wird derzeit im Rahmen von Prognosen einer zukünftigen Steigerung der Alterserwerbstätigkeit sogar mit einiger Skepsis begegnet [9].

Perspektivenwechsel zu einer lebensphasenorientierten Arbeitszeitgestaltung

Berücksichtigt man allerdings die Strukturveränderungen des Alters [10], die zur Folge haben, dass die Ruhestandsphase sich durch die kontinuierlich gestiegene Lebenserwartung, aber auch durch den frühen Erwerbsaustritt der Beschäftigten immer mehr verlängert hat, demgegenüber der Eintritt in die Erwerbstätigkeit durch eine mittlerweile ausgeweitete Ausbildungsphase später stattfindet, stellt sich die Frage, ob die vorgenommenen Weichenstellungen der formalen Verlängerung der Lebensarbeitszeit nicht doch prinzipiell in die richtige Richtung weisen: Ist es sinnvoll, dass sich die Erwerbstätigkeit in einem immer kürzer werdenden Lebensabschnitt verdichtet, obwohl sich die Möglichkeiten zur Verteilung der Arbeitszeiten im Lebensverlauf eher erweitern als verengen? Denn zusätzlich fällt in diese verdichtete Phase der Erwerbsarbeit ein Großteil der sozialen Lebensbedürfnisse und -erwartungen, wie das Zusammenleben mit dem Lebenspartner, mit Kindern sowie soziale, politische und kulturelle Aktivitäten, deren Inanspruchnahme sich nicht einfach auf die nachberuflichen Lebensphasen vertagen lässt. Die hierbei entstehenden Belastungen werden innerhalb der Erwerbstätigkeit zudem angereichert durch die Steigerung der Arbeitsintensität, zunehmenden und stetig wechselnden Qualifikationsanforderungen sowie der Verstärkung von Flexibilitäts- und Mobilitätsbedarfen bei den ArbeitnehmerInnen im Prozess des technisch-organisatorischen Wandels [11].

Ein Ausdruck für die durch diese Verdichtung entstandenen Defizite bei der Abstimmung von Arbeits- und Lebensführung und das zunehmende Bedürfnis nach flexibler Arbeitszeitgestaltung ist das in allen Altersgruppen feststellbare Auseinanderklaffen zwischen Beschäftigungs- und Arbeitszeitwünschen gegenüber der tatsächlichen Beschäftigungssituation und Arbeitszeit. Gewünscht wird von den Beschäftigten u. a. der Schutz vor überlangen Arbeitszeiten, die allgemeine Verkürzung der Wochenarbeitszeit, Wahlmöglichkeiten für Arbeitszeiten und die Förderung substanzieller Teilzeitarbeit [12, 13].

Eine Flexibilisierung (oder ggf. Verkürzung) der Arbeitszeiten allein am Ende der Erwerbsbiographie, wie sie durch das Altersteilzeitgesetz vorgesehen ist, reicht für eine verbesserte Synchronisation innerhalb des Erwerbslebens allein nicht aus. Insbesondere die angebotenen Teilzeitoptionen, wie sie das Modell des „gleitenden Ruhestandes" vorsieht, stießen bei den ArbeitnehmerInnen aus verschiedenen Gründen, bspw. der Ablehnung eines gegenüber dem bisherigen Leben geänderten Arbeitszeitrhythmus oder der geringen Reputation der Teilzeitarbeit als vorwiegend unqualifizierter Arbeitsform, bislang auf nur sehr wenig Beliebtheit [14]. Obwohl zahlreiche Tarifabschlüsse und eine zunehmende Inanspruchnahme der Altersteilzeit auf eine größere Akzeptanz bei Betrieben und ArbeitnehmerInnen hindeuten, verweist die faktische Nutzung im Blockmodell weiterhin auf die Verkürzung statt auf die Flexibilisierung des Erwerbstätigkeitsendes [15]. Das zugrunde liegende Prinzip beinhaltet somit weiterhin eher eine kürzere Lebensarbeitszeit als eine kürzere Arbeitszeit während des Erwerbslebens [16].

Die sich aus beiden Problemsträngen, dem der Ablehnung spezifischer Arbeitszeitmodelle durch ältere ArbeitnehmerInnen und dem Problemkreis der generellen Entdichtungs- und Flexibilisierungsinteressen der Beschäftigten, ergebende Konsequenz lautet: Flexibilisierung der Erwerbsarbeit kann sich nicht allein auf die späten Erwerbsphasen beziehen, sondern muss sich auch auf Phasen ausrichten, in denen die beruflichen und außerberuflichen Belastungen besonders groß sind, um hiermit zu einer Entdichtung von Anforderungen und einer Harmonisierung von Arbeitstätigkeit und Lebensführung beizutragen. Eine verstärkte lebensphasen- bzw. anforderungsorientierte Arbeitszeitgestaltung käme dabei den Flexibilitätsinteressen aller Altersgruppen entgegen: Umstrukturierungen der Arbeitszeiten während des Berufsverlaufs, etwa kürzere Tages- und Wochenarbeitszeiten bei einer längeren Lebensarbeitszeit, könnten somit von Beschäftigten zur Neuverteilung der Arbeitszeiten innerhalb der erweiterten Erwerbsbiographie genutzt werden [17].

Die Chancen aus einer lebensphasenorientierten Arbeitszeitgestaltung für ältere bzw. vor allem älter werdende Arbeitnehmer bestehen im Kern darin, die Arbeitszeiten im Erwerbsverlauf so anzulegen, dass sie dazu beitragen, das bestehende Beschäftigungsrisiko einer begrenzten Tätigkeitsdauer [18] zu vermeiden; damit könnte eine Integration in der Erwerbstätigkeit im fortgeschrittenen Alter oftmals überhaupt erst ermöglicht werden. Eine lebensphasenorientierte Arbeitszeitgestaltung weist somit den Weg zu einer präventiv ausgerichteten Erwerbsbiographiegestaltung mit gesundheits-, qualifikations- sowie motivationsförderlichen Potenzialen. Durch diesen Perspektivenwechsel rücken speziell auf ältere ArbeitnehmerInnen zugeschnittene Arbeitszeitmodelle in den Hintergrund, während Funktionen im Bereich der Arbeitszeitgestaltung, die schon frühzeitig den Erhalt der Arbeitsfähigkeit und die langfristig die Motivation Älterer zur Berufstätigkeit fördern, an Bedeutung gewinnen.

Handlungsbedarf im Rahmen einer lebensphasenorientierten Arbeitszeitgestaltung

Alters- sowie auch alternsorientierte Konzepte der Integration älterer ArbeitnehmerInnen in der Erwerbsarbeit sind schwerpunktmäßig gegen Ende der 90er Jahre entwickelt worden [19, 20, 21]. Wie dort beziehen sich auch im Rahmen der Arbeitszeitgestaltung die Handlungserfordernisse im Wesentlichen auf die betriebliche Arbeits- und Beschäftigungspolitik, da diese die Grundlagen einer längerfristigen Personalplanung und -entwicklung schafft. Gerade im Kontext von Arbeitszeitarrangements überlappen sich individuelle und betriebliche Interessen sehr stark: Dies beginnt beim betrieblichen Interesse an der Einsatzbereitschaft und Flexibilität der MitarbeiterInnen und endet bei der Produktivität und Auslastung von Betriebsanlagen. Spiegelbildlich bestimmen Arbeitszeiten die Eckpunkte für die Ausgestaltung von Umfang und Qualität der privaten Lebensführung, wie sie auch Belastungen, Zufriedenheit und Motivation in der Arbeitstätigkeit beeinflussen.

Zwei zentrale Anforderungen an die Arbeitszeit sollten im Sinne eines Wechsels von einer kurz- zu einer längerfristig und präventiv orientierten Beschäftigungspolitik in Betrieben gestellt werden:

Die erste zentrale Anforderung lautet: Arbeitszeit sollte integrationsförderliche Funktionen enthalten. Die Forderung nach Integrationsförderlichkeit kann vor dem Hintergrund der mittlerweile bekannten zentralen Beschäftigungsrisiken für ältere bzw. älter werdende ArbeitnehmerInnen im Erwerbsverlauf formuliert werden. Beschäftigungsrisiken werden im Wesentlichen durch gesundheitliche Einschränkungen, qualifikatorische Defizite sowie durch Demotivation der Beschäftigten markiert. In allen drei Risikobereichen ergibt sich ein unmittelbarer Bezug zur Dauer, Lage und Verteilung von Arbeitszeiten:

- Die Integration älterer Arbeitnehmer im Arbeitsleben wird sehr stark durch gesundheitliche Einschränkungen gefährdet. Nicht nur das Vorhandensein sog. „alterskritischer Arbeitsanforderungen" [22, 23], sondern vor allen Dingen die Dauer der Belastung stellt ein wichtiges Kriterium für das Leistungsvermögen der Arbeitnehmer und den Verbleib in der Erwerbstätigkeit dar. Mit der Zunahme von Mehrfachbelastungen in der Arbeitswelt [11] stellt sich die Aufgabe der Prävention von Belastungen und Verschleiß dringlicher denn je, da neben die klassischen, zumeist physischen Belastungsfaktoren in der modernen Informationsgesellschaft vielseitige und unspezifische psychische und psycho-soziale Belastungsfaktoren hinzugetreten sind.
- Qualifikatorische Einschränkungen bilden den zweiten zentralen Risikobereich für die Beschäftigung älterer Arbeitnehmer. Sowohl das Dequalifikationsrisiko, hervorgerufen durch betriebliche Rationalisierungs- und Umorganisationsprozesse, bei dem eine Entwertung der Qualifikationen von zumeist älteren Mitarbeitern stattfindet, als auch die betriebsspezifische Einengung der Qualifikationen, durch jahrzehntelange Konzentration auf bestimmte Tätigkeiten und Verfahren (Spezialisierungsfallen), bilden hier die Schwerpunkte. Zur Vermeidung von Qualifikationsrisiken könnten über Maßnahmen der Arbeitszeitgestaltung betriebliche und außerbetriebliche Maßnahmen des Qualifikationserhalts bzw. von deren Anpassung gesteuert werden.
- Mangelnde soziale Anerkennung und enttäuschte Karriereerwartungen, Abstiegsprozesse und Statusverluste in Folge von gescheiterten Aufgaben- bzw. Berufswechseln können zur Entwertung der beruflichen Position von ArbeitnehmerInnen und nachfolgend zur Entmutigung führen [24]. Der Zusammenhang von Demotivationsprozessen und Arbeitszeitgestaltung ergibt sich aus der Notwendigkeit, zeitliche Handlungsspielräume für Aufstiegs- bzw. Neuqualifizierungen zu schaffen. Hierbei sind Spielräume für Qualifikationspausen/-phasen ebenso denkbar wie Freiräume für berufsbegleitende Fort- und Weiterbildungsprozesse, die über Arbeitszeitarrangements gestaltet werden könnten.

Die zweite zentrale Anforderung an die Arbeitszeitgestaltung lautet: Arbeitszeit sollte die Vereinbarkeit zwischen Beruf und privaten Lebensanforderungen wie auch mit individuellen Präferenzen gewährleisten. Schwerpunktbereiche der lebensweltlichen Anforderungen mit Bezug zur Berufstätigkeit stellen vor allem familiäre Erfordernisse der Kindererziehung und Pflege dar. Für diese überwiegend temporären lebenszyklischen Anforderungen sind flexible Arbeitszeitarrangements erforderlich, wenn die Erwerbsbiographien nicht gefährdet werden sollen. Da vorwiegend Frauen ihre Arbeitszeit verändern, wenn familiäre Ereignisse dies erfordern, kann die Vereinbarkeitsproblematik überwiegend als frauenspezifisches Problem angesehen werden. Ein Scheitern von Erwerbsverläufen und eine misslingende Synchronisation von Beruf und Familie wäre für die Gesellschaft im demographischen Wandel insbesondere deshalb fatal, weil in einer zunehmenden Erwerbsbeteiligung von Frauen die Haupthoffnung bei den heimischen Personalreserven besteht [8].

Berufsunterbrechungen bzw. -aufgabe oder Reduzierung der Arbeitszeiten sind die gängigen Reaktionsmuster in Zeiten der Kindererziehung, aber auch bei der Pflege. Der arbeitszeitliche Gestaltungsbedarf richtet sich in dieser Phase der Erwerbsbiographie auf Verbesserungen von Freistellungsregelungen bei Erwerbsunterbrechungen, längerfristigere Gestaltungsregelungen mit Rückkehrgarantie und die Problematik des Wechsels von Voll- zu Teilfreistellungen bzw. des Wechsels zwischen Voll- und Teilzeitstellen. Beide Aspekte stehen in engem Zusammenhang mit Fragen der Zeitautonomie, d. h. insbesondere der Möglichkeit, selbst auf die Rahmenbedingungen der Arbeitszeitgestaltung Einfluss nehmen zu können.

Zusammengefasst müssen betriebliche Arbeitszeitarrangements zwei Kernaufgaben erfüllen, an denen neue, innovative Arbeitszeitfunktionen zu messen sind:
1. Beschäftigungssichernde bzw. -fördernde Funktionen innerhalb der Erwerbsarbeitsgestaltung von Beschäftigten anbieten und
2. Sozialpolitische Optionen für unterschiedliche Bedarfs- und Lebenslagen von ArbeitnehmerInnen bereitstellen.

Funktionsweisen innovativer Arbeitszeitmodelle

Zur Beantwortung der Frage, ob in der Praxis angewandte, innovative Arbeitszeitmodelle für eine Neugestaltung der Erwerbsarbeit geeignete Funktionen aufweisen, wurden im Forschungsvorhaben 40 Betriebe mit innovativen Arbeitszeitmustern ausgewählt, von denen 20

im Rahmen von Fallstudien intensiv untersucht wurden. Die Betriebe wiesen dabei folgende Arbeitszeitgestaltungsansätze auf:
- Arbeitszeitmodelle mit Langzeitkonten
- Wahlarbeitszeit
- Jahresarbeitszeitmodelle mit Zeitkonten
- Mehrfachbesetzung von Arbeitsplätzen
- Zeitautonome Gruppenarbeit
- Spezielle Schichtsysteme (integrierte, geschichtete, gespaltene)
- Zuhausearbeit und Telearbeit

Nahezu alle der untersuchten Modelle sind auf die Initiative der Arbeitgeber mit dem überwiegenden Motiv der Anpassung des Leistungsgeschehens im Betrieb an die Marktanforderungen oder auch zur Attraktivitätssteigerung der betrieblichen Arbeitsplätze eingerichtet worden. Keines der untersuchten Modelle wurde von betrieblicher Seite mit der Motivation der langfristigen Erwerbsintegration von Arbeitnehmern installiert.

Von den untersuchten Modellen weisen dennoch vier betriebliche Arbeitszeitmodelle mit Langzeitkonten eine Reichweite auf, die sich auf die gesamte Erwerbsbiographie erstreckt. Ihr grundlegendes Prinzip beim Aufbau ist, die individuell eingerichteten Langzeitarbeitszeitkonten über schwankende Mehrarbeitsleistungen oder über eine bestehende Differenz von betriebsüblicher und tariflicher Arbeitszeit über das Berufsleben hinweg anzusparen. Je nach betrieblichem Modell können auch noch weitere Quellen das Langzeitkonto speisen (z.B. Urlaub, Freischichten). Der Abbau der Arbeitszeitguthaben erfolgt über kürzere oder längere Zeitblöcke bezahlter Nichtarbeit unter Aufrechterhaltung des Beschäftigungsverhältnisses (ähnlich wie bei der Altersteilzeit). In einem Betrieb kann bspw. durch intensives Ansparen, unter voller Ausnutzung der zur Verfügung stehenden Quellen, nach einer achtjährigen Ansparphase ein Volumen von etwa *einem* Jahr Zeitguthaben für die persönliche Verwendung aufgebaut werden.

Zentrales Ziel der vier Langzeitkontenmodelle ist es, unter Zuhilfenahme einer verdichteten Neuverteilung von Arbeitsstunden in der Erwerbsbiographie, bei der die Gesamtleistung an Lebensarbeitszeitstunden unberührt bleibt, eine Verkürzung der Erwerbsdauer zu ermöglichen (allerdings bieten einige Modelle auch zwischenzeitliche Entnahmen an). Als Begründung für die Anwendung der Modelle spielen lebensphasenorientierte Optionen am Ende der Erwerbsphase keine Rolle. Vielmehr wird unterstrichen, dass die Art der Arbeitstätigkeiten und die aus ihr resultierenden gesundheitlichen Belastungen für die Beschäftigten zumeist ein vorzeitiges Ende der Berufstätigkeit zur Folge haben. Damit ein Vorziehen des Rentenzugangsalters erleichtert wird, können die Beschäftigten über ein Langzeitkonto einen Eigenbeitrag zu ihrer sozialen Sicherung einbringen.

Zu den Modellen, die in bestimmten Lebensphasen als temporäre Reaktion auf Ereignisse in privaten Lebenszusammenhängen nutzbar sind, können die Wahlarbeitszeitmodelle gezählt werden. Funktionsprinzip der untersuchten Wahlarbeitszeitmodelle ist, dass die Beschäftigten einmal im Jahr für das Folgejahr ihre wöchentliche Arbeitszeit und ihre Urlaubstage festlegen können. Aus dieser in einer vorgegebenen Spannweite (z. B. Arbeitszeit: zw. Sozialversicherungspflichtgrenze und 44 Stunden; Urlaub: zw. 20 und 40 Tagen) vorzunehmenden Wahl ergibt sich ein individueller Kapazitätsfaktor und damit auch ein individuelles Einkommensniveau. In der Praxis kann im Hinblick auf wichtige individuelle Anforderungen auch zwischenzeitlich die Arbeitszeitwahl revidiert und den veränderten Bedingungen angepasst werden. Damit wird mindestens zu jedem jährlich festgelegten Planungszeitpunkt ein unbeschränkter Vollzeit-Teilzeit-Wechsel möglich. Das Recht auf Teilzeit wird betrieblich nur eingeschränkt, wenn das gesamtbetriebliche Beschäftigungsvolumen unter festgelegte Werte fällt. Unterschiedliche Formen der Wahlarbeitszeit finden sich neben diesen Modellen im Dienstleistungssektor auch im gewerblichen Bereich, wo etwa in einem Modell zwischen drei vorgegebenen Schichtmodellen mit im Jahresdurchschnitt unterschiedlichen wöchentlichen Arbeitszeitdauern gewählt werden kann. Die Varianz, bei gleichen Wochenarbeitszeiten in allen drei Schichten, ergibt sich hierbei durch eine unterschiedliche Anzahl an möglichen Freischichten.

Eine weitere lebensphasenspezifische Option bieten die sog. Sabbatical-Modelle, die über angesparte Zeitkonten gezielt Erwerbsunterbrechungen abfedern können. Der Aufbau von Sabbaticals kann sich wie bei Langzeitkonten aus unterschiedlichen Quellen speisen, wobei Sabbaticals zumeist als eine Option in den o. g. Langzeitkontenmodellen angelegt sind oder durch eine Kombination mit Wahlarbeitszeiten entstehen. Eine vorgefundene Variante zu diesem Ansatz besteht darin, dass Beschäftigte über einen längeren Zeitraum unter Aufrechterhaltung der normal zu leistenden Arbeitszeit mit dem Arbeitgeber ein unter diesem Niveau liegendes Einkommen vereinbaren. Auch hier geht die Differenz an nicht bezahlten Arbeitsstunden auf ein Arbeitszeitkonto. Der hier untersuchte Betrieb verfolgt mit dem Modell das Ziel, die bestehenden Fluktuations- und Krankheitsraten im Betrieb zu reduzieren. Die Bandbreite der vorgesehenen, unproblematischen Erwerbsunterbrechungen durch Sabbaticals liegt in allen Betrieben bei Werten zwischen 3 und 12 Monaten.

Auch die anderen untersuchten Modelle zeigen vielfach verbesserte Lösungsmöglichkeiten im Rahmen einer zeitsouveränen Arbeitszeitgestaltung, d. h. nutzbare Spielräume bei der arbeitstäglichen Arbeitszeitgestaltung oder Gestaltungspotenziale für kürzere Zeitabschnitte. Darüber hinaus beinhalten einige dieser Modelle spezielle Effekte bezogen auf die Förderung von Gesundheit (z. B. einige Schichtmodelle), auf die Weiterbildung (z. B. funktionale Schichtplangestaltung) wie auch auf verbesserte Steuerungsmöglichkeiten bzw. Einflussnahmen der Mitarbeiter auf die Leistungserbringung (z. B. zeitautonome Gruppen-/Zuhausearbeit). Durch die neuen Arbeitszeitfunktionen kann besonders im produzierenden Gewerbe, aus der Kombination von Arbeitsorganisation und Arbeitszeit, eine bessere Entkopplung der Arbeitnehmer vom Arbeitsprozess realisiert werden. Dies eröffnet Weiterbildungszeiten innerhalb der Arbeitszeit deutlich mehr Gestaltungsfreiheiten. Die einzige direkt auf das Älter werden im Betrieb bezogene Einzelfunktion in einem Arbeitszeitmodell war der Ansatz, dass die MitarbeiterInnen mit zunehmendem Lebensalter einen steigenden Weiterbildungsanspruch, definiert durch eine steigende Zahl von Weiterbildungstagen, zugestanden bekamen. Dies wurde mit der zunehmenden zeitlichen Entfernung von formalen Ausbildungsprozessen begründet.

Nutzen und Nutzung neuer Arbeitszeitfunktionen

Unter allen untersuchten Modellen zeigt sich bezogen auf die definierten Anforderungen fast durchgängig eine Überlegenheit des Wahlarbeitszeitprinzips. Auch wenn Langzeitkontenmodelle neue – mittlerweile auch durch das sog. Zeitkontengesetz [25] gesetzlich abgesicherte – Verteilspielräume von Arbeitszeiten innerhalb der Erwerbsbiographie erlauben, steht allein schon die gängige Praxis der weiteren Verdichtung von Arbeitszeiten in einem kürzeren Abschnitt möglichen Entlastungs- und Regenerationszielen, damit einer langfristigen gesundheitlichen Integration, entgegen. Die Frage zur Notwendigkeit von Arbeitszeitfunktionen, die eine unterschiedliche Verteilung ermöglichen, würde sich bei Einsatz von Wahlarbeitszeiten nicht mehr stellen, da in jeder Lebensphase das Arbeitszeitkontingent wählbar wäre, welches dem individuellem Bedarf am ehesten entspricht. Somit kommt der Wählbarkeit und dem Wechsel von Arbeitszeitmodellen bei der Neustrukturierung der Arbeitszeit in erwerbsbiographischer Sicht ein erhebliches Gestaltungspotenzial zu. Für eine bedürfnis- und anforderungsorientierte Gestaltung der Arbeit müssen jedoch, gerade im Rahmen von Wahlarbeitszeiten, arbeitszeitliche und arbeitsorganisatorische Maßnahmen eng miteinander verzahnt werden. Zumeist findet sich denn auch innerhalb der Modelle eine Kombination von Wahlarbeitszeiten und Flexibilisierungsmöglichkeiten bzgl. der Lagen und Verteilungen der Arbeitszeiten.

Wahlarbeitszeiten weisen in Bezug auf die formulierten Anforderungskriterien die weitreichendsten Integrationspotenziale auf:
- Für eine gesundheitsorientierte Gestaltung der Erwerbsbiographie, da arbeitsintensive Phasen mit regenerativen Phasen durchmischt werden können wie auch grundsätzlich eine Wahl von Arbeitszeitdauern möglich ist, die subjektiv am ehesten physische, psychische sowie soziale Belastungen zu bewältigen verspricht.
- Für die Ermöglichung der individuellen Organisation von anpassungs-, aufstiegs- oder mobilitätsorientierter Weiterbildung innerhalb der eigenen Erwerbsbiographie, da eine Anpassung des zeitlichen Arbeitsvolumens an die Weiterbildungsinteressen möglich ist.
- Im Rahmen einer verbesserten Vereinbarkeit von Familie und Beruf, da allein durch die Festlegung der Dauer der Arbeitszeiten Eckpunkte für die privat nutzbaren Zeiten markiert werden. Die Möglichkeit des Wechsels zwischen unterschiedlichen Modellen eröffnet zudem Optionen für die unterschiedlichsten Phasen lebensweltlicher Bedarfe.
- Zur Förderung der Akzeptanz von Teilzeitarbeit bei älteren Mitarbeitern, um damit dem Ziel des „gleitenden Ruhestandes" entgegen zu kommen, da in allen Altersgruppen und Funktionsbereichen selbstverständliche Arbeitszeitänderungen dann auch für ältere Mitarbeiter keinen als diskriminierend empfundenen Sonderstatus mehr erzeugen würden.

Die Arbeitszeitfunktion des Sabbaticals bietet einen weiteren korrespondierenden Ansatzpunkt für eine lebensphasenorientierte Arbeitszeitgestaltung. Bei planvoll gesteuertem Kontenaufbau ergeben sich strategisch einsetzbare Nutzungsmöglichkeiten von Zeitguthaben für die Inanspruchnahme der Zeit durch Weiterbildungssabbaticals. Die arbeitszeitlichen Handlungsspielräume der Arbeitnehmer können somit dazu beitragen, Qualifikationsphasen oder -pausen in die Erwerbsbiographie zu integrieren. Für dauerhafte bzw. sehr häufige Qualifikationsleistungen sind diese Modelle jedoch ungeeignet, da sie sehr hohe Ansparleistungen erfordern. Die Verhinderung von Dequalifikationsprozessen und die Anpassung der Kompetenzen an den technisch-organisatorischen Wandel verbleibt somit eine originäre Aufgabe des Unternehmens. Somit können die Modelle derzeit vorwiegend individuell gewünschte Aufstiegs- bzw. mobilitätsorientierte

Weiterbildungsinteressen stützen bzw. das Verhandlungspotenzial bei strittigen Weiterbildungsinhalten mit dem Arbeitgeber erhöhen. Schließlich sind Sabbaticals in eingeschränktem Umfang auch dazu geeignet, individuell als notwendig empfundene, regenerative „Auszeiten" im Berufsverlauf zu realisieren [26].

Ob die dargestellten Optionen tatsächlich langfristig die Umverteilung von Arbeitsleistungen im Berufsverlauf bzw. die Integration von älter werdenden Beschäftigten fördern, kann bei den relativ jungen Modellen derzeit nicht beurteilt werden. Vergleicht man allerdings die bestehenden Potenziale mit der faktischen Nutzung der Modelle, werden durchaus Probleme und Widersprüchlichkeiten erkennbar. Bei der Inanspruchnahme der Arbeitszeitoptionen der Wahlarbeitszeit zeigt sich bei den männlichen Beschäftigten im Durchschnitt weiterhin ein Festhalten am Vollzeitmodell, wenn auch knapp unterhalb dieses Niveaus; die Durchschnittsbetrachtung verdeckt allerdings, dass die bestehenden Optionen von den Beschäftigten vielfältig eingesetzt werden. Weiterhin nutzen typischerweise Frauen die bestehenden Wahlmöglichkeiten, um außerberufliche Anforderungen besser bewältigen zu können. Teilzeitwahl kann aber auch innerhalb dieses innovativen Ansatzes weiterhin ein Karrierehindernis darstellen. Letztlich kann die Ausnutzung der optionalen Elemente nur durch einen Eigenbeitrag in Form von Einkommensverzicht oder zeitweiser Mehrarbeit genutzt werden, sodass auch das Angebot eines Sabbaticals bislang nur in geringem Umfang wahrgenommen wurde.

Perspektiven der Zeitgestaltung und Anforderungen an die Arbeitszeitpolitik

Innovative Arbeitszeitmodelle stellen ArbeitnehmerInnen neue Arbeitszeitoptionen bereit, mit denen sie unterschiedlichste lebenslagenspezifische und berufsbiographische Problemstellungen lösen können. Insbesondere die Wahlarbeitszeit bietet mit der Möglichkeit zur temporären Verringerung oder sogar Unterbrechung der Erwerbstätigkeit nicht nur neue Flexibilitätspotenziale an, sondern sie gewährleistet darüber hinaus durch Rückkehrrechte Kontinuität innerhalb der Erwerbsarbeit. Das Recht auf Rückkehr und Verbleib bildet eine zentrale Voraussetzung für eine friktionsfreie Inanspruchnahme dieser neuen Arbeitszeitarrangements. Gerade der Personenkreis, der durch Kindererziehungs- und Pflegeleistungen mehrdimensional in Anspruch genommen wird, sowie Personen mit geringer Qualifikation oder in stark belastenden Arbeitsfeldern könnten in besonderem Maße von diesen Wahl- und Wechselmöglichkeiten bei Arbeitszeiten profitieren.

In den vorliegenden Modellen bleiben die in Anspruch genommen Zeitvariationen jedoch nicht folgenlos für das Einkommen und die soziale Sicherung der Beschäftigten: Insbesondere die Inanspruchnahme von Zeitvariationen nach unten, wie etwa Reduzierung oder Unterbrechung der Erwerbstätigkeit, sind mit Einkommensverlusten und geringeren Beiträgen zur Alterssicherung verbunden. Die ArbeitnehmerInnen tragen somit die finanziellen Auswirkungen ihrer Arbeitszeitwahl allein. Dennoch ist dies ein Fortschritt gegenüber dem Beginn der betrieblichen Arbeitszeitflexibilisierungspolitik, bei der die Gewährung flexibler Gestaltungsmöglichkeiten der Arbeitszeit häufig nur im Tausch gegen Geld (Wegfall von Überstundenzuschlägen) möglich war.

Für Beschäftigte mit niedrigen oder mittleren Einkommen weisen die neuen Möglichkeiten, die betriebliche Arbeitszeitmodelle für lebensphasenspezifische Anforderungen, für Gesundheitserhalt und Regeneration sowie für berufliche Weiterbildung anbieten, kaum praktikable Lösungswege auf, da sie für diese Beschäftigtengruppen mit untragbaren Einschnitten in der Existenzsicherung verbunden wären. Individuelle Kalküle, im Berufsverlauf Zeitreduzierungen in Anspruch zu nehmen und diese in einer verlängerten Erwerbsbiographie zu kompensieren, geben unter den Bedingungen von zunehmender Diskontinuität des Erwerbslebens sowie wachsenden Beschäftigungsrisiken ab den mittleren Lebensjahren bis zum Erwerbsende, keine ernst zu nehmende Planungsgrundlage ab. Unter diesen Voraussetzungen läuft die Gewährung und Inanspruchnahme von neuen Arbeitszeitoptionen für die überwiegende Zahl der Beschäftigten ins Leere. Deshalb stellen nicht nur Geldpräferenzen, sondern insbesondere soziale Ungleichheiten Hindernisse auf, die einer verstärkten Kultur der (temporären) Wenigerarbeit und Umverteilung von Arbeitszeiten im Erwerbsverlauf entgegenstehen. Dieses Missverhältnis wird auch durch die Verabschiedung des neuen Teilzeit- und Befristungsgesetzes nicht aufgehoben.

Konsequenterweise stellt sich die Frage nach den Möglichkeiten zur Förderung solcher Kulturen. Zentrale Ansatzpunkte, an dem die neu aufkommenden Möglichkeiten aus der betrieblichen Arbeitszeitgestaltung systematisch mit sozialpolitischen Zielen verbunden werden könnten, wären in den Bereichen zu finden, in denen starke gesellschaftliche Interessen bestehen. Als ein bedeutendes Handlungsfeld kann dabei die Beschäftigungssicherung und -förderung genannt werden; weiterhin bieten sich aus objektivierbaren Tatbeständen resultierende soziale Belastungen, wie etwa Pflegeunterbrechungen, als wichtige Förderungsbereiche an. Hier könnten wirksame finanzielle Instrumente zur sozialpolitischen Absicherung von gesellschaftlich wünschenswerten Arbeitszeitvariationen eingesetzt werden. Im Zielbereich der Beschäftigungsförderung existieren schon länger Vorschläge, individuelle Arbeitszeitreduzierungen flächendeckend mit einem Teillohnausgleich zu versehen – die Förderung niedriger Einkommen durch Zuschüsse bei Sozialversicherungsbeiträgen (Mainzer Modell) wäre ggf. auch auf Bereiche mit sozialen Härten bei notwendigen Arbeitszeitreduzierungen übertragbar. Letztlich wird die Diskussion um eine finanzielle Förderung solange von Bedeutung sein, wie die Alterssicherung nach dem Modell einer langjährigen, kontinuierlichen Erwerbstätigkeit angelegt ist, die diskontinuierliche Tätigkeiten oder Pausen in der Erwerbsarbeit in ihrer Bedeutung nur ungenügend berücksichtigt.

Alle diese Diskussionen hängen allerdings grundsätzlich von einer Voraussetzung ab: Kernelement für Überlegungen zur Förderung und Nutzung neuer Zeitarrangements ist die verstärkte Adaption neuer Arbeitszeitmodelle durch die Betriebe. Nur die Unternehmen können faktisch die arbeitsorganisatorischen und personalpolitischen Grundlagen zur Entwicklung neuer Arbeitszeitkulturen und neuer Ansatzpunkte für die Erwerbsintegration älterer Arbeitnehmer schaffen. Unabhängig von der Frage, welche konkreten Arbeitszeitfunktionen im Betrieb implementiert werden, zeigt sich im Rahmen der Auswertung der innovativen Arbeitszeitmodelle, dass als grundlegende Anforderung an die betriebliche Arbeitszeitgestaltung ein Mehr an Betroffenenautonomie, ausgedrückt in Einflussmöglichkeiten und individuellen Handlungsspielräumen, auf diese zentrale Rahmenbedingung der Arbeit eingebunden werden muss. Allein durch die Zunahme von Steuerungs- und Selbstbestimmungsmöglichkeiten für ArbeitnehmerInnen können funktional gesundheitsförderliche Ressourcen im Sinne des Salutogeneseansatzes ausgebaut werden [27].

Nicht nur bei der Förderung von Gesundheit und Arbeitszufriedenheit überlappen sich die Interessen von Beschäftigten mit den Eigeninteressen von Betrieben. Die Unternehmen könnten die Möglichkeiten innovativer Arbeitszeitgestaltung auch systematisch in dem traditionell ihnen zugerechneten Bereich der beruflichen Qualifizierung zur Sicherung der eigenen Innovations- und Zukunftsfähigkeit aufgreifen. Ein Beispiel hierfür können die stetig zunehmenden Weiterbildungsbedarfe in Richtung auf ein lebenslanges Lernen sein: Obwohl Sabbaticals bislang nur unter dem Blickwinkel der Ansparleistungen von Arbeitnehmern gesehen wurden, könnte entweder eine betriebliche Co-Finanzierung mit Zweckbindung zu einem verbesserten Lastenausgleich bei Ansparprozessen beitragen, oder dieser Arbeitszeitansatz von den Betrieben sogar selbst offensiv aufgegriffen werden. Die gezielte Einbeziehung des Sabbaticals zum Nutzen betrieblicher

Weiterbildung könnte dem lebenslangen Lernen eine feste Grundlage und Struktur bieten. Dementsprechend stellt sowohl die Einrichtung von Lernzeitkonten [28, 29] als auch deren systematische und kontinuierliche Auffüllung eine wichtige Herausforderung an die zukünftige (betriebliche) Arbeitszeitpolitik dar. Zur Umsetzung solcher Strategien muss allerdings eine längerfristige, altersübergreifende Personalpolitik Raum greifen, die im Vergleich zur derzeitigen Situation betrieblicher Personalpolitik einem Paradigmenwechsel gleichkommt.

Die Harmonisierung von Arbeits- und Lebenswelt und die einer dem Alter bzw. älteren Arbeitnehmern angemessenen betrieblichen Personalpolitik kann nicht allein durch Veränderungen von Arbeitszeitarrangements auf betrieblicher Ebene gelöst werden. Notwendig ist auch eine Änderung von Leitbildern auf der politischen und von Rahmenbedingungen auf der gesetzlichen Ebene:
- Das in der Praxis zunehmend kaum mehr greifbare Prinzip der Normalarbeitszeit sollte nicht als Grund für die Abschaffung der Arbeitszeitpolitik herangezogen werden. Vielmehr muss auf die Absicherung individueller Modelle hingewirkt werden, indem neue Leitbilder entwickelt werden, die aufzeigen, durch welche Strategien langfristig Anpassungen von Arbeitsanforderungen an das Leistungsvermögen der Beschäftigten (und vice versa) möglich werden.
- Es sind strukturelle Rahmenbedingungen erforderlich, die dem Interesse von Beschäftigten an einer Vereinbarkeit von Familie und Beruf den notwendigen Rückhalt geben: Die Erwerbsbeteiligung und das zu leistende Arbeitsvolumen, insbesondere von Frauen, hängt wesentlich mit den Möglichkeiten zur institutionellen Kinderbetreuung zusammen [30].
- Unterstützungsleistungen wären vor allem in den Bereichen zu platzieren, in denen Arbeitszeitfunktionen für wichtige gesellschaftliche und soziale Aufgaben genutzt werden.

Den Tarifvertragsparteien kommt bei der Ausgestaltung einer solchen Arbeitszeitpolitik eine zentrale Bedeutung zu, da sie neue Leitbilder umsetzen können; zu ihren zukünftigen Aufgaben gehören u.a.
- tarifliche Vereinbarungen zu innovativen altersintegrativen Arbeitszeitmodellen voranzubringen;
- Qualifizierung stärker in der Tarifpolitik zu verankern und die Gestaltungsfelder der Qualifizierung und der Arbeitszeitpolitik näher miteinander zu verknüpfen;
- stärker Ansprüche auf betriebliche Weiterbildungszeiten zu normieren, individuelle Ansprüche auf Weiterbildungszeiten zu vereinbaren und deren Finanzierungsmöglichkeiten abstimmen;

- arbeitszeitbezogene Regelungen und tarifpolitische Abfederungen für besonders beruflich oder sozial belastete Beschäftigungsgruppen abzuschließen und damit die Reduzierung der Arbeitszeiten in sozial schwierigen Situationen mit zu gestalten;
- Vereinbarungsmöglichkeiten zwischen Familie und Beruf durch Regelungen zur Planbarkeit von Arbeitszeiten und mehr Zeitautonomie zu verbessern.

Trotz der schon vorliegenden, zukunftsweisenden Entwürfe in der gewerkschaftlichen Arbeitszeitpolitik hält sich dort beharrlich der Denkansatz, dass nicht nur bei besonders belasteten Beschäftigten, sondern grundsätzlich ein starker Zusammenhang zwischen der Länge der Lebensarbeitszeit und der Belastungssituation von Arbeitnehmern besteht; Lebensarbeitszeit ist nach diesem Ansatz konsequenterweise zu verkürzen. Weil eine Politik der Verkürzung der Lebensarbeitszeit die in einer Flexibilisierung und Umverteilung von Arbeitszeiten liegenden Potenziale der Entdichtung unberücksichtigt lässt, muss in der Gewerkschaft, wie aber auch bei den Arbeitgebern, zukünftig ein stärkeres Umdenken stattfinden.

Da kollektive Arbeitszeitverkürzungen in der Arbeitszeitpolitik insgesamt deutlich an Gewicht verloren haben, kommt in der zukünftigen Arbeitszeitpolitik dem Ausbau und der Nutzung von Flexibilisierungsmöglichkeiten, unter Berücksichtigung der Neubestimmung von Arbeit und differenzierten Zeitbedürfnissen, eine hervorgehobene Bedeutung zu [31]. Dieser Prozess steht im Kontext einer allgemeinen gesellschaftspolitischen Diskussion, wie die gesellschaftlich vorhandene Arbeit, aufgeteilt in Erwerbsarbeit, ehrenamtliche Arbeit und Eigenarbeit, zukünftig neu zu bewerten ist, und wie die Schnittstellen zwischen Arbeit und sozialer Sicherung gestaltet werden sollen [32]. Der Integration älterer Arbeitnehmer, d. h. auch der Neubestimmung von Arbeitszeit, Weiterbildungszeit und Lebenszeit in erwerbsbiographischer Sicht, kommt dabei besondere Bedeutung zu. Entdichtungsansätze in der Lebensarbeitszeit haben sicherlich nur dann eine Chance, wenn auch für „offene Erwerbsformen" [33] im Beschäftigungssystem und in der sozialen Sicherung stabile Rahmenbedingungen gegeben sind. Die Chancen innovativer Arbeitszeitmodelle bestehen somit darin, dass sie Impulsgeber für eine allen Lebensphasen und -bedürfnissen angemessene Arbeits(zeit)politik sind – die Risiken liegen darin, dass, trotz vielfältiger Flexibilisierungsmöglichkeiten, weiterhin mehr eindimensionale Nutzungsmuster zugunsten betriebswirtschaftlicher Effizienz Anwendung finden.

Literatur

[1] Deutscher Bundestag (Hrsg.) (1994) Demographischer Wandel: Erster Zwischenbericht der Enquete-Kommission „Demographischer Wandel" – Herausforderung unserer älter werdenden Gesellschaft an den Einzelnen und die Politik, Bonn
[2] Deutscher Bundestag (Hrsg.) (1998) Demographischer Wandel: Zweiter Zwischenbericht der Enquete-Kommission „Demographischer Wandel" – Herausforderung unserer älter werdenden Gesellschaft an den Einzelnen und die Politik, Bonn
[3] Pack J et al. (1999) Zukunftsreport Demographischer Wandel. Innovationsfähigkeit in einer alternden Gesellschaft, Bonn
[4] Bundesvereinigung der Deutschen Arbeitgeber (2000) Erhöhung der Erwerbsbeteiligung älterer Arbeitnehmer. Ein Diskussionspapier der BDA
[5] Bäcker G, Naegele G (1993) Alternde Gesellschaft und Erwerbstätigkeit. Modelle zum Übergang vom Erwerbsleben in den Ruhestand, Köln
[6] Knuth M (2002) Alter(n) als Falle? Betriebliche und gesellschaftliche Herausforderungen des demographischen Wandels. Institut Arbeit und Technik. Impulsreferat bei der Veranstaltung der Friedrich-Ebert-Stiftung vom 14.2.2002
[7] Leber U (2001) IAB-Betriebspanel. Ältere – ein Schatz muss gehoben werden. In: Institut für Arbeitsmarkt- und Berufsforschung (Hrsg.) IAB-Mitteilungen, Nr. 2. Nürnberg, S 6–7
[8] Koller B (2001) Ältere Arbeitnehmer. Bislang kaum Anzeichen für eine Wende am Arbeitsmarkt. In: Institut für Arbeitsmarkt- und Berufsforschung (Hrsg.) IAB-Mitteilungen, Nr. 2. Nürnberg, S 4–5
[9] Fuchs J, Thon M (2001) Fachkräftemangel. Wie viel Potenzial steckt in den heimischen Personalreserven? In: Institut für Arbeitsmarkt- und Berufsforschung (Hrsg.) IAB-Kurzbericht, Nr. 15, vom 27.8.2001. Nürnberg
[10] Tews, HP (1993) Neue und alte Aspekte des Strukturwandels des Alters. In: Naegele G, Tews HP (Hrsg.) Lebenslagen im Strukturwandel des Alters, Opladen, S 15–30
[11] Dostal W et al. (2000) Wandel der Erwerbsarbeit: Arbeitssituation, Informatisierung, berufliche Mobilität und Weiterbildung. In: Institut für Arbeitsmarkt- und Berufsforschung (Hrsg.) Beiträge zur Arbeitsmarkt- und Berufsforschung, Nr. 231. Nürnberg
[12] ISO (2000) Arbeitszeit '99. In: Ministerium für Arbeit, Soziales und Stadtentwicklung, Kultur und Sport des Landes Nordrhein-Westfalen (Hrsg.) Düsseldorf
[13] Bosch G, Wagner A (2002) Konvergenz der Arbeitszeitwünsche in Westeuropa. In: Institut Arbeit und Technik (Hrsg.) IAT-Report 2002-01, Gelsenkirchen
[14] Bäcker G, Naegele G (1996) Altersteilzeit statt Frühverrentung: Gelingt der Durchbruch zu einem flexiblen und späteren Austritt aus dem Berufsleben? In: Zeitschrift für Gerontologie und Geriatrie, 29. Jg., 1996, S 348–351
[15] Klammer U, Weber H (2001) Flexibel in den Ruhestand? Ergebnisse und Überlegungen zur Altersteilzeit. In: WSI-Mitteilungen, Nr. 2, S 102 ff
[16] WSI (Hrsg.) (2002) WSI-Tarifhandbuch 2002. Düsseldorf
[17] Zimmermann E (1999) Alternativen zur Entberuflichung des Alters – Chancen und Risiken für Arbeitnehmer aus innovativen Arbeitszeitmodellen. In: Behrens J et al. Länger erwerbstätig, aber wie? Opladen, S 116–172

[18] Behrens J (1999) Länger erwerbstätig durch Arbeits- und Laufbahngestaltung: Personal- und Organisationsentwicklung zwischen begrenzter Tätigkeitsdauer und langfristiger Erwerbsarbeit. In: Behrens J et al. Länger erwerbstätig, aber wie ? Opladen, S 71–115
[19] von Rothkirch Chr (Hrsg.) (2000) Altern und Arbeit: Herausforderung für Wirtschaft und Gesellschaft. Berlin
[20] Buck H, Schletz A (Hrsg.) (2001) Wege aus dem demographischen Dilemma durch Sensibilisierung, Beratung und Gestaltung, Bonn
[21] Wolff H, Spieß K, Mohr H (2001) Arbeit – Altern – Innovation. Basel
[22] Morschhäuser M (1999) Altersgerechte Arbeit: Gestaltungsaufgabe für die Zukunft oder Kampf gegen Windmühlen? In: Behrens J et al. Länger erwerbstätig, aber wie? Opladen, S 19–70
[23] Gussone M, Huber A, Morschhäuser M, Petrenz J (1999) Ältere Arbeitnehmer. Frankfurt a.M.
[24] Behrens J (2000) Was Demographie mit Kinder kriegen zu tun hat und was uns vorzeitig alt aussehen lässt Illusionen im Trendmodell der Erwerbsarbeit. In: von Rothkirch C (Hrsg.) Altern und Arbeit: Herausforderung für Wirtschaft und Gesellschaft, Berlin
[25] Gesetz zur sozialrechtlichen Absicherung flexibler Arbeitszeitregelungen, BGBl 1998, 688 vom 6.4.1998
[26] Siemers B (2001) Sabbatical und Langzeiturlaub: Befristeter Ausstieg – Einstieg in mehr Lebensqualität? In: WSI-Mitteilungen Nr. 10, S 616–621
[27] Brödner P (2002) Macht Arbeit wieder krank? Institut Arbeit und Technik, Manuskript. Gelsenkirchen
[28] Dobischat R, Seifert H (2001) Betriebliche Weiterbildung und Arbeitszeitkonten. In: WSI-Mitteilungen Nr. 2, S 92–101
[29] Husemann R (2002) Ältere Arbeitnehmer, Verlängerung der Lebensarbeitszeit und berufliche Weiterbildung. In: WSI-Mitteilungen Nr. 1, S 32–37
[30] Brüchel F, Spieß CK (2002) Form der Kinderbetreuung und Arbeitsmarktverhalten von Müttern in West- und Ostdeutschland. Gutachten im Auftrag des BMFSFJ, Kurzzusammenfassung, http://www.bmfsfj.de/dokumente/Pressemitteilungen/ix_82894_4893.htm vom 4.6.2002
[31] Hensche D (2001) Chancen für eine zukünftige gewerkschaftliche Arbeitszeitpolitik. In: WSI-Mitteilungen Nr. 10, S 602–605
[32] Schäfers MH, Schäfers M (2001) Perspektiven von Arbeitspolitik und Tätigkeitsgesellschaft. In: WSI-Mitteilungen Nr. 10, S 606–609
[33] Dostal W (2001) Demografie und Arbeitsmarkt 2010 Perspektiven einer dynamischen Erwerbsgesellschaft. In: Bullinger HJ (Hrsg.) Zukunft der Arbeit in einer alternden Gesellschaft. Stuttgart, S 32–47

KAPITEL 13

Rehabilitation und Wiedereingliederung im demographischen Wandel

P. ZOLLMANN · F. SCHLIEHE

Demographische Entwicklungen und deren Auswirkungen

Nach den Vorausberechnungen des Statistischen Bundesamtes [5] wird die Bevölkerung in Deutschland bis zum Jahr 2050 erheblich schrumpfen: Von 82 Mio. im Jahr 1999 auf 65 Mio. im Jahr 2050 bei einem jährlichen Zuwanderungsgewinn von 100 000 Personen (Variante 1) bzw. auf 70,4 Mio. bei einem jährlichen Zuwanderungsgewinn von 200 000 Personen (Variante 2). Zudem wird sich die Altersstruktur wesentlich zugunsten der Älteren verändern. Während im Jahr 1999 ein Viertel der Bevölkerung 65 Jahre und älter war, wird diese Altersgruppe im Jahr 2050 bereits über die Hälfte der Bevölkerung ausmachen. Der Anteil der Personen unter 20 Jahren wird von 34% im Jahr 1999 auf knapp 30% im Jahr 2050 zurückgehen. Mit schwerwiegenden Folgen ist insbesondere der Rückgang der Bevölkerungsgruppe der 20- bis 65jährigen verbunden. Dieses so genannte Erwerbspersonenpotenzial wird von im Jahr 1999 51 Mio. auf im Jahr 2050 35 Mio. (bei Wanderungszugewinn von jährlich 100 000) bzw. knapp 39 Mio. (bei Wanderungszugewinn von jährlich 200 000) zurückgehen [6]. Dies entspricht einem Rückgang von ca. 32% bzw. 25%.

In Bezug auf die Gesamtbevölkerung bedeutet dieser Rückgang, dass der Anteil der erwerbsfähigen Bevölkerung von im Jahr 1999 gut 40% auf je nach Zuwanderungsvariante 15% bzw. 18% absinken würde. Auch innerhalb dieser Bevölkerungsgruppe im erwerbsfähigen Alter ist in dem Zeitraum von 1999 bis 2050 eine Verschiebung zu den Älteren zu erwarten. Dies hat zum einen Konsequenzen für den Arbeitsmarkt: Es erscheint notwendig, dass sich die betriebliche Personalpolitik umorientiert, indem ältere Arbeitnehmer nicht mehr vorzeitig aus der Erwerbstätigkeit gedrängt werden, sondern im Betrieb z. B. über Weiterbildungsmaßnahmen („lebenslanges Lernen") gefördert werden [1, 3]. Zum anderen sind die umlagefinanzierten Sicherungssysteme wie vor allem die Rentenversicherung (GRV), aber auch die Krankenversicherung und die Pflegeversicherung von diesen Entwicklungen betroffen: „Immer weniger Erwerbstätige müssen die Renten-, medizinischen und Pflege-Leistungen von immer mehr Älteren (mit)finanzieren". Die Beitragssätze zu den Sicherungssystemen würden ohne gesetzliche Maßnahmen immer weiter steigen mit den bekannten Auswirkungen auf die Lohnnebenkosten. Der Gesetzgeber hat bereits auf diese erwartbaren demographischen Entwicklungen reagiert und eine schrittweise Anhebung der Altersgrenzen von 60 und 63 Jahren auf 65 Jahre beschlossen (Rentenreformgesetz 1992, Wachstums- und Beschäftigungsförderungsgesetz 1996, Rentenreformgesetz 1999) und die Erwerbsminderungsrenten reformiert (Gesetz zur Reform der Renten wegen verminderter Erwerbsfähigkeit 2000). Zudem wurden versicherungsmathematische Rentenabschläge bei der vorzeitigen Inanspruchnahme von Altersrenten eingeführt.

Inwieweit eine künftig höhere Erwerbsbeteiligung von älteren Personen erzielt werden kann, hängt wesentlich von betrieblichen aber auch persönlichen Bedingungen ab. Wie Marstedt u. Müller [4] in diesem Band aufzeigen, ist von einer Trendwende im betrieblichen Umgang mit älteren Arbeitnehmern bislang nur wenig zu sehen: Ältere fühlen sich benachteiligt bzw. diskriminiert und erhalten seltener betriebliche Weiterbildungsmaßnahmen. Bei den persönlichen Bedingungen ist neben der Einstellung des Arbeitnehmers zu seiner Lebensarbeitszeit vor allem auch dessen gesundheitliche Situation entscheidend dafür, ob eine Beschäftigung bis zur Altersgrenze von 65 Jahren ausgeübt werden kann. Nach Kuhn [3] ist weniger das biologische Alter entscheidend für eine nachlassende Leistungsfähigkeit als andauernde körperliche und psychische Belastungen. Er führt weiter aus, dass zwar nach der BIBB/IAB-Befragung des Jahres 1999 von der Gruppe der 50- bis 64jährigen häufiger Beschwerden angegeben würden als von den 19- bis 49jährigen, die Unterschiede allerdings nicht so groß seien, als dass sie die generelle These einer verminderten Leistungsfähigkeit von Älteren belegten. Auch bei den wahrgenommenen Belastungen zeigten sich keine wesentlichen Unterschiede zwischen den beiden Altersgruppen. Es kommt mithin darauf an, mit Maßnahmen der betrieblichen Gesundheitsförderung die Arbeitsanforderungen immer besser an das Leistungsvermögen der Beschäftigten anzupassen, um bei andauernden körperlichen und psychischen Belastungen Leistungseinschränkungen möglichst zu vermeiden (präventiv) oder aber, wenn bereits Einschränkungen der Leistungsfähigkeit eingetreten sind, mit rehabilitativen Bemühungen eine dauerhafte (Wieder-)eingliederung in das Erwerbsleben zu ermöglichen.

Rehabilitation und Wiedereingliederung

Für Arbeitnehmer, die in ihrer beruflichen Leistungsfähigkeit eingeschränkt sind, gibt es ein umfassendes Rehabilitationsangebot der gesetzlichen Rentenversicherung: medizinische Rehabilitationsleistungen und Leistungen zur Teilhabe am Arbeitsleben (berufliche Rehabilitationsleistungen) mit der Zielsetzung einer möglichst dauerhaften Integration in das Erwerbsleben. Diese Leistungen werden auf Antrag des Versicherten gewährt. Neben versicherungsrechtlichen Voraussetzungen müssen noch bestimmte medizinische Anforderungen gegeben sein wie z. B., dass die Leistungsfähigkeit im Erwerbsleben erheblich gefährdet oder bereits gemindert (Rehabilitationsbedürftigkeit) und dass durch die Rehabilitation eine wesentliche Besserung bzw. Wiederherstellung der Leistungsfähigkeit im Erwerbsleben zu erreichen ist (positive Rehabilitationsprognose). Medizinische Rehabilitationsleistungen werden überwiegend stationär in spezialisierten Rehabilitationseinrichtungen durchgeführt. Bei Bedarf können auch ambulante Angebote am Wohnort genutzt werden. Leistungen zur Teilhabe am Arbeitsleben (berufliche Rehabilitationsleistungen) werden entweder ortsnah in Betrieben oder aber in überbetrieblichen Bildungseinrichtungen, in Berufsförderungswerken und in Werkstätten für Behinderte durchgeführt.

Medizinische Rehabilitationsleistungen der Gesetzlichen Rentenversicherung – Struktur und Durchschnittsalter

Medizinische Rehabilitationsleistungen werden grundsätzlich allen Versicherten im erwerbsfähigen Alter bei Bedarf gewährt. Dabei gilt der Grundsatz, möglichst frühzeitig in den Krankheitsprozess einzugreifen, um den Rehabilitationserfolg zu optimieren. Wie aus Tabelle 13.1 ersichtlich, hat die gesetzliche Rentenversicherung im Jahr 2000 416 662 stationäre medizinische Rehabilitationsleistungen für Männer und 362 127 für Frauen durchgeführt. Das Durchschnittsalter lag bei Männern wie Frauen mit 49,4 bzw. 49,7 Jahren etwa gleich hoch. Deutliche Unterschiede zeigen sich zwischen den ausgewählten Indikationsgruppen. Am jüngsten sind die Rehabilitanden mit psychischen und Verhaltensstörungen und mit Krankheiten des Nervensystems. Den psychischen Störungen liegen keine degenerativen Krankheitsprozesse zugrunde. Deshalb betreffen diese Krankheiten Personen aller Altersgruppen, also auch junge Menschen. Dagegen treten Neubildungen und Krankheiten des Kreislaufsystems vor allem im späteren Lebensalter auf, daher sind dies auch die im Durchschnitt

Tabelle 13.1. Stationäre medizinische und sonstige Leistungen zur Rehabilitation für Erwachsene im Berichtsjahr 2000 nach ausgewählten Krankheitsgruppen (GRV)

	Männer		Frauen	
	Anzahl	Durchschnittsalter	Anzahl	Durchschnittsalter
Krankheiten des Muskel-Skelett-Systems und des Bindegewebes	171495	49,2	148033	49,2
Krankheiten des Kreislaufsystems	59170	52,2	19807	50,9
Endokrine, Ernährungs- und Stoffwechselkrankheiten	12636	48,0	7632	46,2
Krankheiten des Verdauungssystems	6258	46,1	5050	45,3
Krankheiten des Atmungssystems	12885	48,5	12513	46,6
Neubildungen	45136	60,1	63692	58,9
Krankheiten des Nervensystems	7577	46,2	6988	44,2
Psychische und Verhaltensstörungen	56419	42,7	60744	44,8
Insgesamt	416662	49,4	362127	49,7

Quelle: VDR Statistik Bd. 138 – Rehabilitation 2000, Tab. 5.00 M RV

ältesten Rehabilitanden. Zu berücksichtigen ist aber auch, dass medizinische Rehabilitation bei Neubildungen – im Unterschied zu sonstigen Indikationen – auch für Familienangehörige und Rentner erbracht wird.

Erfolg medizinischer Rehabilitationsleistungen

Erfolgreich im Sinne der Rentenversicherung ist die medizinische Rehabilitation dann, wenn die Personen im Erwerbsleben verbleiben, also nicht frühberentet werden bzw. die Frühberentung hinausgeschoben werden kann. Um den Rehabilitationserfolg empirisch abbilden zu können, wurden die Grundlagen für Verlaufsanalysen geschaffen und das Konzept der Sozialmedizinischen Prognose entwickelt [2]. Die Sozialmedizinische Prognose beschränkt sich auf die Hauptgruppe in der medizinischen Rehabilitation der Rentenversicherung: die Pflichtversicherten. Familienangehörige werden nicht einbezogen. Die Sozialmedizinische Prognose ist historisch-prospektiv angelegt, d.h. es wird von einem Zeitpunkt in der Vergangenheit in die Zukunft geblickt. Sie gibt an, wie viel Prozent der Pflichtversicherten, die in einem bestimmten Jahr eine medizinische Maßnahme erhalten haben, in einem bestimmten Zeitraum nach Abschluss der Maßnahme noch im Erwerbsleben stehen und wie viel Prozent in diesem Zeitraum aus dem Erwerbsleben ausscheiden.

Die im Erwerbsleben verbliebenen werden unterschieden nach der Beitragszahlung. Die für die Rentenversicherung prognostisch günstigste Gruppe ist die der „lückenlosen Beitragszahler". Bei diesen Beiträgen handelt es sich um Pflichtbeiträge wegen versicherungspflichtiger Beschäftigung, aber auch wegen Arbeitslosigkeit oder auch aufgrund längerer Arbeitsunfähigkeit. Bei den „lückenhaften Beitragszahlungen" können auch einige Monate nicht mit Pflichtbeiträgen belegt sein.

Die aus dem Erwerbsleben ausgeschiedenen werden unterschieden nach Rentenarten und Tod. Bei den Rentenarten sind dies insbesondere die Frührenten, d.h. zum Zeitpunkt der folgenden Untersuchungen die Erwerbs- und Berufsunfähigkeitsrenten (EU/BU-Renten) sowie die Altersrenten.

Sozialmedizinische 2-Jahresprognose für pflichtversicherte Rehabilitanden der Arbeiterrentenversicherung (ArV) des Jahres 1996

In Abb. 13.1 ist die Sozialmedizinische 2-Jahresprognose des Jahres 1996 nach Altersgruppen dargestellt, wobei auf eine Geschlechtsdifferenzierung verzichtet wurde, da keine wesentlichen geschlechtsspezifischen Unterschiede vorlagen. In der Gruppe der Rehabilitanden, die zum Zeitpunkt der Rehabilitation bis zu 49 Jahre alt waren, ist ein Anteil von 92% zwei Jahre später noch im Erwerbsleben verblieben. Die Rehabilitanden im Alter von 50 bis 54 Jahren stehen mit 82% ebenfalls zu einem sehr hohen Anteil noch im Erwerbsleben.

Im Alter von 55 bis 59 Jahren liegt dieser Anteil mit 61% nicht mehr so hoch, 25% der Rehabilitanden wurden frühberentet. Von dieser Altersgruppe gingen zudem 13% in vorzeitige Altersrenten (z.B. wegen Arbeitslosigkeit, Schwerbehinderte bzw. Erwerbsgeminderte, Frauenrenten). Von den Rehabilitanden, die zum Zeitpunkt der Rehabilitation 60 bis 64 Jahre alt waren, stand nach zwei Jahren nur noch ein Anteil von 23% im Erwerbsleben, dieser wies aber – im Vergleich zu den jüngeren Altersgruppen – bemerkenswert stabile Erwerbsverläufe (lückenlose Beitragszahlungen) auf. Darin kommen insofern auch Selektionseffekte zum Ausdruck, als es sich hierbei wahrscheinlich um besonders motivierte und betrieblich integrierte Arbeitnehmer handelte. 24% der Rehabilitanden dieser Altersgruppe schieden

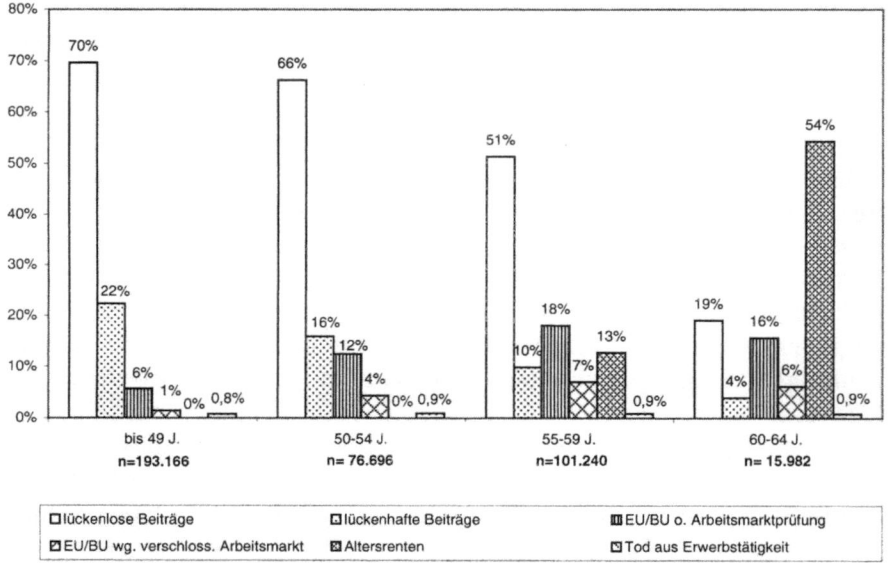

Abb. 13.1. Sozialmedizinische 2-Jahresprognose für pflichtversicherte Rehabilitanden des Jahres 1996 nach Altersgruppen (ArV). Quelle: VDR – Reha-Statistik-Datenbasis 1991–1998 (ArV), eigene Berechnungen

durch Erwerbs- und Berufsunfähigkeitsrenten aus dem Erwerbsleben aus, der überwiegende Zugang erfolgte allerdings in die (vorzeitigen) Altersrenten. Dies zeichnet aber im Wesentlichen die Gesetzgebungslage zum damaligen Zeitpunkt nach, die es ermöglichte auch vor dem Alter von 65 Jahren altersberentet zu werden.

Der Anteil von Personen, die aufgrund eines verschlossenen Arbeitsmarktes frühberentet wurden, lag bei den jüngeren Altersgruppen bei 1% bzw. 4%, bei den älteren Altersgruppen bei 7% bzw. 6%. Für diese Personengruppe waren also nicht allein gesundheitliche Gründe ausschlaggebend für die Berentung. Nach heutiger Rechtslage würden diese Berentungsmöglichkeiten bis auf wenige Ausnahmen („Vertrauensschutz") entfallen.

Betrachtet man den Anteil an Rehabilitanden, die wegen Erwerbs- bzw. Berufsunfähigkeit ohne Arbeitsmarktprüfung frühberentet wurden, über die Altersgruppen hinweg, so zeigt sich, dass dieser in den beiden älteren Gruppen mit 18% bzw. 16% nicht so hoch liegt, wie man vielleicht vermuten würde. Bei geänderten Arbeitsmarkt- und betrieblichen Bedingungen zeichnen sich somit gute Chancen ab, auch ältere Arbeitnehmer, die in ihrer Leistungsfähigkeit eingeschränkt sind, durch medizinische Rehabilitation dauerhaft in das Erwerbsleben zu integrieren. Die relativ niedrige Zahl von Rehabilitanden, die 60 Jahre und älter waren, zeigt aber auch, dass sowohl von Seiten des Versicherten, der einen Antrag stellen muss, als auch von Seiten der Sozialmedizinischen Dienste der Rentenversicherung, die Rehabilitationsbedürftigkeit und Reha-Prognose prüfen, unter der damaligen Arbeitsmarkt- und Rechtslage einer medizinischen Rehabilitation oft keine große Chance eingeräumt wurde.

Männer und Frauen in den alten und neuen Bundesländern

Dass Arbeitsmarktbedingungen deutliche Effekte auf den Wiedereingliederungserfolg aufweisen, zeigen die Abb. 13.2a und b, in denen zwischen alten und neuen Bundesländern unterschieden wird. Die im Vergleich zu den alten Bundesländern im Durchschnitt höheren Arbeitslosigkeitszahlen in den neuen Bundesländern bewirken auch Unterschiede in der Wiedereingliederung. So lagen die Eingliederungsraten in den alten Bundesländern sowohl für Männer als auch Frauen deutlich über derjenigen der neuen Bundesländer. Während diese Unterschiede bis zu den Altersgruppen bis 59 Jahren ca. 10 Prozentpunkte betrugen, zeigte die Gruppe der über 60jährigen sehr unterschiedliche Entwicklungen: Der Anteil der im Erwerbsleben verbliebenen betrug bei den Frauen in den alten Bundesländern mit 25% das Vierfache des Anteils bei den Männern mit 6%. Der hohe Anteil von Frauen, die im Erwerbsleben verblieben, erklärt sich zu einem großen Teil durch die vielfach unsteten Erwerbsbiografien der westdeutschen Frauen, in denen aufgrund von Familienphasen ein später Wiedereinstieg ins Erwerbsleben erfolgte, so dass häufig die versicherungsrechtlichen Voraussetzungen für den Bezug bestimmter vorzeitiger Rentenarten (z. B. Frauenrenten, BU/EU-Renten) nicht vorlagen. In den neuen Bundesländern lag der Anteil der über 60jährigen Rehabilitanden, die nach zwei Jahren noch im Erwerbsleben verblieben waren, bei den Männern bei 15%, bei den Frauen dagegen nur bei 2%. Die Frauen wurden zu einem Anteil von 91% in dem betrachteten Zeitraum altersberentet, dabei handelt es sich größtenteils um die vorgezogenen Altersrenten für Frauen. Ausschlaggebend dafür dürfte sein, dass die Erwerbsbeteiligung der Frauen in der ehemaligen DDR immer sehr hoch war.

Diese Ergebnisse zeigen recht deutlich, wie stark Arbeitsmarktbedingungen, hier insbesondere die Unterschiede in den Arbeitslosigkeitsraten zwischen alten und neuen Bundesländern, die dauerhafte Integration in das Erwerbsleben nach medizinischer Rehabilitation beeinflussen.

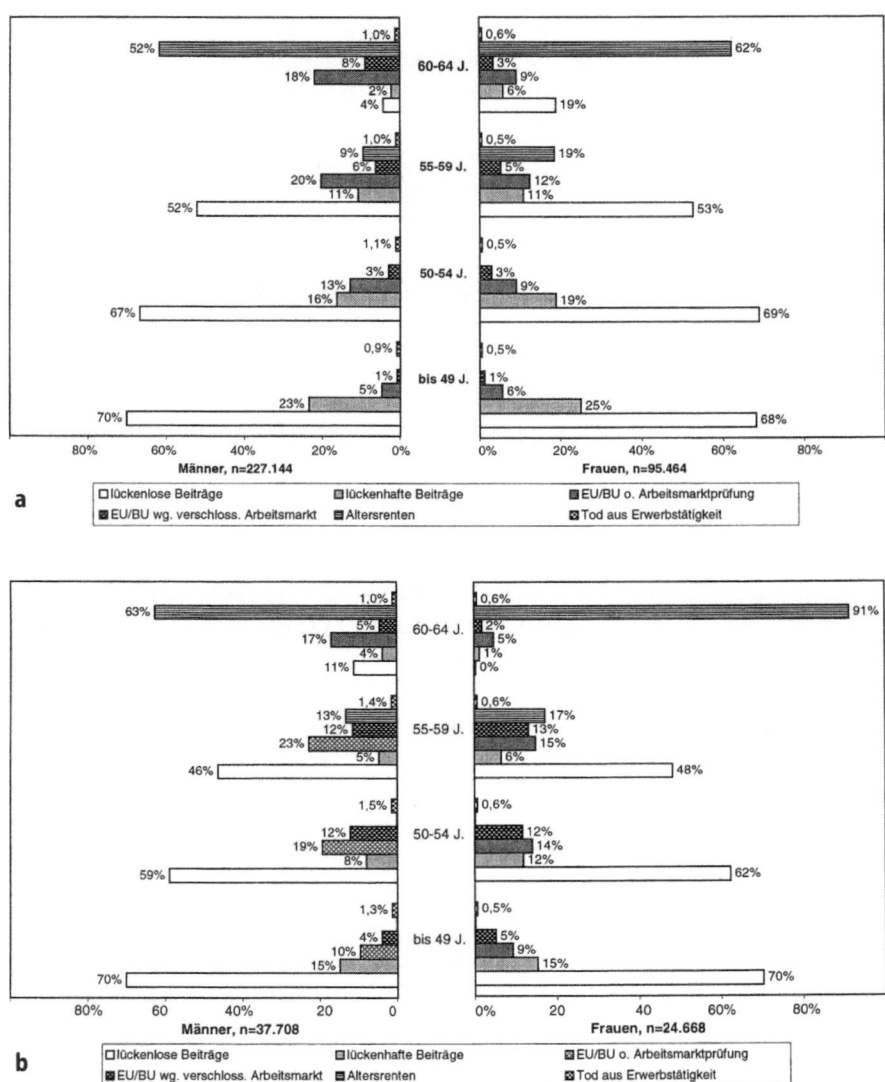

Abb. 13.2 a, b. Sozialmedizinische 2-Jahresprognose für pflichtversicherte Rehabilitanden 1996 nach alten (**a**) und neuen (**b**) Bundesländern, Altersgruppen und Geschlecht (ArV). Quelle: VDR – Reha-Statistik-Datenbasis 1991–1998 (ArV), eigene Berechnungen

Ausgewählte Indikationsgruppen

In Tabelle 13.2 ist der Wiedereingliederungserfolg für ausgewählte Indikationsgruppen sowie unterschiedliche Altersgruppen zusammengestellt. Die höchsten Anteile von Rehabilitanden, die zwei Jahre nach Rehabilitation im Erwerbsleben verblieben waren, wiesen Krankheiten des Skeletts, der Muskeln und des Bindegewebes sowie psychische und Verhaltensstörungen auf. Bei den Krankheiten der Bewegungsorgane lag dieser Anteil in der jüngsten Altersgruppe bei 96% und sank bis zur ältesten auf 25% ab. Bei den psychischen und Verhaltensstörungen betrug der Anteil in der jüngsten Altersgruppe 91%, in der ältesten ebenfalls 25%. Etwas darunter lagen diese Anteile mit 87% bis 19% bei den Krankheiten des Kreislaufsystems. Am geringsten fie-

Tabelle 13.2. Sozialmedizinische 2-Jahresprognose für pflichtversicherte Rehabilitanden des Jahres 1996 nach ausgewählten Indikations- und Altersgruppen (ArV)

Ausgewählte Indikationsgruppen	Altersgruppen				Gesamt
	Bis 49 J.	50–54 J.	55–59 J.	60–64 J.	
Krankheiten des Skeletts, der Muskeln und des Bindegewebes	93.291	43.784	60.342	9.530	206.947
Im Erwerbsleben verblieben	96%	89%	67%	25%	83%
Lückenlose Beitragszahlungen	76%	72%	57%	21%	67%
Lückenhafte Beitragszahlungen	20%	17%	10%	4%	16%
Aus dem Erwerbsleben ausgeschieden	4%	11%	33%	75%	17%
EU/BU ohne Arbeitsmarktprüfung	3%	8%	14%	12%	8%
EU/BU wg. verschloss. Arbeitsmarkt	1%	3%	6%	6%	3%
Altersrentenzugang	0%	0%	13%	56%	6%
Aus dem Erwerbsleben heraus verstorben	0,2%	0,4%	0,4%	0,3%	0,3%
Krankheiten des Kreislaufsystems	13.726	9.694	14.196	2.501	40.117
Im Erwerbsleben verblieben	87%	74%	53%	19%	68%
Lückenlose Beitragszahlungen	67%	59%	44%	15%	53%
Lückenhafte Beitragszahlungen	20%	15%	10%	4%	14%
Aus dem Erwerbsleben ausgeschieden	13%	26%	47%	81%	32%
EU/BU ohne Arbeitsmarktprüfung	10%	18%	24%	20%	17%
EU/BU wg. verschloss. Arbeitsmarkt	2%	7%	9%	7%	6%
Altersrentenzugang	0%	0%	12%	53%	8%
Aus dem Erwerbsleben heraus verstorben	1,2%	1,1%	1,1%	0,8%	1,1%

Tabelle 13.2 (Fortsetzung)

Ausgewählte Indikationsgruppen	Altersgruppen				Gesamt
	Bis 49 J.	50–54 J.	55–54 J.	60–64 J.	
Neubildungen	8.022	4.094	5.660	1.235	19.011
Im Erwerbsleben verblieben	70%	53%	35%	14%	52%
Lückenlose Beitragszahlungen	54%	41%	28%	9%	40%
Lückenhafte Beitragszahlungen	16%	12%	7%	5%	12%
Aus dem Erwerbsleben ausgeschieden	30%	47%	65%	86%	48%
EU/BU ohne Arbeitsmarktprüfung	22%	35%	39%	31%	30%
EU/BU wg. verschloss. Arbeitsmarkt	4%	7%	9%	5%	6%
Altersrentenzugang	0%	0%	13%	45%	7%
Aus dem Erwerbsleben heraus verstorben	4,1%	5,2%	5,3%	5,2%	4,8%
Krankheiten des Nervensystems und der Sinnesorgane	6.033	2.336	2.827	384	11.580
Im Erwerbsleben verblieben	71%	55%	37%	16%	57%
Lückenlose Beitragszahlungen	54%	44%	31%	12%	45%
Lückenhafte Beitragszahlungen	17%	11%	6%	3%	13%
Aus dem Erwerbsleben ausgeschieden	29%	45%	63%	84%	43%
EU/BU ohne Arbeitsmarktprüfung	24%	35%	42%	35%	31%
EU/BU wg. verschloss. Arbeitsmarkt	5%	9%	13%	10%	8%
Altersrentenzugang	0%	0%	8%	38%	3%
Aus dem Erwerbsleben heraus verstorben	0,8%	0,8%	0,8%	1,6%	0,8%
Psychische und Verhaltensstörungen	18.231	4.804	4.780	467	28.282
Im Erwerbsleben verblieben	91%	81%	61%	25%	83%
Lückenlose Beitragszahlungen	66%	64%	50%	18%	62%
Lückenhafte Beitragszahlungen	25%	17%	11%	7%	21%
Aus dem Erwerbsleben ausgeschieden	9%	19%	39%	75%	17%
EU/BU ohne Arbeitsmarktprüfung	7%	14%	18%	16%	10%
EU/BU wg. verschloss. Arbeitsmarkt	2%	5%	8%	4%	4%
Altersrentenzugang	0%	0%	12%	54%	3%
Aus dem Erwerbsleben heraus verstorben	0,4%	0,5%	0,4%	0,4%	0,4%

Quelle: VDR – Reha-Statistik-Datenbasis 1991–1998 (ArV) – eigene Berechnungen

len die Wiedereingliederungsraten bei Neubildungen sowie bei den Krankheiten des Nervensystems und der Sinnesorgane aus: Von 70% bzw. 71% in der jüngsten Altersgruppe sanken sie auf 14% bzw. 16% in der ältesten. Bei den letzten beiden Indikationsgruppen lag der Anteil der Rehabilitanden, bei denen unabhängig von Arbeitsmarktaspekten eine Frühberentung erfolgte, beträchtlich über den entsprechenden Anteilen der anderen Indikationsgruppen. Dies kann als Hinweis auf die schwerwiegenden Beeinträchtigungen der Leistungsfähigkeit in diesen Indikationsgruppen betrachtet werden.

Hervorzuheben ist, dass die Krankheiten der Bewegungsorgane besonders gute Wiedereingliederungserfolge nach medizinischer Rehabilitation aufweisen. Gerade die hier untersuchte Population von Arbeitern erkrankt aufgrund der erheblichen körperlichen Arbeitsbelastungen vermehrt an diesen chronisch-degenerativen Krankheiten.

Beiträge aus versicherungspflichtiger Beschäftigung

In Tabelle 13.3 sind die durchschnittlichen Beiträge aus versicherungspflichtiger Beschäftigung nach Altersgruppen in den zwei Jahren nach Rehabilitation wiedergegeben. Zu den Pflichtbeiträgen – anhand derer die Eingruppierung nach lückenhaften und lückenlosen Beitragsverläufen vorgenommen wird – zählen u.a. auch Beitragszeiten wegen Arbeitslosigkeit oder Arbeitsunfähigkeit. Als Indikator für langfristigen Erfolg werden diese Beitragszeiten häufig infrage gestellt, so dass für diese Tabelle ausschließlich die Beiträge aus versicherungs-

Tabelle 13.3. Durchschnittliche Anzahl von Beiträgen aus versicherungspflichtiger Beschäftigung im 2-Jahreszeitraum (bis zu 23 Monatsbeiträge) nach Rehabilitation im Jahr 1996 (ArV)

Alle Maßnahmearten	Altersgruppen				Pflichtvers. Rehabilitanden
	Bis 49 J.	50–54 J.	55–59 J.	60–64 J.	
Lückenlose Beitragszahlungen	16,8	17,0	15,0	18,3	240.426
Lückenhafte Beitragszahlungen	9,2	10,9	10,5	9,5	66.051
EU/BU ohne Arbeitsmarktprüfung	1,8	1,9	2,0	1,9	41.385
EU/BU wg. verschloss. Arbeitsmarkt	1,5	1,7	1,8	1,8	14.231
Altersrentenzugang	0,0	0,0	5,8	5,4	21.641
Aus dem Erwerbsleben heraus verstorben	3,2	4,2	3,7	2,9	3.350

Quelle: VDR – Reha-Statistik-Datenbasis 1991–1998 (ArV) – eigene Berechnungen

pflichtiger Beschäftigung herangezogen wurden. Bemerkenswert erscheint die Tatsache, dass die jüngeren Versicherten eine kaum höhere Anzahl durchschnittlicher Monatsbeiträge aus versicherungspflichtiger Beschäftigung aufzuweisen hatten. Im Gegenteil: die älteste Altersgruppe wies in der Kategorie der „lückenlosen Beitragszahler" die höchste Anzahl durchschnittlicher monatlicher Beiträge aus versicherungspflichtiger Beschäftigung auf. Darin kann ein weiterer Beleg für die These gesehen werden, dass es sich hierbei um betrieblich gut integrierte Arbeitnehmer handelt. Insgesamt zeigt sich, dass höheres Alter nicht zwangsläufig mit längeren Unterbrechungen der Erwerbstätigkeit aufgrund von Arbeitslosigkeit und/oder längerfristiger Arbeitsunfähigkeit verknüpft ist.

Rentenzugang und durchschnittliches Zugangsalter

Die Tabelle 13.4 gibt an, wie viel Männer und Frauen des Reha-Jahrgangs 1996 im untersuchten 2-Jahreszeitraum berentet wurden unter besonderer Berücksichtigung der Rentenart und des durchschnittlichen Zugangsalters. Bei der zum damaligen Zeitpunkt noch zweige-

Tabelle 13.4. Rentenzugang und Durchschnittsalter des Reha-Jahrgang 1996 nach Geschlecht (ArV)

	Männer		Frauen	
	In %	Durchschnittsalter	In %	Durchschnittsalter
Pflichtversicherte Rehabilitanden mit Rentenzugang	53.212		24.111	
Rente wg. Berufsunfähigkeit	17%	55,6	2%	53,5
Rente wg. Erwerbsunfähigkeit	58%	53,5	62%	52,6
Altersrente wg. Arbeitslosigkeit	9%	60,4	2%	60,3
Altersrente für Schwerbehinderte, Berufsunfähige oder Erwerbsunfähige	10%	60,5	2%	60,3
Altersrente für Frauen	–	–	31%	60,1
Altersrente für langjährig Versicherte	5%	63,0	1%	63,2
Regelaltersrente	1%	65,0	1%	65,0

Quelle: VDR – Reha-Statistik-Datenbasis 1991–1998 (ArV) – eigene Berechnungen

teilten Erwerbsminderungsrente ist eine deutliche Häufung des Zugangs zur Rente wegen Erwerbsunfähigkeit festzustellen: 58% aller Männer sowie 62% aller Frauen, die in diesem Zeitraum berentet wurden, erhielten eine so genannte EU-Rente, wobei das Durchschnittsalter bei den Männern bei 54 Jahren, bei den Frauen bei 53 Jahren lag. Während bei den Frauen eine weitere besondere Häufung mit 31% bei der Altersrente für Frauen vorlag, war bei den Männern der Rentenzugang auf deutlich mehr Rentenarten verteilt: 17% Rentenzugang wegen Berufsunfähigkeit, 9% Zugang in die Altersrente wegen Arbeitslosigkeit sowie 10% Zugang in die Altersrente für Schwerbehinderte, Berufsunfähige oder Erwerbsunfähige. Das Zugangsalter bei der BU-Rente lag sowohl bei den Männern mit 56 Jahren als auch bei den Frauen mit 54 Jahren etwas über dem Durchschnittsalter bei der EU-Rente. Bei den vorzeitigen Altersrenten zeigte sich ein durchschnittliches Zugangsalter von ca. 60 Jahren bis auf die Altersrente für langjährig Versicherte, hier wurde ein Zugangsalter von 63 Jahren ermittelt. Der Zugang in die Regelaltersrente war mit jeweils 1% bei Männern wie Frauen nur von untergeordneter Bedeutung. Diese Verteilung des Rentenzugangs weicht selbstverständlich wesentlich von der Verteilung eines Rentenjahrgangs ab, da es sich bei den Rehabilitanden eines Jahres um eine Personengruppe mit erheblichen gesundheitlichen Einschränkungen handelt.

Zusammenfassung und Fazit

Die vorliegenden Ergebnisse zeigen, dass es bereits unter den Arbeitsmarktbedingungen und gesetzlichen Grundlagen der Jahre 1996–1998 gelungen ist, auch für ältere Personen eine Wiedereingliederung in das Erwerbsleben nach medizinischer Rehabilitation zu erzielen. Dabei ist hervorzuheben, dass es sich bei der untersuchten Population um Arbeiter handelt, die zumeist körperlich schwere Arbeitsbelastungen aufweisen. Dennoch ist keine wesentliche eigenständige Alterskomponente bei der Erzielung von Beiträgen aus versicherungspflichtiger Tätigkeit im 2-Jahreszeitraum nach Rehabilitation nachweisbar.

Im einzelnen zeigten sich folgende Ergebnisse:
- Arbeitsmarktbedingungen wie z.B. Arbeitslosigkeit haben einen wesentlichen Einfluss auf den Wiedereingliederungserfolg der medizinischen Maßnahmen wie der Vergleich zwischen alten und neuen Bundesländern deutlich macht.
- Auch Rehabilitationsmaßnahmen bei degenerativen Erkrankungen wie Krankheiten des Skeletts, der Muskeln und des Bindegewebes, die gerade bei Arbeitern aufgrund der schweren körperlichen Ar-

beitsbelastungen im Vordergrund stehen, weisen gute Chancen für eine dauerhafte berufliche Integration auf. Dagegen sind diese Chancen bei neurologischen Erkrankungen wesentlich niedriger.
- Die Gruppen der 60jährigen und Älteren stellen nur einen zahlenmäßig kleinen Anteil an den Rehabilitanden des Jahres 1996. Möglicherweise wurde vielfach von Seiten des Versicherten oder von Seiten der Sozialmedizinischen Dienste der Rentenversicherung auf die Durchführung einer Rehabilitation verzichtet, da bei der damaligen Arbeitsmarkt- und Gesetzeslage oftmals keine guten Chancen auf Wiedereingliederung gesehen wurden.
- Geschlechtsspezifische Besonderheiten sind in Bezug auf die Wiedereingliederung in das Erwerbsleben nur von untergeordneter Bedeutung. Bei den 60jährigen und Älteren gibt es allerdings Unterschiede zwischen den Frauen der alten und neuen Bundesländer, die mit den unterschiedlichen Erwerbsbeteiligungsquoten von Frauen in der ehemaligen DDR und in der Bundesrepublik Deutschland zusammenhängen.
- Bei einem Ausscheiden aus der Erwerbstätigkeit in die Berentung erfolgt dies bei den untersuchten Rehabilitanden überwiegend in die BU/EU-Renten im Alter von ca. 54 Jahren. Bei den Männern ist dies zu 75%, bei den Frauen zu 64% der Fall. Bei den Frauen ist mit 31% eine weitere Häufung bei den vorgezogenen Altersrenten für Frauen zu sehen. Bei den Männern ist noch der Zugang zur Altersrente wegen Arbeitslosigkeit 9% und zur Altersrente für Schwerbehinderte, Berufsunfähige oder Erwerbsunfähige mit 10% zu nennen. Die empirisch gefundenen Zugangsalter der vorgezogenen Altersrenten entsprechen im Wesentlichen den gesetzlichen Vorgaben. D.h. bei vorliegender Rentenbereitschaft der Versicherten wird auch in der Regel der Zugang zur Berentung gewählt, sobald die gesetzlichen Bedingungen bezüglich des Alters erfüllt sind.

Im Hinblick auf die demographischen Entwicklungen zeigen sich aufgrund der Ergebnisse gute Chancen, mithilfe von medizinischen Rehabilitationsmaßnahmen eine höhere Erwerbsbeteiligung bis zur heraufgesetzten Rentenaltersgrenze von 65 Jahren zu ermöglichen. Um dieses Ziel zu erreichen, müsste ein zusätzliches Rehabilitationsangebot für diese Altersgruppe geschaffen werden. Die Maßnahmen zur Wiederherstellung der Leistungsfähigkeit im Erwerbsleben allein werden nicht ausreichen, um die Erwerbsbeteiligung älterer Personen entscheidend zu erhöhen. Hinzu treten müssen weitere Maßnahmen der betrieblichen Integration und Förderung älterer Arbeitnehmer sowie der betrieblichen Gesundheitsförderung, die z.B. in Forschungsschwerpunkten wie „Demographischer Wandel" des BMBF oder „Die Zukunft einer zeitgemäßen betrieblichen Gesundheitspolitik" der Bertelsmann Stiftung wissenschaftlich untersucht wurden bzw. werden.

Literatur

[1] Fröhlich M, Wölk M, Schmidt I, Stemann MC (2002) Ältere Arbeitskräfte – ein unterschätztes Potenzial, in: WSI-Mitteilungen 4/2002, S. 227–231
[2] Irle H, Klosterhuis H, Grünbeck P (1998) Sozialmedizinische Prognose nach stationärer medizinischer Rehabilitation in der Angestelltenversicherung, in: Praxis Klinische Verhaltensmedizin und Rehabilitation, 42, S. 51–60
[3] Kuhn K (2000) „Ältere" in der Arbeitswelt: Entwicklung zum Aktivposten, in: BKK 12/2000, S. 540–546
[4] Marstedt G, Müller R (2002) Daten und Fakten zur Erwerbsbeteiligung Älterer, in: Fehlzeitenreport 2002
[5] Sommer B (2001) Entwicklung der Bevölkerung bis 2050 – Ergebnisse der 9. koordinierten Bevölkerungsvorausberechnung des Bundes und der Länder. In: Statistisches Bundesamt, Wirtschaft und Statistik 1/2001, S. 22–29
[6] o. A. (2000): Bevölkerungsentwicklung bis 2050 – Niveau und Strukturen. In: Soziale Selbstverwaltung/September 2000, S. 71–72

KAPITEL 14

Betriebliche Rehabilitationspolitik und individuelle Versichertenbetreuung

Das regionale Erprobungsprojekt der AOK Niedersachsen „LauRA: Langzeitarbeitsunfähigkeit – Rehabilitation in der Arbeitswelt"[1]

W. TIMM

Einleitung

Die bemerkenswerten Unterschiede regional bedeutsamer Unternehmen im Ausmaß an Langzeitarbeitsunfähigkeit[2] wie im Kostenniveau (gemessen z. B. an den Krankengeldaufwendungen pro Mitglied) waren der Ausgangspunkt, ein neuartiges Handlungskonzept für ein kombiniertes Gesundheits- und Kostenmanagement auf Betriebsebene zu entwickeln und als regionales Innovationsprojekt der AOK Niedersachsen in der Region Osnabrück praktisch zu erproben. Das Projekt hat daher den Titel: „*LauRA: Langzeitarbeitsunfähigkeit – Rehabilitation in der Arbeitswelt*. Integratives Gesundheits- und Kostenmanagement in ausgewählten Betrieben mit überdurchschnittlichem Krankheitsniveau".

Ziel des Projektes LauRA ist es, im ersten Projektzeitraum (01/2001 bis 06/2003) bei vier ausgewählten krankheits- und kostenintensiven Betrieben der Region zu erproben, ob und wieweit die Gesundheits-

---

[1] Das Projekt LauRA wurde 1999/2000 von einer Arbeitsgruppe aus Mitarbeitern der AOK-Regionaldirektion Osnabrück (Birgit Rasper und Dirk Hagen) und dem regionalen Berater für Betriebliches Gesundheitsmanagement (Wolfgang Timm) des AOK-Instituts für Gesundheitsconsulting der AOK Niedersachsen als Innovationsprojekt entwickelt. Der Projektantrag wurde im August 2000 nach zweimaliger Beratung vom Steuerungsausschuss „Produkte, Projekte und Innovationen" der AOK Niedersachsen für zunächst 2,5 Jahre genehmigt und mit einer Basisfinanzierung ausgestattet, die einen erheblichen Teil der Personalmittel abdeckt. Die aktuelle Projektgruppe besteht aus den beiden Projektleitern Birgit Rasper (Marktbereichsleiterin RD Osnabrück) und Wolfgang Timm (AOK-Institut für Gesundheitsconsulting der AOK Niedersachsen) sowie den Projektmitarbeiter/innen Wolfgang Eilers (Projektkoordinator/Gesundheitsberatung), Elisabeth Arlt (Gesundheitsberatung) und Nicole Kamphues (Bewegungsberatung/Sporttherapie). Ich danke allen LauRA-Beteiligten für ihr nachhaltiges Engagement für das Projekt und speziell den Projektmitarbeiter/innen für die Mitarbeit bei der vorliegenden Darstellung. Berichtsstand ist Juni 2002.

[2] Dauer länger als 6 Wochen.

und Kostenentwicklung durch betriebsspezifische, längerfristig angelegte, mehrdimensionale Interventionsprogramme in eine Richtung beeinflusst werden kann, die näher am oder sogar unter dem Durchschnitt vergleichbarer Unternehmen liegt. Dabei arbeiten Projektteam sowie betriebliche Akteure zielgerichtet und abgestimmt zusammen und werden von weiteren Fachleuten der AOK – Die Gesundheitskasse unterstützt (Krankengeldfallmanager, Kundenberater, Fachkräfte für Bewegungsangebote und für Gesundheitsberatung sowie Firmenkundenberater). Projektleitung und Projektteam sind ebenfalls multidisziplinär zusammengesetzt – ein Prinzip, das sich auch bei der Autorengruppe des Projektantrags bewährt hat.

Ansatzpunkt des Projektes sind chronische Krankheitsverläufe bei Versicherten sowie der spezifische betriebliche Kontext, der Wiedereingliederung und Verringerung von Langzeiterkrankungen ermöglichen soll. In Ergänzung zur klassischen „Betrieblichen Gesundheitsförderung" wird in diesem Projekt vor allem individuell und fall-, statt organisationsbezogen sowie sekundär- und tertiärpräventiv, statt primärpräventiv gearbeitet. In Erweiterung des Krankengeld-Kostenmanagements der AOK wird im Sinne eines krankheitsspezifischen Case Managements vorgegangen.

Der angestrebte Nutzen bezieht sich auf Versicherte, Betriebe und AOK gleichermaßen. LauRA beinhaltet umfassende Beratungsleistungen und zielt auf eine Optimierung der Versorgung bei erwerbstätigen AOK-Mitgliedern mit chronischen Erkrankungen. Durch Maßnahmen für Langzeitarbeitsunfähige wie z.B. Behandlungsbegleitung, psychosoziale Krankheitsbewältigung, Verbesserung der individuellen Arbeitsbedingungen, Wiedereingliederung, Gruppen- und Rehabilitationsprogramme auf der Basis einer betrieblichen Rehabilitationspolitik profitieren die Versicherten und die Betriebe unmittelbar. Neben den erwartbaren Image- und Motivationswirkungen bietet sich den Arbeitgebern die Chance, durch den Abbau des überdurchschnittlichen Krankenstandes sowie durch innerbetriebliche Optimierungen erheblichen betriebswirtschaftlichen Nutzen zu erfahren. Die AOK als Gesundheitskasse entwickelt durch das Projekt LauRA einen innovativen Praxisansatz in Bezug auf das Zukunftsthema „demographischer Strukturwandel und Langzeiterkrankungen"[3], von dem sowohl die Betriebe als auch die Versicherten profitieren können.

---

[3] Zu Langzeiterkrankungen vgl. auch den Beitrag von C. Vetter in diesem Band.

Betriebliche Rehabilitationspolitik und individuelle Versichertenbetreuung 203

Ausgangslage/Hintergründe

Betriebliche Strukturen

Krankenstand und Langzeitarbeitsunfähigkeit einer Region hängen im Niveau und in den Kosten wesentlich von den Unternehmensstrukturen der ansässigen Betriebe ab.

Kosten. Die Gesundheitskosten einer Region werden, neben anderen Faktoren wie Anzahl der Klinikbetten und Facharztdichte, in erheblichem Ausmaß durch Merkmale der regionalen Betriebe bestimmt. Gemessen am Kostensegment Krankengeld waren es beispielsweise 1997 nur 16 Betriebe in der Region Osnabrück (mit überdurchschnittlichen Krankengeldausgaben je Beschäftigtem und mit einem Ausgabenvolumen von jeweils mehr als 100 000 DM), auf die rund ein Drittel der Krankengeldausgaben in der AOK-Regionaldirektion Osnabrück entfiel [1]. Ein Vergleich mit den vorangegangenen Jahren bis 1994 zeigte, dass überdurchschnittliche Krankengeldausgaben überwiegend bei den selben Betrieben zu verzeichnen waren und auch die Rangfolge sich unter den betrachteten Betrieben nur wenig verschiebt.

Das überdurchschnittliche Krankengeldvolumen pro Beschäftigtem hängt also offensichtlich stark von spezifischen Merkmalen einzelner Betriebe ab.

Krankenstandsniveau. Die Krankenstandsverteilung der regionalen Betriebe weist ebenfalls eine charakteristische Struktur auf[4]. Von den 145 Betrieben mit mindestens 50 AOK-Mitgliedern liegen knapp 40 Prozent (57 Betriebe) über dem durchschnittlichen Krankenstand der betrachteten Betriebe von 5,8 Prozent. Extremwerte konzentrieren sich auf wenige Betriebe: „Nur" 18 Betriebe weisen einen Krankenstand über 8,1 Prozent auf, also einen Krankenstand, der den Durchschnittswert 5,8 um etwa 40 Prozent überschreitet. Unter diesen sind 5 Sozialbetriebe für Problemgruppen auf dem Arbeitsmarkt und eine Zeitarbeitsfirma zu finden. Es bleibt also eine überschaubare Zahl von 12 klassischen Produktions- und Dienstleistungsbetrieben, die durch stark erhöhte Krankenstände gekennzeichnet sind. Weiterhin sind es „nur" insgesamt 32 der 145 Betriebe, die den durchschnittlichen

---

[4] Angaben für 2000, eigene Berechnungen auf der Basis von Krankenstandsübersichten für die Regionaldirektion Osnabrück, die mit dem Programm AU/PC des Wissenschaftlichen Instituts der AOK (WIdO) erstellt wurden.

Krankenstand um 25 Prozent übertreffen, d.h. einen Krankenstand von mindestens 7,25 Prozent aufweisen. Das massive Krankheitsgeschehen mit hohen Krankenständen und langer Krankheitsdauer ist also auf eine relativ kleine Gruppe von Unternehmen konzentriert[5].

Diese Zusammenhänge und die Erkenntnis, dass bislang nur begrenzte Erfahrungen mit Programmen zur betriebsbezogenen Verringerung von Langzeit-Erkrankungen vorliegen, gaben Anlass, in der Regionaldirektion Osnabrück einen integrierten Gesundheits- und Kostenmanagement-Ansatz mit den betroffenen Betrieben im Rahmen eines längerfristigen Innovationsprojektes zu entwickeln und zu erproben.

Orientierungsmodelle für das Projekt LauRA

Mit seinen beiden Handlungsschwerpunkten „betriebliche Rehabilitationspolitik" und „intensive Versichertenbetreuung" greift das Projekt auf Anregungen aus den Bereichen Case Management und Disease Management, Rehabilitation und berufliche Wiedereingliederung sowie Betriebliche Gesundheitsförderung/Betriebliches Gesundheitsmanagement zurück. Wegen ihrer integrativen Sicht standen jedoch vor allem die Konzepte, Forschungsergebnisse und Praxiserfahrungen Pate, die im Rahmen des finnischen Vorhabens „FinnAge – Respect for the ageing" (1990 bis 1996) sowie seiner Folgeprogramme entwickelt wurden[6] [2].

Nach der finnischen Konzeption umfasst eine angemessene Strategie, um die Arbeitsfähigkeit und Gesundheit alternder Belegschaften zu erhalten und zu fördern, vier miteinander verbundene Handlungsfelder. Zwei beziehen sich direkt auf die Arbeitswelt, zwei auf die individuellen Kompetenzen in Beziehung zu den Arbeitsanforderungen.

Arbeitsumwelt. Reduzierung der ergonomischen Risiken, insbesondere der altersspezifischen, hierzu gehören stark belastende körperliche Arbeitsanforderungen und physikalisch-chemische Expositionen; Optimierung bei belastenden Wahrnehmungsbedingungen; Erhöhung von Mikropausen und Erholungszeiten im Arbeitsablauf; Reduzierung schwerer Unfallgefahren.

---

[5] Die hohe Bedeutung von Langzeit-Erkrankungen in den betrachteten 12 Betrieben dokumentiert sich auch darin, dass der Anteil der AU-Tage durch Langzeit-Arbeitsunfähigkeit in den betroffenen Betrieben um etwa 10 Prozentpunkte höher liegt als im Bundesdurchschnitt.
[6] Vgl. dazu auch den Beitrag von Ilmarinen in diesem Band.

Arbeitsorganisation und Führungsverantwortung. Erweiterung von selbstbestimmten Arbeitsabläufen (einschl. Arbeitstempo) für ältere Arbeitnehmer; Stärkung von beruflicher Wertschätzung, Arbeitszufriedenheit und beruflicher Entwicklung durch die Führungskräfte (laut finnischen Forschungen wichtigster Faktor für Erhaltung der Arbeitsfähigkeit).

Führungsqualifizierung für die Altersthematik (Abbau von Altersstereotypen, Qualifikation für Intensivierung von Kommunikation/Information, für Unterstützung von Teams und Einbeziehung der Mitarbeiter, für Planung der individuellen Arbeitsabläufe)[7].

Flexible oder reduzierte Arbeitszeiten und Herausnahme aus belastenden Schichtsystemen.

Persönliche Gesundheits- und funktionale Kompetenzen. Abstimmung der Arbeitsanforderungen mit den Einschränkungen durch chronische Erkrankungen, Funktionsdefizite und Unfallfolgen (individuelle Rehabilitation).

Erhöhung der körperlichen Fitness, insbesondere bei körperlich inaktiven älteren Arbeitnehmern; Erhöhung der Kompetenzen im Umgang mit (tätigkeitsspezifischer) Ernährung, mit Rauchen und Alkohol; kompensatorische Trainings in der Arbeitszeit bei körperlich stark belastenden Tätigkeiten; Stärkung der persönlichen und sozialen Fertigkeiten und Beziehungen von älteren Arbeitnehmern.

Berufliche Fertigkeiten. Berufliche Fertigkeiten (fachspezifisch sowie überfachlich und sozial) sollten für alle Tätigkeiten und Altersgruppen gruppenspezifisch weiterentwickelt werden; für ältere Arbeitnehmer sind spezifische Lernarrangements zu bevorzugen (learning by doing, altershomogene Gruppe, Trainer als Unterstützer und Begleiter).

Das Projekt LauRA konzentriert sich ebenfalls auf die Handlungsfelder Arbeitsumwelt, Führung und Arbeitsorganisation sowie Gesundheitskompetenz (berufliche Qualifizierung wird gegebenenfalls eine Aufgabe der Betriebe sein). Den inhaltlichen Fokus bildet hierbei jedoch die Sekundär- und Tertiärprävention bei chronischen Erkrankungen und Chronifizierungsprozessen, d.h. das Projekt konzentriert sich auf die Mitarbeitergruppe, die durch wiederholte Arbeitsunfähigkeitsfälle und Langzeitarbeitsunfähigkeit gekennzeichnet ist.

Mit diesem Schwerpunkt stellt das Projekt auch einen spezifischen Beitrag zur Bewältigung des demographischen Strukturwandels in der

---

[7] Näheres dazu finden Sie im Beitrag von Babette Raabe et al. in diesem Band.

Arbeitswelt dar, weil diese Zielgruppe im Regelfall Teil der mittleren und älteren Belegschaft ist und die mit dem Altern verknüpften Gesundheitsrisiken in besonderer Weise zu tragen hat.

Ziele des Projektes

Durch das Projekt soll in vier ausgewählten regionalen Betrieben, die im Vergleich zum Regionaldirektions-Durchschnitt ein deutlich erhöhtes Ausmaß an Langzeiterkrankungen aufweisen, erprobt werden, durch welche AOK-internen, betrieblichen und überbetrieblichen Maßnahmen das Krankheits- und Kostenniveau gesenkt werden kann.

Das Projekt wird deshalb für den ersten Projektzeitraum (1.1.2001 bis 30.6.2003) im Sinne einer Machbarkeitsstudie verstanden. Dieser Erprobungsperiode soll sich eine zwei- bis dreijährige Konsolidierungs- und Evaluationsperiode anschließen. Die Tabelle 14.1 gibt einen Überblick über die Arbeitsschwerpunkte des Projektes im zeitlichen Ablauf.

Als Erprobungsziele werden im ersten Projektzeitraum folgende Aufgaben verfolgt:

Intensive Versichertenbetreuung. Es soll zunächst einmal grundsätzlich nachgewiesen werden, dass ein intensiver Ansatz gesundheitlich-sozialer Versichertenbetreuung bei Langzeit- und Mehrfacherkrankungen im betrieblichen Kontext möglich ist. Zugleich soll belegt werden, dass krankheitsbezogenes Case Management mit Betriebsbezug von der Mehrheit der Betroffenen positiv aufgenommen und genutzt wird. Schließlich soll in einer zweiten Projektperiode (ab Mitte 2003) untersucht werden, ob sich die Gesundheitssituation in den Partnerbetrieben verbessert hat. Nicht zuletzt wird durch enge Zusammenarbeit mit den AOK-internen Krankengeld-Fallmanagern eine Intensivierung und Wirksamkeitserhöhung des Krankengeldfall-Managements in Bezug auf die beteiligten Betriebe angestrebt.

Verlaufssteuerung der Behandlungsabläufe sowie Vernetzung von Behandlern, Rehabilitations-Einrichtungen und Sozialversicherungsträgern. Mit diesem Case-Management-Ansatz wird eine Wirksamkeitserhöhung der Behandlungen bei schwierigen Krankheitsverläufen und eine Verringerung der Schnittstellenprobleme im Behandler- und Gutachterfeld erwartet. Dies kann sich z.B. darin zeigen, dass mit einer zunehmenden Zahl von Behandlern und Einrichtungen fallbezogene und übergreifende Kooperationsformen entwickelt werden können. Gerade die Vorbereitung, Begleitung und Nachsorge bei Rehabilita-

Tabelle 14.1. Ablauf des Projektes LauRA

Projektperiode I (1/2001 – 6/2003): Erprobung/Machbarkeitsstudie	
Analysephase (1/2001–6/2001)	• Datenanalyse Gesundheit: Verteilung der Langzeitarbeitsunfähigkeit bei den regionalen Betrieben 1994 bis 2000 Kosten: Verteilung am Beispiel des Krankengeldvolumens der regionalen Betriebe • Vorauswahl von ca. 20 potentiellen Partnerbetrieben anhand der Gesundheits- und Kostendimension • Vorläufige Identifizierung von ca. 8 Interventionsbetrieben anhand qualitativer Kriterien, wie vermutete Kooperationsbereitschaft, aktuelle wirtschaftliche Lage, Erreichbarkeit der Mitarbeiter an einem Standort
Überprüfung/Zwischenbericht (6/2001)	• Regelung der Zusammenarbeit mit internen Kooperationspartnern (Krankengeld-Fallmanagement, Gesundheitsservice)
Vorbereitungsphase (7/2001–12/2001)	• Gewinnung und Einarbeitung der LauRA-Fachkräfte (3 Stellen mit je 25 Wochenstunden) • Entwicklung der Interventionskonzepte „Intensive Versichertenbetreuung" und „Betriebliches Rehabilitationsprogramm"
Überprüfung/Zwischenbericht (10/2001)	• Ausarbeitung von Projektinformationen und Vorkontakte zu potentiellen Partnerbetrieben • Entwicklung Datenbank für intensive Versichertenbetreuung
Praxisphase 1 (1/2002–6/2002)	• Sondierung und Projektplanung mit Partnerbetrieben 1 und 2
Überprüfung/Zwischenbericht (4/2002)	• Beginn Betriebliches Rehabilitationsprogramm und intensive Versichertenbetreuung bei Partnerbetrieben 1 und 2 • Sondierung und Projektplanung mit Partnerbetrieben 3 und 4
Praxisphase 2 (7/2002–6/2003)	• Fortsetzung der Umsetzung bei Partnerbetrieben 1 und 2 • Beginn Betriebliches Rehabilitationsprogramm und intensive Versichertenbetreuung bei Partnerbetrieben 3 und 4 • Fortsetzung der Umsetzung bei Partnerbetrieben 3 und 4 • Vorbereitung des nächsten Projektzeitraums II
Überprüfung/Zwischenbericht (10/2002 und 1/2003)	• Klärung von Evaluationsbedarf und Instrumenten • Fortsetzungsantrag an Steuerungsausschuss „Produkte, Projekte und Innovationen"
Projektperiode II (7/2003–12/2005): Konsolidierung und Evaluation	

tionsphasen in finanzieller Trägerschaft der Rentenversicherung spielt hier eine große Rolle. Durch Begleitung der Versicherten in den verschiedenen Behandlungsstadien und -einrichtungen, durch Kooperation mit Anbietern und Trägern sowie durch Orientierung an Behandlungsleitlinien und optimierten Verfahrensabläufen werden schrittweise Beiträge zu einer wirksamen Therapiesteuerung im Behandlungssystem, zu einer Beschleunigung der beruflichen Wiedereingliederung der Versicherten und zur Kostensteuerung bei Betrieben und Krankenversicherung erwartet.

Kooperation mit den Betrieben. Durch die Projektumsetzung in den Betrieben soll belegt werden, dass der Ansatz des LauRA-Projektes Interesse, Akzeptanz und aktive Unterstützung bei den ausgewählten Betrieben findet. Angestrebt wird der sachgerechte Aufbau von Kooperationsstrukturen mit Betriebsleitungen, Führungskräften und Betriebsrat sowie mit der Personalleitung und den innerbetrieblichen Fachkräften (Arbeitsmedizin, Arbeitssicherheit). Hierdurch werden einerseits fallbezogene Lösungen ermöglicht (z. B. betriebliche Wiedereingliederung, Verbesserung der Beziehungen zum Vorgesetzten). Andererseits bilden diese Formen der Zusammenarbeit die Grundlage für die Einführung einer betriebsspezifischen Rehabilitationspolitik.

Projektumsetzung in den Betrieben. Durch die tatsächliche Projektumsetzung soll dokumentiert werden, dass kooperierende Unternehmen aus betriebswirtschaftlichem Eigeninteresse und mit eigenen Mitteln sowie mit fachlicher Unterstützung durch das Projekt LauRA eine betriebsspezifische Wiedereingliederungspolitik entwickeln. Erwartet werden darüber hinaus Impulse für die (Neu)Konzipierung des betrieblichen Arbeits- und Gesundheitsschutzes und für ein Personalmanagement, das sensibel ist für die Auswirkungen der Alterungsprozesse in der Belegschaft (nähere Ausführungen zu den möglichen Komponenten des betriebsspezifischen Gesundheits- und Rehabilitationsmanagements folgen weiter unten).

Kooperation von Betrieben. Angesichts der Neuheit des Projektansatzes ist zu erwarten, dass Betriebe in der Region – zumindest die beteiligten – an Kooperation und Erfahrungsaustausch untereinander zum Themenkomplex Langzeiterkrankungen und betriebliche Präventions- und Rehabilitationspolitik interessiert sind, um vorhandene Lösungsansätze kennen zu lernen und eventuell in ihren Betrieben zu implementieren. Der Erfahrungsaustausch soll daher aktiv vom Projekt initiiert werden. Ein Ergebniskriterium kann zunächst die Zahl der durchgeführten Treffen sein.

Qualitative Evaluation. Die Ergebnisse hinsichtlich der Erprobungsziele werden durch mehrere Verfahren und auf verschiedenen Ebenen qualitativ bewertet. Die Aktivitäten im Bereich der intensiven Versichertenbetreuung und der Kooperation im Versorgungssystem werden durch einen projektinternen Qualitätszirkel („kollegiale Fallberatung") überprüft. Bei exemplarischen Fällen und Versorgungsproblemen werden auch die Krankengeld-Fallmanager und der Medizinische Dienst der Krankenversicherung einbezogen. Die Kooperation und Projektumsetzung in den Betrieben wird laufend in Projektteam-Sitzungen bewertet, so dass zeitnah Ergänzungs- und Korrekturmaßnahmen eingeleitet werden können. In den Partnerbetrieben selbst wird in regelmäßigen Abständen mit den beteiligten Akteuren im Projektsteuerungsgremium der Stand der Projektumsetzung überprüft (Projektansatz und Projektorganisation, Maßnahmenerfolg, Nutzung abteilungsspezifischer Krankenstands- und Belastungskennziffern). Die Erfahrungsaustausch-Treffen der Betriebe bilden eine weitere Bewertungs- und Steuerungsebene: praktikable Maßnahmen und Umsetzungshindernisse können transparent und in die weiteren Planungen einbezogen werden.

Das Projekt LauRA wird zudem einer regelmäßigen Selbst- und Fremdbewertung unterzogen. Im halbjährigen Abstand berichtet das Projekt hinsichtlich Umsetzung der Projektkonzeption und Projektorganisation sowie Budget an den finanzierenden Steuerungsausschuss „Produkte, Projekte und Innovationen" der AOK Niedersachsen. Ebenso berät das Projektteam den Projektverlauf im halbjährigen Abstand mit einem Begleitgremium, dem so genannten „Fachteam Langzeit-AU", das aus Entscheidern und Fachleuten der regionalen wie der Landesdirektionsebene der AOK Niedersachsen zusammengesetzt ist.

Quantitative Evaluation. Für die Gesamtbewertung des Projekterfolgs wurden zwei „harte", messbare Indikatoren definiert, die geeignet sind, die Interventionsergebnisse hinsichtlich der Gesundheitsdimension und der Kostendimension in zusammengefasster Form zu bewerten. Diese Überprüfung erfolgt eineinhalb Jahre nach Abschluss der ersten Projektperiode, also zum Jahresende 2004.

Zu diesem Zeitpunkt sollen für die vier Partnerbetriebe
1. hinsichtlich der Gesundheitsdimension die Arbeitsunfähigkeitstage je Mitglied mit einer Dauer über vier bis acht Wochen gegenüber vergleichbaren Betrieben um 10 Prozent reduziert sein – damit werden die Fortschritte der intensiven Versichertenbetreuung im Bereich der mittleren Erkrankungsdauer und die betrieblichen Präventions- und Rehabilitationsbemühungen zusammengefasst gemessen;
2. hinsichtlich der Kostendimension die den Durchschnitt der Regionaldirektion übersteigenden Krankengeldausgaben pro Mitglied um 20 Prozent gesenkt sein – neben dem betriebswirtschaftlichen Ergebnis für die AOK wird hier zugleich der gesundheitliche Entwick-

lungsfortschritt im Bereich der langen Erkrankungsdauer sowie die Betreuungsoptimierung bei Krankengeldfällen gemessen.

Intensive Versichertenbetreuung

Wie schon angesprochen konzentriert sich das Projekt inhaltlich auf zwei miteinander verknüpfte Arbeitsschwerpunkte in Bezug auf die vier Partnerbetriebe und deren AOK-versicherte Mitarbeiter/innen: die intensive Versichertenbetreuung und die Verankerung einer betrieblichen Rehabilitationspolitik.

Adressaten der gesundheitlich-sozialen Versichertenbetreuung sind die AOK-Mitglieder der Partnerbetriebe mit Rückenerkrankungen[8] und Anzeichen für einen chronischen Verlauf in ihrer Diagnose- und Behandlungsgeschichte. Das Projekt LauRA konzentriert sich im ersten Projektzeitraum bis 06/2003 aus folgenden Gründen auf diese Erkrankungsfälle:

- Rückenerkrankungen sind in den Betrieben für rund ein Drittel der Arbeitsunfähigkeitstage verantwortlich, stellen also ein zentrales gesundheitliches Problem dar.
- Diese Erkrankungsgruppe weist häufig einen chronischen Verlauf auf – nicht zuletzt auch auf Grund von Mängeln im Behandlungssystem [3]. Zu diesen gehören: Überdiagnostik und Suche nach Bandscheibenschäden bei unspezifischen Rückenschmerzen, Verfolgung unerreichbarer Therapieziele (Schmerzfreiheit), lange und wiederholte Krankschreibungen sowie Schonungsempfehlungen statt Ermunterung zu Aktivität und frühzeitiger Wiederaufnahme der Alltags- und Berufstätigkeit.
- Bei Rückenerkrankungen sind betriebliche Zusammenhänge wahrscheinlich (körperlich schwere Arbeit, Zwangshaltungen, Steharbeit, geringe Arbeitszufriedenheit, Stress, Probleme mit Vorgesetzten bzw. Kollegen); die Kombination von betrieblicher Rehabilitationspolitik und individueller arbeitsplatzspezifischer Wiedereingliederungsplanung erhöht die Erfolgsaussichten bei chronifizierten Rückenproblemen.
- Rückenerkrankungen stellen eine „black box" dar, d.h. sie sind für unterschiedliche und auch interessengeleitete Interpretationen besonders geeignet. Sie sind diagnostisch schwer fassbar, der Entstehungskontext kann im beruflichen wie im privaten Umfeld liegen,

---

[8] ICD-10: Internationale statistische Klassifikation der Krankheiten und verwandter Gesundheitsprobleme, 10. Revision: M40–M54 „Krankheiten der Wirbelsäule und des Rückens".

die Ursachen können physischer Art (belastende Körperhaltungen, schweres Heben) oder psychosozialer Art sein (Arbeitsplatzprobleme, Stress, Beziehungskonflikte) oder persönlichkeitsbedingt begründet sein (z. B. Selbstüberforderung). Während das Thema Rückenerkrankungen einerseits eine Projektionsfläche für ungeklärte Fragen bietet, werden andererseits einfache – medizinische oder technische – Lösungen eingefordert. Hier machbare Wege im betrieblichen Kontext zu entwickeln und zu praktizieren, hat daher auch längerfristige gesundheitspolitische Implikationen.

Auswahlkriterien für eine direkte Ansprache der Versicherten durch das LauRA-Team sind folgende Merkmale:
- Alter zwischen 35 und 55 Jahren[9].
- Aktuelle Arbeitsunfähigkeit wegen Rückenerkrankung ab dem 15. Tag, wenn entsprechende Vorerkrankungen innerhalb der letzten vier Jahre vorliegen.
- Aktueller Krankengeldfall (Arbeitsunfähigkeit wegen einer Rückenerkrankung mit einer Dauer über sechs Wochen – ein vorübergehendes Angebot, bis alle potentiellen Krankengeldfälle eines Partnerbetriebes im Vorfeld erreicht werden)
- oder abgeschlossene Rehabilitation wegen Rückenerkrankung in den letzten 12 Monaten (ein ebenfalls vorübergehendes Nachsorgeangebot, bis alle potentiellen Rehabilitationsfälle im Vorfeld erreicht werden).

Das Unterstützungsangebot gilt grundsätzlich auch für Versicherte mit zurückliegenden Krankheitsphasen durch Rückenerkrankungen. Dieses Angebot wird in den Partnerbetrieben aktiv kommuniziert. Hier bedarf es allerdings der Interessensbekundung durch die Versicherten – durch direkte Nachfrage beim Projekt LauRA oder vermittelt z. B. durch den arbeitsmedizinischen Dienst, die Personalabteilung oder den Betriebsrat.

Die intensive Versichertenbetreuung wird durch eine systematische Begleitung von chronisch erkrankten Mitarbeitern/innen dieser Betriebe bei der Krankheitsbewältigung und bei der beruflichen Wiedereingliederung umgesetzt. Zuständig für diese Aufgabe sind drei LauRA-Fachkräfte in Abstimmung mit dem Versichertenservice (Kran-

---

[9] Bei älteren Versicherten kann eine komplizierte sozialrechtliche Situation mit Krankengeldbezug bis zu 1,5 Jahren und anschließender Arbeitslosigkeit oder Rehabilitation mit nachfolgender Frühverrentung nicht ausgeschlossen werden – Anforderungen an die Fallbetreuung, die gegenwärtig das Projekt LauRA noch überfordern würden.

kengeld-Fallmanagement) der AOK. Dieses Case Management umfasst eine Reihe von Arbeitsschritten und Unterstützungsangeboten:

Die *Versichertenauswahl* erfolgt aufgrund einer wöchentlich aktualisierten Datenbank, die die zusammengefassten Arbeitsunfähigkeitszeiten der Versicherten der Partnerbetriebe mit Rückenerkrankungen in den letzten 4 Jahren ausweist, sowie gegebenenfalls eine aktuelle Arbeitsunfähigkeit und außerdem Gesamtdauer und Zahl der Krankengeldfälle.

Die *Kontaktaufnahme* und *Erstinformation* geschieht brieflich und kurz darauf telefonisch mit einem Angebot für ein ausführliches Erstgespräch (auch zu Hause). Die Teilnahme an der intensiven Versichertenbetreuung ist selbstverständlich freiwillig und die Einleitung konkreter Schritte geschieht immer mit Einwilligung und im Auftrag der Versicherten.

Die *Bestandsaufnahme der Krankheitsgeschichte* schließt Entstehung, Diagnose(n), Behandlung, Verlauf und Planung aus Sicht der Versicherten ein und kann bei Unklarheiten durch eine Anfrage bzw. einen gemeinsamen Besuch beim behandelnden Arzt oder Therapeuten mit Einwilligung der Versicherten unterstützt werden. Auf Entstehungs- bzw. Chronifizierungszusammenhänge im beruflichen, familiären und sozialen Umfeld wird ebenso eingegangen wie auf persönliche Ressourcen und Lebensplanungen, um den Erkrankungsverlauf umfassend in einem biographischen Kontext verstehen zu können und eine vertrauensvolle Zusammenarbeit bei der Krankheitsbewältigung aufzubauen. In dieser Einstiegs- und Motivationsphase wird ein speziell erstellter Klärungsleitfaden sowie der Arbeitsbewältigungsindex[10] [4] eingesetzt, der der (Selbst)Einschätzung von aktueller und langfristiger Arbeitsfähigkeit dient und Hinweise auf Unterstützungsbedarf gibt.

Die *fachliche Beratung* durch die LauRA-Fachkräfte bezieht sich auf umfassende Information zum Thema Rückenerkrankungen, Behandlungsoptionen sowie eigene Bewältigungs- und Aktivierungsmöglichkeiten; sie schließt Erläuterungen zum Therapieverlauf ein und bietet Klärungshilfe bei Diagnose- und Therapieschleifen mit ungewissem Ausgang und dem Risiko, selbst zur Chronifizierung der Rückenschmerzen beizutragen. In psychosozialer Hinsicht erfolgen Gespräche zur Klärung und Beratung; gegebenenfalls werden Beratungen mit Familienangehörigen und anderen Bezugspersonen angeboten, um das soziale Stützungssystem bei der Krankheitsbewältigung zu stärken.

---

[10] Näheres dazu finden Sie im Beitrag von J. Ilmarinen und J. Tempel in diesem Band.

Bei schwerwiegenden Konflikten (Familien- und Partnerschaftskonflikten, Verschuldung, Abhängigkeit etc.), die die Chronifizierung aufrecht erhalten, wird erforderlichenfalls an entsprechende Beratungsstellen bzw. Therapeuten vermittelt. Bei ergonomischen oder Beziehungsproblemen am Arbeitsplatz, insbesondere wenn sie mitverursachend für eine anhaltende Rückenerkrankung erscheinen, wird frühzeitig mit allen Beteiligten im Betrieb nach tragfähigen Lösungen gesucht.

Schließlich wird eine *fachliche Vorbereitung und Begleitung bei weiterführenden Therapiemaßnahmen* und insbesondere bei ambulanten oder stationären Rehabilitationsmaßnahmen angeboten. Hier können Hilfen bei der Antragstellung, Erarbeitung von realistischen persönlichen Rehabilitationszielen und Begleitung bei der Rehabilitation im Vordergrund stehen. Ebenso wird sich das Projekt für die Einleitung der beruflichen Wiedereingliederung schon während der Rehabilitationsphase in Zusammenarbeit mit der Rehabilitationseinrichtung stark machen. Die Umsetzung der betrieblichen Re-Integration erstreckt sich von vorbereitenden Aspekten (Motivationsklärung im Betrieb, technische oder organisatorische Änderungen am Arbeitsplatz) über die Klärung der angemessenen Eingliederungsoptionen (alter Arbeitsplatz, Arbeitsplatzumbesetzung, evtl. mit begleitender Qualifikation, Arbeitsplatzerprobung, stufenweise Wiedereingliederung) bis zur Unterstützung bei der tatsächlichen Re-Integration.

Spezifische *Gruppenangebote* für die intensiv betreuten Versicherten aus den Partnerbetrieben ergänzen die Handlungsmöglichkeiten. Hierzu gehören: Gruppenberatung und Erprobung „Rückenstützgurte im Betrieb und im Alltag", „Bochumer Gesundheitstraining" zur Krankheitsbewältigung sowie die Teilnahmemöglichkeit am Gesundheitsprogramm der AOK Osnabrück. Ergänzend ist die *Zusammenarbeit mit einer ambulanten Rehabilitationseinrichtung* geplant, um im Rahmen der rentenversicherungsgetragenen Rehabilitation für die von LauRA betreuten Versicherten spezielle Arrangements zu treffen, wie z.B. psychosoziale Begleitung während der Rehabilitation, arbeitsplatzbezogene Beratung und Wiedereingliederungsvorbereitung durch LauRA, Intensivierung der medizinischen Trainingstherapie, spezielle Nachsorgegruppen für die LauRA-Adressaten.

Einen weiteren Schwerpunkt im Rahmen der intensiven Versichertenbetreuung bildet die Verlaufssteuerung („*Fallsteuerung*") innerhalb der AOK und innerhalb des Behandlungs- bzw. Rehabilitationssystems. Bei Rückenerkrankungen, aber nicht nur dort, gibt es zahlreiche Schwellen und Entscheidungspunkte im Krankheits- und Behandlungsverlauf, an denen häufig zumindest Zeitverzögerungen, vielfach aber auch fachliche Fehlsteuerungen durch unzweckmäßige Untersuchungen und Behandlungen auftreten. Hier ist es Aufgabe der LauRA-Fachkräfte in Absprache mit dem Versicherten, sich für eine sachgerechte Behandlungsstrategie in Zusammenarbeit mit Gutachtern (MDK, Rentenversicherung) und den behandelnden Ärzten und Einrichtungen einzusetzen. Für die erste Projektperiode bis 06/2003 können hier nur fallbezogene Optimierungen erwartet werden, in einem späteren Projektstadium ist auch die formelle Kooperation mit Hausärzten, Fachärzten, Therapeuten und Rehabilitationseinrichtungen vorgesehen, um einen durchgängigen medizinischen Standard zu gewährleisten, wie er in evidenzbasierten Leitlinien niedergelegt ist [5].

Das Schaubild (Abb. 14.1) zeigt eine derartige leitlinienorientierte Behandlungsstrategie in Form einer gestuften Behandlungskette bei zunehmender Chronifizierung („Disease Management Programm") sowie die Ansatzpunkte des Projektes LauRA. Dabei sind folgende Gesichtspunkte hervorzuheben:

(a) 90 Prozent der Rückenschmerzepisoden klingen innerhalb von wenigen Wochen spontan ab, unabhängig davon, ob und wie sie behandelt werden [3, 6]. Eine sinnvolle primär- und sekundärpräventive Strategie für die behandelnden Ärzte besteht daher in einer umfassenden Patienteninformation, insbesondere geht es um Aufklärung über den vorübergehenden Charakter von akuten Rückenbeschwerden und über die Bedeutung von körperlicher Aktivität. Darüber hinaus sind die psychosozialen Risiken abzuklären und gegebenenfalls spezifische Maßnahmen einzuleiten, die sich auf diese Belastungsfaktoren konzentrieren; die medizinischen Maßnahmen sollten sich in der Regel auf kurzfristige Schmerzlinderung und auf die Förderung der Wiederaufnahme von körperlicher Aktivität konzentrieren (einschließlich der Berufsaktivität). Hausärzte bzw. als Primärärzte konsultierte Orthopäden haben daher in hohem Maße eine Weichenstellungsfunktion im Sinne von günstigen Behandlungsverläufen oder ungünstigen „Patientenkarrieren".

(b) Die Wahrscheinlichkeit einer Chronifizierung hängt nur in geringem Maße von medizinisch feststellbaren Schäden ab (z. B. Bandscheibendegeneration). Vielmehr sind arbeitsbedingte, soziale und psychische Faktoren entscheidend. Zu diesen gelben Warnsignalen („Yellow Flags") gehören belastende körperliche Arbeitsanforderungen wie Zwangshaltungen, schwere Hebe- und Tragevorgänge und Vibration (Gabelstapler, Baugeräte), insbesondere jedoch psychosoziale Arbeitsbelastungen (hohe Leistungsanforderungen, geringe Gestaltungsmöglichkeiten, Arbeitsunzufriedenheit, geringe soziale Unterstützung).

Betriebliche Rehabilitationspolitik und individuelle Versichertenbetreuung

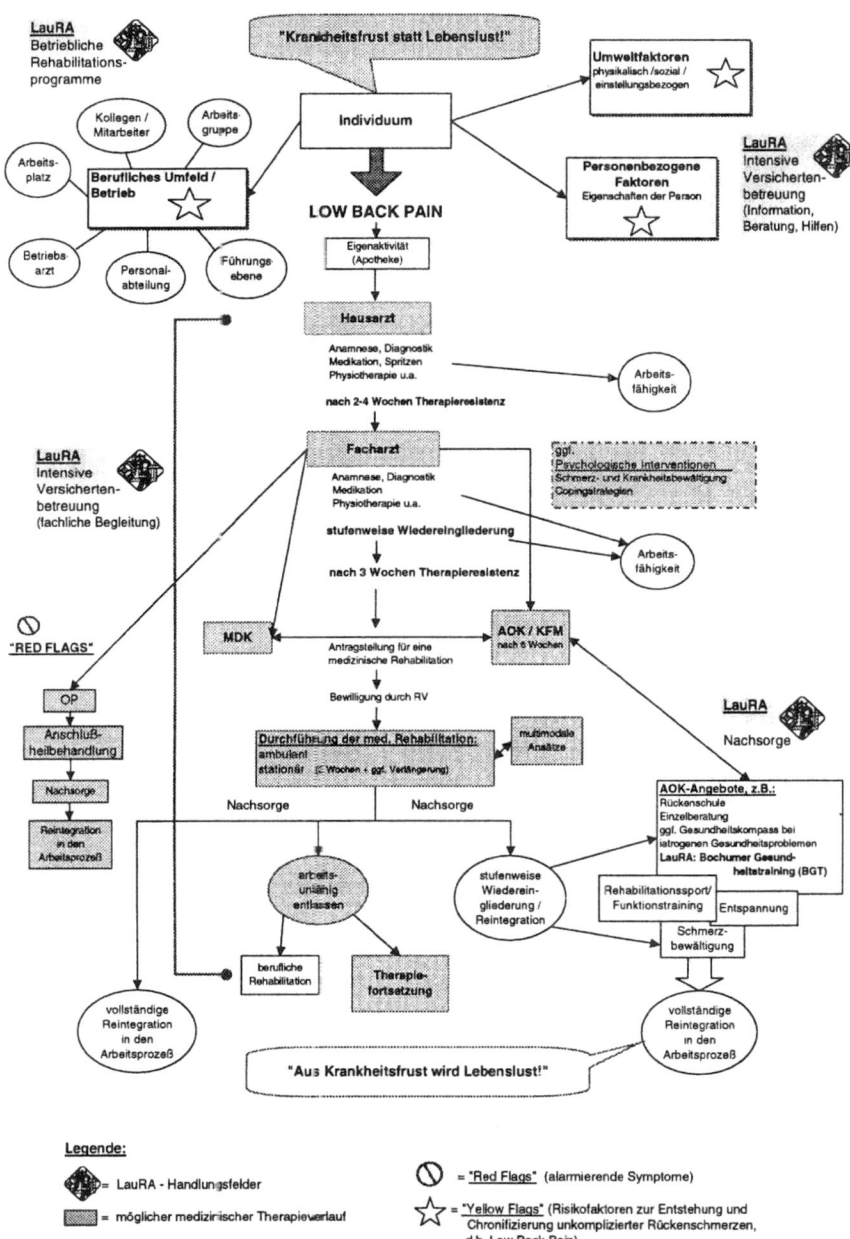

Abb. 14.1. Gestufte Behandlungsstrategie bei Rückenerkrankungen

Ebenso bilden unangemessene Krankheitsvorstellungen (Schmerzfreiheit, Schonung) und ein Dekonditionierungszyklus (Schmerz-Angst-Schonung-Muskelabbau-Schmerz), private und familiäre Belastungen sowie Persönlichkeitsbedingungen (Depressivität, Angst, Passivität) ein hohes Risikopotential für chronische Rückenerkrankungen [3, 5, 6, 7].

In Bezug auf diese sozialen und psychischen Risikofaktoren setzt das Projekt LauRA seinen Arbeitsschwerpunkt. In sekundär- und tertiärpräventiver Hinsicht sind daher alle Möglichkeiten der beschriebenen intensiven Versichertenbetreuung auszuschöpfen, um die psychosozialen Risiken für Chronifizierungsprozesse zu minimieren: wie z. B. Patienteninformation, Unterstützung bei der Krankheitsbewältigung, emotionale bzw. soziale Stabilisierung, arbeitsplatzbezogene Problemklärung, fachliche Begleitung durch das Behandlungs- und Rehabilitationssystem und systematische Wiedereingliederung.

Mittelfristig bedeutet das allerdings auch im Hinblick auf den Ansatzpunkt betriebliches Rehabilitationsprogramm, primärpräventiv grundlegend auf eine innerbetriebliche Umorientierung in Bezug auf Rückenerkrankungen hinzuwirken. Dies betrifft zunächst Verbesserungen in den Bereichen Betriebsklima, Führungskonzept, Arbeitsabläufe, Qualifikation etc. sowie ergonomische Optimierung. Ebenso geht es um die Bearbeitung unternehmenskultureller Ausweichstrategien: unangemessene Krankheits- und Schmerzvorstellungen, die von allen Beteiligten mehr oder weniger praktizierte und tolerierte Umwandlung von „sozialen Verletzungen" in „Rückenverletzungen", die Nutzung von Krankschreibung als Lösung und nicht als Entlastung.

Mit welchen problematischen Krankheits- und unkoordinierten Behandlungsverläufen es das Projekt LauRA in den ausgewählten Betrieben zu tun haben kann, zeigt eine exemplarische Behandlungsübersicht anhand der Arbeitsunfähigkeitszeiten eines nach wie vor berufstätigen Versicherten im Alter von 52 Jahren (vgl. Abb. 14.1).

In den sechs Jahren von 1996 bis 2001 belaufen sich die Arbeitsunfähigkeitszeiten jährlich mindestens auf 73 Tage (vgl. erste Ziffer, rechts in Abb. 14.2), im Extremfall auf 188 Tage (1998) oder 141 Tage (1996). Der überwiegende Teil der Erkrankungszeiten resultiert aus diagnostizierten Rückenerkrankungen (zweite Ziffer, rechts); weitere Arbeitsunfähigkeitszeiten sind von anderen Diagnosen veranlasst, darunter auffällig viele Fälle durch Verletzungen („Brüche/Prellungen"). Außerdem wurden zwei Rückenoperationen durchgeführt (in 1997/98 und 2000), offensichtlich ohne nachhaltige Besserung. In den sechs Jahren kam es zu insgesamt sieben Krankenhausaufenthalten. Diese standen allesamt – abgesehen von einer anderweitig bedingten Opera-

Betriebliche Rehabilitationspolitik und individuelle Versichertenbetreuung

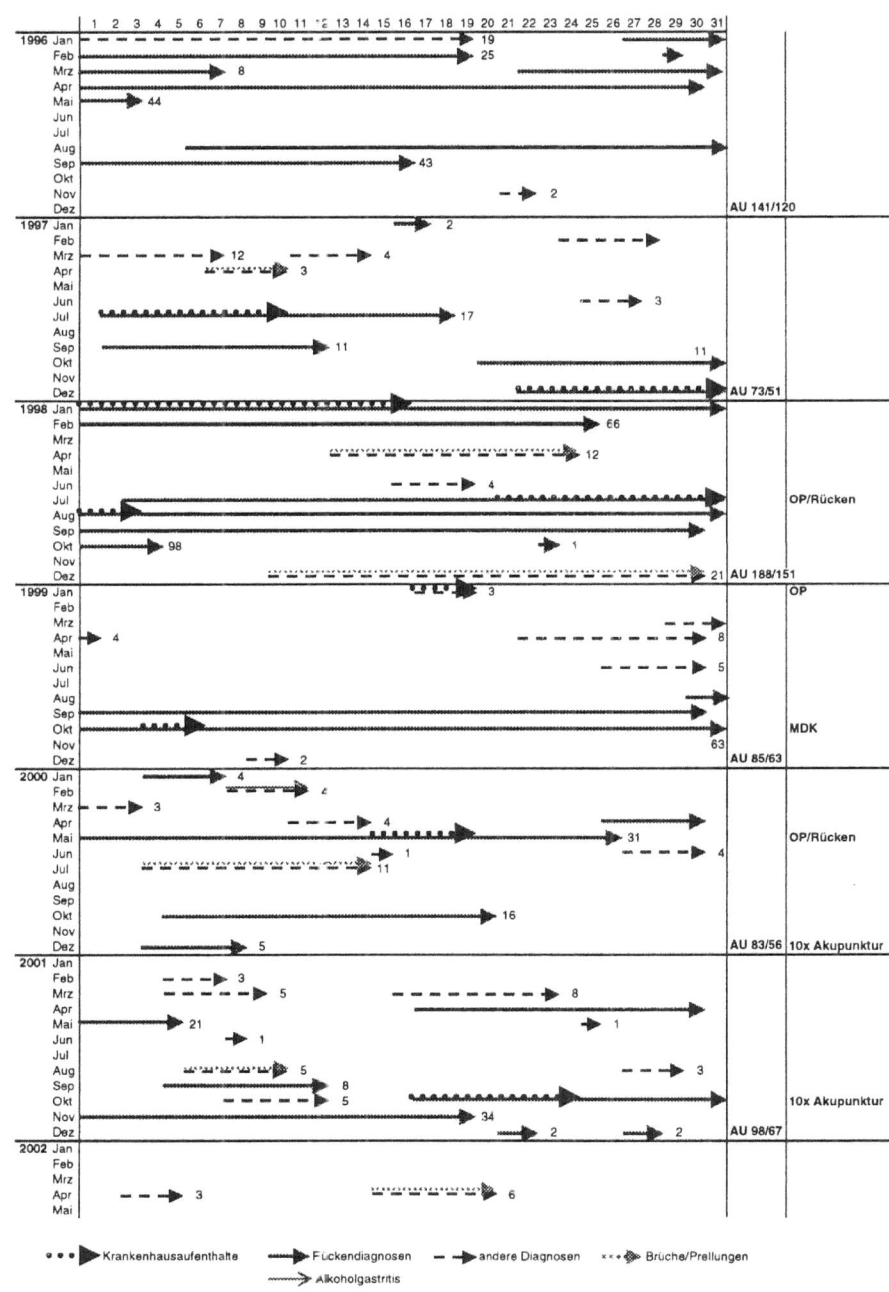

Abb. 14.2. Exemplarischer Fall, Herr A, 52 Jahre alt

tion im Januar 1999 – im Zusammenhang mit rückenbezogenen Krankheitsphasen. Von 1998 bis 2000 kam es außerdem zu acht Phasen des Krankengeldbezugs an insgesamt 207 Tagen. Schließlich könnte die Diagnose „Alkoholgastritis" (Februar 2000) auf einen weiteren Aspekt im gesamten Krankheitsverlauf hinweisen.

Was hier rekonstruiert wurde, ist ausschließlich der administrative Ausdruck einer vermutlich sehr komplexen Leidensgeschichte, die sich für die Krankenversicherung nur durch einzelne Phasen der Leistungsgewährung erschließt. Auffällig ist hier nicht allein das hohe Maß an Krankheitstagen und -phasen und die Vielzahl an Behandlungen, sondern auch die ernüchternde Bilanz, dass aus diesem Behandlungsprotokoll trotz zweier Operationen und vieler Behandlungsansätze kein Hinweis auf einen durchgreifenden Erfolg zu entnehmen ist. Zu fragen bleibt bei diesem Informationsstand auch, warum nicht frühzeitig eine medizinische Rehabilitation stattgefunden hat.

Unterstützung betrieblicher Rehabilitationsprogramme

Für die mittelfristige Reduzierung von chronischen Erkrankungen und längeren Fehlzeiten kommt es gerade bei Belegschaften im demographischen Wandel auf ein rehabilitatives Gesundheitsmanagement an. Die Unterstützung der Partnerbetriebe bei der Einführung und Umsetzung einer betrieblichen Rehabilitationspolitik ist daher der zweite Schwerpunkt des Projektes LauRA. Einen aktuellen Zwischenstand der Projektumsetzung in zwei Partnerbetrieben vermittelt Tabelle 14.2.

Das Projekt LauRA berät die Betriebe im Hinblick auf folgende Elemente und beteiligt sich an der innerbetrieblichen Umsetzung.

Management betrieblicher Rehabilitation. Hier geht es um den Aufbau von innerbetrieblichen Organisationsstrukturen für die Steuerung der betrieblichen Rehabilitation. Wesentlich hierfür sind ein in der betrieblichen Hierarchie mit Kompetenz ausgestattetes Steuerungsgremium, gegebenenfalls weitere themenbezogene Projektgruppen (z. B. für Ergonomie oder für Wiedereingliederung/Leistungsminderung) und die Autorisierung der fachlich zuständigen Spezialisten (Führungskräfte, Personalabteilung, Arbeitsschutz, Arbeitsmedizin), fallbezogene und abteilungsbezogene Lösungen und Verfahren zu entwickeln.

Weiterhin sind angemessene Analyseinstrumente einzusetzen und deren Ergebnisse regelmäßig für Maßnahmenplanungen zu nutzen. Hierzu gehören insbesondere nach Abteilungen, Altersgruppen und

Betriebliche Rehabilitationspolitik und individuelle Versichertenbetreuung

Tabelle 14.2. Aktueller Zwischenstand – Vorgehensweise in zwei Partnerbetrieben

Betrieb A: Chemie/Zubereitungen, ca. 400 MA, davon ca. 100 AOK Mitglieder)

- Einrichtung eines internen Arbeitskreises Gesundheitsförderung (Mitglieder: Betriebsleitung, Personalleitung, Betriebsarzt, Sicherheitsfachkraft, Betriebsräte, 2 Abteilungsleiter).
  Ziel: Situation analysieren, Maßnahmen planen und umsetzen angesichts eines seit Jahren hohen, in 2001/2002 noch gestiegenen Krankenstandes
- Für eine befristete Übergangszeit: Genaue Analyse jedes Krankheitsfalles durch Betriebsleitung und Personalleitung zusammen mit den Betroffenen (eventuell unter Hinzuziehung des Betriebsrates)
- Projektgruppe Mitarbeiterbefragung: Vorbereitung einer Mitarbeiterbefragung (Betriebsklima, Tätigkeitsdimensionen, gesundheitliche Beschwerden) zusammen mit der AOK. Intensive Untersuchung des Gesundheitszustandes durch den Betriebsarzt bei den jährlich stattfindenden Hygieneuntersuchungen

Gesonderte Aktivitäten im Zusammenhang mit dem Projekt LauRA

- Projektgruppe betriebliche Rehabilitation (Mitglieder: Personalleitung, Betriebsrat und LauRA): innerbetriebliche Steuerung der betrieblichen Rehabilitations- und Wiedereingliederungspolitik; Auswahl und Ansprache von Versicherten; Einschaltung von Vorgesetzten, Betriebsarzt, Sicherheitsfachkraft; Festlegung von Vorgehensweisen
- Betriebsinterne Fehlzeitenanalyse nach Abteilungen. Arbeitsunfähigkeits-Analyse nach Alter, Dauer und Häufigkeit durch Projekt LauRA (Diagnosen und Krankheitsverlauf über 6 Jahre)
- Intensive Versichertenbetreuung für Mitglieder mit chronifizierten Rückenerkrankungen: direkte Ansprache durch das Projekt LauRA oder durch betriebliche Multiplikatoren
- Einweisung und Anwendung von Rückenstützgurten bei Mitarbeitern mit Rückenproblemen (abteilungsweise)

Betrieb B: Gesundheitswesen/Krankenhaus, ca. 1400 MA, davon ca. 340 AOK-Mitglieder

- Einrichtung eines Steuerkreises LauRA. Mitglieder: Personalleitung, Personalentwicklung, Pflegedienstleitung, Betriebsarzt, Leiter Facility Management, Betriebsrat, Schwerbehindertervertreter
  Ziel: Projektbegleitung und Entscheidung in Grundsatzfragen, zunächst Entscheidung für die Pilotbereiche (Reinigungsdienst, Hol- und Bringdienst)
- Projektgruppe LauRA. Mitglieder: Personalleitung, Personalentwicklung (interne Projektleitung), LauRA-Mitglieder
- Datenanalyse für die ausgewählten Pilotbereiche betriebsintern: AU-Analyse nach Alter, Dauer und Häufigkeit, durch Projekt LauRA. Nach Diagnosen und Krankheitsverlauf über 6 Jahre
- Intensive Versichertenbetreuung für Mitglieder mit chronifizierten Rückenerkrankungen: direkte Ansprache durch das Projekt LauRA oder durch betriebliche Multiplikatoren
- Problemlösungskreis und Coaching mit Führungskräften der ausgewählten Bereiche
- Schrittweise Erhebung des Arbeitsbewältigungsindex in den ausgewählten Bereichen durch den Betriebsarzt
- Arbeitsplatzbezogenes Rückentraining für die Teams der ausgewählten Bereiche (in Kombination mit Arbeitsplatzbegehung)

Dauer differenzierte Fehlzeitenanalysen des Betriebes – das Projekt LauRA liefert zusätzlich anonymisierte Krankenstandsanalysen im Hinblick auf Langzeiterkrankungen und relevante Diagnosegruppen. Zunächst für ausgewählte Interventionsabteilungen und nach und nach für den Gesamtbetrieb erhebt der Betriebsarzt das Belastungsprofil der Mitarbeiter mit Hilfe des „Arbeitsbewältigungsindex"[11] [4], um den aktuellen und zukünftigen Rehabilitationsbedarf dieser Abteilungen zu bestimmen. Dies betrifft die gesundheitlichen, technischen, qualifikatorischen und nicht zuletzt die sozial-kommunikativen Unterstützungsbedürfnisse der einzelnen Mitarbeiter; ebenso lässt sich auch mit diesem Instrument der Optimierungsbedarf für die Abteilung bestimmen. Schließlich gehört die Gesamtsteuerung des Rehabilitationsprogramms zum betrieblichen Gesundheitsmanagement und hier insbesondere die Planung und Umsetzung spezifischer Maßnahmen sowie die Bewertung der Verfahrensweisen zur Aufrechterhaltung der Arbeitsfähigkeit bzw. zur Wiedereingliederung.

Organisation der Rehabilitation. Die Organisation rehabilitationsförderlicher Unternehmensabläufe ist das Kernelement einer betrieblichen Rehabilitationspolitik.

Hierzu gehören Regelungen bei Arbeitserprobung, bei stufenweiser Wiedereingliederung und Arbeitsplatzanpassung an bestehende Funktionseinschränkungen – die Einbeziehung und Unterstützung der betroffenen Führungskräfte und Kollegen/innen ist hierbei wesentlich für akzeptierte und dauerhafte Abläufe. Darüber hinaus sind unternehmenspolitische Rahmenlösungen anzustreben, die die Bewältigung chronischer Erkrankungen sowie Wiedereingliederung strukturell erleichtern. Gemeint sind Konzepte wie alters- und kompetenzgemischte Gruppenarbeit, präventive Qualifizierung belasteter Arbeitnehmergruppen, betriebliches Suchtprogramm, Schaffung qualifizierter Arbeitsplätze für leistungseingeschränkte Mitarbeiter etc.

Technikgestaltung. Ein wichtiger Ansatzpunkt ist der Einsatz von technischen Verfahren, um arbeitsbedingte Belastungen zu reduzieren und die Arbeitsfähigkeit bei bestehenden Funktionseinschränkungen zu erhalten. Das Spektrum technischer Gestaltungsmaßnahmen reicht dabei von individueller Arbeitsplatzanpassung über die Optimierung der Arbeitsumwelt (Sauberkeit, Lärm, Hitze, Zugluft etc.) bis zur systematischen Umsetzung von Ergonomieprogrammen in besonders belastenden Betriebsbereichen.

---

[11] Näheres dazu im Beitrag von J. Ilmarinen und J. Tempel in diesem Band.

Personenbezogene Förderung. Hierzu gehört eine Reihe von Maßnahmen, die Bestandteil einer rehabilitativen Personalentwicklungskonzeption des Betriebes werden sollten: betriebsärztliche Untersuchung und Beratung für gesundheitlich gefährdete sowie langzeiterkrankte Mitarbeiter/innen, Gesundheitsangebote für innerbetriebliche Zielgruppen, Führungskräftetraining zur Umsetzung der betrieblichen Rehabilitationspolitik, Personalentwicklung für Mitarbeiter in belasteten Bereichen, präventive Anpassungsqualifizierung für ältere Mitarbeiter/innen.

Kooperation/Erfahrungsaustausch der beteiligten Betriebe. Die Erfahrungen, die die einzelnen Partnerbetriebe bei der Umsetzung ihrer Rehabilitationskonzeption und mit der Praxis von Projektsteuerung, Maßnahmenplanung und Ergebnisüberprüfung sammeln, werden auch für die anderen Partnerbetriebe von Interesse sein. Das Projekt LauRA wird deshalb Beziehungen zwischen den Betrieben unterstützen sowie einen regelmäßigen Erfahrungsaustausch organisieren. Es liegt nahe, dass die Themenfelder demographischer Strukturwandel und alternde Belegschaften sowie Vorbeugung, Unterstützung und Wiedereingliederung bei chronischen Erkrankungen auch für andere betriebliche Akteure aus der Region zunehmend von Interesse sein werden. Daher plant die Projektgruppe noch in der Projektphase I eine Fachtagung mit regionalen Multiplikatoren zu den angesprochenen Themen.

Literatur

[1] Strukturuntersuchung Krankengeld (1999) (AG Krankengeld: Rasper B, Bertscheid W, Vollmer H, Böwer C, Hagen D) Interne Studie. AOK Regionaldirektion Osnabrück
[2] Ilmarinen J (1999) Ageing workers in the European Union – Status and promotion of work ability, employability and employment. Finnish Institute of Occupational Health, Helsinki. Part II: Promotion of ageing workers' work ability, employability and employment, pp 181–266
[3] Sachverständigenrat für die Konzertierte Aktion im Gesundheitswesen (2001) Bedarfsgerechtigkeit und Wirtschaftlichkeit. Gutachten 2000/2001 Ausführliche Zusammenfassung Band III: Über-, Unter- und Fehlversorgung
[4] Tuomi, K et al. (2001) Arbeitsbewältigungsindex – Work ability index (Übersetzung. Orig: 2. rev. edn. 1998, Helsinki). Wirtschaftsverlag NW – Verlag für neue Wissenschaft, Bremerhaven
[5] Ärztliche Zentralstelle Qualitätssicherung (2001) Leitlinien-Clearing-Bericht „Akuter Rückenschmerz" („Akuter Kreuzschmerz"). Zuckschwerdt, München Bern Wien New York

[6] Haaf H-G (1999) Medizinische Rehabilitation bei chronischen Rückenschmerzen – Epidemiologie, Behandlungsansätze und Wirksamkeit. Deutsche Rentenversicherung 4: 235–258
[7] Arzneimittelkommission der deutschen Ärzteschaft (2000) Therapieempfehlungen der Arzneikommission der deutschen Ärzteschaft: Kreuzschmerzen. Arzneiverordnung in der Praxis, 2. Aufl., Sonderheft

Leitlinien und Analyseinstrumente

KAPITEL 15

Altern in der Arbeitswelt – Europäische „Leitlinien einer Guten Praxis (good practice)" für die Gleichbehandlung älterer Arbeitnehmer/innen in der betrieblichen Personalpolitik

G. Naegele · A. Walker

Einführung

Die folgenden „Leitlinien einer Guten Praxis (good practice) für die Gleichbehandlung älterer Arbeitnehmer/innen in der betrieblichen Personalpolitik" sollen Arbeitgeber und andere Verantwortliche in der betrieblichen Personalpolitik darin unterstützen, den Alterungsprozess ihrer Belegschaften erfolgreich zu bewältigen. Sie sollen dazu beitragen, älter werdende Arbeitnehmer/innen gleichberechtigt mit anderen Beschäftigtengruppen in die betriebliche Personalpolitik zu integrieren und ihre Beschäftigungsaussichten zu verbessern. Es wäre wünschenswert, wenn mit Hilfe dieser Leitlinien darauf hingewirkt werden könnte, das Bewusstsein gegenüber jeglicher Form der Altersdiskriminierung in der Arbeitswelt zu schärfen und Wege aufzuzeigen, diese auch tatsächlich zu vermeiden.

Die vorliegenden Leitlinien wurden im Rahmen eines vergleichenden Forschungsprojektes, das von der Europäischen Kommission initiiert wurde, erstellt. An dem Projekt waren insgesamt acht EU-Mitgliedstaaten beteiligt (Deutschland, Finnland, Frankreich, Italien, Niederlande, Spanien, Schweden und das Vereinigte Königreich). Eine Entwurfsfassung wurde einem ausgewählten Kreis von Arbeitgeber(verbands)vertretern/innen, Gewerkschaften, Regierungsvertretern/innen und Parlamentariern/innen sowie anderen Arbeitsmarktakteuren in den beteiligten Staaten der Europäischen Union mit der Bitte um Beurteilung zugesandt. Als Ergebnis dieser Befragung und aufbauend auf die vielen positiven und konstruktiven Anmerkungen wurde die folgende Endfassung erstellt.

Warum „Leitlinien einer Guten Praxis (good practice)"?

Die vorliegenden „Leitlinien einer Guten Praxis (good practice)" sind Ergebnis intensiver Forschungs- und Beratungsaktivitäten zur Überwindung von Beschäftigungsschwierigkeiten älterer Arbeitnehmer/innen auf europäischer Ebene [2, 3, 4, 5, 6]. In den Mitgliedstaaten der Europäischen Union besteht eine grundsätzliche Übereinstimmung dahingehend, dass die weitverbreitete Praxis der Benachteiligung und vorzeitigen Ausgliederung älterer Arbeitnehmer/innen revidiert werden muss. Den Hintergrund hierfür bilden sowohl die Alterung und die Schrumpfung des Erwerbspersonenpotentials als auch die steigenden Kosten für die Sozialversicherungssysteme. Diese Faktoren lassen eine Reduzierung der Frühverrentung und eine Ausweitung der tatsächlichen Lebensarbeitszeit angemessen erscheinen. In diesem Zusammenhang müssen sowohl die Beschäftigungschancen der älteren Arbeitnehmer/innen verbessert, als auch solche Betroffenen besser geschützt werden, deren Risiko, vorzeitig aus dem Erwerbsleben verdrängt zu werden, besonders hoch ist.

Einige EU-Mitgliedstaaten sind aus den genannten Gründen bereits aktiv geworden. So ist z.B. in Finnland ein entsprechendes Anti-Diskriminierungsgesetz eingeführt und ein nationales Aktionsprogramm für ältere Arbeitnehmer/innen für den Zeitraum von 1998 bis 2002 verabschiedet worden. Im Vereinigten Königreich gibt es bereits einen „Leitfaden für eine Gute Praxis (good practice)", der ausdrücklich auf die Schaffung altersgemischter Belegschaftsstrukturen abzielt. Auch haben einige Arbeitgeber dort bereits aus wirtschaftlichen Gründen bestehende Altersbarrieren in ihrem Betrieb abgeschafft und gleiche Chancen auch für ältere Arbeitnehmer/innen eröffnet. Sie haben die Notwendigkeit erkannt, dass für ein modernes Unternehmen eine gemischte Altersstruktur nützlich und erforderlich ist, und dass durch die Benachteiligung von älteren Arbeitnehmern/innen bei Einstellungen und Fort- und Weiterbildungsmaßnahmen viele Fähigkeiten und Kenntnisse verloren gehen. Zu diesem Umdenken hat nicht zuletzt auch die sich wandelnde Altersstruktur der Kunden dieser Betriebe beigetragen. Arbeitgeber sind sich heute zunehmend stärker der positiven Eigenschaften älterer Arbeitnehmer/innen wie z.B. Erfahrung, Loyalität, Verlässlichkeit und persönlicher Reife bewusst.

Auf der EU-Ebene haben die Mitgliedstaaten die Bedeutung, die der Bekämpfung der Altersdiskriminierung zukommt, im §13 des Vertrages von Amsterdam, der am 1. Mai 1999 in Kraft getreten ist, anerkannt. Dies gilt auch für das EU-Aktionsprogramm zur Bekämpfung der Altersdiskriminierung, das für den Zeitraum von 2001 bis 2006 gilt. In einigen Mitgliedstaaten der Europäischen Union bestehen bereits „Leitlinien einer Guten Praxis (good practice)", die sich aber nicht speziell auf die Beschäftigung älterer Arbeitnehmer/innen beziehen, sondern auf andere Zielgruppen (z.B. Frauen, Behinderte, ethnische Minderheiten). Kein Land, mit Ausnahme des Vereinigten Königreiches, verfügt derzeit über „Leitlinien einer Guten Praxis", die sich speziell auf das Thema „Älterwerden im Betrieb" beziehen. Allerdings werden in einigen der oben genannten Leitlinien z. T. auch Bezüge zu älteren Arbeitnehmern/innen hergestellt.

Was sind „Leitlinien einer Guten Praxis (good practice)"?

- „Leitlinien für eine Gute Praxis (good practice)" sind als Bündel von Richtlinien zu interpretieren, die sich auf die Sicherung der Beschäftigungschancen einer bestimmten Personengruppe beziehen.
- Die Anwendung der Leitlinien ist freiwillig. Sie sind deshalb als Empfehlungen zu betrachten.
- Leitlinien stellen nicht notwendigerweise eine Alternative zu gesetzgeberischen Maßnahmen gegen Altersdiskriminierung dar, geben aber Anhaltspunkte dafür, wie eine solche Altersdiskriminierung vermieden werden kann.

An wen richten sich „Leitlinien einer Guten Praxis (good practice)"?

- Die Leitlinien richten sich an Betriebe, Verwaltungen etc. und im Besonderen an solche Verantwortungsträger, die für die Einstellung von Personal und die Personalentwicklung zuständig sind. Dies betrifft sowohl die Arbeitgeberseite als auch die Arbeitnehmervertretung.
- Die Leitlinien wurden entwickelt, um den Betrieben, Verwaltungen etc. die Anpassung an die Alterung ihrer Belegschaften zu erleichtern, und um zu vermeiden, dass älter werdende Arbeitnehmer/innen unnötigerweise aus der betrieblichen Personalentwicklung ausgeschlossen werden.
- Die Leitlinien wurden auch erstellt, um ältere Arbeitnehmer/innen selbst in ihren Eigenbemühungen zu unterstützen, dass für sie ihr Alter kein Negativfaktor im Betrieb wird. Die Leitlinien gehen in diesem Zusammenhang davon aus, dass auch der/die einzelne Arbeitnehmer/in selbst alle Möglichkeiten zur Schaffung und Sicherung seiner/ihrer eigenen Beschäftigung und für seine/ihre eigene Qualifizierung nutzen sollte.
- Die Leitlinien können auch für andere Akteure, die in der Personalentwicklung und Arbeitsvermittlung tätig sind, wie z. B. Vertreter von Arbeitsämtern, private Arbeitsvermittler, Personalberater und Zeitarbeitsfirmen von Bedeutung sein.

- Sie richten sich sowohl an kleinere und mittlere Unternehmen als auch an größere Betriebe und Organisationen.
- Die Leitlinien gelten sowohl für öffentliche Verwaltungen und Dienste als auch für privat-gewerbliche Organisationen, für frei-gemeinnützige Vereinigungen und für Verbände und Berufsorganisationen.

Was ist eine „Gute Praxis"?

„Leitlinien einer Guten Praxis (good practice)" für eine Gleichbehandlung älterer Arbeitnehmer/innen in der betrieblichen Personalpolitik sind zu verstehen als eine Kombination von
- spezifischen Einzelmaßnahmen zur Überwindung konkreter Beschäftigungsschwierigkeiten älterer Arbeitnehmer/innen und
- strategisch ausgerichteten beschäftigungspolitischen Maßnahmen, die darauf abzielen, die Arbeitsbedingungen so zu gestalten, dass der/die einzelne ältere Arbeitnehmer/in in der Lage ist, bis zum Ende des Erwerbslebens voll leistungsfähig zu bleiben und nicht aus Altersgründen benachteiligt wird.

Die Leitlinien beziehen sich auf die folgenden sechs zentralen Handlungsfelder der betrieblichen Personalplanung und -entwicklung:
1. Lernen, Fort- und Weiterbildung
2. Flexible und moderne Arbeitsorganisation
3. Arbeitsplatzgestaltung und Gesundheitsförderung
4. Einstellung von neuen Mitarbeitern/innen
5. Innerbetriebliche Beförderung und Arbeitsplatzwechsel
6. Ausscheiden aus dem Erwerbsleben und Übergang in den Ruhestand.

Vereinzelt finden sich bereits auf EU-Ebene in Betrieben und Verwaltungen Beispiele für eine darauf bezogene „Gute Praxis (good practice)". Diese „Gute Praxis" bezieht sich aber oft nur auf Teilbereiche und lässt viele andere Aspekte unberührt. Für eine umfassende, alle Altersgruppen gleichermaßen und gleichberechtigt einbeziehende („altersneutrale") Personalplanung und -entwicklung ist aber auch ein Wandel in der Haltung und Einstellung von Betrieben, Verwaltungen u. a. gegenüber älteren Arbeitnehrn/innen notwendig. Dieser übergreifende Aspekt wurde daher als 7. Kategorie in diese Leitlinien mit aufgenommen.

Die jetzt vorliegenden „Leitlinien für eine Gute Praxis (good practice)" dienen letztendlich dazu, eine in diesem Sinne altersneutrale

Personalpolitik im Betrieb zu schaffen. Bisher sind entsprechende positive Beispiele vorwiegend aus größeren Organisationen bekannt geworden und es ist notwendig, diese Beispiele auch einem breiten Kreis an kleineren und mittleren Betrieben bekannt zu machen. Konkrete Beispiele einer „guten Praxis" lassen sich hierzu im jüngst veröffentlichten „Katalog guter Beispiele" [6] finden.

Leitlinien einer Guten Praxis („good practice")

1. Lernen, Fort- und Weiterbildung

Ermutigen Sie alle ihre Mitarbeiter/innen zum lebenslangen Lernen und zur Teilnahme an beruflichen Fort- und Weiterbildungsmaßnahmen. Stellen Sie weiterhin sicher, dass für möglichst alle ihre Mitarbeiter/innen kontinuierliche Fort- und Weiterbildungsmöglichkeiten bestehen.

Damit ihre Belegschaft gut ausgebildet und auf dem neuesten fachlichen Stand qualifiziert ist, sollten folgende Grundsätze beachtet werden:

- Bieten Sie Fort- und Weiterbildungsmaßnahmen an, die sich nicht ausschließlich auf einen bestimmten Arbeitsplatz oder eine bestimmte Aufgabe beziehen, sondern insgesamt auch der Laufbahnentwicklung und Karriereplanung dienen.
- Prüfen Sie in regelmäßigen Zeitabständen den Fort- und Weiterbildungsbedarf aller Beschäftigten. Stellen Sie dabei sicher, dass eine Teilnahme an solchen Veranstaltungen nicht aus Altersgründen unterbleibt.
- Ermutigen Sie die Beschäftigten aus allen Altersgruppen, an Qualifizierungsmaßnahmen teilzunehmen.
- Wenn Sie Fort- und Weiterbildungsmaßnahmen anbieten, richten Sie diese so ein, dass sowohl ihre betrieblichen Interessen als auch die individuellen Belange der Beschäftigten Berücksichtigung finden.
- Bei der Organisation von Fort- und Weiterbildung sollten die individuell unterschiedlichen Lern- und Arbeitsstile sowie die beruflichen Vorerfahrungen der Teilnehmer Beachtung finden.
- Tragen Sie mit dazu bei, dass in ihrem Betrieb Vorurteile gegenüber der Lernmotivation und -fähigkeit von älteren Beschäftigten abgebaut und überwunden werden.

2. Flexible und moderne Arbeitsorganisation

Passen Sie Arbeitszeiten und Arbeitsorganisation an veränderte Arbeitswünsche und -erfordernisse ihrer Mitarbeiter/innen an und berücksichtigen Sie hierbei auch familiäre Verpflichtungen (z.B. Kindererziehung, Pflege von älteren Angehörigen).

Damit möglichst flexibel auf veränderte Bedürfnisse ihrer Mitarbeiter/innen Rücksicht genommen werden kann, sollten folgende Grundsätze beachtet werden:
- Ermutigen und unterstützen Sie ihre Beschäftigten dabei, sich den schnell verändernden Arbeitsbedingungen und der sich wandelnden Arbeitsorganisation anzupassen bzw. anpassen zu können.
- Passen Sie Arbeitszeiten und Arbeitsbedingungen in allen Arbeitsbereichen an Veränderungen im Leistungsvermögen und in den Lebensumständen ihrer Mitarbeiter/innen an.
- Unterstützen Sie ihre Mitarbeiter/innen darin, Angebote für flexible Arbeitszeiten und -bedingungen auch zu nutzen.
- Berücksichtigen Sie bei der Gestaltung von Arbeitszeiten und Arbeitsorganisation, dass es im Lebenslauf von Arbeitnehmern/innen unterschiedliche Erfordernisse der Vereinbarkeit von Berufstätigkeit und Familie sowie Berufstätigkeit und Pflege gibt.

3. Arbeitsplatzgestaltung und Gesundheitsförderung

Arbeitsabläufe und -anforderungen sollten so gestaltet sein, dass die Beschäftigten nicht nur gute Leistungen erbringen, sondern möglichst auch von gesundheitlichen Beeinträchtigungen und einem Verlust ihrer Arbeits- und Leistungsfähigkeit verschont werden und ihre Gesundheit gefördert wird.

Damit Ihre Beschäftigten ihr Leistungsvermögen jederzeit bestmöglich zum Einsatz bringen können, sollten folgende Grundsätze beachtet werden:
- Die Gestaltung des Arbeitsplatzes sollte beides berücksichtigen: dem Nachlassen von körperlichen und geistigen Fähigkeiten entgegenwirken und evtl. bereits einetretene Einschränkungen (z.B. im Falle einer Behinderung) kompensieren helfen. Auch sollte einem alterstypischen Leistungswandel Rechnung getragen werden.
- Tragen Sie mit dazu bei, dass arbeitsbedingte Erkrankungen und Behinderungen vermieden/verringert werden und fördern Sie damit die Gesundheit ihrer Belegschaft.
- Ermutigen Sie ihre Beschäftigten, einen gesunden Lebensstil zu verfolgen und auch selbst am Arbeitsplatz auf potentielle Gesundheitsgefahren zu achten.

- Versuchen Sie, eine „altersneutrale" Arbeitsplatzgestaltung zu erreichen.
- Nutzen Sie die Möglichkeiten von Arbeitsplatzgestaltung und Ergonomie, um den Wiedereinstieg nach unterbrochener Erwerbstätigkeit (z. B. nach Krankheit) zu erleichtern.
- Stellen Sie sicher, dass alle Sicherheits- und Hygienevorschriften in ihrem Betrieb und am Arbeitsplatz beachtet werden (können).

4. Einstellung von neuen Mitarbeitern/innen

Stellen Sie neue Mitarbeiter/innen ausschließlich aufgrund der fachlichen Qualifikationen und Kompetenzen, die auf dem betreffenden Arbeitsplatz benötigt werden, ein. Benachteiligen Sie keine Bewerber/innen aufgrund ihres Alters. Wichtigstes Einstellungskriterium sollte ihr Eindruck beim Bewerbungsgespräch sein.

Damit Sie fachlich geeignete Bewerber/innen nicht von vornherein ausschließen, sollten Sie folgende Grundsätze beachten:
- Verzichten Sie in Stellenanzeigen auf die Vorgabe von Altersgrenzen.
- Ihre Stellenanzeigen sollten so formuliert sein, dass sie ein möglichst breites Altersspektrum von Bewerbern/innen ansprechen.
- Stellen Sie bei ihrer Entscheidung die beruflichen Fähigkeiten, Kompetenzen und das Leistungsvermögen der Bewerber/innen und nicht ihr Alter in den Vordergrund.
- Stellen Sie sicher, z. B. durch entsprechende Schulung, dass die für die Einstellung verantwortlichen Mitarbeiter/innen ihre Entscheidungen nicht aufgrund von Vorurteilen, Stereotypen und dgl. treffen.

5. Innerbetriebliche Beförderung und Arbeitsplatzwechsel

Achten Sie darauf, dass bei einer Beförderung nur sach- und tätigkeitsbezogene Kriterien ausschlaggebend sind.

Damit Beförderungen sowohl zum Besten ihres Betriebes erfolgen als auch einem fairen Verfahren unterliegen, sollten folgende Grundsätze beachtet werden:
- Sorgen Sie dafür, dass Beförderungen all jenen Beschäftigten offen stehen, die ihre Qualifikationen und Fähigkeiten für den neuen Job unter Beweis gestellt haben.
- Prüfen Sie die Bewerbungsunterlagen vor allem im Hinblick auf fachliche Qualifikationen, berufliche Kompetenzen und Leistungsvermögen der Bewerber/innen.

- Stellen Sie sicher (z. B. durch entsprechende Schulung), dass die für die Beförderung verantwortlichen Mitarbeiter/innen ihre Entscheidungen nicht aufgrund von Vorurteilen, Stereotypen und dgl. treffen.
- Eröffnen Sie auch für Beschäftigte im fortgeschrittenen Alter Spielräume, um sich innerhalb und außerhalb des Betriebes beruflich weiterentwickeln zu können.

6. Ausscheiden aus dem Erwerbsleben und Übergang in den Ruhestand

Bieten Sie ihren Beschäftigten unterschiedliche Optionen zum Ausscheiden aus dem Erwerbsleben an und stellen Sie dabei faire Zugangsbedingungen sicher. Wenn Sie sich von Mitarbeiter/innen trennen müssen, stützen Sie ihre Personalentscheidung ausschließlich auf objektive, arbeitsplatzbezogene Kriterien und nicht auf das Alter.

Damit das Ausscheiden aus dem Erwerbsleben flexibel und unter fairen Bedingungen erfolgen kann, sollten folgende Grundsätze beachtet werden:

a) Bei Entlassungen
- Legen Sie ihrer Entscheidung, von welchen Mitarbeitern/innen Sie sich trennen wollen, objektive Kriterien und nicht das Lebensalter zugrunde, sofern dem keine gesetzlichen Bestimmungen zuwiderlaufen.
- Bevor Sie Mitarbeiter/innen entlassen, suchen Sie nach geeigneten Alternativen, so z. B. Teilzeitbeschäftigung, Job-Sharing, sog. „Sabbatjahre" oder befristete Beschäftigungsverhältnisse.
- Wenn bei Ihnen Entlassungen anstehen: Helfen Sie den Betreffenden, sich rechtzeitig darauf vorzubereiten und einen neuen Arbeitsplatz zu finden.

b) Beim Übergang in den Ruhestand
- Der einzelne Beschäftigte sollte soviel Entscheidungsfreiheit wie möglich dabei haben, wie er den Austritt aus dem Erwerbsleben gestaltet.
- Führen Sie keine Frühverrentungsmaßnahmen durch, bevor Sie nicht deren Folgen für den Betrieb sorgfältig geprüft haben.
- Bieten Sie, wenn möglich, flexible oder gleitende Übergänge in den Ruhestand an.
- Geben Sie den Beschäftigten die Möglichkeit, auch über die gesetzliche Altersgrenze hinaus zu arbeiten.
- Stellen Sie sicher, dass bis zum endgültigen Übergang in den Ruhestand die Fähigkeiten und Erfahrungen ihrer älteren Mitarbeiter auch tatsächlich genutzt werden.

- Bieten Sie Vorbereitungsmaßnahmen auf den Ruhestand für ihre Beschäftigten an.

7. Wandel in Haltung und Einstellung von Betrieben gegenüber älteren Arbeitnehmern/innen

Informieren Sie ihre gesamte Belegschaft darüber, wie Vorurteile gegenüber älteren Arbeitnehmern/innen entstehen und aus welchen Gründen sie überwunden werden müssen.

Um die mit alternden Belegschaften verbundenen Herausforderungen an die Betriebe bestmöglich zu bewältigen, vermeiden Sie Benachteiligungen aufgrund des Alters. Fördern Sie ein Betriebsklima, in dem Mitarbeiter/innen unterschiedlicher Lebensalter ihre je spezifischen Vorzüge und Stärken einbringen können. Hierzu sollten Sie folgende Grundsätze beachten:

- Vermeiden Sie, dass sich Vorurteile gegenüber älteren Arbeitnehmern/innen ausbreiten und Wirkung entfalten.
- Schärfen Sie das Bewusstsein ihrer leitenden Mitarbeiter über das tatsächliche Leistungsvermögen älterer Arbeitnehmer/innen und überlegen Sie, wie Sie dieses Bewusstsein bei allen Beschäftigten wecken können.
- Verdeutlichen Sie ihren Beschäftigten regelmäßig, welchen Nutzen eine ausgewogene Altersstruktur der Belegschaft für den Betrieb hat.
- Lernen Sie von positiven Erfahrungen und „best practice"-Modellen aus anderen Betrieben.
- Sorgen Sie dafür, dass Benachteiligungen aufgrund des Alters auch in tariflichen und betrieblichen Vereinbarungen ausgeschlossen werden.
- Sorgen Sie dafür, dass auch in den betrieblichen Entscheidungsgremien, Betriebsräten etc. eine ausgewogene Altersstruktur besteht.
- Überprüfen Sie regelmäßig die Altersstruktur ihrer Belegschaft und sorgen Sie so für eine dauerhaft ausgewogene Generationenmischung ihres Betriebes.
- Tragen Sie mit dazu bei, dass diese Leitlinien möglichst weite Verbreitung finden.

Literatur

[1] DfEE (1999) Age Diversity in Employment, Department for Education and Employment. London
[2] Naegele G (1999) Active Strategies for an Ageing Workforce. European Foundation. Dublin
[3] Walker A (1997a) Maßnahmen zur Bekämpfung von Altersbarrieren in der Erwerbstätigkeit, Amt für amtliche Veröffentlichungen der Europäischen Gemeinschaft. Luxemburg
[4] Walker A (1997b) Maßnahmen zur Bekämpfung von Altersbarrieren in der Erwerbstätigkeit, Zusammenfassung, Luxemburg, Amt für amtliche Veröffentlichungen der Europäischen Gemeinschaft
[5] Walker A (1999) Managing an Ageing Workforce A Guide to Good Practice, Amt für amtliche Veröffentlichungen der Europäischen Gemeinschaft. Luxemburg
[6] Walker A, Taylor P (1998) Combating Age Barriers in Employment: A European Portfolio of Good Practice, Amt für amtliche Veröffentlichungen der Europäischen Gemeinschaft. Luxemburg

KAPITEL 16

Leitfaden zur Selbstanalyse altersstruktureller Probleme in Unternehmen

A. KÖCHLING

Zweck des Leitfadens

Der Leitfaden [12] soll einerseits Unternehmen an die Hand gegeben werden, damit diese eigenständig ihre gegenwärtigen und zukünftigen altersstrukturellen Probleme analysieren, reflektieren und lösen können. Andererseits kann der Leitfaden als gemeinsame Plattform einen Dialog zwischen Unternehmen und externen Beratern unterstützen und zwar im Rahmen eines Beratungskonzeptes, in dem vor allem das Unternehmen selbst aktiv wird. Der Berater würde dann eher die Rolle eines Coach übernehmen. Drittens kann ein in Personalarbeit versierter Berater auf Basis des Leitfadens auch im Auftrag eines Unternehmens tätig werden, Altersstrukturanalysen durchführen und innerbetriebliche Diskussionen zu vorgeschlagenen Lösungen moderieren.

Zur Entstehung des Leitfadens

Der Leitfaden hat drei Quellen:
1. *Die „Altersschere"* als GfAH-spezifische Deutung der vom Institut für Arbeitsmarkt- und Berufsforschung (IAB) erarbeiteten Analysen und Projektionen zum demographischen Wandel,
2. der aus den USA stammende *Erklärungsansatz der Organisationsdemographie* als theoretische Fundierung,
3. das *empirische Material in Form von betrieblichen Fallstudien zu über 90 Betrieben aller Größenklassen*, die seit 1994 aus mehreren vom BMBF geförderten Projekten zusammengetragen wurden.

Zu 1. In Abb. 16.1 sieht man die Entwicklung des Arbeitskräfteangebotes nach Altersgruppen von 1950 bis 2040. Man erkennt, dass etwa ab 1960 sowohl die über 50jährigen als auch die 31- bis 49jährigen zunehmen, während die unter 30jährigen abnehmen. Etwa im Jahr

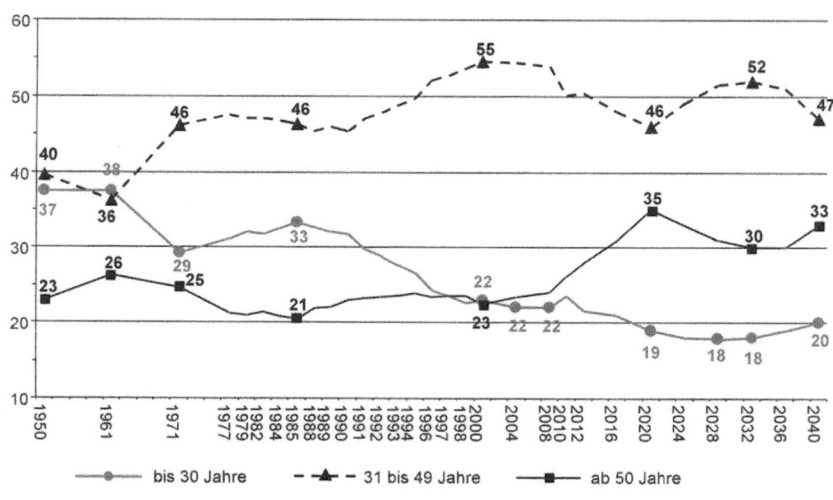

Abb. 16.1. Erwerbspersonen nach Altersgruppen von 1950 bis 2040 (in %). Quellen: [3, 4, 28]; Berechn. der GfAH

2000 schneidet die Linie der über 50jährigen die Linie der unter 30jährigen. Ab diesem Zeitpunkt gibt es mehr Ältere als Jüngere im Arbeitskräfteangebot. Dadurch entsteht der „Alterschereneffekt". Etwa ab 2008 steigen die Älteren plötzlich sprunghaft an. Diesem zukünftigen „Altersberg" entspricht der gegenwärtige „Mittelaltenberg" und der zurückliegende „Jüngerenberg": Die geburtenstarken Jahrgänge wandern durch die Jahre. Die unter 30jährigen gehen etwa bis 2030 kontinuierlich zurück, ehe sie allmählich wieder zunehmen. Infolge sinkender Geburtenraten unterhalb des Reproduktionsniveaus (Statistisches Bundesamt) schrumpft gleichzeitig das Arbeitskräfteangebot. 1996 bestand das Arbeitskräfteangebot laut Berechnungen des IAB aus etwa 41 Mio. Erwerbspersonen; 2040 werden es nur noch etwa 28. Mio. sein. Das ist nahezu eine Halbierung [4].

Die Arbeitswelt muss sich zu Beginn des 21. Jahrhunderts mit *drei Trends* auseinander setzen:

- *Dem Mangel an Jüngeren.* Dieses hat sich bereits als Fachkräftemangel [20] bemerkbar gemacht. Vor allem in Regionen mit einer niedrigen Arbeitslosenquote zeigt er sich als Mangel an Erstauszubildenden und jungen Fachkräften, insbesondere aber qualifizierten technischen Fachkräften wie Ingenieuren, Naturwissenschaftlern und Informatikern [25, S. 6] – verschärft durch die gegenwärtig vorherrschende Studier-Unlust bei den Jugendlichen sowie die hohe Anzahl an Studienabbrechern (BiBB 01/2002 – Schaubild 0106).

Erste Warnzeichen sind „War for Talents" zwischen Unternehmen, hohe Wechselbereitschaft bei qualifizierten Fachkräften (nach 2 bis 4 Jahren Betriebszugehörigkeit), überproportional hohe personalpolitische Aufwände für Rekrutierung sowie Betriebsbindung.
- *Dem Älterwerden betrieblicher Belegschaften* als Zunahme sowohl von Mittelalten als auch von Älteren. Viele Unternehmen versuchen diesen Trend durch kontinuierliche „Verjüngungsstrategien" zu durchbrechen, indem Altersrenten, insbesondere Altersteilzeit, systematisch dazu genutzt werden [8]. Dabei wird das Auslaufen der wesentlichen Altersrenten für die Geburtsjahrgänge ab Januar 1952 von den meisten Unternehmen verdrängt, die sich auf diese Form des Generationenaustausches in ihren Personalroutinen inzwischen eingestellt haben.
- *Dem permanenten Rückgang an Erwerbspersonen im Arbeitskräfteangebot*, der den Fachkräftemangel erheblich verschärft.

Um zukunftsorientierte Problemlösungen für Unternehmen entwickeln zu können, ist es erforderlich, die Gesamtheit der drei Trends zu berücksichtigen und sich nicht nur auf ausgewählte Entwicklungen zu konzentrieren, wie z. B. nur auf die Behebung von Rekrutierungsproblemen infolge des Fachkräftemangels oder nur auf die Zunahme von Älteren. Die meisten Unternehmen tendieren heute dazu, sich – allerdings mit sehr differenzierten Strategien und Instrumenten – ausschließlich mit dem Fachkräftemangel auseinander zu setzen, also Versäumnisse aus der Vergangenheit nachzuholen. Bei ihrer Zukunftsbewältigung fokussieren sie auf die vorzeitige Verrentung als allumfassende „Patentlösung". Ausgeklammert bleiben dabei vorausschauende Strategien zur Erhaltung der Arbeitsfähigkeit der älter werdenden Belegschaft sowie zu einer bewussten Zurückhaltung bei der Inanspruchnahme von Altersrenten. In diesem weit verbreiteten betrieblichen Handeln steckt ein Stück Irrationalität, da die Unternehmen entgegen ihren eigenen Zukunftsinteressen handeln. In Abb. 16.2 ist dieses *demographische Dilemma* veranschaulicht.

Zu 2. Nienhüser [24] s. a. [22] und [23] hat als erster deutscher Wissenschaftler den aus den USA stammenden organisationsdemographischen Erklärungsansatz über eine Bilanzierung (inter)nationaler empirischer Studien bzw. über eigene sekundärstatistische Analysen verbreitet. Bei *der organisationsdemographischen Betrachtung gelten Altersstrukturen als soziale Strukturen*, zwischen denen komplexe Austauschbeziehungen stattfinden. Die Art dieser Austauschbeziehungen beeinflusst den betrieblichen Umgang mit unterschiedlichen Altersgruppen. (Es wird vereinfacht zwischen Jüngeren und Älteren unter-

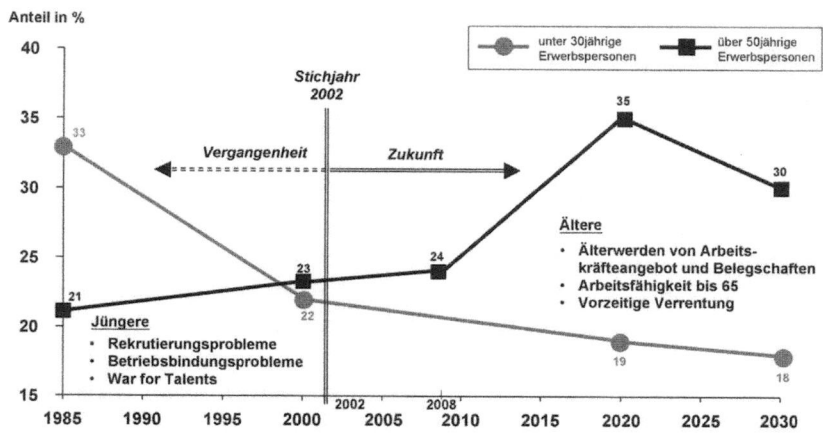

Abb. 16.2. Demographischer Wandel und betriebliche Problembereiche. Quellen: [3, 4, 28]; GfAH

schieden.) Beispielsweise können Aufstiegswege Jüngerer durch zu große Kohorten Älterer blockiert werden. Dadurch wird ihre Wechselbereitschaft verstärkt. Beispielsweise kann die betriebliche Propagierung einer vorzeitigen Verrentung zwar den Generationenaustausch unterstützen, jedoch erhebliche Probleme aufwerfen, falls die älteren Erfahrungsträger ihr implizites Wissen in den Vorruhestand mitnehmen. Bei der *Humankapital-Betrachtung* wird *Alter* dagegen *gleichgesetzt mit bestimmten Leistungsvoraussetzungen*, mit einem bestimmten Wissensstand, mit spezifischen personalpolitischen Vor- oder Nachteilen (z. B. ohne/mit besonderer tariflicher Beschäftigungssicherung). Laut Nienhüser ergänzen sich in der realen betrieblichen Personalpolitik beide Perspektiven gegenseitig [24, S. 80]. Beispielsweise werden Weiterbildungsmaßnahmen zur Anpassung des Wissensstandes der Beschäftigten an neue Produkt- und Prozessanforderungen durchgeführt. In Abhängigkeit von den (in)direkten Personalauswahlkriterien werden bestimmte Altersgruppen bevorzugt, andere benachteiligt. Der Status der Älteren als Wissensträger und ihr daraus ableitbares Verhältnis zu Jüngeren wird dann davon berührt.

Nienhüser [24] unterscheidet grundsätzlich zwischen zwei idealtypischen Personalstrategien, denen jeweils Altersstrukturen zugeordnet werden können: Typ I verkörpert die Strategie einer kurzfristig zu maximierenden, Typ II die einer langfristigen kontinuierlichen Leistungsausschöpfung. Bei Personalstrategien vom Typ I gelten Ältere als Problemgruppe, Jüngere als Leistungsträger. Das Unternehmen passt sich neuen Umweltanforderungen durch verstärkten Generationenaustausch an. Eventuelle Motivationsprobleme werden mit Leistungsentlohnung ausgeglichen. Dieser Typ findet sich insbesondere in *jugendzentrierten Unternehmen*. Bei Personalstrategien vom Typ 2 gelten Ältere als Wissensträger, Sozialisations- und Legitimationsinstanzen. Jüngere lernen in umfassender Form von Älteren, einschließlich ihrer sozialen betrieblichen Integration. Eine schonende und aufwertende Behandlung von Älteren vor Augen, sehen Jüngere darin auch ihre eigene betriebliche Zukunft. Dieser Typ findet sich insbesondere bei *Unternehmen mit mittelalter- und alterszentrierten aber auch ausgewogenen Personalstrukturen*.

Nienhüser [24] verleiht dabei der Personalpolitik – als Kombination von quantitativer und qualitativer Personalanpassung – eine bestimmende Rolle zur Steuerung von Personalstrukturen und zur Lösung von altersstrukturellen Personalproblemen. Betriebliche Altersstrukturen sind durch einen differenzierten Einsatz personalpolitischer Instrumente gestaltbar [23 mit Bezug auf weiterführende Literatur]. In einer späteren Veröffentlichung [22] zieht Nienhüser sich jedoch wieder auf eine Rolle des distanzierten Beobachters zurück. Die Organisationsdemographie sei eine beschreibende und analysierende, aber keine anwendungsorientierte Wissenschaft.

Deutsche Autoren wie Rosenow und Naschold [27], Huber [5], Jasper und Rohwedder [7] nutzen betriebliche altersstrukturelle Analysen weitgehend dazu, um auf personalpolitische Versäumnisse hinzuweisen und daraus allgemeine Empfehlungen zur Veränderung der Personalpolitik abzuleiten (siehe auch [1] und [21]). Reindl [26] wendet sich wie Nienhüser gegen eine Gestaltbarkeit von Altersstrukturen über Personalpolitik.

Köchling hat seit 1995 [13–19] versucht, Zusammenhänge zwischen betrieblichen Altersstrukturen und personalpolitischen Handlungsmustern herzustellen, auch unter Berücksichtigung von informellen und formellen Akteursnetzwerken, die eine spezifische Unternehmenskultur („Alterskultur") begründen. In allen diesen Veröffentlichungen wurden betriebliche Altersstrukturen durch Umsteuern von Personalstrategien und -politiken als gestaltbar betrachtet. Im Jahr 2000 (siehe auch [10, 11, 13, 15]) wurde daraus *das Konzept einer altersausgewogenen Personalpolitik* ursprünglich „intergenerative Personalpolitik" (siehe auch [11] oder [2, S. 18]) abgeleitet. Diese Personalpolitik zeichnet sich u.a. durch folgende Merkmale aus:

- *Erhaltung und Ausbau des Personalbestandes* in Abhängigkeit vom wirtschaftlichen Wachstum werden unter den Bedingungen des demographischen Wandels als eine eigenständige Zielsetzung betrachtet, die eine regulative Wirkung auf Personalzugänge und -abgänge haben kann. Diese Sichtweise beinhaltet nicht nur Mengenprobleme sondern auch qualitative Probleme. Wenn z. B. mehrere Maschinenbauingenieure aus der Produktion vorzeitig verrentet werden und die Stellen wieder zu besetzen sind, hat das Unternehmen folgende Optionen: (1) Besetzung mit eigenen Berufsanfängern, (2) Neurekrutierung auf dem Arbeitsmarkt, (3) Besetzung mit ehemaligen Facharbeitern, Technikern, Meistern, die gerade eine berufsbegleitende Ausbildung zum Ingenieur durchlaufen, (4) Begrenzung der vorzeitigen Verrentung durch eine striktere Personalauswahl. Die Optionen (1) und (2) sind gegenwartsorientiert. Die Optionen (3) und (4) können nur auf Basis einer vorausschauenden Personalstrategie verwirklicht werden. Das Konzept einer Personalstrukturplanung beinhaltet daher immanent eine *Personalplanung mit unterschiedlichen Zeithorizonten (kurzfristig, mittelfristig und langfristig)*.

- Anstelle der zurzeit vorherrschenden wildwüchsigen Formen findet eine geplante *generationenübergreifende Zusammenarbeit* statt. Dabei soll es nicht nur um eine formale Gleichmacherei gehen sondern auch um die Wertschätzung und Anerkennung der Andersartigkeit verschiedener Altersgruppen, d. h. ihrer jeweiligen Stärken und Schwächen in der körperlichen und psychischen Leistungsfähigkeit und in den Schlüsselqualifikationen [13, 14, 15]. Gefordert wird ihre Berücksichtigung beim Personaleinsatz sowie in der Zusammensetzung von Arbeitsgruppen und Projektteams.
- *Die Personalarbeit ist an den unterschiedlichen Interessen und Bedürfnissen aller Altersgruppen orientiert* – auch wenn dabei gegen Prinzipien der Gleichbehandlung verstoßen werden muss. Diese der betrieblichen Personalpolitik abverlangte Balance wird durch das Waage-Symbol in Abb. 16.3 veranschaulicht.

Zu 3. Die qualitative Auswertung von über 90 betrieblichen Fallstudien ergab einen Katalog von Hypothesen, wie Unternehmen gegenwärtig altersstrukturelle Probleme wahrnehmen und bewältigen. Aus der Fülle der Aussagen kann an dieser Stelle aus Platzgründen leider nur eine kleine Auswahl wiedergegeben werden, die sich um drei Leitfragen gruppiert [10, ^11].
Welche Unternehmen sind tendenziell eher dazu bereit, sich heute schon – also vorausschauend – mit der Bewältigung ihrer altersstrukturellen Probleme zu befassen? Es handelt sich um drei Unternehmenstypen: Typ A ist ein Unternehmen mit einem hohen Leidensdruck infolge des Fachkräftemangels, der durch eine für Rekrutierung

Leitfaden zur Selbstanalyse altersstruktureller Probleme in Unternehmen

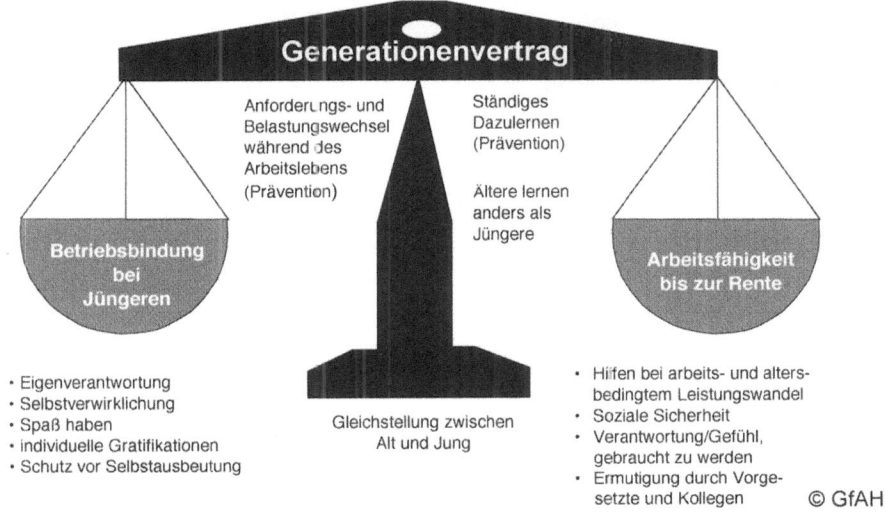

Abb. 16.3. Altersausgewogene Personalpolitik

und Betriebsbindung ungünstige regionale Lage (Regionen mit niedriger Arbeitslosenquote; als unattraktiv geltende Regionen) verschärft wird. Hier ist deutlich sowohl ein Nord-Süd-Gefälle als auch ein Ost-West-Gefälle feststellbar. Bei kleinen und mittleren Unternehmen sowie bei größeren mittelständischen Unternehmen sind die o. a. Personalprobleme ausgeprägter als bei großen Konzernunternehmen, da die gewünschten Arbeitgeber von „Young Professionals" i. d. R. (inter)nationale Großkonzerne mit Markenprodukten sind. Unter Typ A finden sich alle Altersstrukturen, d. h. auch jugendzentrierte Unternehmen. Typ B sind Unternehmen, die immer schon – oftmals seit ihrer Gründung – eine aktive Gleichstellungspolitik realisiert haben und die gleichzeitig in ihrem Personalbestand ein sehr weites Spektrum auch von benachteiligten Arbeitnehmergruppen aufweisen. Diese Unternehmen haben personalpolitische Routinen in der sozialen und beruflichen Integration „diverser" betrieblicher Belegschaften, einschließlich Jüngerer und Älterer entwickelt. Dieser Unternehmenstyp weist insgesamt eine starke sozialethische Orientierung auf. Ähnlichkeiten zum Nienhüserschen Typ II (s. o.) sind durchaus vorhanden. Bei Typ C handelt es sich um mittelalterzentrierte und alterszentrierte Unternehmen, in deren für die betriebliche Wertschätzung sensiblen Kernbereichen eine hohe Anzahl von Älteren zunehmend als Arbeitnehmerproblemgruppen in Erscheinung treten. Diese sind sowohl angesehene Erfahrungs- und Leistungsträger, die qualifizierte Facharbeit verrichten als auch Angelernte, die qualifizierte Tätigkeiten durchführen wie z. B. Fahrer im ÖPNV. Durch personalpolitische Versäumnisse in Vergangenheit und Gegenwart sind Einschränkungen in der Arbeitsfähigkeit erkennbar, und zwar in den Bereichen Gesundheit und/oder Qualifikation mit negativen Auswirkungen auf die Motivation.

Reichen betriebliche Altersstrukturen als empirische Grundlagen aus, um für das jeweilige Unternehmen Problemaufrisse und Zukunftslösungen entwickeln zu können? Unternehmen mit einem heterogenen Personalbestand sind aufgrund ihrer Vorerfahrungen und personalpolitischen Routinen gegenüber Unternehmen mit einem homogenen Personalbestand im Vorteil, was die vorausschauende Bewältigung des demographischen Wandels betrifft. Daher wird diesen Unternehmen auch der Umgang mit älter werdenden Belegschaften leichter fallen. Infolge des akuten Fachkräftemangels bestehen personalpolitische Lösungen darin, dass verstärkt auf Arbeitsmarktreserven zurückgegriffen wird. In diesem Zusammenhang gewinnt z. B. die Frauenbeschäftigung an Bedeutung. Damit nimmt das Unternehmen an „Diversität" im Personalbestand zu [9]. Die betriebliche Altersstruktur hat hier die Funktion eines Frühwarnsystems. Bei betrieblichen soziodemographischen Detailanalysen werden häufig ungleichmäßige Altersverteilungen erkennbar, z. B. nach Unternehmensbereichen und Tätigkeiten, Geschlecht und Nationalität. Eine hohe Relevanz haben derartige Altersverteilungen in für die betriebliche Wertschöpfung sensiblen Kernbereichen. Die Analyse und Beschreibung von Altersstrukturen wird daher als „Türöffner" für unverzichtbare vertiefende Analysen betrieblicher Personalstrukturen gesehen.

Lassen sich betriebliche Altersstrukturen spezifischen Personalproblemen zuordnen? Dominante Altersgruppen schaffen sich immer Wertvorstellungen und Normen, die der eigenen Altersgruppe entsprechen. Können sich bei einer Dominanz von Mittelalten und Älteren z. B. Senioritätsprinzipien in Unternehmenskultur und Personalpolitik frei entfalten, hält dieses Jüngere davon ab, sich überhaupt einstellen zu lassen bzw. längerfristig im Unternehmen zu bleiben. Ein Jüngerer hat in einem jugendzentrierten Unternehmen einen ganz anderen sozialen Status als in einem mittelalterzentrierten oder alterszentrierten Unternehmen. In jugendzentrierten Unternehmen, die trotz Fachkräftemangel und „War for Talents" an ihrer Jugendkultur festhalten, wird die Fluktuationsquote zunehmen und die durchschnittliche betriebliche Beschäftigungsdauer zurückgehen. Der Personalbestand verliert an Stabilität und Kalkulierbarkeit. In ähnlicher Art und Weise lassen sich für nach Altersstrukturen typisierte Unternehmen Frühwarnindikatoren formulieren.

Zum Inhalt des Leitfadens

Der Leitfaden besteht im Wesentlichen aus:
- *Hintergrundinformationen zum demographischen Wandel*, die, wie oben skizziert, deutlich darauf verweisen, dass die „Altersschere" immer zwei Seiten hat und dass wirkungsvolle betriebliche Lösungsstrategien sich mit beiden Seiten, d. h. mit Rekrutierungsproblemen bei Fachkräftemangel und älter werdenden Belegschaften, gleichzeitig auseinandersetzen müssen (Kapitel 1).
- Einem *Überblick über altersstrukturspezifische Frühwarnindikatoren* (Kapitel 2).
- Einer Darstellung des *Konzeptes der altersausgewogenen Personalpolitik* (Kapitel 3).
- *Einer Vorgehensweise zur Altersstrukturanalyse und Maßnahmenplanung* (Kapitel 4), die durch ein Musterbeispiel illustriert wird. Dabei wird die betriebliche Altersstruktur dokumentiert und unter Beibehaltung der z. Z. realisierten Personalmaßnahmen fortgeschrieben. Der Betrachter blickt gleichsam aus der Zukunft auf die Gegenwart bzw. auf die eigene personalpolitische Praxis. Dieser Perspektivenwechsel fördert die kritische Reflexion der eigenen Personalarbeit und geht gegen die „Schere im Kopf" vor. Im nächsten Schritt werden unter definierten Annahmen Alternativszenarien erarbeitet. Die ersten Überlegungen beziehen sich immer auf die Personalmaßnahmen, die die Personalzugänge und -abgänge steuern: Was tue ich heute? Welche Alternativen gibt es? Welche Alternativen kommen für das eigene Unternehmen infrage? Die Folgeplanungen beziehen sich auf Möglichkeiten zur Erhaltung der Arbeitsfähigkeit der eigenen betrieblichen Belegschaft: Was tue ich heute? Welche Möglichkeiten gibt es? Welche Maßnahmen kommen für das eigene Unternehmen infrage? Es wird deutlich, dass unterschiedliche Zukunftsvorstellungen und personalpolitische Alternativen existieren. Bisherige personalpolitische Routinen werden infrage gestellt.
- *Katalogen mit optionalen Personalmaßnahmen zu acht Wirkungsbereichen* „Rekrutierungsstrategien", „Betriebsbindung", „Vorzeitige Verrentung", „Berufsbegleitendes Lernen", „Berufliche Entwicklung", „Wissenstransfer", Gesundheitsvorsorge" und „Wertschätzungs-Kultur" (Kapitel 5 bis 12). Es wird unterstellt, dass sich jedes Unternehmen seinen eigenen personalpolitischen „Maßanzug" zur Zukunftsbewältigung aus einem Katalog an vorhandenen Empfehlungen selbst zusammenstellen muss, da Besonderheiten des Unternehmenstypus (s. o. Typ A, B oder C), der zukünftigen wirtschaftlichen Entwicklung, der Betriebsgröße, des Entwicklungsniveaus des Per-

sonalwesens, der Region bei der Lösungsfindung zu beachten sind. Jeweils angereichert sind diese Kapitel durch Informationen aus neueren betrieblichen Befragungen zu personalpolitischen Themen, durch gezielte Hinweise auf neuere internationale Forschungsergebnisse, z. B. zu Konzepten wie „Arbeitsfähigkeit" (workability) [6], durch Informationen zur Berufsausbildung und anderen Personalthemen, zur staatlichen Förderung, zu sonstigen vertiefenden Informationsquellen, zu externen Beratungs- und Dienstleistungen.

Der Leitfaden in der gegenwärtigen Form [12] kann ab September 2002 über den GfAH-Eigenverlag (GfAH, Friedensplatz 6, 44135 Dortmund, Tel. 0231/55 69 76-14, Fax: 0231/55 69 76-30, Mail: koechling@gfah-do.de) gegen eine Schutzgebühr angefordert werden. Eine vorläufige Version befindet sich zurzeit im Rahmen der vom BMBF geförderten Demographie-Initiative des Zentralverbandes Elektrotechnik- und Elektronikindustrie e.V. (ZVEI) bei 31 Unternehmen aller Größenklassen und Produktsparten in betrieblichen Erprobungen. Die bisherigen Ergebnisse insbesondere zum Selbstanalyse-Effekt sind ermutigend [29]. Eine Broschüre mit ersten Ergebnissen kann kostenlos über den ZVEI bezogen werden (Dr. Michael Deimel, ZVEI e.V., Stresemannallee 19, 60596 Frankfurt/Main, Tel.: 069/63 02-331, Fax: 069/63 02-286, Mail: deimel@zvei.org). Das GfAH-Beratungsangebot für Unternehmen ist ab Oktober 2002 auf der Webseite *www.intergenerative-personalpolitik.de*.

Literatur

[1] Astor M (2000) Innovationsfähigkeit, Wissenskulturen und Personalstrategien. In: Köchling A et al. (Hrsg.) Innovation und Leistung mit älterwerdenden Belegschaften. Hampp, München, Mehring, S 317–360
[2] BMBF (Hrsg.) (2001) Innovative Arbeitsgestaltung – Zukunft der Arbeit. Rahmenkonzept. BC, Bonn
[3] Fuchs J (1994) Arbeitsmarkt 2000 – Perspektiven für den deutschen Arbeitsmarkt. In: Merk H-G (Hrsg.) Wirtschaftsstruktur und Arbeitsplätze im Wandel der Zeit. Statistisches Bundesamt, Wiesbaden, S 239–258
[4] Fuchs J, Thon M (1999) Potentialprojektion bis 2040. Nach 2010 sinkt das Angebot an Arbeitskräften. Selbst hohe Zuwanderungen werden diesen Trend nicht stoppen können. IAB-Kurzbericht 04
[5] Huber A (2000) Demographischer Wandel, Belegschaftsstrukturen und betriebliche Alterungsprozesse. In: George R, Struck O (Hrsg.) Generationenaustausch im Unternehmen. Hampp, München, Mehring, S 71–86
[6] Ilmarinen J (1999) Ageing workers in the European Union – Status and promotion of work ability, employability and employment. Finnish Institute of Occupational Health, Ministry of Social affairs and Health, Ministry of Labor (ed.) Publication Office FIOH, Helsinki
[7] Jasper G, Rohwedder A (1997) Erfahrung und Innovation: Betrachtung vor dem Hintergrund rasch alternder Belegschaften in ostdeutschen Unternehmen. In: Volkholz V, Jasper G, Rohwedder A (Hrsg.) Änderung der

betrieblichen Alterszusammensetzung: Gestaltungsherausforderungen. Graue Reihe der Hans-Böckler-Stiftung – Neue Folge 132. Düsseldorf, S 39–103
[8] Koller B (2001) Ältere Arbeitnehmer. Rentenalter wurde angehoben – zieht der Arbeitsmarkt mit? Eine Analyse zum Übergang in Rente, zur Erwerbsbeteiligung und Arbeitslosigkeit Älterer. IAB Werkstattbericht 07
[9] Krell G (1999) Managing Diversity: Chancengleichheit als Erfolgsfaktor. In: Personalwirtschaft 04: 24–26
[10] Köchling A (2001) Alt und Jung im Betrieb. Intergenerative Personalpolitik als Wettbewerbsfaktor. In: Buck H, Schletz A (Hrsg.) Wege aus dem demographischen Dilemma durch Sensibilisierung, Beratung und Gestaltung. Broschürenreihe Demographie und Erwerbsarbeit. IAO-Eigenverlag, Stuttgart, S 20–29
[11] Köchling A (2002) Alt und Jung im Betrieb – Intergenerationelle Personalpolitik als Wettbewerbsfaktor. In: Projektverbund Öffentlichkeits- und Marketingstrategie demographischer Wandel (Hrsg.) Handlungshilfen für eine altersgerechte Arbeit- und Personalpolitik – Ergebnisse aus dem Transferprojekt. Broschürenreihe Demographie und Erwerbsarbeit. IAO-Eigenverlag, Stuttgart, S 18–21
[12] Köchling A (2002a) Leitfaden zur Selbstanalyse altersstruktureller Probleme in Unternehmen. GfAH-Eigenverlag, Dortmund
[13] Köchling A (2000b) Altersstrukturen als Gestaltungsfeld der Zukunft. In: Projektverbund IBAB Innovation, Belegschaftsstrukturen und Altern im Betrieb (Hrsg.) Innovation und Leistung mit älterwerdenden Belegschaften. Tagungsband zur Fachtagung am 25. und 26. Mai 2000 in der Deutschen Arbeitsschutzausstellung (DASA) der Bundesanstalt für Arbeitsschutz (BAuA) Dortmund. GfAH-Eigenverlag, Dortmund, S 25–37
[14] Köchling A (2000) Betriebliche Altersstrukturen als Gestaltungsfeld der Zukunft. In: Rothkirch Ch (Hrsg.) Altern und Arbeit: Herausforderung für Wirtschaft und Gesellschaft. Beiträge, Diskussionen und Ergebnisse eines Kongresses mit internationaler Beteiligung. edition sigma, Berlin, S 362–373
[15] Köchling A (2000a) Betriebliche Altersstrukturen als Gestaltungsfeld der Zukunft. In: Jürgenhake U, Schumacher D (Hrsg.) Qualifizierung alternder Belegschaften. Probleme und Erfahrungen aus der deutschen Stahlindustrie (mit Beiträgen aus Griechenland und Spanien). Eigenverlag Edelstahlwerke Gröditz, Gröditz, S 35–46
[16] Köchling A (1997) Betriebliche Altersstrukturen anstatt ältere Arbeitnehmer thematisieren. In: Klose H-U (Hrsg.) Perspektiven der alternden Belegschaft. forum demographie und politik, 09: 37–58
[17] Köchling A (1996) Soziodemographische Trends der Zukunft als Herausforderungen an die Betriebe und an die Arbeitswissenschaft. In: Hacker W (Hrsg.) Erwerbsarbeit der Zukunft auch für „Ältere"? Mensch Technik Organisation, Band 9. Eine Schriftenreihe herausgegeben von E. Ulich, Institut für Arbeitspsychologie der ETH Zürich. Hochschulverlag AG an der ETH Zürich, B.G. Teubner, Zürich, Stuttgart, S 15–28
[18] Köchling A (1996a) Von der altersgerechten zur alternsgerechten Betrachtung: erste betriebliche Lösungsansätze im Rahmen von AuT-Projekten. In: Lennartz D (Hrsg.) Altern im Beruf und Gesellschaft. Demographischer Wandel und berufliche Bildung. Bundesinstitut für Berufsbildung, Berichte zur beruflichen Bildung, Heft 198. W. Bertelsmann, Bielefeld, S 61–102

[19] Köchling A (1995) Wie Betriebe heute mit Altersstrukturen (nicht mit Älteren) umgehen – Anforderungen an die Zukunft. In: Mitteilungen aus der Arbeitsmarkt- und Berufsforschung 03: 437–453
[20] Kölling A (2002) Wer sucht, der findet... oder doch nicht? – Analyse der betrieblichen Suche nach Fachkräften mit Daten des IAB-Betriebspanels. In: Bellman L, Velling J (Hrsg.) Arbeitsmärkte für Hochqualifizierte. Beiträge zur Arbeitsmarkt und Berufsforschung. Nürnberg: BeitrAB 256, S 3–26
[21] Lippert I, Astor M, Wessels J (2001) Demographischer Wandel und Wissenstransfer im Innovationsprozess. In: Astor M, Jasper G (Hrsg.) Demographischer Wandel als Wachstumsbremse oder Chance? Innovations- und Personalstrategien in den neuen Bundesländern. Broschürenreihe Demographie und Erwerbsarbeit. IAO-Eigenverlag, Stuttgart, S 10–84
[22] Nienhüser W (2000) Personalwirtschaftliche Wirkungen unausgewogener betrieblicher Altersstrukturen. In: George R, Struck O (Hrsg.) Generationenaustausch im Unternehmen. Hampp, München, Mehring, S 55–70
[23] Nienhüser W (1998) Ursachen und Wirkungen betrieblicher Personal-Strukturen, Schäffer Poeschel, Stuttgart
[24] Nienhüser W (1992) Wirkungsanalyse und Gestaltung betrieblicher Personalstrukturen am Beispiel der Altersstruktur. In: Zeitschrift für Personalforschung 01: 75–96
[25] MINT – Studiengänge. Kein Renner bei den jungen Leuten. iwd 09: 6
[26] Reindl J (2002) Betriebliche Innovationsmilieus und das Alter(n) der technischen Intelligenz. In: Köchling A et al. (Hrsg.) Innovation und Leistung mit älterwerdenden Belegschaften. Hampp, München, Mehring, S. 265–316
[27] Rosenow J, Naschold F (1994) Die Regulierung von Altersgrenzen: Strategien von Unternehmen und die Politik des Staates. Wissenschaftszentrum Berlin für Sozialforschung. edition sigma, Berlin
[28] Statistische Jahrbücher 1972, 1978, 1980, 1983, 1985, 1986, 1987, 1989, 1990, 1993, 1994, 1995, 1997, 1998, 2000
[29] ZVEI (2002) Demographie-Initiative mit Unternehmen der Elektrotechnik- und Elektronikindustrie. „Die Ursachen sind kaum beeinflussbar. Man muß mit den Folgen leben!" ZVEI-Eigenverlag, Frankfurt/Main

B. Daten und Analysen

KAPITEL 17

Einfluss der Altersstruktur auf die krankheitsbedingten Fehlzeiten

C. VETTER

Arbeitsausfälle durch Krankheit bringen schon jetzt erhebliche Belastungen für die Unternehmen und deren Mitarbeiter mit sich. Im Zuge des demographischen Wandels werden sich die Altersstrukturen in den Betrieben entscheidend verändern. Das Durchschnittsalter der Beschäftigten wird zunehmen. Nach Berechnungen des Instituts für Arbeitsmarkt- und Berufsforschung wird der Anteil der über 50jährigen Erwerbspersonen in Deutschland bis zum Jahre 2020 um rund 10%-Punkte ansteigen[1]. Langfristig ist damit zu rechnen, dass mehr als jeder dritte Arbeitnehmer 50 Jahre und älter sein wird. In dem vorliegenden Beitrag wird untersucht, welchen Einfluss die Altersstruktur auf die krankheitsbedingten Fehlzeiten hat, welche Faktoren neben dem Alter für die Höhe des Krankenstandes bedeutsam sind und welche Krankheitsarten in den höheren Altersgruppen die meisten Fehlzeiten verursachen. Abschließend wird darauf eingegangen, welche Konsequenzen daraus für die betriebliche Gesundheitspolitik resultieren.

Einfluss der Altersstruktur auf den Krankenstand

Statistisch gesehen resultiert die Höhe des Krankenstandes aus zwei Komponenten: der Häufigkeit der Krankmeldungen und deren Dauer. Abb. 17.1 zeigt die Entwicklung dieser Parameter in Abhängigkeit vom Alter. Die Säulen stehen für die Zahl der Arbeitsunfähigkeitsfälle, die Linie steht für die durchschnittliche Dauer der Fälle. Die Zahl der Krankmeldungen geht mit zunehmendem Alter zurück. Die meisten Arbeitsunfähigkeitsfälle sind bei den jüngeren Altersgruppen zu verzeichnen. Bei den 15–19jährigen ist die Zahl der Krankmeldungen

---

[1] Ausgehend von einem Anteil von rd. 23% Anteil im Basisjahr 1996. Quelle: Johann Fuchs, Manfred Thon: Potentialprojektion bis 2040. Nach 2010 sinkt das Angebot an Arbeitskräften, IAB-Kurzbericht, Nr. 4, 20.05.1999.

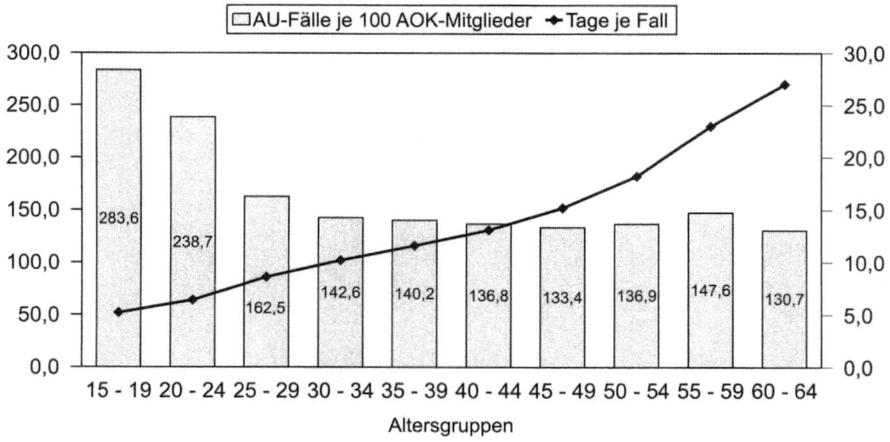

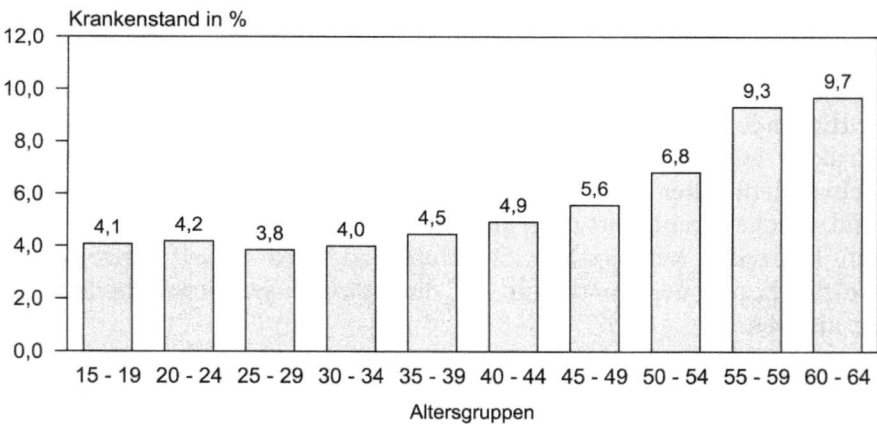

Abb. 17.1. Arbeitsunfähigkeitsfälle nach Altersgruppen: Fallhäufigkeit und Falldauer, AOK-Mitglieder, 2001

Abb. 17.2. Krankenstand nach Altersgruppen, AOK-Mitglieder, 2001

mehr als doppelt so hoch wie bei den 45–49jährigen. Bis zum Alter von 29 Jahren geht die Häufigkeit der Krankheitsfälle deutlich zurück. In den Altersgruppen zwischen 30 und 64 Jahren verändert sich die Fallhäufigkeit dann nicht mehr wesentlich.

Die durchschnittliche Dauer der Arbeitsunfähigkeitsfälle steigt dagegen mit zunehmendem Alter kontinuierlich an. Ältere Mitarbeiter sind also zwar seltener krank als ihre jüngeren Kollegen, fallen aber, wenn sie erkranken, in der Regel wesentlich länger aus. Bei den 60–64jährigen dauert ein Arbeitsunfähigkeitsfall im Durchschnitt mehr als fünfmal so lange wie bei den 15–19jährigen.

Einfluss der Altersstruktur auf die krankheitsbedingten Fehlzeiten

Der starke Anstieg der Falldauer hat zur Folge, dass der Krankenstand trotz der Abnahme der Krankmeldungen mit zunehmendem Alter deutlich ansteigt (Abb. 17.2). Während er bei den 15–19jährigen noch bei 4,1% liegt, erreicht er bei den 60–64jährigen schließlich einen Wert von 9,7%. Hinzu kommt, dass ältere Arbeitnehmer im Unterschied zu ihren jüngeren Kollegen häufiger von mehreren Erkrankungen gleichzeitig betroffen sind (Multimorbidität). Auch dies trägt zu längeren Ausfallzeiten mit bei.

Bedeutung der Langzeiterkrankungen

Verantwortlich für die steigenden Krankenstände in den höheren Altersgruppen sind vor allem Langzeitfälle. In Abb. 17.3 ist dargestellt, welche Anteile der krankheitsbedingten Fehlzeiten auf AU-Fälle mit einer Dauer von bis zu 6 Wochen und Langzeitfälle mit einer Dauer von mehr als 6 Wochen zurückgehen. Die Abbildung zeigt sehr deutlich, wie die Langzeitfälle mit zunehmendem Alter immer mehr an Bedeutung gewinnen und bei den Beschäftigten ab 55 Jahren schließlich den Krankenstand dominieren. In den Altersgruppen der 55–59- und der 60–64jährigen entfallen auf die Langzeitfälle 58% bzw. 61% der krankheitsbedingten Ausfalltage. Der hohe Krankenstand in den höheren Altersgruppen ist also in erster Linie auf die Zunahme schwerer Erkrankungen, die mit langen Ausfallzeiten verbunden sind,

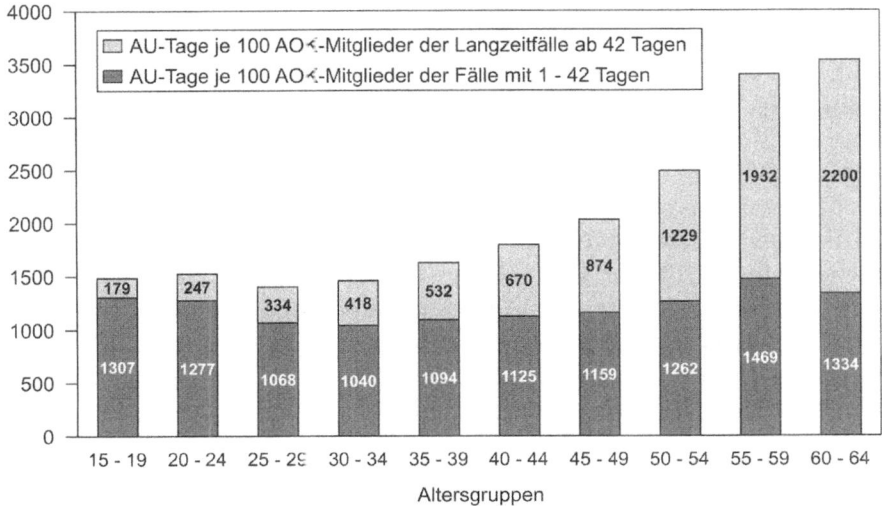

Abb. 17.3. AU-Tage nach Altersgruppen und Falldauerklassen, AOK-Mitglieder, 2001

zurückzuführen. Langzeitkrankschreibungen sind häufig die Vorstufe zur Berufs- oder Erwerbsunfähigkeit. Oft wird eine lange Krankschreibung damit abgeschlossen, dass der betreffende Arbeitnehmer in die Gruppe der Frührentner eingegliedert wird.

Weitere Einflussfaktoren

Der Zusammenhang zwischen Alter und Krankenstand ist jedoch keine konstante, sondern eine von einer Vielzahl von Einflussfaktoren abhängige variable Größe. Wichtige Faktoren, die mit darüber bestimmen, wie hoch der Krankenstand im Alter ausfällt, sind insbesondere die Schichtzugehörigkeit, die berufliche Stellung, die Art der ausgeübten Tätigkeit sowie das Qualifikationsniveau[2].

Abb. 17.4 zeigt die Entwicklung des Krankenstandes in Abhängigkeit vom Alter und von der Stellung im Beruf. Bei allen Statusgruppen steigt der Krankenstand mit zunehmendem Alter deutlich an, wobei Arbeiter und Facharbeiter in sämtlichen Altersgruppen höhere Krankenstandswerte aufweisen als Angestellte. Auffällig ist, dass bei Arbeitern und Facharbeitern ab 55 Jahren ein wesentlich steilerer Anstieg zu verzeichnen ist als bei den Angestellten.

Noch stärker variiert der Krankenstand zwischen den unterschiedlichen Berufsgruppen. Abb. 17.5 zeigt die Krankenstände für einige Berufsgruppen mit hohen und niedrigen Krankenständen in Abhängigkeit vom Alter. Aus der Abbildung ist ersichtlich, dass die Werte, die bis zum Alter von 49 Jahren in den verschiedenen Berufsgruppen noch relativ eng beieinander liegen, in den Altersgruppen ab 50 Jahren immer stärker voneinander abweichen. Bei einigen Berufsgruppen, wie z. B. den Gerüstbauern, erreichen sie bei den 60–64jährigen schließlich extreme Werte von mehr als 20 Prozent, während sie bei anderen Berufsgruppen wie Apothekern oder Wirtschafts- und Sozialwissenschaftlern auch in den höheren Altersgruppen die 5%-Marke nicht überschreiten. Die vorgestellten Daten zeigen deutlich, dass das Risiko der Arbeitsunfähigkeit im Alter in erheblichem Maße von der Stellung im Beruf, der ausgeübten Tätigkeit und den damit verbundenen Arbeitsanforderungen und -belastungen abhängt. Es gibt durchaus viele Berufsgruppen, wozu insbesondere die höherqualifizierten Gruppen gehören, die auch im Alter nur in relativ geringem Maße von Arbeitsunfähigkeit betroffen sind.

---
[2] Die Krankenstände von Männern und Frauen unterscheiden sich dagegen nur geringfügig. Allerdings lassen sich deutliche geschlechtsspezifische Unterschiede hinsichtlich der Verteilung der Krankheitsarten feststellen. Darauf wird im Folgenden noch eingegangen.

Einfluss der Altersstruktur auf die krankheitsbedingten Fehlzeiten

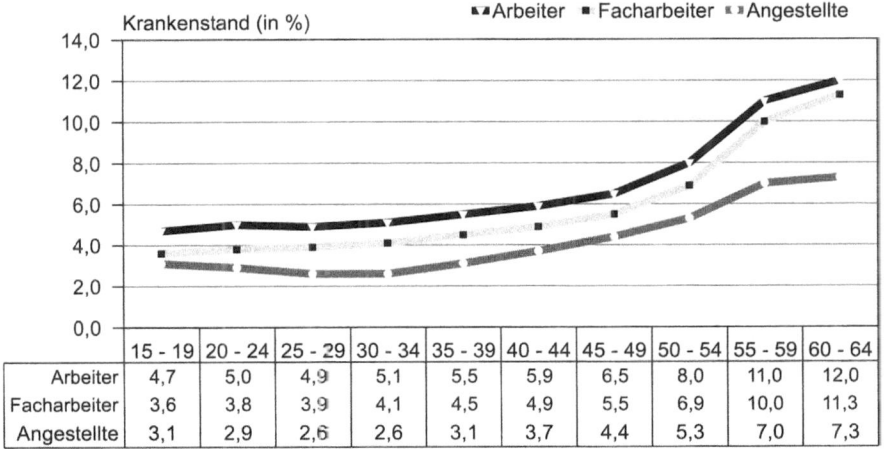

Abb. 17.4. Krankenstand nach Alter und Stellung im Beruf, AOK-Mitglieder, 2001

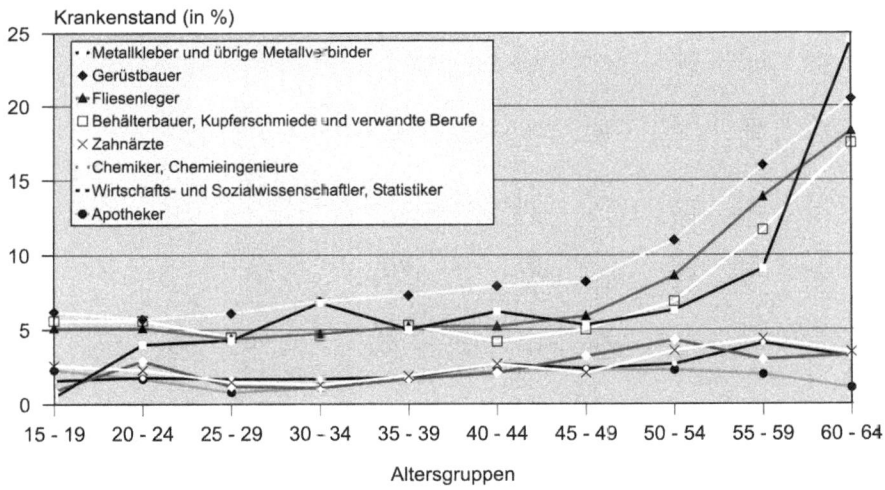

Abb. 17.5. Krankenstand nach Alter und Berufsgruppen, AOK-Mitglieder, 2001

Die höchsten AU-Raten finden sich bei Berufsgruppen aus gewerblichen Bereichen und Branchen mit hohen körperlichen Anforderungen, belastenden Arbeitsbedingungen und/oder einer hohen Unfallgefährdung, wie z. B. dem Baugewerbe und der Metallindustrie. In Tabelle 17.1 sind Berufsgruppen aufgelistet, die in den höheren Altersgruppen besonders hohe Krankenstände aufweisen. Ausgewiesen werden die Krankenstandskennzahlen für die Altersgruppe der 60–64jährigen. Bei fast allen der in der Tabelle aufgeführten Berufsgruppen

Tabelle 17.1. Berufsgruppen mit hohen AU-Raten in den höheren Altersgruppen, AOK-Mitglieder im Alter von 60–64 Jahren, 2001

Tätigkeit	Kranken-stand in %	AU-Fälle je 100 AOK-Mitglieder	AU-Tage je 100 AOK-Mitglieder	Tage je Fall	AU-Quote in % *
Metallkleber und übrige Metallverbinder	24,5	147,3	8938,1	60,7	70,0
Gerüstbauer	20,5	185,6	7473,7	40,3	71,3
Stukkateure, Gipser, Verputzer	19,7	156,6	7175,8	45,8	63,8
Fliesenleger	18,3	144,7	6671,2	46,1	63,0
Betonbauer	18,3	170,8	6662,8	39,0	63,3
Isolierer, Abdichter	18,1	169,2	6594,4	39,0	65,7
Behälterbauer, Kupferschmiede und verwandte Berufe	17,5	189,4	6384,2	33,7	66,7
Gleisbauer	17,3	174,7	6302,5	36,1	68,1
Dachdecker	17,3	162,5	6296,4	38,7	58,2
Maurer	16,8	147,5	6147,1	41,7	60,6
Textilfärber	16,5	181,5	6018,3	33,2	67,0
Former, Kernmacher	16,2	159,9	5922,6	37,0	64,8
Halbzeugputzer und sonstige Formgießerberufe	16,1	216,2	5870,9	27,2	75,4
Estrich-, Terrazzoleger	15,9	151,2	5809,0	38,4	61,3
Emaillierer, Feuerverzinker und andere Metalloberflächenveredler	15,1	182,0	5504,0	30,2	70,1
Polsterer, Matratzenhersteller	15,0	161,2	5461,8	33,9	64,5
Kranführer	14,9	147,9	5420,8	36,7	62,9
Formstein-, Betonhersteller	14,6	164,6	5324,3	32,4	66,5
Glaser	14,5	154,1	5298,9	34,4	65,6
Zimmerer	14,5	144,6	5298,7	36,6	57,5
Galvaniseure, Metallfärber	14,5	182,5	5290,1	29,0	67,9
Pflasterer, Steinsetzer	14,5	154,4	5277,7	34,2	62,5
Flachglasmacher	14,4	192,0	5253,6	27,4	70,0
Blechpresser, -zieher, -stanzer	14,4	184,1	5247,2	28,5	68,6
Erdbewegungsmaschinenführer	14,4	136,7	5237,2	38,3	61,8
Eisenbahnbetriebsregler, -schaffner	14,2	139,8	5196,8	37,2	60,4
Sonstige Tiefbauer	14,1	140,8	5157,5	36,6	60,6
Baumaschinenführer	14,1	141,5	5151,0	36,4	60,2
Stauer, Möbelpacker	14,1	146,9	5139,9	35,0	56,8
Schweißer, Brennschneider	13,9	189,8	5068,1	26,7	68,5
Rohrnetzbauer, Rohrschlosser	12,9	160,2	4689,2	29,3	60,3

* Anteil der AOK-Mitglieder mit einem oder mehreren AU-Fällen im Jahr 2001

beträgt die durchschnittliche Dauer eines Arbeitsunfähigkeitsfalls mehr als einen Kalendermonat. Bei vielen dieser Berufsgruppen ist auch das Risiko der Frühberentung besonders hoch. Ein erheblicher Teil der in diesen Tätigkeitsfeldern Beschäftigten ist aus gesundheitlichen Gründen nicht dazu in der Lage, seine Tätigkeit bis zum Erreichen der gesetzlichen Altersgrenze auszuüben (vgl. dazu auch die Beiträge von Behrens und Morschhäuser in diesem Band). So scheiden beispielsweise bei Berufsgruppen wie den Maurern, Schweißern und Rohrinstallateuren mehr als die Hälfte der Arbeitnehmer wegen verminderter Leistungsfähigkeit vorzeitig aus dem Erwerbsleben aus. Schwedischen Studien zufolge hat der Beruf nach dem Alter und der Gesundheit den größten Einfluss auf das Risiko einer Berentung wegen Erwerbsunfähigkeit.

Entwicklung der Krankheitsarten in Abhängigkeit vom Alter

Abb. 17.6 zeigt, welche Krankheitsarten für die Arbeitsunfähigkeitszeiten in den einzelnen Altersgruppen verantwortlich sind. Aus der Abbildung ist sehr deutlich zu ersehen, dass die Zunahme der krankheitsbedingten Ausfalltage mit dem Alter vor allem auf den starken Anstieg der Muskel- und Skeletterkrankungen und der Herz- und Kreislauferkrankungen zurückzuführen ist. Während diese beiden Krankheitsarten bei den jüngeren Altersgruppen noch eine untergeordnete Bedeutung haben, verursachen sie in den höheren Altersgruppen die meisten Arbeitsunfähigkeitstage. Bei den 60–64jährigen gehen bereits mehr als ein Drittel (36,5%) der Ausfalltage auf das Konto der muskuloskelettalen Erkrankungen. Muskel-/Skeletterkrankungen und Herz-/Kreislauferkrankungen zusammen sind bei dieser Altersgruppe

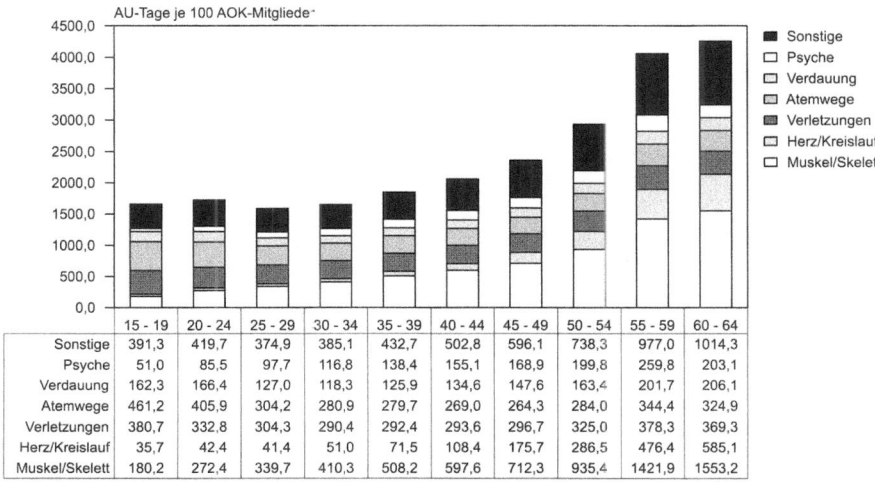

Abb. 17.6. Arbeitsunfähigkeitstage nach Alter und Krankheitsarten (ICD-Kapitel), AOK-Mitglieder, 2001

für die Hälfte des Krankenstandes verantwortlich. Neben diesen beiden Krankheitsarten führen auch psychische Erkrankungen in den höheren Altersgruppen vermehrt zu Fehlzeiten, allerdings in deutlich geringerem Ausmaß. Bei Atemwegserkrankungen, Erkrankungen der Verdauungsorgane und Verletzungen gehen die Fallzahlen dagegen mit dem Alter zurück.

Muskel-/Skeletterkrankungen

Auffallend bei den muskuloskelettalen Erkrankungen ist der bereits in jüngeren Jahren beginnende kontinuierliche Anstieg der Ausfallzeiten (Abb. 17.7). In den Altersgruppen ab 50 Jahren ist dann ein sprunghafter Anstieg der Fehlzeiten zu verzeichnen. Muskel- und Skeletterkrankungen entwickeln sich häufig über viele Jahre hinweg in einem schleichenden Prozess, bei dem die beruflichen Beanspruchungen und Belastungen im Verlauf der Erwerbsbiographie eine entscheidende Rolle spielen. Da viele Erkrankungsfälle einen chronisch-degenerativen Verlauf nehmen, nimmt mit zunehmendem Alter die durchschnittliche Falldauer erheblich zu. Während ein Arbeitsunfähigkeitsfall bei den 15–19jährigen im Durchschnitt lediglich 6,2 Tage dauert, erstreckt er sich bei den 60–64jährigen über 30,6 Tage. Bei den Männern ist vor allem in den jüngeren und mittleren Altersgruppen die Zahl der durch muskuloskelettale Erkrankungen bedingten AU-Fälle

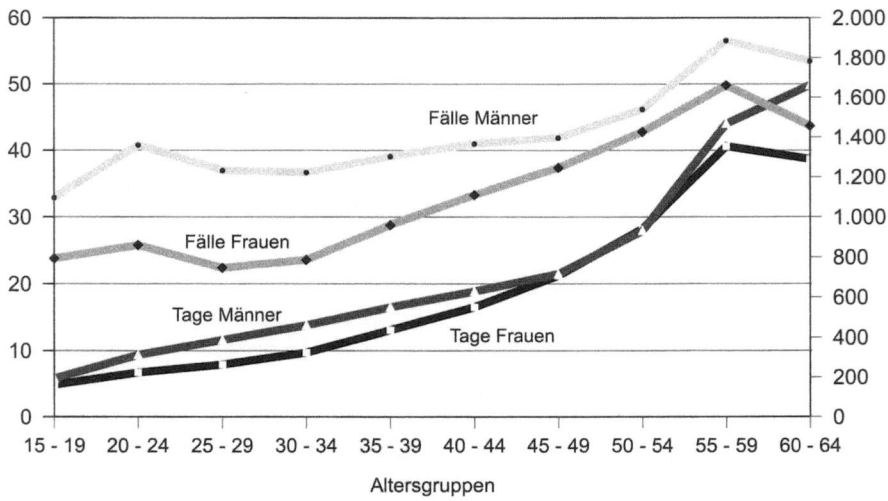

Abb. 17.7. Muskel-/Skeletterkrankungen nach Alter und Geschlecht, AU-Fälle und -Tage je 100 AOK-Mitglieder, 2001

Tabelle 17.2. Arbeitsunfähigkeiten durch Muskel-/Skeletterkrankungen nach Berufsgruppen, AOK-Mitglieder im Alter von 60–64 Jahren, 2001

Tätigkeit	AU-Fälle je 100 AOK-Mitglieder	AU-Tage je 100 AOK-Mitglieder	AU-Tage je Fall
Metallkleber und übrige Metallverbinder	79,3	4622,0	58,3
Behälterbauer, Kupferschmiede und verwandte Berufe	94,2	4434,4	47,1
Fliesenleger	77,3	4289,1	55,5
Stukkateure, Gipser, Verputzer	83,4	4139,4	49,7
Gerüstbauer	88,6	3826,8	43,2
Isolierer, Abdichter	83,7	3575,3	42,7
Dachdecker	84,3	3512,3	41,7
Betonbauer	83,7	3507,2	41,9
Maurer	74,3	3444,0	46,3
Former, Kernmacher	74,8	3206,0	42,9
Nieter	78,7	3078,0	39,1
Estrich-, Terrazzoleger	71,9	3041,8	42,3
Pflasterer, Steinsetzer	76,3	3027,7	39,7
Flachglasmacher	87,6	2908,5	33,2
Zimmerer	74,0	2885,6	39,0
Formstein-, Betonhersteller	80,3	2827,2	35,2
Fertiggerichte-, Obst-, Gemüsekonservierer, -zubereiter	68,8	2808,6	40,8
Straßenbauer	73,9	2762,6	37,4
Sonstige Tiefbauer	70,1	2738,2	39,1
Glaser	71,2	2735,6	38,4

und -Tage höher als bei den Frauen, was zu einem wesentlichen Teil auf unterschiedliche Tätigkeitsspektren und die damit verbundenen Arbeitsbelastungen zurückzuführen sein dürfte.

Die einzelnen Berufsgruppen sind in sehr unterschiedlichem Ausmaß von Muskel- und Skeletterkrankungen betroffen (Tabelle 17.2). Insbesondere bei den Berufen mit hohen AU-Raten (vgl. Tabelle 17.1) ist meist der Anteil der durch diese Krankheitsart bedingten Fehlzeiten in den höheren Altersgruppen besonders hoch. Bei einigen Berufsgruppen, wie z. B. den Fliesenlegern, gehen in der Altersgruppe der 60–64jährigen mehr als 50% des Krankenstandes ausschließlich auf muskuloskelettale Erkrankungen zurück.

Muskuloskelettale Erkrankungen verursachen in den höheren Altersgruppen nicht nur die meisten AU-Tage, sie sind auch der häufigste Grund für Frühberentungen. Im Jahr 2000 war jeder vierte Rentenzugang wegen verminderter Erwerbsfähigkeit darauf zurückzuführen (n = 54.094). Auch in der Frühberentungsstatistik ist der Anteil der Männer, die aufgrund von Muskel-/Skeletterkrankungen aus dem Berufleben ausscheiden, etwas höher als bei den Frauen (Männer: 27%; Frauen: 25%) [2].

Der größte Anteil der Muskel- und Skeletterkrankungen entfällt auf Rückenerkrankungen. Auf sie gingen im Jahr 2001 mehr als die Hälfte der durch diese Krankheitsart verursachten Krankmeldungen zurück (58% der Arbeitsunfähigkeitsfälle und 55% der -tage). Daneben spielen vor allem Arthropathien und Krankheiten der Weichteilgewebe eine Rolle. Der Rest entfällt auf sonstige Erkrankungen.

Bei der Genese muskuloskelettaler Erkrankungen spielen arbeitsbedingte Risikofaktoren eine erhebliche Rolle. Neben ungünstigen physischen Arbeitsbedingungen, wie schweres Heben, ständiges Sitzen, bestimmte Zwangshaltungen (z.B. gleichzeitiges Bücken und Verdrehen), Vibrationen oder einseitige, repetitive Tätigkeiten, sind auch psychische und psychosoziale Faktoren wie Stress durch Zeitdruck, hohe Arbeitsintensität, Konflikte am Arbeitsplatz, mangelnde Anerkennung und Unterstützung sowie die Angst um den Verlust des Arbeitsplatzes von großer Bedeutung.

Ein erheblicher Teil der Muskel- und Skeletterkrankungen kann durch präventive Maßnahmen am Arbeitsplatz verhindert werden. Bödeker et al.[3] [3] kommen in einer Studie zu den Kosten arbeitsbedingter Erkrankungen zu dem Ergebnis, dass allein durch eine Reduzierung des Belastungsfaktors „Arbeitsschwere/Lastenheben" bereits 11% der Arbeitsunfähigkeit aufgrund von Muskel- und Skeletterkrankungen potenziell vermieden werden könnte.

Herz-/Kreislauferkrankungen

Neben den Muskel- und Skeletterkrankungen nimmt die Häufigkeit der Herz-/Kreislauferkrankungen mit dem Alter am stärksten zu. Allerdings ist bei dieser Krankheitsart ein deutlicher Anstieg der darauf zurückgehenden Fehlzeiten erst bei Arbeitnehmern ab 45 Jahren zu verzeichnen (Abb. 17.8). Dies ist insbesondere auf die in den mittleren Altersgruppen einsetzende Zunahme ischämischer Herzerkrankungen, wozu beispielsweise der Herzinfarkt gehört, zurückzuführen.

Bei den Erwerbstätigen ab 55 Jahren verursachen die Herz-/Kreislauferkrankungen nach den Muskel- und Skeletterkrankungen die meisten Arbeitsunfähigkeitstage. Herz-/Kreislauferkrankungen sind häufig sehr langwierig. Bei den 60–64jährigen liegt die Krankheits-

---

[3] Arbeit & Ökologie-Briefe 04/2002: „Arbeitsbedingte Erkrankungen kosten jährlich mindestens 28 Milliarden Euro".

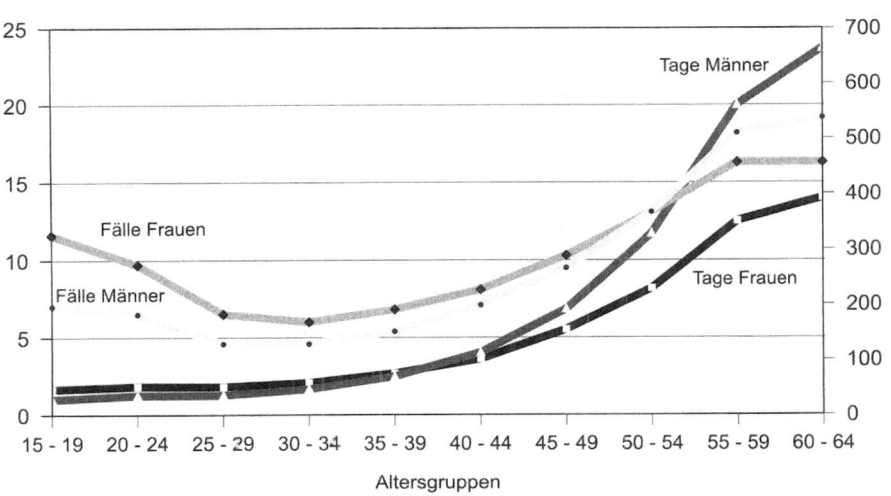

Abb. 17.8. Herz-/Kreislauferkrankungen nach Alter und Geschlecht, AU-Fälle und -Tage je 100 AOK-Mitglieder, 2001

dauer je Fall bei über vier Wochen. Zum Vergleich: die durchschnittliche Dauer aller Arbeitsunfähigkeitsfälle des gesamten Krankheitsspektrums beläuft sich auf knapp zwei Wochen. Bei den Männern sind in den Altersgruppen ab 45 Jahren deutlich mehr Arbeitsunfähigkeitstage aufgrund von Herz-/Kreislauferkrankungen zu verzeichnen als bei den Frauen. Auch das Risiko der vorzeitigen Berentung aufgrund von Herz-/Kreislauferkrankungen ist bei Männern erheblich höher als bei Frauen. 1999 waren diese Erkrankungen bei den Männern für 20% der Berentungen aufgrund verminderter Erwerbsfähigkeit verantwortlich, bei den Frauen waren es dagegen nur 9% [4].

Bei den Herz- und Kreislauferkrankungen entfallen anteilmäßig die meisten Krankheitstage auf ischämische Herzkrankheiten und Hypertoniefälle. Auf diese beiden Diagnosegruppen gingen im Jahr 2001 bei den AOK-Mitgliedern knapp die Hälfte (47%) der durch Krankheiten des Kreislaufsystems verursachten Arbeitsunfähigkeitstage zurück. Den dritten und vierten Rangplatz nahmen sonstige Formen der Herzkrankheit sowie Krankheiten der Venen, der Lymphgefäße und der Lymphknoten ein. Der Rest entfiel auf sonstige Erkrankungen.

Zu den Risikofaktoren für koronare Herzkrankheiten gehören die Hyperlipidämie (Zunahme der Blutfettwerte), Hypertonie (Bluthochdruck), das Rauchen, Diabetes mellitus (Zuckerkrankheit), körperliche Inaktivität und psychosozialer Stress. Arbeitsdingungen, die durch hohe Anforderungen in Kombination mit geringem Entscheidungsspielraum gekennzeichnet sind, und Arbeitsbedingungen, die zu hoher beruflicher Verausgabung herausfordern, ohne entsprechende Belohnungen zu gewähren, können ebenfalls das Risiko kardiovaskulärer Erkrankungen erhöhen [5].

Das Risiko für Herz-Kreislauferkrankungen kann durch betriebliche Präventionsprogramme deutlich reduziert werden. Gerade bei Herz-/Kreislauferkrankungen bestehen noch beachtliche Präventionspotentiale [6]. Die kardiovaskuläre Morbidität und Mortalität ist in den letzten Jahren bereits zurückgegangen. Durch eine Intensivierung der Prävention könnte dieser positive Trend aber noch deutlich beschleunigt werden [7].

Psychische Störungen und Verhaltensstörungen

Ähnlich wie bei den Muskel- und Skeletterkrankungen nehmen auch die Fehlzeiten aufgrund psychischer Störungen und Verhaltensstörungen bereits in den jüngeren und mittleren Altersgruppen kontinuierlich zu (Abb. 17.9). Mit dem Alter steigt nicht nur die Zahl der Fälle, sondern auch die durchschnittliche Falldauer erheblich an. Während in der Altersgruppe der 15–19jährigen 2001 durchschnittlich 51,0 Tage je 100 AOK-Mitglieder anfielen, waren es bei den 55–59jährigen 203,1 Tage, also mehr als das fünffache. Bei den Frauen ist sowohl die Zahl der Arbeitsunfähigkeitsfälle als auch der -tage aufgrund psychischer Erkrankungen deutlich höher als bei den Männern mit zunehmend größerem Abstand in den höheren Altersgruppen.

Bei den psychischen und Verhaltensstörungen dominieren affektive Störungen, bei denen insbesondere Depressionen eine wichtige Rolle spielen, sowie neurotische, Belastungs- und somatoforme Störungen, zu denen u. a. Phobien und andere Angststörungen gehören. Auf diese beiden Diagnosegruppen entfiel im Jahr 2001 ein Anteil von 36 bzw. 37% der auf psychische Erkrankungen zurückgehenden Arbeitsunfähigkeitstage. Auf psychische und Verhaltensstörungen durch psychotrope Substanzen, wie z. B. die Alkoholabhängigkeit, gingen 15% der Krankheitstage zurück. Persönlichkeits- und Verhaltensstörungen waren für 3% der Fehltage verantwortlich. Der Rest entfiel auf sonstige Erkrankungen.

Krankmeldungen aufgrund psychischer Erkrankungen und Verhaltensstörungen haben in den letzten Jahren erheblich zugenommen[4]. Im Dienstleistungsbereich sind sie bereits heute für einen erheblichen

---

[4] Vgl. dazu Kap. 19.1.

Einfluss der Altersstruktur auf die krankheitsbedingten Fehlzeiten

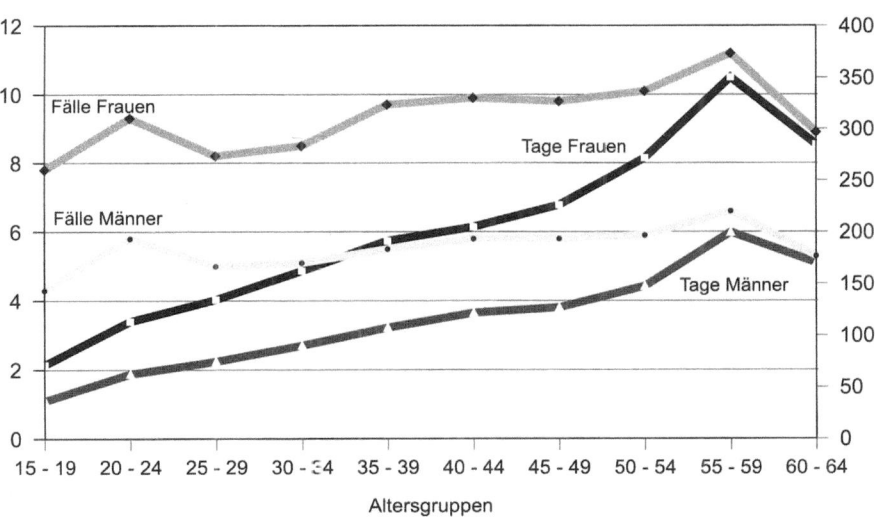

Abb. 17.9. Psychische Störungen und Verhaltensstörungen nach Alter und Geschlecht, AU-Fälle und -Tage je AOK-Mitglieder, 2001

Teil des Krankenstandes verantwortlich (vgl. Kap. 19.1.14). Auch die Zahl der auf diese Krankheitsart zurückgehenden Frühberentungen ist in letzter Zeit stark angestiegen. Inzwischen sind nicht mehr die Herz-/Kreislauferkrankungen, sondern die psychischen Erkrankungen nach den Muskel- und Skeletterkrankungen der zweithäufigste Grund für den Eintritt von Berufs- bzw. Erwerbsunfähigkeit. Bei den Frauen stehen sie sogar an der Spitze der Frühverrentungsstatistik.

Nach Schätzungen der in Bilbao ansässigen Europäischen Agentur für Sicherheit und Gesundheitsschutz am Arbeitsplatz ist Stress nach Rückenschmerzen das zweitgrößte berufsbedingte Gesundheitsproblem. Nach Angaben der Agentur sind rund 28 Prozent der Beschäftigten davon betroffen. Etwa 41 Millionen EU Beschäftigte geben an, unter Stress zu leiden. 50 bis 60 Prozent der Fehlzeiten werden mit Stress am Arbeitsplatz in Verbindung gebracht. Die Auswirkungen auf die Gesundheitssysteme sind erheblich: Schätzungen zufolge sind 16 Prozent der Herz-Kreislauf-Erkrankungen bei Männern und 22 Prozent bei Frauen eine unmittelbare Folge von Stress am Arbeitsplatz. Es wird angenommen, dass arbeitsbedingter Stress die EU jährlich mindestens 20 Milliarden Euro kostet [8].

Fazit

Aufgrund der demographischen Entwicklung wird der Anteil älterer Mitarbeiter in den Betrieben in Zukunft deutlich zunehmen. Dies wird nicht ohne Auswirkungen auf die Entwicklung der krankheitsbedingten Fehlzeiten bleiben. Zwar sind ältere Arbeitnehmer nicht häufiger arbeitsunfähig als jüngere Erwerbstätige, sie sind aber in höherem Maße von langwierigen und von Mehrfacherkrankungen betroffen. Damit gehen höhere Krankenstände einher. Das Arbeitsunfähigkeitsgeschehen wird in den höheren Altersgruppen vor allem durch chronische Erkrankungen bestimmt. Dabei kommt den Muskel- und Skeletterkrankungen und den Herz-/Kreislauferkrankungen besondere Bedeutung zu. Diese beiden Krankheitsarten sind für den größten Teil der krankheitsbedingten Fehlzeiten verantwortlich. Es zeichnet sich ab, dass in Zukunft die psychischen Erkrankungen und Verhaltensstörungen weiter an Bedeutung gewinnen werden. Die genannten Krankheitsarten dominieren nicht nur das Arbeitsunfähigkeitsgeschehen. Sie sind gleichzeitig auch der häufigste Grund für Frühberentungen.

Auch wenn die Wahrscheinlichkeit, zu erkranken, mit dem Alter steigt, sind hohe Krankenstände bei älteren Arbeitnehmern keine zwangsläufige Erscheinung. Gerade bei den Krankheitsarten, die bei älteren Arbeitnehmern im Vordergrund stehen, bestehen gute Präventionsmöglichkeiten. Da arbeitsbedingte Risikofaktoren bei der Genese chronischer Erkrankungen eine wichtige Rolle spielen, sind betriebliche Präventionsprogramme besonders erfolgversprechend. Auch können sozial benachteiligte Gruppen, die beispielsweise von Herz-/Kreislauferkrankungen überdurchschnittlich häufig betroffen sind, über Settings wie den Betrieb besonders gut erreicht werden. Ein beachtlicher Teil der chronischen Erkrankungen ist durch entsprechende präventive Maßnahmen vermeidbar. Negative Folgeerscheinungen bereits eingetretener Erkrankungen können durch rechtzeitig eingeleitete rehabilitative Maßnahmen reduziert werden. Angesichts der zu erwartenden demographischen Veränderungen kommt daher einer langfristig und präventiv angelegten betrieblichen Gesundheitspolitik wachsende Bedeutung zu.

Literatur

[1] Höög, J., Stattin, M.: Who becomes a disability pensioner? – The Swedish Case in Work and Health, Arbetslivsinsitutet, 1997.
[2] Verband Deutscher Rentenversicherungsträger (VDR), VDR Statistik, Rentenzugang des Jahres 2000, Band 137, Frankfurt am Main, 2001.

[3] Arbeit & Ökologie-Briefe 04/2002: Arbeitsbedingte Erkrankungen kosten jährlich mindestens 28 Milliarden Euro.
[4] Sozialpolitische Umschau, Ausgabe 15, Berlin, 5. Juni 2001.
[5] Siegrist, J.: Psychosoziale Arbeitsbelastungen und Herz-Kreislauf-Risiken. In: Fehlzeiten-Report 1999, Psychische Belastung am Arbeitsplatz. B. Badura, M. Litsch, C. Vetter (Hrsg.), Berlin, Springer, 1999.
[6] Walter, U.: Präventionspotentiale für ein gesundes Altern, GGW 1/2001 (Juli), 1. Jg.
[7] Enquete-Kommission demographischer Wandel, Deutscher Bundestag, Referat Öffentlichkeitsarbeit (Hrsg.), Drucksache 12/7876.
[8] Europäische Agentur für Sicherheit und Gesundheitsschutz am Arbeitsplatz, Arbeitsbedingter Stress, Factsheets, Issue 22, 22 Mai 2002.

KAPITEL 18

Arbeitsausfall durch Krankheit – ein internationaler Vergleich*

R. Osterkamp

Die volkswirtschaftlichen Kosten des Gesundheitswesens werden meist durch die Inanspruchnahme von Gesundheitsdienstleistungen im Verhältnis zum Bruttoinlandsprodukt (BIP) – oder anders ausgedrückt: durch den Beitrag des Gesundheitswesens zum BIP – gemessen. Kranksein im Vergleich zum Gesundsein führt aber nicht nur zu einer anderen Verwendung des BIP – eben für Gesundheitsdienstleistungen statt für andere Güter und Dienste – sondern wegen des krankheitsbedingten Arbeitsausfalls auch zu einer geringeren Höhe des BIP. In diesem Artikel wird gefragt,
- wie hoch der Produktionsausfall aufgrund von Krankheit in verschiedenen Ländern ist,
- auf welche Gründe unterschiedlich hohe Krankenstände bzw. Produktionsausfälle zurückgeführt werden können
- und auf welchen Anteil am BIP sich die gesamten volkswirtschaftlichen Kosten des Krankseins – Gesundheitsdienstleistungen und Produktionsausfall – in den verschiedenen Ländern belaufen.

Krankenstand und Produktionsausfall

Als Quelle für den krankheitsbedingten Arbeitsausfall diente v. a. die Gesundheitsdatenbank der OECD. Dabei wurden für diese Analyse nur Industrieländer berücksichtigt. In etlichen Einzelfällen, wenn Angaben dort fehlen oder unglaubwürdig sind, wurden auch nationale Quellen herangezogen. Für einige Länder, wie Frankreich, Italien, Spanien oder Irland, sind in den genannten Quellen keine, keine vergleichbaren oder nur erheblich veraltete Angaben verfügbar. Als Fall mit aufgenommen wurde die DDR im Jahr 1988.

Die Krankenstände werden von den Ländern auf verschiedene Weise angegeben: als Zahl der Kalendertage, als Zahl der Arbeitstage oder

---

* Wiederabdruck eines Artikels aus „ifo Schnelldienst" (ifo Institut für Wirtschaftsforschung, München), Nr. 21, November 2001

in Prozent der Jahresarbeitszeit pro Beschäftigtem. Soweit nicht schon in den verfügbaren Angaben so ausgedrückt, wurde der Arbeitsausfall in Prozent der jährlichen Arbeitszeit umgerechnet. Es wird nun weiter von der Annahme ausgegangen, dass dieser Arbeitsausfall dem dadurch entstehenden Produktionsausfall gleichgesetzt werden kann. Dieses Vorgehen bietet allerdings nur eine Annäherung an die tatsächlichen Verhältnisse, v. a. auch deswegen, da die Zahlenangaben sich meist nur auf die unselbständig Beschäftigten beziehen und die Krankheitstage der Selbständigen nicht erfassen[1]. Tabelle 18.1 enthält die Angaben zum Krankenstand sowie die Daten, die zur Umrechnung von Kalender- in Arbeitstage und von der Zahl der Arbeitstage in prozentualen Arbeitsausfall benutzt wurden[2]. In Abb. 18.1 ist der Krankenstand grafisch wiedergegeben.

Die Unterschiede in den Krankenständen sind beträchtlich. In den USA fallen nur 2% der jährlichen Arbeitszeit krankheitsbedingt aus, in Australien, Kanada und der Schweiz sind es 3% oder weniger[3]. Dagegen betragen die entsprechenden Zahlen in Deutschland 4,2%, in Österreich 5,8% und in Polen angeblich sogar fast 9%. Auch in der DDR (1988) war der Krankenstand mit 6,3% der Arbeitszeit beträchtlich.

In einigen Ländern, wie z. B. in Deutschland, werden die Arbeitsunfähigkeitstage auf der Grundlage der von den Ärzten ausgestellten Arbeitsunfähigkeitsbescheinigungen gezählt. Dabei werden grundsätzlich Kalendertage erfasst. Diese werden dann in die Kennziffer „Krankenstand in Prozent der Arbeitstage" umgerechnet und so in der Statistik veröffentlicht. Dies ist aber i. a. nicht identisch mit dem Krankenstand

---

[1] Darüber hinaus muss selbst ein vollständig erfasster Arbeitsausfall (in Prozent der Arbeitszeit) nicht unbedingt in genau diesem Maße auch zu einem Produktionsausfall führen. Das wäre nur bei einer Entlohnung nach dem Wertgrenzprodukt der Fall. Selbst wenn dies unterstellt werden kann, wären Fälle denkbar, in denen der Produktionsausfall größer (z. B. Maschinen bleiben unbesetzt), aber auch kleiner (z. B. bei Krankheit ohne oder vor einer Krankmeldung) ist, als der ihm zugrunde liegende Arbeitsausfall nach Krankmeldung. Schließlich sei darauf hingewiesen, dass der krankheitsbedingte Produktionsausfall hier als Anteil am tatsächlichen BIP (also am BIP „nach Krankheit") berechnet wird, während die korrekte Bezugsgröße eigentlich das (höhere) BIP „ohne Krankheit" wäre. Zur Zusammenfassung mit den Gesundheitsdienstleistungen müssten dann auch diese auf das BIP „ohne Krankheit" bezogen werden, was aber unüblich ist.
[2] Spalten (7) und (8) – die Inanspruchnahme von Gesundheitsdienstleistungen in Prozent des BIP und die gesamten volkswirtschaftlichen Kosten des Gesundheitswesens – sind der Einfachheit halber bereits hier eingetragen. Am Ende des Artikels kommen wir darauf zurück.
[3] Der besonders niedrige Krankenstand in den USA mag teilweise auch an speziellen Ursachen liegen, so z. B. an der dort verhältnismäßig niedrigen Quote der Krankenversicherten an der Gesamtbevölkerung.

Arbeitsausfall durch Krankheit – ein internationaler Vergleich

Tabelle 18.1. Krankheitsbedingter Arbeitsausfall

	Jahr	Zahl der Arbeitstage, verloren wg. Krankheit, pro Besch. und p.a. (1)	Verlorene Arbeitstage in % der jährl. Arb.-tage (2)	Kal.-tage (3)	Arb.-std. p.a. (4)	Arb.-std. pro Tag (5)	Arb.-tage p.a. (6)	Ausgaben f. Gesundheit in % d. BIP (7)	Gesamte volkswirtschaftl. Kosten des Krankseins in % des BIP (=(2)+(7)) (8)
1 Australien	1995	**6,3**	2,8%	365	1777	8,0	222	11,0%	13,8%
2 Belgien	1995	**7,1**	3,3%	365	1739	8,0	217	7,9%	11,2%
3 Deutschland	2000		4,2%					10,5%	14,7%
4 DDR	1988		6,3%					4,8%	11,1%
5 Finnland	1999	**8,0**	3,6%	365	1757	8,0	220	7,9%	11,5%
6 Frankreich	1988	**15,7**	7,2%	365	1742	8,0	218	8,5%	15,7%
7 Kanada	1998	**6,6**	2,8%	365	1863	8,0	233	9,3%	12,1%
8 Luxemburg	1992	**10,1**	4,6%	365	1766	8,0	221	6,6%	11,2%
9 Niederlande	1999		5,8%					8,8%	14,6%
10 Norwegen	1995	**14,0**	6,4%	365	1748	8,0	219	7,5%	13,9%
11 Österreich	1998	**12,6**	5,8%	365	1728	8,0	216	9,0%	14,8%
12 Polen	1995	**15,7**	7,0%	365	1796	8,0	225	5,3%	12,3%
13 Portugal	1989	**4,4**	1,9%	365	1806	8,0	226	7,9%	9,8%
14 Schweden	2000		4,0%					9,2%	13,2%
15 Schweiz	1997	**7,0**	3,0%	365	1861	8,0	233	10,1%	13,1%
16 Slovakei	1999		5,3%					8,6%	13,9%
17 Tsch. Rep.	1998		5,8%					7,6%	13,4%
18 Ungarn	1998		4,3%					5,3%	9,6%
19 USA	1996	**4,8**	2,0%	365	1916	8,0	240	13,7%	15,7%
20 Ver. Königr.	1998	**8,5**	3,7%	365	1839	8,0	230	8,0%	11,7%

Anmerkungen: **Fett** gedruckte Angaben zum Krankenstand: Angaben aus der Statistik; nicht fett: Zahlen errechnet; entweder krankheitsbedingt ausgefallenen Arbeitstage (1), aus Kalendertage-Fehlzeiten (nicht aufgeführt), oder Fehlzeiten in % (2) aus ausgefallenen Arbeitstagen (1); Umrechnung über (3)–(6). Bei der in einigen Fällen notwendigen Umrechnung von Kalendertagen in Arbeitstage wurde unterstellt, dass sich die Kalendertage Krankheit pro rata verteilen auf Arbeitstage und Nicht-Arbeitstage (Feiertage und Urlaub). Spalte (2): = Produktionsausfall in % des BIP. Spalte (7): = Beitrag des Gesundheitswesens zum BIP. Die Angaben in den Spalten (3)–(6) sind nur dann aufgenommen, wenn sie zur Berechnung der Spalte (2) erforderlich waren. Aktualität: Die Tabelle enthält die aktuellsten und gleichzeitig international vergleichbaren verfügbaren Werte. Quellen: Spalten (1), (2) und (7): OECD Health Data 2000 [7] sowie Angaben aus statistischen Jahrbüchern einzelner Länder [11]. Spalte (4): IMD, World Competitiveness Yearbook 1999 [6].

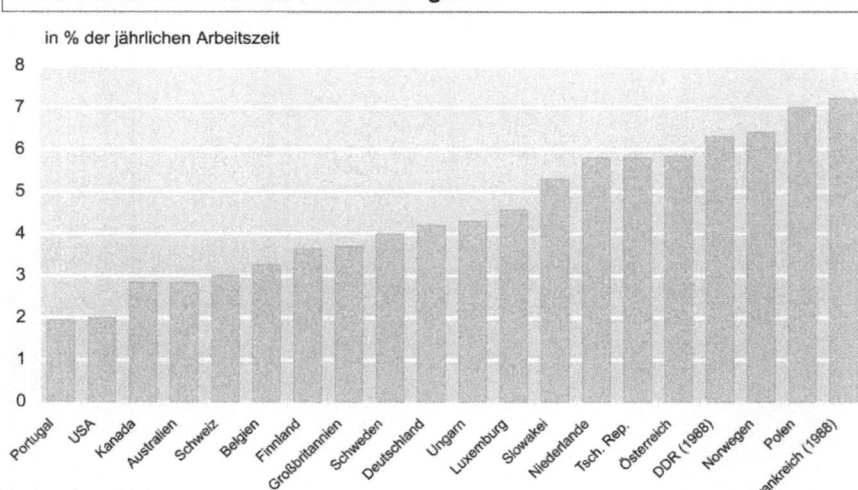

Abb. 18.1. Krankenstände im internationalen Vergleich in % der Jahresarbeitszeit

der Erwerbsbevölkerung insgesamt. In den meisten Ländern, so auch in Deutschland, enthalten die veröffentlichten zusammenfassenden Angaben nur die Arbeitsunfähigkeit der in den gesetzlichen Krankenkassen versicherten abhängig Beschäftigten. Selbständige und privatversicherte Unselbständige werden darin nicht erfasst. Wenn sich deren Krankenstand von dem der Pflichtversicherten unterscheidet, wäre auch der Krankenstand der Erwerbsbevölkerung insgesamt anders, und zwar vermutlich etwas niedriger als in den offiziellen Angaben über den Krankenstand zum Ausdruck kommt.

Auf der anderen Seite sind aber die offiziellen Angaben insofern zu niedrig, als sie nur diejenigen Fälle von krankheitsbedingter Arbeitsunfähigkeit erfassen, die auf einem ärztlichen Attest beruhen. Ein solches Attest aber ist in vielen Ländern erst nach einer Krankheitsdauer von einigen Tagen (in vielen Betrieben und Dienststellen in Deutschland ab dem vierten Tag) zwingend erforderlich. Der Umfang der auf diese Weise nicht erfassten Krankheitstage dürfte nicht unbeträchtlich sein. Zur Abschätzung der Größenordnung: In Deutschland entfallen allein ca. 30% der gemeldeten Krankheitsfälle auf eine Dauer von bis zu drei Tagen, was einem Anteil an allen (gemeldeten) Arbeitsausfalltagen von etwa 8% entspricht[4].

---

[4] Bundesverband der Betriebskrankenkassen, 1999.

Mögliche Gründe für die unterschiedlichen Krankenstände

Die Ursachen für den krankheitsbedingten Arbeitsausfall in einem Land sind vielfältig. Von Bedeutung sind einmal die Bedingungen, unter denen Krankheiten entstehen. Dazu gehören insbesondere Maßnahmen zur Sicherheit am Arbeitsplatz. Zum zweiten spielt eine Rolle, wie gut und schnell entstandene Krankheiten geheilt werden. Zum dritten dürfte von Bedeutung sein, wie die Lohnfortzahlung im Krankheitsfall in den einzelnen Ländern geregelt ist. Wir konzentrieren uns im Folgenden auf den zweiten und dritten der genannten drei Einflussfaktoren.

Wie gut und schnell eingetretene Erkrankungen geheilt werden, hängt von der Qualität des nationalen Gesundheitswesens ab. Denn die Qualität der Behandlung und die Länge der Wartezeiten auf eine Behandlung sind für die Zahl der Krankheitstage von großer Bedeutung. Nun ist die „Qualität des Gesundheitswesens" allerdings ein außerordentlich komplexer Indikator, der daher hier nur in sehr vereinfachter Weise abgebildet werden kann. Dies soll durch die Inanspruchnahme von Gesundheitsdienstleistungen gemessen am BIP geschehen[5].

Abb. 18.2 zeigt erwartungsgemäß keine ungeordnete „Punktwolke". Allerdings ist der Zusammenhang zwischen den beiden Variablen auch nicht übermäßig eng[6]. Es lässt sich aber im Großen und Ganzen sagen: Je höher der Beitrag der Gesundheitsdienstleistungen zum BIP (also: je höher die Qualität des Gesundheitswesens) ist, desto niedriger ist auch der Krankenstand[7].

Neben der Qualität des Gesundheitswesens dürfte aber für den Umfang der krankheitsbedingten Arbeitsausfälle auch die Höhe der Lohnfortzahlung[8] von Bedeutung sein. Die Angaben zur Lohnfortzahlung enthalten z. T. sehr viele institutionelle Details, die nicht immer direkt vergleichbar und in manchen Fällen für unsere Frage auch nicht immer relevant sind (z. B. die Frage, wer zahlt – der Arbeitgeber oder die Krankenversicherung). Um Vergleichbarkeit herzustellen und die Angaben so zu präsentieren, dass sie für unsere Zwecke aussagekräftig sind, wurde versucht, die Angaben auszuwerten und umzurechnen, und zwar so, dass die Einkommen bzw. der Einkommensausfall an bestimmten einzelnen Tagen eines Krankheitsverlaufs deut-

---

[5] Dieser Indikator bietet auch deswegen nur eine grobe Annäherung, weil er den „Input" misst, während „Qualität" den „Output" charakterisiert.
[6] Korrelationskoeffizient von −0,57.
[7] Der Anteil der Gesundheitsdienstleistungen am BIP wiederum hängt u. a. von der Höhe des Pro-Kopf-Einkommens ab, denn Gesundheit ist ein „superiores" Gut.
[8] Quelle: OECD, Health Data 2000 [7], sowie eigene Recherchen.

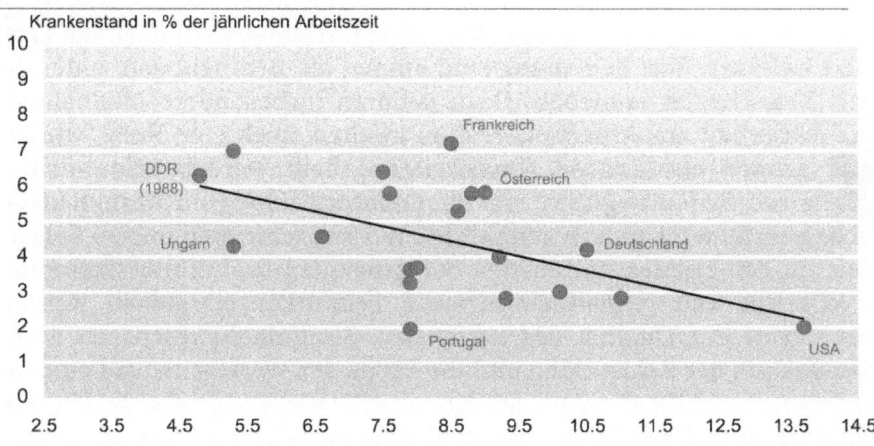

Abb. 18.2. Krankenstand und Ausgaben für Gesundheitsdienstleistungen

lich werden[9]. Tabelle 18.2 präsentiert die verschiedenen Regelungen der Lohnfortzahlung.

Die Unterschiede in der Lohnfortzahlung zwischen den Ländern sind beträchtlich, wobei die größten Unterschiede während der ersten ein bis drei Krankheitstage bestehen. Hier variiert der Fortzahlungssatz zwischen 0% und 100%. „0%" entspricht dabei einem Karenztag, d.h. einem Tag ohne Lohnfortzahlung. In fünf der hier betrachteten 18 Länder gelten ein oder mehrere Karenztage, in den USA sind es sogar sieben. Am 50. oder 100. Krankheitstag sind die Unterschiede zwischen den Ländern dagegen weit geringer. In Norwegen und Luxemburg wird auch dann noch 100% des Einkommens gezahlt, während die Kranken in den meisten Ländern dann zwischen 50% und 90% erhalten.

Die in Tabelle 18.2 vorgenommene Auswertung und Präsentation der verschiedenen Lohnfortzahlungssysteme stellt bereits eine Reduktion der Komplexität der Regelungen dar. Um nun eine Beziehung zwischen den Krankenständen und der Lohnfortzahlung herzustellen bzw. diese Beziehung deutlich zu machen, mussten die Regelungen auf eine Variable kondensiert werden, was durch eine zusammenfas-

---

[9] Bei wiederholter Krankheit innerhalb eines Jahres können die Regelungen in einzelnen Ländern anders sein.

Arbeitsausfall durch Krankheit – ein internationaler Vergleich

sende Bewertung der Großzügigkeit der Lohnfortzahlung versucht wurde. Diese Bewertung orientiert sich überwiegend an der Regelung für die ersten Krankheitstage. Sie stellt im Übrigen kein kontinuierliches Maß dar, sondern teilt die Lohnfortzahlungsregelungen in drei Gruppen ein (wenig großzügig, mittel, sehr großzügig).

In Abb. 18.3 wird die zusammenfassende Bewertung aus Tabelle 18.2 mit den Krankenständen in Beziehung gesetzt.

Vergleichen wir zunächst die Krankenstände in den beiden Ländergruppen mit sehr und mittelmäßig großzügiger Lohnfortzahlung. Diese unterscheiden sich auf den ersten Blick nicht sehr stark von einander, wobei v.a. die Fälle Polens und Belgiens den vermuteten Zusammenhang stören. Betrachtet man diese jedoch als „Ausreißer", ist eine Tendenz höherer Krankenstände bei großzügigerer Lohnfortzahlung erkennbar. Vergleicht man dagegen die „wenig großzügigen" mit den „mittleren" oder mit den „sehr großzügigen" Ländern, ist der Zusammenhang recht deutlich. Es lässt sich daher sagen, dass der von vornherein plausible Zusammenhang zwischen Krankenstand und Großzügigkeit der Lohnfortzahlung von dem statistischen Material belegt wird, und zwar in dem Sinne, dass eine großzügigere Lohnfortzahlung mit höheren Krankenständen einhergeht.

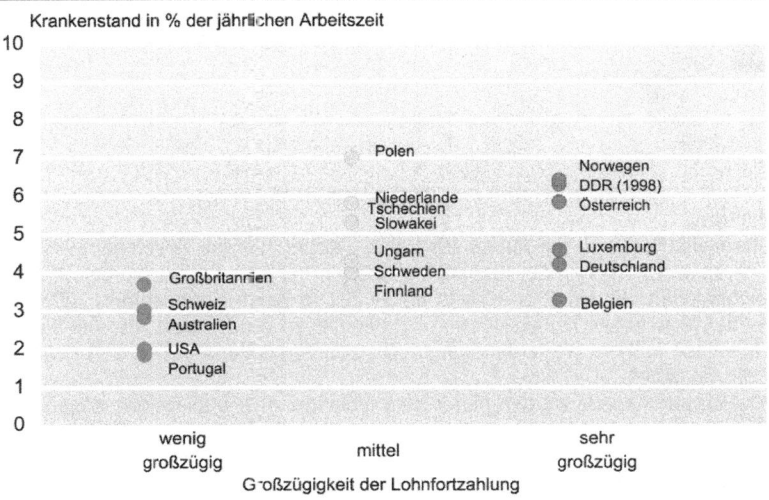

Quelle: siehe Tabelle 1 und 2.

Abb. 18.3. Krankenstand und Lohnfortzahlung

Tabelle 18.2. Einkommen bei Krankheit, in % des Arbeitseinkommens

Land	am 1. Tag	am 2. Tag	am 3. Tag	am 10. Tag	am 20. Tag	am 50. Tag	am 100. Tag	Gesamtbewertung: Großzügigkeit der LFZ
Australien	nicht umrechenbare Angaben; Obergrenze bei ca. 50% des Durchschnittseinkommens							gering
Belgien	100	100	100	100	100	60	60	hoch
DDR (1988)	90	90	90	90	90	50	50	hoch
Deutschland (2001)	100	100	100	100	100	70	70	hoch
Finnland	70	70	70	70	70	70	70	mittel
Großbritannien	0	0	0	nicht umrechenbare Angaben; Obergrenze bei ca. 50% des Durchschnittseinkommens				gering
Luxemburg	100	100	100	100	100	100	100	hoch
Niederlande	70	70	70	70	70	70	70	mittel
Norwegen	100	100	100	100	100	100	100	hoch
Österreich	100	100	100	100	100	100	50	hoch
Polen	80	80	80	80	80	80	80	mittel
Portugal	0	0	0	65	65	65	65	gering
Schweden	0	80	80	80	80	80	80	mittel
Schweiz	0	0	0	Höhe gemäß individueller oder betriebstypischer Vereinbarung				gering
Slovakei	70	70	70	90	90	90	90	mittel
Tschechische Rep.	50	50	50	69	69	69	69	mittel
Ungarn	80	80	80	80	70	70	70	mittel
USA	0	0	0	60	60	60	60	gering

Anmerkungen:
- Deutschland: Regelung seit Januar 1999; von Oktober 1996 bis Dezember 1998 waren für die ersten sechs Wochen der Krankheit gesetzlich nur 80% vorgeschrieben, gemäß Tarifvereinbarungen wurden aber auch in dieser Zeit in vielen Unternehmen 100% gezahlt.
- USA: Die Werte unterscheiden sich von Bundesstaat zu Bundesstaat. Hier wurden plausibel erscheinende mittlere Werte genommen. Die Lohnfortzahlung in den USA beginnt am 8. Tag der Krankheit.
- Frankreich und Kanada wurden hier wegen fehlender oder unplausibler Angaben weggelassen.
- LFZ: Lohnfortzahlung

Quellen: Die Angaben zur Lohnfortzahlung stützen sich auf die Datenbank „Social Security Programs Throughout the World" des amerikanischen Sozialministeriums [10] sowie auf die Datenbank MISSOC der Europäischen Kommission [5]. In einigen Fällen, so für die DDR (1988) und für Ungarn, wurden auch eigene Recherchen angestellt.
Umrechnung, Darstellung und Bewertung: ifo Institut.

Es kommen noch eine Reihe weiterer Einflussfaktoren in Frage, die hier allerdings nicht statistisch untersucht werden können. Je höher die Erwerbsquote ist, v. a. auch die Frauenerwerbsquote, umso häufiger dürfte der Fall eintreten, dass kranke Kinder von der Mutter oder dem Vater vorübergehend zu Hause betreut werden müssen, und sich diese dann krankmelden. Daneben können auch offizielle und legale „zweite Jobs" ebenso wie Aktivitäten in der Schattenwirtschaft zu vermehrten (inkorrekten) Krankmeldungen bei der „ersten" Arbeitsstelle führen. So wird z. B. der außerordentlich hohe Krankenstand in Polen (letzte Angabe 1995: 8,9% der Arbeitszeit) teilweise darauf zurückgeführt, dass sich manche Polen krankmelden, 80% Krankengeld erhalten und dann im Ausland (z. T. schwarz) arbeiten[10]. Auch dürfte die Zufriedenheit am Arbeitsplatz für die Häufigkeit und Dauer von Erkrankungen eine Rolle spielen[11]. Von besonderer Bedeutung ist weiter auch die Konjunkturlage und das damit einhergehende unterschiedliche Risiko, den Arbeitsplatz zu verlieren. Schließlich kommen auch demographische Faktoren in Betracht, wie v. a. die Altersstruktur der Bevölkerung sowie die Invalidenquote.

Die gesamten Kosten des Krankseins

Abschließend sollen die Angaben über die Produktionsverluste durch Krankheit mit den Ausgaben für Gesundheitsdienstleistungen zusammengeführt werden. Dabei werden beide Angaben addiert. Abb. 18.4 zeigt das Ergebnis.

Die Berücksichtigung der gesamten volkswirtschaftlichen Kosten führt (a) zu etwas geringeren Unterschieden zwischen den Ländern. In dieser Nivellierung zeigt sich, dass die Höhe der Kosten des Gesundheitswesens tatsächlich tendenziell einen günstigen Einfluss auf das Ausmaß der Krankenstände ausübt. Außerdem (b) ist die Reihenfolge der Länder verändert im Vergleich mit der Berücksichtigung nur der Gesundheitsdienstleistungen. An der Spitze liegen die USA (15,7%)[12], während Deutschland dicht dahinter auf Platz 3 liegt

---

[10] Im Zuge der in 2000 angelaufenen Reform des Gesundheitswesens in Polen ist u. a. vorgesehen, die Krankschreibungen der Ärzte von speziellen Vertrauensärzten (Ärzte, denen die Behörden und Unternehmen vertrauen) überprüfen zu lassen.
[11] Über ihre diesbezüglichen Erkenntnisse und Anstrengungen berichten in Deutschland tätige große Unternehmen (Bertelsmann-Stiftung/Hans-Böckler-Stiftung, 2000 [1]).
[12] Die USA liegen gleichauf mit Frankreich, dessen Werte aber veraltet sind (1988).

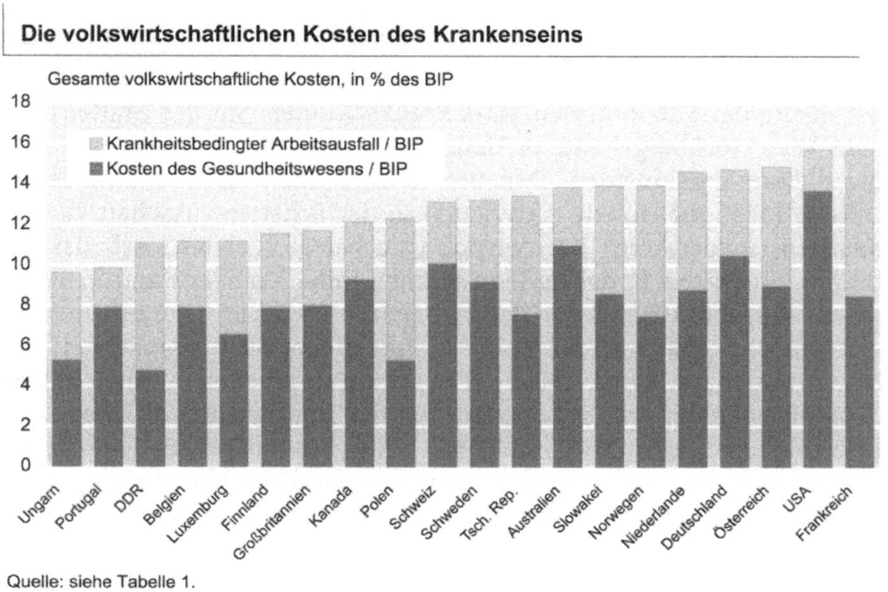

Abb. 18.4. Die volkswirtschaftlichen Kosten des Krankseins: Deutschland in der Spitzengruppe

(14,7%). Die geringsten gesamtwirtschaftlichen Kosten des Krankseins weist Ungarn auf (9,6%).

Ausblick

Unter den zahlreichen möglichen Ursachen des krankheitsbedingten Arbeitsausfalls wurden hier nur zwei näher beleuchtet. Weitere Einflussfaktoren wurden erwähnt, aber nicht analysiert. Es ergibt sich hier somit ein weites Feld für weitergehende Fragen und Untersuchungen. Angesichts dessen sollten wirtschaftspolitische Schlussfolgerungen für ein bestimmtes Land, v.a. hinsichtlich der Frage der Wirkung einer Änderung von Dauer und Höhe der Lohnfortzahlung, nicht voreilig gezogen werden. Zwar liegt es aufgrund der in diesem Aufsatz dargelegten Zusammenhänge nahe zu vermuten, dass großzügige Regelungen der Lohnfortzahlung „ausgenutzt" werden[13], aber es können auch andere, hier nicht analysierte Faktoren eine Rolle spielen. Außerdem müssten nicht nur Querschnittsanalysen (wie hier) sondern auch Zeitreihenanalysen angestellt werden.

---

[13] Dabei kann es sich um „moral hazard", aber auch um inkorrektes Verhalten handeln.

Literatur

[1] Bertelsmann-Stiftung/Hans-Böckler-Stiftung (Hrsg.) (2000) Erfolgreich durch Gesundheitsmanagement. Gütersloh
[2] Breyer F und Zweifel P (1997) Gesundheitsökonomie. Berlin, Heidelberg usw
[3] Bundesministerium für Gesundheit (1999) Daten des Gesundheitswesens. Baden-Baden
[4] Deutsche Angestellten-Krankenkasse (2001) DAK-Gesundheitsreport 2001. Hamburg, Berlin
[5] EU-Kommission, Datenbank MISSOC (www.europa.eu.int/comm/employment_social/missoc_2000/index_en.htm)
[6] IMD (1999) The World Competitiveness Yearbook, Lausanne
[7] OECD (2000) Health Data 2000. Paris
[8] Osterkamp R (2001) Das deutsche Gesundheitssystem im internationalen Vergleich, ifo Schnelldienst, 54 (10), S. 9–16
[8a] Osterkamp R (2002) Warten auf Operationen – ein internationaler Vergleich, ifo Schnelldienst Nr. 10, Mai 2002
[9] Schulenburg M und Greiner W (2000) Gesundheitsökonomik, Tübingen
[10] US-Regierung, Office of Policy Social Security (1999) Social Security Programs Throughout the World, (www.ssa.gov/statistics/ssptw/1999/english/index.html)
[11] außerdem: Statistische Jahrbücher verschiedener Länder

KAPITEL 19

Krankheitsbedingte Fehlzeiten in der deutschen Wirtschaft

I. KÜSGENS · N. ROSSIYSKAYA · C. VETTER

19.1 Branchenüberblick

Einführung	277
19.1.1 Datenbasis und Methodik	279
19.1.2 Allgemeine Krankenstandsentwicklung	284
19.1.3 Verteilung der Arbeitsunfähigkeit	286
19.1.4 Kurz- und Langzeiterkrankungen	287
19.1.5 Krankenstandsentwicklung in den einzelnen Branchen	289
19.1.6 Krankenstand nach Bundesländern	294
19.1.7 Krankenstand nach Betriebsgröße	298
19.1.8 Krankenstand nach Stellung im Beruf	299
19.1.9 Krankenstand nach Berufsgruppen	300
19.1.10 Krankenstand nach Wochentagen	301
19.1.11 Arbeitsunfälle	303
19.1.12 Krankheitsarten im Überblick	307
19.1.13 Die häufigsten Einzeldiagnosen	311
19.1.14 Krankheitsarten nach Branchen	313
19.1.15 Langzeitfälle nach Krankheitsarten	318
19.1.16 Krankheitsarten nach Diagnoseuntergruppen	320

Einführung

Krankheitsbedingte Fehlzeiten sind sowohl für die Betriebe und Verwaltungen, als auch für die Krankenkassen und die Volkswirtschaft insgesamt mit erheblichen Kosten verbunden. Die Bundesvereinigung der Deutschen Arbeitgeberverbände beziffert die Kosten der Arbeitgeber für die Entgeltfortzahlung im Jahr 2001 auf über 26 Milliarden Euro. Hinzu kommt noch das Krankengeld, das die Krankenkassen ab der siebten Woche der Arbeitsunfähigkeit zahlen. Im Jahr 2001 wurden hierfür 7,7 Milliarden Euro aufgewendet. Aufgrund der paritätischen Finanzierung der gesetzlichen Krankenversicherung geht die Hälfte dieser Summe (3,8 Milliarden) zu Lasten der Arbeitgeber, so dass sich für das Jahr 2001 insgesamt 37 Milliarden Euro an Lohnersatzleistungen für erkrankte Mitarbeiter ergaben[1].

Nach Schätzungen der Bundesanstalt für Arbeitsschutz und Arbeitsmedizin betrugen die volkswirtschaftlichen Kosten des Verlustes an Arbeitsproduktivität (Ausfall an Bruttowertschöpfung) durch Arbeitsunfähigkeit im Jahr 2000 117,41 Mrd. DM. Der Ausfall an Bruttowertschöpfung in v. H. vom Bruttonationaleinkommen wird auf 2,97% geschätzt[2].

Neben den finanziellen Aufwendungen für Lohnersatzleistungen sind Fehlzeiten für die Unternehmen und deren Mitarbeiter mit einer Vielzahl weiterer Probleme verbunden. Die Einhaltung von Lieferterminen und Qualitätsstandards kann gefährdet sein. Bei hohen Krankenständen müssen entweder entsprechende Personalreserven vorgehalten werden, was sich allerdings gerade kleinere Unternehmen häufig nicht leisten können, oder es müssen Überstunden und Zusatzschichten gefahren werden bzw. neue Mitarbeiter befristet eingestellt werden. Dies bedeutet nicht nur zusätzlichen Planungs- und Organisationsaufwand, sondern bringt auch weitere Kosten mit sich. Auch für die nicht selbst von Arbeitsunfähigkeit betroffenen Mitarbeiter bringt das krankheitsbedingte Fernbleiben der Kollegen vom Arbeitsplatz oft zusätzliche Belastungen und Erschwernisse mit sich, da sie häufig die Arbeit ihrer erkrankten Kollegen mit übernehmen müssen. Die Arbeitsmotivation und das Betriebsklima können dadurch erheblich beeinträchtigt werden.

Wie aber ist der Krankenstand im eigenen Betrieb zu bewerten? Ist er im Vergleich zu den Mitbewerbern zu hoch? Welche Krankheitsarten führen zur Arbeitsunfähigkeit? Wo sollten Maßnahmen zur Reduzierung der Fehlzeiten vorrangig ansetzen? Der folgende Beitrag versucht Antworten auf diese Fragen zu geben. Er liefert umfassende und differenzierte Daten zu den krankheitsbedingten Fehlzeiten in der deutschen Wirtschaft, so dass ein zielorientiertes Benchmarking möglich wird. Es wird aufgezeigt, wo die Krankheitsschwerpunkte in den einzelnen Branchen und Berufsgruppen liegen und von welchen Faktoren die Höhe des Krankenstandes abhängt. Ein einführendes Kapitel gibt zunächst einen Überblick über die allgemeine Krankenstandsentwicklung in der Bundesrepublik Deutschland. Im Folgenden

---

[1] Quelle: Bundesvereinigung der Deutschen Arbeitgeberverbände. Kurz-Nachrichten-Dienst, KDN Nr. 15/02 – vom 3. Mai 2002.
[2] Quelle: Bericht der Bundesregierung über den Stand von Sicherheit und Gesundheit bei der Arbeit und über das Unfall- und Berufskrankheitsgeschehen in der Bundesrepublik Deutschland im Jahre 2002, S. 26.

wird dann in separaten Kapiteln das Arbeitsunfähigkeitsgeschehen in den einzelnen Wirtschaftszweigen detailliert analysiert.

19.1.1 Datenbasis und Methodik

Die folgenden Ausführungen zu den krankheitsbedingten Fehlzeiten in der deutschen Wirtschaft basieren auf einer Analyse der Arbeitsunfähigkeitsmeldungen aller *erwerbstätigen AOK-Mitglieder in der Bundesrepublik Deutschland*. Die AOK ist nach wie vor die Krankenkasse mit dem größten Marktanteil in Deutschland. Sie verfügt daher über die umfangreichste Datenbasis zum Arbeitsunfähigkeitsgeschehen. Bei den Auswertungen wurden auch freiwillig Versicherte berücksichtigt. Ausgewertet wurden die Daten des Jahres 2001. In diesem Jahr waren insgesamt 11,2 Millionen Arbeitnehmer bei der AOK versichert.

Datenbasis der Auswertungen sind sämtliche Arbeitsunfähigkeitsfälle, die der AOK im Jahr 2001 gemeldet wurden.[3] Allerdings werden *Kurzzeiterkrankungen* bis zu drei Tagen von den Krankenkassen nur erfasst, soweit eine ärztliche Krankschreibung vorliegt. Der Anteil der Kurzzeiterkrankungen liegt daher höher, als dies in den Krankenkassendaten zum Ausdruck kommt. Hierdurch verringern sich die Fallzahlen und die rechnerische Falldauer erhöht sich entsprechend. *Langzeitfälle* mit einer Dauer von mehr als 42 Tagen wurden in die Auswertungen mit einbezogen, da sie von entscheidender Bedeutung für das Arbeitsunfähigkeitsgeschehen in den Betrieben sind.

Die *Arbeitsunfähigkeitszeiten* werden von den Krankenkassen so erfasst, wie sie auf den Krankmeldungen angegeben sind. Auch Wochenenden und Feiertage gehen dabei in die Berechnung mit ein, soweit sie in den Zeitraum der Krankschreibung fallen. Die Ergebnisse sind daher mit betriebsinternen Statistiken, bei denen nur die Arbeitstage berücksichtigt werden, nur begrenzt vergleichbar. Bei jahresübergreifenden Arbeitsunfähigkeitsfällen wurden nur Fehlzeiten in die Auswertungen miteinbezogen, die im Auswertungsjahr anfielen.

Tabelle 19.1.1 gibt einen Überblick über die wichtigsten Kennzahlen und Begriffe, die in diesem Beitrag zur Beschreibung des Arbeitsunfähigkeitsgeschehens verwendet werden. Die Berechnung der Kennzahlen erfolgt auf der Basis der Versicherungszeiten, d.h. es wird berücksichtigt, ob ein Mitglied ganzjährig oder nur einen Teil des Jahres bei der AOK versichert war bzw. als in einer bestimmten Branche oder Berufsgruppe beschäftigt geführt wurde.

---

[3] Im Zusammenhang mit Schwangerschaften und Kuren auftretende Fehlzeiten wurden bei den Auswertungen nicht berücksichtigt.

Tabelle 19.1.1. Kennzahlen und Begriffe zur Beschreibung des Arbeitsunfähigkeitsgeschehens

Kennzahl	Definition	Einheit, Ausprägung	Erläuterungen
AU-Fälle	Anzahl der Fälle von Arbeitsunfähigkeit	je AOK-Mitglied bzw. je 100 AOK-Mitglieder oder in % aller AU-Fälle	Jede Arbeitsunfähigkeitsmeldung, die nicht nur die Verlängerung einer vorangegangenen Meldung ist, wird als ein Fall gezählt. Ein AOK-Mitglied kann im Auswertungszeitraum mehrere AU-Fälle aufweisen.
AU-Tage	Anzahl der AU-Tage, die im Auswertungsjahr anfielen	je AOK-Mitglied bzw. je 100 AOK-Mitglieder oder in % aller AU-Tage	Da arbeitsfreie Zeiten wie Wochenenden und Feiertage, die in den Krankschreibungszeitraum fallen, mit in die Berechnung eingehen, können sich Abweichungen zu betriebsinternen Fehlzeitenstatistiken ergeben, die bezogen auf die Arbeitszeiten berechnet wurden. Bei jahresübergreifenden Fällen werden nur die AU-Tage gezählt, die im Auswertungsjahr anfielen.
AU-Tage je Fall	mittlere Dauer eines AU-Falls	Kalendertage	Indikator für die Schwere einer Erkrankung.
Krankenstand	Anteil der im Auswertungszeitraum angefallenen Arbeitsunfähigkeitstage am Kalenderjahr	in %	War ein Versicherter nicht ganzjährig bei der AOK versichert, wird dies bei der Berechnung des Krankenstandes entsprechend berücksichtigt.
Krankenstand, stand.	nach Alter und Geschlecht standardisierter Krankenstand	in %	Um Effekte der Alters- und Geschlechtsstruktur bereinigter Wert.
AU-Quote	Anteil der AOK-Mitglieder mit einem oder mehreren Arbeitsunfähigkeitsfällen im Auswertungsjahr	in %	Diese Kennzahl gibt Auskunft darüber, wie groß der von Arbeitsunfähigkeit betroffene Personenkreis ist.
Kurzzeiterkrankungen	Arbeitsunfähigkeitsfälle mit einer Dauer von 1 bis 3 Tagen	in % aller Fälle/Tage	Erfasst werden nur Kurzzeitfälle, bei denen eine Arbeitsunfähigkeitsbescheinigung bei der AOK eingereicht wurde.
Langzeiterkrankungen	Arbeitsunfähigkeitsfälle mit einer Dauer von mehr als 6 Wochen	in % aller Fälle/Tage	Mit Ablauf der 6. Woche endet in der Regel die Lohnfortzahlung durch den Arbeitgeber, ab der 7. Woche wird durch die Krankenkasse Krankengeld gezahlt.

Tabelle 19.1.1 (Fortsetzung)

Kennzahl	Definition	Einheit, Ausprägung	Erläuterungen
Arbeitsunfälle	durch Arbeitsunfälle bedingte Arbeitsunfähigkeitsfälle	je 100 AOK-Mitglieder bzw. in % aller AU-Fälle/Tage	Arbeitsunfähigkeitsfälle, bei denen auf der Krankmeldung als Krankheitsursache „Arbeitsunfall" angegeben wurde. Nicht enthalten sind Wegeunfälle.
AU-Fälle/Tage nach Krankheitsarten	Arbeitsunfähigkeitsfälle/-tage mit einer bestimmten Diagnose	je 100 AOK-Mitglieder oder in % aller AU-Fälle bzw. -Tage	Ausgewertet werden alle auf den Arbeitsunfähigkeitsbescheinigungen angegebenen ärztlichen Diagnosen; verschlüsselt werden diese nach der Internationalen Klassifikation der Krankheitsarten (ICD-10).

Aufgrund der speziellen *Versichertenstruktur* der AOK sind die Daten nur bedingt repräsentativ für die Gesamtbevölkerung in der Bundesrepublik Deutschland bzw. die Beschäftigten in den einzelnen Wirtschaftszweigen. In Folge ihrer historischen Funktion als Basiskasse weist die AOK einen überdurchschnittlich hohen Anteil an Versicherten aus dem gewerblichen Bereich auf. Angestellte sind dagegen im Versichertenklientel der AOK unterrepräsentiert.

Die *Wirtschaftsgruppensystematik* entspricht der Klassifikation der Wirtschaftszweige der Bundesanstalt für Arbeit[4] (s. Anhang). Diese enthält insgesamt fünf Differenzierungsebenen, von denen allerdings bei den vorliegenden Analysen nur die ersten drei berücksichtigt wurden. Unterschieden wird zwischen Wirtschaftsabschnitten, -abteilungen und -gruppen. Ein Abschnitt ist beispielsweise das „Verarbeitende Gewerbe". Dieser untergliedert sich in die *Wirtschaftsabteilungen* „Chemische Industrie" „Herstellung von Gummi- und Kunststoffwaren", „Textilgewerbe" usw. Die Wirtschaftsabteilung „Chemische Industrie" umfasst wiederum die *Wirtschaftsgruppen* „Herstellung von chemischen Grundstoffen", „Herstellung von Schädlingsbekämpfungs- und Pflanzenschutzmitteln" etc. Im vorliegenden Unterkapitel erfolgt die Betrachtung zunächst ausschließlich auf der Ebene der Wirt-

---

[4] Verzeichnis der Wirtschaftszweige für die Statistik der Bundesanstalt für Arbeit, Ausgabe 1993.

Tabelle 19.1.2. AOK-Mitglieder nach Wirtschaftsabschnitten

Wirtschaftsabschnitte	Pflichtmitglieder		Freiwillige Mitglieder
	Absolut	Anteil an der Branche (in %)	Absolut
Banken/Versicherungen	121 721	11,3	6 689
Baugewerbe	995 447	50,5	7 307
Dienstleistungen	3 561 500	44,2	39 295
Energie/Wasser/Bergbau	94 427	23,7	3 930
Handel	1 482 086	35,1	14 603
Land- und Forstwirtschaft	255 279	80,5	892
Öffentl. Verwaltung/Sozialversicherung	775 499	44,5	14 968
Verarbeitendes Gewerbe	3 051 644	41,7	44 699
Verkehr/Transport	710 582	46,4	5 321
Sonstige	215 706	20,6	2 390
Insgesamt	11 048 185	41,4	137 704

schaftsabschnitte.[5] In den folgenden Kapiteln wird dann auch nach Wirtschaftsabteilungen und teilweise auch nach Wirtschaftsgruppen differenziert. Die Metallindustrie, die nach der Systematik der Wirtschaftszweige der Bundesanstalt für Arbeit zum verarbeitenden Gewerbe gehört, wird, da sie die größte Branche des Landes darstellt, in einem eigenen Kapitel behandelt. Auch dem Bereich „Erziehung und Unterricht" wird angesichts der zunehmenden Bedeutung des Bildungsbereichs für die Produktivität der Volkswirtschaft ein eigenes Kapitel gewidmet. Aus Tabelle 19.1.2 ist die Anzahl der AOK-Mitglie-

---

[5] Die Abschnitte E (Energie- und Wasserversorgung) und C (Bergbau und Gewinnung von Steinen und Erden) wurden unter der Bezeichnung „Energie/Wasser/Bergbau" zusammengefasst. Der Bereich Dienstleistungen umfasst die Abschnitte H (Gastgewerbe), K (Grundstücks- und Wohnungswesen, Vermietung beweglicher Sachen, Erbringung von Dienstleistungen überwiegend für Unternehmen), N (Gesundheits-, Veterinär- und Sozialwesen), O (Erbringung von sonstigen öffentlichen und persönlichen Dienstleistungen) und P (Private Haushalte). Der Bereich Land- und Forstwirtschaft umfasst die Wirtschaftsabschnitte A (Land- und Forstwirtschaft) und B (Fischerei und Fischzucht). Unter der Bezeichnung „Öffentliche Verwaltung und Sozialversicherung" wurden die Abschnitte L (Öffentl. Verwaltung und Sozialversicherung) und Q (Exterritoriale Organisationen) zusammengefasst. Das Verarbeitende Gewerbe umfasst in diesem Unterkapitel auch die Metallindustrie. Als Synonym für den Begriff „Wirtschaftsabschnitte" werden auch die Begriffe Branchen oder Wirtschaftszweige verwandt. Im Text sowie in den Tabellen und Grafiken werden die offiziellen Bezeichnungen der Bundesanstalt für Arbeit aus Platzgründen teilweise abgekürzt bzw. pars pro toto verwandt. Die vollständigen Bezeichnungen finden Sie im Anhang.

der in den einzelnen Wirtschaftsabschnitten sowie deren Anteil an den sozialversicherungspflichtig Beschäftigten insgesamt[6] ersichtlich.

Angesichts nach wie vor unterschiedlicher Morbiditätsstrukturen werden neben den Gesamtergebnissen für die Bundesrepublik Deutschland die Ergebnisse für Ost- und Westdeutschland separat ausgewiesen.

Die Verschlüsselung der *Diagnosen* erfolgte bis zum Jahr 1999 nach der 9. Revision des ICD (International Classification of Diseases)[7]. Im Jahr 2000 wurde die Umstellung auf die 10. Revision vollzogen. Mit Wirkung vom 1. Januar 2000 hat das Bundesministerium für Gesundheit eine für Zwecke der Abrechnung mit den Krankenkassen überarbeitete Fassung der 10. Revision des ICD („ICD-10-SGB V") in Kraft gesetzt.

Mit der Einführung des ICD-10 ist eine Vielzahl von Änderungen und Neuerungen verbunden, auf die hier nicht im Einzelnen eingegangen werden kann. Der ICD-10 ist insgesamt feiner gegliedert und nimmt z. T. andere Zuweisungen der Diagnosen zu den Diagnosegruppen vor. Bis 1999 war die Verschlüsselung Sache der Krankenkassen. Seit 2000 erfolgt diese direkt durch die Krankenhäuser und Vertragsärzte. Im Jahr 2000 musste ein Teil der Diagnosen von ICD-9 auf -10 umgeschlüsselt werden, da in diesem Jahr noch nicht alle Diagnosen einheitlich im neuen Code verschlüsselt wurden. Angesichts der unterschiedlichen Struktur der Schlüssel war die Zuordnung der Diagnosen nicht immer eindeutig möglich. Mit Blick auf all diese Veränderungen sind die diagnosebezogenen Ergebnisse des Jahres 2000 nur eingeschränkt mit den Werten des Jahres 2001 vergleichbar.

Teilweise weisen die Arbeitsunfähigkeitsbescheinigungen mehrere Diagnosen auf. Um einen Informationsverlust zu vermeiden, werden bei den diagnosebezogenen Auswertungen im Unterschied zu anderen Statistiken[8], die nur eine (Haupt-) Diagnose berücksichtigen, auch *Mehrfachdiagnosen* in die Auswertungen mit einbezogen[9].

---

[6] Errechnet auf der Basis der Beschäftigtenstatistik der Bundesanstalt für Arbeit, 2001 [1].
[7] International übliches Klassifikationssystem der Weltgesundheitsorganisation.
[8] Beispielsweise die von den Krankenkassen im Bereich der gesetzlichen Krankenversicherung herausgegebene Krankheitsartenstatistik.
[9] Leidet ein Arbeitnehmer an unterschiedlichen Krankheitsbildern (Multimorbidität) kann eine Arbeitsunfähigkeitsbescheinigung mehrere Diagnosen aufweisen. Insbesondere bei älteren Beschäftigten kommt dies häufiger vor.

Tabelle 19.1.3. Krankenstandskennzahlen 2001 im Vergleich zum Vorjahr

	Kranken-stand (in %)	Arbeitsunfähigkeiten je 100 AOK-Mitglieder				Tage je Fall	Veränd. z. Vorj. (in %)	AU-Quote (in %)
		Fälle	Veränd. z. Vorj. (in %)	Tage	Veränd. z. Vorj. (in %)			
West	5,28	154,7	–1,28	1927,8	–1,92	12,5	–0,64	54,8
Ost	5,37	154,6	–3,07	1960,9	–0,49	12,7	2,67	53,6
BRD	5,29	154,7	–1,53	1932,3	–1,73	12,5	–0,24	54,6

19.1.2 Allgemeine Krankenstandsentwicklung

Der Krankenstand der AOK-Mitglieder betrug im Jahr 2001 5,29% (vgl. Tab. 19.1.3). Die Versicherten waren im Durchschnitt 19,3 Kalendertage krankgeschrieben[10]. 54,6% der AOK-Mitglieder haben sich 2001 mindestens einmal krank gemeldet. 5,7% der Arbeitsunfähigkeitstage waren auf Arbeitsunfälle zurückzuführen.

Im Vergleich zum Vorjahr nahm die Zahl der Krankmeldungen in der deutschen Wirtschaft im Jahr 2001 um 1,53% ab. Auch die durchschnittliche Dauer der Arbeitsunfähigkeitsfälle ging etwas zurück. Bedingt durch diese beiden Faktoren reduzierte sich die Zahl der Arbeitsunfähigkeitstage um 1,73%.

In Ostdeutschland sank die Zahl der Arbeitsunfähigkeitsfälle stärker als in Westdeutschland (West: 1,28%; Ost: 3,07%). Gleichzeitig nahm dort allerdings die durchschnittliche Dauer der Fälle zu (2,67%), so dass nur ein geringer Rückgang bei den Arbeitsunfähigkeitstagen zu verzeichnen war.

Die Zahl der von Arbeitsunfähigkeit betroffenen AOK-Mitglieder (AU-Quote) nahm im Jahr 2001 geringfügig ab (West: 0,6%; Ost: 0,4%).

Im Jahresverlauf erreichte der Krankenstand, wie bereits in den Vorjahren, im Februar seinen höchsten Wert (6,8%). Der niedrigste Wert war, urlaubs- und wetterbedingt, im August zu verzeichnen (4,4%) (Abb. 19.1.1).

Abb. 19.1.2 zeigt die längerfristige Entwicklung des Krankenstandes in den Jahren 1974 bis 2001 auf der Basis von Stichtagserhebungen

---

[10] Wochenenden und Feiertage eingeschlossen.

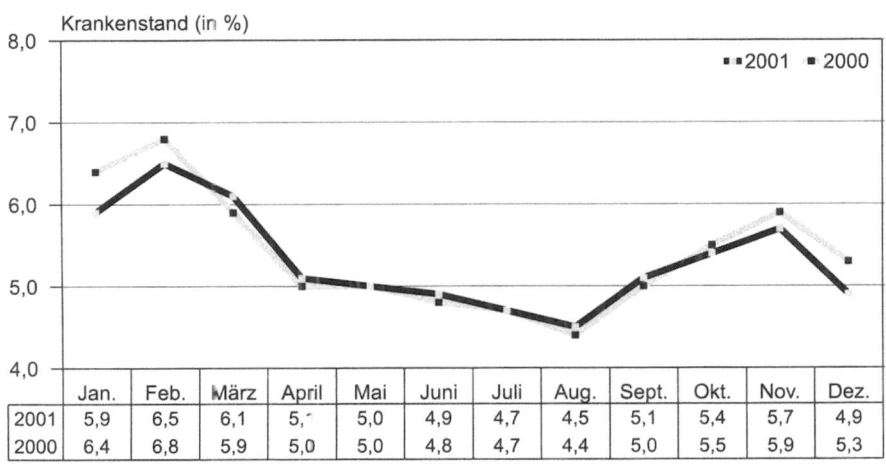

Abb. 19.1.1. Krankenstand 2001 im saisonalen Verlauf im Vergleich zum Vorjahr, AOK-Mitglieder

der gesetzlichen Krankenkassen.[11] Der Krankenstand erreichte in Deutschland nach der Wiedervereinigung 1995 mit 5,1% seinen höchsten Wert. In den folgenden Jahren ging er stark zurück und fiel 1997 in Westdeutschland auf den niedrigsten Stand seit 1974. In den Jahren 1998 bis 2001 schwankte der Krankenstand nur noch geringfügig und stabilisierte sich auf niedrigem Niveau.

Bis zum Jahr 1995 war der Krankenstand in Ostdeutschland stets niedriger als in Westdeutschland. In den Jahren 1996 bis 2000 waren dann jedoch in den neuen Ländern etwas höhere Werte als in den alten zu verzeichnen. Im Jahr 2001 fiel der Krankenstand in Ostdeutschland erstmals wieder niedriger aus als in Westdeutschland (0,1 Prozentpunkte). Diese Entwicklung wird vom Institut für Arbeitsmarkt- und Berufsforschung auf Verschiebungen in der Altersstruktur der erwerbstätigen Bevölkerung im Osten zurückgeführt [3]. Diese war nach der Wende zunächst in den neuen Ländern günstiger, weil

---

[11] Dabei wird jeweils zum Monatsersten der prozentuale Anteil der arbeitsunfähigen Pflichtmitglieder ermittelt. Aus den 12 Stichtagswerten des Jahres und dem Stichtagswert vom 1.1. des Folgejahres wird als arithmetisches Mittel ein Jahresdurchschnittswert errechnet. Unberücksichtigt bleiben dabei die Rentner, Studenten, Jugendlichen und Behinderten, Künstler, Wehr-, Zivil- und Grenzschutzpflichtdienstleistende, landwirtschaftliche Unternehmer sowie Vorruhestandsgeldempfänger, da für diese Gruppen in der Regel keine Arbeitsunfähigkeitsbescheinigungen von einem behandelnden Arzt ausgestellt werden. Die AU-Bescheinigungen sind vom Arzt unmittelbar an die Krankenkasse zu senden, die sie zur Ermittlung des Krankenstandes auszählt.

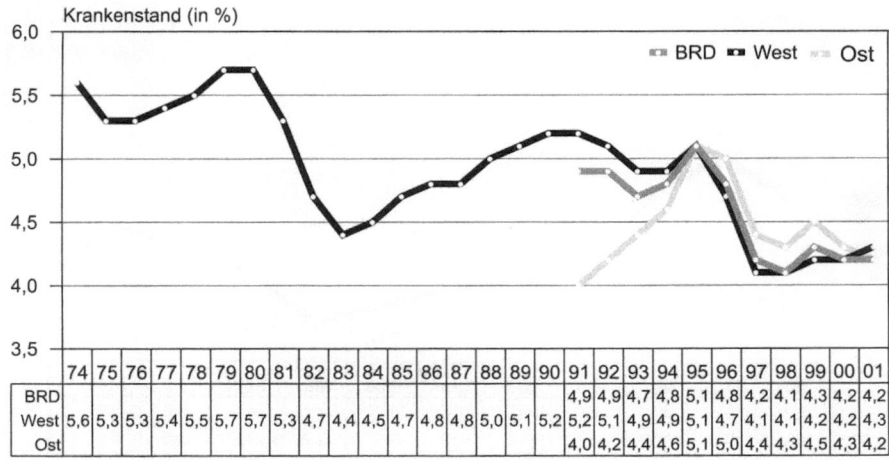

Abb. 19.1.2. Krankenstand 1974 bis 2001, Gesetzliche Krankenversicherung; Arbeitsunfähig kranke Pflichtmitglieder in %.

viele Arbeitnehmer vom Altersübergangsgeld Gebrauch machten. Daraus resultierten niedrigere Krankenstände.

19.1.3 Verteilung der Arbeitsunfähigkeit

Im Jahr 2001 waren 54,6% der AOK-Mitglieder mindestens einmal von Arbeitsunfähigkeit betroffen (Arbeitsunfähigkeitsquote). 25,6% meldeten sich nur einmal, 14,0% zweimal und 15,5% dreimal oder häufiger krank (Abb. 19.1.3)

Abb. 19.1.4 zeigt die Verteilung der kumulierten Arbeitsunfähigkeitstage auf die AOK-Mitglieder in Form einer Lorenzkurve. Daraus ist ersichtlich, dass der überwiegende Teil der Tage sich auf einen relativ kleinen Teil der AOK-Mitglieder konzentriert. Die folgenden Zahlen machen dies deutlich:
- Ein Viertel der Arbeitsunfähigkeitstage entfällt auf nur 2% der Mitglieder.
- Die Hälfte der Tage wird von lediglich 6% der Mitglieder verursacht.
- 80% der Arbeitsunfähigkeitstage gehen auf nur 20% der AOK-Mitglieder zurück.

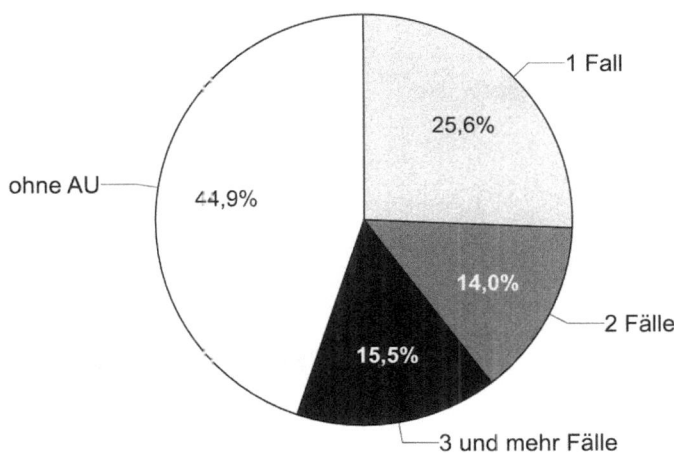

Abb. 19.1.3. Arbeitsunfähigkeitsquote. AOK-Mitglieder mit Arbeitsunfähigkeit (in %), 2001

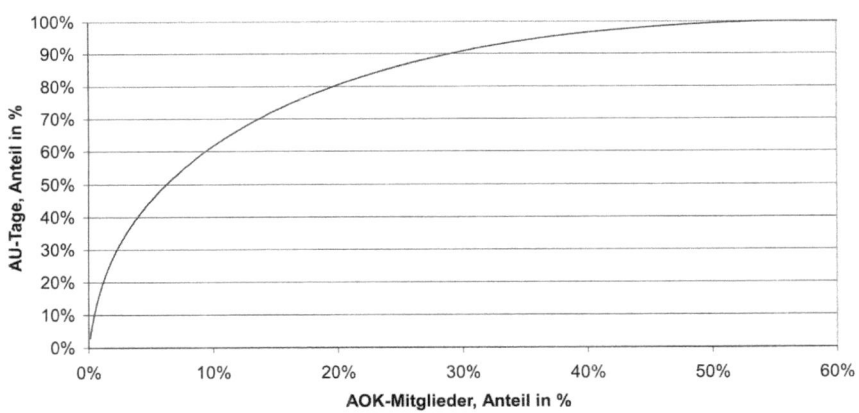

Abb. 19.1.4. Lorenzkurve AU-Fälle – Verteilung der Arbeitsunfähigkeitsfälle, 2001

19.1.4 Kurz- und Langzeiterkrankungen

Die Höhe des Krankenstandes wird entscheidend durch länger dauernde Erkrankungen bestimmt. Die Zahl dieser Erkrankungsfälle ist zwar relativ gering, diese sind aber für eine große Zahl von Ausfalltagen verantwortlich (Abb. 19.1.5). 2001 waren fast die Hälfte aller Arbeitsunfähigkeitstage (49,7%) auf lediglich 8,4% der Arbeitsunfähigkeitsfälle zurückzuführen. Dabei handelt es sich um Fälle mit einer Dauer von mehr als vier Wochen. Besonders zu Buche schlagen *Langzeitfälle*, die sich über mehr als sechs Wochen erstrecken. Obwohl ihr

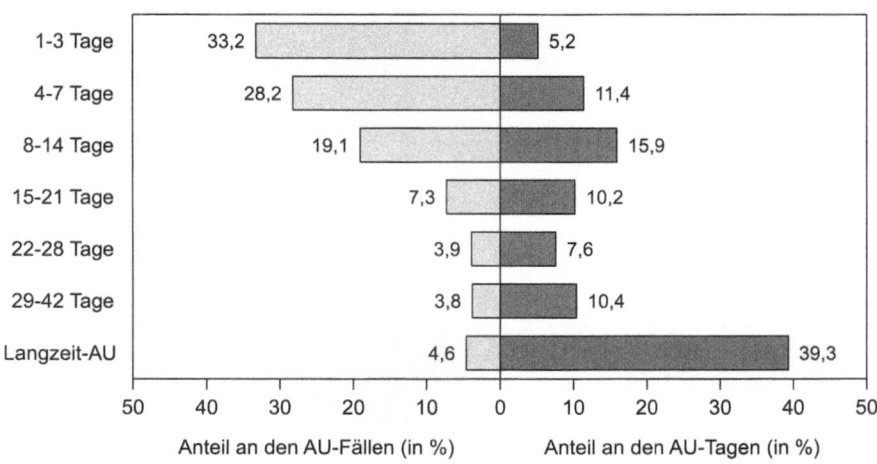

Abb. 19.1.5. Arbeitsunfähigkeitstage und -fälle nach der Dauer, 2001

Anteil an den Arbeitsunfähigkeitsfällen im Jahr 2001 nur 4,6% betrug, verursachten sie 39,3% des gesamten AU-Volumens.

Kurzzeiterkrankungen wirken sich zwar häufig sehr störend auf den Betriebsablauf aus, spielen aber, anders als häufig angenommen, für den Krankenstand nur eine untergeordnete Rolle. Auf Arbeitsunfähigkeitsfälle mit einer Dauer von 1 bis 3 Tagen gingen 2001 lediglich 5,2% der Fehltage zurück, obwohl ihr Anteil an den Arbeitsunfähigkeitsfällen 33,2% betrug. Da viele Arbeitgeber in den ersten drei Tagen einer Erkrankung keine ärztliche Arbeitsunfähigkeitsbescheinigung verlangen, liegt der Anteil der Kurzzeiterkrankungen allerdings in der Praxis höher, als dies in den Daten der Krankenkassen zum Ausdruck kommt. Nach einer Befragung des Instituts der deutschen Wirtschaft [6] hat jedes zweite Unternehmen die Attestpflicht ab dem ersten Krankheitstag eingeführt. Der Anteil der Kurzzeitfälle von 1 bis 3 Tagen an den krankheitsbedingten Fehltagen in der privaten Wirtschaft beträgt danach insgesamt durchschnittlich 11,3%. Auch wenn man berücksichtigt, dass die Krankenkassen die Kurzzeit-Arbeitsunfähigkeit nicht vollständig erfassen, ist also der Anteil der Erkrankungen von ein bis drei Tagen am Arbeitsunfähigkeitsvolumen insgesamt nur gering. Von Maßnahmen, die in erster Linie auf eine Reduzierung der Kurzzeitfälle abzielen, ist daher kein durchgreifender Effekt auf den Krankenstand zu erwarten. Maßnahmen, die auf eine Senkung des Krankenstandes abzielen, sollten vorrangig bei den Langzeitfällen ansetzen. Welche Krankheitsarten für die Langzeitfälle verantwortlich sind, wird in Kap. 19.1.15 dargestellt.

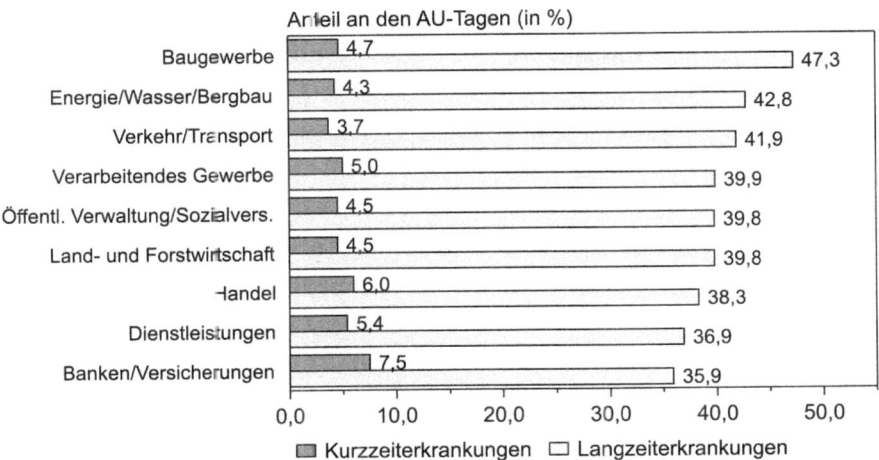

Abb. 19.1.6. Anteil der Kurz- und Langzeiterkrankungen an den Arbeitsunfähigkeitstagen nach Branchen, 2001

Im Vergleich zum Vorjahr hat 2001 der Anteil der der AOK gemeldeten Kurzzeiterkrankungen ebenso wie bereits im letzten Jahr zugenommen. Der Anteil der Krankschreibungen mit einer Dauer von 1 bis 3 Tagen an den Fällen stieg um 0,7 Prozentpunkte, der Anteil an den Tagen nahm um 0,1 Prozentpunkte zu. Der Anteil der Langzeitfälle[12] an den Arbeitsunfähigkeitsfällen ist dagegen stabil geblieben, der Anteil an den -tagen stieg allerdings um 0,4 Prozentpunkte.

Am höchsten war der Anteil der Langzeiterkrankungen 2001 ebenso wie bereits im Jahr 2000 mit 47,3% im Baugewerbe und am niedrigsten bei Banken und Versicherungen (35,9%). Der Anteil der Kurzzeiterkrankungen schwankte in den einzelnen Wirtschaftszweigen zwischen 7,5% bei Banken und Versicherungen und 3,7% im Bereich Verkehr und Transport (Abb. 19.1.6).

19.1.5 Krankenstandsentwicklung in den einzelnen Branchen

Den höchsten Krankenstand wiesen im Jahr 2001 wie auch bereits in den Vorjahren mit 6,1% die öffentlichen Verwaltungen auf, den niedrigsten mit 3,6% die Banken und Versicherungen (Abb. 19.1.7). Bei dem hohen Krankenstand in der öffentlichen Verwaltung muss allerdings berücksichtigt werden, dass ein großer Teil der in diesem Sektor beschäftigten AOK-Mitglieder keine Bürotätigkeiten ausübt, sondern in gewerblichen Bereichen mit teilweise sehr hohen Arbeits-

---
[12] Mit einer Dauer von mehr als sechs Wochen.

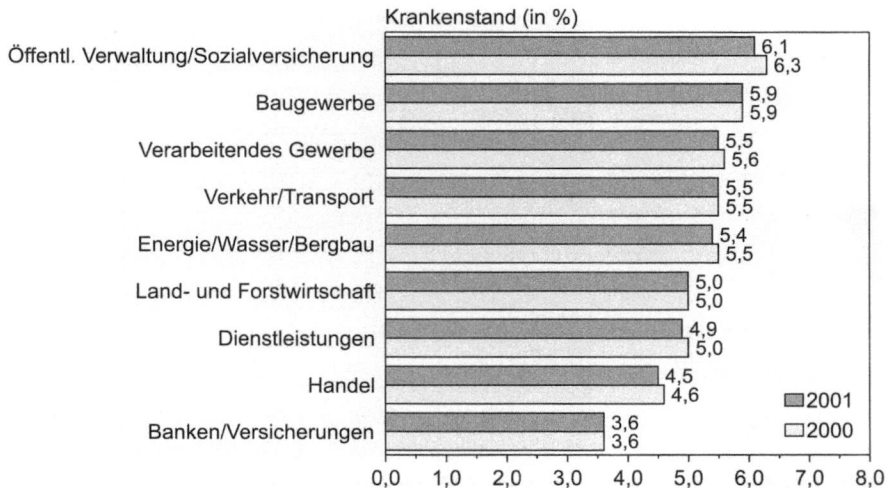

Abb. 19.1.7. Krankenstand nach Branchen, 2001 im Vergleich zum Vorjahr

belastungen tätig ist, wie z. B. im Straßenbau, in der Straßenreinigung und Entsorgung, in Gärtnereien etc. Insofern sind die Daten, die der AOK für diesen Bereich vorliegen, nicht repräsentativ für die gesamte öffentliche Verwaltung. Hinzu kommt, dass die bei den öffentlichen Verwaltungen beschäftigten AOK-Mitglieder eine im Vergleich zur freien Wirtschaft ungünstige Altersstruktur aufweisen, die zum Teil für die erhöhten Krankenstände mitverantwortlich ist. Schließlich spielt auch die Tatsache, dass die öffentlichen Verwaltungen ihrer Verpflichtung zur Beschäftigung Schwerbehinderter stärker nachkommen als andere Branchen, eine erhebliche Rolle. Der Anteil erwerbstätiger Schwerbehinderter liegt im öffentlichen Dienst um etwa 50% höher als in anderen Sektoren (6,6% der Beschäftigten in der öffentlichen Verwaltung gegenüber 4,2% in anderen Beschäftigungssektoren). Nach einer Studie der Hans-Böckler-Stiftung ist die gegenüber anderen Beschäftigungsbereichen höhere Zahl von Arbeitsunfähigkeitsfällen im öffentlichen Dienst knapp zur Hälfte allein auf den erhöhten Anteil an schwerbehinderten Arbeitnehmern zurückzuführen [4] [13].

Im Vergleich zum Vorjahr nahm im Jahr 2001 die Zahl der Krankmeldungen in fast allen Branchen ab. Die stärkste Abnahme (4,4%)

---

[13] Vgl. dazu den Beitrag von Marstedt et al. im Fehlzeiten-Report 2001. Weitere Ausführungen zu den Bestimmungsfaktoren des Krankenstandes in der öffentlichen Verwaltung finden sich im Beitrag von Alfred Oppolzer in: Badura B, Litsch M, Vetter C (Hrsg) (2000) Fehlzeiten-Report 1999, Springer, Berlin (u. a.).

Branchenüberblick

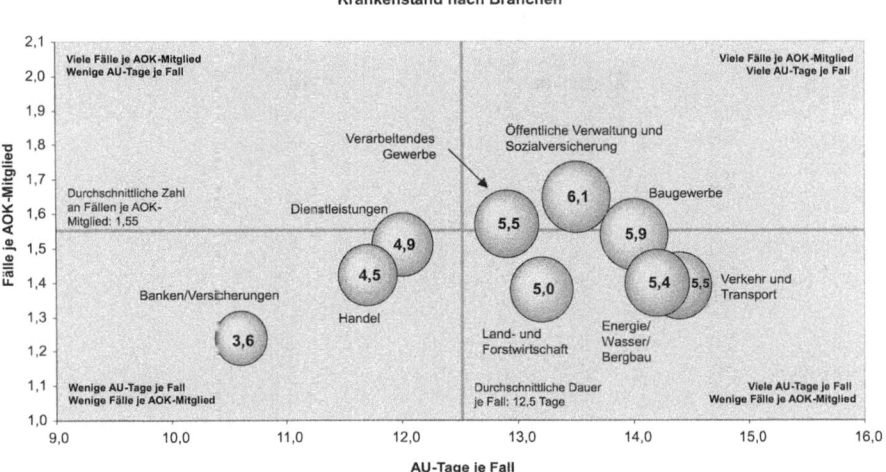

Abb. 19.1.8. Krankenstand nach Branchen. Bestimmungsfaktoren, 2001

war im Bereich der öffentlichen Verwaltung zu verzeichnen (vgl. Tabelle 19.10.1). Auch der Krankenstand ging in den meisten Wirtschaftsbereichen etwas zurück (0,1–0,2 Prozentpunkte, s. Abb. 19.1.7).

Die Höhe des Krankenstandes resultiert aus der Zahl der Krankmeldungen und deren Dauer. Bei den öffentlichen Verwaltungen lag sowohl die Zahl der Krankmeldungen als auch die mittlere Dauer der Krankheitsfälle deutlich über dem Durchschnitt (Abb. 19.1.8). Im Baugewerbe dagegen war der hohe Krankenstand ausschließlich auf die überdurchschnittlich lange Dauer (14,0 Tage) der Arbeitsunfähigkeitsfälle zurückzuführen. Auf den hohen Anteil der Langzeitfälle in dieser Branche wurde bereits in Kap. 19.1.4 hingewiesen. Die Zahl der Krankmeldungen war dagegen im Baugewerbe etwas geringer als im Branchendurchschnitt (vgl. Tabelle 19.3.1).

Ebenso wie in den Vorjahren war der Krankenstand auch im Jahr 2001 in den meisten Wirtschaftszweigen in Ostdeutschland niedriger als in Westdeutschland, teilweise erheblich niedriger. Im Bereich Energie, Wasser, Bergbau lag er 1,3 Prozentpunkte unter dem westdeutschen Niveau. In einigen Wirtschaftszweigen waren jedoch in den neuen Bundesländern höhere Werte festzustellen und zwar in der Land- und Forstwirtschaft (0,8 Prozentpunkte), bei den Banken und Versicherungen (0,6 Prozentpunkte) und im Dienstleistungsbereich (0,5 Prozentpunkte).

Tabelle 19.1.4 zeigt die Krankenstandsentwicklung in den einzelnen Branchen in den Jahren 1993 bis 2001, differenziert nach West- und

Tabelle 19.1.4. Krankenstandsentwicklung 1993–2001 (in %)

Wirtschaftsabschnitt		1993	1994	1995	1996	1997	1998	1999	2000	2001
Banken/ Versicherungen	West	4,2	4,4	3,9	3,5	3,4	3,5	3,6	3,6	3,5
	Ost	2,9	3,0	4,0	3,6	3,6	3,6	4,0	4,1	4,1
	BRD	3,9	4,0	3,9	3,5	3,4	3,5	3,7	3,6	3,6
Baugewerbe	West	6,7	7,0	6,5	6,1	5,8	6,0	6,0	6,1	6,0
	Ost	4,8	5,5	5,5	5,3	5,1	5,2	5,5	5,4	5,5
	BRD	6,2	6,5	6,2	5,9	5,6	5,8	5,9	5,9	5,9
Dienstleistungen	West	5,6	5,7	5,2	4,8	4,6	4,7	4,9	4,9	4,9
	Ost	5,4	6,1	6,0	5,6	5,3	5,2	5,6	5,5	5,4
	BRD	5,5	5,8	5,3	4,9	4,7	4,8	5,0	5,0	4,9
Energie/ Wasser/ Bergbau	West	6,4	6,4	6,2	5,7	5,5	5,7	5,9	5,8	5,7
	Ost	4,8	5,2	5,0	4,1	4,2	4,0	4,4	4,4	4,4
	BRD	5,8	6,0	5,8	5,3	5,2	5,3	5,6	5,5	5,4
Handel	West	5,6	5,6	5,2	4,6	4,5	4,6	4,6	4,6	4,6
	Ost	4,2	4,6	4,4	4,0	3,8	3,9	4,2	4,2	4,2
	BRD	5,4	5,5	5,1	4,5	4,4	4,5	4,5	4,6	4,5
Land- und Forstwirtschaft	West	5,6	5,7	5,4	4,6	4,6	4,8	4,6	4,6	4,6
	Ost	4,7	5,5	5,7	5,5	5,0	4,9	6,0	5,5	5,4
	BRD	5,0	5,6	5,6	5,1	4,8	4,8	5,3	5,0	5,0
Öffentl. Verwaltung/ Sozialversicherung	West	7,1	7,3	6,9	6,4	6,2	6,3	6,6	6,4	6,1
	Ost	5,1	5,9	6,3	6,0	5,8	5,7	6,2	5,9	5,9
	BRD	6,6	6,9	6,8	6,3	6,1	6,2	6,5	6,3	6,1
Verarbeitendes Gewerbe	West	6,2	6,3	6,0	5,4	5,2	5,3	5,6	5,6	5,6
	Ost	5,0	5,4	5,3	4,8	4,5	4,6	5,2	5,1	5,2
	BRD	6,1	6,2	5,9	5,3	5,1	5,2	5,6	5,6	5,5
Verkehr/ Transport	West	6,6	6,8	4,7	5,7	5,3	5,4	5,6	5,6	5,6
	Ost	4,4	4,8	4,7	4,6	4,4	4,5	4,8	4,8	4,9
	BRD	6,2	6,4	5,9	5,5	5,2	5,3	5,5	5,5	5,5

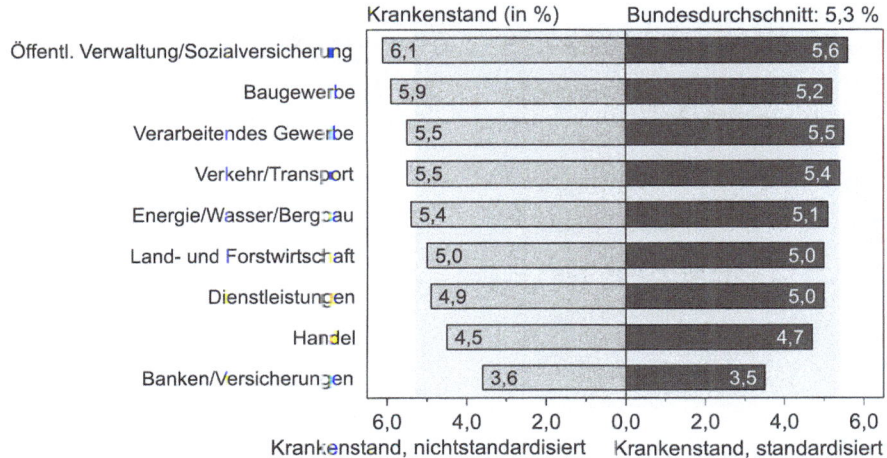

Abb. 19.1.9. Krankenstand nach Branchen, alters- und geschlechtsstandardisiert, 2001

Ostdeutschland. Im Vergleich zum Vorjahr blieb der Krankenstand im Jahr 2001 in West- und Ostdeutschland in den meisten Branchen stabil oder ging sogar zurück.

Einfluss der Alters- und Geschlechtsstruktur

Die Höhe des Krankenstandes hängt entscheidend vom Alter der Beschäftigten ab. Die Zahl der Arbeitsunfähigkeitstage nimmt mit steigendem Alter stark zu[14]. Der Krankenstand variiert auch in Abhängigkeit vom Geschlecht. Es ist daher sinnvoll, beim Vergleich der Krankenstände unterschiedlicher Branchen oder Regionen die Alters- und Geschlechtsstruktur zu berücksichtigen. Mit Hilfe von Standardisierungsverfahren lässt sich berechnen, wie der Krankenstand in den unterschiedlichen Bereichen ausfiele, wenn man eine durchschnittliche Alters- und Geschlechtsstruktur zugrunde legen würde. Abb. 19.1.9 zeigt die standardisierten Werte für die einzelnen Wirtschaftszweige im Vergleich zu den nicht standardisierten Krankenständen[15].

Im Baugewerbe, in der öffentlichen Verwaltung, im Bereich Energie, Wasser, Bergbau sowie im Bereich Verkehr und Transport fallen die standardisierten Werte niedriger aus als die nicht standardisierten.

---

[14] Näheres dazu finden Sie in Kap. 17.
[15] Berechnet nach der Methode der direkten Standardisierung. Zugrunde gelegt wurde die Alters- und Geschlechtsstruktur der erwerbstätigen Mitglieder der gesetzlichen Krankenversicherung insgesamt im Jahr 2000 (Mitglieder mit Krankengeldanspruch). Quelle: VDR-Statistik.

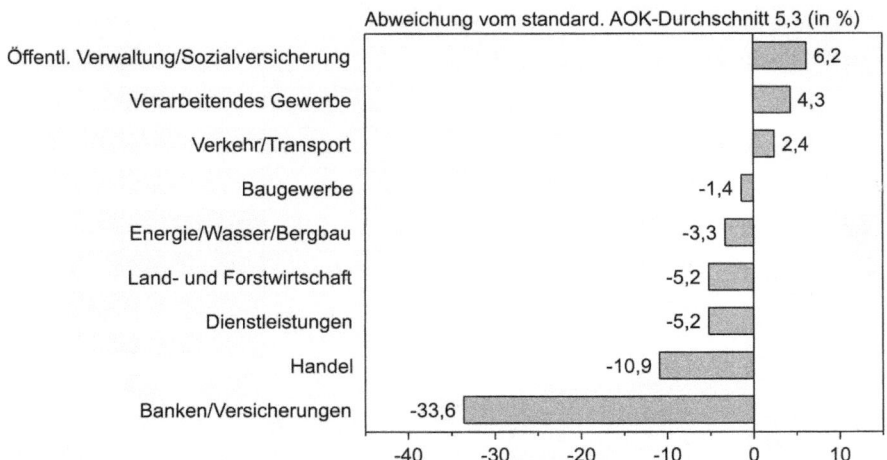

Abb. 19.1.10. Krankenstand nach Branchen, 2001, Abweichungen der alters- und geschlechtsstandardisierten Krankenstände vom Bundesdurchschnitt

Insbesondere im Baugewerbe und in der öffentlichen Verwaltung ist der hohe Krankenstand zu einem erheblichen Teil (0,7 bzw. 0,5 Prozentpunkte) auf die Altersstruktur in diesen Bereichen zurückzuführen. Im Handel und im Dienstleistungsbereich dagegen wären bei einer durchschnittlichen Altersstruktur etwas höhere Krankenstände zu erwarten.

Abb. 19.1.10 zeigt die Abweichungen der standardisierten Krankenstände vom Bundesdurchschnitt. Die höchsten Werte weist die öffentliche Verwaltung auf. Dort liegen die standardisierten Werte 6,2% über dem Durchschnitt. Die günstigsten Werte sind bei den Banken und Versicherungen zu verzeichnen. In diesem Bereich ist der standardisierte Krankenstand 33,6% niedriger als im Bundesdurchschnitt. Dies ist in erster Linie auf den hohen Angestelltenanteil in dieser Branche zurückzuführen (vgl. Kap. 19.1.9).

19.1.6 Krankenstand nach Bundesländern

Der Krankenstand befand sich im Jahr 2001 in Ost- und Westdeutschland auf annähernd gleichem Niveau (Ost: 5,37; West: 5,28%). Zwischen den einzelnen Bundesländern gab es jedoch erhebliche Unterschiede im Krankenstand (Abb. 19.1.11). Die höchsten Krankenstände waren 2001 in den Stadtstaaten Berlin (6,8%), Hamburg (6,5%) und Bremen (6,3%) sowie im Saarland (6,5%) zu verzeichnen. Die niedrigsten Krankenstände wiesen die Bundesländer Niedersachsen (4,6%), Bayern (4,7%) und Baden-Württemberg (4,9%) auf.

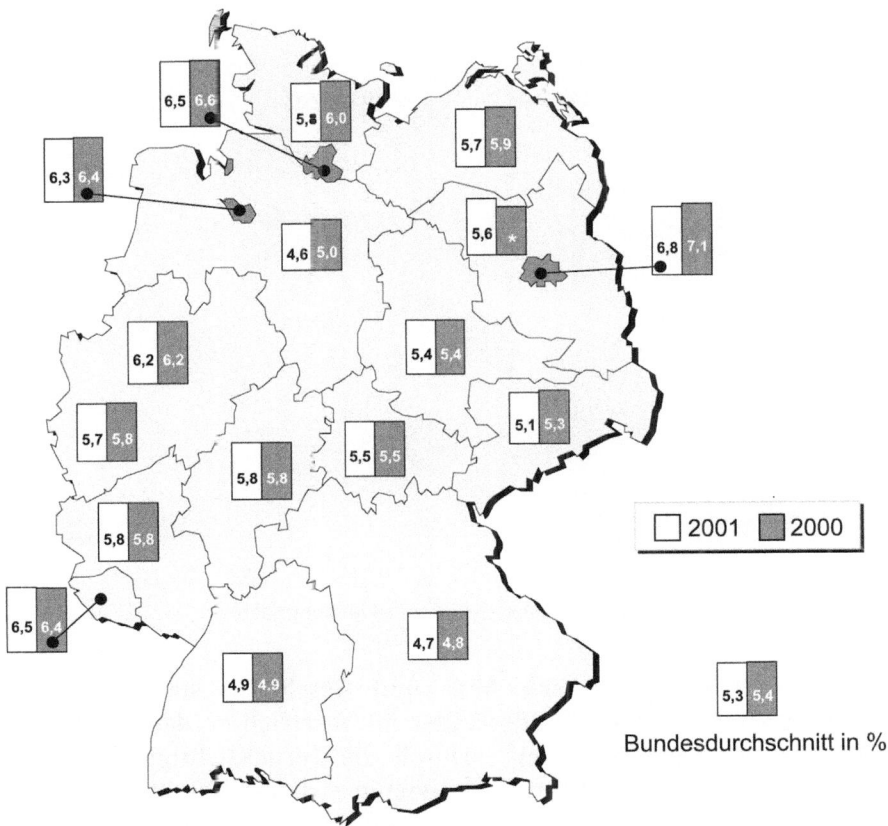

Abb. 19.1.11. Krankenstand nach Landes-AOK's im Vergleich zum Vorjahr

Die hohen Krankenstände in den Stadtstaaten kommen auf unterschiedliche Weise zustande. Verantwortlich für den hohen Krankenstand in Berlin und im Saarland ist in erster Linie die lange Dauer der Arbeitsunfähigkeitsfälle. Diese lag 2001 in Berlin bei 15,2 und im Saarland bei 15,4 Tagen; im Bundesdurchschnitt waren es lediglich 12,5 Tage (Abb. 19.1.12). In Bremen und Hamburg dagegen ist der hohe Krankenstand vor allem auf eine überdurchschnittlich hohe Zahl an Krankmeldungen zurückzuführen. Dort waren 2001 180,1 bzw. 179,8 Arbeitsunfähigkeitsfälle je 100 AOK-Mitglieder zu verzeichnen, im Bundesdurchschnitt waren es lediglich 154,7 Fälle[16].

Inwieweit sind die regionalen Unterschiede im Krankenstand auf unterschiedliche Alters- und Geschlechtsstrukturen zurückzuführen?

---

[16] Mit einer Dauer von mehr als sechs Wochen.

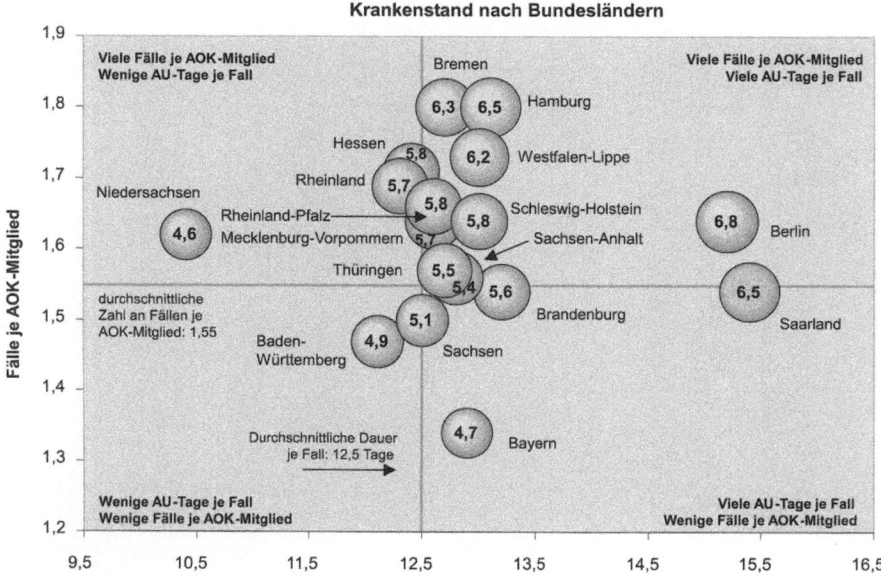

Abb. 19.1.12. Krankenstand nach Landes-AOK's. Bestimmungsfaktoren

Abb. 19.1.13 zeigt die nach Alter und Geschlecht standardisierten Werte für die einzelnen Bundesländer im Vergleich zu den nicht standardisierten Krankenständen[17]. Durch die Berücksichtigung der Alters- und Geschlechtsstruktur relativieren sich die beschriebenen regionalen Unterschiede im Krankenstand nur geringfügig. Die oben beschriebene Verteilungsstruktur bleibt im Wesentlichen erhalten. Bei den Stadtstaaten Berlin, Hamburg und Bremen fallen die standardisierten Werte lediglich um 0,2 Prozentpunkte niedriger aus als die Rohwerte. Niedersachsen, Bayern und Baden-Württemberg erzielen auch nach der Standardisierung die günstigsten Werte.

Im Vergleich zum Vorjahr hat die Zahl der Krankmeldungen 2001 in fast allen Bundesländern abgenommen (siehe Tabelle 19.1.5). Am stärksten nahm sie in den ostdeutschen Ländern Thüringen (5,5%), Mecklenburg-Vorpommern (5,4%) und Sachsen (5,1%) ab. Auch die Zahl der Arbeitsunfähigkeitstage war in den meisten Ländern rück-

---

[17] Berechnet nach der Methode der direkten Standardisierung. Zugrunde gelegt wurde die Alters- und Geschlechtsstruktur der erwerbstätigen Mitglieder der gesetzlichen Krankenversicherung insgesamt im Jahr 2000 (Mitglieder mit Krankengeldanspruch). Quelle: VDR-Statistik.

Branchenüberblick

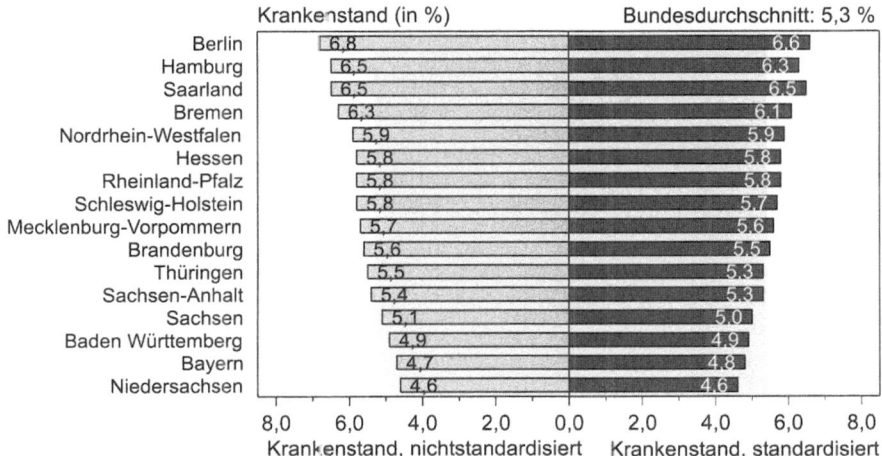

Abb. 19.1.13. Krankenstand nach Bundesländern, alters- und geschlechtsstandardisiert, 2001

Tabelle 19.1.5. Arbeitsunfähigkeit nach Landes-AOK's, 2001 im Vergleich zum Vorjahr

Landes-AOKs	Arbeitsunfähigkeiten je 100 AOK-Mitglieder				Tage je Fall	Veränd. z. Vorj. (in %)
	Fälle	Veränd. z. Vorj. (in %)	Tage	Veränd. z. Vorj. (in %)		
Baden-Württemberg	147,3	−1,6	1788,6	−0,9	12,1	0,6
Bayern	133,6	−3,4	1728,1	−3,0	12,9	0,5
Berlin	163,5	−3,6	2483,1	−5,0	15,2	−1,5
Brandenburg	154,3	−*	2031,5	−*	13,2	−*
Bremen	180,1	−3,2	2292,7	−3,3	12,7	−0,1
Hamburg	179,8	−2,6	2359,1	−2,6	13,1	0,0
Hessen	171,3	−1,8	2126,9	−0,8	12,4	1,1
Mecklenburg-Vorpommern	164,4	−5,4	2076,3	−3,9	12,6	1,6
Niedersachsen	161,6	−2,7	1681,7	−9,2	10,4	−6,7
Rheinland	169,3	−0,6	2080,6	−2,5	12,3	−1,9
Rheinland-Pfalz	166,1	−2,2	2100,2	−2,7	12,6	−0,5
Saarland	153,8	−1,5	2364,7	0,0	15,4	1,5
Sachsen	150,4	−5,1	1878,4	−4,9	12,5	0,2
Sachsen-Anhalt	155,6	−3,0	1988,6	−1,1	12,8	2,0
Schleswig-Holstein	164,1	−2,8	2129,7	−3,5	13,0	−0,7
Thüringen	156,9	−5,5	1994,5	−2,6	12,7	3,1
Westfalen-Lippe	172,6	−1,6	2250,1	−1,8	13,0	−0,2
Bund	154,7	−2,4	1932,3	−2,7	12,5	−0,3

* Die Veränderungswerte für das Land Brandenburg werden aufgrund von Umstellungen in der Datenbasis nicht ausgewiesen.

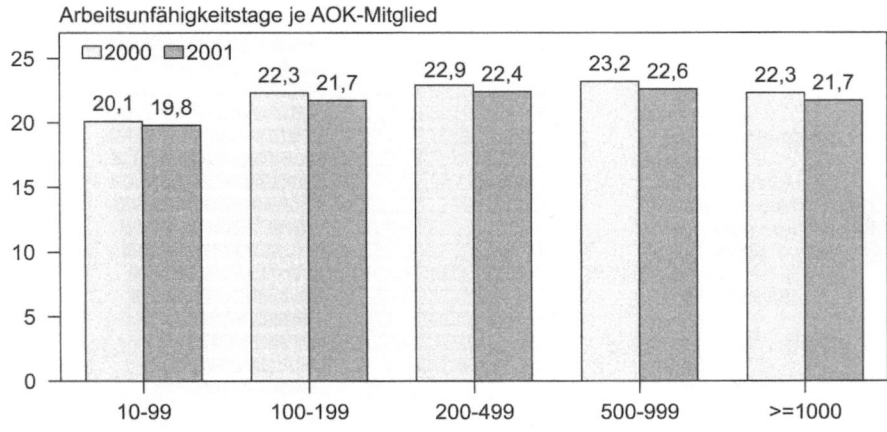

Abb. 19.1.14. Arbeitsunfähigkeitstage nach Betriebsgröße, 2001 im Vergleich zum Vorjahr

läufig. Der stärkste Rückgang war in Niedersachsen (9,2%), Berlin (5,0%) und Sachsen (4,9%) zu verzeichnen [18].

19.1.7 Krankenstand nach Betriebsgröße

Mit zunehmender Betriebsgröße steigt die Anzahl der krankheitsbedingten Fehltage. Während die Mitarbeiter von Betrieben mit 10–99 AOK-Mitgliedern im Jahr 2001 durchschnittlich 19,8 Tage fehlten, fielen in Betrieben mit 1000 und mehr AOK-Mitgliedern pro Mitarbeiter 21,7 Fehltage an (vgl. Abb. 19.1.14) [19]. Eine Untersuchung des Instituts der Deutschen Wirtschaft kam zu einem ähnlichen Ergebnis [6]. Mit Hilfe einer Regressionsanalyse konnte darüber hinaus nachgewiesen werden, dass der positive Zusammenhang zwischen Fehlzeiten und Betriebsgröße nicht auf andere Einflussfaktoren wie zum Beispiel die Beschäftigtenstruktur oder Schichtarbeit zurückzuführen ist, sondern unabhängig davon gilt.

Im Vergleich zum Vorjahr nahm die Zahl der Arbeitsunfähigkeitstage im Jahr 2001 bei allen Betriebsgrößen ab (im Bereich von 1,5 bis 2,7%).

---

[18] Berechnet nach der Methode der direkten Standardisierung. Zugrunde gelegt wurde die Alters- und Geschlechtsstruktur der erwerbstätigen Mitglieder der gesetzlichen Krankenversicherung insgesamt (Mitglieder mit Krankengeldanspruch). Quelle: VDR-Statistik.
[19] Als Maß für die Betriebsgröße wird hier die Anzahl der AOK-Mitglieder in den Betrieben zugrunde gelegt, die allerdings in der Regel nur einen Teil der gesamten Belegschaft ausmachen.

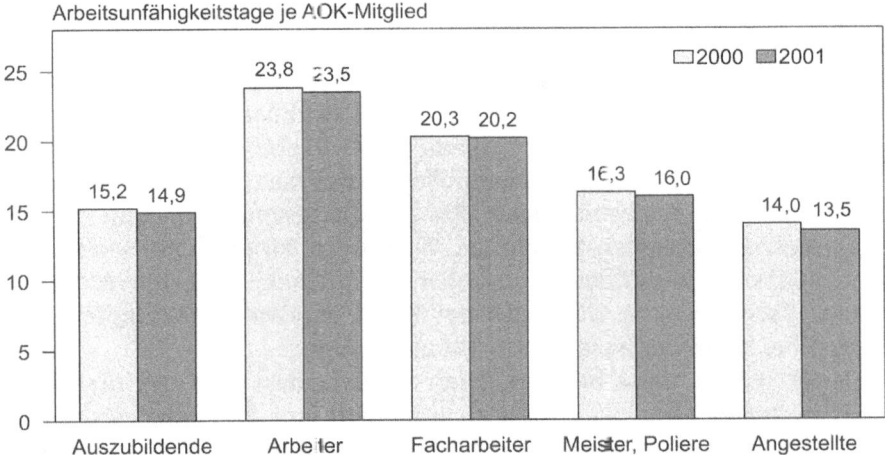

Abb. 19.1.15. Arbeitsunfähigkeitstage nach Stellung im Beruf 2001 im Vergleich zum Vorjahr

19.1.8 Krankenstand nach Stellung im Beruf

Der Krankenstand variiert erheblich in Abhängigkeit von der beruflichen Stellung (Abb. 19.1.15). Die höchsten krankheitsbedingten Fehlzeiten weisen Arbeiter auf (23,5 Tage je AOK-Mitglied), die niedrigsten Angestellte (13,5 Tage). Facharbeiter (20,2 Tage), Meister, Poliere (16,0 Tage) und Auszubildende (14,9 Tage) liegen hinsichtlich der Fehltage im Mittelfeld. Diese Rangfolge findet sich fast durchgängig in allen Branchen wieder.

Im Vergleich zum Vorjahr nahm im Jahr 2001 die Zahl der Arbeitsunfähigkeitstage bei allen Statusgruppen ab.

Worauf sind die erheblichen Unterschiede in der Höhe des Krankenstandes in Abhängigkeit von der beruflichen Stellung zurückzuführen? Zunächst muss berücksichtigt werden, dass Angestellte häufiger als Arbeiter bei Kurzerkrankungen von ein bis drei Tagen keine Arbeitsunfähigkeitsbescheinigung vorlegen müssen. Dies hat zur Folge, dass bei Angestellten die Kurzzeiterkrankungen in geringerem Maße von den Krankenkassen erfasst werden als bei Arbeitern. Dann ist zu bedenken, dass gleiche Krankheitsbilder je nach Art der beruflichen Anforderungen durchaus in einem Fall zur Arbeitsunfähigkeit führen können, im anderen Fall aber nicht. Bei schweren körperlichen Tätigkeiten, die im Bereich der industriellen Produktion immer noch eine große Rolle spielen, haben Erkrankungen viel eher Arbeitsunfähigkeit zur Folge als etwa bei Bürotätigkeiten. Hinzu kommt, dass sich die Tätigkeiten von gering qualifizierten Arbeitnehmern im Vergleich zu höher qualifizierten Beschäftigten in der Regel durch ein größeres Maß an physiologisch-ergonomischen Belastungen, eine höhere Unfallgefährdung und damit durch erhöhte Gesundheitsrisiken auszeichnen. Eine nicht unerhebliche Rolle dürfte schließlich auch die Tatsache spielen, dass in höheren Positionen das Ausmaß an Verantwortung, aber gleichzeitig auch der Handlungsspielraum und die Gestaltungsmöglichkeiten zunehmen. Dies führt zu größerer Motivation und stärkerer Identifikation mit der beruflichen Tätigkeit. Aufgrund dieser Tatsache ist in der Regel der Anteil motivationsbedingter Fehlzeiten bei höherem beruflichen Status geringer.

Nicht zuletzt muss berücksichtigt werden, dass sich das niedrigere Einkommensniveau bei Arbeitern ungünstig auf die außerberuflichen Lebensverhältnisse, wie z. B. die Wohnsituation, die Ernährung und die Erholungsmöglichkeiten, auswirkt. Untersuchungen haben auch gezeigt, dass bei einkommensschwachen Gruppen verhaltensbedingte gesundheitliche Risikofaktoren wie Rauchen, Bewegungsarmut und Übergewicht stärker ausgeprägt sind als bei Gruppen mit höheren Einkommen [5].

19.1.9 Krankenstand nach Berufsgruppen

Auch bei den einzelnen Berufsgruppen gibt es große Unterschiede in der Höhe des Krankenstandes (Abb. 19.1.16). Die Art der ausgeübten Tätigkeit hat erheblichen Einfluss auf das Ausmaß der krankheitsbedingten Fehlzeiten. Die höchsten Krankenstände weisen Berufsgruppen aus dem gewerblichen Bereich auf, wie beispielsweise Nieter[20], Straßenreiniger, Fischverarbeiter und Gerüstbauer. Dabei handelt es sich häufig um Berufe mit hohen körperlichen Arbeitsbelastungen und überdurchschnittlich vielen Arbeitsunfällen (vgl. Kap. 19.1.11). Einige der Berufsgruppen mit hohen Krankenständen sind auch in besonders hohem Maße psychischen Arbeitsbelastungen ausgesetzt, wie beispielsweise Soldaten, Grenzschutz- und Polizeibedienstete. Die niedrigsten Krankenstände sind bei Selbständigen und Akademikern wie z. B. Richtern, Naturwissenschaftlern, Hochschullehrern und Apothekern zu verzeichnen. Während Richter im Jahr 2001 im Durchschnitt nur 4,7 Tage krank geschrieben waren, waren es bei den Nietern 38,4 Tage, also mehr als das Achtfache.

---

[20] Eine Berufsgruppe aus dem Bereich der metallverarbeitenden Industrie.

Branchenüberblick

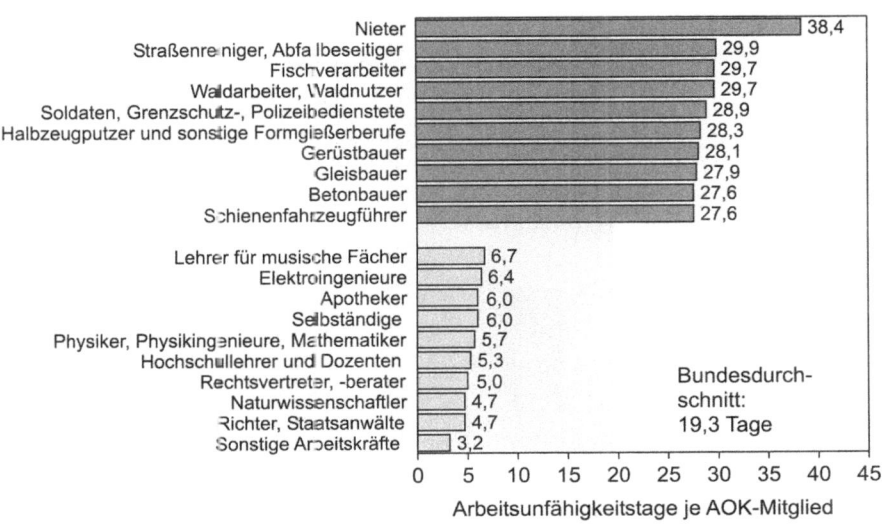

Abb. 19.1.16. 10 Berufsgruppen mit hohen und niedrigen Krankenständen, 2001

Auch der Anteil der Beschäftigten, die von Arbeitsunfähigkeit betroffen sind, differiert in den einzelnen Berufsgruppen erheblich. Bei den darstellenden Künstlern meldeten sich im Jahr 2001 nur 18,7% der AOK-Mitglieder ein- oder mehrmals krank. Bei Soldaten, Grenzschutz- und Polizeibediensteten waren es dagegen 71,4%, also mehr als dreimal soviel[21].

19.1.10 Krankenstand nach Wochentagen

Die meisten Krankschreibungen sind am Wochenanfang zu verzeichnen (Abb. 19.1.17). Zum Wochenende hin nimmt die Zahl der Arbeitsunfähigkeitsmeldungen kontinuierlich ab. 2001 entfiel mehr als ein Drittel (35,1%) der wöchentlichen Krankmeldungen auf den Montag.

Bei der Bewertung der gehäuften Krankmeldungen am Montag muss allerdings berücksichtigt werden, dass der Arzt am Wochenende in der Regel nur in Notfällen aufgesucht wird, da die meisten Praxen geschlossen sind. Deshalb erfolgt die Krankschreibung für Erkrankungen, die am Wochenende bereits begannen, in den meisten Fällen erst am Wochenanfang. Insofern sind in den Krankmeldungen vom Montag auch die Krankheitsfälle vom Wochenende mitenthalten. Die Verteilung der Krankmeldungen auf die Wochentage ist also in erster Li-

---

[21] Berücksichtigt wurden nur die der AOK gemeldeten Arbeitsunfähigkeitsfälle.

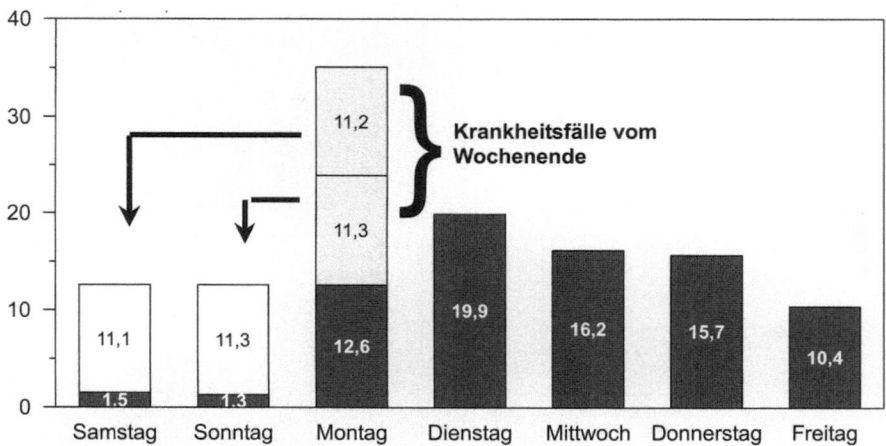

Abb. 19.1.17. Arbeitsunfähigkeitsfälle nach AU-Beginn, 2001

nie durch die ärztlichen Sprechstunden bedingt [2]. Dies wird häufig in der Diskussion um den „blauen Montag" nicht bedacht.

Geht man davon aus, dass die Wahrscheinlichkeit zu erkranken an allen Wochentagen gleich hoch ist und verteilt die Arbeitsunfähigkeitsmeldungen vom Samstag, Sonntag und Montag gleichmäßig auf diese drei Tage, beginnen am Montag – „wochenendbereinigt" – nur noch 12,6% der Krankheitsfälle. Danach ist der Montag nach dem Freitag (10,4%) der Wochentag mit der geringsten Zahl an Krankmeldungen.

Das Ende der Arbeitswoche wird von der Mehrheit der Ärzte als Ende der Krankschreibung bevorzugt (Abb. 19.1.18). 2001 endeten 46,4% der Arbeitsunfähigkeitsfälle am Freitag. Nach dem Freitag ist der Mittwoch der Wochentag, an dem die meisten Krankmeldungen (13,6%) abgeschlossen sind.

Da meist bis Mittwoch oder Freitag krankgeschrieben wird, nimmt der Krankenstand zum Wochenende hin kontinuierlich zu und erreicht seinen Höchststand am Donnerstag und Freitag. Daraus abzuleiten, dass am Freitag besonders gerne „krank gefeiert" wird, um das Wochenende auf Kosten des Arbeitgebers zu verlängern, erscheint wenig plausibel, insbesondere wenn man bedenkt, dass der Freitag der Werktag mit den wenigsten Krankmeldungen ist.

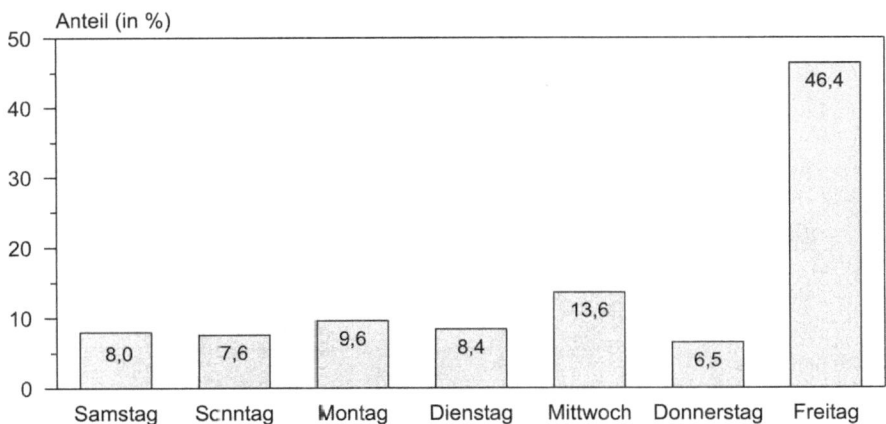

Abb. 19.1.18. Arbeitsunfähigkeitsfälle nach AU-Ende, 2001

19.1.11 Arbeitsunfälle

Im Jahr 2001 waren 4,9% der Arbeitsunfähigkeitsfälle auf Arbeitsunfälle zurückzuführen. Diese waren für 5,7% der Arbeitsunfähigkeitstage verantwortlich. Bezogen auf 1000 AOK-Mitglieder waren 75 Arbeitsunfälle mit einem Arbeitsunfähigkeitsvolumen von 1104 Tagen zu verzeichnen. Die durchschnittliche Falldauer eines Arbeitsunfalls betrug 14,6 Tage. Im Vergleich zum Vorjahr waren die Zahl der Arbeitsunfälle und die darauf zurückgehenden Fehlzeiten rückläufig (2000: 79 Fälle und 1172 Tage je 1000 AOK-Mitgl.). Auch die durchschnittliche Dauer der unfallbedingten Arbeitsunfähigkeitsfälle ging etwas zurück (2000: 14,8 Tage).

In kleineren Betrieben kommt es wesentlich häufiger zu Arbeitsunfällen als in größeren Betrieben (Abb. 19.1.19)[22]. Die Unfallquote lag 2001 in Betrieben mit 10 bis 49 AOK-Mitgliedern um 80% höher als in Betrieben mit 1000 und mehr AOK-Mitgliedern. Auch die durchschnittliche Dauer einer unfallbedingten Arbeitsunfähigkeit ist in kleineren Betrieben höher als in größeren Betrieben, was darauf hindeutet, dass dort häufiger schwere Unfälle passieren. Während ein Arbeitsunfall in einem Betrieb mit 10 bis 49 AOK-Mitgliedern durchschnittlich 15,2 Tage dauerte, waren es in Betrieben mit 1000 und mehr AOK-Mitgliedern lediglich 14,0 Tage.

---

[22] Als Maß für die Betriebsgröße wird hier die Anzahl der AOK-Mitglieder in den Betrieben zugrunde gelegt, die allerdings in der Regel nur einen Teil der gesamten Belegschaft ausmachen (vgl. Kap. 19.1.7).

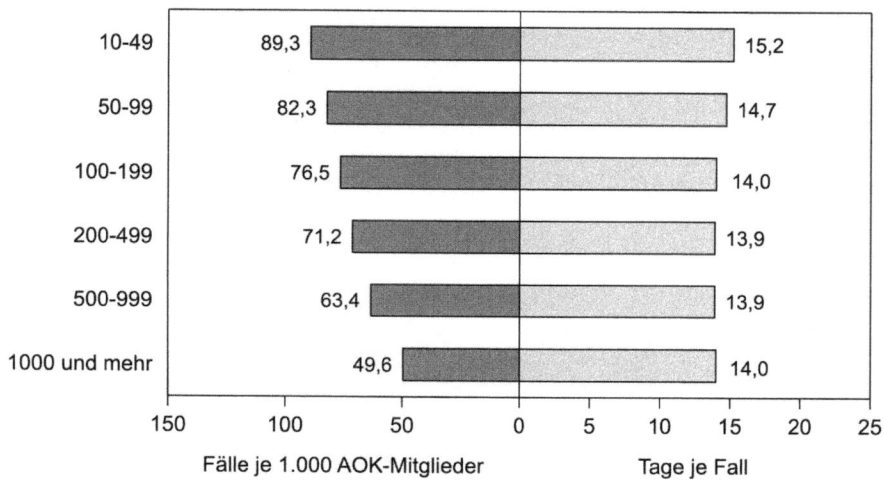

Abb. 19.1.19. Arbeitsunfälle nach Betriebsgröße, 2001

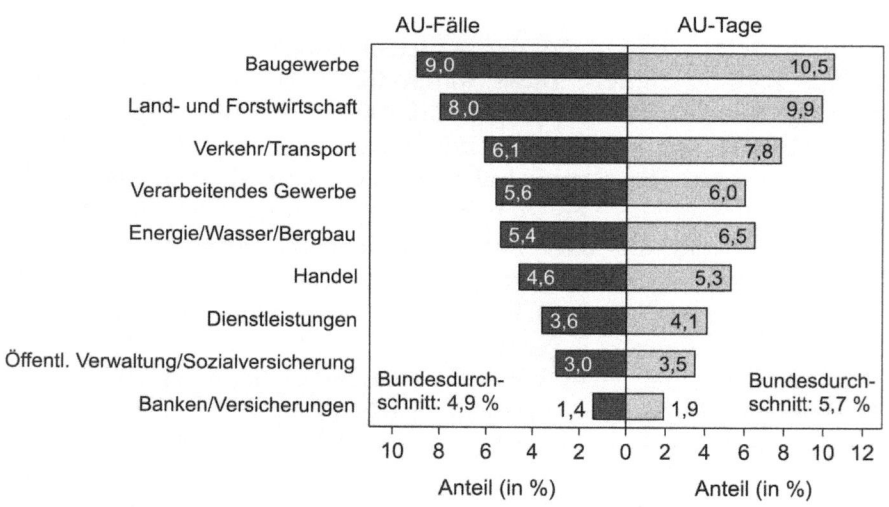

Abb. 19.1.20. Arbeitsunfälle nach Branchen, 2001

In den einzelnen Wirtschaftszweigen variiert die Zahl der Arbeitsunfälle erheblich, die meisten sind im Baugewerbe zu verzeichnen (Abb. 19.1.20). Dort war der Anteil der Arbeitsunfälle an den Arbeitsunfähigkeitsfällen im Jahr 2001 mehr als sechsmal so hoch wie im Bereich Banken und Versicherungen. 9,0% der AU-Fälle und 10,5% der -Tage gingen auf Arbeitsunfälle zurück. Ohne die arbeitsbedingten Unfälle wäre der Krankenstand im Baugewerbe (5,9%) um 0,6 Pro-

Branchenüberblick

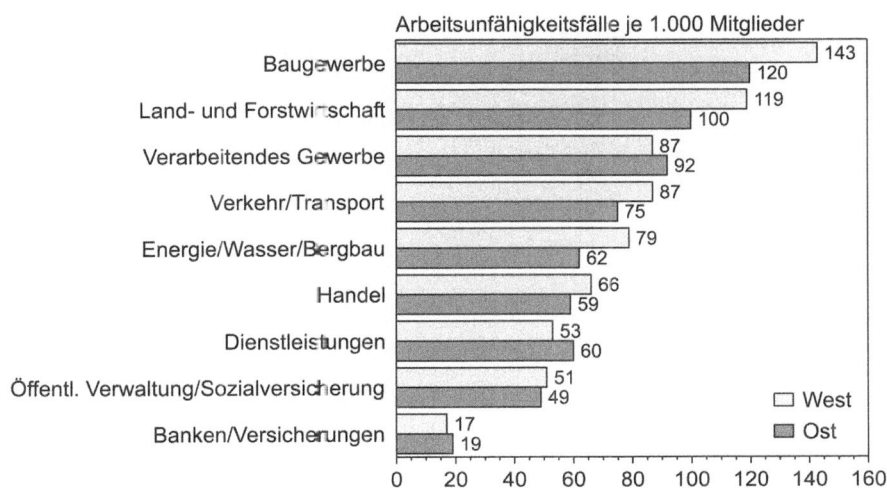

Abb. 19.1.21. Arbeitsunfälle nach Branchen in West- und Ostdeutschland, 2001

zentpunkte niedriger. Neben dem Baugewerbe waren auch in der Land- und Forstwirtschaft (8,0% der Fälle), im Bereich Verkehr und Transport (6,1% der Fälle), im verarbeitenden Gewerbe (5,6% der Fälle) sowie im Bereich Energie, Wasser und Bergbau (5,4% der Fälle) überdurchschnittlich viele Arbeitsunfälle zu verzeichnen. Am wenigsten traten bei den Banken und Versicherungen (1,4% der Fälle) sowie in der öffentlichen Verwaltung (3,0% der Fälle) auf.

Bei den Arbeitsunfällen gibt es zwischen West- und Ostdeutschland deutliche Unterschiede (Abb. 19.1.21 und 19.1.22). In Ostdeutschland ist nicht nur die Zahl der Arbeitsunfälle etwas höher als im Westen (Fälle je 1000 AOK-Mitglieder Ost: 78; West: 75), sondern diese führen auch zu längeren Ausfallzeiten als in Westdeutschland (durchschnittliche Falldauer Ost: 16,8; West: 14,3 Tage). Daher ist auch der Anteil der Arbeitsunfälle am Krankenstand in den östlichen Bundesländern höher als in den westlichen (Ost: 7,1%; West: 5,9%).

Insbesondere im Dienstleistungsbereich (+41,6%) und im verarbeitenden Gewerbe (+26,2%) war die Zahl der auf Arbeitsunfälle zurückgehenden Arbeitsunfähigkeitstage in Ostdeutschland deutlich höher als in Westdeutschland (Abb. 19.1.21). Im Bereich Energie, Wasser, Bergbau (–18,6%) und im Baugewerbe (–2,7%) fielen dagegen in den neuen Bundesländern weniger Ausfalltage aufgrund von Arbeitsunfällen an als in den alten.

Tabelle 19.1.6 zeigt die Berufsgruppen, die in besonderem Maße von arbeitsbedingten Unfällen betroffen sind. Spitzenreiter sind Bauhilfsarbeiter/Bauhelfer (4440 AU-Tage je 1000 AOK-Mitglieder), Ge-

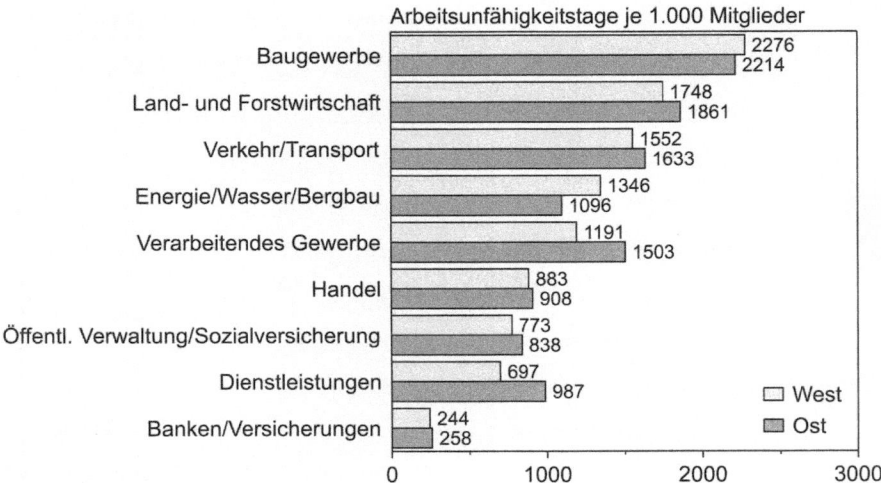

Abb. 19.1.22. Fehlzeiten durch Arbeitsunfälle nach Branchen in West- und Ostdeutschland, 2001

Tabelle 19.1.6. Arbeitsunfähigkeitstage durch Arbeitsunfälle nach Berufsgruppen, 2001

Tätigkeit	AU-Tage je 100 AOK-Mitglieder
Sonstige Bauhilfsarbeiter, Bauhelfer	4440
Gerüstbauer	4182
Betonbauer	4160
Stukkateure, Gipser, Verputzer	4018
Baumaschinenführer	3981
Isolierer, Abdichter	3925
Kraftfahrzeugführer	3892
Sonstige Tiefbauer	3846
Straßenreiniger, Abfallbeseitiger	3825
Transportgeräteführer	3776
Facharbeiter/innen	3758
Wächter, Aufseher	3738
Straßenbauer	3728
Dachdecker	3686
Waldarbeiter, Waldnutzer	3685
Bauhilfsarbeiter	3685
Maurer	3667
Erdbewegungsmaschinenführer	3603
Zimmerer	3567
Maschinen-, Behälterreiniger und verwandte Berufe	3559
Lager-, Transportarbeiter	3531
Tierpfleger und verwandte Berufe	3520
Gärtner, Gartenarbeiter	3503
Raum-, Hausratreiniger	3416
Glasbearbeiter, Glasveredler	3049

rüstbauer (4182 AU-Tage je 1000 AOK-Mitglieder) und Betonbauer (4160 AU-Tage je 1000 AOK-Mitglieder).

19.1.12 Krankheitsarten im Überblick

Das Krankheitsgeschehen wurde im Jahr 2001 wie auch bereits in den Vorjahren im Wesentlichen von sechs großen Krankheitsgruppen bestimmt: Muskel- und Skeletterkrankungen, Atemwegserkrankungen, Verletzungen, Herz-/Kreislauferkrankungen, Erkrankungen der Verdauungsorgane sowie psychischen und Verhaltensstörungen (Abb. 19.1.23). 72,7% der Arbeitsunfähigkeitsfälle und 75,8% der Arbeitsunfähigkeitstage gingen auf das Konto dieser sechs Krankheitsarten. Der Rest verteilte sich auf sonstige Krankheitsgruppen.

Der häufigste Anlass für Krankschreibungen waren Atemwegserkrankungen. Im Jahr 2001 ging fast jeder vierte Arbeitsunfähigkeitsfall (23,1%) auf diese Krankheitsart zurück. Aufgrund einer relativ geringen durchschnittlichen Erkrankungsdauer betrug der Anteil der Atemwegserkrankungen am Krankenstand allerdings nur 13,5%. Die meisten Arbeitsunfähigkeitstage wurden durch Muskel- und Skeletterkrankungen verursacht, die häufig mit langen Ausfallzeiten verbunden sind. Allein auf diese Krankheitsart waren 2001 bereits 28,3% der Arbeitsunfähigkeitstage zurückzuführen, obwohl sie nur für 19,7% der Arbeitsunfähigkeitsfälle verantwortlich war.

Abb. 19.1.24 zeigt die Anteile der Krankheitsarten an den krankheitsbedingten Fehlzeiten im Jahr 2001 im Vergleich zum Vorjahr[23]. Ein deutlicher Rückgang ist bei den Krankheiten des Atmungssystems zu verzeichnen (1,0 Prozentpunkte). Auch der Anteil der Verletzungen (0,5 Prozentpunkte) und der Erkrankungen der Verdauungsorgane (0,1 Prozentpunkte) ist rückläufig. Zugenommen hat der Anteil der Arbeitsunfähigkeitstage, die auf psychische und Verhaltensstörungen (0,4 Prozentpunkte) sowie Muskel- und Skeletterkrankungen (0,1 Prozentpunkte) zurückgehen.

Die Abb. 19.1.25 und 19.1.26 zeigen die Entwicklung der Krankheitsarten in den Jahren 1995 bis 2001 in Form einer Indexdarstellung. Ausgangsbasis ist dabei der Wert des Jahres 1994. Dieser wurde auf 100 normiert. Wie in den Abbildungen deutlich erkennbar ist, haben vor allem die psychischen und Verhaltensstörungen stark zugenommen. Die Zahl der auf diese Krankheitsart zurückgehenden Ar-

---

[23] Aufgrund der Umstellung vom ICD-9 auf den ICD-10 im Jahr 2000 sind die Werte der Jahre 2000 und 2001 allerdings nur begrenzt vergleichbar (vgl. dazu Kap. 19.1.1).

Krankheitsbedingte Fehlzeiten in der deutschen Wirtschaft

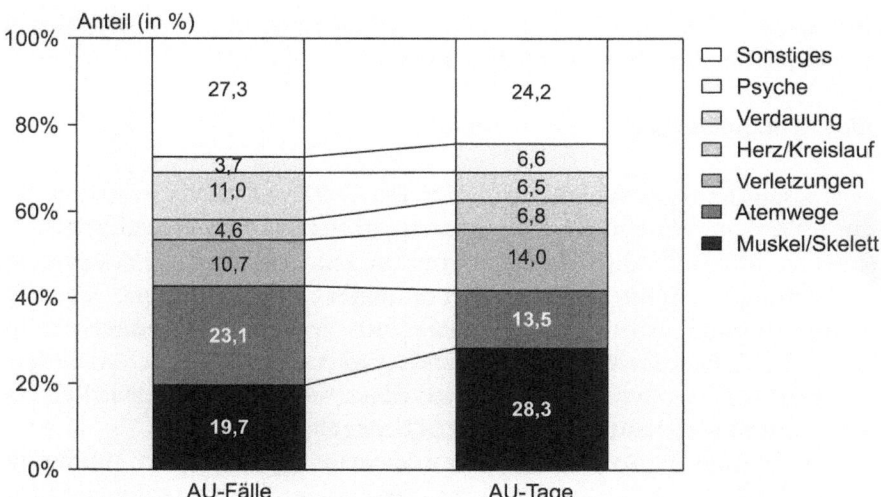

Abb. 19.1.23. Arbeitsunfähigkeit nach Krankheitsarten, 2001

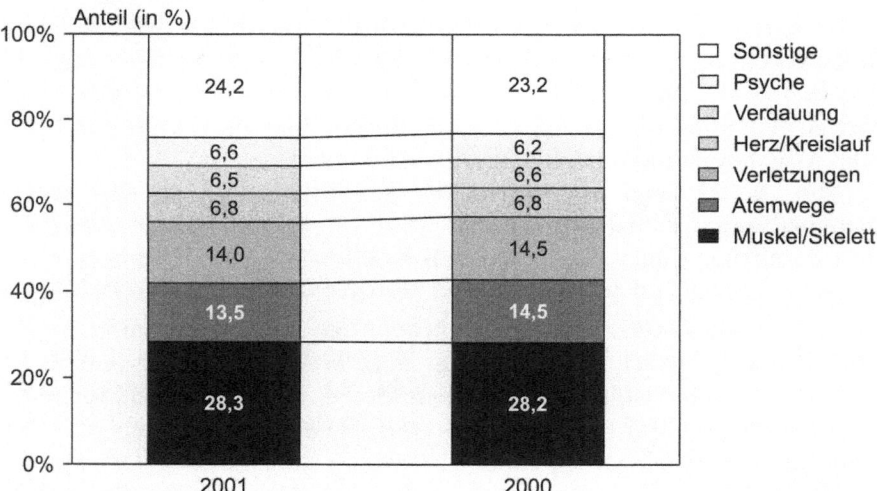

Abb. 19.1.24. Arbeitsunfähigkeitstage nach Krankheitsarten, 2001 im Vergleich zum Vorjahr

Branchenüberblick

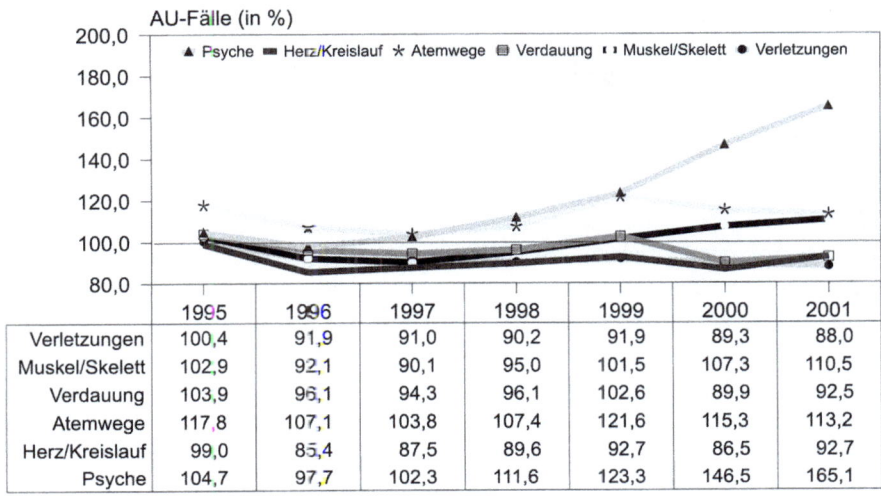

Abb. 19.1.25. Arbeitsunfähigkeitsfälle nach Krankheitsarten 1995–2001, Indexdarstellung (1994 = 100%)

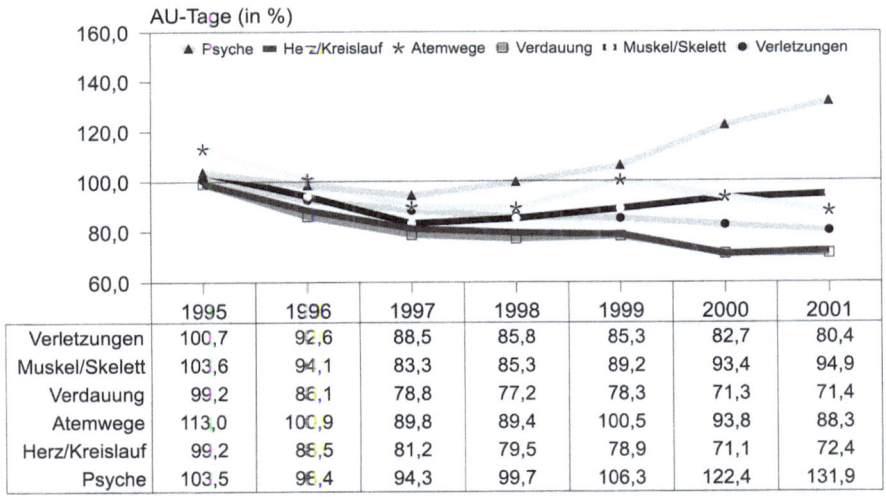

Abb. 19.1.26. Arbeitsunfähigkeitstage nach Krankheitsarten 1995–2001, Indexdarstellung (1994 = 100%)

beitsunfähigkeitsfälle ist in nur sieben Jahren um 65,1%, die der -tage um 31,9% gestiegen[24]. In den Jahren 2000 und 2001 war ein besonders starker Anstieg der Krankmeldungen aufgrund psychischer Störungen zu verzeichnen. Dies dürfte nicht nur auf eine Zunahme der Erkrankungsraten, sondern auch auf veränderte Diagnosestellungen in den Arztpraxen (Wechsel des Diagnoseschlüssels von ICD-9 zu ICD-10 im Jahr 2000) zurückzuführen sein.

Zugenommen haben auch Arbeitsunfähigkeitsfälle aufgrund von Krankheiten des Atmungssystems sowie des Muskel-Skelett-Systems und des Bindegewebes (Zunahme um 13,2 bzw. 10,5% im Vergleich zum Jahr 1994). Bei diesen Krankheitsarten ging allerdings die durchschnittliche Falldauer zurück, so dass die Zahl der AU-Tage rückläufig war. Deutlich zurückgegangen sind Arbeitsunfähigkeiten aufgrund von Verletzungen, Krankheiten des Verdauungs- und des Herz-/Kreislaufsystems.

Zwischen West- und Ostdeutschland sind nach wie vor deutliche Unterschiede in der Verteilung der Krankheitsarten festzustellen (Abb. 19.1.27). In den westlichen Ländern verursachten insbesondere Muskel-,

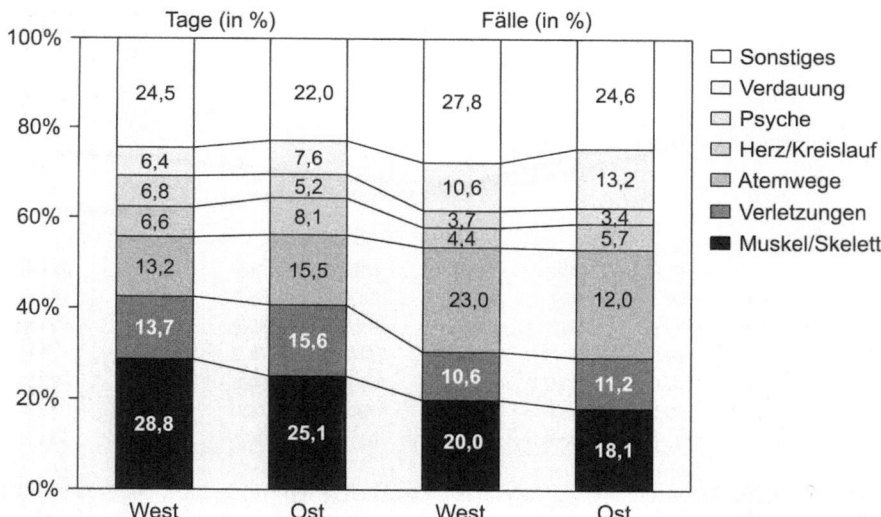

Abb. 19.1.27. Arbeitsunfähigkeit nach Krankheitsarten in West- und Ostdeutschland, 2001

---

[24] Die Zunahme von durch psychische Störungen bedingten Arbeitsunfähigkeitsfällen ist nicht nur bei AOK-Mitgliedern, sondern auch bei den Versicherten anderer Krankenkassen zu beobachten. So berichtet beispielsweise die DAK von einem Anstieg der Fälle um 51% in den Jahren 1997 bis 2001 (DAK-Gesundheits-Report 2002). Vgl. dazu auch Kap. 17.

Skelett- (3,7 Prozentpunkte) und psychische Erkrankungen (1,6 Prozentpunkte) deutlich mehr Fehltage als in den neuen Bundesländern. In Ostdeutschland dagegen ging ein höherer Anteil an Ausfalltagen auf das Konto von Atemwegserkrankungen (2,3 Prozentpunkte), Verletzungen (1,9 Prozentpunkte), Erkrankungen des Herz-/Kreislauf- (1,5 Prozentpunkte) und Verdauungssystems (1,2 Prozentpunkte).

19.1.13 Die häufigsten Einzeldiagnosen

Nachdem im letzten Kapitel dargestellt wurde, welche Krankheitsarten das Arbeitsunfähigkeitsgeschehen dominieren, soll nun auf der Ebene der Einzeldiagnosen aufgezeigt werden, welche konkreten Krankheitsbilder innerhalb der einzelnen Krankheitsarten von Bedeutung sind. In Tabelle 19.1.7 sind die 40 Diagnosen aufgelistet, die im Jahr 2001 die meisten Fehlzeiten verursachten. Auf diese Diagnosen war fast die Hälfte (46,7%) aller AU-Tage zurückzuführen.

Der größte Anteil der krankheitsbedingten Fehlzeiten geht auf das Konto der Muskel- und Skeletterkrankungen. Dementsprechend finden sich auch auf der Ebene der Einzeldiagnosen auf den ersten Rangplätzen vor allem Erkrankungen aus dem Bereich des Muskel- und Skelettsystems. Rückenschmerzen ist die häufigste Diagnose, die zu Krankmeldungen führt. Darauf waren im Jahr 2001 8,1% der AU-Fälle und 9,1% der AU-Tage zurückzuführen. Nach Krankheitstagen stehen an zweiter Stelle Bandscheibenschäden, die oft mit langen Ausfallzeiten verbunden sind. Daneben spielen vor allem sonstige Krank-

Tabelle 19.1.7. Anteile der 40 häufigsten Einzeldiagnosen an den AU-Tagen und AU-Fällen, 2001

ICD-10	Bezeichnung	AU-Tage (in %)	AU-Fälle (in %)
M54	Rückenschmerzen	9,1	8,1
M51	Sonstige Bandscheibenschäden	2,7	1,0
J06	Akute Infektionen an mehreren oder nicht näher bezeichneten Lokalisationen der oberen Atemwege	2,7	5,5
J20	Akute Bronchitis	2,5	4,2
M53	Sonstige Krankheiten der Wirbelsäule und des Rückens, anderenorts nicht klassifiziert	2,1	1,6
T14	Verletzung an einer nicht näher bezeichneten Körperregion	1,8	1,8
F32	Depressive Episode	1,7	0,8
M75	Schulterläsionen	1,5	0,8
I10	Essentielle (primäre) Hypertonie	1,5	1,2

Tabelle 19.1.7 (Fortsetzung)

ICD-10	Bezeichnung	AU-Tage (in %)	AU-Fälle (in %)
M23	Binnenschädigung des Kniegelenkes [internal derangement]	1,3	0,7
J40	Bronchitis, nicht als akut oder chronisch bezeichnet	1,3	2,2
M77	Sonstige Enthesopathien	1,2	0,9
K29	Gastritis und Duodenitis	1,1	2,0
K52	Sonstige nichtinfektiöse Gastroenteritis und Kolitis	1,1	2,6
A09	Diarrhoe und Gastroenteritis, vermutlich infektiösen Ursprungs	1,0	2,6
S93	Luxation, Verstauchung und Zerrung der Gelenke und Bänder in Höhe des oberen Sprunggelenkes und des Fußes	1,0	0,8
J01	Akute Sinusitis	0,9	1,8
F43	Reaktionen auf schwere Belastungen und Anpassungsstörungen	0,9	0,6
J11	Grippe, Viren nicht nachgewiesen	0,9	1,7
J03	Akute Tonsillitis	0,8	1,7
M47	Spondylose	0,8	0,5
M25	Sonstige Gelenkkrankheiten, anderenorts nicht klassifiziert	0,7	0,6
M65	Synovitis und Tenosynovitis	0,7	0,6
F45	Somatoforme Störungen	0,7	0,5
B34	Viruskrankheit nicht näher bezeichneter Lokalisation	0,6	1,4
R10	Bauch- und Beckenschmerzen	0,6	1,1
J32	Chronische Sinusitis	0,5	1,0
M79	Sonstige Krankheiten des Weichteilgewebes, anderenorts nicht klassifiziert	0,5	0,5
M99	Biomechanische Funktionsstörungen, anderenorts nicht klassifiziert	0,5	0,6
J02	Akute Pharyngitis	0,5	1,1
S61	Offene Wunde des Handgelenkes und der Hand	0,5	0,5
R51	Kopfschmerz	0,4	0,9
K08	Sonstige Krankheiten der Zähne und des Zahnhalteapparates	0,4	2,0
R50	Fieber unbekannter Ursache	0,4	0,8
J04	Akute Laryngitis und Tracheitis	0,4	0,7
R42	Schwindel und Taumel	0,4	0,5
B99	Sonstige und nicht näher bezeichnete Infektionskrankheiten	0,3	0,6
I95	Hypotonie	0,3	0,6
G43	Migräne	0,3	0,6
	Sonstige	53,3	42,5

heiten der Wirbelsäule und des Rückens sowie Gelenkerkrankungen eine Rolle.

Bei den Atemwegserkrankungen stehen akute Infektionen und Entzündungen der oberen Atemwege im Vordergrund. Dazu gehören neben Erkältungen, Grippe- und Bronchitisfällen Entzündungen der Mandeln, des Rachens und der Nasennebenhöhlen. Allerdings sind diese Erkrankungen meist nur von kurzer Dauer. Daher ist ihr Anteil an den AU-Tagen mit 2,7% deutlich geringer als der Anteil an den Fällen, der im Jahr 2001 bei 5,5% lag.

Bei den psychischen und Verhaltensstörungen ist es umgekehrt. Sie zeichnen sich meist durch eine lange Falldauer aus. Die häufigsten Diagnosen sind hier depressive Episoden, Reaktionen auf schwere Belastungen und Anpassungsstörungen sowie somatoforme Störungen, bei denen die Patienten über körperliche Symptome klagen, ohne dass ein organischer Befund vorliegt.

Bei den Verletzungen verursachen Luxationen, Verstauchungen und Zerrungen der Gelenke und Bänder in Höhe des oberen Sprunggelenkes und des Fußes sowie offene Wunden des Handgelenkes und der Hand die meisten Fehlzeiten.

Bei den Krankheiten des Verdauungssystems werden am häufigsten Entzündungen von Magen und Darm diagnostiziert. Meist nur von kurzer Dauer sind Krankheiten der Zähne und des Zahnhalteapparates.

19.1.14 Krankheitsarten nach Branchen

Bei der Verteilung der Krankheitsarten bestehen erhebliche Unterschiede zwischen den Branchen, die im Folgenden für die wichtigsten Krankheitsgruppen aufgezeigt werden.

Muskel- und Skeletterkrankungen
Die Muskel- und Skeletterkrankungen verursachen in allen Branchen anteilmäßig die meisten Fehltage (Abb. 19.1.28). Ihr Anteil an den Arbeitsunfähigkeitstagen bewegte sich im Jahr 2001 in den einzelnen Branchen zwischen 22% bei Banken und Versicherungen und 33% im Baugewerbe. In Wirtschaftszweigen mit überdurchschnittlich hohen Krankenständen sind häufig die muskuloskeletalen Erkrankungen besonders ausgeprägt und tragen wesentlich zu den erhöhten Fehlzeiten bei.

Abb. 19.1.29 zeigt die Anzahl und durchschnittliche Dauer der Krankmeldungen aufgrund von Muskel- und Skeletterkrankungen in den einzelnen Branchen. Die meisten Arbeitsunfähigkeitsfälle waren

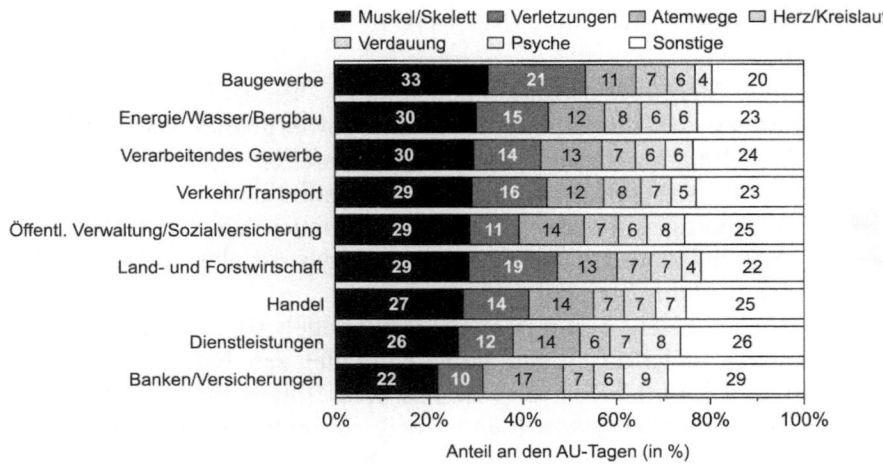

Abb. 19.1.28. Arbeitsunfähigkeitstage nach Branchen und Krankheitsarten, 2001

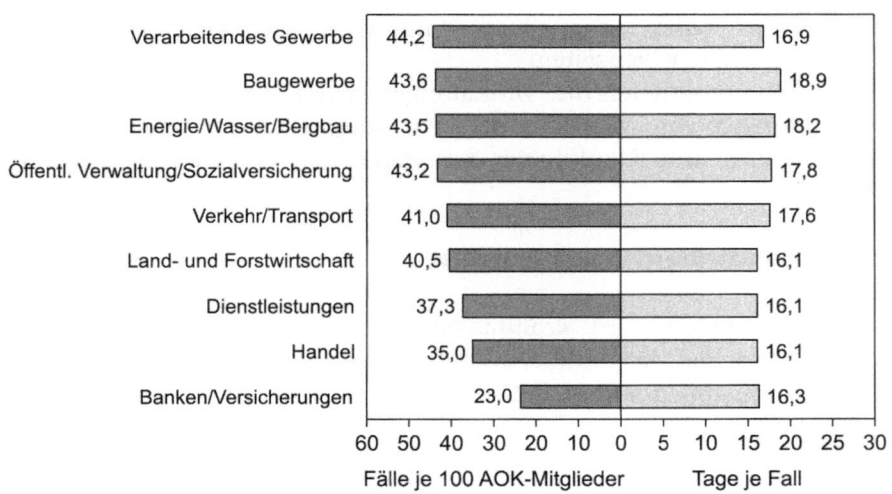

Abb. 19.1.29. Krankheiten des Muskel- und Skelettsystems und des Bindegewebes nach Branchen, 2001

im verarbeitenden Gewerbe zu verzeichnen, fast doppelt so viele wie bei den Banken und Versicherungen, wo die Zahl der Krankheitsfälle am niedrigsten ausfiel. Überdurchschnittlich hoch war die Anzahl der Fälle auch im Baugewerbe, im Bereich Energie, Wasser, Bergbau, in der öffentlichen Verwaltung, im Bereich Verkehr und Transport sowie in der Land- und Forstwirtschaft.

Die muskuloskelettalen Erkrankungen sind häufig mit langen Ausfallzeiten verbunden. Die mittlere Dauer der Krankmeldungen schwankte im Jahr 2001 in den Branchen zwischen 16,1 Tagen im Dienstleistungsbereich, im Handel und in der Land- und Forstwirtschaft und 18,9 Tagen im Baugewerbe. Im Branchendurchschnitt lag sie bei 16,7 Tagen.

Atemwegserkrankungen
Die meisten Erkrankungsfälle aufgrund von Atemwegserkrankungen waren im Jahr 2001 in der öffentlichen Verwaltung zu verzeichnen (Abb. 19.1.30). Überdurchschnittlich viele Fälle fielen auch bei Banken und Versicherungen, im Dienstleistungsbereich, im verarbeitenden Gewerbe und im Handel an.

Aufgrund einer großen Anzahl an Bagatellfällen ist die durchschnittliche Erkrankungsdauer bei dieser Krankheitsart relativ gering. Im Branchendurchschnitt liegt sie bei 6,8 Tagen. In den einzelnen Branchen bewegte sie sich im Jahr 2001 zwischen 5,9 Tagen bei Banken und Versicherungen und 7,7 Tagen im Bereich Verkehr und Transport.

Der Anteil der Atemwegserkrankungen an den Arbeitsunfähigkeitstagen (vgl. Abb. 19.1.28) ist am höchsten bei den Banken und Versicherungen (17%), am niedrigsten im Baugewerbe (11%).

Verletzungen
Der Anteil der Verletzungen an den Arbeitsunfähigkeitstagen variiert sehr stark zwischen den einzelnen Branchen (s. Abb. 19.1.28). Am

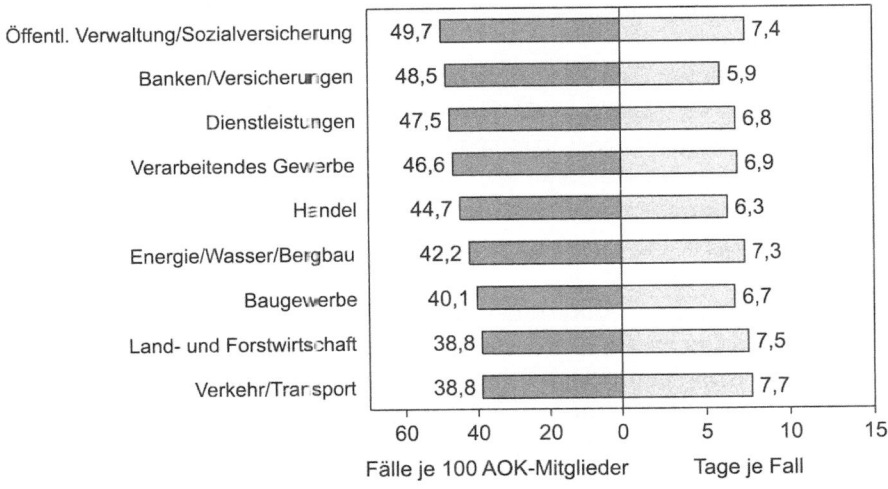

Abb. 19.1.30. Krankheiten des Atmungssystems nach Branchen, 2001

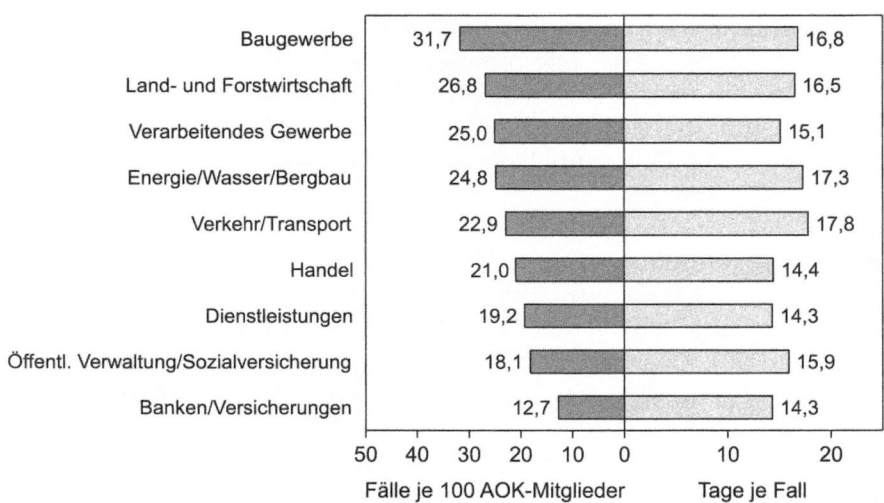

Abb. 19.1.31. Verletzungen, Vergiftungen und bestimmte andere Folgen äußerer Ursachen, nach Branchen, 2001

höchsten ist er in Branchen mit vielen Arbeitsunfällen. Im Jahr 2001 bewegte er sich zwischen 10% bei den Banken und Versicherungen und 21% im Baugewerbe (Abb. 19.1.28). Das Baugewerbe ist Spitzenreiter bei den Verletzungen. Dort war die Zahl der Fälle fast dreimal so hoch wie bei Banken und Versicherungen (Abb. 19.1.31). Die Dauer der verletzungsbedingten Krankmeldungen schwankte in den einzelnen Branchen zwischen 14,3 Tagen bei Banken und Versicherungen sowie im Dienstleistungsbereich und 17,8 Tagen im Bereich Verkehr und Transport.

Ein erheblicher Teil der Verletzungen ist auf Arbeitsunfälle zurückzuführen. In der Land- und Forstwirtschaft, dem Baugewerbe sowie im Bereich Verkehr und Transport gehen bei den Verletzungen mehr als ein Drittel der Fehltage auf Arbeitsunfälle zurück (Abb. 19.1.32). Am niedrigsten ist der Anteil der Arbeitsunfälle bei den Banken und Versicherungen. Dort beträgt er lediglich 12%.

Erkrankungen der Verdauungsorgane

Auf Erkrankungen der Verdauungsorgane gingen im Jahr 2001 in den einzelnen Branchen 6% bis 7% der Arbeitsunfähigkeitstage zurück (Abb. 19.1.28). Die Unterschiede zwischen den Wirtschaftszweigen hinsichtlich der Zahl der Arbeitsunfähigkeitsfälle sind relativ gering (Abb. 19.1.33). Die meisten Erkrankungsfälle waren im verarbeitenden Gewerbe zu verzeichnen. Am niedrigsten war die Zahl der Arbeitsun-

Branchenüberblick

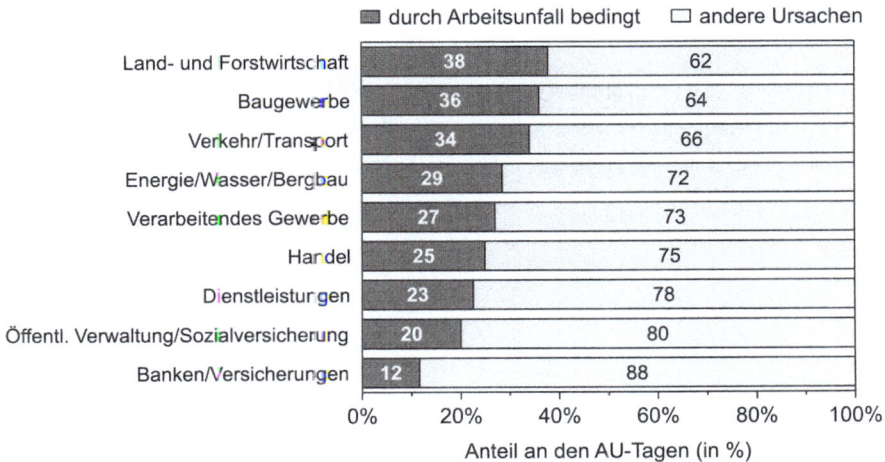

Abb. 19.1.32. Anteil der Arbeitsunfälle an den Verletzungen nach Branchen, 2001

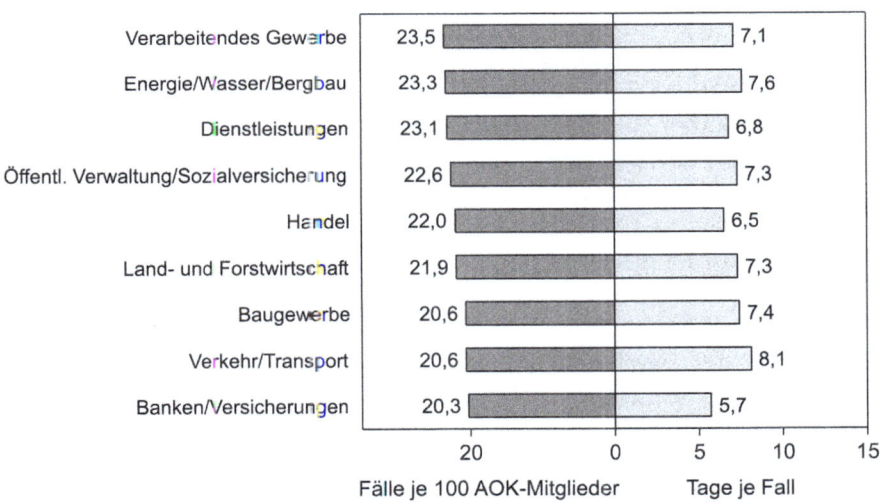

Abb. 19.1.33. Krankheiten des Verdauungssystems nach Branchen, 2001

fähigkeitsfälle bei den Banken und Versicherungen. Die Dauer der Fälle betrug im Branchendurchschnitt 6,9 Tage. In den einzelnen Branchen bewegte sie sich zwischen 5,7 und 8,1 Tagen (Abb. 19.1.33).

Herz- und Kreislauferkrankungen
Der Anteil der Herz- und Kreislauferkrankungen an den Arbeitsunfähigkeitstagen lag im Jahr 2001 in den einzelnen Branchen zwischen

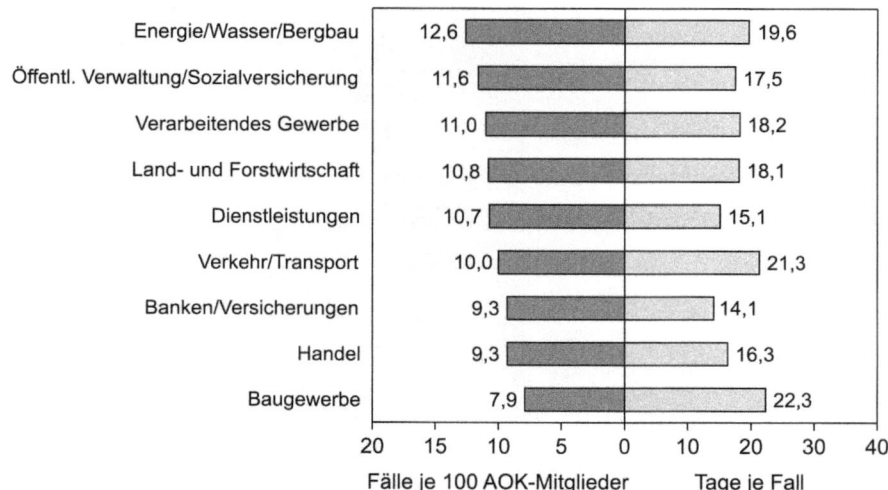

Abb. 19.1.34. Krankheiten des Kreislaufsystems nach Branchen, 2001

6% und 8%. Die meisten Erkrankungsfälle waren im Bereich Energie, Wasser und Bergbau zu verzeichnen. Am niedrigsten war die Anzahl der Fälle bei den Beschäftigten im Baugewerbe. Herz- und Kreislauferkrankungen bringen oft lange Ausfallzeiten mit sich. Die Dauer eines Erkrankungsfalls bewegte sich in den einzelnen Wirtschaftsbereichen zwischen 14,1 Tagen bei den Banken und Versicherungen und 22,3 Tagen im Baugewerbe (Abb. 19.1.34).

Psychische und Verhaltensstörungen

Der Anteil der psychischen und Verhaltensstörungen an den krankheitsbedingten Fehlzeiten schwankte in den einzelnen Branchen erheblich. Während im Baugewerbe nur 4% der Arbeitsunfähigkeitstage auf diese Krankheitsart zurückgingen, waren es bei Banken und Versicherungen 9%. Die meisten Erkrankungsfälle sind im tertiären Bereich zu verzeichnen. Spitzenreiter sind der Dienstleistungsbereich, die öffentliche Verwaltung sowie Banken und Versicherungen. Die durchschnittliche Dauer der Arbeitsunfähigkeitsfälle bewegte sich in den einzelnen Branchen zwischen 18,1 und 25,2 Tagen (Abb. 19.1.35).

19.1.15 Langzeitfälle nach Krankheitsarten

Langzeitarbeitsunfähigkeit mit einer Dauer von mehr als sechs Wochen stellt sowohl für die Betroffenen als auch für die Unternehmen und Krankenkassen eine besondere Belastung dar. Daher kommt der

Branchenüberblick

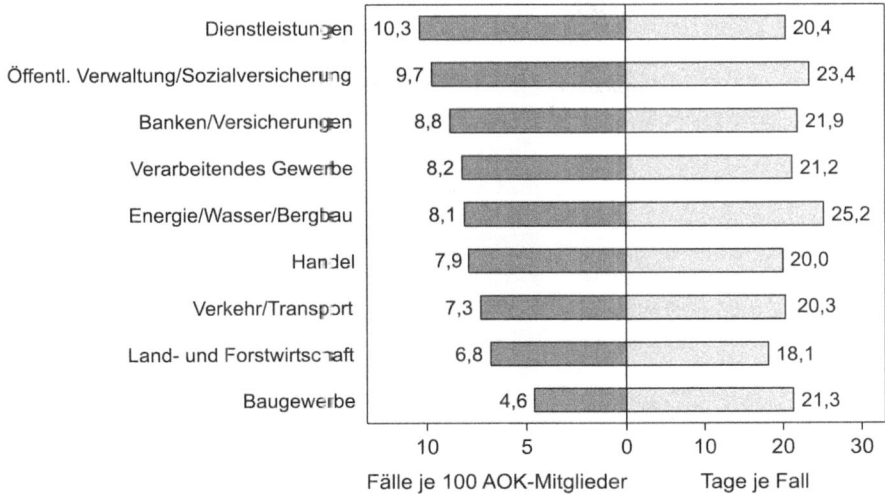

Abb. 19.1.35. Psychische und Verhaltensstörungen nach Branchen, 2001

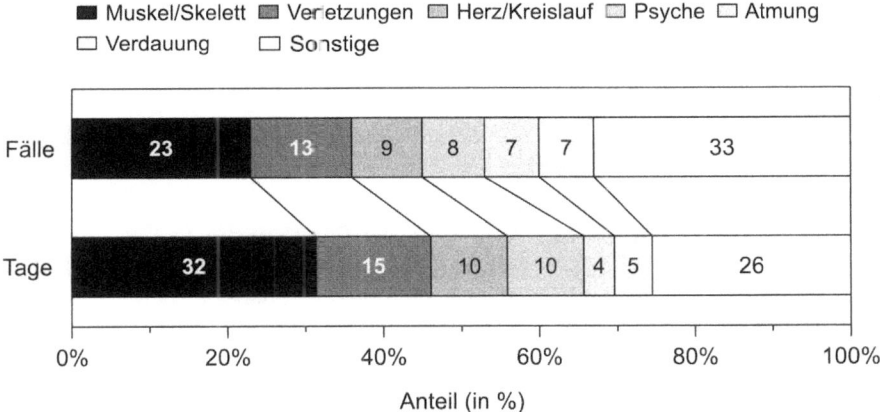

Abb. 19.1.36. Langzeit-Arbeitsunfähigkeit (>6 Wochen) nach Krankheitsarten, 2001

Prävention der Erkrankungen, die zu derart langen Ausfallzeiten führen, eine spezielle Bedeutung zu (vgl. dazu auch den Beitrag von W. Timm in diesem Band).

Abb. 19.1.36 zeigt, welche Krankheitsarten für die Langzeitfälle verantwortlich sind. Ebenso wie im Arbeitsunfähigkeitsgeschehen insgesamt spielen auch hier die Muskel- und Skeletterkrankungen und Verletzungen eine entscheidende Rolle. Auf diese beiden Krankheitsarten gehen bereits 36% der Langzeitfälle zurück. An dritter und vierter Stelle stehen die Herz-/Kreislauferkrankungen und die psychischen

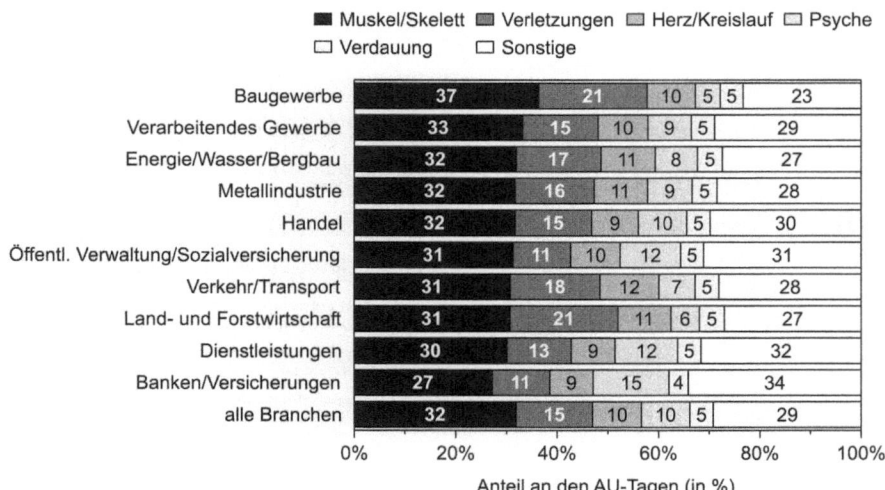

Abb. 19.1.37. Langzeit-Arbeitsunfähigkeit nach Branchen und Krankheitsarten, 2001

und Verhaltensstörungen mit Anteilen von 9 bzw. 8% an den Langzeitfällen. Für jeweils weitere 7% der Fälle sind Krankheiten des Atmungs- und des Verdauungssystems verantwortlich. Der Rest verteilt sich auf sonstige Krankheitsarten.

Auch in den einzelnen Wirtschaftsabteilungen geht die Mehrzahl der durch Langzeitfälle bedingten Arbeitsunfähigkeitstage auf die o. g. Krankheitsarten zurück (Abb. 19.1.37). Der Anteil der muskuloskelettalen Erkrankungen ist am höchsten im Baugewerbe (37%). Bei den Verletzungen werden die höchsten Werte ebenfalls im Baugewerbe und in der Land- und Forstwirtschaft erreicht (jeweils 21%). Der Anteil der Herz-/Kreislauferkrankungen ist am ausgeprägtesten im Bereich Verkehr und Transport (12%). Die psychischen und Verhaltensstörungen verursachen bezogen auf die Langzeiterkrankungen die meisten Ausfalltage bei Banken und Versicherungen (15%), im Dienstleistungsbereich (12%) sowie in der öffentlichen Verwaltung (12%).

19.1.16 Krankheitsarten nach Diagnoseuntergruppen

Muskel- und Skeletterkrankungen

Bei den Muskel- und Skeletterkrankungen dominieren die Rückenerkrankungen (Abb. 19.1.38). Auf sie entfallen im Branchendurchschnitt mehr als die Hälfte der durch diese Krankheitsart verursachten Krankmeldungen (58% der Arbeitsunfähigkeitsfälle und 55% der -tage). Daneben spielen vor allem Arthropathien und Krankheiten der Weichteilgewebe eine Rolle. Der Rest entfällt auf sonstige Erkrankungen.

Branchenüberblick

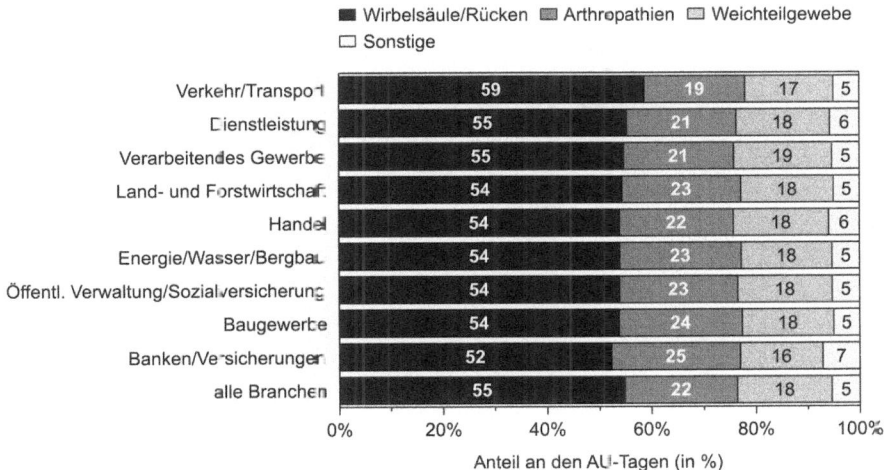

Abb. 19.1.38. Muskel-, Skelettsystem und Bindegewebserkrankungen nach Branchen und Diagnoseuntergruppen 2001

Bei den Muskel- und Skeletterkrankungen sind die Rückenerkrankungen in allen Wirtschaftsabteilungen vorherrschend. Ihr Anteil an den Arbeitsunfähigkeitstagen lag im Jahr 2001 in den einzelnen Branchen zwischen 52% und 59%. An zweiter Stelle standen in allen Wirtschaftszweigen die Arthropathien; deren Anteil an den Muskel- und Skeletterkrankungen bewegte sich zwischen 19 und 25%. Auf Krankheiten der Weichteilgewebe gingen in den einzelnen Branchen 16 bis 19% der durch diese Krankheitsart bedingten Arbeitsunfähigkeitstage zurück.

Verletzungen, Vergiftungen und bestimmte andere Folgen äußerer Ursachen

Nach dem ICD-10 erfolgt die Klassifikation der Verletzungen nach der betroffenen Körperregion. Abb. 19.1.39 zeigt die Verteilung der Diagnoseuntergruppen in den einzelnen Branchen. Für die meisten Ausfalltage waren Verletzungen im Bereich von Knie und Unterschenkel verantwortlich.

Erkrankungen des Atmungssystems

Bei den Erkrankungen des Atmungssystems dominieren akute Infektionen der oberen und unteren Atemwege. Dazu gehören u. a. Erkältungen, Hals- und Rachenentzündungen sowie Entzündungen der Neben- und Kieferhöhlen. Darauf entfielen zusammen im Branchendurchschnitt mehr als die Hälfte (57%) der krankheitsbedingten Fehl-

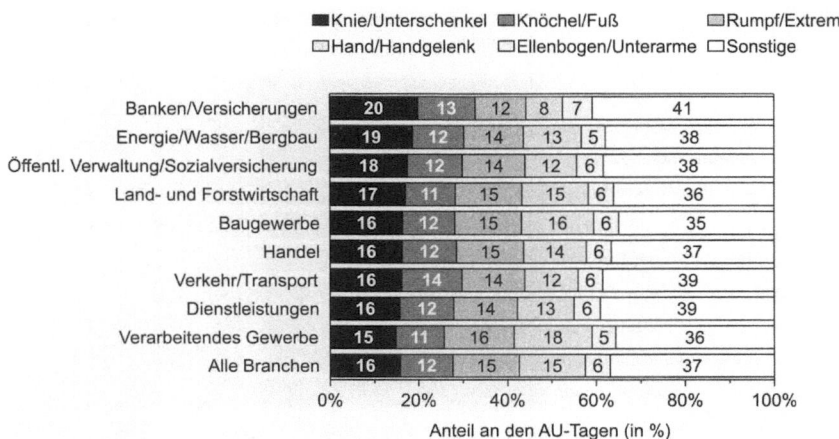

Abb. 19.1.39. Verletzungen, Vergiftungen und bestimmte andere Folgen äußerer Ursachen, nach Branchen und Diagnoseuntergruppen, 2001

tage aufgrund von Atemwegserkrankungen. Chronische Krankheiten der unteren Atemwege, wie z. B. Bronchitis, waren für 20% der Ausfallzeiten aufgrund von Atemwegserkrankungen verantwortlich. Weitere 10% gingen auf sonstige Krankheiten der oberen Atemwege, wie z. B. Heuschnupfen, zurück. Der Rest verteilte sich auf sonstige Krankheiten.

Abb. 19.1.40 zeigt aufgegliedert nach den einzelnen Branchen die Anteile der verschiedenen Diagnoseuntergruppen an den Arbeitsunfähigkeitstagen, die auf Atemwegserkrankungen zurück gingen.

Erkrankungen der Verdauungsorgane

Bei den Erkrankungen des Verdauungssystems entfiel im allgemeinen Branchendurchschnitt der größte Anteil auf Krankheiten der Speiseröhre, des Magens und des Zwölffingerdarms und zwar 30% der Fälle und 28% der Tage. An zweiter Stelle standen nichtinfektiöse Enteritis und Kolitis-Fälle mit einem Anteil von 19% an den Arbeitsunfähigkeitstagen. Auf dem dritten Rangplatz folgen Hernien (Nabel-, Leistenbrüche). Der Rest entfiel auf Krankheiten der Gallenblase, der Gallenwege, des Pankreas und des Darms sowie sonstige Erkrankungen.

Abb. 19.1.41 zeigt, welche Rolle die unterschiedlichen Diagnoseuntergruppen in den einzelnen Wirtschaftszweigen spielten. In allen Branchen geht der Löwenanteil der durch Erkrankungen der Verdauungsorgane bedingten Arbeitsunfähigkeitstage auf Krankheiten der Speiseröhre, des Magens und des Zwölffingerdarms sowie nichtinfektiöse Enteritis und Kolitis-Fälle zurück (zusammen 39 bis 50%).

Branchenüberblick

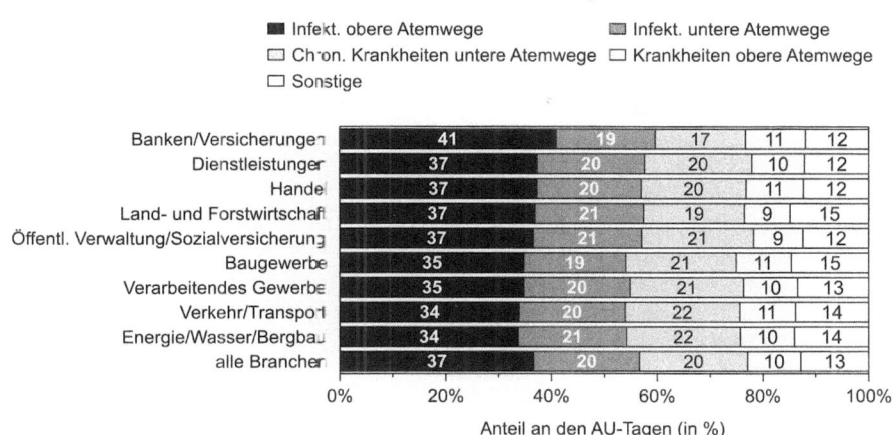

Abb. 19.1.40. Krankheiten des Atmungssystems nach Branchen und Diagnoseuntergruppen, 2001

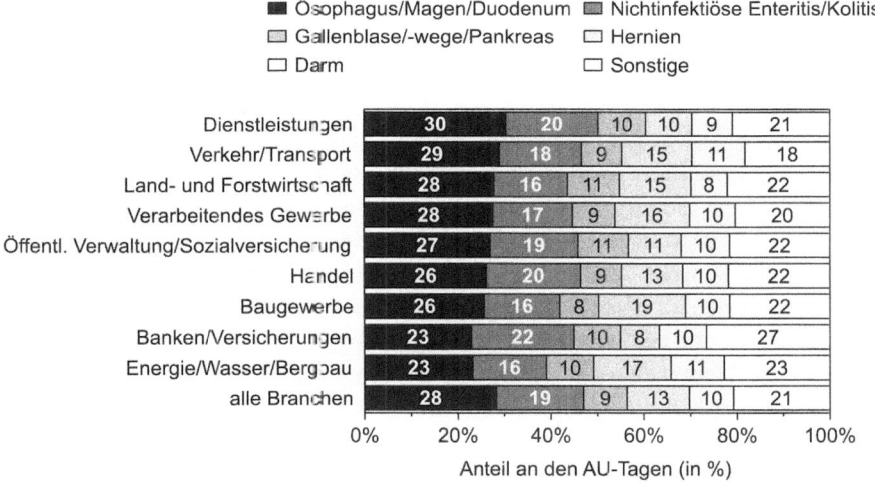

Abb. 19.1.41. Krankheiten des Verdauungssystems nach Branchen und Diagnoseuntergruppen, 2001

Krankheiten des Kreislaufsystems

Bei den Herz- und Kreislauferkrankungen entfielen im Branchendurchschnitt anteilmäßig die meisten Krankheitstage auf ischämische Herzkrankheiten, wie z. B. Herzinfarkt, und Hypertoniefälle. Auf diese beiden Diagnosegruppen gingen im Branchendurchschnitt zusammen knapp die Hälfte (47%) der durch Krankheiten des Kreislaufsystems verursachten Arbeitsunfähigkeitstage zurück. Den dritten und vierten Rangplatz nahmen sonstige Formen der Herzkrankheit sowie Krank-

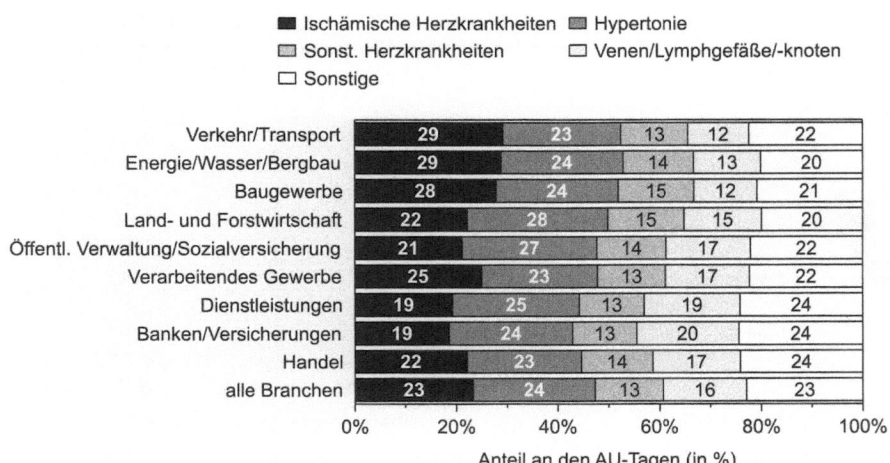

Abb. 19.1.42. Krankheiten des Kreislaufsystems nach Branchen und Diagnoseuntergruppen, 2001

heiten der Venen, der Lymphgefäße und der Lymphknoten ein. Der Rest entfiel auf sonstige Erkrankungen.

Der Anteil der ischämischen Herzkrankheiten an den auf Herz- und Kreislauferkrankungen zurückgehenden Arbeitsunfähigkeitstagen variiert in den einzelnen Branchen sehr stark (Abb. 19.1.42). Er bewegte sich 2001 zwischen 19% bei Banken und Versicherungen sowie im Dienstleistungsbereich und 29% in den Bereichen Energie, Wasser und Bergbau sowie Verkehr und Transport. Auch hinsichtlich des Anteils der durch Erkrankungen der Venen, Lymphgefäße und sonstige Krankheiten des Kreislaufsystems verursachten Fehltage gibt es in den einzelnen Branchen große Unterschiede (12 bis 20%). Der Anteil der Hypertonie und Hochdruckkrankheiten schwankte zwischen 23 und 28%.

Psychische und Verhaltensstörungen

Bei den psychischen und Verhaltensstörungen dominieren affektive Störungen, bei denen insbesondere Depressionen eine wichtige Rolle spielen, sowie neurotische, Belastungs- und somatoforme Störungen, zu denen u.a. Phobien und andere Angststörungen gehören. Diese beiden Diagnosegruppen haben im Branchendurchschnitt einen Anteil von 36 bzw. 37% an den auf psychische Erkrankungen zurückgehenden Arbeitsunfähigkeitstagen. Auf psychische und Verhaltensstörungen durch psychotrope Substanzen, wie z.B. die Alkoholabhängigkeit, gingen 15% der Krankheitstage zurück. Persönlichkeits- und Verhaltensstörungen waren für 3% der Fehltage verantwortlich. Der Rest entfiel auf sonstige Erkrankungen.

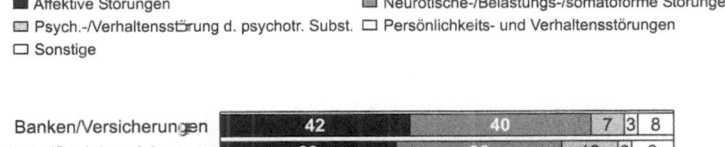
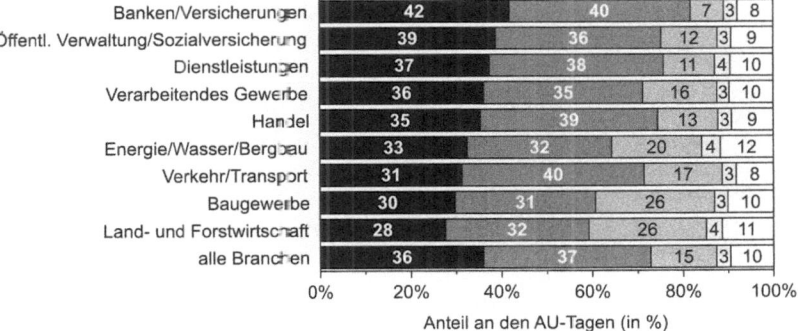

Abb. 19.1.43. Psychische und Verhaltensstörungen nach Branchen und Diagnoseuntergruppen, 2001

Abb. 19.1.43 zeigt die Anteile der Diagnoseuntergruppen an den Arbeitsunfähigkeitstagen in den einzelnen Branchen. Die Anteile der Diagnoseuntergruppen variierten in den einzelnen Wirtschaftszweigen sehr stark. Dies gilt in besonderem Maße für psychische und Verhaltensstörungen durch psychotrope Substanzen. Während im Baugewerbe 26% der durch psychische Erkrankungen verursachten Ausfalltage auf Suchterkrankungen zurückgingen, waren es bei Banken und Versicherungen lediglich 7%.

Literatur

[1] Bundesanstalt für Arbeit (2001) Arbeitsmarkt in Zahlen: Sozialversicherungspflichtig Beschäftigte nach Wirtschaftsklassen (WZ93/BA), März 2001, Nürnberg.
[2] Ferber, Ch. von und Kohlhausen, K. (1970) Der „blaue Montag" im Krankenstand. In: Arbeitsmedizin, Sozialmedizin, Arbeitshygiene, Heft 2, S. 25–30.
[3] Kohler, Hans: Krankenstand – Ein beachtlicher Kostenfaktor mit fallender Tendenz, IAB-Werkstattbericht, Diskussionsbeiträge des Instituts für Arbeitsmarkt- und Berufsforschung der Bundesanstalt für Arbeit, Ausgabe Nr. 1/30.1.2002.
[4] Marstedt, G. und Müller, R. (1998) Ein kranker Stand? Fehlzeiten und Integration älterer Arbeitnehmer im Vergleich Öffentlicher Dienst – Privatwirtschaft. Berlin: Ed. Sigma, Forschung aus der Hans-Böckler-Stiftung, 9.
[5] Mielck, A. (Hrsg.) (1994): Krankheit und soziale Ungleichheit: Ergebnisse der sozialepidemiologischen Forschung in Deutschland. Opladen: Leske+Budrich.
[6] Schnabel, Claus: Betriebliche Fehlzeiten, Ausmaß, Bestimmungsgründe und Reduzierungsmöglichkeiten, Institut der deutschen Wirtschaft Köln, 1997.

19.2 Banken und Versicherungen

19.2.1 Kosten der Arbeitsunfähigkeit 326
19.2.2 Allgemeine Krankenstandsentwicklung 326
19.2.3 Krankenstandsentwicklung nach Wirtschaftsabteilungen 328

Tabellarische Übersichten und Abbildungen
19.2.4 Krankenstand nach Berufsgruppen 329
19.2.5 Kurz- und Langzeiterkrankungen 330
19.2.6 Krankenstand nach Bundesländern 331
19.2.7 Krankenstand nach Betriebsgröße 333
19.2.8 Krankenstand nach Stellung im Beruf 334
19.2.9 Arbeitsunfälle 335
19.2.10 Krankheitsarten 336

19.2.1 Kosten der Arbeitsunfähigkeit

Bei Banken und Versicherungen waren im März 2001 1 079 796 Arbeitnehmer sozialversicherungspflichtig beschäftigt[1], von denen 11,3% (n = 121 721) AOK-Mitglied waren. Die bei der AOK versicherten Beschäftigten waren im Jahresdurchschnitt 1,2-mal krank gemeldet, wobei ein Erkrankungsfall im Schnitt 10,6 Tage dauerte. Ein Arbeitnehmer der Branche fehlte somit innerhalb des Bezugsjahres 13,0 Tage aus Krankheitsgründen. Insgesamt ergaben sich so 14,0 Mio. Ausfalltage (umgerechnet 38 458 Ausfalljahre)[2]; damit addieren sich die Kosten der Arbeitsunfähigkeit, die den Arbeitgebern im abgelaufenen Kalenderjahr entstanden sind, bei einem durchschnittlichen Arbeitnehmerentgelt von 47 036 Euro[3] auf 1,8 Mrd. Euro. Die finanzielle Belastung eines Betriebes mit 100 Mitarbeitern aufgrund krankheitsbedingter Fehlzeiten betrug durchschnittlich 168 014 Euro.

19.2.2 Allgemeine Krankenstandsentwicklung

Der Krankenstand im Bereich Banken und Versicherungen lag im Jahr 2001 bei 3,6% (Tabelle 19.2.1). Je 100 Mitarbeiter fielen durchschnittlich 1303,8 Arbeitsunfähigkeitstage an. Die Arbeitsunfähigkeitsquote, d. h. der Anteil der Beschäftigten, die sich einmal oder häufiger krank meldeten, betrug 52,0%. Im Vergleich zum Vorjahr nahm die Zahl der

---

[1] Sozialversicherungspflichtig Beschäftigte nach Wirtschaftszweigen der WZ93/BA in der Bundesrepublik Deutschland, Bundesanstalt für Arbeit, 2001.
[2] Hochrechnung auf Basis der AOK-Daten.
[3] Statistisches Bundesamt, Volkswirtschaftliche Gesamtrechnungen, Fachserie 18, Reihe 1.3, Arbeitnehmerentgelt je Arbeitnehmer, Hauptbericht 2001, Wiesbaden 2002.

Tabelle 19.2.1. Krankenstandsentwicklung im Bereich Banken und Versicherungen, 2001

	Kranken-stand (in %)	Arbeitsunfähigkeiten je 100 AOK-Mitglieder				Tage je Fall	AU-Quote (in %)
		Fälle	Veränd. z. Vorj. (in %)	Tage	Veränd. z. Vorj. (in %)		
West	3,5	122,2	-2,7	1292,1	-2,0	10,6	51,7
Ost	4,1	137,5	-7,6	1486,6	-1,9	10,8	56,7
BRD	3,6	123,1	-3,1	1303,8	-2,0	10,6	52,0

Krankmeldungen um 3,1% ab. Da die durchschnittliche Dauer der Krankheitsfälle etwas anstieg, war bei den Arbeitsunfähigkeitstagen nur ein Rückgang von 2,0% zu verzeichnen.

In Ostdeutschland war der Krankenstand ebenso wie bereits in den Jahren 1999 und 2000 deutlich höher als in Westdeutschland (Ost: 4,1%; West: 3,5%). Dort waren 12,5% mehr Krankmeldungen zu verzeichnen als im Westen. Auch die durchschnittliche Dauer der Arbeitsunfähigkeitsfälle war etwas länger als im Westen.

Die Zahl der Krankmeldungen war sowohl in West- als auch in Ostdeutschland rückläufig, im Osten deutlich stärker als im Westen (Ost: 7,6%; West: 2,7%). Die Arbeitsunfähigkeitstage gingen nicht in gleichem Maße zurück, da die durchschnittliche Falldauer zunahm (Ost: 1,9%; West: 2,0%).

Sowohl die Anzahl der Krankmeldungen (123,1 Fälle je 100 AOK-Mitglieder gegenüber durchschnittlich 154,7 Fällen) als auch deren Dauer (10,6 Tage je Fall gegenüber 12,5 Tagen) waren im Bereich Banken und Versicherungen niedriger als in allen anderen Wirtschaftszweigen. Damit ergibt sich für das Kredit- und Versicherungsgewerbe der niedrigste Krankenstand im Branchenvergleich. Die vergleichsweise geringen Fehlzeiten sind maßgeblich auf den hohen Anteil an Angestellten in dieser Branche zurückzuführen (vgl. Kap. 19.2.9).

Abb. 19.2.1[4] zeigt die Krankenstandsentwicklung bei den Banken und Versicherungen in den Jahren 1993 bis 2001. Nachdem in den Jahren 1993 und 1994 zunächst in Ostdeutschland deutlich niedrigere Werte zu verzeichnen waren als in Westdeutschland, kam es in den Jahren 1995 bis 1998 zu einer weitgehenden Angleichung des Kran-

---

[4] Die Werte der Jahre ab 1999 basieren auf der Klassifikation der Wirtschaftszweige der Bundesanstalt für Arbeit aus dem Jahre 1993 (WZS 93/NACE), während den Werten der Jahre 1993 bis 1998 noch der Wirtschaftszweigschlüssel aus dem Jahr 1973 zugrunde lag.

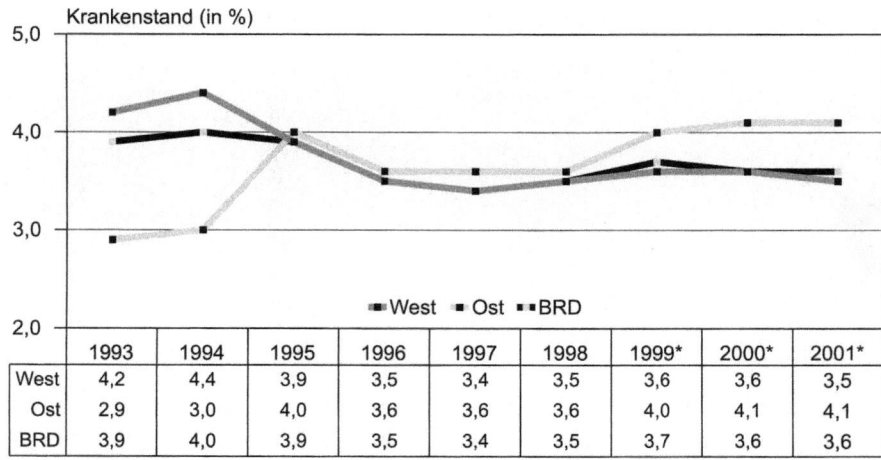

Abb. 19.2.1. Krankenstandsentwicklung bei Banken und Versicherungen 1993–2001

kenstandes. Im Jahr 1999 stiegen jedoch die ostdeutschen Werte erheblich an und liegen seitdem auf deutlich höherem Niveau als im Westen (2001: Ost: 4,1%; West: 3,5%).

19.2.3 Krankenstandsentwicklung nach Wirtschaftsabteilungen

Zwischen den Banken und Versicherungen sind, wie bereits in den Vorjahren festgestellt wurde, nach wie vor deutliche Unterschiede hinsichtlich der krankheitsbedingten Fehlzeiten zu verzeichnen. Im Jahr 2001 fiel der Krankenstand im Versicherungsgewerbe ebenso wie im Jahr zuvor um 1,1 Prozentpunkte höher aus als bei den Banken (Tabelle 19.2.1). Statistisch gesehen resultiert der Krankenstand aus zwei Komponenten, der Anzahl der Krankmeldungen und deren Dauer. Beide Parameter weisen bei den Versicherungen höhere Werte auf als im Bereich der Banken. Dies ist teilweise auf Unterschiede in der Beschäftigtenstruktur zurückzuführen. Berücksichtigt man die Alters- und Geschlechtsstruktur rechnerisch mit Hilfe eines Standardisierungsverfahrens, ergibt sich für das Versicherungsgewerbe ein um 0,2 Prozentpunkte niedrigerer Wert (vgl. Tabelle 19.2.2)[5].

Im Vergleich zum Vorjahr war die Zahl der Krankmeldungen im Bereich Banken und Versicherungen in allen Wirtschaftsabteilungen

---

[5] Berechnet nach der Methode der direkten Standardisierung. Zugrunde gelegt wurde die Alters- und Geschlechtsstruktur der erwerbstätigen Mitglieder der gesetzlichen Krankenversicherung insgesamt im Jahr 2000 (Mitglieder mit Krankengeldanspruch). Quelle: VDR-Statistik.

Tabelle 19.2.2. Krankenstandsentwicklung im Bereich Banken und Versicherungen nach Wirtschaftsgruppen, 2001

Wirt-schafts-abteilung	Krankenstand (in %)			Arbeitsunfähigkeiten je 100 AOK-Mitglieder				Tage je Fall	AU-Quote (in %)
	2001	2001 stand.*	2000	Fälle	Veränd. z. Vorj. (in %)	Tage	Veränd. z. Vorj. (in %)		
Kreditgewerbe	3,4	3,4	3,5	120,9	−3,2	1253,1	−1,7	10,4	52,6
Versicherungsgewerbe	4,5	4,3	4,6	142,2	−3,5	1643,3	−2,8	11,6	55,1
assoziierte Tätigkeiten	3,3	3,5	3,4	111,3	−1,9	1203,2	−2,9	10,8	43,1

* alters- und geschlechtsstandardisiert

rückläufig, am stärksten im Versicherungsgewerbe (3,5%). Die Zahl der Arbeitsunfähigkeitstage sank nicht in gleichem Maße, da die durchschnittliche Dauer der Krankheitsfälle etwas zunahm (s. Tabelle 19.2.2.).

Tabellarische Übersichten und Abbildungen

19.2.4 Krankenstand nach Berufsgruppen

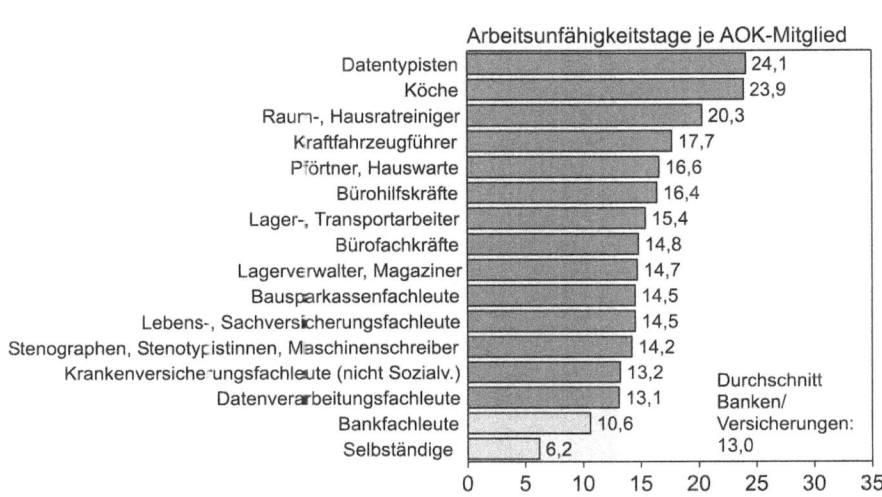

Abb. 19.2.2. Krankenstände bei Banken und Versicherungen nach Berufsgruppen, 2001

Tabelle 19.2.3. Banken und Versicherungen, Krankenstandskennzahlen nach ausgewählten Berufsgruppen, 2001

Tätigkeit	Kranken-stand (in %)	Arbeitsunfähigkeiten je 100 AOK-Mitglieder		Tage je Fall	AU-Quote (in %)	Anteil Arbeits-unfälle an den AU-Tagen (in %)
		Fälle	Tage			
Bankfachleute	2,9	121,7	1059,1	8,7	53,1	1,4
Bausparkassen-fachleute	4,0	132,7	1453,7	11,0	54,6	1,1
Bürofachkräfte	4,0	137,0	1475,7	10,8	51,7	1,1
Bürohilfskräfte	4,5	133,3	1640,0	12,3	49,8	1,6
Datenverarbei-tungsfachleute	3,6	129,8	1305,3	10,1	52,3	2,9
Köche	6,6	162,6	2394,2	14,7	66,3	2,6
Kraftfahrzeugführer	4,9	107,1	1773,5	16,6	52,0	7,1
Krankenversiche-rungsfachleute	3,6	150,5	1317,8	8,8	55,0	1,4
Lebens-, Sachver-sicherungsfachleute	4,0	144,9	1451,1	10,0	52,4	1,1
Pförtner, Hauswarte	4,5	100,9	1655,4	16,4	47,7	4,9
Raum-, Hausrat-reiniger	5,6	122,7	2033,4	16,6	52,8	2,7
Stenographen, Stenotypistinnen, Maschinenschreiber	3,9	131,1	1416,9	10,8	56,0	1,0

Berufsgruppen mit mehr als 1000 AOK-Versicherten

19.2.5 Kurz- und Langzeiterkrankungen

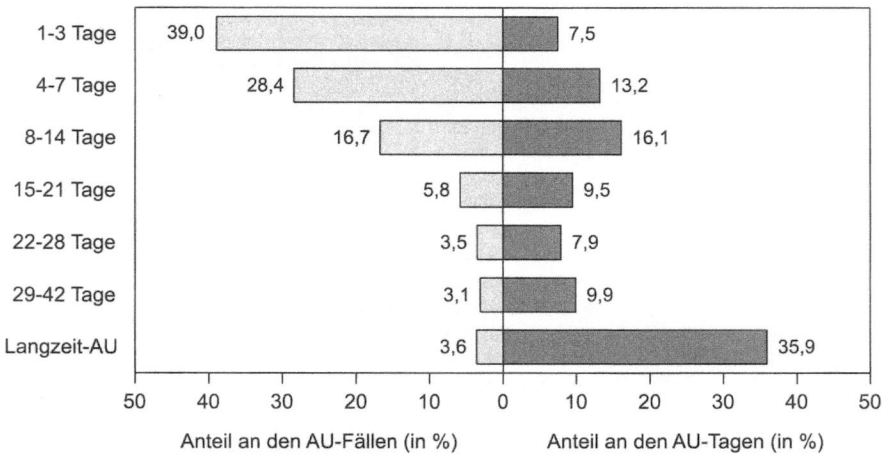

Abb. 19.2.3. Arbeitsunfähigkeitsfälle und -tage bei Banken und Versicherungen nach der Dauer, 2001

19.2.6 Krankenstand nach Bundesländern

Tabelle 19.2.4. Banken und Versicherungen, Arbeitsunfähigkeit nach Bundesländern, 2001 im Vergleich zum Vorjahr

	Arbeitsunfähigkeiten je 100 AOK-Mitglieder					
	AU-Fälle 2001	Veränd. z. Vorj. (in %)	AU-Tage 2001	Veränd. z. Vorj. (in %)	Tage je Fall 2001	Veränd. z. Vorj. (in %)
Baden-Württemberg	115,8	-4,0	1132,6	-3,2	9,8	1,0
Bayern	107,8	-4,2	1189,5	0,8	11,0	4,8
Berlin	132,5	-7,0	2119,4	-6,8	16,0	0,0
Brandenburg	139,1	-*	1754,5	-*	12,6	-*
Bremen	150,3	4,1	2216,9	4,6	14,7	0,0
Hamburg	154,9	3,3	2075,2	5,1	13,4	1,5
Hessen	147,1	-0,3	1552,5	2,8	10,6	3,9
Mecklenburg-Vorpommern	154,0	-9,4	1751,6	0,6	11,4	11,8
Niedersachsen	131,4	-4,2	1241,6	-9,5	9,5	-5,0
Nordrhein-Westfalen	141,6	-0,9	1482,7	-4,2	10,5	-2,8
Rheinland-Pfalz	126,1	-1,6	1348,3	-4,3	10,7	-2,7
Saarland	117,9	-3,5	1465,5	-12,0	12,4	-8,8
Sachsen	133,2	-10,1	1351,1	-10,5	10,1	-1,0
Sachsen-Anhalt	135,1	-11,8	1538,4	-1,5	11,4	11,8
Schleswig-Holstein	137,7	6,0	1556,2	2,7	11,3	-3,4
Thüringen	135,0	-0,2	1478,3	3,0	11,0	3,8
Bund	123,1	-3,1	1303,8	-2,0	10,6	1,0

* Die Veränderungswerte für das Land Brandenburg werden aufgrund von Umstellungen in der Datenbasis nicht ausgewiesen

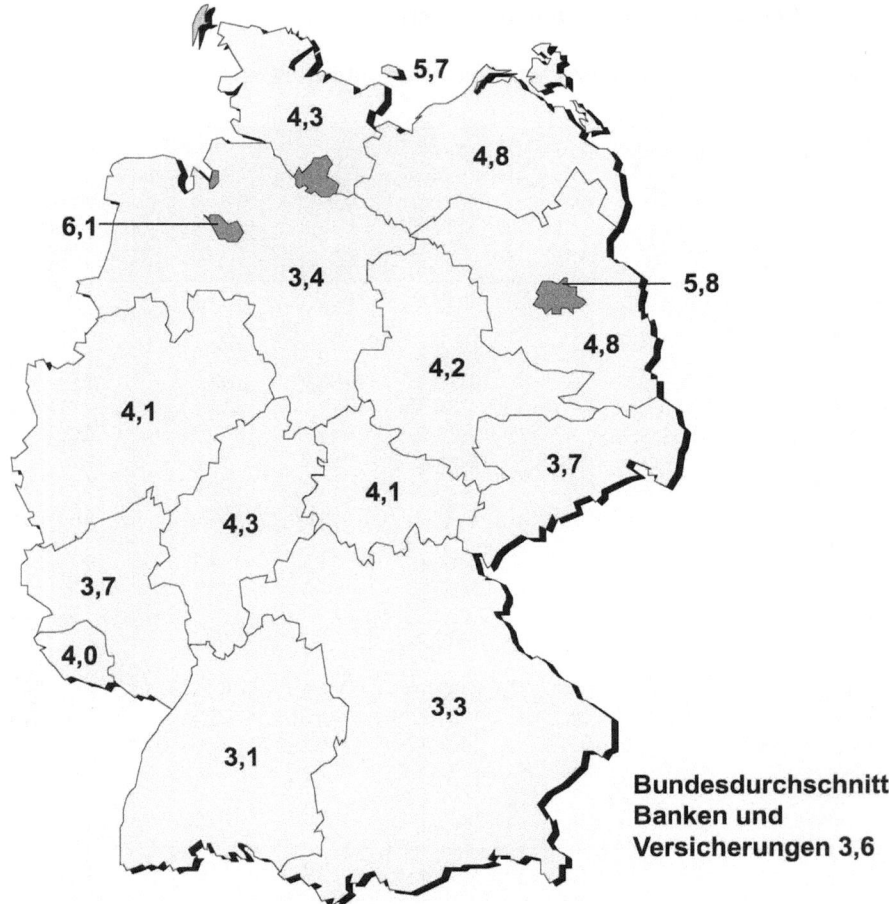

Abb. 19.2.4. Krankenstand (in %) bei Banken und Versicherungen nach Bundesländern, 2001

19.2.7 Krankenstand nach Betriebsgröße

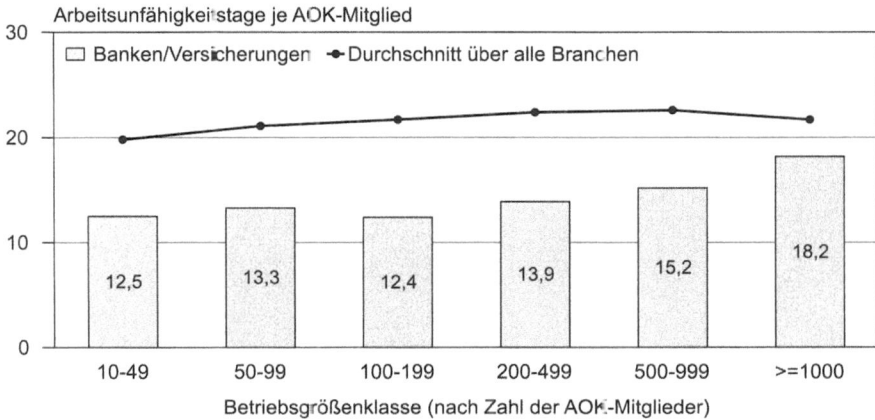

Abb. 19.2.5. Arbeitsunfähigkeitstage bei Banken und Versicherungen nach Betriebsgröße, 2001

Tabelle 19.2.5. Banken und Versicherungen, Arbeitsunfähigkeitstage je AOK-Mitglied nach Betriebsgröße (Anzahl der AOK-Mitglieder), 2001

Wirtschaftsabteilung	10–49	50–99	100–199	200–499	500–999	≥1000
Kreditgewerbe	12,0	12,8	11,9	13,9	15,1	12,5
Versicherungsgewerbe	15,5	16,6	14,8	13,2	15,6	24,7
assoziierte Tätigkeiten	14,8	11,9	20,0	–	–	–
Durchschnitt über alle Branchen	19,8	21,1	21,7	22,4	22,6	21,7

19.2.8 Krankenstand nach Stellung im Beruf

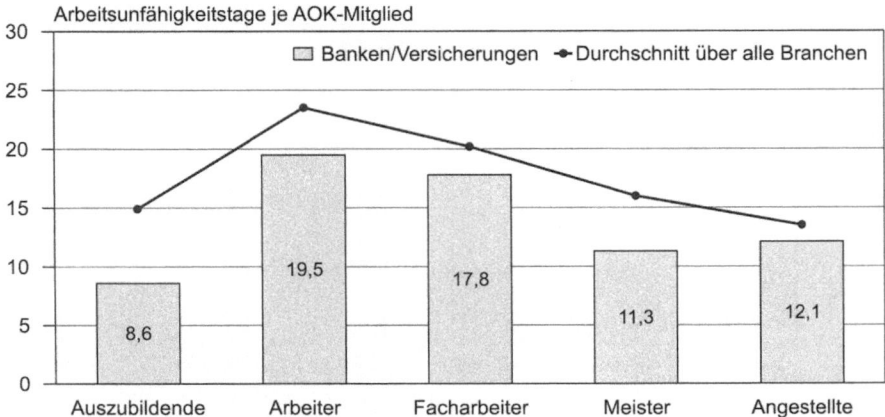

Abb. 19.2.6. Arbeitsunfähigkeitstage bei Banken und Versicherungen nach Stellung im Beruf, 2001

Tabelle 19.2.6. Banken und Versicherungen, Krankenstand (in %) nach Stellung im Beruf, 2001

Wirtschaftsabteilung	Auszu-bildende	Arbeiter	Fach-arbeiter	Meister, Poliere	Ange-stellte
Kreditgewerbe	2,2	5,2	4,9	2,6	3,1
Versicherungsgewerbe	2,9	6,1	4,8	9,4	4,4
assoziierte Tätigkeiten	2,7	5,5	5,4	1,9	3,3

19.2.9 Arbeitsunfälle

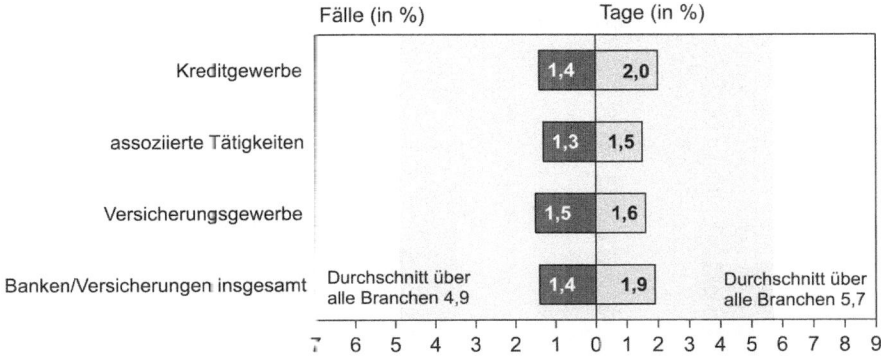

Abb. 19.2.7. Arbeitsunfälle bei Banken und Versicherungen nach Wirtschaftsklassen, Anteil an den AU-Fällen und -Tagen in %, 2001

Tabelle 19.2.7. Banken und Versicherungen, Arbeitsunfähigkeitstage durch Arbeitsunfälle nach Berufsgruppen, 2001

Tätigkeit	AU-Tage je 1000 AOK-Mitglieder	Anteil an den AU-Tagen insgesamt (in %)
Kraftfahrzeugführer	1260,7	7,1
Pförtner, Hauswarte	805,7	4,9
Köche	632,4	2,6
Raum-, Hausratreiniger	553,9	2,7
Bürohilfskräfte	272,5	1,6
Bürofachkräfte	163,5	1,1
Lebens-, Sachversicherungsfachleute	158,8	1,1
Bankfachleute	158,5	1,4

19.2.10 Krankheitsarten

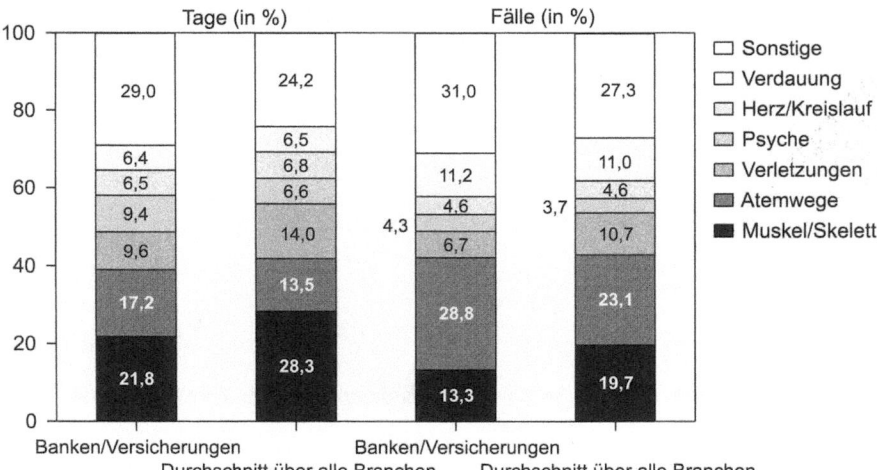

Abb. 19.2.8. Arbeitsunfähigkeiten bei Banken und Versicherungen nach Krankheitsarten, 2001

Tabelle 19.2.8. Banken und Versicherungen, Arbeitsunfähigkeitstage nach Krankheitsarten (in %), 2001

Wirtschafts-abteilung	Muskel/Skelett	Atem-wege	Verlet-zungen	Herz/Kreislauf	Verdau-ung	Psyche	Sons-tige
Kreditgewerbe	22,3	17,0	9,7	6,4	6,5	8,9	29,3
Versicherungsgewerbe	20,7	18,1	9,5	7,3	5,9	10,9	27,7
assoziierte Tätigkeiten	19,5	16,9	9,2	6,1	7,0	11,4	29,9

Tabelle 19.2.9. Banken und Versicherungen, Arbeitsunfähigkeiten nach Krankheitsarten, Anteile der ICD-Untergruppen an den ICD-Hauptgruppen, 2001

ICD-Untergruppen	Anteil an den AU-Fällen (in %)	Anteil an den AU-Tagen (in %)
Muskel-/Skeletterkrankungen		
Krankheiten der Wirbelsäule und des Rückens	55,4	52,2
Arthropathien	18,5	24,7
Krankheiten der Weichteilgewebe	18,5	15,9
Sonstige	7,6	7,1
Verletzungen		
Verletzungen nicht näher bez. an Rumpf/Extremitäten/etc.	16,4	11,5
Verletzungen der Knöchelregion und des Fußes	13,4	12,9
Verletzungen des Knies und des Unterschenkels	12,9	19,9
Verletzungen des Handgelenkes und der Hand	8,2	8,2
Verletzungen des Kopfes	7,6	4,6
Sonstige	41,6	42,9
Atemwegserkrankungen		
Akute Infektionen der oberen Atemwege	46,4	40,9
Sonstige akute Infektionen der unteren Atemwege	19,0	18,7
Chronische Krankheiten der unteren Atemwege	14,7	17,0
Sonstige Krankheiten der oberen Atemwege	9,6	11,4
Sonstige	10,4	11,9
Herz-/Kreislauferkrankungen		
Hypertonie [Hochdruckkrankheit]	25,7	24,3
Sonst. u. nicht näher bez. Krankheiten des Kreislaufsystems	21,8	9,9
Krankheiten der Venen/Lymphgefäße/Lymphknoten	21,6	20,1
Sonstige Formen der Herzkrankheit	12,4	12,6
Sonstige	18,5	33,1
Verdauung		
Krankheiten der Mundhöhle/Speicheldrüsen/Kiefer	27,8	13,9
Nichtinfektiöse Enteritis und Kolitis	27,7	22,0
Krankheiten des Ösophagus/Magens/Duodenums	23,9	22,9
Sonstige Krankheiten des Darmes	6,7	10,1
Krankheiten der Gallenblase/-wege/Pankreas	4,2	10,0
Sonstige	9,7	21,1
Psychische und Verhaltensstörungen		
Neurotische, Belastungs- und somatoforme Störungen	48,0	39,9
Affektive Störungen	33,8	41,8
Psych. u. Verhaltensstörungen d. psychotrope Substanzen	9,0	7,3
Verhaltensauffälligkeiten mit körperlichen Störungen und Faktoren	2,6	2,7
Sonstige	6,7	8,3

19.3 Baugewerbe

19.3.1 Kosten der Arbeitsunfähigkeit 338
19.3.2 Allgemeine Krankenstandsentwicklung 338
19.3.3 Krankenstandsentwicklung nach Wirtschaftsgruppen 340

Tabellarische Übersichten und Abbildungen
19.3.4 Krankenstand nach Berufsgruppen 341
19.3.5 Kurz- und Langzeiterkrankungen 343
19.3.6 Krankenstand nach Bundesländern 344
19.3.7 Krankenstand nach Betriebsgröße 346
19.3.8 Krankenstand nach Stellung im Beruf 347
19.3.9 Arbeitsunfälle 348
19.3.10 Krankheitsarten 349

19.3.1 Kosten der Arbeitsunfähigkeit

Im Jahr 2001 waren in der Bundesrepublik Deutschland im Baugewerbe 1,97 Millionen Arbeitnehmer sozialversicherungspflichtig beschäftigt[1]. Davon waren 50,5% AOK-Mitglied. Jeder bei der AOK versicherte Mitarbeiter in diesem Bereich war 2001 im Durchschnitt 21,5 Kalendertage krank geschrieben. Für die Branche insgesamt ergibt dies eine Summe von 42,4 Millionen krankheitsbedingten Fehltagen und 116 142 Erwerbsjahren. Bei durchschnittlichen Lohnkosten im Jahr 2001 von 28 431 Euro[2] ergeben sich für das Jahr 2001 hochgerechnet auf alle Beschäftigten im Baugewerbe Kosten in Höhe von 3,3 Milliarden Euro aufgrund von Produktionsausfällen durch Arbeitsunfähigkeit.

Die finanzielle Belastung eines Betriebes mit 100 Mitarbeitern durch diese Kosten betrug durchschnittlich 167 540 Euro.

19.3.2 Allgemeine Krankenstandsentwicklung

Die Zahl der Krankmeldungen hat im Baugewerbe im Jahr 2001 gegenüber dem Vorjahr um 0,6% abgenommen (Tabelle 19.3.1). Da gleichzeitig auch die durchschnittliche Dauer der Krankheitsfälle zurückging, war bei den Arbeitsunfähigkeitstagen ein Rückgang um 1,1% zu verzeichnen. 55,2% der bei der AOK versicherten Beschäftigten meldeten sich mindestens einmal krank. Die durchschnittliche Falldauer lag bei 14,0 Tagen.

---
[1] Bundesanstalt für Arbeit, Sozialversicherungspflichtig Beschäftigte nach Wirtschaftszweigen der WZ93/BA in der Bundesrepublik Deutschland im März 2001.
[2] Statistisches Bundesamt, Volkswirtschaftliche Gesamtrechnungen, Fachserie 18, Reihe 1.3, Arbeitnehmerentgelt je Arbeitnehmer, Hauptbericht 2001, Wiesbaden 2002.

Baugewerbe

Tabelle 19.3.1. Krankenstandsentwicklung im Baugewerbe, 2001

	Kranken-stand (in %)	Arbeitsunfähigkeit je 100 AOK-Mitglieder				Tage je Fall	AU-Quote (in %)
		Fälle	Veränd. z. Vorj. (in %)	Tage	Veränd. z. Vorj. (in %)		
West	6,0	156,3	−0,6	2184,2	−1,7	14,0	56,3
Ost	5,5	141,5	−1,2	1999,6	0,9	14,1	50,8
BRD	5,9	153,6	−0,6	2150,9	−1,1	14,0	55,2

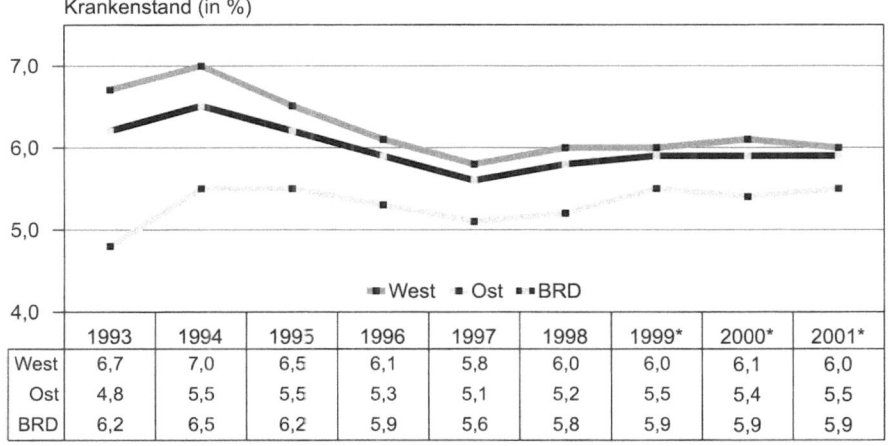

Abb. 19.3.1. Krankenstandsentwicklung im Baugewerbe 1993–2001

In Westdeutschland fiel der Krankenstand deutlich höher aus als in Ostdeutschland (West: 6,0%; Ost: 5,5%). Dort waren mehr Krankmeldungen zu verzeichnen als im Osten. Der Anteil der Arbeitnehmer, die sich ein oder mehrmals krank meldeten, betrug in Westdeutschland 56,3%, in Ostdeutschland dagegen nur 50,8%. Während die Anzahl der Arbeitsunfähigkeitstage im Westen etwas abnahm, stieg sie im Osten leicht an (Tabelle 19.3.1).

Abb. 19.3.1[3] zeigt die Krankenstandsentwicklung im Baugewerbe in den Jahren 1993 bis 2001. Seit 1995 ging der Krankenstand in der

---

[3] Die Werte ab dem Jahre 1999 basieren auf der Klassifikation der Wirtschaftszweige der Bundesanstalt für Arbeit aus dem Jahre 1993 (WZS 93/NACE), während den Werten der Jahre 1993 bis 1998 noch der Wirtschaftszweigschlüssel aus dem Jahr 1973 zugrunde lag.

BRD kontinuierlich zurück und erreichte 1997 den niedrigsten Stand seit 1993. In den Jahren 1998 und 1999 nahm er wieder etwas zu, blieb aber deutlich unter dem Niveau der Jahre 1993 bis 1995. In den Jahren 2000 und 2001 blieb der Krankenstand stabil.

19.3.3 Krankenstandsentwicklung in den einzelnen Wirtschaftsgruppen des Baugewerbes

In den einzelnen Bereichen des Baugewerbes gibt es deutliche Unterschiede im Krankenstand (Tabelle 19.3.2). Die höchsten Krankenstände waren im Jahr 2001 mit jeweils 6,4% im Hoch- und Tiefbau und im Bereich der vorbereitenden Baustellenarbeiten zu verzeichnen. Am niedrigsten war der Krankenstand mit 5,1% im Bereich der Bauinstallation. Zurückzuführen sind die unterschiedlichen Krankenstände vor allem auf Abweichungen in der durchschnittlichen Dauer der Arbeitsunfähigkeitsfälle, die in den einzelnen Wirtschaftsgruppen des Baugewerbes erheblich variierte. Die Zahl der Krankmeldungen entsprach dagegen in fast allen Wirtschaftsgruppen des Baugewerbes etwa dem allgemeinen Branchendurchschnitt. Der Anteil der Beschäftigten, die sich ein oder mehrmals krank meldeten, bewegte sich in den verschiedenen Bereichen des Baugewerbes zwischen 50,2% und 56,8%. Die nach Alter und Geschlecht standardisierten Krankenstände fallen

Tabelle 19.3.2. Krankenstandsentwicklung im Baugewerbe nach Wirtschaftsgruppen, 2001

Wirtschaftsgruppe	Krankenstand (in %)			Arbeitsunfähigkeiten je 100 AOK-Mitglieder				Tage je Fall	AU-Quote (in %)
	2000	2001	2000 stand.*	Fälle	Veränd. z. Vorj. (in %)	Tage	Veränd. z. Vorj. (in %)		
Bauinstallation	5,1	4,7	5,2	155,6	0,5	1866,0	–1,2	12,0	56,8
Hoch- und Tiefbau	6,4	5,4	6,5	150,7	–1,2	2329,8	–1,4	15,5	54,9
Vermietung von Baumaschinen u. -geräten mit Bedienungspersonal	6,0	5,0	5,6	129,4	–0,3	2178,5	5,7	16,8	52,8
Vorbereitende Baustellenarbeiten	6,4	6,5	6,3	157,5	–0,9	2332,0	1,8	14,8	50,2
Sonstiges Baugewerbe	5,5	5,1	5,4	158,8	–0,1	2000,2	0,8	12,6	55,3

in den meisten Wirtschaftsgruppen des Baugewerbes niedriger, teilweise deutlich niedriger aus[4].

Im Bereich der Bauinstallation und im Hoch- und Tiefbau nahm 2001 im Vergleich zum Vorjahr die Zahl der Arbeitsunfähigkeitstage geringfügig ab (1,2 bzw. 1,4%) ab. In den übrigen Bereichen war dagegen ein Anstieg zu verzeichnen, der am stärksten im Bereich der Vermietung von Baumaschinen und -geräten ausfiel (5,7%).

Tabellarische Übersichten und Abbildungen

19.3.4 Krankenstand nach Berufsgruppen

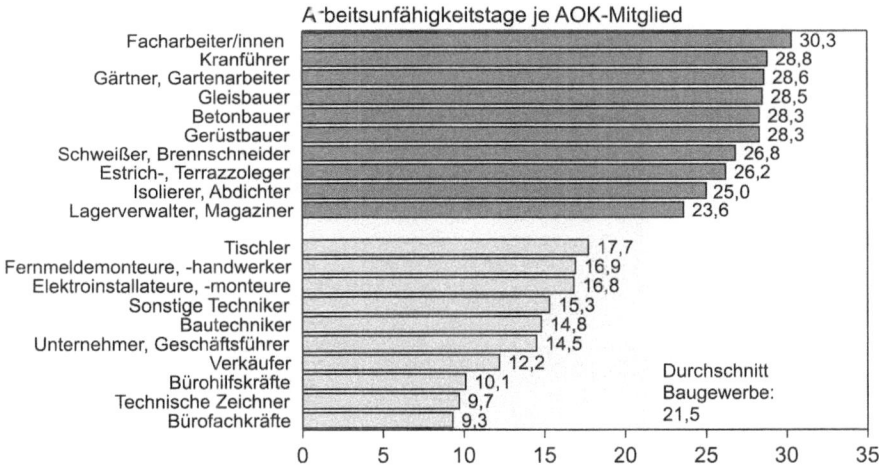

Abb. 19.3.2. 10 Berufsgruppen im Baugewerbe mit hohen und niedrigen Krankenständen, 2001

---

[4] Berechnet nach der Methode der direkten Standardisierung. Zugrunde gelegt wurde die Alters- und Geschlechtsstruktur der erwerbstätigen Mitglieder der gesetzlichen Krankenversicherung insgesamt im Jahr 2000 (Mitglieder mit Krankengeldanspruch). Quelle: VDR-Statistik.

Tabelle 19.3.3. Baugewerbe, Krankenstandskennzahlen nach ausgewählten Berufsgruppen, 2001

Tätigkeit	Krankenstand (in %)	Arbeitsunfähigkeiten je 100 AOK-Mitglieder		Tage je Fall	AU-Quote (in %)	Anteil Arbeitsunfällen an den AU-Tagen (in %)
		Fälle	Tage			
Architekten, Bauingenieure	3,0	76,1	1112,1	14,6	32,8	6,6
Bauhilfsarbeiter	6,8	161,5	2497,7	15,5	56,3	11,8
Baumaschinenführer	6,4	120,1	2350,0	19,6	54,6	9,6
Bauschlosser	6,7	158,0	2455,6	15,5	61,6	11,8
Bautechniker	4,1	88,2	1482,7	16,8	39,4	8,0
Betonbauer	7,7	166,0	2826,3	17,0	56,3	12,6
Bürofachkräfte	2,5	80,3	925,7	11,5	35,9	2,2
Dachdecker	6,9	191,8	2504,0	13,1	61,9	13,7
Elektroinstallateure, -monteure	4,6	157,3	1677,8	10,7	58,4	9,2
Gerüstbauer	7,8	194,2	2834,0	14,6	57,3	13,7
Kraftfahrzeugführer	6,1	115,2	2240,8	19,4	51,5	11,4
Kranführer	7,9	133,3	2880,2	21,6	56,5	13,1
Maler, Lackierer	5,7	174,9	2065,8	11,8	59,0	7,5
Maurer	6,5	150,3	2378,0	15,8	55,5	7,5
Rohrinstallateure	5,5	173,7	1998,0	11,5	63,8	11,9
Schweißer, Brennschneider	7,4	169,7	2683,7	15,8	62,5	13,2
Straßenbauer	6,4	159,0	2348,7	14,8	59,3	8,7
Technische Zeichner	2,7	140,4	971,8	6,9	51,8	3,6
Unternehmer, Geschäftsführer, -bereichleiter	4,0	64,9	1452,7	22,4	31,8	6,1
Zimmerer	6,1	161,2	2232,9	13,8	58,0	16,5

Berufsgruppen mit mehr als 2000 AOK-Versicherten

Baugewerbe

19.3.5 Kurz- und Langzeiterkrankungen

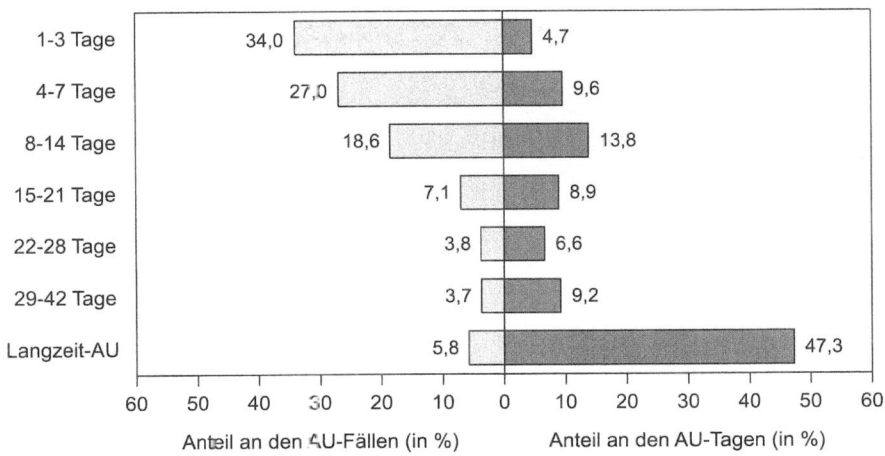

Abb. 19.3.3. Arbeitsunfähigkeitsfälle und -tage im Baugewerbe nach der Dauer, 2001

19.3.6 Krankenstand nach Bundesländern

Tabelle 19.3.4. Baugewerbe, Arbeitsunfähigkeit nach Bundesländern, 2001 im Vergleich zum Vorjahr

	Arbeitsunfähigkeiten je 100 AOK-Mitglieder					
	AU-Fälle 2001	Veränd. z. Vorj. (in %)	AU-Tage 2001	Veränd. z. Vorj. (in %)	Tage je Fall 2001	Veränd. z. Vorj. (in %)
Baden-Württemberg	163,1	0,0	2254,5	–0,5	13,8	–0,7
Bayern	137,4	–0,2	1947,7	–0,5	14,2	0,0
Berlin	140,9	–6,9	2741,3	–3,3	19,5	4,3
Brandenburg	132,2	–*	1969,9	–*	14,9	–*
Bremen	173,6	–1,0	2539,2	–3,5	14,6	–2,7
Hamburg	168,0	–2,3	2934,1	0,1	17,5	2,3
Hessen	167,7	–0,2	2405,8	1,2	14,3	1,4
Mecklenburg-Vorpommern	137,7	–3,0	2059,6	2,0	15,0	5,6
Niedersachsen	150,8	–2,5	1626,7	–11,0	10,8	–8,5
Nordrhein-Westfalen	173,7	–0,1	2435,9	–1,6	14,0	–1,4
Rheinland-Pfalz	176,0	–0,6	2349,7	–0,1	13,4	0,8
Saarland	163,6	–1,0	2779,7	2,3	17,0	3,0
Sachsen	142,9	–1,5	1978,9	–1,9	13,8	–0,7
Sachsen-Anhalt	147,8	–0,3	2050,8	1,5	13,9	2,2
Schleswig-Holstein	158,4	–3,5	2267,9	–2,5	14,3	0,7
Thüringen	141,9	–2,3	1984,9	0,5	14,0	2,9
Bund	153,6	–0,6	2150,9	–1,1	14,0	–0,7

* Die Veränderungswerte für das Land Brandenburg werden aufgrund von Umstellungen in der Datenbasis nicht ausgewiesen

Baugewerbe

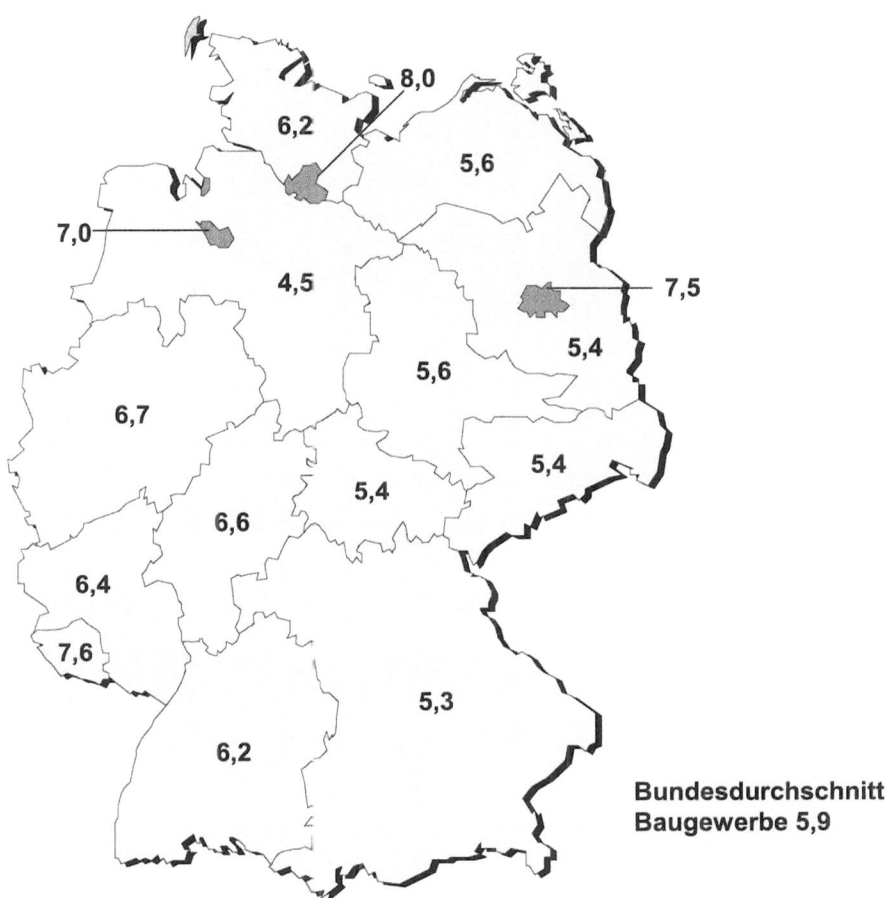

Abb. 19.3.4. Krankenstand im Baugewerbe nach Bundesländern, 2001

19.3.7 Krankenstand nach Betriebsgröße

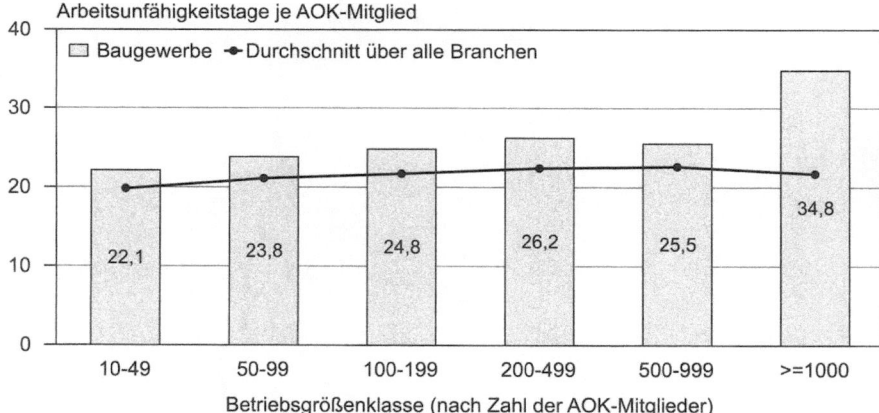

Abb. 19.3.5. Arbeitsunfähigkeitstage im Baugewerbe nach Betriebsgröße, 2001

Tabelle 19.3.5. Baugewerbe, Arbeitsunfähigkeitstage je AOK-Mitglied nach Betriebsgröße (Anzahl der AOK-Mitglieder), 2001

Wirtschaftsgruppe	10–49	50–99	100–199	200–499	500–999	≥1000
Bauinstallation	19,3	21,9	22,3	21,2	15,2	16,6
Hoch- und Tiefbau	23,1	24,3	25,2	27,4	25,1	41,1
Vermietung von Baumaschinen u. -geräten mit Bedienungspersonal	23,1	30,0	32,0	–	–	–
Vorbereitende Baustellenarbeiten	23,6	22,9	27,2	32,7	37,5	–
Sonstiges Baugewerbe	21,9	22,9	23,8	18,7	–	–
Durchschnitt über alle Branchen	19,8	21,1	21,7	22,4	22,6	21,7

19.3.8 Krankenstand nach Stellung im Beruf

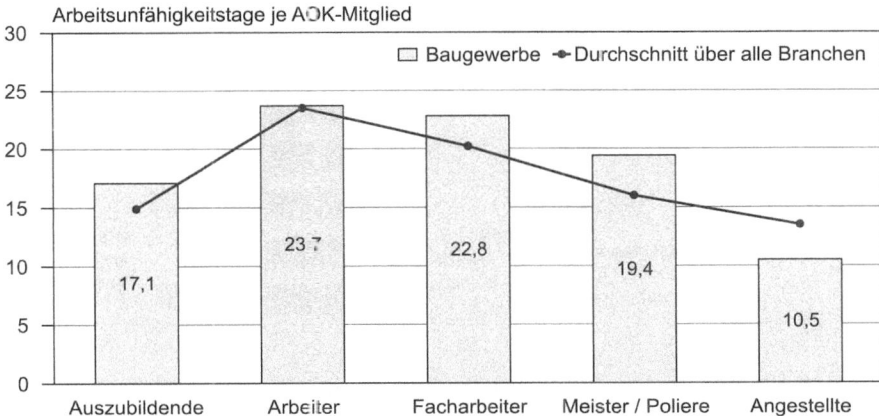

Abb. 19.3.6. Arbeitsunfähigkeitstage im Baugewerbe nach Stellung im Beruf, 2001

Tabelle 19.3.6. Baugewerbe, Krankenstand (in %) nach Stellung im Beruf, 2001

Wirtschaftsgruppe	Auszu-bildende	Arbeiter	Fach-arbeiter	Meister, Poliere	Ange-stellte
Bauinstallation	4,2	6,0	5,5	4,3	2,8
Hoch- und Tiefbau	5,2	6,8	6,7	5,7	3,0
Vermietung von Baumaschinen u. -geräten mit Bedienungspersonal	4,5	6,2	6,3	3,5	2,6
Vorbereitende Baustellenarbeiten	4,3	6,6	6,2	6,1	3,4
Sonstiges Baugewerbe	4,7	5,9	5,9	5,3	2,7

19.3.9 Arbeitsunfälle

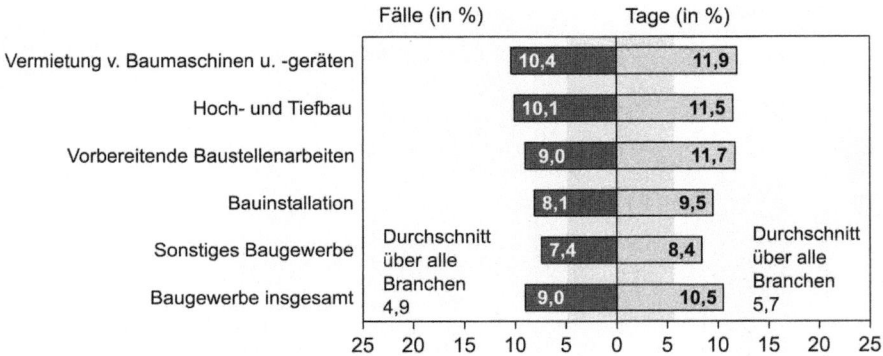

Abb. 19.3.7. Arbeitsunfälle im Baugewerbe nach Wirtschaftsgruppen, Anteil an den AU-Fällen und -Tagen in %, 2001

Tabelle 19.3.7. Baugewerbe, Arbeitsunfähigkeitstage durch Arbeitsunfälle nach Berufsgruppen, 2001

Tätigkeit	AU-Tage je 1000 AOK-Mitglieder	Anteil an den AU-Tagen insgesamt (in %)
Gerüstbauer	3885,9	13,7
Zimmerer	3703,6	16,5
Betonbauer	3557,9	12,6
Dachdecker	3428,9	13,7
Bauhilfsarbeiter	2947,9	11,8
Sonstige Bauhilfsarbeiter, Bauhelfer	2846,8	12,6
Maurer	2827,3	11,9
Isolierer, Abdichter	2593,0	10,3
Kraftfahrzeugführer	2558,0	11,4
Stukkateure, Gipser, Verputzer	2544,1	9,8
Sonstige Tiefbauer	2536,6	11,1
Tischler	2283,1	12,8
Baumaschinenführer	2275,0	9,6
Straßenbauer	2038,5	8,7
Rohrinstallateure	2009,1	10,0
Maler, Lackierer	1555,5	7,5
Elektroinstallateure, -monteure	1548,3	9,2

Baugewerbe

19.3.10 Krankheitsarten

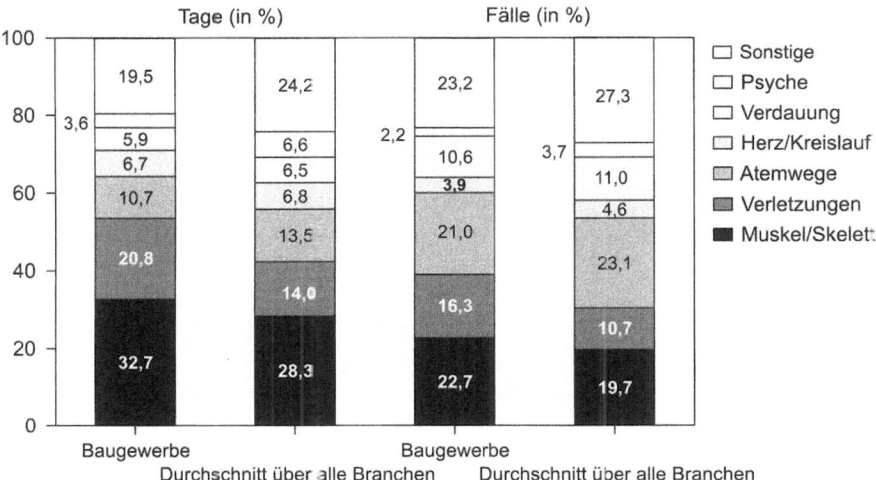

Abb. 19.3.8. Arbeitsunfähigkeiten im Baugewerbe nach Krankheitsarten, 2001

Tabelle 19.3.8. Baugewerbe, Arbeitsunfähigkeitstage nach Krankheitsarten (in %), 2001

Wirtschafts-gruppe	Muskel/Skelett	Atem-wege	Verlet-zungen	Herz/Kreis-lauf	Verdau-ung	Psyche	Sons-tige
Bauinstallation	29,8	12,8	20,9	6,1	6,1	3,9	20,3
Hoch- und Tiefbau	34,0	9,5	21,2	7,1	5,7	3,4	19,0
Vermietung von Baumaschinen u. -geräten mit Bedienungspersonal	29,3	9,4	20,3	8,5	6,9	4,0	21,5
Vorbereitende Baustellenarbeiten	31,0	11,4	20,3	7,5	6,5	3,8	19,6
Sonstiges Baugewerbe	32,4	11,8	19,5	6,0	6,2	4,0	20,1

Tabelle 19.3.9. Baugewerbe, Arbeitsunfähigkeiten nach Krankheitsarten, Anteile der ICD-Untergruppen an den ICD-Hauptgruppen, 2001

ICD-Untergruppen	Anteil an den AU-Fällen (in %)	Anteil an den AU-Tagen (in %)
Muskel-/Skeletterkrankungen		
Krankheiten der Wirbelsäule und des Rückens	55,2	53,7
Krankheiten der Weichteilgewebe	20,4	17,6
Arthropathien	18,5	23,6
Sonstige	5,9	5,0
Verletzungen		
Verletzungen nicht näher bez. an Rumpf/Extremitäten/etc.	20,6	15,1
Verletzungen des Handgelenkes und der Hand	15,7	16,2
Verletzungen der Knöchelregion und des Fußes	10,9	11,7
Verletzungen des Knies und des Unterschenkels	10,4	16,4
Verletzungen des Kopfes	8,1	6,1
Sonstige	34,3	34,5
Atemwegserkrankungen		
Akute Infektionen der oberen Atemwege	43,4	34,8
Sonstige akute Infektionen der unteren Atemwege	20,9	19,2
Chronische Krankheiten der unteren Atemwege	16,1	20,9
Grippe und Pneumonie	9,0	10,4
Sonstige	10,5	14,7
Herz-/Kreislauferkrankungen		
Hypertonie [Hochdruckkrankheit]	29,9	24,0
Krankheiten der Venen/Lymphgefäße/Lymphknoten	18,0	12,4
Ischämische Herzkrankheiten	16,5	27,9
Sonstige Formen der Herzkrankheit	13,3	14,9
Sonstige	22,2	20,8
Verdauung		
Krankheiten des Ösophagus/Magens/Duodenums	27,5	25,7
Nichtinfektiöse Enteritis und Kolitis	27,1	16,2
Krankheiten der Mundhöhle/Speicheldrüsen/Kiefer	23,7	8,3
Sonstige Krankheiten des Darmes	5,7	9,5
Hernien	5,4	18,7
Sonstige	10,5	21,7
Psychische und Verhaltensstörungen		
Neurotische, Belastungs- und somatoforme Störungen	35,4	30,9
Psych. u. Verhaltensstörungen d. psychotrope Substanzen	32,4	26,2
Affektive Störungen	22,8	29,8
Schizophrenie, schizotype und wahnhafte Störungen	3,2	5,8
Sonstige	6,2	7,3

19.4 Dienstleistungen

19.4.1 Kosten der Arbeitsunfähigkeit 351
19.4.2 Allgemeine Krankenstandsentwicklung 351
19.4.3 Krankenstandsentwicklung nach Wirtschaftsabteilungen 353

Tabellarische Übersichten und Abbildungen
19.4.4 Krankenstand nach Berufsgruppen 355
19.4.5 Kurz- und Langzeiterkrankungen 357
19.4.6 Krankenstand nach Bundesländern 358
19.4.7 Krankenstand nach Betriebsgröße 360
19.4.8 Krankenstand nach Stellung im Beruf 361
19.4.9 Arbeitsunfälle 362
19.4.10 Krankheitsarten 363

19.4.1 Kosten der Arbeitsunfähigkeit

Im Jahr 2001 gab es im Dienstleistungsbereich 8,1 Millionen sozialversicherungspflichtig Beschäftigte[1]. Jeder Mitarbeiter in diesem Bereich (AOK-Mitglieder) war 2001 im Durchschnitt 18,0 Kalendertage krankgeschrieben. Für die Branche insgesamt ergibt dies eine Summe von 145 Millionen krankheitsbedingten Fehltagen oder 397 610 Erwerbsjahren. Bei durchschnittlichen Lohnkosten im Jahr 2001 von 25 655 Euro[2] ergeben sich für das Jahr 2001 hochgerechnet auf alle Beschäftigten im Dienstleistungsbereich Kosten in Höhe von 10,2 Milliarden Euro aufgrund von Produktionsausfällen durch Arbeitsunfähigkeit. Die finanzielle Belastung eines Betriebes mit 100 Mitarbeitern durch diese Kosten betrug durchschnittlich 129 069 Euro.

9.4.2 Allgemeine Krankenstandsentwicklung

Die Zahl der Krankmeldungen war im Jahr 2001 im Dienstleistungsbereich rückläufig (Tabelle 19.4.1). In Ostdeutschland war ein Rückgang um 5,9%, in Westdeutschland dagegen nur um 1,8% zu verzeichnen. Die krankheitsbedingten Ausfalltage gingen nicht in gleichem Maße zurück, da die durchschnittliche Dauer der Krankheitsfälle zunahm. Der Anteil der Beschäftigten, die sich mindestens einmal krank meldeten, betrug in den alten Bundesländern 48,9%, in den neuen dagegen 51,4%.

---

[1] Sozialversicherungspflichtig Beschäftigte nach Wirtschaftszweigen der WZ93/BA in der Bundesrepublik Deutschland, Bundesanstalt für Arbeit, 2001. Berücksichtigt wurden nur die in Kap. 19.1.1 genannten Dienstleistungsbereiche.
[2] Statistisches Bundesamt, Volkswirtschaftliche Gesamtrechnungen, Fachserie 18, Reihe 1.3, Arbeitnehmerentgelt je Arbeitnehmer, Hauptbericht 2001, Wiesbaden 2002.

Tabelle 19.4.1. Krankenstandsentwicklung im Bereich Dienstleistungen, 2001

	Kranken-stand (in %)	Arbeitsunfähigkeiten je 100 AOK-Mitglieder				Tage je Fall	AU-Quote (in %)
		Fälle	Veränd. z. Vorj. (in %)	Tage	Veränd. z. Vorj. (in %)		
West	4,9	150,0	−1,8	1776,7	−1,7	11,8	48,9
Ost	5,4	155,2	−5,9	1974,7	−2,3	12,7	51,4
BRD	4,9	150,7	−2,3	1802,3	−1,9	12,0	49,2

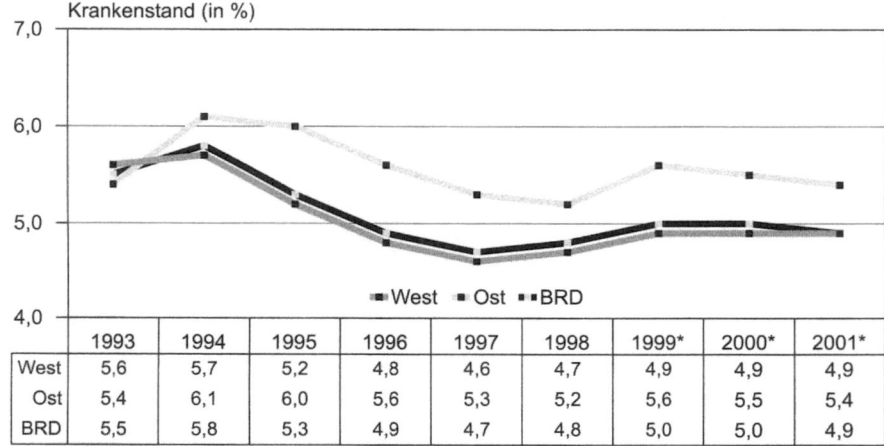

Abb. 19.4.1. Krankenstandsentwicklung im Dienstleistungsbereich 1993–2001

Abb. 19.4.1[3] zeigt die Krankenstandsentwicklung im Bereich Dienstleistungen für den Zeitraum 1993 bis 2001. In den Jahren 1995 bis 1997 ging der Krankenstand deutlich zurück. Er sank von 5,8% im Jahr 1994 auf 4,7% im Jahr 1997. In den folgenden Jahren stieg er zwar wieder geringfügig an, bewegte sich aber im Vergleich zu den Jahren 1993 bis 1995 nach wie vor auf einem relativ niedrigen Niveau. Seit 1994 waren in Ostdeutschland höhere Krankenstandswerte zu verzeichnen als in Westdeutschland. Im Jahr 2001 betrug die Differenz 0,5 Prozentpunkte.

---

[3] Die Werte ab dem Jahr 1999 basieren auf der Klassifikation der Wirtschaftszweige der Bundesanstalt für Arbeit aus dem Jahre 1993 (WZS 93/NACE), während den Werten der Jahre 1993 bis 1998 noch der Wirtschaftszweigschlüssel aus dem Jahre 1973 zugrunde lag.

19.4.3 Krankenstandsentwicklung nach Wirtschaftsabteilungen

In den einzelnen Wirtschaftsabteilungen des Dienstleistungsbereichs differierten die Krankenstände sehr stark (Tabelle 19.4.2). Der mit Abstand höchste Krankenstand war im Bereich Abwasser- und Abfallbeseitigung und sonstige Entsorgung zu verzeichnen (6,9%). In diesem Bereich war sowohl die Zahl der Krankmeldungen als auch deren Dauer erheblich höher als im Branchendurchschnitt. Auch im Gesundheits-, Veterinär- und Sozialwesen und im Bereich Interessenvertretungen, kirchliche und sonstige religiöse Vereinigungen waren die Krankenstände überdurchschnittlich hoch. Am geringsten war der Krankenstand im EDV-Bereich (2,8%). Niedrige Krankenstände waren auch bei in privaten Haushalten Beschäftigten, im Bereich Kultur, Sport und Unterhaltung sowie im Gastgewerbe zu verzeichnen.

Tabelle 19.4.2 weist neben den Rohwerten auch standardisierte Krankenstandswerte aus, bei denen verzerrende Einflüsse der Alters- und Geschlechtsstruktur in den einzelnen Branchen herausgerechnet wurden[4]. Der hohe Krankenstand im Bereich Abwasser- und Abfallbeseitigung und sonstige Entsorgung ist teilweise auf die Beschäftigtenstruktur in dieser Branche zurückzuführen. Der standardisierte Wert fällt um 0,5 Prozentpunkte niedriger aus als der Rohwert. In den Wirtschaftszweigen mit niedrigen Krankenständen, insbesondere im EDV-Bereich, ergeben sich dagegen durch die Standardisierung teilweise etwas höhere Werte, die oben beschriebene Verteilungsstruktur bleibt aber im Wesentlichen erhalten.

Der Anteil der Arbeitnehmer, die ein- oder mehrmals krank geschrieben waren (AU-Quote), fiel in den verschiedenen Wirtschaftszweigen des Dienstleistungssektors sehr unterschiedlich aus. Während er im Wirtschaftszweig Abwasser- und Abfallbeseitigung und sonstige Entsorgung bei 61,8% lag, waren es im Bereich Kultur, Sport und Unterhaltung lediglich 35,1%.

Im Vergleich zum Vorjahr nahm die Zahl der Krankmeldungen in fast allen Wirtschaftszweigen des Dienstleistungsbereichs ab. Die stärksten Rückgänge waren in den Bereichen Forschung und Entwicklung (7,9%) sowie bei Interessenvertretungen, kirchlichen und sonstigen religiösen Vereinigungen (5,7%) zu verzeichnen.

---

[4] Berechnet nach der Methode der direkten Standardisierung. Zugrunde gelegt wurde die Alters- und Geschlechtsstruktur der erwerbstätigen Mitglieder der gesetzlichen Krankenversicherung insgesamt im Jahr 2000 (Mitglieder mit Krankengeldanspruch). Quelle: VDR-Statistik.

Tabelle 19.4.2. Krankenstandsentwicklung im Bereich Dienstleistungen nach Wirtschaftsabteilungen, 2001

Wirtschaftsabteilung	Krankenstand (in %) 2001	Krankenstand (in %) 2001 stand.*	Krankenstand (in %) 2000	Arbeitsunfähigkeiten je 100 AOK-Mitglieder Fälle	Arbeitsunfähigkeiten je 100 AOK-Mitglieder Veränd. z. Vorj. (in %)	Arbeitsunfähigkeiten je 100 AOK-Mitglieder Tage	Arbeitsunfähigkeiten je 100 AOK-Mitglieder Veränd. z. Vorj. (in %)	Tage je Fall	AU-Quote (in %)
Datenverarbeitung und Datenbanken	2,8	3,3	2,9	119,8	–0,9	1018,6	–3,9	8,5	43,7
Erbringung von Dienstleistungen überwiegend für Unternehmen	5,2	5,2	5,1	167,8	–0,7	1879,5	0,0	11,2	48,5
Gastgewerbe	3,9	4,1	3,9	115,6	–2,2	1407,5	–2,2	12,2	39,0
Erbringung von sonstigen Dienstleistungen	4,3	4,7	4,3	147,9	0,0	1560,3	–0,4	10,5	52,9
Grundstücks- und Wohnungswesen	4,8	4,3	4,8	118,5	–2,3	1745,0	–0,4	14,7	48,1
Vermietung beweglicher Sachen ohne Bedienungspersonal	4,8	4,9	4,8	135,8	0,6	1751,3	0,0	12,9	49,5
Gesundheits-, Veterinär- und Sozialwesen	5,5	5,5	5,7	156,9	–3,6	2014,0	–2,6	12,8	57,4
Kultur, Sport und Unterhaltung	3,7	3,7	3,8	102,6	–3,3	1331,1	–3,2	13,0	35,1
Abwasser- und Abfallbeseitigung und sonstige Entsorgung	6,9	6,4	6,9	176,7	–0,8	2529,3	–0,4	14,3	61,8
Private Haushalte	3,2	3,1	3,3	84,6	–4,2	1181,3	–1,5	14,0	38,9
Forschung und Entwicklung	4,5	4,4	5,2	144,0	–7,9	1654,6	–12,3	11,5	50,7
Interessenvertretungen, kirchliche und sonstige religiöse Vereinigungen	5,5	5,5	5,7	190,2	–5,7	2001,6	–4,8	10,5	56,2

* alters- und geschlechtsstandardisiert

Dienstleistungen

Tabellarische Übersichten und Abbildungen

19.2.4 Krankenstand nach Berufsgruppen

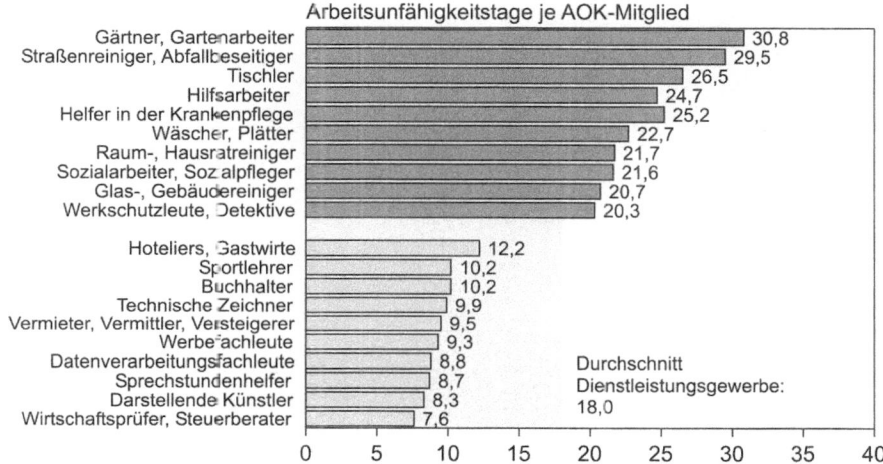

Abb. 19.4.2. 10 Berufsgruppen im Dienstleistungsbereich mit hohen und niedrigen Krankenständen, 2001

Tabelle 19.4.3. Dienstleistungen, Krankenstandskennzahlen nach ausgewählten Berufsgruppen, 2001

Tätigkeit	Krankenstand (in %)	Arbeitsunfähigkeiten je 100 AOK-Mitglieder		Tage je Fall	AU-Quote (in %)	Anteil Arbeitsunfälle an den AU-Tagen (in %)
		Fälle	Tage			
Artisten, Berufssportler, künstlerische Hilfsberufe	4,3	127,9	1560,0	12,2	35,3	27,5
Ärzte	1,8	56,4	672,4	11,9	25,2	2,9
Bürofachkräfte	3,4	137,8	1251,1	9,1	47,3	1,5
Darstellende Künstler	2,3	78,7	833,6	10,6	15,5	7,1
Datenverarbeitungsfachleute	2,4	111,9	880,3	7,9	40,9	1,9
Fremdenverkehrsfachleute	3,6	135,9	1301,1	9,6	43,8	1,2
Friseur(e/innen)	3,3	154,2	1195,5	7,8	54,9	1,3
Heimleiter, Sozialpädagogen	3,9	131,1	1409,7	10,8	54,6	2,6
Hoteliers, Gastwirt(e/innen), Hotel-, Gaststättengeschäftsführer/innen	3,3	128,4	1220,2	9,5	44,8	4,2
Kindergärtnerinnen, Kinderpflegerinnen	3,8	163,4	1380,8	8,4	60,8	1,9
Köche	4,9	133,9	1770,5	13,2	44,7	4,4
Krankenschwestern, -pfleger, Hebammen	4,4	126,4	1588,9	12,6	55,3	2,2
Lager-, Transportarbeiter	6,4	223,4	2329,0	10,4	51,7	5,5
Raum-, Hausratreiniger	5,9	150,6	2168,3	14,4	50,8	3,0
Restaurantfachleute, Steward, Stewardessen	3,5	108,6	1268,9	11,7	36,5	3,9
Sozialarbeiter, Sozialpfleger	5,9	163,3	2155,6	13,2	58,4	2,2
Sprechstundenhelfer	2,4	124,5	868,0	7,0	47,5	1,7
Unternehmer, Geschäftsführer	3,0	72,3	1086,7	15,0	33,1	4,0
Werbefachleute	2,5	125,4	925,7	7,4	40,1	3,1
Wirtschaftsprüfer, Steuerberater	2,1	119,6	756,8	6,3	46,9	1,7

Berufsgruppen mit mehr als 2000 AOK-Versicherten

19.2.5 Kurz- und Langzeiterkrankungen

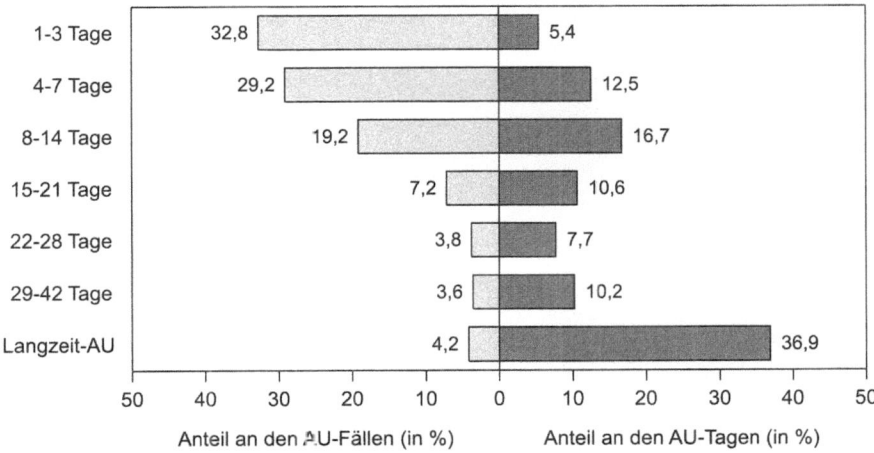

Abb. 19.4.3. Arbeitsunfähigkeitsfälle und -tage im Dienstleistungsbereich nach der Dauer, 2001

19.2.6 Krankenstand nach Bundesländern

Tabelle 19.4.4. Dienstleistungen, Arbeitsunfähigkeit nach Bundesländern, 2001 im Vergleich zum Vorjahr

	Arbeitsunfähigkeiten je 100 AOK-Mitglieder					
	AU-Fälle 2001	Veränd. z. Vorj. (in %)	AU-Tage 2001	Veränd. z. Vorj. (in %)	Tage je Fall 2001	Veränd. z. Vorj. (in %)
Baden-Württemberg	136,5	−1,4	1571,6	−0,1	11,5	0,9
Bayern	124,3	−3,9	1542,8	−2,0	12,4	1,6
Berlin	155,9	−3,9	2373,2	−5,7	15,2	−1,9
Brandenburg	153,1	−*	2062,0	−*	13,5	−*
Bremen	184,1	−3,2	2208,3	−4,3	12,0	−0,8
Hamburg	184,0	−3,0	2166,4	−1,8	11,8	1,7
Hessen	166,3	−2,2	1966,1	−1,3	11,8	0,9
Mecklenburg-Vorpommern	163,9	−9,7	2078,3	−7,6	12,7	2,4
Niedersachsen	159,8	−1,9	1629,3	−7,3	10,2	−5,6
Nordrhein-Westfalen	169,3	0,2	1970,6	0,3	11,6	0,0
Rheinland-Pfalz	163,2	−2,7	1905,5	−0,9	11,7	1,7
Saarland	161,2	0,7	2251,6	1,2	14,0	0,7
Sachsen	156,1	−5,7	1910,6	−3,7	12,2	1,7
Sachsen-Anhalt	145,1	−5,3	1937,6	−2,0	13,4	3,9
Schleswig-Holstein	162,2	−1,0	2020,7	−2,7	12,5	−1,6
Thüringen	157,5	−8,1	2013,0	−4,7	12,8	4,1
Bund	150,7	−2,3	1802,3	−1,9	12,0	0,8

* Die Veränderungswerte für das Land Brandenburg werden aufgrund von Umstellungen in der Datenbasis nicht ausgewiesen

Dienstleistungen

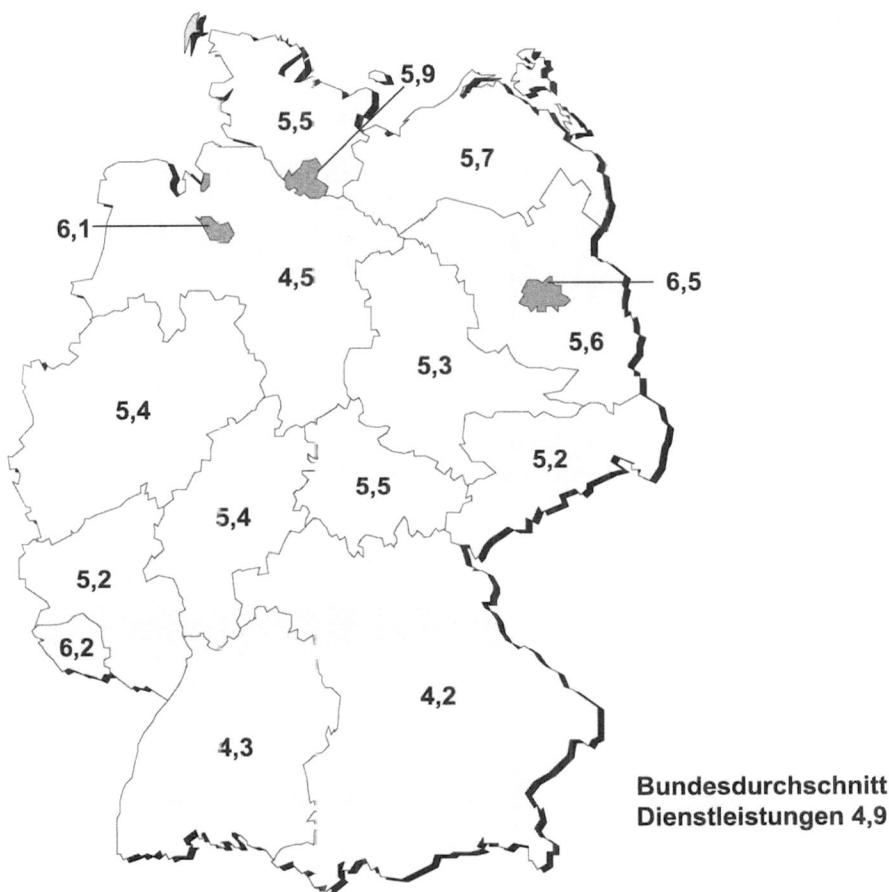

Abb. 19.4.4. Krankenstand im Dienstleistungsbereich nach Bundesländern, 2001

19.2.7 Krankenstand nach Betriebsgröße

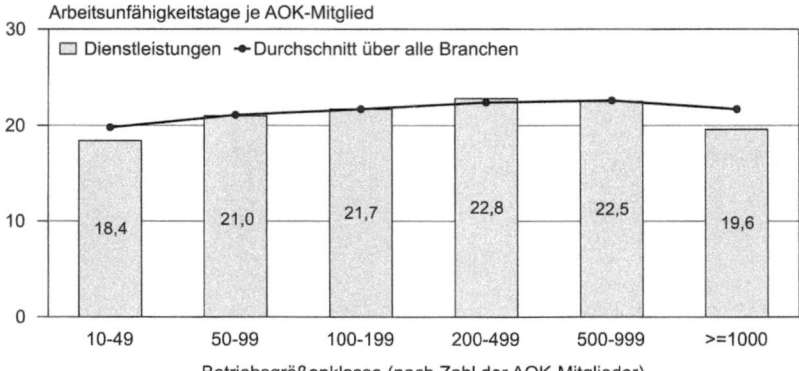

Abb. 19.4.5. Arbeitsunfähigkeitstage im Dienstleistungsbereich nach Betriebsgröße, 2001

Tabelle 19.4.5. Dienstleistungen, Arbeitsunfähigkeitstage je AOK-Mitglied nach Betriebsgröße (Anzahl der AOK-Mitglieder), 2001

Wirtschaftsabteilung	10–49	50–99	100–199	200–499	500–999	≥1000
Abwasser- und Abfallbeseitigung und sonstige Entsorgung	22,4	24,8	27,8	30,9	28,4	31,9
Datenverarbeitung und Datenbanken	11,1	13,2	18,8	5,7	5,8	–
Erbringung von Dienstleistungen überwiegend für Unternehmen	19,1	20,7	20,3	21,7	21,8	23,0
Erbringung von sonstigen Dienstleistungen	17,9	19,9	21,8	24,9	–	35,1
Forschung und Entwicklung	15,8	16,1	19,1	24,6	19,5	–
Gastgewerbe	14,4	17,2	19,9	21,0	24,5	25,7
Gesundheits-, Veterinär- und Sozialwesen	21,2	22,1	22,5	22,9	23,0	22,8
Grundstücks- und Wohnungswesen	19,5	20,7	26,5	35,0	25,4	–
Interessenvertretungen, kirchliche und sonstige religiöse Vereinigungen	19,3	23,5	24,4	25,3	22,9	18,9
Kultur, Sport und Unterhaltung	15,9	18,0	19,0	20,0	20,8	6,0
Private Haushalte	16,6	19,2	–	–	–	–
Vermietung beweglicher Sachen ohne Bedienungspersonal	19,2	21,9	18,8	20,7	–	–
Durchschnitt über alle Branchen	19,8	21,1	21,7	22,4	22,6	21,7

19.2.8 Krankenstand nach Stellung im Beruf

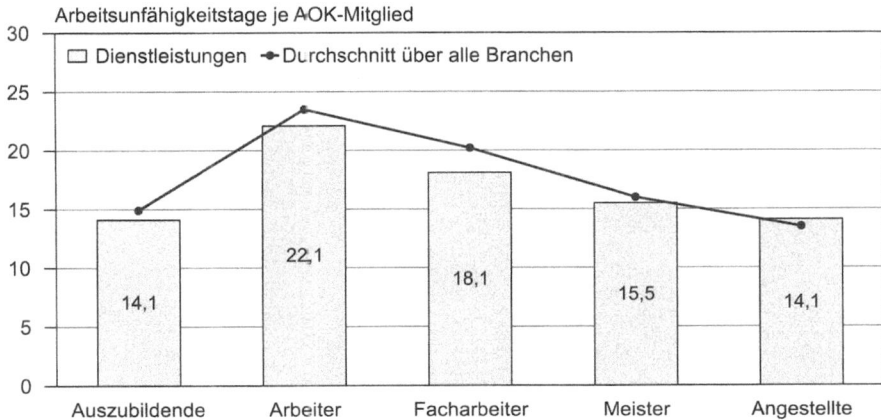

Abb. 19.4.6. Arbeitsunfähigkeitstage im Dienstleistungsbereich nach Stellung im Beruf, 2001

Tabelle 19.4.6. Dienstleistungen, Krankenstand (in %) nach Stellung im Beruf, 2001

Wirtschaftsabteilung	Auszu-bildende	Arbeiter	Fach-arbeiter	Meister, Poliere	Angestellte
Abwasser- und Abfallbeseitigung und sonstige Entsorgung	3,8	7,7	6,4	4,4	4,1
Datenverarbeitung und Datenbanken	1,9	5,9	3,8	4,6	2,6
Erbringung von Dienstleistungen überwiegend für Unternehmer	3,2	6,1	6,0	4,5	3,2
Erbringung von sonstigen Dienstleistungen	3,7	5,6	3,6	3,9	3,6
Forschung und Entwicklung	2,4	7,4	5,9	4,2	3,0
Gastgewerbe	4,0	4,1	3,7	3,7	3,0
Gesundheits-, Veterinär- und Sozialwesen	3,7	8,4	5,7	4,6	4,6
Grundstücks- und Wohnungswesen	3,0	5,6	5,6	4,1	3,4
Interessenvertretungen, kirchliche und sonstige religiöse Vereinigungen	6,0	9,2	6,3	4,6	4,2
Kultur, Sport und Unterhaltung	3,2	5,3	5,3	3,3	2,2
Private Haushalte	3,4	3,3	3,3	3,2	2,8
Vermietung beweglicher Sachen ohne Bedienungspersonal	3,2	5,8	5,3	5,6	3,2

19.2.9 Arbeitsunfälle

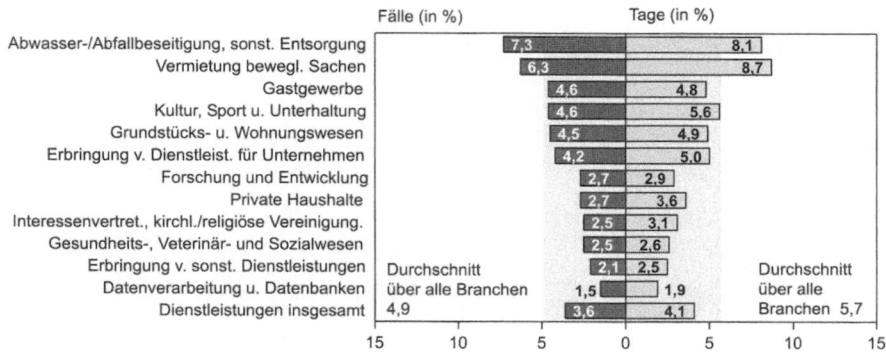

Abb. 19.4.7. Arbeitsunfälle im Dienstleistungsbereich nach Wirtschaftsgruppen, Anteil an den AU-Fällen und -Tagen in %, 2001

Tabelle 19.4.7. Dienstleistungen, Arbeitsunfähigkeitstage durch Arbeitsunfälle nach Berufsgruppen, 2001

Tätigkeit	AU-Tage je 1000 AOK-Mitglieder	Anteil an den AU-Tagen insgesamt (in %)
Industriemechaniker/innen	2423,1	10,2
Straßenreiniger, Abfallbeseitiger	2318,3	7,8
Kraftfahrzeugführer	1856,4	8,4
Hilfsarbeiter ohne nähere Tätigkeitsangabe	1495,8	6,0
Elektroinstallateure, -monteure	1475,8	7,6
Gärtner, Gartenarbeiter	1403,9	4,5
Lager-, Transportarbeiter	1300,4	5,5
Glas-, Gebäudereiniger	1102,4	5,2
Pförtner, Hauswarte	918,2	5,0
Köche	805,0	4,4
Wächter, Aufseher	800,0	3,9
Raum-, Hausratreiniger	655,5	3,0
Übrige Gästebetreuer	613,7	4,1
Hauswirtschaftliche Betreuer	607,8	2,6
Helfer in der Krankenpflege	603,4	2,3
Restaurantfachleute, Steward/Stewardessen	521,7	3,9
Verkäufer	520,8	3,1
Sozialarbeiter, Sozialpfleger	498,2	2,2
Krankenschwestern, -pfleger, Hebammen	369,0	2,2
Bürofachkräfte	201,7	1,5

Dienstleistungen

19.2.10 Krankheitsarten

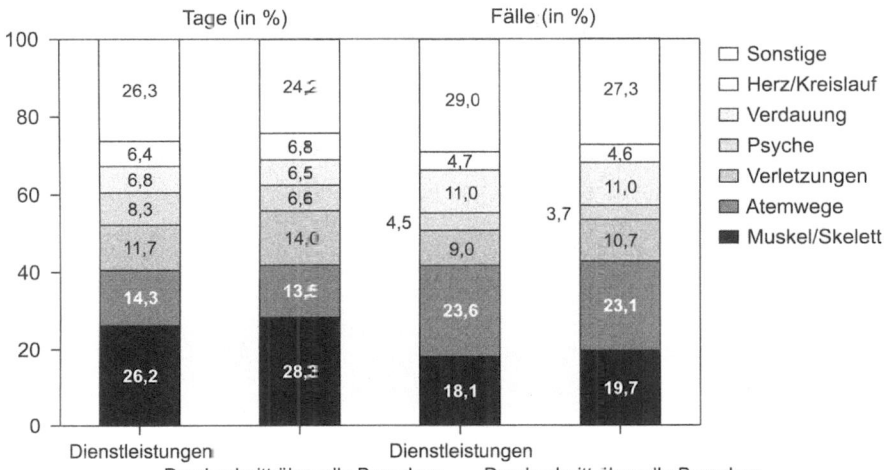

Abb. 19.4.8. Arbeitsunfähigkeiten im Dienstleistungsbereich nach Krankheitsarten, 2001

Tabelle 19.4.8. Dienstleistungen, Arbeitsunfähigkeitstage nach Krankheitsarten (in %), 2001

Wirtschaftsabteilung	Muskel/ Skelett	Atemwege	Verletzungen	Herz/ Kreislauf	Verdauung	Psyche	Sonstige
Abwasser- und Abfallbeseitigung und sonstige Entsorgung	30,9	12,6	16,1	7,8	6,7	4,4	21,4
Datenverarbeitung und Datenbanken	18,2	20,5	10,0	5,7	8,6	8,7	28,2
Erbringung von Dienstleistungen überwiegend für Unternehmen	26,8	14,7	12,9	6,4	7,1	7,0	25,0
Erbringung von sonstigen Dienstleistungen	24,9	15,4	10,7	6,4	6,9	7,4	28,4
Forschung und Entwicklung	25,5	15,7	10,6	5,9	6,8	8,6	26,7
Gastgewerbe	24,4	13,5	13,2	6,4	7,4	7,6	27,6
Gesundheits-, Veterinär- und Sozialwesen	26,8	13,9	9,3	6,2	6,2	10,3	27,4
Grundstücks- und Wohnungswesen	29,1	11,7	12,4	8,6	6,4	7,1	24,6
Interessenvertretungen sowie kirchliche und sonstige religiöse Vereinigungen	24,1	17,2	10,6	6,2	7,0	8,6	26,2
Kultur, Sport und Unterhaltung	24,1	14,0	14,5	7,1	6,9	8,4	25,1
Private Haushalte	25,3	11,1	11,8	6,9	5,6	8,8	30,6
Vermietung beweglicher Sachen ohne Bedienungspersonal	28,2	12,6	17,4	6,4	6,3	5,8	23,3

Tabelle 19.4.9. Dienstleistungen, Arbeitsunfähigkeiten nach Krankheitsarten, Anteile der ICD-Untergruppen an den ICD-Hauptgruppen, 2001

ICD-Untergruppen	Anteil an den AU-Fällen (in %)	Anteil an den AU-Tagen (in %)
Muskel-/Skeletterkrankungen		
Krankheiten der Wirbelsäule und des Rückens	59,1	55,3
Krankheiten der Weichteilgewebe	19,5	18,0
Arthropathien	15,3	20,9
Sonstige	6,1	5,7
Verletzungen		
Verletzungen nicht näher bez. an Rumpf/Extremitäten/etc.	18,7	14,3
Verletzungen des Handgelenkes und der Hand	13,0	12,8
Verletzungen der Knöchelregion und des Fußes	11,8	12,1
Verletzungen des Knies und des Unterschenkels	10,0	15,8
Verletzungen des Kopfes	7,9	6,0
Sonstige	38,5	39,0
Atemwegserkrankungen		
Akute Infektionen der oberen Atemwege	43,9	37,3
Sonstige akute Infektionen der unteren Atemwege	20,6	20,3
Chronische Krankheiten der unteren Atemwege	16,6	20,2
Sonstige Krankheiten der oberen Atemwege	8,6	10,0
Sonstige	10,3	12,1
Herz-/Kreislauferkrankungen		
Hypertonie [Hochdruckkrankheit]	27,3	25,0
Sonst. u. nicht näher bez. Krankheiten des Kreislaufsystems	22,7	9,2
Krankheiten der Venen/Lymphgefäße/Lymphknoten	19,3	18,9
Ischämische Herzkrankheiten	11,8	19,3
Sonstige	18,9	27,7
Verdauung		
Krankheiten des Ösophagus/Magens/Duodenums	31,9	30,4
Nichtinfektiöse Enteritis und Kolitis	28,2	19,7
Krankheiten der Mundhöhle/Speicheldrüsen/Kiefer	18,7	8,0
Sonstige Krankheiten des Darmes	5,8	8,7
Krankheiten der Gallenblase/-wege/Pankreas	4,4	10,3
Sonstige	11,0	22,8
Psychische und Verhaltensstörungen		
Neurotische, Belastungs- und somatoforme Störungen	44,5	38,3
Affektive Störungen	30,3	37,4
Psych. u. Verhaltensstörungen c. psychotrope Substanzen	14,9	11,3
Schizophrenie, schizotype und wahnhafte Störungen	3,4	5,2
Sonstige	6,9	7,8

19.5 Energiewirtschaft, Wasserversorgung und Bergbau

19.5.1	Kosten der Arbeitsunfähigkeit	366
19.5.2	Allgemeine Krankenstandsentwicklung	366
19.5.3	Krankenstandsentwicklung nach Wirtschaftsabteilungen	368

Tabellarische Übersichten und Abbildungen
19.5.4	Krankenstand nach Berufsgruppen	369
19.5.5	Kurz- und Langzeiterkrankungen	371
19.5.6	Krankenstand nach Bundesländern	372
19.5.7	Krankenstand nach Betriebsgröße	374
19.5.8	Krankenstand nach Stellung im Beruf	375
19.5.9	Arbeitsunfälle	376
19.5.10	Krankheitsarten	377

19.5.1 Kosten der Arbeitsunfähigkeit

Im Bereich Energiewirtschaft, Wasserversorgung und Bergbau[1] waren im März des Jahres 2001 398 108 Arbeitnehmer sozialversicherungspflichtig beschäftigt[2]. Fast jeder vierte Arbeitnehmer dieses Wirtschaftszweiges war bei der AOK versichert, insgesamt 94 427 Erwerbstätige. Die AOK-Mitglieder dieser Branche erkrankten im Jahresdurchschnitt 1,4 mal. Der Erkrankungsfall dauerte im Mittel 14,2 Kalendertage. Somit fehlte ein Arbeitnehmer durchschnittlich 19,9 Tage an seinem Arbeitsplatz. Insgesamt resultierten hieraus hochgerechnet für den Bereich Energiewirtschaft, Wasserversorgung und Bergbau 7,9 Mio. Fehltage oder 21 705 Erwerbsjahre. Für die gesamte Branche bedeutet dies eine Kostenbelastung durch Arbeitsunfähigkeit in Höhe von 1,16 Mrd. DM im Jahr 2001, bei durchschnittlichen Lohnkosten von 53 322 Euro[3]. Umgerechnet auf einen Betrieb mit 100 Mitarbeitern betrug die finanzielle Belastung im Jahr 2001 durchschnittlich 317 563 Euro.

19.5.2 Allgemeine Krankenstandsentwicklung

Der Krankenstand lag im Jahr 2001 im Bereich Energie, Wasser, Bergbau bei 5,4%. Er war damit 0,1 Prozentpunkte höher als im allgemeinen Branchendurchschnitt. In Ostdeutschland fiel der Krankenstand deutlich geringer aus als in Westdeutschland (West: 5,7%; Ost: 4,4%). Dort lag so-

---

[1] Inklusive der Wirtschaftsabteilung Gewinnung von Steinen und Erden.
[2] Sozialversicherungspflichtig Beschäftigte nach Wirtschaftszweigen der WZ93/BA in der Bundesrepublik Deutschland, Bundesanstalt für Arbeit, 2001.
[3] Statistisches Bundesamt, Volkswirtschaftliche Gesamtrechnungen, Fachserie 18, Reihe 1.3, Arbeitnehmerentgelt je Arbeitnehmer, Hauptbericht 2001, Wiesbaden 2002.

Tabelle 19.5.1. Krankenstandsentwicklung im Bereich Energie, Wasser und Bergbau, 2001

	Krankenstand (in %)	Arbeitsunfähigkeiten je 100 AOK-Mitglieder				Tage je Fall	AU-Quote (in %)
		Fälle	Veränd. z. Vorj. (in %)	Tage	Veränd. z. Vorj. (in %)		
West	5,7	145,0	−2,6	2073,6	−2,6	14,3	60,6
Ost	4,4	120,3	−1,6	1619,0	1,1	13,5	55,6
BRD	5,4	140,4	−2,3	1988,8	−1,9	14,2	59,7

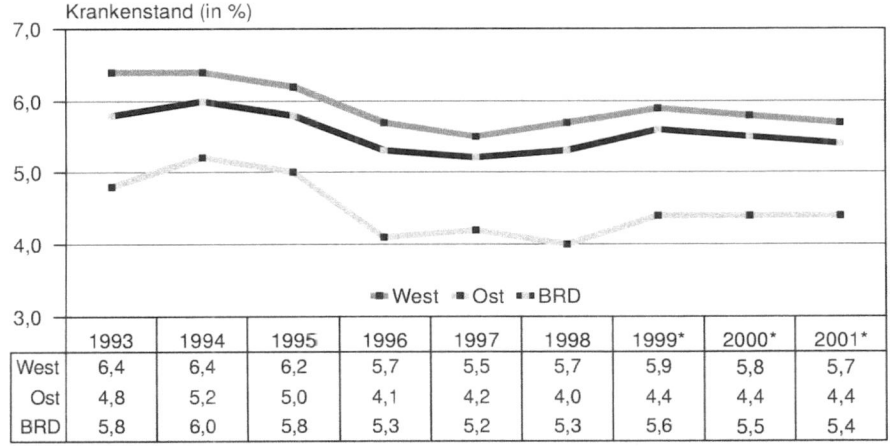

Abb. 19.5.1. Krankenstandsentwicklung im Bereich Energiewirtschaft, Wasserversorgung und Bergbau 1993–2001

wohl die Zahl der Arbeitsunfähigkeitsfälle als auch deren durchschnittliche Dauer auf niedrigerem Niveau als im Westen (Tabelle 19.5.1).

Im Vergleich zum Vorjahr ging die Zahl der Krankmeldungen in den alten Ländern um 2,6%, in den neuen um 1,6% zurück. In Westdeutschland sank die Zahl der Arbeitsunfähigkeitstage in gleichem Maße wie die der Arbeitsunfähigkeitsfälle. In Ostdeutschland war dagegen trotz des Rückgangs der Krankmeldungen ein Anstieg der krankheitsbedingten Fehltage um 1,1% zu verzeichnen, da die durchschnittliche Falldauer zunahm.

Die Abb. 19.5.1 [4] zeigt die Krankenstandsentwicklung im Bereich Energiewirtschaft, Wasserversorgung und Bergbau in den Jahren 1993

---

[4] Die Werte der Jahre ab 1999 basieren auf der Klassifikation der Wirtschaftszweige der Bundesanstalt für Arbeit aus dem Jahre 1993 (WZS 93/NACE), während den Werten der Jahre 1993–1998 noch der Wirtschaftszweigschlüssel aus dem Jahr 1973 zugrunde lag.

bis 2001. Die Entwicklung des Krankenstandes folgte in den letzten Jahren im Wesentlichen dem allgemeinen Trend, nach dem seit 1995 der Krankenstand zurückging, seit 1998 aber wieder einen leichten Anstieg zu verzeichnen hatte. Im Jahr 2000 war eine geringfügige Abnahme des Krankenstandes festzustellen. 2001 blieb der Krankenstand im Vergleich zum Vorjahr unverändert.

19.5.3 Krankenstandsentwicklung nach Wirtschaftsabteilungen

Zwischen den einzelnen Wirtschaftsabteilungen im Bereich Energie, Wasser, Bergbau gab es erhebliche Unterschiede hinsichtlich des Krankenstandes (Tabelle 19.5.2). Der höchste Krankenstand war mit 6,0% im Bereich des Erzbergbaus zu verzeichnen. Am niedrigsten war der Krankenstand im Bereich „Gewinnung von Erdöl und Erdgas, Erbringung damit verbundener Dienstleistungen". Dort lag er bei 3,8%. Auch der Anteil der von Arbeitsunfähigkeit betroffenen Beschäftigten (AU-Quote) variierte in den einzelnen Wirtschaftsgruppen erheblich. Während sich im Erzbergbau 64,2% ein oder mehrmals krank melde-

Tabelle 19.5.2. Krankenstandsentwicklung im Bereich Energie, Wasser und Bergbau nach Wirtschaftsabteilungen, 2001

Wirtschafts-abteilung	Krankenstand (in %)			Arbeitsunfähigkeiten je 100 AOK-Mitglieder				Tage je Fall	AU-Quote (in %)
	2001	2001 stand.*	2000	Fälle	Veränd. z. Vorj. (in %)	Tage	Veränd. z. Vorj. (in %)		
Energieversorgung	5,4	5,1	5,6	146,2	−2,6	1976,5	−2,8	13,5	60,7
Erzbergbau	6,0	5,6	7,0	151,7	−7,0	2195,9	−13,8	14,5	64,2
Gewinnung von Erdöl und Erdgas, Erbringung damit verbundener Dienstleistungen	3,8	3,3	4,7	107,0	−10,5	1373,7	−20,2	12,8	51,0
Gewinnung von Steinen und Erden, sonstiger Bergbau	5,6	4,8	5,6	130,3	−1,0	2058,1	0,6	15,8	57,6
Kohlenbergbau, Torfgewinnung	4,2	4,2	5,1	130,8	−6,8	1527,8	−18,4	11,7	51,1
Wasserversorgung	5,4	4,9	5,4	142,1	−1,4	1966,4	−0,3	13,8	62,4

* alters- und geschlechtsstandardisiert

ten, waren es im Bereich „Gewinnung von Erdöl und Erdgas, Erbringung damit verbundener Dienstleistungen" lediglich 51,0%.

Tabelle 19.5.2 weist neben den Rohwerten auch standardisierte Krankenstandswerte aus, bei denen verzerrende Einflüsse der Alters- und Geschlechtsstruktur in den einzelnen Branchen herausgerechnet wurden[5]. Die standardisierten Werte fallen mit Ausnahme des Kohlenbergbaus und der Torfgewinnung in allen Wirtschaftsgruppen des Bereichs Energie, Wasser, Bergbau niedriger, teilweise deutlich niedriger aus.

Im Vergleich zum Vorjahr war die Zahl der Krankmeldungen 2001 in allen Wirtschaftsabteilungen rückläufig. Der stärkste Rückgang war mit 10,5% im Bereich „Gewinnung von Erdöl und Erdgas, Erbringung damit verbundener Dienstleistungen" zu verzeichnen. Die AU-Tage gingen teilweise noch stärker zurück, da sich auch die durchschnittliche Dauer der Krankheitsfälle verkürzte.

Tabellarische Übersichten und Abbildungen

19.5.4 Krankenstand nach Berufsgruppen

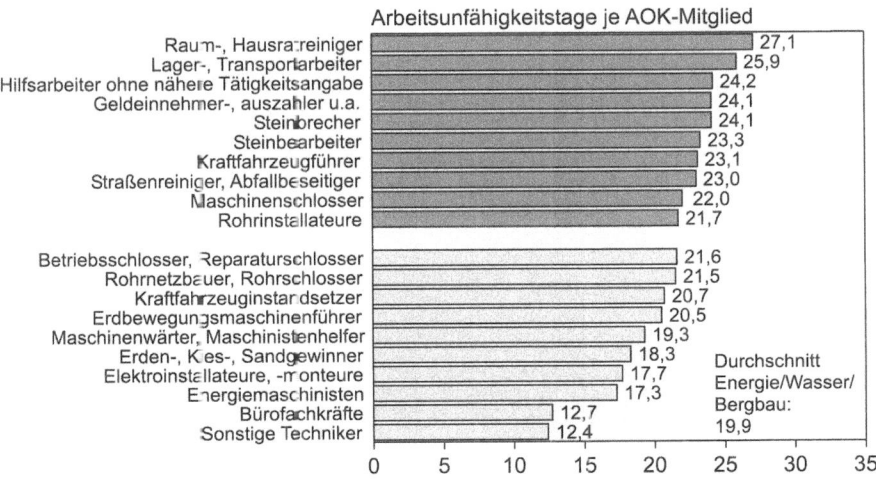

Abb. 19.5.2. 10 Berufsgruppen im Bereich Energiewirtschaft, Wasserversorgung und Bergbau mit hohen und niedrigen Krankenständen, 2001

---

[5] Berechnet nach der Methode der direkten Standardisierung. Zugrunde gelegt wurde die Alters- und Geschlechtsstruktur der erwerbstätigen Mitglieder der gesetzlichen Krankenversicherung insgesamt im Jahr 2000 (Mitglieder mit Krankengeldanspruch). Quelle: VDR-Statistik.

Tabelle 19.5.3. Energie, Wasser und Bergbau, Krankenstandskennzahlen nach ausgewählten Berufsgruppen, 2001

Tätigkeit	Krankenstand (in %)	Arbeitsunfähigkeiten je 100 AOK-Mitglieder		Tage je Fall	AU-Quote (in %)	Anteil Arbeitsunfälle an den AU-Tagen (in %)
		Fälle	Tage			
Betriebsschlosser, Reparaturschlosser	5,9	166,1	2160,1	13,0	66,9	8,2
Bürofachkräfte	3,5	133,4	1271,5	9,5	53,3	1,2
Elektroinstallateure, -monteure	4,8	140,3	1767,6	12,6	60,9	6,0
Energiemaschinisten	4,7	117,0	1731,3	14,8	58,7	5,9
Erdbewegungsmaschinenführer	5,6	123,2	2049,2	16,6	57,7	11,4
Erden-, Kies-, Sandgewinner	5,0	138,0	1827,2	13,2	55,4	11,5
Geldeinnehmer, -auszahler, Kartenverkäufer, -kontrolleure	6,6	135,8	2408,1	17,7	50,3	2,3
Kraftfahrzeugführer	6,3	139,1	2311,1	16,6	59,9	8,9
Kraftfahrzeuginstandsetzer	5,7	145,0	2068,9	14,3	62,0	6,9
Lager-, Transportarbeiter	7,1	157,1	2589,9	16,5	65,0	5,7
Maschinenschlosser	6,0	148,2	2202,9	14,9	62,4	7,2
Maschinenwärter, Maschinistenhelfer	5,3	121,7	1928,2	15,8	59,1	7,3
Raum-, Hausratreiniger	7,4	155,2	2709,0	17,5	63,0	1,2
Rohrinstallateure	6,0	159,2	2173,0	13,7	66,7	5,5
Rohrnetzbauer, Rohrschlosser	5,9	159,7	2151,1	13,5	67,3	6,1
Steinbearbeiter	6,4	157,7	2329,6	14,8	62,9	10,3
Steinbrecher	6,6	145,0	2414,4	16,6	61,0	12,4
Straßenreiniger, Abfallbeseitiger	6,3	166,6	2302,4	13,8	69,0	5,9

Berufsgruppen mit mehr als 1000 AOK-Versicherten

19.5.5 Kurz- und Langzeiterkrankungen

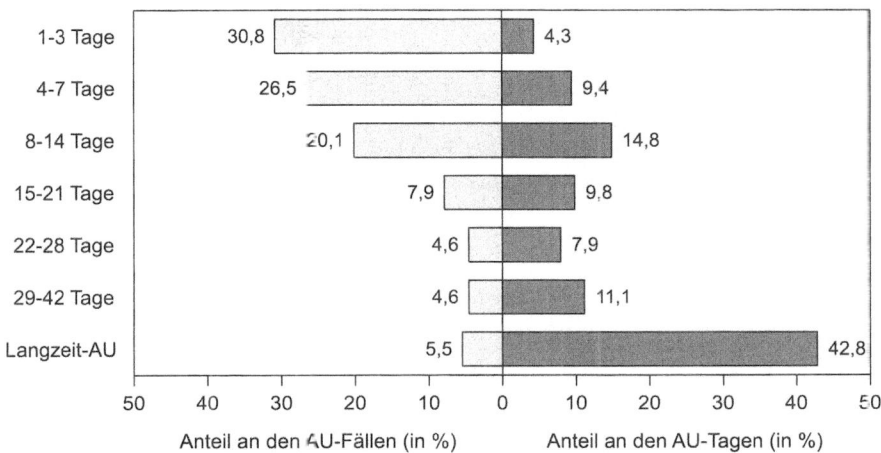

Abb. 19.5.3. Arbeitsunfähigkeitsfälle und -tage im Bereich Energiewirtschaft, Wasserversorgung und Bergbau nach der Dauer, 2001

19.5.6 Krankenstand nach Bundesländern

Tabelle 19.5.4. Energie, Wasser und Bergbau, Arbeitsunfähigkeit nach Bundesländern, 2001 im Vergleich zum Vorjahr

	Arbeitsunfähigkeiten je 100 AOK-Mitglieder					
	AU-Fälle 2001	Veränd. z. Vorj. (in %)	AU-Tage 2001	Veränd. z. Vorj. (in %)	Tage je Fall 2001	Veränd. z. Vorj. (in %)
Baden-Württemberg	141,9	−1,3	1939,4	−0,6	13,7	0,7
Bayern	126,8	−1,4	1896,4	−1,4	15,0	0,0
Berlin	116,5	−2,3	2413,0	−0,4	20,7	2,0
Brandenburg	118,0	−*	1771,3	−*	15,0	−*
Bremen	146,5	−1,6	1969,9	7,1	13,4	8,9
Hamburg	138,1	−25,1	1798,6	−39,4	13,0	−19,3
Hessen	163,1	−2,7	2407,1	2,8	14,8	5,7
Mecklenburg-Vorpommern	125,6	−4,8	1710,7	−0,1	13,6	4,6
Niedersachsen	134,7	−4,0	1574,6	−12,1	11,7	−8,6
Nordrhein-Westfalen	164,5	−2,3	2344,7	−1,8	14,2	0,7
Rheinland-Pfalz	154,7	−5,9	2281,2	−6,7	14,8	−0,7
Saarland	132,7	−3,9	2530,1	12,7	19,1	17,2
Sachsen	120,4	−5,1	1575,1	−6,7	13,1	−1,5
Sachsen-Anhalt	114,7	−2,1	1513,2	−1,7	13,2	0,8
Schleswig-Holstein	148,9	−5,3	2136,8	−10,3	14,3	−5,9
Thüringen	123,5	−2,2	1636,7	2,5	13,3	5,6
Bund	140,4	−2,3	1988,8	−1,9	14,2	0,7

* Die Veränderungswerte für das Land Brandenburg werden aufgrund von Umstellungen in der Datenbasis nicht ausgewiesen

Energiewirtschaft, Wasserversorgung und Bergbau

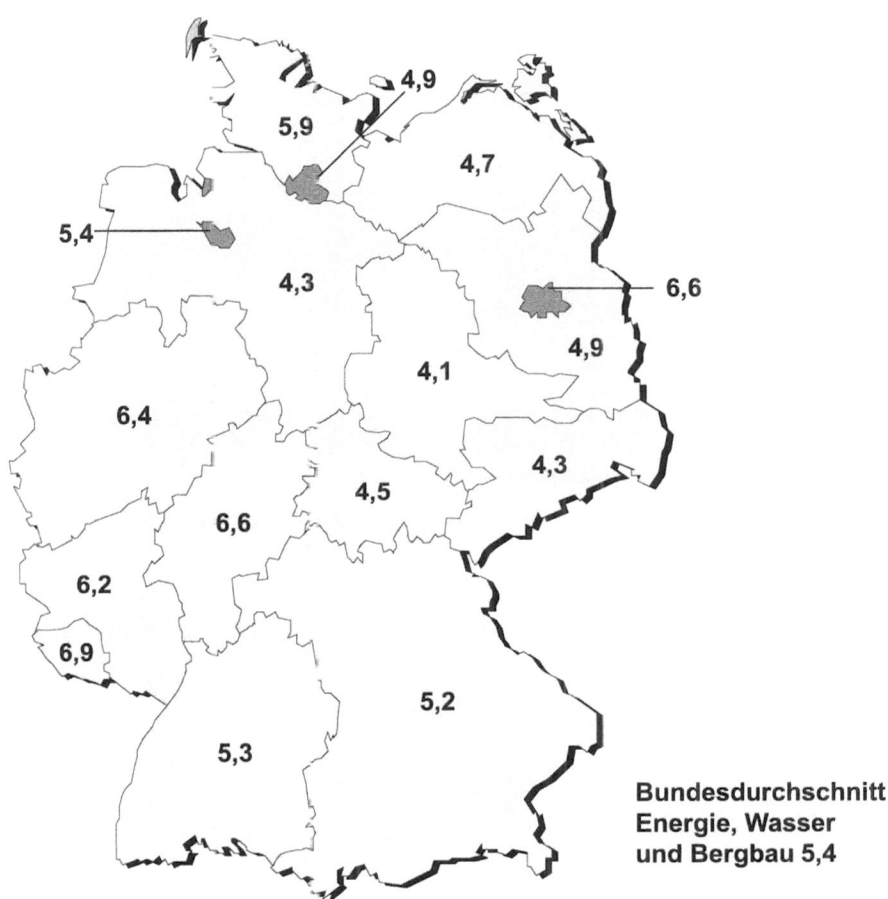

Abb. 19.5.4. Krankenstand in % im Bereich Energiewirtschaft, Wasserversorgung und Bergbau nach Bundesländern, 2001

19.5.7 Krankenstand nach Betriebsgröße

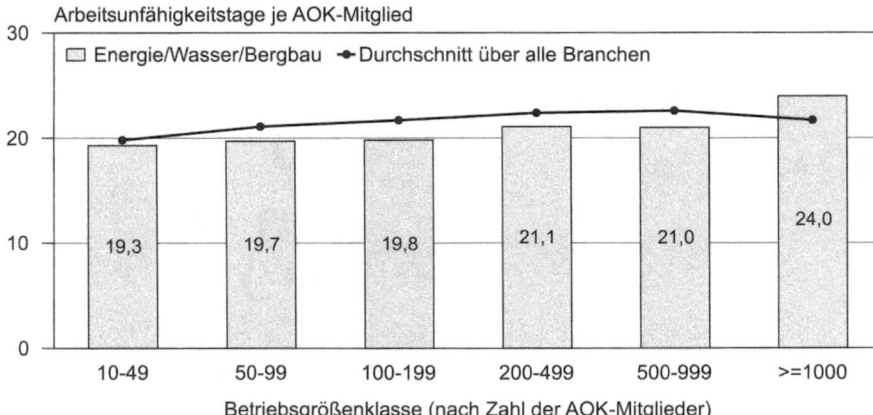

Abb. 19.5.5. Arbeitsunfähigkeitstage im Bereich Energiewirtschaft, Wasserversorgung und Bergbau nach Betriebsgröße, 2001

Tabelle 19.5.5. Energie, Wasser und Bergbau, Arbeitsunfähigkeitstage je AOK Mitglied nach Betriebsgröße (Anzahl der AOK-Mitglieder), 2001

Wirtschaftsabteilung	10–49	50–99	100–199	200–499	500–999	≥1000
Energieversorgung	18,0	19,8	18,9	20,9	21,0	24,0
Erzbergbau	16,4	–	23,7	–	–	–
Gewinnung von Erdöl und Erdgas, Erbringung damit verbundener Dienstleistungen	9,8	14,8	15,7	12,3	–	–
Gewinnung von Steinen und Erden, sonstiger Bergbau	20,5	20,3	21,7	25,8	–	–
Kohlenbergbau, Torfgewinnung	16,0	14,5	13,9	–	–	–
Wasserversorgung	20,3	19,4	20,9	19,9	–	–
Durchschnitt über alle Branchen	19,8	21,1	21,7	22,4	22,6	21,7

19.5.8 Krankenstand nach Stellung im Beruf

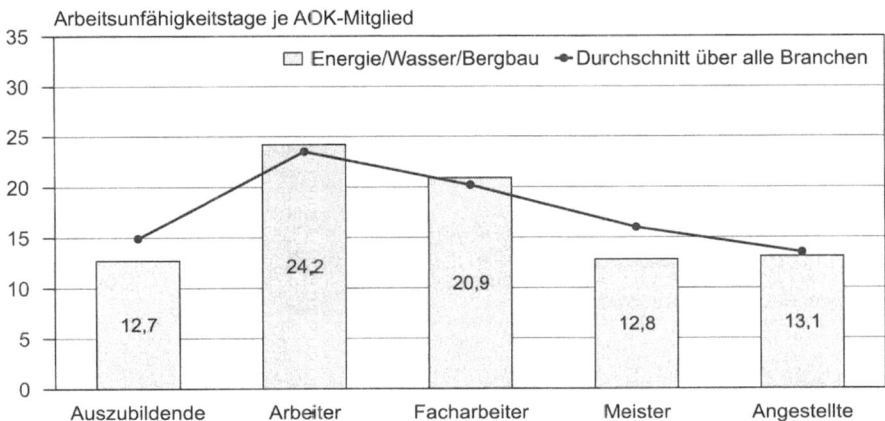

Abb. 19.5.6. Arbeitsunfähigkeitstage im Bereich Energiewirtschaft, Wasserversorgung und Bergbau nach Stellung im Beruf, 2001

Tabelle 19.5.6. Energie, Wasser und Bergbau, Krankenstand (in %) nach Stellung im Beruf, 2001

Wirtschaftsabteilung	Auszu-bildende	Arbeiter	Fach-arbeiter	Meister, Poliere	Angestellte
Energieversorgung	3,5	7,8	5,7	3,1	3,9
Erzbergbau	2,8	4,9	6,8	3,6	1,7
Gewinnung von Erdöl und Erdgas, Erbringung damit verbundener Dienstleistungen	2,8	5,2	3,8	4,3	2,9
Gewinnung von Steinen und Erden, sonstiger Bergbau	3,4	6,1	6,0	4,3	2,3
Kohlenbergbau, Torfgewinnung	4,0	4,0	4,3	14,3	4,3
Wasserversorgung	3,7	7,6	5,5	3,8	3,5

19.5.9 Arbeitsunfälle

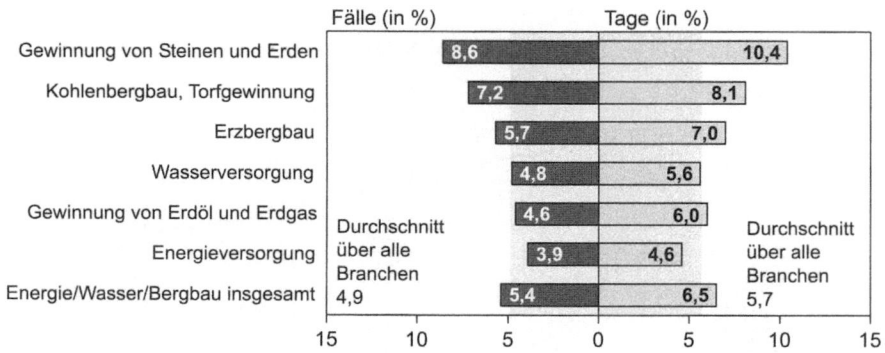

Abb. 19.5.7. Arbeitsunfälle im Bereich Energiewirtschaft, Wasserversorgung und Bergbau nach Wirtschaftsabteilungen, Anteil an den AU-Fällen und -Tagen in %, 2001

Tabelle 19.5.7. Energie, Wasser und Bergbau, Arbeitsunfähigkeitstage durch Arbeitsunfälle nach Berufsgruppen, 2001

Tätigkeit	AU-Tage je 1000 AOK-Mitglieder	Anteil an den AU-Tagen insgesamt (in %)
Steinbrecher	2983,1	12,4
Steinbearbeiter	2396,1	10,3
Erdbewegungsmaschinenführer	2342,8	11,4
Erden-, Kies-, Sandgewinner	2114,2	11,5
Kraftfahrzeugführer	2059,1	8,9
Betriebsschlosser, Reparaturschlosser	1772,2	8,2
Maschinenschlosser	1596,2	7,2
Lager-, Transportarbeiter	1471,8	5,7
Kraftfahrzeuginstandsetzer	1422,1	6,9
Maschinenwärter, Maschinistenhelfer	1415,3	7,3
Rohrnetzbauer, Rohrschlosser	1323,3	6,1
Rohrinstallateure	1200,8	5,5
Elektroinstallateure, -monteure	1068,1	6,0

19.5.10 Krankheitsarten

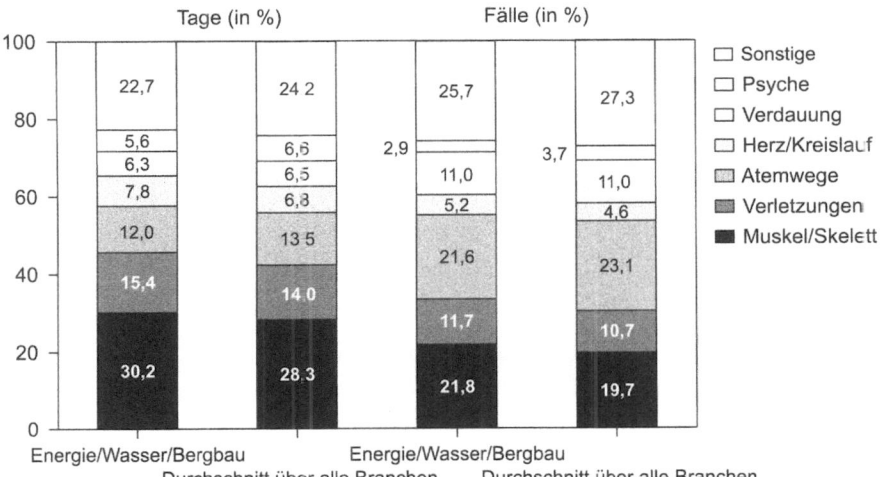

Abb. 19.5.8. Arbeitsunfähigkeiten im Bereich Energiewirtschaft, Wasserversorgung und Bergbau nach Krankheitsarten, 2001

Tabelle 19.5.8. Energie, Wasser und Bergbau, Arbeitsunfähigkeitstage nach Krankheitsarten (in %), 2001

Wirtschaftsabteilung	Muskel/Skelett	Atemwege	Verletzungen	Herz/Kreislauf	Verdauung	Psyche	Sonstige
Energieversorgung	29,3	13,1	13,8	7,2	6,5	6,6	23,5
Erzbergbau	26,2	12,5	14,8	7,9	6,9	9,5	22,2
Gewinnung von Erdöl und Erdgas, Erbringung damit verbundener Dienstleistungen	38,0	10,1	18,5	5,6	5,3	3,1	19,4
Gewinnung von Steinen und Erden, sonstiger Bergbau	31,0	10,0	18,5	8,8	6,1	4,0	21,5
Kohlenbergbau, Torfgewinnung	32,5	11,8	20,8	3,8	6,5	3,7	20,9
Wasserversorgung	31,8	12,1	14,3	8,3	6,3	5,0	22,3

Tabelle 19.5.9. Energie/Wasser/Bergbau, Arbeitsunfähigkeiten nach Krankheitsarten, Anteile der ICD-Untergruppen an den ICD-Hauptgruppen, 2001

ICD-Untergruppen	Anteil an den AU-Fällen (in %)	Anteil an den AU-Tagen (in %)
Muskel-/Skeletterkrankungen		
Krankheiten der Wirbelsäule und des Rückens	55,0	53,9
Arthropathien	19,6	23,3
Krankheiten der Weichteilgewebe	19,1	17,5
Sonstige	6,3	5,3
Verletzungen		
Verletzungen nicht näher bez. an Rumpf/Extremitäten/etc.	19,0	13,5
Verletzungen des Handgelenkes und der Hand	12,8	13,0
Verletzungen der Knöchelregion und des Fußes	12,0	11,5
Verletzungen des Knies und des Unterschenkels	11,9	18,7
Verletzungen des Kopfes	7,3	5,5
Sonstige	36,9	37,8
Atemwegserkrankungen		
Akute Infektionen der oberen Atemwege	41,5	33,7
Sonstige akute Infektionen der unteren Atemwege	21,6	20,5
Chronische Krankheiten der unteren Atemwege	17,2	21,5
Grippe und Pneumonie	8,8	10,1
Sonstige	10,9	14,2
Herz-/Kreislauferkrankungen		
Hypertonie [Hochdruckkrankheit]	33,2	24,0
Ischämische Herzkrankheiten	18,3	28,9
Krankheiten der Venen/Lymphgefäße/Lymphknoten	16,3	13,2
Sonstige Formen der Herzkrankheit	13,1	13,9
Sonstige	19,1	20,1
Verdauung		
Krankheiten der Mundhöhle/Speicheldrüsen/Kiefer	27,8	8,8
Krankheiten des Ösophagus/Magens/Duodenums	24,0	23,2
Nichtinfektiöse Enteritis und Kolitis	23,3	15,8
Sonstige Krankheiten des Darmes	7,5	11,4
Hernien	5,7	16,7
Sonstige	11,8	24,1
Psychische und Verhaltensstörungen		
Neurotische, Belastungs- und somatoforme Störungen	38,4	31,8
Affektive Störungen	27,4	32,5
Psych. u. Verhaltensstörungen d. psychotrope Substanzen	23,6	19,8
Schizophrenie, schizotype und wahnhafte Störungen	3,5	6,5
Sonstige	7,1	9,3

19.6 Erziehung und Unterricht

19.6.1 Datenbasis 379
19.6.2 Allgemeine Krankenstandsentwicklung 379
19.6.3 Krankenstandsentwicklung nach Wirtschaftsklassen 381
19.6.4 Krankenstand nach Berufsgruppen 382

Tabellarische Übersichten und Abbildungen
19.6.5 Kurz- und Langzeiterkrankungen 384
19.6.6 Krankenstand nach Bundesländern 385
19.6.7 Krankenstand nach Betriebsgröße 387
19.6.8 Krankenstand nach Stellung im Beruf 388
19.6.9 Arbeitsunfälle 389
19.6.10 Krankheitsarten 390

19.6.1 Datenbasis

Im Jahr 2001 waren im Bereich „Erziehung und Unterricht" 1,05 Millionen Arbeitnehmer sozialversicherungspflichtig beschäftigt[1]. Davon waren 20,7% bei der AOK versichert (n = 217 015). Tabelle 19.6.1 zeigt die Verteilung der im Bereich „Erziehung und Unterricht" tätigen AOK-Mitglieder nach Berufsgruppen. Die für den Bereich typischen Berufsgruppen wie Lehrer, Dozenten, Kindergärtnerinnen etc. sind in diesem Kollektiv unterrepräsentiert. Daher sind die hier vorgelegten Zahlen nicht repräsentativ für den gesamten Erziehungs- und Bildungsbereich.

19.6.2 Allgemeine Krankenstandsentwicklung

Der Krankenstand bei den im Bereich „Erziehung und Unterricht" beschäftigten AOK-Mitgliedern lag im Jahr 2001 bei 7,1% und war damit wie bereits im Vorjahr deutlich höher als in den übrigen Wirtschaftsabteilungen. Auch die AU-Quote war erheblich höher als im Branchendurchschnitt. Während sich im Bildungsbereich 62,8% der AOK-Mitglieder ein oder mehrmals krank meldeten, waren es durchschnittlich nur 54,6%. Zurückzuführen waren die hohen Krankenstände auf eine sehr hohe Zahl von Krankmeldungen, mehr als zweimal so viele wie im Branchendurchschnitt. Die durchschnittliche Dauer der Arbeitsunfähigkeitsfälle lag mit 7,3 Tagen allerdings deutlich niedriger als in den übrigen Branchen (s. Tabelle 19.6.2).

---

[1] Sozialversicherungspflichtig Beschäftigte nach Wirtschaftszweigen der WZ93/BA in der Bundesrepublik Deutschland, Bundesanstalt für Arbeit, 2001.

Tabelle 19.6.1. AOK-Mitglieder im Bereich Erziehung und Unterricht nach Berufsgruppen, 2001

Tätigkeit	Anzahl AOK-Mitglieder	Anteil in %
Bürofachkräfte	19031	8,8
Hilfsarbeiter ohne nähere Tätigkeitsangabe	18516	8,5
Raum-, Hausratreiniger	13052	6,0
Kindergärtnerinnen, Kinderpflegerinnen	12512	5,8
Lehrlinge mit noch nicht feststehendem Beruf	8102	3,7
Gärtner, Gartenarbeiter	7554	3,5
Köche	7457	3,4
Verkäufer	6584	3,0
Maler, Lackierer	5124	2,4
Sozialarbeiter, Sozialpfleger	5099	2,3
Tischler	4802	2,2
Hauswirtschaftliche Betreuer	4545	2,1
Pförtner, Hauswarte	4052	1,9
Maurer	3998	1,8
Heimleiter, Sozialpädagogen	3938	1,8
Sonstige Bauhilfsarbeiter, Bauhelfer	3409	1,6
Hochschullehrer, Dozenten	2937	1,4
Groß- und Einzelhandelskaufleute, Einkäufer	2878	1,3
Facharbeiter/innen	2730	1,3
Sonstige Mechaniker	2516	1,2
Hauswirtschaftsverwalter	2478	1,1
Industriemeister, Werkmeister	2456	1,1
Praktikanten, Volontäre mit noch nicht feststehendem Beruf	2348	1,1
Industriemechaniker/innen	2149	1,0
Real-, Volks-, Sonderschullehrer	1989	0,9
Sonstige	66759	30,8

Tabelle 19.6.2. Krankenstandsentwicklung im Bereich Erziehung und Unterricht, 2001

Krankenstand (in %)	Arbeitsunfähigkeiten je 100 AOK-Mitglieder				Tage je Fall	AU-Quote (in %)
	Fälle	Veränd. z. Vorj. (in %)	Tage	Veränd. z. Vorj. (in %)		
West 6,1	281,6	−2,3	2228,4	−3,8	7,9	59,3
Ost 9,0	495,1	−0,5	3265,8	−3,4	6,6	68,7
BRD 7,1	352,8	−1,5	2574,2	−3,7	7,3	62,8

Erziehung und Unterricht

In Ostdeutschland fiel der Krankenstand auch im Jahr 2001 erheblich höher aus als in Westdeutschland (Ost: 9,0%; West: 6,1%). Die Zahl der Krankmeldungen lag dort um 75,8% höher als im Westen.

Im Vergleich zum Vorjahr ging die Zahl der Krankmeldungen 2001 zurück, in Westdeutschland stärker als in Ostdeutschland (West: 2,3%; Ost: 0,5%). Auch die durchschnittliche Dauer der Krankheitsfälle war rückläufig.

19.6.3 Krankenstandsentwicklung nach Wirtschaftsklassen

In den einzelnen Bereichen des Bildungssektors waren sehr unterschiedliche Krankenstände zu verzeichnen. Am höchsten war der Krankenstand mit 8,1% im Bereich „Erwachsenenbildung und sonstiger Unterricht". Den niedrigsten Krankenstand wiesen die Hochschulen auf (4,9%). In Tabelle 19.6.3 sind neben den Rohwerten auch die nach Alter und Geschlecht standardisierten Krankenstände ausgewiesen[2]. Die im Hinblick auf Verzerrungen durch die spezifischen Alters-

Tabelle 19.6.3. Krankenstandsentwicklung im Bereich Erziehung und Unterricht nach Wirtschaftsgruppen, 2001

Wirtschafts-gruppe	Krankenstand (in %)			Arbeitsunfähigkeiten je 100 AOK-Mitglieder				Tage je Fall	AU-Quote (in %)
	2001	2001 stand.*	2000	Fälle	Veränd. z. Vorj. (in %)	Tage	Veränd. z. Vorj. (in %)		
Erwachsenen-bildung und sonstiger Unterricht	8,1	7,5	8,3	444,9	−0,8	2963,0	−2,9	6,7	64,4
Hochschulen	4,9	4,6	5,3	137,9	−7,7	1790,8	−8,3	13,0	48,7
Kindergärten, Vor- und Grundschulen	5,2	5,3	5,4	161,5	−6,5	1880,1	−4,7	11,6	59,6
Weiterführende Schulen	7,0	6,0	7,2	378,0	0,8	2569,9	−2,9	6,8	64,8

* alters- und geschlechtsstandardisiert.

---

[2] Berechnet nach der Methode der direkten Standardisierung. Zugrunde gelegt wurde die Alters- und Geschlechtsstruktur der erwerbstätigen Mitglieder der gesetzlichen Krankenversicherung insgesamt im Jahr 2000 (Mitglieder mit Krankengeldanspruch). Quelle: VDR-Statistik.

und Geschlechtsstrukturen bereinigten Werte fallen in fast allen Bereichen niedriger, teilweise deutlich niedriger aus als die nicht standardisierten Werte. Lediglich bei Kindergärten, Vor- und Grundschulen ergibt sich ein geringfügig höherer Wert (0,1 Prozentpunkte).

19.6.4 Krankenstand nach Berufsgruppen

Noch stärker als in den einzelnen Sektoren des Bereichs „Erziehung und Unterricht" variieren die Krankenstände in Abhängigkeit vom ausgeübten Beruf (Tabelle 19.6.4). Die meisten krankheitsbedingten Fehlzeiten fielen im gewerblichen Bereich an, beispielsweise bei hauswirtschaftlichen Betreuern und Hauswirtschaftsverwaltern (2980,6 bzw. 2659,6 Tage je 100 AOK-Mitglieder). Auch bei Praktikanten und Volontären war ein hoher Krankenstand zu verzeichnen (2638,8 Tage je 100 AOK-Mgl.). Die für den Bildungsbereich typischen Berufsgruppen wei-

Tabelle 19.6.4. Erziehung und Unterricht, Krankenstandskennzahlen nach ausgewählten Berufsgruppen, 2001

Tätigkeit	Krankenstand (in %)	Arbeitsunfähigkeiten je 100 AOK Mitglieder		Tage je Fall	AU-Quote (in %)	Anteil Arbeitsunfälle an den AU-Tagen (in %)
		Fälle	Tage			
Bürofachkräfte	6,0	342,9	2206,8	6,4	60,6	1,4
Bürohilfskräfte	5,5	246,4	1991,3	8,1	51,7	1,6
Fachschul-, Berufsschul-, Werklehrer	3,3	104,5	1210,3	11,6	44,4	1,9
Gymnasiallehrer	2,2	67,7	797,7	11,8	31,7	0,3
Hauswirtschaftliche Betreuer	8,2	344,4	2980,6	8,7	67,9	0,3
Hauswirtschaftsverwalter	7,3	413,5	2659,6	6,4	68,6	1,7
Heimleiter, Sozialpädagogen	4,1	152,6	1494,3	9,8	55,5	2,0
Hochschullehrer, Dozenten an höheren Fachschulen und Akademien	1,6	58,8	597,8	10,2	24,1	0,4
Kindergärtnerinnen, Kinderpflegerinnen	3,8	167,3	1405,0	8,4	60,8	2,2
Lehrer für musische Fächer	1,6	55,2	568,6	10,3	32,7	2,8
Praktikanten, Volontäre	7,2	462,2	2638,8	5,7	59,1	2,6
Real-, Volks-, Sonderschullehrer	2,8	98,3	1005,5	10,2	42,1	2,0
Sonstige Lehrer	2,9	88,5	1057,8	11,9	36,8	3,8
Sozialarbeiter, Sozialpfleger	4,8	212,1	1755,9	8,3	59,4	2,1

Berufsgruppen mit mehr als 1000 AOK-Versicherten

Erziehung und Unterricht

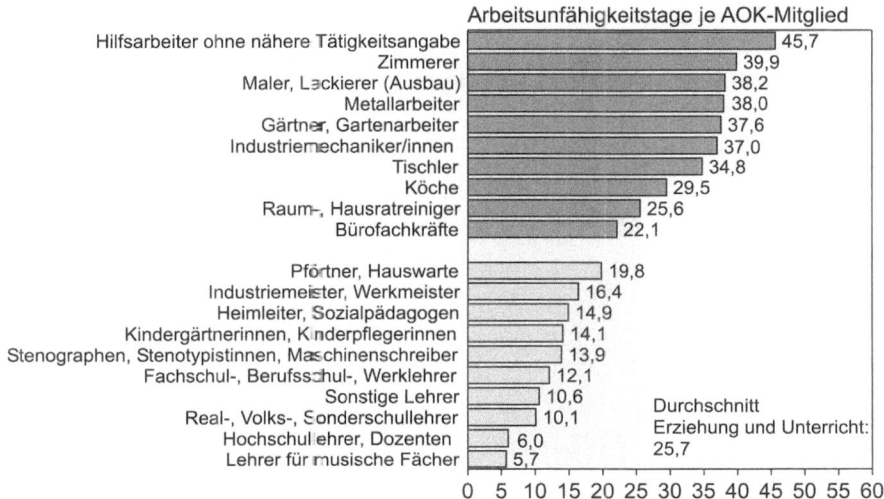

Abb. 19.6.1. 10 Berufsgruppen im Bereich Erziehung und Unterricht mit hohen und niedrigen Krankenständen, 2001

sen dagegen relativ niedrige Krankenstände auf[3]. Die geringsten Fehlzeiten hatten Hochschullehrer und Dozenten an höheren Fachschulen und Akademien (597,8 Tage je 100 AOK-Mgl.). Bei den Lehrern gibt es deutliche Unterschiede hinsichtlich des Krankenstandes in Abhängigkeit vom Schultyp und vom Unterrichtsfach. Die niedrigsten Krankenstände wiesen Gymnasiallehrer und Lehrer für musische Fächer auf. Bei Real-, Volks- und Sonderschullehrern sowie Fachschul-, Berufsschul- und Werklehrern waren die Krankenstände deutlich höher. Noch ausgeprägtere krankheitsbedingte Ausfallzeiten fielen bei den im Erziehungsbereich tätigen Berufsgruppen, wie Kindergärtnerinnen, Kinderpflegerinnen, Heimleitern, Sozialpädagogen, Sozialarbeitern und Sozialpflegern an. Allerdings lagen auch bei diesen Gruppen die Krankenstände noch unter dem allgemeinen Branchendurchschnitt. Die AU-Quote bewegte sich in den einzelnen Berufsgruppen zwischen 68,6% bei den Hauswirtschaftsverwaltern und 24,1% bei Hochschullehrern und Dozenten. Abb. 19.6.1 zeigt im Bildungsbereich tätige Berufsgruppen mit hohen und niedrigen Krankenständen.

---

[3] Alarmierend ist allerdings die hohe Zahl an Frühpensionierungen bei Lehrern aufgrund von Dienstunfähigkeit, vgl. dazu den Beitrag von Ahrens, D. et al. im Fehlzeiten-Report 2001.

Tabellarische Übersichten und Abbildungen

19.6.5 Kurz- und Langzeiterkrankungen

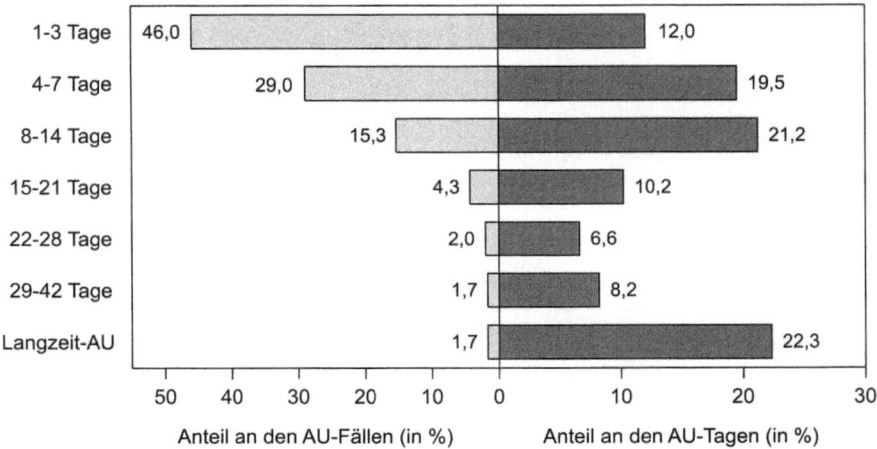

Abb. 19.6.2. Arbeitsunfähigkeitsfälle und -tage im Bereich Erziehung und Unterricht nach der Dauer, 2001

19.6.6 Krankenstand nach Bundesländern

Tabelle 19.6.5. Erziehung und Unterricht, Arbeitsunfähigkeit nach Bundesländern, 2001 im Vergleich zum Vorjahr

	Arbeitsunfähigkeiten je 100 AOK-Mitglieder					
	AU-Fälle 2001	Veränd. z. Vorj. (in %)	AU-Tage 2001	Veränd. z. Vorj. (in %)	Tage je Fall 2001	Veränd. z. Vorj. (in %)
Baden-Württemberg	164,9	−0,5	1484,0	−1,3	9,0	0,0
Bayern	147,6	−3,0	1575,6	−3,9	10,7	−0,9
Berlin	558,5	1,6	3750,0	−3,0	6,7	−4,3
Brandenburg	471,8	−0,3	3284,9	−2,7	7,0	−*
Bremen	469,2	0,3	3139,8	−2,3	6,7	−2,9
Hamburg	394,7	−2,5	3204,2	−3,0	8,1	−1,2
Hessen	354,8	−2,3	2424,7	0,6	6,8	3,0
Mecklenburg-Vorpommern	453,0	0,6	3055,7	−1,0	6,7	−2,9
Niedersachsen	308,3	−6,7	2147,4	−12,0	7,0	−5,4
Nordrhein-Westfalen	353,3	−2,4	2630,7	−2,2	7,4	0,0
Rheinland-Pfalz	261,9	−1,5	2560,3	−5,8	9,8	−3,9
Saarland	463,2	2,4	3666,8	5,5	7,9	2,6
Sachsen	532,6	−0,9	3421,0	−4,4	6,4	−4,5
Sachsen-Anhalt	493,4	−0,3	3141,7	−4,5	6,4	−3,0
Schleswig-Holstein	321,6	0,3	2551,4	−0,2	7,9	−1,3
Thüringen	487,9	−1,9	3271,4	−3,7	6,7	−1,5
Bund	352,8	−1,5	2574,2	−3,7	7,3	−2,7

* Die Veränderungswerte für das Land Brandenburg werden aufgrund von Umstellungen in der Datenbasis nicht ausgewiesen.

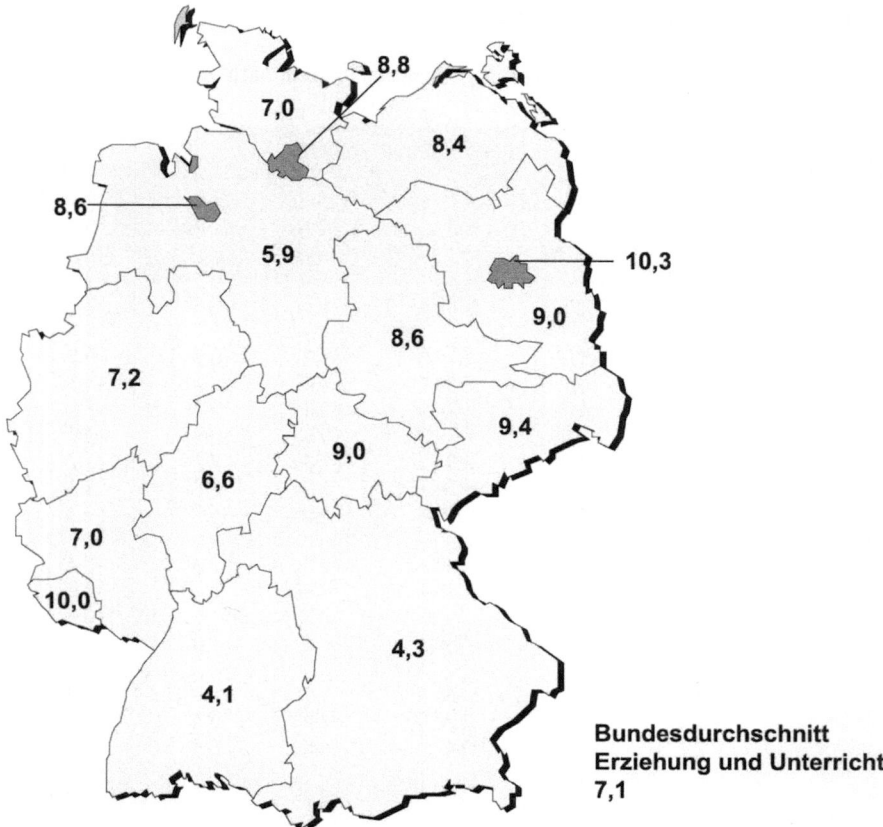

Abb. 19.6.3. Krankenstand in % im Bereich Erziehung und Unterricht nach Bundesländern, 2001

19.6.7 Krankenstand nach Betriebsgröße

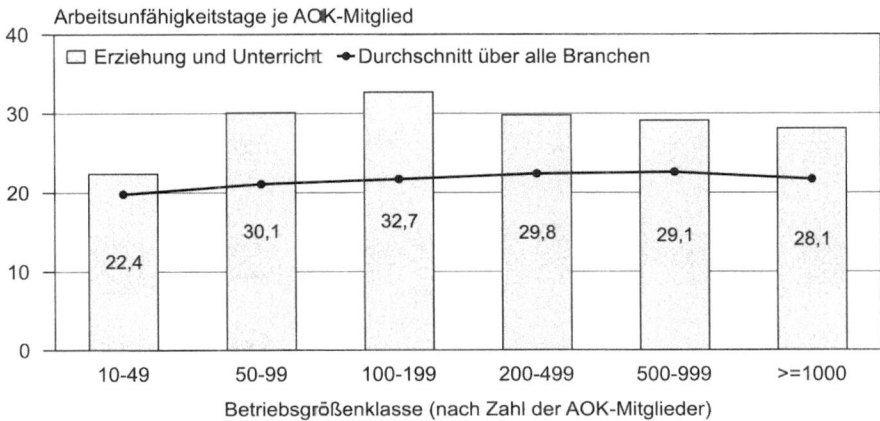

Abb. 19.6.4. Arbeitsunfähigkeitstage im Bereich Erziehung und Unterricht nach Betriebsgröße, 2001

Tabelle 19.6.6. Erziehung und Unterricht, Arbeitsunfähigkeitstage je AOK Mitglied nach Betriebsgröße (Anzahl der AOK-Mitglieder), 2001

Wirtschaftsgruppe	10–49	50–99	100–199	200–499	500–999	≥1000
Erwachsenenbildung und sonstiger Unterricht	26,3	33,0	35,4	33,2	37,2	36,9
Hochschulen	15,5	21,8	11,7	19,1	19,9	19,2
Kindergärten, Vor- und Grundschulen	19,2	20,4	20,8	19,9	23,8	38,0
Weiterführende Schulen	19,7	28,3	33,7	31,0	24,5	30,9
Durchschnitt über alle Branchen	19,8	21,1	21,7	22,4	22,6	21,7

19.6.8 Krankenstand nach Stellung im Beruf

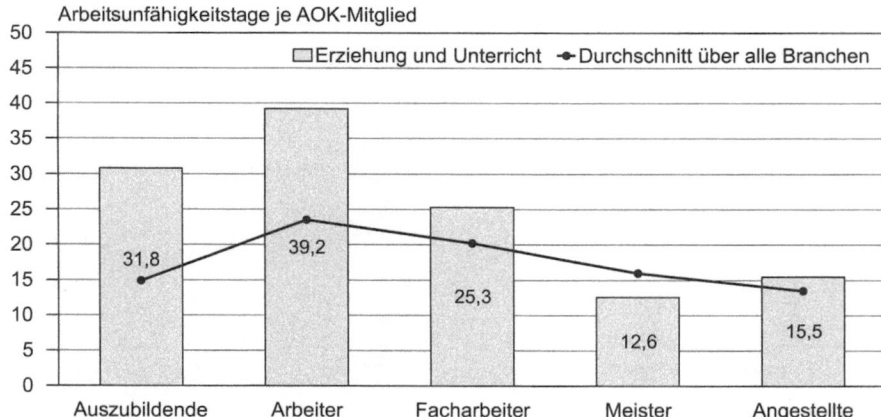

Abb. 19.6.5. Arbeitsunfähigkeitstage im Bereich Erziehung und Unterricht nach Stellung im Beruf, 2001

Tabelle 19.6.7. Erziehung und Unterricht, Krankenstand (in %) nach Stellung im Beruf, 2001

Wirtschaftsgruppe	Auszubildende	Arbeiter	Facharbeiter	Meister, Poliere	Angestellte
Erwachsenenbildung und sonstiger Unterricht	8,6	11,9	6,9	3,5	4,5
Hochschulen	5,0	10,0	6,5	3,3	3,8
Kindergärten, Vor- und Grundschulen	4,0	8,3	6,6	2,9	4,1
Weiterführende Schulen	8,6	9,2	7,3	3,7	4,2

19.6.9 Arbeitsunfälle

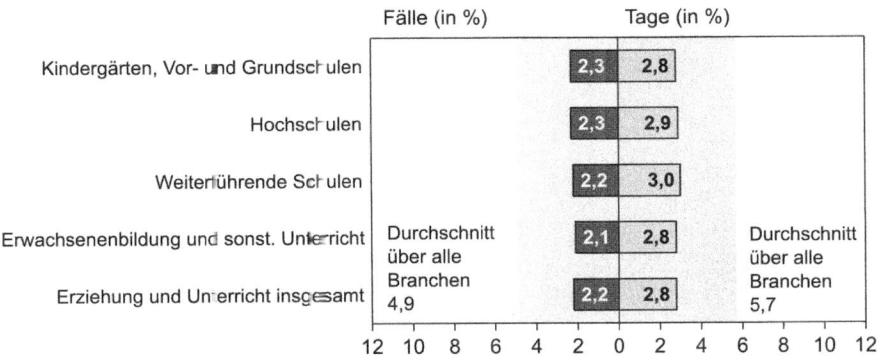

Abb. 19.6.6. Arbeitsunfälle im Bereich Erziehung und Unterricht nach Wirtschaftsgruppen, Anteil an den AU-Fällen und -Tagen in %, 2001

Tabelle 19.6.8. Erziehung und Unterricht, Arbeitsunfähigkeitstage durch Arbeitsunfälle nach Berufsgruppen, 2001

Tätigkeit	AU-Tage je 1000 AOK-Mitglieder	Anteil an den AU-Tagen insgesamt (in %)
Pförtner, Hauswarte	1113,9	5,6
Köche	1055,2	3,5
Kraftfahrzeugführer	921,7	3,4
Lehrlinge mit noch nicht feststehendem Beruf	917,7	2,8
Raum-, Hausratreiniger	572,7	2,2
Hauswirtschaftsverwalter	568,7	2,0
Hauswirtschaftliche Betreuer	524,9	1,7
Sonstige Lehrer	416,1	3,8
Sozialarbeiter, Sozialpfleger	384,7	2,1
Bürofachkräfte	328,0	1,4
Kindergärtnerinnen, Kinderpflegerinnen	323,8	2,2
Heimleiter, Sozialpädagogen	322,0	2,0
Groß- und Einzelhandelskaufleute, Einkäufer	274,9	1,0

19.6.10 Krankheitsarten

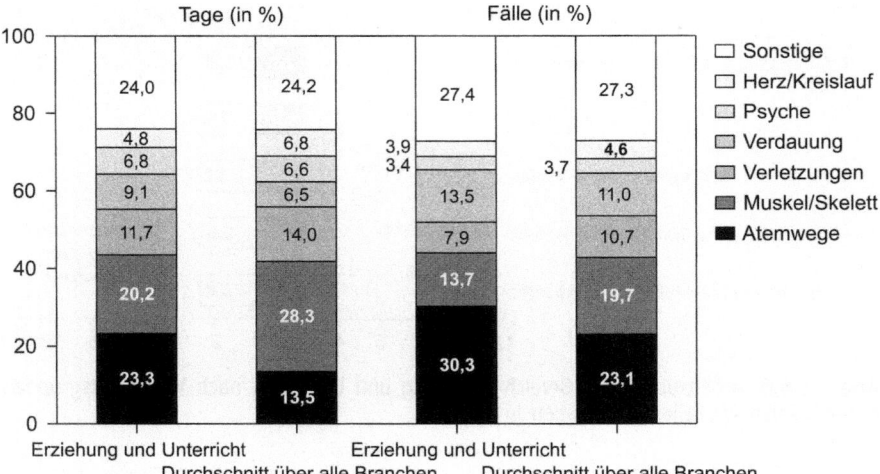

Abb. 19.6.7. Arbeitsunfähigkeiten im Bereich Erziehung und Unterricht nach Krankheitsarten, 2001

Tabelle 19.6.9. Erziehung und Unterricht, Arbeitsunfähigkeitstage nach Krankheitsarten (in %), 2001

Wirtschaftsgruppe	Muskel/Skelett	Atemwege	Verletzungen	Herz/Kreislauf	Verdauung	Psyche	Sonstige
Erwachsenenbildung und sonstiger Unterricht	19,0	24,9	12,2	4,5	9,9	6,1	23,4
Hochschulen	25,9	15,3	9,0	6,5	6,5	11,4	25,5
Kindergärten, Vor- und Grundschulen	25,8	16,3	9,3	5,5	6,0	10,0	27,1
Weiterführende Schulen	18,7	25,3	12,4	4,7	9,6	5,7	23,6

Tabelle 19.6.10. Erziehung und Unterricht, Arbeitsunfähigkeiten nach Krankheitsarten, Anteile der ICD-Untergruppen an den ICD-Hauptgruppen, 2001

ICD-Untergruppen	Anteil an den AU-Fällen (in %)	Anteil an den AU-Tagen (in %)
Muskel-/Skeletterkrankungen		
Krankheiten der Wirbelsäule und des Rückens	62,2	55,6
Krankheiten der Weichteilgewebe	18,8	18,3
Arthropathien	13,6	20,3
Sonstige	5,4	5,7
Verletzungen		
Verletzungen nicht näher bez. an Rumpf/Extremitäten/etc.	19,9	15,4
Verletzungen des Handgelenkes und der Hand	15,5	16,3
Verletzungen der Knöchelregion und des Fußes	13,1	13,0
Verletzungen des Knies und des Unterschenkels	9,7	14,5
Verletzungen des Kopfes	9,3	7,4
Sonstige	32,6	33,4
Atemwegserkrankungen		
Akute Infektionen der oberen Atemwege	54,3	49,8
Sonstige akute Infektionen der unteren Atemwege	17,9	19,4
Chronische Krankheiten der unteren Atemwege	11,4	13,5
Grippe und Pneumonie	8,0	7,9
Sonstige	8,4	9,4
Herz-/Kreislauferkrankungen		
Sonst. u. nicht näher bez. Krankheiten des Kreislaufsystems	48,2	21,2
Hypertonie [Hochdruckkrankheit]	20,0	24,4
Krankheiten der Venen/Lymphgefäße/Lymphknoten	13,0	16,4
Sonstige Formen der Herzkrankheit	8,1	11,5
Sonstige	10,8	26,5
Verdauung		
Krankheiten des Ösophagus/Magens/Duodenums	40,5	37,7
Nichtinfektiöse Enteritis und Kolitis	36,3	30,2
Krankheiten der Mundhöhle/Speicheldrüsen/Kiefer	11,8	7,1
Sonstige Krankheiten des Darmes	3,3	4,9
Krankheiten der Appendix	2,4	4,4
Sonstige	5,8	15,8
Psychische und Verhaltensstörungen		
Neurotische, Belastungs- und somatoforme Störungen	45,0	36,6
Affektive Störungen	24,8	31,0
Psych. u. Verhaltensstörungen d. psychotrope Substanzen	19,1	17,6
Persönlichkeits- und Verhaltensstörungen	3,1	4,4
Sonstige	8,0	10,5

19.7 Handel

19.7.1 Kosten der Arbeitsunfähigkeit 392
19.7.2 Allgemeine Krankenstandsentwicklung 392
19.7.3 Krankenstandsentwicklung nach Wirtschaftsklassen 394

Tabellarische Übersichten und Abbildungen
19.7.4 Krankenstand nach Berufsgruppen 395
19.7.5 Kurz- und Langzeiterkrankungen 397
19.7.6 Krankenstand nach Bundesländern 397
19.7.7 Krankenstand nach Betriebsgröße 399
19.7.8 Krankenstand nach Stellung im Beruf 400
19.7.9 Arbeitsunfälle 401
19.7.10 Krankheitsarten 402

19.7.1 Kosten der Arbeitsunfähigkeit

Im Jahr 2001 waren im Handel 4,2 Mio. Arbeitnehmer sozialversicherungspflichtig beschäftigt[1]. Davon waren 35,1% (1,5 Mio.) bei der AOK versichert. Je Beschäftigtem fielen im Jahr 2001 im statistischen Durchschnitt 16,6 krankheitsbedingte Fehltage an. In der Summe ergeben sich daraus hochgerechnet auf die Branche Fehlzeiten von 70,1 Mio. Tagen oder 192 147 Erwerbsjahren. Bei durchschnittlichen Lohnkosten der Branche von 29 663 Euro[2] pro Jahr ergeben sich Kosten in Höhe von 5,6 Mrd. Euro aufgrund von Produktionsausfällen durch Arbeitsunfähigkeit.

Die finanzielle Belastung eines Betriebes mit 100 Mitarbeitern durch diese Kosten betrug 2001 durchschnittlich 134 921 Euro.

19.7.2 Allgemeine Krankenstandsentwicklung

Etwa jeder zweite (52,8%) im Handel beschäftigte Arbeitnehmer meldete sich im Jahr 2001 ein oder mehrmals krank. Die Krankmeldungen der AOK-Mitglieder erstreckten sich im Mittel über 11,7 Kalendertage. Der Krankenstand lag im Handel bei 4,5%, im Branchendurchschnitt waren es 5,3%. In Ostdeutschland waren deutlich weniger Krankmeldungen zu verzeichnen als in Westdeutschland (s. Tabelle 19.7.1). Daher fiel dort auch der Krankenstand niedriger aus als im Westen.

---

[1] Sozialversicherungspflichtig Beschäftigte nach Wirtschaftszweigen der WZ93/BA in der Bundesrepublik Deutschland, Bundesanstalt für Arbeit, 2001.
[2] Statistisches Bundesamt, Volkswirtschaftliche Gesamtrechnungen, Fachserie 18, Reihe 1.3, Arbeitnehmerentgelt je Arbeitnehmer, Hauptbericht 2001, Wiesbaden 2002.

Tabelle 19.7.1. Krankenstandsentwicklung im Bereich Handel, 2001

	Kranken-stand (in %)	Arbeitsunfähigkeiten je 100 AOK-Mitglieder				Tage je Fall	AU-Quote (in %)
		Fälle	Veränd. z. Vorj. (in %)	Tage	Veränd. z. Vorj. (in %)		
West	4,6	145,4	−0,8	1677,5	−1,2	11,5	53,4
Ost	4,2	113,2	−4,0	1523,6	−0,3	13,5	48,3
BRD	4,5	141,8	−0,9	1660,2	−1,1	11,7	52,8

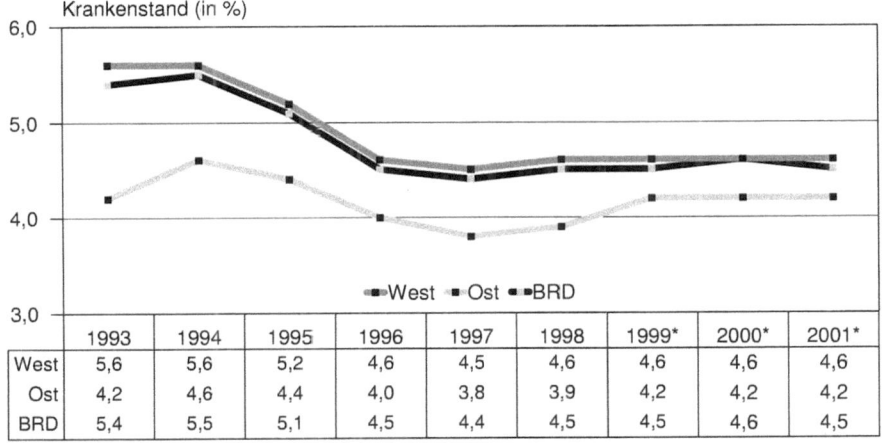

	1993	1994	1995	1996	1997	1998	1999*	2000*	2001*
West	5,6	5,6	5,2	4,6	4,5	4,6	4,6	4,6	4,6
Ost	4,2	4,6	4,4	4,0	3,8	3,9	4,2	4,2	4,2
BRD	5,4	5,5	5,1	4,5	4,4	4,5	4,5	4,6	4,5

Abb. 19.7.1. Krankenstandsentwicklung im Handel 1993–2001

Im Vergleich zum Vorjahr ging im Jahr 2001 die Zahl der Krankmeldungen zurück. In Ostdeutschland war ein Rückgang von 4,0% zu verzeichnen, in Westdeutschland waren es dagegen nur 0,8%. Allerdings stieg im Osten gleichzeitig die durchschnittliche Dauer der Krankheitsfälle, so dass die Zahl der AU-Tage trotz der geringeren Zahl an AU-Fällen nur geringfügig abnahm (0,3%). Im Westen dagegen verkürzte sich auch die Falldauer. Die krankheitsbedingten Ausfalltage reduzierten sich um 1,2%.

Abb. 19.7.1[3] zeigt die Krankenstandsentwicklung im Bereich des Handels in den Jahren 1993 bis 2001. Dem allgemeinen Trend folgend ging der Krankenstand auch im Handel in den Jahren 1995 bis 1997

---

[3] Die Werte ab dem Jahr 1999 basieren auf der Klassifikation der Wirtschaftszweige der Bundesanstalt für Arbeit aus dem Jahre 1993 (WZS 93/NACE), während den Werten der Jahre 1993 bis 1998 noch der Wirtschaftszweigschlüssel aus dem Jahr 1973 zugrunde lag.

deutlich zurück. 1997 fiel er auf einen Wert von 4,4%, 1994 waren es noch 5,5% gewesen. In den folgenden Jahren stieg der Krankenstand nur geringfügig an und stabilisierte sich mit Werten von 4,5% bzw. 4,6% auf niedrigem Niveau.

In den ersten Jahren nach der Wende waren in Westdeutschland noch erheblich höhere Krankenstände zu verzeichnen als in Ostdeutschland. Inzwischen haben sich die Werte in West und Ost weitgehend einander angenähert. Hatte der Abstand 1993 noch 1,4 Prozentpunkte betragen, waren es im Jahr 2001 nur noch 0,4 Prozentpunkte.

19.7.3 Krankenstandsentwicklung nach Wirtschaftsklassen

Tabelle 19.7.2 zeigt die Krankenstandskennzahlen für die einzelnen Bereiche des Handels. Im Großhandel war der Krankenstand mit 5,0% deutlich höher als in den übrigen Bereichen des Handels. Standardisiert man die Werte nach Alter und Geschlecht (s. Tabelle 19.7.2) ergeben sich allerdings für den Einzel- und Kraftfahrzeughandel etwas höhere Werte[4]. Der Anteil der von Arbeitsunfähigkeit Betroffenen (AU-Quote) war am niedrigsten im Einzelhandel. Dort meldeten sich 49,7% der Beschäftigten ein oder mehrmals krank, im Groß- und Kraftfahrzeughandel waren es 55,4 bzw. 55,8%.

Im Vergleich zum Vorjahr ging die Zahl der Krankmeldungen im Groß- und Einzelhandel geringfügig zurück (0,9 bzw. 1,6%), im Kraft-

Tabelle 19.7.2. Krankenstandsentwicklung im Handel nach Wirtschaftsabteilungen, 2001

Wirtschafts-abteilung	Krankenstand (in %)			Arbeitsunfähigkeiten je 100 AOK-Mitglieder				Tage je Fall	AU-Quote (in %)
	2001	2001 stand.*	2000	Fälle	Veränd. z. Vorj. (in %)	Tage	Veränd. z. Vorj. (in %)		
Einzelhandel	4,3	4,5	4,3	132,6	−1,6	1553,8	−1,7	11,7	49,7
Großhandel	5,0	5,0	5,1	146,8	−0,9	1841,4	−1,1	12,5	55,4
Kraftfahrzeughandel	4,3	4,4	4,2	155,6	1,2	1551,2	1,0	10,0	55,8

* alters- und geschlechtsstandardisiert

---

[4] Berechnet nach der Methode der direkten Standardisierung. Zugrunde gelegt wurde die Alters- und Geschlechtsstruktur der erwerbstätigen Mitglieder der gesetzlichen Krankenversicherung insgesamt im Jahr 2000 (Mitglieder mit Krankengeldanspruch). Quelle: VDR-Statistik.

Handel

fahrzeughandel war dagegen ein Anstieg der Krankmeldungen (1,2%) zu verzeichnen.

Tabellarische Übersichten und Abbildungen

19.7.4 Krankenstand nach Berufsgruppen

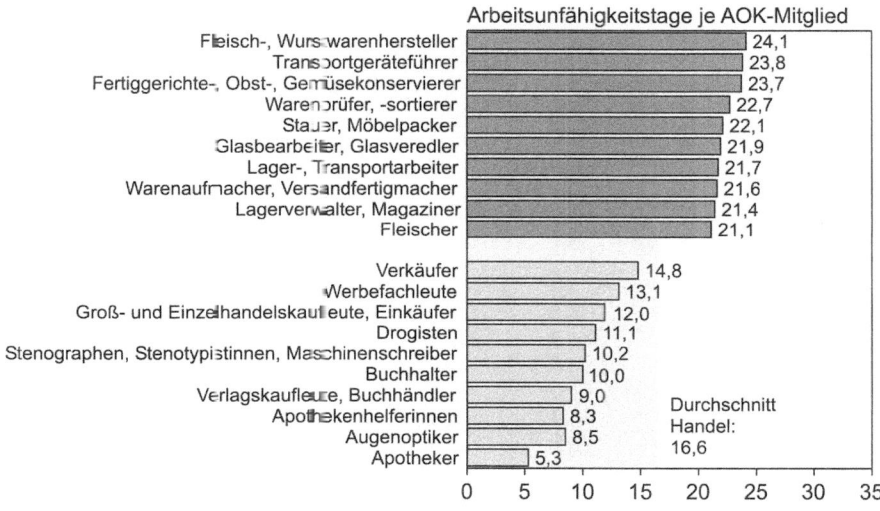

Abb. 19.7.2. 10 Berufsgruppen im Handel mit hohen und niedrigen Krankenständen, 2001

Tabelle 19.7.3. Handel, Krankenstandskennzahlen nach ausgewählten Berufsgruppen, 2001

Tätigkeit	Krankenstand (in %)	Arbeitsunfähigkeiten je 100 AOK-Mitglieder		Tage je Fall	AU-Quote (in %)	Anteil Arbeitsunfälle an den AU-Tagen (in %)
		Fälle	Tage			
Apotheker	1,5	58,2	533,1	9,2	26,9	1,2
Augenoptiker	2,3	131,8	847,7	6,4	50,7	1,6
Buchhalter	2,7	91,5	1000,7	10,9	41,4	1,4
Bürofachkräfte	3,0	118,0	1093,7	9,3	46,9	2,1
Datenverarbeitungsfachleute	2,7	124,7	978,0	7,8	44,9	1,6
Fahrzeugreiniger, -pfleger	4,6	155,5	1688,1	10,9	49,3	4,3
Fleisch-, Wurstwarenhersteller	6,6	177,6	2412,3	13,6	58,3	6,8
Fleischer	5,8	131,7	2105,2	16,0	55,1	9,9
Floristen	3,1	107,6	1116,5	10,4	46,0	3,2
Groß- und Einzelhandelskaufleute, Einkäufer	3,2	156,4	1185,0	7,6	54,7	3,2
Handelsvertreter, Reisende	3,8	106,6	1378,6	12,9	46,5	3,0
Kassierer	4,9	144,0	1785,6	12,4	52,1	2,4
Kraftfahrzeugführer	5,9	132,1	2137,0	16,2	56,0	9,3
Lager-, Transportarbeiter	6,0	172,8	2173,3	12,6	58,4	5,8
Lagerverwalter, Magaziner	5,9	165,8	2139,0	12,9	61,4	5,5
Raum-, Hausratreiniger	4,9	128,3	1773,0	13,8	51,3	3,3
Tankwarte	4,0	109,9	1443,0	13,1	46,8	4,0
Unternehmer, Geschäftsführer	3,1	68,0	1142,2	16,8	34,3	4,1
Verkäufer	4,1	123,9	1482,0	12,0	47,3	3,3
Warenaufmacher, Versandfertigmacher	5,9	174,6	2159,9	12,4	56,5	4,0

Berufsgruppen mit mehr als 2000 AOK-Versicherten

19.7.5 Kurz- und Langzeiterkrankungen

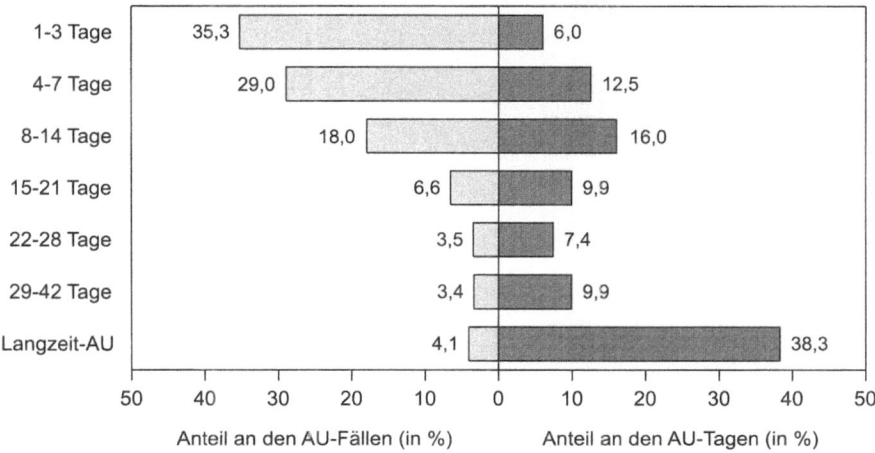

Abb. 19.7.3. Arbeitsunfähigkeitsfälle und -tage im Handel nach der Dauer, 2001

19.7.6 Krankenstand nach Bundesländern

Tabelle 19.7.4. Handel, Arbeitsunfähigkeit nach Bundesländern, 2001 im Vergleich zum Vorjahr

	Arbeitsunfähigkeiten je 100 AOK-Mitglieder					
	AU-Fälle 2001	Veränd. z. Vorj. (in %)	AU-Tage 2001	Veränd. z. Vorj. (in %)	Tage je Fall 2001	Veränd. z. Vorj. (in %)
Baden-Württemberg	141,0	0,5	1573,4	0,7	11,2	0,9
Bayern	130,8	−2,2	1543,3	−1,5	11,8	0,9
Berlin	117,8	−3,6	1945,6	−0,3	16,5	3,1
Brandenburg	112,4	−*	1563,6	−*	13,9	−*
Bremen	156,4	−4,9	1847,7	−5,3	11,8	−0,8
Hamburg	170,3	−2,9	2192,0	−3,5	12,9	−0,8
Hessen	161,1	−0,8	1799,3	1,2	11,2	1,8
Mecklenburg-Vorpommern	115,3	−5,6	1534,2	−3,2	13,3	2,3
Niedersachsen	144,8	−1,4	1431,3	−7,2	9,9	−5,7
Nordrhein-Westfalen	157,9	0,3	1856,5	−1,3	11,8	−1,7
Rheinland-Pfalz	157,4	−0,7	1855,9	0,5	11,8	0,9
Saarland	142,2	−0,9	2049,9	0,9	14,4	1,4
Sachsen	110,3	−3,8	1464,5	−2,7	13,3	1,5
Sachsen-Anhalt	115,1	−5,2	1614,0	0,6	14,0	6,1
Schleswig-Holstein	154,1	−2,5	1855,4	−0,8	12,0	1,7
Thüringen	118,1	−5,1	1551,6	1,2	13,1	6,5
Bund	141,8	−0,9	1660,2	−1,1	11,7	0,0

* Die Veränderungswerte für das Land Brandenburg werden aufgrund von Umstellungen in der Datenbasis nicht ausgewiesen

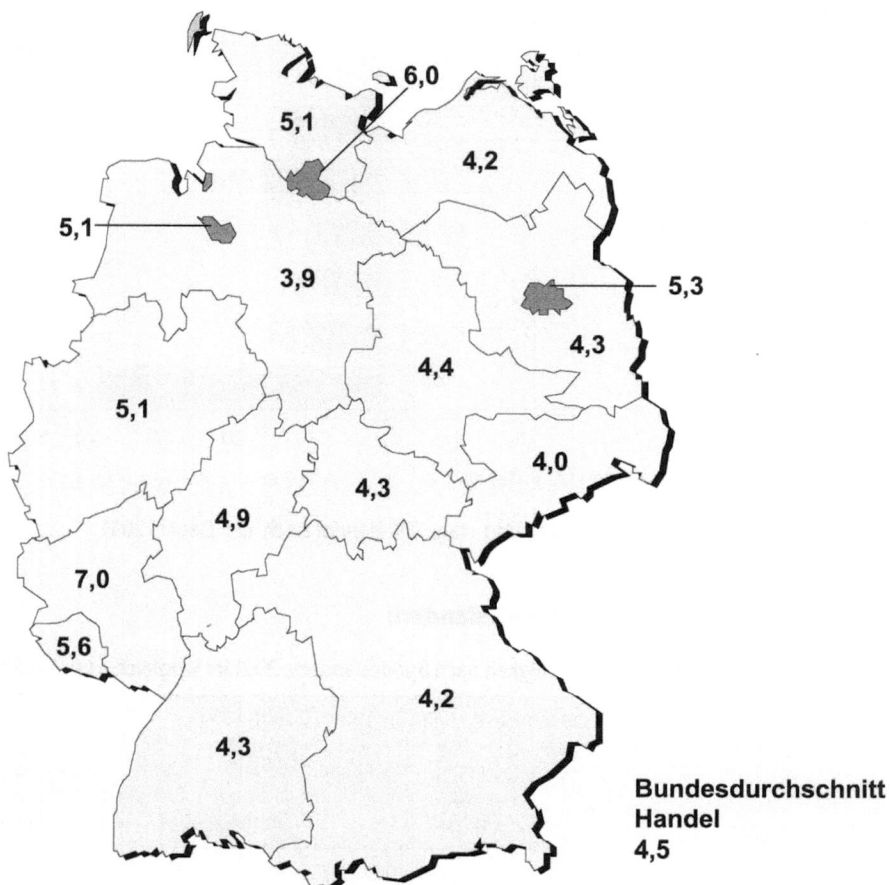

Abb. 19.7.4. Krankenstand in % im Handel nach Bundesländern, 2001

19.7.7 Krankenstand nach Betriebsgröße

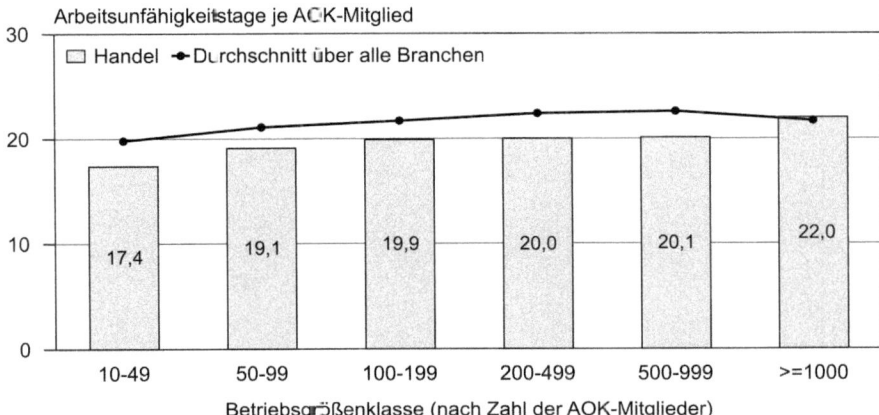

Abb. 19.7.5. Arbeitsunfähigkeitstage im Handel nach Betriebsgröße, 2001

Tabelle 19.7.5. Handel, Arbeitsunfähigkeitstage je AOK-Mitglied nach Betriebsgröße (Anzahl der AOK-Mitglieder), 2001

Wirtschaftsabteilung	10–49	50–99	100–199	200–499	500–999	≥1000
Einzelhandel	16,2	18,0	18,6	18,8	20,2	22,3
Großhandel	19,1	20,3	21,3	21,6	20,1	19,7
Kraftfahrzeughandel	16,1	17,5	19,1	19,6	19,7	–
Durchschnitt über alle Branchen	19,8	21,1	21,7	22,4	22,6	21,7

19.7.8 Krankenstand nach Stellung im Beruf

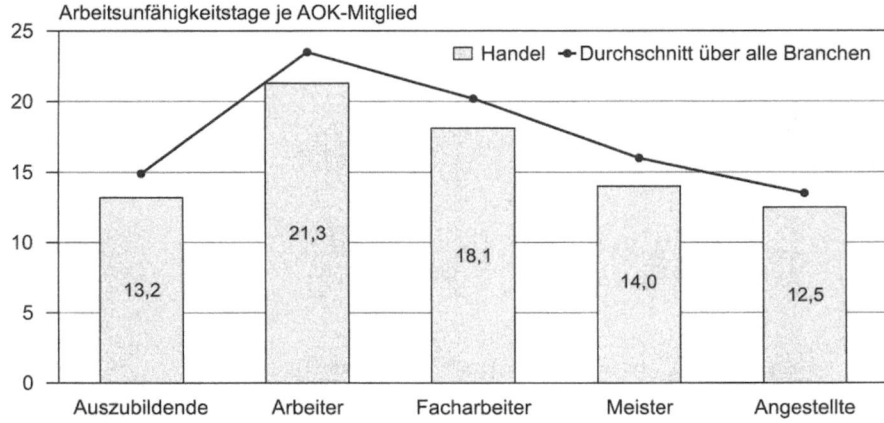

Abb. 19.7.6. Arbeitsunfähigkeitstage im Handel nach Stellung im Beruf, 2001

Tabelle 19.7.6. Handel, Krankenstand (in %) nach Stellung im Beruf, 2001

Wirtschaftsabteilung	Auszu-bildende	Arbeiter	Fach-arbeiter	Meister, Poliere	Angestellte
Einzelhandel	3,5	5,5	4,6	3,4	3,6
Großhandel	3,2	6,2	5,6	4,8	3,3
Kraftfahrzeughandel	4,1	5,1	4,6	3,7	3,0

Handel

19.7.9 Arbeitsunfälle

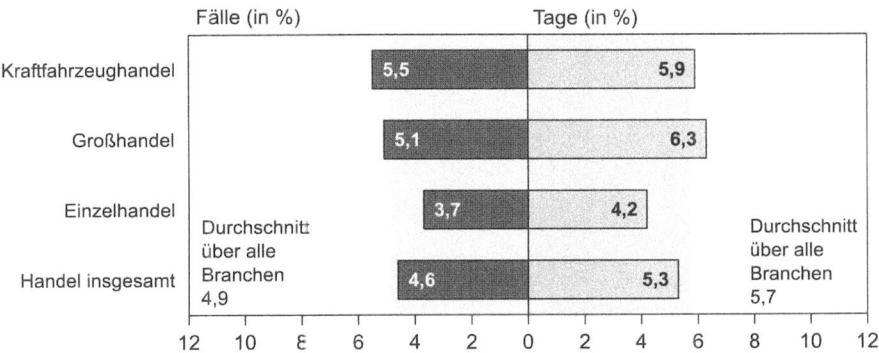

Abb. 19.7.7. Arbeitsunfälle im Handel nach Wirtschaftsabteilungen, Anteil an den AU-Fällen und -Tagen in %, 2001

Tabelle 19.7.7. Handel, Arbeitsunfähigkeitstage durch Arbeitsunfälle nach Berufsgruppen, 2001

Tätigkeit	AU-Tage je 1000 AOK-Mitglieder	Anteil an den AU-Tagen insgesamt (in %)
Fleischer	2082,1	9,9
Kraftfahrzeugführer	1996,2	9,3
Tischler	1591,9	8,3
Lager-, Transportarbeiter	1276,9	5,8
Elektroinstallateure, -monteure	1245,7	7,7
Hilfsarbeiter ohne nähere Tätigkeitsangabe	1196,2	6,4
Lagerverwalter, Magaziner	1195,7	5,5
Kraftfahrzeuginstandsetzer	1167,1	7,2
Warenaufmacher, Versandfertigmacher	879,2	4,0
Verkäufer	502,4	3,3
Kassierer	437,7	2,4
Groß- und Einzelhandelskaufleute, Einkäufer	387,2	3,2
Bürofachkräfte	242,1	2,1

19.7.10 Krankheitsarten

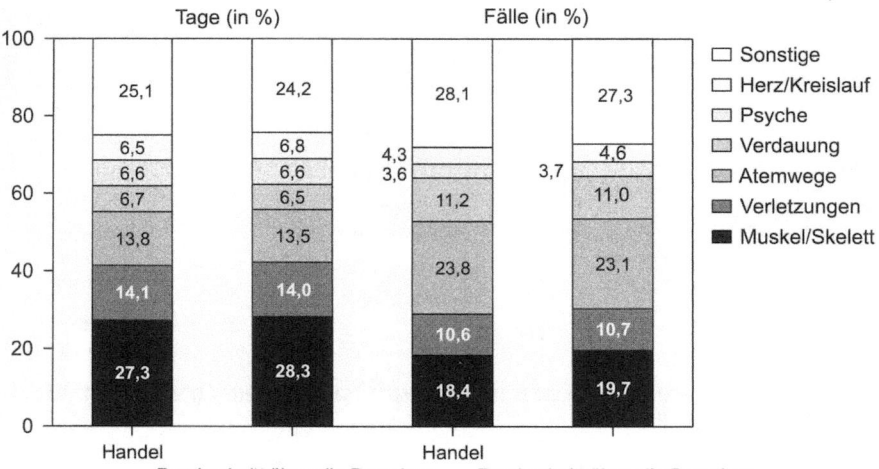

Abb. 19.7.8. Arbeitsunfähigkeiten im Handel nach Krankheitsarten, 2001

Tabelle 19.7.8. Handel, Arbeitsunfähigkeitstage nach Krankheitsarten (in %), 2001

Wirtschaftsabteilung	Muskel/Skelett	Atemwege	Verletzungen	Herz/Kreislauf	Verdauung	Psyche	Sonstige
Einzelhandel	25,9	14,1	12,3	6,1	6,7	7,7	27,3
Großhandel	29,2	13,0	14,5	7,1	6,5	6,0	23,7
Kraftfahrzeughandel	25,9	15,4	17,7	5,8	7,2	5,1	23,0

Tabelle 19.7.9. Handel, Arbeitsunfähigkeiten nach Krankheitsarten, Anteile der ICD-Untergruppen an den ICD-Hauptgruppen, 2001

ICD-Untergruppen	Anteil an den AU-Fällen (in %)	Anteil an den AU-Tagen (in %)
Muskel-/Skeletterkrankungen		
Krankheiten der Wirbelsäule und des Rückens	57,2	53,9
Krankheiten der Weichteilgewebe	20,2	18,4
Arthropathien	16,2	21,9
Sonstige	6,5	5,9
Verletzungen		
Verletzungen nicht näher bez. an Rumpf/Extremitäten/etc.	19,9	15,2
Verletzungen des Handgelenkes und der Hand	13,9	14,1
Verletzungen der Knöchelregion und des Fußes	11,8	12,2
Verletzungen des Knies und des Unterschenkels	10,2	16,3
Verletzungen des Kopfes	7,8	5,6
Sonstige	36,4	36,6
Atemwegserkrankungen		
Akute Infektionen der oberen Atemwege	43,8	37,3
Sonstige akute Infektionen der unteren Atemwege	20,5	19,7
Chronische Krankheiten der unteren Atemwege	16,2	19,8
Sonstige Krankheiten der oberen Atemwege	9,0	10,9
Sonstige	10,4	12,3
Herz-/Kreislauferkrankungen		
Hypertonie [Hochdruckkrankheit]	25,3	22,5
Sonst. u. nicht näher bez. Krankheiten des Kreislaufsystems	21,6	7,4
Krankheiten der Venen/Lymphgefäße/Lymphknoten	20,0	17,2
Ischämische Herzkrankheiten	12,6	22,1
Sonstige	20,5	30,7
Verdauung		
Nichtinfektiöse Enteritis und Kolitis	28,5	20,2
Krankheiten des Ösophagus/Magens/Duodenums	28,2	26,2
Krankheiten der Mundhöhle/Speicheldrüsen/Kiefer	22,4	9,2
Sonstige Krankheiten des Darmes	5,9	9,8
Hernien	4,1	13,2
Sonstige	10,9	21,5
Psychische und Verhaltensstörungen		
Neurotische, Belastungs- und somatoforme Störungen	45,4	39,0
Affektive Störungen	29,3	35,4
Psych. u. Verhaltensstörungen d. psychotrope Substanzen	16,0	13,3
Schizophrenie, schizotype und wahnhafte Störungen	2,8	5,1
Sonstige	6,5	7,2

19.8 Land- und Forstwirtschaft

19.8.1 Kosten der Arbeitsunfähigkeit 404
19.8.2 Allgemeine Krankenstandsentwicklung 404
19.8.3 Krankenstandsentwicklung nach Wirtschaftsabteilungen 406

Tabellarische Übersichten und Abbildungen
19.8.4 Krankenstand nach Berufsgruppen 408
19.8.5 Kurz- und Langzeiterkrankungen 410
19.8.6 Krankenstand nach Bundesländern 411
19.8.7 Krankenstand nach Betriebsgröße 413
19.8.8 Krankenstand nach Stellung im Beruf 414
19.8.9 Arbeitsunfälle 415
19.8.10 Krankheitsarten 416

19.8.1 Kosten der Arbeitsunfähigkeit

Im Jahr 2001 gab es im Bereich Land- und Forstwirtschaft 317 312 sozialversicherungspflichtig Beschäftigte[1]. Davon gehörten mehr als zwei Drittel (255 279) der AOK an. Die mittlere Erkrankungsdauer der AOK-Versicherten betrug insgesamt 18,2 Kalendertage. Dies ergab hochgerechnet für den Wirtschaftszweig Land- und Forstwirtschaft 5,7 Millionen krankheitsbedingte Fehltage oder 15 800 Erwerbsjahre. Bei einem durchschnittlichen Arbeitnehmerentgelt von 20 510 Euro[2] erreichten die Kosten aufgrund von Produktionsausfällen durch Arbeitsunfähigkeit im Bereich Land- und Forstwirtschaft für das Jahr 2001 bezogen auf alle Beschäftigten rund 324 Millionen Euro. Die finanzielle Belastung eines Betriebes mit 100 Mitarbeitern betrug durchschnittlich 102 121 Euro.

19.8.2 Allgemeine Krankenstandsentwicklung

Der Krankenstand der Wirtschaftsbranche Land- und Forstwirtschaft lag im Jahr 2001 bei 5,0% und somit unter dem Branchendurchschnitt aller Wirtschaftszweige (Tabelle 19.8.1). Die Anzahl der Krankmeldungen ging um 3,6% auf 137,6 Fälle je 100 AOK-Mitglieder zurück. Mit 17,1 Fällen Abweichung liegt der Bereich Land- und Forstwirtschaft weit unter dem Mittel aller Branchen. Ein Erkrankungsfall dau-

---
[1] Bundesanstalt für Arbeit, Sozialversicherungspflichtig Beschäftigte nach Wirtschaftszweigen der WZ93/BA in der Bundesrepublik Deutschland im März 2001.
[2] Statistisches Bundesamt, Volkswirtschaftliche Gesamtrechnungen, Fachserie 18, Reihe 1.3, Arbeitnehmerentgelt je Arbeitnehmer, Hauptbericht 2001, Wiesbaden 2002.

Tabelle 19.8.1. Krankenstandsentwicklung im Bereich Land- und Forstwirtschaft, 2001

	Kranken-stand (in %)	Arbeitsunfähigkeiten je 100 AOK-Mitglieder				Tage je Fall	AU-Quote (in %)
		Fälle	Veränd. z. Vorj. (in %)	Tage	Veränd. z. Vorj. (in %)		
West	4,6	144,3	-1,0	1684,7	-0,4	11,7	44,6
Ost	5,4	130,2	-6,8	1961,5	-2,0	15,1	48,8
BRD	5,0	137,6	-3,6	1817,4	-1,6	13,2	46,5

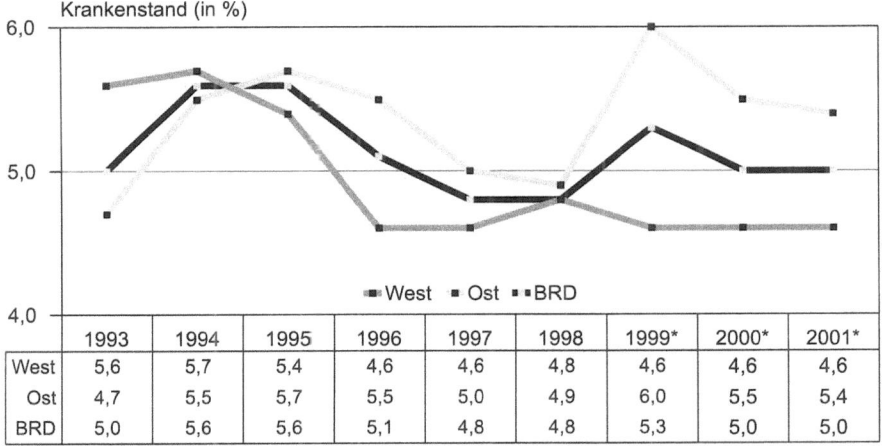

Abb. 19.8.1. Krankenstandsentwicklung im Bereich Land- und Forstwirtschaft 1993–2001

erte durchschnittlich 13,2 Tage. Die AU-Quote, der Anteil der Beschäftigten mit mindestens einer Krankmeldung, erreichte im Jahr 2001 46,5%.

Ostdeutschland verzeichnete 2001 im Vergleich zum Vorjahr einen leichten Rückgang des Krankenstandes von 5,5% auf 5,4%, während in Westdeutschland der Krankenstand mit 4,6% gleichbleibend war. Die Anzahl der Krankheitsfälle ging in den neuen Bundesländern deutlich um 6,8% und in den alten Bundesländern geringfügig um 1,0% zurück. Die Anzahl der Arbeitsunfähigkeitstage nahm in Ostdeutschland stärker ab (-2,0%) als in Westdeutschland (-0,4%). In den neuen Ländern waren deutlich weniger Krankmeldungen als in den alten zu verzeichnen (West: 144,3; Ost: 130,2). Die durchschnittliche Dauer der Krankheitsfälle war allerdings mit 15,1 Tagen wesentlich länger als in Westdeutschland.

Die Abb. 19.8.1[3] zeigt die Krankenstandsentwicklung der letzten neun Jahre für den Wirtschaftszweig Land- und Forstwirtschaft. Von 1995 bis 1997 ging der Krankenstand kontinuierlich zurück und erreichte 1997 den niedrigsten Stand seit 1993. Im Jahr 1998 blieb er stabil. Durch den deutlichen Anstieg des Krankenstandes in den neuen Bundesländern stieg 1999 auch der gesamtdeutsche Krankenstand wieder an, ging aber im Jahr 2000 wieder auf das Niveau von 1993 zurück. 2001 blieb der Krankenstand stabil. Der seit 1997 zu beobachtende Trend einer Angleichung zwischen den Krankenständen in West- und Ostdeutschland setzte sich nach einer Trendumkehr im Jahr 1999 für die Jahre 2000 und 2001 wieder fort. Der Abstand zwischen West und Ost betrug im Auswertungsjahr noch 0,8 Prozentpunkte (West: 4,6%; Ost: 5,4%).

19.8.3 Krankenstandsentwicklung nach Wirtschaftsabteilungen

Im Bereich Land- und Forstwirtschaft war 2001 in der Forstwirtschaft der höchste Krankenstand zu registrieren, der mit 7,2% deutlich über dem Mittel der gesamten Branche (5,0%) lag (Tabelle 19.8.2). Diese Wirtschaftsabteilung verzeichnete mit 182,7 Krankheitsfällen je 100

Tabelle 19.8.2. Krankenstandsentwicklung im Bereich Land- und Forstwirtschaft nach Wirtschaftsabteilungen, 2001

Wirtschaftsabteilung	Krankenstand (in %)			Arbeitsunfähigkeiten je 100 AOK-Mitglieder				Tage je Fall	AU-Quote (in %)
	2001	2001 stand.*	2000	Fälle	Veränd. z. Vorj. (in %)	Tage	Veränd. z. Vorj. (in %)		
Fischerei und Fischzucht	3,9	3,8	3,5	91,6	−0,3	1407,6	10,8	15,4	42,2
Forstwirtschaft	7,2	6,7	6,8	182,7	0,2	2625,4	5,2	14,4	56,0
Landwirtschaft, gewerbliche Jagd	4,8	4,9	4,9	134,0	−3,9	1751,3	−2,2	13,1	45,7

* alters- und geschlechtsstandardisiert

---

[3] Die Werte der Jahre 1999 bis 2001 basieren auf der Klassifikation der Wirtschaftszweige der Bundesanstalt für Arbeit aus dem Jahre 1993 (WZS 93/NACE), während den Werten der Jahre 1993 bis 1998 noch der Wirtschaftszweigschlüssel aus dem Jahr 1973 zugrunde lag.

AOK-Mitglieder eine der höchsten Fallzahlen aller Wirtschaftsabteilungen bzw. -gruppen und eine hohe Anzahl von Krankheitstagen (2 625,4 Tage je 100 AOK-Mitglieder). Am niedrigsten war der Krankenstand im Bereich Fischerei und Fischzucht (3,9%). Die Anzahl der Erkrankungen in der Fischerei und Fischzucht (91,6 Fälle je 100 AOK-Mitglieder) sowie der Anteil derer, die mindestens einmal im Jahr 2001 krank geschrieben waren (42,2%), gehörten zu den niedrigsten Werten aller Wirtschaftsabteilungen bzw. -gruppen.

Der hohe Krankenstand in der Land- und Forstwirtschaft ist z.T. auf die Beschäftigtenstruktur in diesem Bereich zurückzuführen. Berücksichtigt man die Alters- und Geschlechtsstruktur mit Hilfe eines Standardisierungsverfahrens, ergibt sich ein um 0,5 Prozentpunkte niedrigerer Wert (s. Tabelle 19.8.2)[4]. In der Fischerei und Fischzucht und der gewerblichen Jagd unterscheiden sich die nach Alter und Geschlecht standardisierten Werte nur unwesentlich von den nicht standardisierten.

Die Zahl der Krankmeldungen nahm, wie Tabelle 19.8.2 zeigt, im Jahr 2001 im Vergleich zum Vorjahr in der Landwirtschaft und der gewerblichen Jagd deutlich (-3,9%) und in der Fischerei und Fischzucht geringfügig (-0,3%) ab. In der Fischerei und Fischzucht stieg der Krankenstand trotz der rückläufigen Fallzahlen um 0,4 Prozentpunkte an, da die durchschnittliche Dauer der Arbeitsunfähigkeitsfälle zunahm. In der Forstwirtschaft war sowohl eine Zunahme der Fallzahlen als auch der Falldauer zu verzeichnen. Der Krankenstand erhöhte sich ebenfalls um 0,4 Prozentpunkte.

---

[4] Berechnet nach der Methode der direkten Standardisierung. Zugrunde gelegt wurde die Alters- und Geschlechtsstruktur der erwerbstätigen Mitglieder der gesetzlichen Krankenversicherung insgesamt im Jahr 2000 (Mitglieder mit Krankengeldanspruch). Quelle: VDR-Statistik.

Tabellarische Übersichten und Abbildungen

19.8.4 Krankenstand nach Berufsgruppen

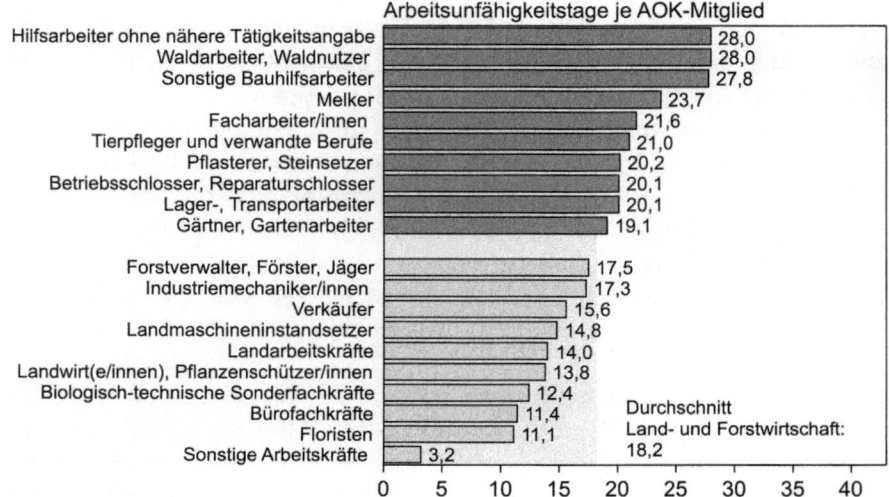

Abb. 19.8.2. 10 Berufsgruppen im Bereich Land- und Forstwirtschaft mit hohen und niedrigen Krankenständen, 2001

Tabelle 19.8.3. Land- und Forstwirtschaft, Krankenstandskennzahlen nach ausgewählten Berufsgruppen, 2001

Tätigkeit	Krankenstand (in %)	Arbeitsunfähigkeiten je 100 AOK-Mitglieder		Tage je Fall	AU-Quote (in %)	Anteil Arbeitsunfälle an den AU-Tagen (in %)
		Fälle	Tage			
Bürofachkräfte	3,1	96,6	1142,3	11,8	40,0	2,1
Facharbeiter/innen	5,9	185,3	2162,4	11,7	42,5	4,5
Floristen	3,1	115,6	1113,4	9,6	48,3	3,2
Gartenarchitekten, Gartengestalter	4,8	142,6	1756,5	12,3	48,1	7,4
Gärtner, Gartenarbeiter	5,2	175,5	1910,3	10,9	50,0	8,2
Kraftfahrzeugführer	4,8	107,8	1737,3	16,1	48,3	10,4
Landarbeitskräfte	3,8	90,5	1404,7	15,5	34,7	13,0
Landmaschineninstandsetzer	4,1	101,9	1483,4	14,6	52,4	16,9
Landwirte, Pflanzenschützer/innen	3,8	121,7	1379,6	11,3	43,9	14,6
Melker	6,5	102,5	2370,5	23,1	54,4	12,0
Sonstige Arbeitskräfte	0,9	27,8	322,9	11,6	15,4	0,1
Sonstige Bauhilfsarbeiter, Bauhelfer	7,6	243,8	2781,7	11,4	50,4	5,6
Tierpfleger und verwandte Berufe	5,8	105,2	2101,9	20,0	50,4	13,2
Tierzüchter	5,3	109,9	1928,1	17,5	50,7	13,2
Waldarbeiter, Waldnutzer	7,7	190,3	2804,9	14,7	57,7	13,4

Berufsgruppen mit mehr als 2000 AOK-Versicherten

19.8.5 Kurz- und Langzeiterkrankungen

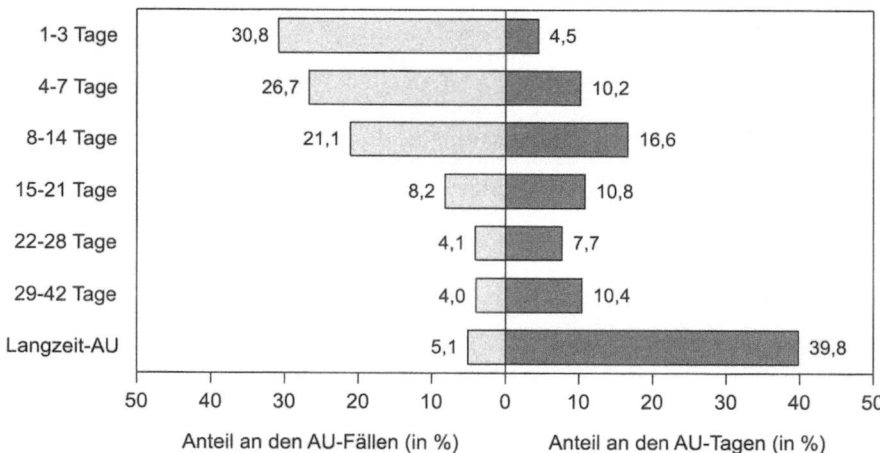

Abb. 19.8.3. Arbeitsunfähigkeitsfälle und -tage im Bereich Land- und Forstwirtschaft nach der Dauer, 2001

19.8.6 Krankenstand nach Bundesländern

Tabelle 19.8.4. Land- und Forstwirtschaft, Arbeitsunfähigkeit nach Bundesländern, 2001 im Vergleich zum Vorjahr

	Arbeitsunfähigkeiten je 100 AOK-Mitglieder					
	AU-Fälle 2001	Veränd. z. Vorj. (in %)	AU-Tage 2001	Veränd. z. Vorj. (in %)	Tage je Fall 2001	Veränd. z. Vorj. (in %)
Baden-Württemberg	150,5	0,8	1776,0	3,0	11,8	1,7
Bayern	117,4	−3,5	1471,9	−1,1	12,5	2,5
Berlin	192,6	5,4	3041,1	2,5	15,8	−2,5
Brandenburg	112,5	−*	1833,9	−*	16,3	−*
Bremen	170,8	−14,9	1763,3	−17,0	10,3	−2,8
Hamburg	165,5	−2,5	1938,9	−14,2	11,7	−12,0
Hessen	163,1	−1,2	2031,3	7,0	12,5	8,7
Mecklenburg-Vorpommern	125,2	−10,1	1981,8	−7,0	15,8	3,3
Niedersachsen	133,7	−3,0	1340,5	−7,3	10,0	−4,8
Nordrhein-Westfalen	160,9	0,4	1779,7	1,3	11,1	0,9
Rheinland-Pfalz	164,2	0,2	1892,9	−6,5	11,5	−7,3
Saarland	171,4	2,0	2588,6	20,1	15,1	18,0
Sachsen	140,0	−11,8	2011,2	−7,6	14,4	5,1
Sachsen-Anhalt	135,0	−4,7	1970,6	0,0	14,6	5,0
Schleswig-Holstein	130,0	−3,1	1655,6	0,0	12,7	3,3
Thüringen	134,3	−7,3	1990,6	−5,1	14,8	2,1
Bund	137,6	−3,6	1817,4	−1,6	13,2	2,3

* Die Veränderungswerte für das Land Brandenburg werden aufgrund von Umstellungen in der Datenbasis nicht ausgewiesen

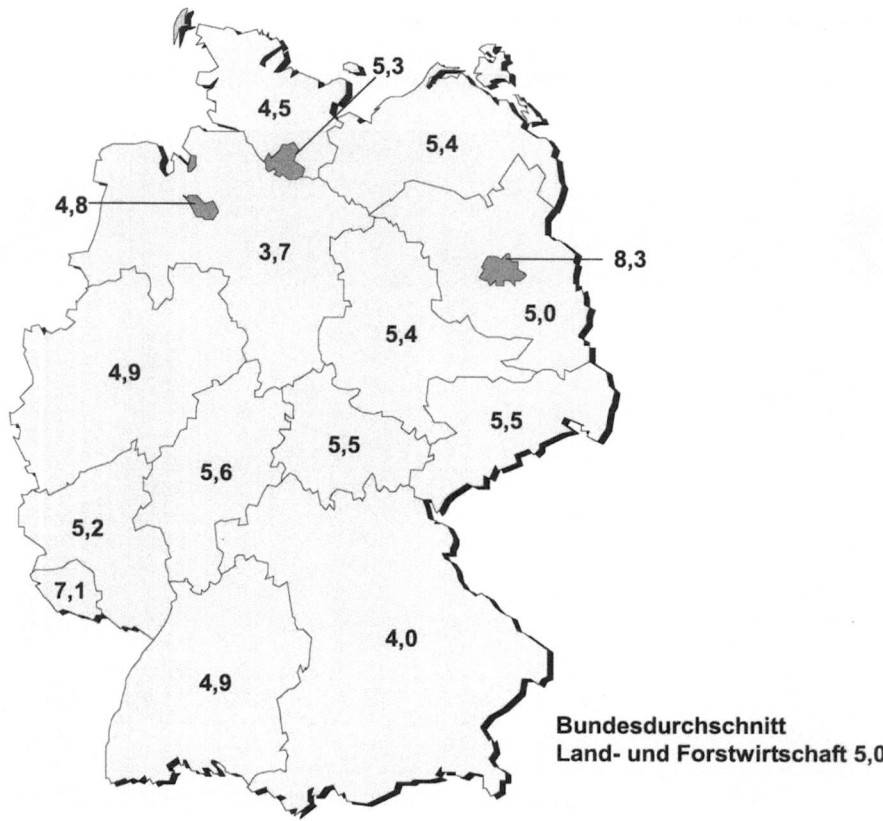

Abb. 19.8.4. Krankenstand in % im Bereich Land- und Forstwirtschaft nach Bundesländern, 2001

19.8.7 Krankenstand nach Betriebsgröße

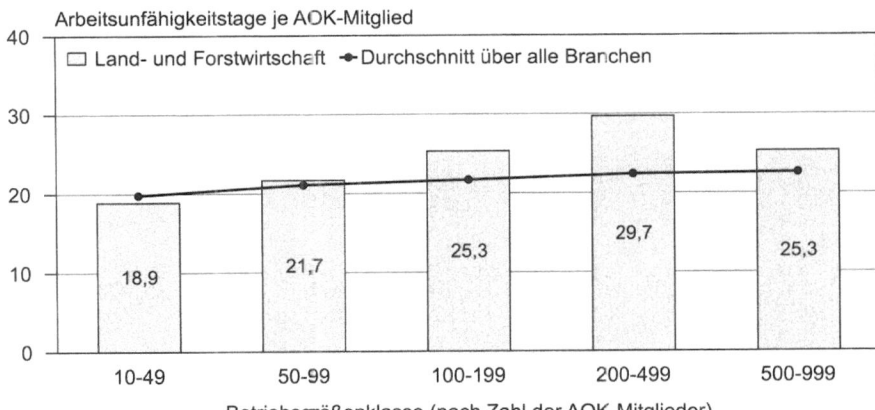

Abb. 19.8.5. Arbeitsunfähigkeitstage im Bereich Land- und Forstwirtschaft nach Betriebsgröße, 2001

Tabelle 19.8.5. Land- und Forstwirtschaft, Arbeitsunfähigkeitstage je AOK-Mitglied nach Betriebsgröße, 2001 (Anzahl der AOK-Mitglieder), 2001

Wirtschaftsabteilung	10–49	50–99	100–199	200–499	500–999	≥1000
Fischerei und Fischzucht	17,1	–	–	–	–	–
Forstwirtschaft	28,1	25,2	28,7	29,1	49,6	–
Landwirtschaft, gewerbliche Jagd	18,0	21,4	25,1	29,7	23,5	3,2
Durchschnitt über alle Branchen	19,8	21,1	21,7	22,4	22,6	21,7

19.8.8 Krankenstand nach Stellung im Beruf

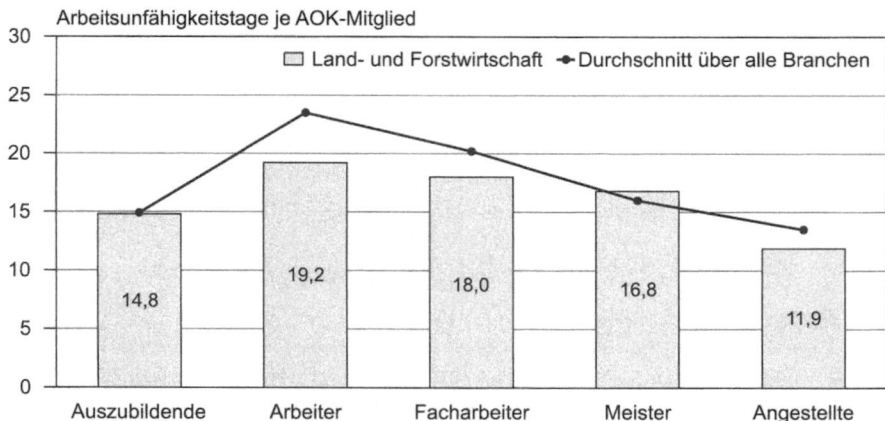

Abb. 19.8.6. Arbeitsunfähigkeitstage im Bereich Land- und Forstwirtschaft nach Stellung im Beruf, 2001

Tabelle 19.8.6. Land- und Forstwirtschaft, Krankenstand (in %) nach Stellung im Beruf, 2001

Wirtschaftsabteilung	Auszubildende	Arbeiter	Facharbeiter	Meister, Poliere	Angestellte
Fischerei und Fischzucht	3,1	3,6	4,5	1,6	1,5
Forstwirtschaft	6,1	7,3	7,7	6,0	2,9
Landwirtschaft, gewerbliche Jagd	4,0	5,1	4,7	4,5	3,3

Land- und Forstwirtschaft

19.8.9 Arbeitsunfälle

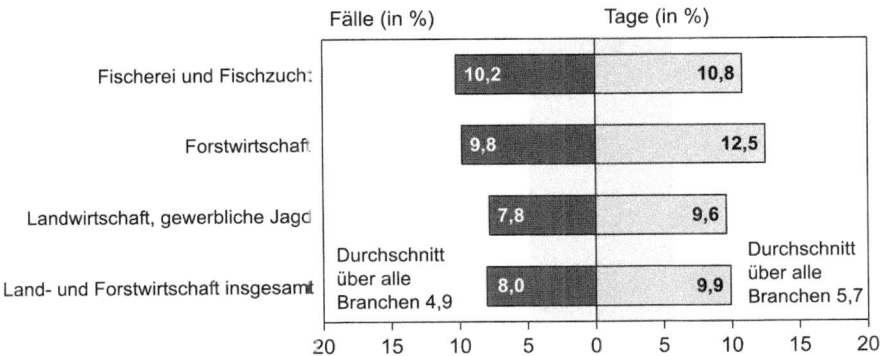

Abb. 19.8.7. Arbeitsunfälle im Bereich Land- und Forstwirtschaft nach Wirtschaftsabteilungen, Anteil an den AU-Fällen und -Tagen in %, 2001

Tabelle 19.8.7. Land- und Forstwirtschaft, Arbeitsunfähigkeitstage durch Arbeitsunfälle nach Berufsgruppen, 2001

Tätigkeit	AU-Tage je 1000 AOK-Mitglieder	Anteil an den AU-Tagen insgesamt (in %)
Waldarbeiter, Waldnutzer	3770,6	13,4
Forstverwalter, Förster, Jäger	3092,8	17,6
Melker	2890,9	13,2
Tierpfleger und verwandte Berufe	2819,2	13,2
Tierzüchter	2573,9	13,2
Landmaschineninstandsetzer	2518,6	16,9
Betriebsschlosser, Reparaturschlosser	2314,8	11,5
Landwirt(e/innen), Pflanzenschützer/innen	2030,7	14,6
Landarbeitskräfte	1849,8	13,0
Kraftfahrzeugführer	1812,3	10,4
Gärtner, Gartenarbeiter	1583,0	8,2
Hilfsarbeiter ohne nähere Tätigkeitsangabe	1507,8	5,3
Facharbeiter/innen	983,8	4,5
Floristen	389,9	3,2

19.8.10 Krankheitsarten

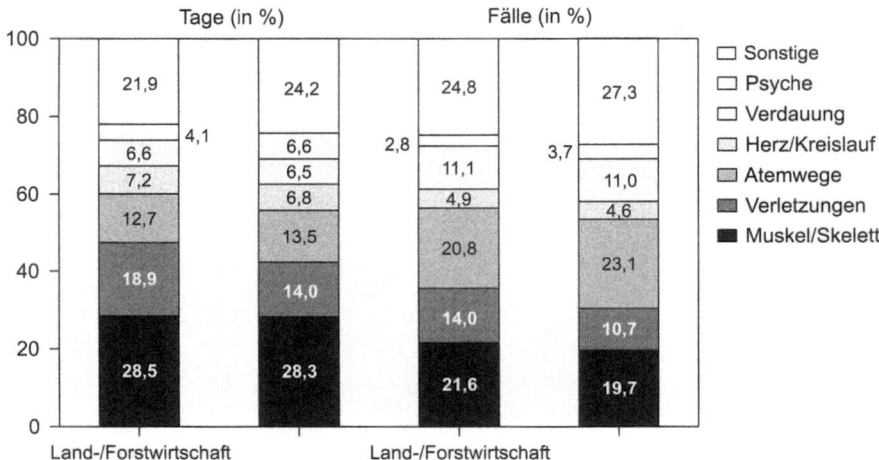

Abb. 19.8.8. Arbeitsunfähigkeiten im Bereich Land- und Forstwirtschaft nach Krankheitsarten, 2001

Tabelle 19.8.8. Land- und Forstwirtschaft, Arbeitsunfähigkeitstage nach Krankheitsarten (in %), 2001

Wirtschaftsabteilung	Muskel/Skelett	Atemwege	Verletzungen	Herz/Kreislauf	Verdauung	Psyche	Sonstige
Fischerei und Fischzucht	27,1	12,3	19,5	8,5	6,3	2,8	23,4
Forstwirtschaft	34,3	11,2	22,1	5,6	5,1	3,2	18,5
Landwirtschaft, gewerbliche Jagd	27,8	12,9	18,5	7,4	6,8	4,3	22,3

Land- und Forstwirtschaft

Tabelle 19.8.9. Land- und Forstwirtschaft, Arbeitsunfähigkeiten nach Krankheitsarten-Anteilen der ICD-Untergruppen an den ICD-Hauptgruppen, 2001

ICD-Untergruppen	Anteil an den AU-Fällen (in %)	Anteil an den AU-Tagen (in %)
Muskel-/Skeletterkrankungen		
Krankheiten der Wirbelsäule und des Rückens	57,4	54,3
Krankheiten der Weichteilgewebe	19,6	17,8
Arthropathien	17,1	22,8
Sonstige	5,8	5,0
Verletzungen		
Verletzungen nicht näher bez. an Rumpf/Extremitäten/etc.	20,2	15,1
Verletzungen des Handgelenkes und der Hand	14,3	14,9
Verletzungen der Knöchelregion und des Fußes	11,0	11,2
Verletzungen des Knies und des Unterschenkels	10,8	17,1
Verletzungen des Kopfes	9,2	6,6
Sonstige	34,6	35,1
Atemwegserkrankungen		
Akute Infektionen der oberen Atemwege	44,8	36,9
Sonstige akute Infektionen der unteren Atemwege	20,9	20,5
Chronische Krankheiten der unteren Atemwege	15,5	19,0
Grippe und Pneumonie	9,1	10,8
Sonstige	9,7	12,7
Herz-/Kreislauferkrankungen		
Hypertonie [Hochdruckkrankheit]	34,4	27,6
Krankheiten der Venen/Lymphgefäße/Lymphknoten	16,8	15,2
Ischämische Herzkrankheiten	14,8	22,2
Sonst. u. nicht näher bez. Krankheiten des Kreislaufsystems	12,8	4,4
Sonstige	21,2	30,5
Verdauung		
Krankheiten des Ösophagus/Magens/Duodenums	29,2	27,8
Nichtinfektiöse Enteritis und Kolitis	24,3	15,8
Krankheiten der Mundhöhle/Speicheldrüsen/Kiefer	23,8	8,2
Hernien	5,0	15,4
Sonstige Krankheiten des Darmes	5,0	7,8
Sonstige	12,7	24,9
Psychische und Verhaltensstörungen		
Neurotische, Belastungs- und somatoforme Störungen	36,4	31,6
Psych. u. Verhaltensstörungen d. psychotrope Substanzen	30,3	25,9
Affektive Störungen	22,7	27,6
Schizophrenie, schizotype und wahnhafte Störungen	3,8	6,0
Sonstige	6,9	8,9

19.9 Metallindustrie

19.9.1	Kosten der Arbeitsunfähigkeit	418
19.9.2	Allgemeine Krankenstandsentwicklung	418
19.9.3	Krankenstandsentwicklung nach Wirtschaftsabteilungen	420

Tabellarische Übersichten und Abbildungen

19.9.4	Krankenstand nach Berufsgruppen	422
19.9.5	Kurz- und Langzeiterkrankungen	424
19.9.6	Krankenstand nach Bundesländern	425
19.9.7	Krankenstand nach Betriebsgröße	427
19.9.8	Krankenstand nach Stellung im Beruf	428
19.9.9	Arbeitsunfälle	429
19.9.10	Krankheitsarten	430

19.9.1 Kosten der Arbeitsunfähigkeit

Im Jahr 2001 waren in der Metallindustrie, der größten deutschen Industriebranche, 3,64 Millionen Arbeitnehmer beschäftigt[1]. Im Mittel war 2001 jeder Mitarbeiter in dieser Branche (AOK-Mitglieder) 20,1 Kalendertage krank geschrieben. Hochgerechnet auf die gesamte Metallbranche ergibt dies eine Summe von 71,9 Millionen krankheitsbedingten Fehltagen, oder 196 928 Erwerbsjahren. Bei einem durchschnittlichen Bruttojahresverdienst von 37 829 Euro[2] ergeben sich so für die Metallindustrie insgesamt Kosten in Höhe von 7,4 Milliarden Euro aufgrund von Produktionsausfällen durch Arbeitsunfähigkeit. Einem Betrieb mit 100 Mitarbeitern entstand auf diese Weise eine finanzielle Belastung von durchschnittlich 208 081 Euro.

19.9.2 Allgemeine Krankenstandsentwicklung

Im Jahr 2001 meldeten sich 62,5% der in der Metallindustrie beschäftigten Arbeitnehmer ein- oder mehrmals krank (Tabelle 19.9.1). Die Erkrankten kehrten nach durchschnittlich 12,5 Kalendertagen an den Arbeitsplatz zurück. Der Krankenstand war mit 5,5% 0,2 Prozentpunkte höher als im Branchendurchschnitt. In Westdeutschland waren mehr krankheitsbedingte Ausfalltage zu verzeichnen als in Ostdeutschland (West: 2023,6 Tage je 100 AOK-Mitglieder; Ost: 1843,3 Tage).

---

[1] Quelle: *www.Gesamtmetall.de*, M+E-Daten: Beschäftigung und Arbeitsmarkt, 2002.
[2] Quelle: *www.Gesamtmetall.de*, M+E-Daten: Beschäftigung und Arbeitsmarkt, 2002.

Tabelle 19.9.1. Krankenstandsentwicklung in der Metallindustrie, 2001

Krankenstand (in %)		Arbeitsunfähigkeiten je 100 AOK-Mitglieder				Tage je Fall	AU-Quote (in %)
		Fälle	Veränd. z. Vorj. (in %)	Tage	Veränd. z. Vorj. (in %)		
West	5,5	162,6	−0,3	2023,6	−1,2	12,4	62,8
Ost	5,1	140,1	−0,3	1843,3	1,1	13,2	59,0
BRD	5,5	160,6	−0,3	2007,7	−1,0	12,5	62,5

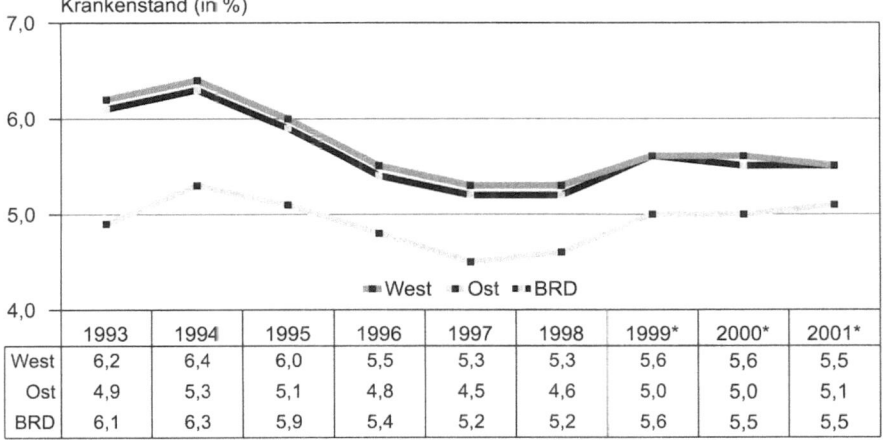

Abb. 19.9.1. Krankenstandsentwicklung in der Metallindustrie 1993–2001

Im Vergleich zum Vorjahr nahm 2001 die Zahl der Krankmeldungen geringfügig ab, im Osten stärker als im Westen (Ost: 0,8%; West: 0,3%). In Westdeutschland ging gleichzeitig die durchschnittliche Dauer der Krankheitsfälle zurück, so dass sich die Zahl der Arbeitsunfähigkeitstage um 1,2% reduzierte. In Ostdeutschland dagegen erhöhte sich die Falldauer, so dass trotz des Rückgangs der Arbeitsunfähigkeitsfälle bei den Tagen ein Anstieg um 1,1% zu verzeichnen war.

Abb. 19.9.1[3] zeigt die Entwicklung des Krankenstandes in der Metallindustrie in den Jahren 1993 bis 2001. In den Jahren 1995 bis 1997 gingen die krankheitsbedingten Fehlzeiten kontinuierlich zurück. 1998

---

[3] Die Werte der Jahre ab 1999 basieren auf der Klassifikation der Wirtschaftszweige der Bundesanstalt für Arbeit aus dem Jahre 1993 (WZS 93/NACE), während den Werten der Jahre 1993 bis 1998 noch der Wirtschaftszweigschlüssel aus dem Jahr 1973 zugrunde lag.

kam es zu keinem weiteren Rückgang mehr, der Krankenstand blieb aber stabil. 1999 war erstmalig wieder eine Zunahme der krankheitsbedingten Ausfallzeiten zu verzeichnen. Im Jahr 2000 ging der Krankenstand wieder etwas zurück und blieb im Folgejahr stabil.

Die Krankenstandswerte in West- und Ostdeutschland haben sich in den letzten Jahren zunehmend einander angenähert. Betrug der Abstand zwischen dem Krankenstand in Ost- und Westdeutschland 1993 noch 1,3 Prozentpunkte, so differierten die Werte in Ost und West im Jahr 2001 nur noch um 0,4 Prozentpunkte.

19.9.3 Krankenstandsentwicklung nach Wirtschaftsabteilungen

In den einzelnen Bereichen der Metallindustrie fielen die Krankenstände sehr unterschiedlich aus (Tabelle 19.9.2). Der höchste Krankenstand war 2001 ebenso wie im Vorjahr mit 6,4% in der Metallerzeugung und -bearbeitung zu verzeichnen. In diesem Bereich lag sowohl die Zahl der Krankmeldungen als auch deren Dauer deutlich über dem Durchschnitt der Branche. Der hohe Wert ist teilweise auf die Beschäftigtenstruktur in diesem Bereich zurückzuführen. Berücksichtigt man die Alters- und Geschlechtsstruktur mit Hilfe eines Standardisierungsverfahrens, ergibt sich ein um 0,2 Prozentpunkte niedrigerer Wert[4].

Auch in den Wirtschaftsabteilungen „Herstellung von Metallerzeugnissen", „sonstiger Fahrzeugbau", „Herstellung von Geräten der Elektrizitätserzeugung und -verteilung" sowie in der Autoindustrie waren die Krankenstände überdurchschnittlich hoch. Am niedrigsten war der Krankenstand mit 4,1% im Bereich der „Herstellung von Büromaschinen, Datenverarbeitungsgeräten und -einrichtungen". Allerdings fällt dort der standardisierte Wert mit 4,5% deutlich höher aus. Der Anteil der Beschäftigten, die sich ein- oder mehrmals krank meldeten, bewegte sich in den einzelnen Wirtschaftsabteilungen der Metallindustrie zwischen 51,9% und 66,4%.

Im Vergleich zum Vorjahr nahm im Jahr 2001 die Zahl der Krankmeldungen in fast allen Bereichen der Branche ab, allerdings in unterschiedlichem Ausmaß (s. Tabelle 19.9.2). Die stärkste Abnahme war mit 3,0% in der Rundfunk-, Fernseh- und Nachrichtentechnik zu verzeichnen.

---

[4] Berechnet nach der Methode der direkten Standardisierung. Zugrunde gelegt wurde die Alters- und Geschlechtsstruktur der erwerbstätigen Mitglieder der gesetzlichen Krankenversicherung insgesamt im Jahr 2000 (Mitglieder mit Krankengeldanspruch). Quelle: VDR-Statistik.

Tabelle 19.9.2. Krankenstandsentwicklung in der Metallindustrie, 2001

Wirtschafts-abteilung	Krankenstand (in %)			Arbeitsunfähigkeiten je 100 AOK-Mitglieder				Tage je Fall	AU-Quote (in %)
	2001	2001 stand.*	2000	Fälle	Veränd. z. Vorj. (in %)	Tage	Veränd. z. Vorj. (in %)		
Herstellung von Büromaschinen, Datenverarbeitungsgeräten und -einrichtungen	4,1	4,5	4,0	143,4	−2,3	1489,3	2,3	10,4	51,9
Herstellung von Geräten der Elektrizitätserzeugung, -verteilung	5,7	5,6	5,6	161,2	−1,7	2065,0	0,3	12,8	62,6
Herstellung von Kraftwagen und Kraftwagenteilen	5,7	6,0	5,7	155,4	−0,4	2087,4	0,0	13,4	63,4
Herstellung von Metallerzeugnissen	5,8	5,9	5,9	168,2	0,0	2125,4	−1,5	12,6	63,0
Maschinenbau	5,1	5,1	5,2	154,9	−0,2	1861,6	−1,5	12,0	62,1
Medizin-, Mess-, Steuer- und Regelungstechnik, Optik	4,5	4,6	4,5	151,6	−0,3	1650,6	−0,7	10,9	58,7
Metallerzeugung und -bearbeitung	6,4	6,2	6,4	170,4	1,0	2328,4	−1,3	13,7	66,4
Rundfunk-, Fernseh- und Nachrichtentechnik	5,0	5,1	5,1	161,1	−3,0	1827,9	−1,5	11,3	59,1
Sonstiger Fahrzeugbau	5,3	5,6	5,9	165,2	−1,1	2116,9	−1,1	12,8	64,3

* alters- und geschlechtsstandardisiert.

Tabellarische Übersichten und Abbildungen

19.9.4 Krankenstand nach Berufsgruppen

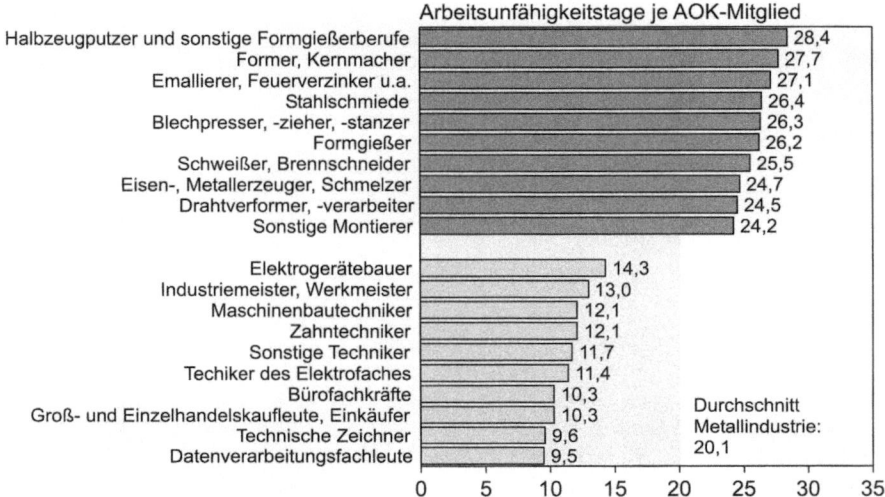

Abb. 19.9.2. 10 Berufsgruppen in der Metallindustrie mit hohen und niedrigen Krankenständen, 2001

Tabelle 19.9.3. Metallindustrie, Krankenstandskennzahlen nach ausgewählten Berufsgruppen, 2001

Tätigkeit	Krankenstand (in %)	Arbeitsunfähigkeiten je 100 AOK-Mitglieder		Tage je Fall	AU-Quote (in %)	Anteil Arbeitsunfällen an den AU-Tagen (in %)
		Fälle	Tage			
Bürofachkräfte	2,8	120,8	1032,1	8,5	49,4	1,4
Dreher	5,2	164,3	1913,4	11,6	64,8	6,3
Elektrogeräte-, Elektroteilemontierer	6,3	178,0	2307,6	13,0	65,8	2,0
Elektrogerätebauer	3,9	144,4	1433,9	9,9	58,2	3,8
Elektroingenieure	1,6	70,4	597,4	8,5	35,2	2,9
Elektroinstallateure, -monteure	4,6	141,7	1671,8	11,8	59,3	6,2
Feinmechaniker	4,0	169,3	1451,5	8,6	61,6	4,4
Glasbearbeiter, Glasveredler	5,8	184,4	2127,7	11,5	65,1	2,5
Halbzeugputzer und sonstige Formgießerberufe	7,8	204,2	2843,5	13,9	71,4	10,6
Hilfsarbeiter ohne nähere Tätigkeitsangabe	5,7	177,8	2073,8	11,7	61,1	6,0
Industriemechaniker	5,4	177,4	1962,6	11,1	60,2	11,9
Ingenieure des Maschinen- und Fahrzeugbaues	1,9	76,6	697,9	9,1	37,7	3,4
Lager-, Transportarbeiter	6,2	167,0	2258,7	13,5	64,4	5,0
Maschinenschlosser	4,9	159,8	1802,1	11,3	64,6	8,1
Metallarbeiter	6,3	180,4	2312,0	12,8	66,7	5,7
Metallschleifer	5,8	169,7	2099,2	12,4	65,4	5,7
Polsterer, Matratzenhersteller	6,8	174,8	2465,5	14,1	71,7	3,3
Rohrinstallateure	5,7	154,3	2070,7	13,4	62,1	8,8
Schweißer, Brennschneider	7,0	179,1	2550,0	14,2	68,3	8,8
Technische Zeichner	2,6	141,1	962,0	6,8	54,8	1,9
Unternehmer, Geschäftsführer	2,3	72,0	852,5	11,8	35,6	4,5
Warenaufmacher, Versandfertigmacher	6,5	172,0	2390,1	13,9	66,4	4,0
Werkzeugmacher	4,4	160,0	1594,8	10,0	63,5	6,4
Zahntechniker	3,3	135,4	1205,3	8,9	53,0	2,6

Berufsgruppen mit mehr als 2000 AOK-Versicherten.

19.9.5 Kurz- und Langzeiterkrankungen

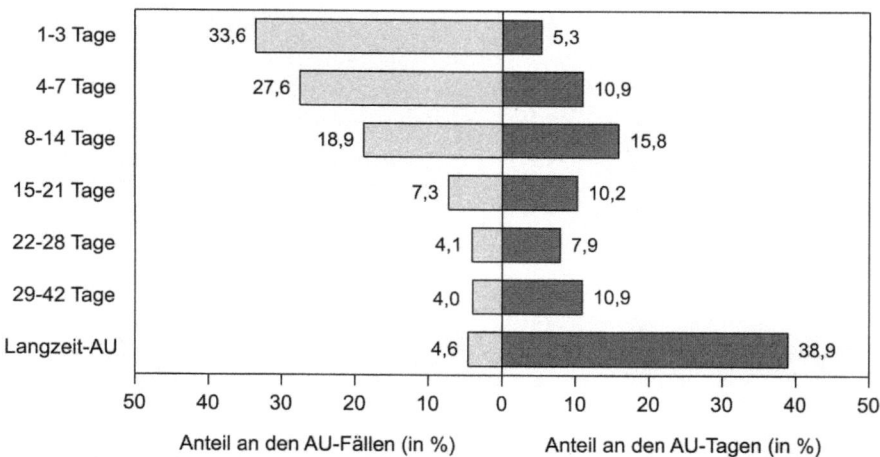

Abb. 19.9.3. Arbeitsunfähigkeitsfälle und -tage in der Metallindustrie nach der Dauer, 2001

19.9.6 Krankenstand nach Bundesländern

Tabelle 19.9.4. Metallindustrie, Arbeitsunfähigkeit nach Bundesländern, 2001 im Vergleich zum Vorjahr

	Arbeitsunfähigkeiten je 100 AOK-Mitglieder					
	AU-Fälle 2001	Veränd. z. Vorj. (in %)	AU-Tage 2001	Veränd. z. Vorj. (in %)	Tage je Fall 2001	Veränd. z. Vorj. (in %)
Baden-Württemberg	157,6	0,5	1901,9	0,7	12,1	0,8
Bayern	151,3	−0,5	1829,9	−0,9	12,1	0,0
Berlin	138,4	−3,1	2445,5	−3,6	17,7	−0,6
Brandenburg	141,6	−*	1961,8	−*	13,9	−*
Bremen	181,2	−0,2	2217,4	0,7	12,2	0,8
Hamburg	173,1	−2,0	2607,6	−0,2	15,1	2,0
Hessen	175,6	−0,7	2212,1	0,5	12,6	1,6
Mecklenburg-Vorpommern	150,8	−1,8	1895,0	−3,7	12,6	−1,6
Niedersachsen	168,5	−1,2	1732,2	−8,4	10,3	−7,2
Nordrhein-Westfalen	175,0	−0,4	2312,5	−2,2	13,2	−2,2
Rheinland-Pfalz	170,1	−0,4	2156,3	−1,9	12,7	−1,6
Saarland	134,7	0,4	2208,7	2,1	16,4	1,9
Sachsen	132,4	−1,7	1751,2	−2,1	13,2	−0,8
Sachsen-Anhalt	140,0	−0,5	1866,7	−0,6	13,3	0,0
Schleswig-Holstein	178,7	−5,3	2275,5	−4,3	12,7	0,8
Thüringen	151,4	−2,4	1945,5	1,5	12,9	4,0
Bund	160,6	−0,3	2007,7	−1,0	12,5	−0,8

* Die Veränderungswerte für das Land Brandenburg werden aufgrund von Umstellungen in der Datenbasis nicht ausgewiesen.

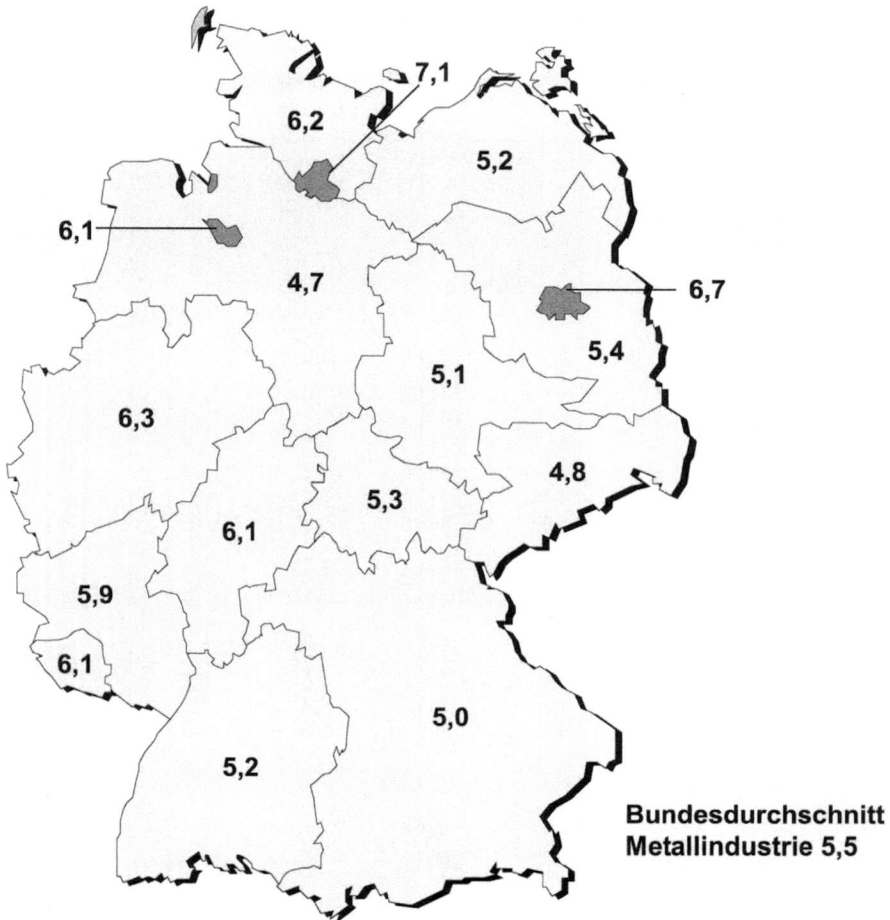

Abb. 19.9.4. Krankenstand in % in der Metallindustrie nach Bundesländern, 2001

19.9.7 Krankenstand nach Betriebsgröße

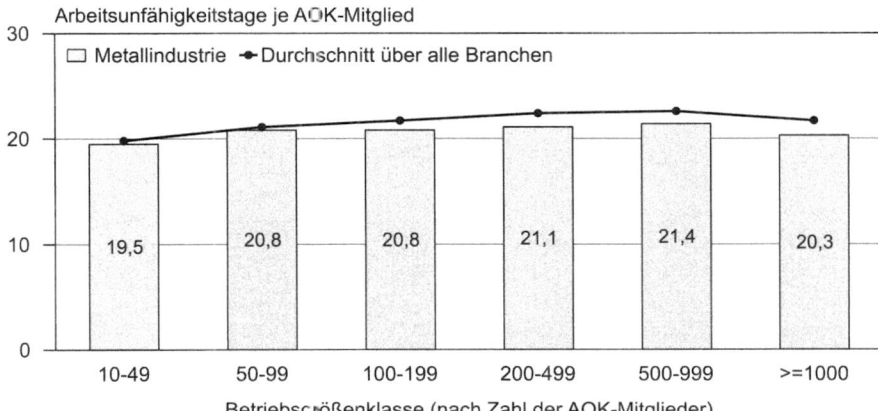

Abb. 19.9.5. Arbeitsunfähigkeitstage in der Metallindustrie nach Betriebsgröße, 2001

Tabelle 19.9.5. Metallindustrie, Arbeitsunfähigkeitstage je AOK-Mitglied nach Betriebsgröße (Anzahl der AOK-Mitglieder), 2001

Wirtschaftsabteilung	10–49	50–99	100–199	200–499	500–999	≥1000
Herstellung von Büromaschinen, Datenverarbeitungsgeräten und -einrichtungen	16,0	14,8	18,5	18,7	14,6	6,8
Herstellung von Geräten der Elektrizitätserzeugung, -verteilung	18,8	20,7	21,6	21,1	23,8	22,2
Herstellung von Kraftwagen und Kraftwagenteilen	18,9	19,9	21,1	21,2	22,2	20,7
Herstellung von Metallerzeugnissen	20,9	22,4	22,3	22,9	22,4	22,3
Maschinenbau	18,4	19,0	18,6	19,5	19,2	19,1
Medizin-, Mess-, Steuer- und Regelungstechnik, Optik	15,9	17,9	19,0	18,4	17,7	14,7
Metallerzeugung und -bearbeitung	22,5	24,8	24,6	23,8	24,1	21,0
Rundfunk-, Fernseh- und Nachrichtentechnik	16,6	19,5	17,9	19,7	20,7	17,4
Sonstiger Fahrzeugbau	20,8	21,6	24,0	21,1	22,4	19,3
Durchschnitt über alle Branchen	19,8	21,1	21,7	22,4	22,6	21,7

19.9.8 Krankenstand nach Stellung im Beruf

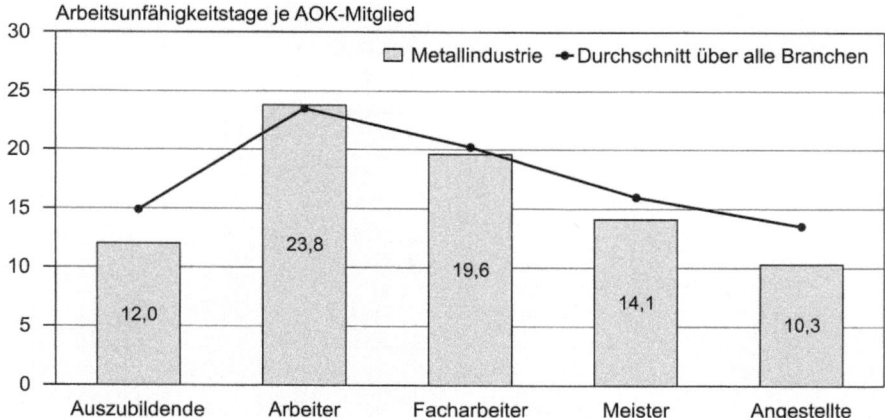

Abb. 19.9.6. Arbeitsunfähigkeitstage in der Metallindustrie nach Stellung im Beruf, 2001

Tabelle 19.9.6. Metallindustrie, Krankenstand (in %) nach Stellung im Beruf, 2001

Wirtschaftsabteilung	Auszu-bildende	Arbeiter	Fach-arbeiter	Meister, Poliere	Ange-stellte
Herstellung von Büromaschinen, Datenverarbeitungsgeräten und -einrichtungen	1,7	5,8	4,5	3,6	2,8
Herstellung von Geräten der Elektrizitätserzeugung, -verteilung	3,0	6,5	5,1	4,0	2,8
Herstellung von Kraftwagen und Kraftwagenteilen	3,0	6,6	5,4	3,0	2,8
Herstellung von Metallerzeugnissen	4,0	6,6	5,7	4,5	2,8
Maschinenbau	3,2	6,3	5,1	3,7	2,7
Medizin-, Mess-, Steuer- und Regelungstechnik, Optik	2,8	5,7	4,3	2,8	2,9
Metallerzeugung und -bearbeitung	3,9	7,1	5,9	4,5	3,0
Rundfunk-, Fernseh- und Nachrichtentechnik	2,7	6,0	4,7	3,7	3,0
Sonstiger Fahrzeugbau	3,5	6,5	6,2	4,5	3,1

Metallindustrie

19.9.9 Arbeitsunfälle

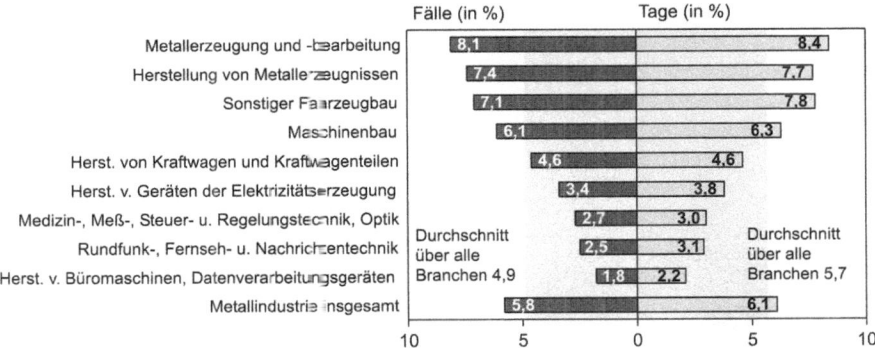

Abb. 19.9.7. Arbeitsunfälle in der Metallindustrie nach Wirtschaftsabteilungen, Anteil an den AU-Fällen und -Tagen in %, 2001

Tabelle 19.9.7. Metallindustrie, Arbeitsunfähigkeitstage durch Arbeitsunfälle nach Berufsgruppen, 2001

Tätigkeit	AU-Tage je 1000 AOK-Mitglieder	Anteil an den AU-Tagen insgesamt (in %)
Halbzeugputzer und sonstige Formgießerberufe	3007,1	10,6
Bauschlosser	2568,2	10,6
Industriemechaniker/innen	2355,3	11,9
Stahlbauschlosser, Eisenschiffbauer	2273,8	8,7
Schweißer, Brennschneider	2254,3	8,8
Betriebsschlosser, Reparaturschlosser	2055,1	10,3
Blechpresser, -zieher, -stanzer	1798,9	6,8
Maschinenschlosser	1457,7	8,1
Metallarbeiter	1333,6	5,7
Hilfsarbeiter ohne nähere Tätigkeitsangabe	1247,9	6,0
Dreher	1201,6	6,3
Lager-, Transportarbeiter	1150,6	5,0
Elektroinstallateure, -monteure	1046,0	6,2
Werkzeugmacher	1021,4	6,4
Sonstige Montierer	783,4	3,2
Elektrogeräte-, Elektroteilemontierer	480,0	2,0

19.9.10 Krankheitsarten

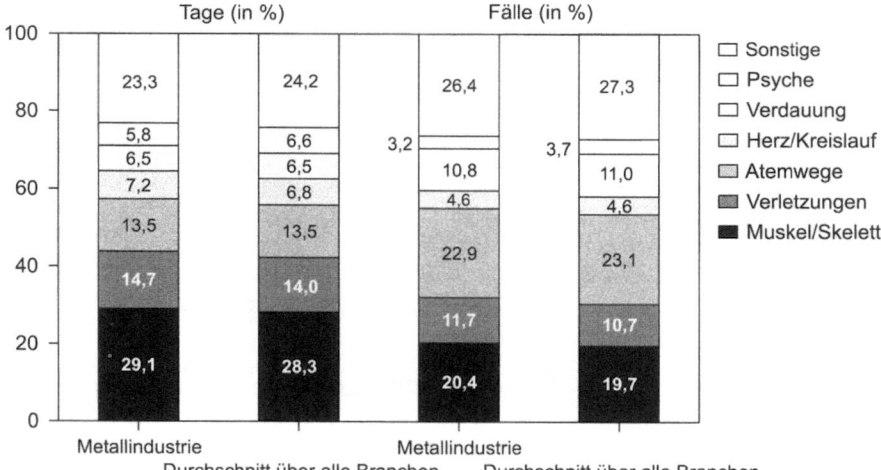

Abb. 19.9.8. Arbeitsunfähigkeiten in der Metallindustrie nach Krankheitsarten, 2001

Tabelle 19.9.8. Metallindustrie, Arbeitsunfähigkeitstage nach Krankheitsarten (in %), 2001

Wirtschaftsabteilung	Muskel/Skelett	Atemwege	Verletzungen	Herz/Kreislauf	Verdauung	Psyche	Sonstige
Herstellung von Büromaschinen, Datenverarbeitungsgeräten und -einrichtungen	24,3	16,8	10,8	6,7	7,2	7,8	26,4
Herstellung von Geräten der Elektrizitätserzeugung, -verteilung	29,2	13,5	11,4	7,0	6,4	7,0	25,4
Herstellung von Kraftwagen und Kraftwagenteilen	30,8	13,9	13,0	6,7	6,4	6,2	22,8
Herstellung von Metallerzeugnissen	29,6	12,7	16,3	7,2	6,4	5,3	22,4
Maschinenbau	28,5	13,5	15,5	7,4	6,5	5,5	23,1
Medizin-, Mess-, Steuer- und Regelungstechnik, Optik	25,4	15,2	11,7	6,6	6,7	7,5	27,0
Metallerzeugung und -bearbeitung	30,0	13,0	16,3	7,7	6,4	4,9	21,7
Rundfunk-, Fernseh- und Nachrichtentechnik	26,3	15,4	10,4	6,5	6,8	8,2	26,5
Sonstiger Fahrzeugbau	30,0	13,1	16,2	7,2	6,5	5,2	21,7

Tabelle 19.9.9. Metallindustrie, Arbeitsunfähigkeiten nach Krankheitsarten, Anteile der ICD-Untergruppen an den ICD-Hauptgruppen, 2001

ICD-Untergruppen	Anteil an den AU-Fällen (in %)	Anteil an den AU-Tagen (in %)
Muskel-/Skeletterkrankungen		
Krankheiten der Wirbelsäule und des Rückens	57,3	54,8
Krankheiten der Weichteilgewebe	20,2	18,9
Arthropathien	16,5	20,9
Sonstige	6,0	5,4
Verletzungen		
Verletzungen nicht näher bez. an Rumpf/Extremitäten/etc.	20,0	15,5
Verletzungen des Handgelenkes und der Hand	16,6	18,2
Verletzungen der Knöchelregion und des Fußes	10,1	10,9
Verletzungen des Knies und des Unterschenkels	9,1	15,0
Verletzungen des Kopfes	7,5	5,4
Sonstige	36,6	35,0
Atemwegserkrankungen		
Akute Infektionen der oberen Atemwege	42,1	35,2
Sonstige akute Infektionen der unteren Atemwege	21,0	20,1
Chronische Krankheiten der unteren Atemwege	17,2	21,1
Grippe und Pneumonie	9,0	10,0
Sonstige	10,7	13,6
Herz-/Kreislauferkrankungen		
Hypertonie [Hochdruckkrankheit]	28,7	22,4
Krankheiten der Venen/Lymphgefäße/Lymphknoten	19,3	15,7
Sonst. u. nicht näher bez. Krankheiten des Kreislaufsystems	15,8	5,3
Ischämische Herzkrankheiten	15,5	26,6
Sonstige	20,8	29,9
Verdauung		
Krankheiten des Ösophagus/Magens/Duodenums	28,5	27,4
Nichtinfektiöse Enteritis und Kolitis	25,3	17,1
Krankheiten der Mundhöhle/Speicheldrüsen/Kiefer	24,6	8,4
Sonstige Krankheiten des Darmes	6,2	9,8
Hernien	5,2	16,6
Sonstige	10,3	20,7
Psychische und Verhaltensstörungen		
Neurotische, Belastungs- u. somatoforme Störungen	40,5	34,1
Affektive Störungen	29,9	35,6
Psych. u. Verhaltensstörungen d. psychotrope Substanzen	19,9	17,4
Schizophrenie, schizotype und wahnhafte Störungen	3,6	6,1
Sonstige	6,2	6,8

19.10 Öffentliche Verwaltung und Sozialversicherung

19.10.1 Kosten der Arbeitsunfähigkeit 432
19.10.2 Allgemeine Krankenstandsentwicklung 432
19.10.3 Krankenstandsentwicklung nach Wirtschaftsgruppen 434

Tabellarische Übersichten und Abbildungen
19.10.4 Krankenstandskennzahlen nach Berufsgruppen 436
19.10.5 Arbeitsunfähigkeit nach Bundesländern 438
19.10.6 Arbeitsunfähigkeitstage nach Betriebsgröße 439
19.10.7 Krankenstand nach Stellung im Beruf 441
19.10.8 Arbeitsunfälle nach Berufsgruppen 442
19.10.9 Arbeitsunfähigkeitstage nach Krankheitsarten 443
19.10.10 Arbeitsunfähigkeiten nach ICD-Untergruppen 444

19.10.1 Kosten der Arbeitsunfähigkeit

Im Jahr 2001 gab es im Bereich der öffentlichen Verwaltung und Sozialversicherung 1,7 Millionen sozialversicherungspflichtig Beschäftigte[1]. Davon waren 44,5% (n = 775 499) bei der AOK versichert. Jedes AOK-Mitglied war 2001 im Durchschnitt 22,2 Kalendertage krankgeschrieben. Hochgerechnet auf die Branche insgesamt ergibt dies eine Summe von 38,8 Millionen krankheitsbedingten Fehltagen oder 106 126 Erwerbsjahren. Bei durchschnittlichen Lohnkosten im Jahr 2001 von 36 422 Euro[2] ergeben sich für das Jahr 2001 im Bereich der öffentlichen Verwaltung und Sozialversicherung Kosten in Höhe von 3,9 Milliarden Euro aufgrund von Produktionsausfällen durch Arbeitsunfähigkeit. Die finanzielle Belastung eines Betriebes mit 100 Mitarbeitern durch diese Kosten betrug durchschnittlich 221 667 Euro.

19.10.2 Allgemeine Krankenstandsentwicklung

Im Jahr 2001 hat sich der Krankenstand im Bereich der Öffentlichen Verwaltung und Sozialversicherung gegenüber dem Vorjahr um 0,2 Prozentpunkte reduziert. Er blieb aber dennoch mit 6,1% deutlich höher als der Branchendurchschnitt von 5,3%[3]. Die Zahl der Krankmeldungen ist um 4,4% zurückgegangen. Die durchschnittliche Dauer einer Krankmeldung stieg dagegen von 13,3 auf 13,5 Tage. Der Anteil

---
[1] Bundesanstalt für Arbeit, Sozialversicherungspflichtig Beschäftigte nach Wirtschaftszweigen der WZ/93/BA in der Bundesrepublik Deutschland im März 2001.
[2] Statistisches Bundesamt, Volkswirtschaftliche Gesamtrechnungen, Fachserie 18, Reihe 1.3, Arbeitnehmerentgelt je Arbeitnehmer, Hauptbericht 2001, Wiesbaden 2002.
[3] Zu den Gründen für den erhöhten Krankenstand vgl. Kap 19.1.5.

Tabelle 19.10.1. Krankenstandsentwicklung im Bereich Öffentliche Verwaltung und Sozialversicherung, 2001

	Krankenstand (in %)	Arbeitsunfähigkeiten je 100 AOK-Mitglieder				Tage je Fall	AU-Quote (in %)
		Fälle	Veränd. z. Vorj. (in %)	Tage	Veränd. z. Vorj. (in %)		
West	6,1	165,8	−3,6	2239,6	−4,1	13,5	61,2
Ost	5,9	161,1	−7,5	2142,9	−0,3	13,3	60,4
BRD	6,1	164,9	−4,4	2221,4	−3,4	13,5	61,0

der Beschäftigten, die sich im Jahr 2001 mindestens einmal krank meldeten, betrug 61,0%. 2000 waren es 62,8% (Tabelle 19.10.1).

Der Krankenstand in Ostdeutschland lag im Jahr 2001 bei 5,9% und blieb damit gegenüber dem Vorjahr unverändert. In Westdeutschland ging der Krankenstand von 6,4% auf 6,1% zurück.

Sowohl die Zahl der Krankmeldungen (Ost: 161,1 je 100 AOK-Mitglieder; West: 165,8 je 100 AOK-Mitglieder) als auch deren durchschnittliche Dauer (Ost: 13,3 Tage; West: 13,5 Tage) lag im Osten auf einem etwas niedrigeren Niveau als im Westen. Auch die AU-Quote war um 0,8 Prozentpunkte geringer als im Westen (Tabelle 19.10.1).

Im Vergleich zum Vorjahr lässt sich sowohl in Ost- als auch in Westdeutschland ein deutlicher Rückgang der Zahl der Krankheitsfälle beobachten, der im Osten mehr als doppelt so stark wie im Westen ausfiel (Ost: −7,5%; West: −3,6%). Gleichzeitig stieg allerdings in Ostdeutschland die durchschnittliche Dauer der Krankheitsfälle (von 12,3 Tage im Jahr 2000 auf 13,3 Tage im Jahr 2001) an, während sie in Westdeutschland nahezu unverändert blieb. Daher ging die Zahl der Arbeitsunfähigkeitstage im Osten trotz des Rückgangs der Krankmeldungen nur geringfügig (0,3%) zurück (Tabelle 19.10.1).

Abb. 19.10.1 [4] zeigt die Krankenstandsentwicklung im Bereich der Öffentlichen Verwaltung und Sozialversicherung in den Jahren 1993 bis 2001. In diesem Zeitraum erreichte der Krankenstand mit 6,9% seinen höchsten Wert im Jahre 1994. In den Jahren 1995 bis 1997 ging der Krankenstand deutlich zurück und fiel 1997 auf den niedrigsten Stand (6,1%) seit 1993. In den beiden Folgejahren nahm er dann allerdings wieder zu. Ab dem Jahr 2000 waren erneut rückläufige Werte zu verzeichnen. Im Jahr 2001 wurde wieder der niedrige Wert von 1997 erreicht.

---

[4] Die Werte ab dem Jahre 1999 basieren auf der Klassifikation der Wirtschaftszweige der Bundesanstalt für Arbeit aus dem Jahre 1993 (WZS 93/NACE), während den Werten der Jahre 1993 bis 1998 noch der Wirtschaftszweigschlüssel aus dem Jahr 1973 zugrunde lag.

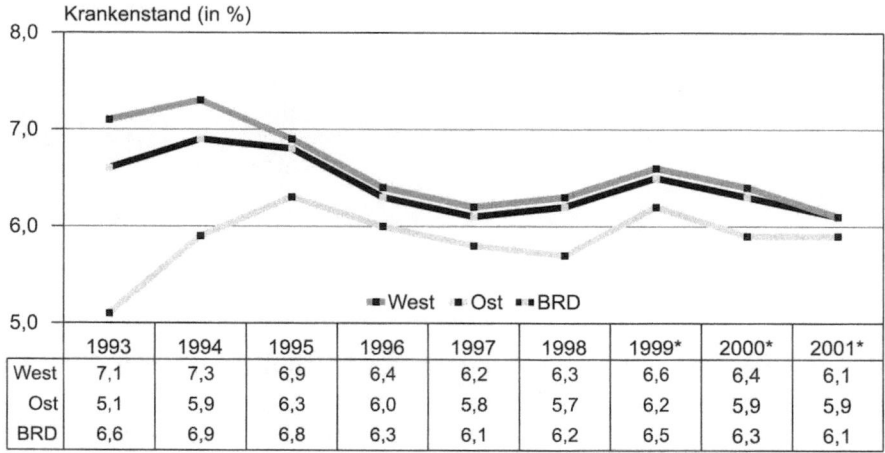

Abb. 19.10.1. Krankenstandsentwicklung im Bereich Öffentliche Verwaltung und Sozialversicherung 1993–2001

1993 war der Krankenstand in Westdeutschland noch erheblich höher als in Ostdeutschland (2,0 Prozentpunkte). In den folgenden Jahren näherten sich die Krankenstandszahlen zunehmend aneinander an. Im Jahre 2001 lagen die Werte mit 6,1% bzw. 5,9% fast auf dem gleichen Niveau.

19.10.3 Krankenstandsentwicklung nach Wirtschaftsgruppen

Tabelle 19.10.2 zeigt die Krankenstandskennzahlen differenziert nach den einzelnen Sektoren der öffentlichen Verwaltung und Sozialversicherung. Der Krankenstand im Bereich der Sozialversicherung (4,5%) war 2001 ebenso wie schon in den Vorjahren erheblich niedriger als in der öffentlichen Verwaltung (6,2%) und lag deutlich unter dem allgemeinen Branchendurchschnitt (5,3%). Dies dürfte vor allem darauf zurückzuführen sein, dass der Angestelltenanteil bei den AOK-Mitgliedern in diesem Bereich höher ist als in der öffentlichen Verwaltung. Die exterritorialen Organisationen und Körperschaften wiesen dagegen deutlich höhere Krankenstände als die öffentliche Verwaltung auf (7,6%). Auch der Anteil der von Arbeitsunfähigkeit Betroffenen ist bei den exterritorialen Organisationen und Körperschaften (66,7%) wesentlich größer als der entsprechende Anteil sowohl in der öffentlichen Verwaltung (60,5%) als auch in der Sozialversicherung (57,6%).

Tabelle 19.10.2. Krankenstandsentwicklung im Bereich Öffentliche Verwaltung und Sozialversicherung nach Wirtschaftsgruppen, 2001

Wirtschaftsgruppe	Krankenstand (in %)			Arbeitsunfähigkeiten je 100 AOK-Mitglieder				Tage je Fall	AU-Quote (in %)
	2001	2001 stand.*	2000	Fälle	Veränd. z. Vorj. (in %)	Tage	Veränd. z. Vorj. (in %)		
Exterritoriale Organisationen und Körperschaften	7,6	6,7	7,7	194,2	0,1	2782,4	−1,6	14,3	66,7
Öffentliche Verwaltung	6,2	5,7	6,3	165,6	−4,4	2246,3	−3,3	13,6	60,5
Sozialversicherung und Arbeitsförderung	4,5	4,2	4,7	142,7	−6,9	1648,3	−3,6	11,6	57,6

* alters- und geschlechtsstandardisiert

Im Vergleich zum Vorjahr war 2001 sowohl in der Sozialversicherung (−6,9%) als auch in der öffentlichen Verwaltung (−4,4%) ein Rückgang der Arbeitsunfähigkeitsfälle zu verzeichnen. Gleichzeitig hat aber die mittlere Dauer der Krankmeldungen zugenommen (Tabelle 19.10.2). Daher ging die Zahl der Arbeitsunfähigkeitstage nicht in gleichem Maße wie die der Fälle zurück. Bei den exterritorialen Organisationen und Körperschaften stieg die Zahl der Krankmeldungen etwas an (0,1%), während die mittlere Dauer der Krankmeldungen abnahm (von 14,6 in 2000 auf 14,3 in 2001).

Die nach Alter und Geschlecht standardisierten Werte[5] fallen in allen Bereichen der Öffentlichen Verwaltung und Sozialversicherung niedriger aus als die entsprechenden Rohwerte (Tabelle 19.10.2, vgl. dazu Kap. 19.1.5). Am stärksten weichen die Werte bei den exterritorialen Organisationen und Körperschaften voneinander ab (0,9 Prozentpunkte).[6]

---

[5] Berechnet nach der Methode der direkten Standardisierung. Zugrunde gelegt wurde die Alters- und Geschlechtsstruktur der Erwerbstätigen Mitglieder der gesetzlichen Krankenversicherung insgesamt im Jahr 2000 (Mitglieder mit Krankengeldanspruch). Quelle: VDR-Statistik.

[6] Berechnet nach der Methode der direkten Standardisierung. Zugrunde gelegt wurde die Alters- und Geschlechtsstruktur der Erwerbstätigen Mitglieder der gesetzlichen Krankenversicherung insgesamt im Jahr 2000 (Mitglieder mit Krankengeldanspruch). Quelle: VDR-Statistik.

Tabellarische Übersichten und Abbildungen

19.10.4 Krankenstand nach Berufsgruppen

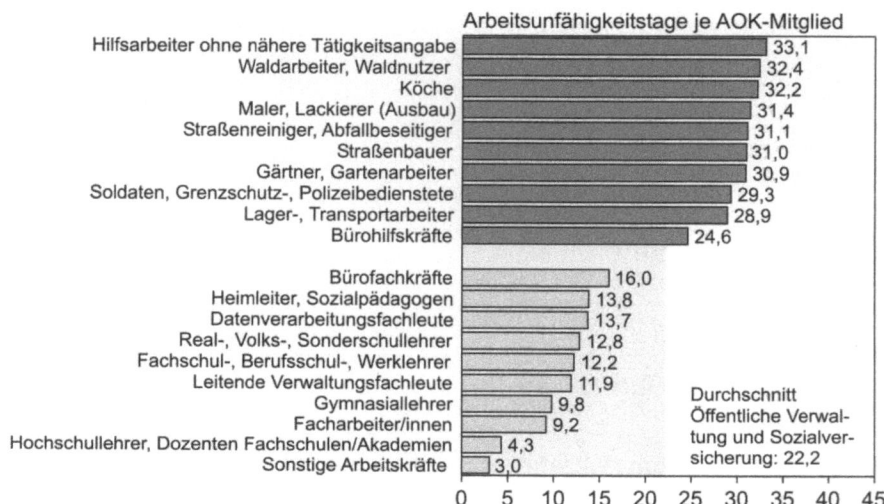

Abb. 19.10.2. 10 Berufsgruppen im Bereich Öffentliche Verwaltung und Sozialversicherung mit hohen und niedrigen Krankenständen, 2001

Tabelle 19.10.3. Öffentliche Verwaltung und Sozialversicherung, Krankenstandskennzahlen nach ausgewählten Berufsgruppen, 2001

Tätigkeit	Krankenstand in (%)	Arbeitsunfähigkeiten je 100 AOK-Mitglieder		Tage je Fall	AU-Quote (in %)	Anteil Arbeitsunfälle an den AU-Tagen (in %)
		Fälle	Tage			
Bauhilfsarbeiter	7,3	188,8	2646,9	14,0	66,7	6,9
Berufsfeuerwehrleute	5,5	134,5	2017,2	15,0	57,3	7,7
Bibliothekare, Archivare, Museumsfachleute	4,8	147,8	1739,4	11,8	56,5	1,0
Bürofachkräfte	4,4	145,6	1600,4	11,0	59,3	1,4
Bürohilfskräfte	6,7	172,5	2455,2	14,2	61,9	2,3
Datentypisten	6,4	172,5	2327,7	13,5	67,5	1,1
Gärtner, Gartenarbeiter	8,5	255,8	3087,4	12,1	69,0	5,0
Helfer in der Krankenpflege	7,1	179,5	2595,2	14,5	63,0	2,5
Kindergärtnerinnen, Kinderpflegerinnen	4,0	167,8	1466,3	8,7	62,8	1,6
Köche	8,8	200,7	3216,9	16,0	71,4	2,9
Kraftfahrzeugführer	7,3	164,5	2672,1	16,2	67,7	4,8
Krankenschwestern, -pfleger, Hebammen	4,3	128,5	1563,9	12,2	55,8	2,0
Lager-, Transportarbeiter	7,9	191,6	2885,8	15,1	68,6	4,9
Raum-, Hausratreiniger	7,9	158,1	2873,7	18,2	63,4	2,0
Soldaten, Grenzschutz-, Polizeibedienstete	8,0	209,0	2929,5	14,0	73,5	2,0
Stenographen, Stenotypistinnen, Maschinenschreiber	5,2	152,6	1886,4	12,4	62,7	1,1
Straßenbauer	8,5	199,6	3103,6	15,5	72,2	7,1
Straßenreiniger, Abfallbeseitiger	8,5	208,4	3109,3	14,9	72,2	5,9
Telefonisten	7,5	171,8	2719,5	15,8	67,1	1,0
Waldarbeiter, Waldnutzer	8,9	229,1	3235,4	14,1	74,2	11,3

Berufsgruppen mit mehr als 2000 AOK-Versicherten

19.10.5 Kurz- und Langzeiterkrankungen

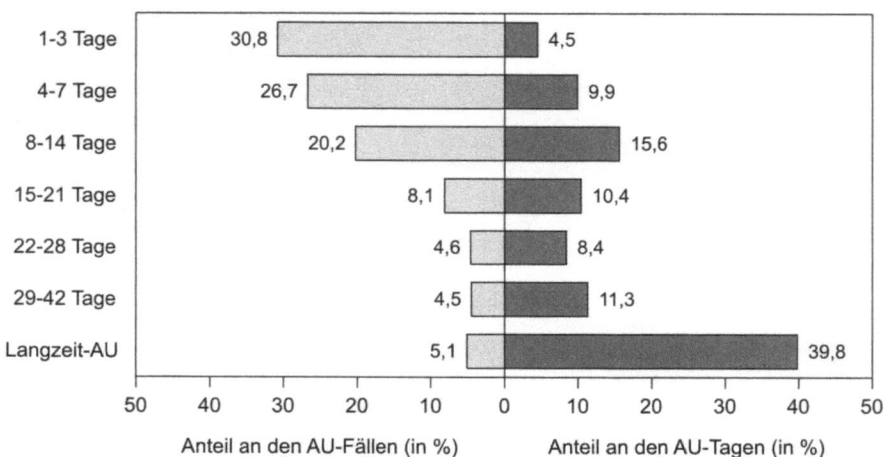

Abb. 19.10.3. Arbeitsunfähigkeitsfälle und -tage im Bereich Öffentliche Verwaltung und Sozialversicherung nach der Dauer, 2001

19.10.6 Krankenstand nach Bundesländern

Tabelle 19.10.4. Öffentliche Verwaltung, Arbeitsunfähigkeit nach Bundesländern, 2001 im Vergleich zum Vorjahr

	Arbeitsunfähigkeiten je 100 AOK-Mitglieder					
	AU-Fälle 2001	Veränd. z. Vorj. (in %)	AU-Tage 2001	Veränd. z. Vorj. (in %)	Tage je Fall 2001	Veränd. z. Vorj. (in %)
Baden-Württemberg	144,4	−4,3	1915,7	−2,7	13,3	2,3
Bayern	140,0	−4,1	2080,5	−3,6	14,9	0,7
Berlin	220,3	−3,1	2819,3	−8,2	12,8	0,0
Brandenburg	160,1	−*	2263,0	−*	14,1	−*
Bremen	184,0	−3,0	2595,5	−3,7	14,1	4,4
Hamburg	188,7	−2,1	2343,4	−5,2	12,4	−3,1
Hessen	190,3	−4,0	2583,2	−3,9	13,6	0,0
Mecklenburg-Vorpommern	186,1	−7,8	2529,8	−3,8	13,6	4,6
Niedersachsen	190,0	−2,8	2071,7	−8,7	10,9	−6,0
Nordrhein-Westfalen	190,0	−2,6	2581,5	−3,2	13,6	−0,7
Rheinland-Pfalz	174,8	−3,7	2447,7	−4,9	14,0	−1,4
Saarland	180,0	−4,6	3000,0	−5,4	16,7	−0,6
Sachsen	149,5	−11,5	1954,8	−7,3	13,1	4,8
Sachsen-Anhalt	166,3	−3,3	2151,5	−1,2	12,9	7,5
Schleswig-Holstein	186,9	−2,1	2638,9	−4,3	14,1	−2,1
Thüringen	167,2	−10,7	2246,7	−2,9	13,4	8,1
Bund	164,9	−4,4	2221,4	−3,4	13,5	1,5

* Die Veränderungswerte für das Land Brandenburg werden aufgrund von Umstellungen in der Datenbasis nicht ausgewiesen

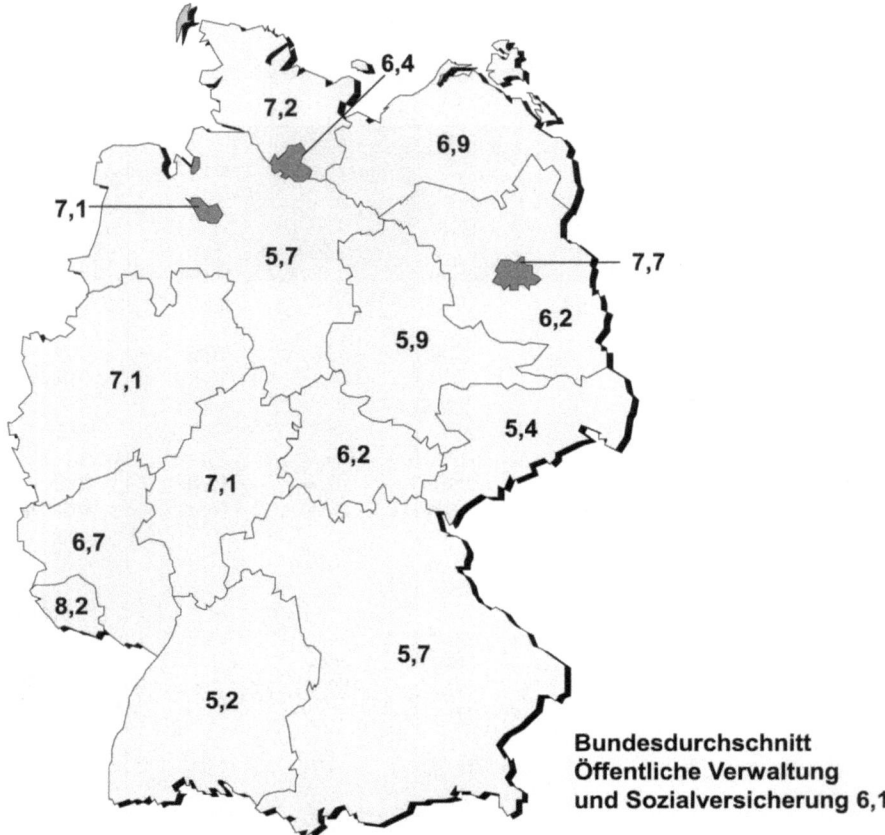

Abb. 19.10.4. Krankenstand in % im Bereich Öffentliche Verwaltung und Sozialversicherung nach Bundesländern, 2001

19.10.7 Krankenstand nach Betriebsgröße

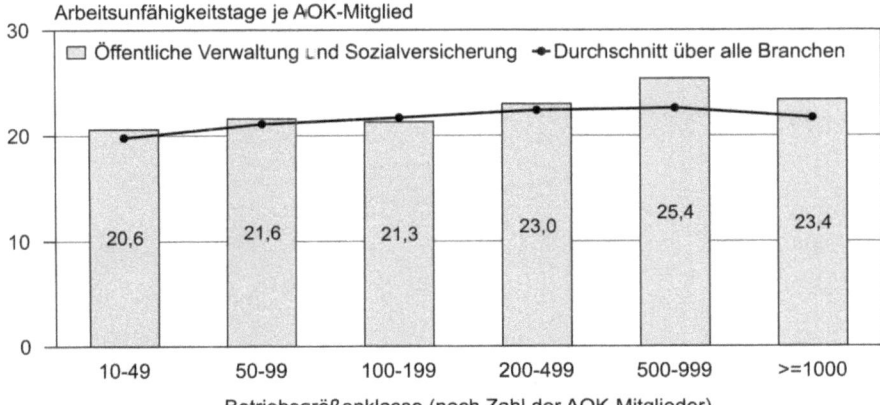

Abb. 19.10.5. Arbeitsunfähigkeitstage im Bereich Öffentliche Verwaltung und Sozialversicherung nach Betriebsgröße, 2001

Tabelle 19.10.5. Öffentliche Verwaltung und Sozialversicherung, Arbeitsunfähigkeitstage je AOK-Mitglied nach Betriebsgröße (Anzahl der AOK-Mitglieder), 2001

Wirtschaftsgruppe	10–49	50–99	100–199	200–499	500–999	≥1000
Auswärtige Angelegenheiten, Verteidigung, Rechtsschutz, Öffentliche Sicherheit und Ordnung	26,1	29,3	28,6	28,9	26,7	28,2
Exterritoriale Organisationen und Körperschaften	19,2	24,7	18,4	24,9	27,5	30,6
Öffentliche Verwaltung	20,5	21,7	22,0	23,3	25,8	24,5
Sozialversicherung und Arbeitsförderung	18,4	17,9	14,9	17,1	22,7	14,2
Durchschnitt über alle Branchen	19,8	21,1	21,7	22,4	22,6	21,7

19.10.8 Krankenstand nach Stellung im Beruf

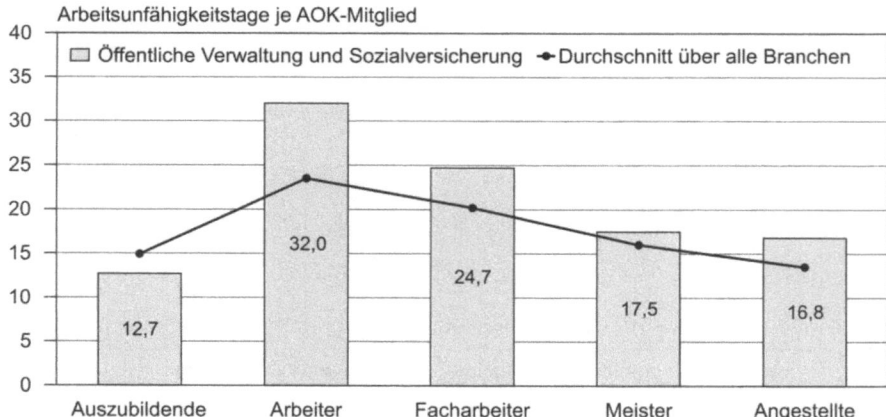

Abb. 19.10.6. Arbeitsunfähigkeitstage im Bereich Öffentliche Verwaltung und Sozialversicherung nach Stellung im Beruf, 2001

Tabelle 19.10.6. Öffentliche Verwaltung und Sozialversicherung, Krankenstand (in %) nach Stellung im Beruf, 2001

Wirtschaftsklasse	Auszu-bildende	Arbeiter	Fach-arbeiter	Meister, Poliere	Ange-stellte
Auswärtige Angelegenheiten, Verteidigung, Rechtsschutz, Öffentliche Sicherheit und Ordnung	3,8	8,9	7,5	4,1	6,2
Exterritoriale Organisationen und Körperschaften	2,8	8,7	8,9	4,7	6,2
Öffentliche Verwaltung	3,6	8,7	6,8	4,8	4,7
Sozialversicherung und Arbeitsförderung	2,8	8,7	2,7	7,0	4,0

19.10.9 Arbeitsunfälle

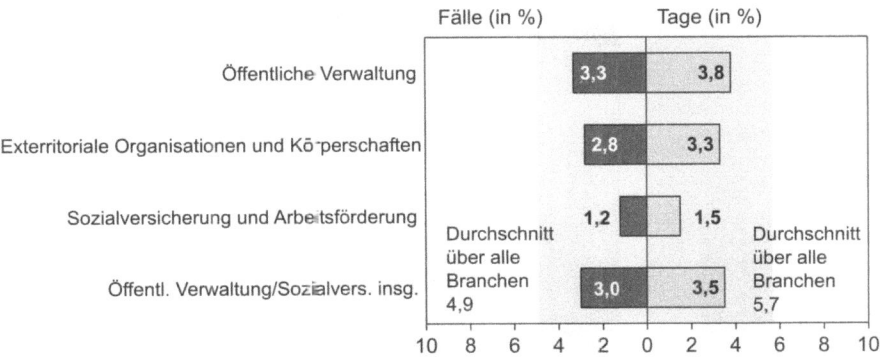

Abb. 19.10.7. Arbeitsunfälle im Bereich Öffentliche Verwaltung und Sozialversicherung nach Wirtschaftsgruppen, Anteil an den AU-Fällen und -Tagen in %, 2001

Tabelle 19.10.7. Öffentliche Verwaltung und Sozialversicherung, Arbeitsunfähigkeitstage durch Arbeitsunfälle nach Berufsgruppen, 2001

Tätigkeit	AU-Tage je 1000 AOK-Mitglieder	Anteil an den AU-Tagen insgesamt (in %)
Straßenbauer	2196,2	7,1
Straßenreiniger, Abfallbeseitiger	1838,8	5,9
Straßenwarte	1624,7	6,6
Lager-, Transportarbeiter	1419,9	4,9
Kraftfahrzeugführer	1272,2	4,8
Elektroinstallateure, -monteure	1045,7	4,7
Köche	937,3	2,9
Pförtner, Hauswarte	893,3	4,3
Bürohilfskräfte	579,5	2,3
Raum-, Hausratreiniger	565,0	2,0
Krankenschwestern, -pfleger, Hebammen	336,0	2,0
Kindergärtnerinnen, Kinderpflegerinnen	237,5	1,6
Bürofachkräfte	225,5	1,4

19.10.10 Krankheitsarten

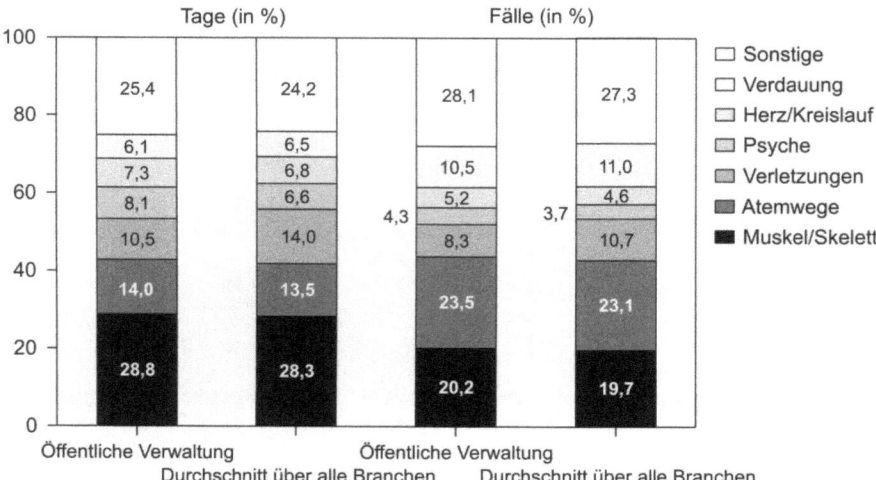

Abb. 19.10.8. Arbeitsunfähigkeiten im Bereich Öffentliche Verwaltung und Sozialversicherung nach Krankheitsarten, 2001

Tabelle 19.10.8. Öffentliche Verwaltung und Sozialversicherung, Arbeitsunfähigkeitstage nach Krankheitsarten (in %), 2001

Wirtschafts-gruppe	Muskel/Skelett	Atem-wege	Verlet-zungen	Herz/Kreislauf	Verdau-ung	Psyche	Sons-tige
Exterritoriale Organisationen und Körperschaften	29,6	13,2	9,9	7,9	6,4	7,4	25,5
Öffentliche Verwaltung	29,0	13,9	10,8	7,2	6,1	7,9	25,1
Sozialversicherung und Arbeitsförderung	22,3	16,4	8,2	6,9	6,4	10,0	29,7

Tabelle 19.10.9. Öffentliche Verwaltung und Sozialversicherung, Arbeitsunfähigkeiten nach Krankheitsarten Anteile der ICD-Untergruppen an den ICD-Hauptgruppen, 2001

ICD-Untergruppen	Anteil an den AU-Fällen (in %)	Anteil an den AU-Tagen (in %)
Muskel-/Skeletterkrankungen		
Krankheiten der Wirbelsäule und des Rückens	56,7	53,9
Krankheiten der Weichteilgewebe	19,4	18,2
Arthropathien	17,9	22,7
Sonstige	5,9	5,3
Verletzungen		
Verletzungen nicht näher bez. an Rumpf/Extremitäten/etc.	19,1	14,2
Verletzungen der Knöchelregion und des Fußes	12,2	12,3
Verletzungen des Handgelenkes und der Hand	11,6	11,6
Verletzungen des Knies und des Unterschenkels	11,4	17,5
Verletzungen des Kopfes	7,7	5,6
Sonstige	38,1	38,8
Atemwegserkrankungen		
Akute Infektionen der oberen Atemwege	43,4	36,6
Sonstige akute Infektionen der unteren Atemwege	20,9	20,5
Chronische Krankheiten der unteren Atemwege	16,9	21,1
Sonstige Krankheiten der oberen Atemwege	8,4	9,4
Sonstige	10,4	12,4
Herz-/Kreislauferkrankungen		
Hypertonie [Hochdruckkrankheit]	32,0	26,5
Krankheiten der Venen/Lymphgefäße/Lymphknoten	18,6	16,6
Sonst. u. nicht näher bez. Krankheiten des Kreislaufsystems	14,9	5,9
Ischämische Herzkrankheiten	13,5	21,2
Sonstige	21,0	29,9
Verdauung		
Krankheiten des Ösophagus/Magens/Duodenums	27,3	27,0
Nichtinfektiöse Enteritis und Kolitis	25,4	18,8
Krankheiten der Mundhöhle/Speicheldrüsen/Kiefer	24,9	8,7
Sonstige Krankheiten des Darmes	6,7	10,4
Krankheiten der Gallenblase/-wege/Pankreas	4,7	10,9
Sonstige	11,0	24,2
Psychische und Verhaltensstörungen		
Neurotische, Belastungs- und somatoforme Störungen	43,4	36,4
Affektive Störungen	32,3	38,8
Psych. u. Verhaltensstörungen d. psychotrope Substanzen	14,3	12,4
Schizophrenie, schizotype und wahnhafte Störungen	3,4	5,0
Sonstige	6,6	7,4

19.11 Verarbeitendes Gewerbe

19.11.1	Kosten der Arbeitsunfähigkeit	446
19.11.2	Allgemeine Krankenstandsentwicklung	446
19.11.3	Krankenstandsentwicklung nach Wirtschaftsabteilungen	448

Tabellarische Übersichten und Abbildungen

19.11.4	Krankenstandskennzahlen nach Berufsgruppen	450
19.11.5	Arbeitsunfähigkeit nach Bundesländern	452
19.11.6	Arbeitsunfähigkeitstage nach Betriebsgröße	453
19.11.7	Krankenstand nach Stellung im Beruf	455
19.11.8	Arbeitsunfälle nach Berufsgruppen	457
19.11.9	Arbeitsunfähigkeitstage nach Krankheitsarten	459
19.11.10	Arbeitsunfähigkeiten nach ICD-Untergruppen	460

19.11.1 Kosten der Arbeitsunfähigkeit

Das Verarbeitende Gewerbe[1] umfasste in der Mitte des Jahres 2001 3,1 Millionen sozialversicherungspflichtig Beschäftigte[2]. Rund die Hälfte der Erwerbstätigen dieses Wirtschaftszweiges waren AOK-Versicherte (1,5 Millionen), von denen sich im Jahr 2001 jeder Arbeitnehmer durchschnittlich 20,4 Kalendertage krank meldete. Hochgerechnet auf das Verarbeitende Gewerbe insgesamt fielen 64,0 Millionen krankheitsbedingte Fehltage bzw. 175 457 Ausfalljahre an. Bei durchschnittlichen Lohnkosten von 40 637 Euro[3] im Jahr 2001 ergeben sich für die Branche Kosten aufgrund von Produktionsausfällen durch Arbeitsunfähigkeit in Höhe von 7,12 Mrd. Euro. Ein Betrieb mit 100 Beschäftigten wurde mit durchschnittlich 227 131 Euro im Jahr 2001 belastet.

19.11.2 Allgemeine Krankenstandsentwicklung

Die Zahl der Krankmeldungen im Verarbeitenden Gewerbe ging im Jahr 2001 im Vergleich zum Vorjahr zurück (Tabelle 19.11.1). In Ostdeutschland war ein Rückgang um 3,3% zu verzeichnen, in Westdeutschland waren es lediglich 1,3%. Allerdings nahm in den neuen Ländern gleichzeitig die durchschnittliche Dauer der Arbeitsunfähigkeitsfälle von 13,6 auf 14,2 Tage zu, so dass trotz der geringeren Zahl

---

[1] Ohne Metallindustrie. Diese wird in einem separaten Kapitel behandelt.
[2] Bundesanstalt für Arbeit, Sozialversicherungspflichtig Beschäftigte nach Wirtschaftszweigen der WZ/93/BA in der Bundesrepublik Deutschland im März 2001.
[3] Statistisches Bundesamt, Volkswirtschaftliche Gesamtrechnungen, Fachserie 18, Reihe 1.3, Arbeitnehmerentgelt je Arbeitnehmer, Hauptbericht 2001, Wiesbaden 2002.

Tabelle 19.11.1. Krankenstandsentwicklung im Verarbeitenden Gewerbe, 2001

Krankenstand (in %)		Arbeitsunfähigkeiten je 100 AOK-Mitglieder				Tage je Fall	AU-Quote (in %)
		Fälle	Veränd. z. Vorj. (in %)	Tage	Veränd. z. Vorj. (in %)		
West	5,6	155,6	−1,3	2053,1	−1,5	13,2	60,2
Ost	5,3	135,9	−3,3	1933,3	1,2	14,2	57,1
BRD	5,5	153,5	−1,4	2040,1	−1,2	13,3	59,8

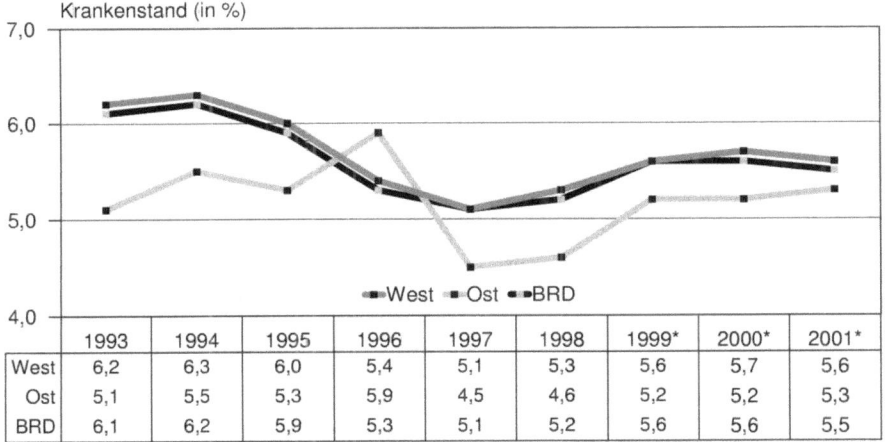

	1993	1994	1995	1996	1997	1998	1999*	2000*	2001*
West	6,2	6,3	6,0	5,4	5,1	5,3	5,6	5,7	5,6
Ost	5,1	5,5	5,3	5,9	4,5	4,6	5,2	5,2	5,3
BRD	6,1	6,2	5,9	5,3	5,1	5,2	5,6	5,6	5,5

Abb. 19.11.1. Krankenstandsentwicklung im Verarbeitenden Gewerbe 1993–2001

der Krankmeldungen etwas mehr Arbeitsunfähigkeitstage anfielen als im Vorjahr (1,2%). In Westdeutschland dagegen ging auch die Falldauer geringfügig zurück, so dass sich die Zahl der Arbeitsunfähigkeitstage um 1,5% reduzierte. Die Arbeitsunfähigkeitsquote ist 2001 im gesamten Verarbeitenden Gewerbe etwas zurückgegangen (2000: 60,5%; 2001: 59,8%), im Westen bewegt sie sich nach wie vor auf einem höheren Niveau als im Osten (Ost: 57,1%; West: 60,2%).

Die Krankenstandsentwicklung im Verarbeitenden Gewerbe in der Zeit von 1993 bis 2001 wird in der Abb. 19.11.1[4] dargestellt. In dieser Zeitspanne war der Krankenstand mit 6,2% am höchsten im Jahr

---

[4] Die Werte ab dem Jahr 1999 basieren auf der Klassifikation der Wirtschaftszweige der Bundesanstalt für Arbeit aus dem Jahre 1993 (WZS 93/NACE), während den Werten der Jahre 1993 bis 1998 noch der Wirtschaftszweigschlüssel aus dem Jahr 1973 zugrunde lag.

1994. Ab 1995 ging der Krankenstand kontinuierlich zurück, bis er 1997 mit 5,1% seinen niedrigsten Wert seit 1993 erreichte. In den beiden Folgejahren nahm der Krankenstand im Verarbeitenden Gewerbe dann wieder zu. 1999 lag er bei 5,6%. In den Jahren 2000 und 2001 blieb der Krankenstand stabil.

Mit Ausnahme des Jahres 1994 waren in den Jahren 1993 bis 2001 in Ostdeutschland stets niedrigere Krankenstandswerte zu verzeichnen als in Westdeutschland. Allerdings haben sich die Werte in Ost und West inzwischen aneinander angenähert. Eine vollständige Angleichung erfolgte zwar nicht, jedoch reduzierte sich die Differenz zwischen West und Ost, die 1993 noch 1,1 Prozentpunkte betragen hatte, im Jahr 2001 auf nur noch 0,3 Prozentpunkte.

19.11.3 Krankenstandsentwicklung nach Wirtschaftsgruppen

Die Krankenstände im Verarbeitenden Gewerbe variieren erheblich (Tabelle 19.11.2). Die höchsten Krankenstände mit Werten von 6% und mehr wiesen im Jahr 2001 die Bereiche Recycling und Tabakverarbeitung, das Ledergewerbe sowie der Bereich Glasgewerbe, Keramik und Verarbeitung von Steinen und Erden auf. Wie im Vorjahr war der Krankenstand mit 4,8% am niedrigsten im Verlags- und Druckgewerbe. Die hohen Krankenstände sind zum Teil auf die Beschäftigtenstruktur in den entsprechenden Wirtschaftsgruppen zurückzuführen. Die standardisierten Werte, die rechnerisch um Effekte der Alters- und Geschlechtsstruktur bereinigt wurden, fallen – abgesehen vom Recyclinggewerbe – in den genannten Wirtschaftsgruppen niedriger aus. Am stärksten gilt dies für die Tabakverarbeitung, wo sich nach der Standardisierung ein um 0,6 Prozentpunkte geringerer Wert ergibt[5].

Gegenüber dem Vorjahr ging der Krankenstand in den meisten Bereichen geringfügig zurück oder blieb unverändert. Lediglich in der Tabakverarbeitung und im Glasgewerbe war ein geringfügiger Anstieg von jeweils 0,1 Prozentpunkten zu verzeichnen. Wie im Vorjahr wies der Bereich Recycling auch im Jahr 2001 die höchste Zahl von Krankheitsfällen (190,7 Fälle je 100 AOK-Mitglieder) auf, wobei sich deren durchschnittliche Dauer mit 12,8 Tagen je Fall eher im unteren Bereich der Fehlzeiten des gesamten Wirtschaftsbereiches bewegte (Tabelle 19.11.2). Mit Ausnahme der Tabakverarbeitung (0,5%) und des

---

[5] Berechnet nach der Methode der direkten Standardisierung. Zugrunde gelegt wurde die Alters- und Geschlechtsstruktur der erwerbstätigen Mitglieder der gesetzlichen Krankenversicherung insgesamt im Jahr 2000 (Mitglieder mit Krankengeldanspruch). Quelle: VDR-Statistik.

Tabelle 19.11.2. Krankenstandsentwicklung im Verarbeitenden Gewerbe nach Wirtschaftsabteilungen, 2001

Wirtschaftsabteilung	Krankenstand (in %)			Arbeitsunfähigkeiten je 100 AOK-Mitglieder				Tage je Fall	AU-Quote (in %)
	2001	2001 stand.*	2000	Fälle	Veränd. z. Vorj. (in %)	Tage	Veränd. z. Vorj. (in %)		
Bekleidungsgewerbe	4,9	4,6	5,1	134,8	−5,7	1772,8	−4,2	13,1	54,5
Chemische Industrie	5,6	5,5	5,7	163,7	−1,2	2033,5	−2,2	12,4	62,9
Ernährungsgewerbe	5,5	5,6	5,6	148,3	−2,0	2011,5	−1,9	13,6	56,5
Glasgewerbe, Keramik, Verarbeitung von Steinen und Erden	6,0	5,7	5,9	151,1	−1,0	2181,0	0,3	14,4	61,4
Herstellung von Gummi- und Kunststoffwaren	5,9	6,0	5,9	168,2	−0,6	2153,2	−0,4	12,8	64,2
Herstellung von Möbeln, Schmuck, Musikinstrumenten, Sportgeräten, Spielwaren und sonstigen Erzeugnissen	5,6	5,6	5,6	156,0	−1,9	2049,6	−0,7	13,1	61,8
Holzgewerbe (ohne Herstellung von Möbeln)	5,5	5,5	5,5	153,2	−0,6	2006,3	−1,1	13,1	60,1
Kokerei, Mineralölverarbeitung, Herstellung und Verarbeitung von Spalt- und Brutstoffen	5,3	5,1	5,3	145,5	2,7	1941,1	−0,7	13,3	59,6
Ledergewerbe	6,0	5,8	6,1	149,8	−3,5	2194,1	−2,4	14,6	59,7
Papiergewerbe	5,9	5,9	6,0	161,0	−0,8	2149,6	−1,9	13,4	64,9
Recycling	6,7	6,7	6,8	190,7	−0,9	2444,5	−1,2	12,8	58,9
Tabakverarbeitung	6,6	6,0	6,5	158,6	0,5	2399,9	1,6	15,1	63,6
Textilgewerbe	5,8	5,4	5,9	148,7	−2,2	2099,8	−2,3	14,1	60,5
Verlagsgewerbe, Druckgewerbe, Vervielfältigung von bespielten Ton-, Bild- und Datenträgern	4,8	4,6	4,8	135,1	−1,5	1751,7	−0,2	13,0	54,7

* alters- und geschlechtsstandardisiert.

Bereichs „Kokerei, Mineralölverarbeitung, Herstellung und Verarbeitung von Spalt- und Brutstoffen" (2,7%) ging die Zahl der Arbeitsunfähigkeitsfälle in allen Wirtschaftsgruppen zurück, am stärksten im Bekleidungsgewerbe (5,7%).

Die AU-Quote[6] war im Jahr 2001 mit 64,9% am höchsten im Papiergewerbe und mit 54,5% am niedrigsten im Bekleidungsgewerbe.

Tabellarische Übersichten und Abbildungen

19.11.4 Krankenstand nach Berufsgruppen

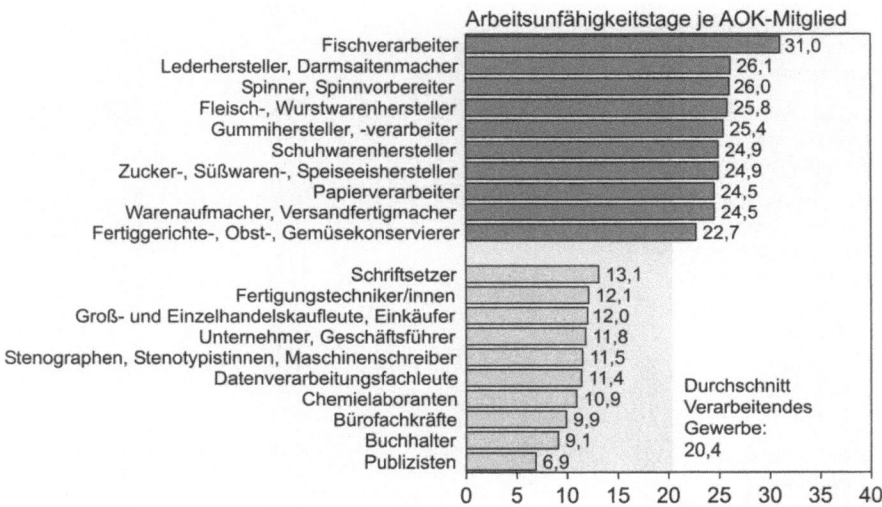

Abb. 19.11.2. 10 Berufsgruppen im Verarbeitenden Gewerbe mit hohen und niedrigen Krankenständen, 2001

---

[6] Prozentualer Anteil der von Arbeitsunfähigkeit betroffenen AOK-Mitglieder (mindestens ein AU-Fall).

Tabelle 19.11.3. Verarbeitendes Gewerbe, Krankenstandskennzahlen nach ausgewählten Berufsgruppen, 2001

Tätigkeit	Krankenstand (in %)	Arbeitsunfähigkeiten je 100 AOK-Mitglieder		Tage je Fall	AU-Quote (in %)	Anteil Arbeitsunfälle an den AU-Tagen (in %)
		Fälle	Tage			
Backwarenhersteller	5,0	144,3	1808,4	12,5	53,4	5,8
Betriebsschlosser, Reparaturschlosser	5,6	147,8	2027,1	13,7	64,4	10,0
Buchhalter	2,5	86,1	911,1	10,6	42,6	1,4
Bürofachkräfte	2,7	113,3	988,6	8,7	47,8	1,9
Chemiebetriebswerker	6,3	175,6	2281,3	13,0	67,0	4,5
Datenverarbeitungsfachleute	3,1	128,2	1138,1	8,9	48,1	0,7
Elektroinstallateure, -monteure	4,1	126,9	1480,6	11,7	58,0	8,3
Fleisch-, Wurstwarenhersteller	7,1	191,7	2584,3	13,5	65,1	6,9
Glasbearbeiter, Glasveredler	6,4	177,0	2347,2	13,3	66,3	7,9
Gummihersteller, -verarbeiter	7,0	172,4	2543,6	14,8	68,7	3,9
Hilfsarbeiter ohne nähere Tätigkeitsangabe	6,3	178,4	2311,9	13,0	61,6	6,2
Kraftfahrzeugführer	6,1	124,6	2231,4	17,9	56,0	9,6
Kunststoffverarbeiter	6,3	181,0	2311,3	12,8	66,9	5,1
Lager-, Transportarbeiter	5,8	151,5	2133,7	14,1	55,9	6,1
Maschinenschlosser	5,1	162,0	1862,1	11,5	64,7	7,5
Näher	5,6	142,3	2048,5	14,4	57,9	2,6
Unternehmer, Geschäftsführer	3,2	77,5	1184,5	15,3	38,9	3,5
Warenaufmacher, Versandfertigmacher	6,7	174,9	2447,9	14,0	63,8	4,4
Warenprüfer, -sortierer	6,2	164,7	2266,2	13,8	63,0	4,3
Werkzeugmacher	4,2	152,2	1538,8	10,1	61,6	6,7

Berufsgruppen mit mehr als 2000 AOK-Versicherten.

19.11.5 Kurz- und Langzeiterkrankungen

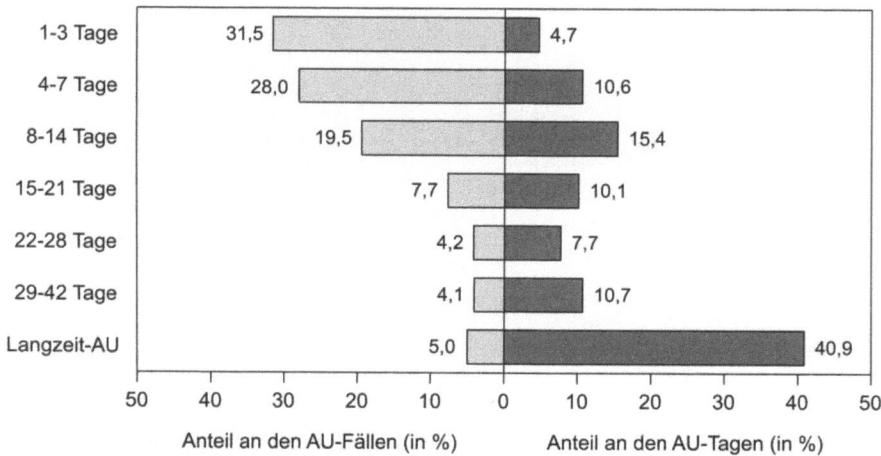

Abb. 19.11.3. Arbeitsunfähigkeitsfälle und -tage im Verarbeitenden Gewerbe nach der Dauer, 2001

19.11.6 Krankenstand nach Bundesländern

Tabelle 19.11.4. Verarbeitendes Gewerbe, Arbeitsunfähigkeit nach Bundesländern, 2001 im Vergleich zum Vorjahr

	Arbeitsunfähigkeiten je 100 AOK-Mitglieder					
	AU-Fälle 2001	Veränd. z. Vorj. (in %)	AU-Tage 2001	Veränd. z. Vorj. (in %)	Tage je Fall 2001	Veränd. z. Vorj. (in %)
Baden-Württemberg	157,0	−0,3	2000,1	0,9	12,7	0,8
Bayern	138,1	−1,3	1857,3	−1,4	13,4	0,0
Berlin	146,4	−4,1	2612,9	−2,1	17,9	2,3
Brandenburg	135,5	−*	2037,2	−*	15,0	−*
Bremen	167,0	−4,3	2395,1	0,7	14,3	5,1
Hamburg	164,8	−2,5	2498,0	−0,8	15,2	2,0
Hessen	165,5	−1,5	2229,8	0,7	13,5	2,3
Mecklenburg-Vorpommern	146,7	−5,0	2107,2	2,4	14,4	8,3
Niedersachsen	163,5	−2,0	1809,8	−8,2	11,1	−5,9
Nordrhein-Westfalen	168,3	−1,4	2286,5	−1,2	13,6	0,0
Rheinland-Pfalz	164,6	−0,4	2203,0	−2,3	13,4	−1,5
Saarland	138,5	−1,8	2417,1	3,7	17,5	6,1
Sachsen	127,0	−4,9	1817,0	−2,0	14,3	2,9
Sachsen-Anhalt	141,6	−2,1	2029,9	1,9	14,3	3,6
Schleswig-Holstein	166,1	−1,3	2325,7	−3,5	14,0	−2,1
Thüringen	144,8	−4,2	1974,4	−1,1	13,6	3,0
Bund	153,5	−1,4	2040,1	−1,2	13,3	0,0

* Die Veränderungswerte für das Land Brandenburg werden aufgrund von Umstellungen in der Datenbasis nicht ausgewiesen.

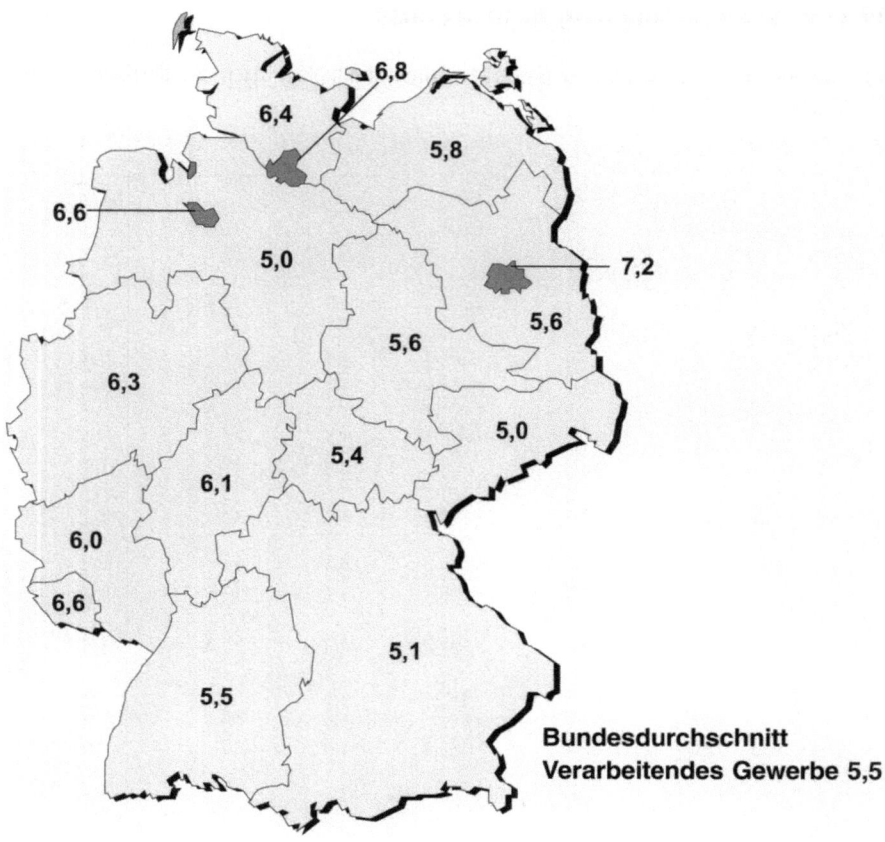

Abb. 19.11.4. Krankenstand in % im Verarbeitenden Gewerbe nach Bundesländern, 2001

19.11.7 Krankenstand nach Betriebsgröße

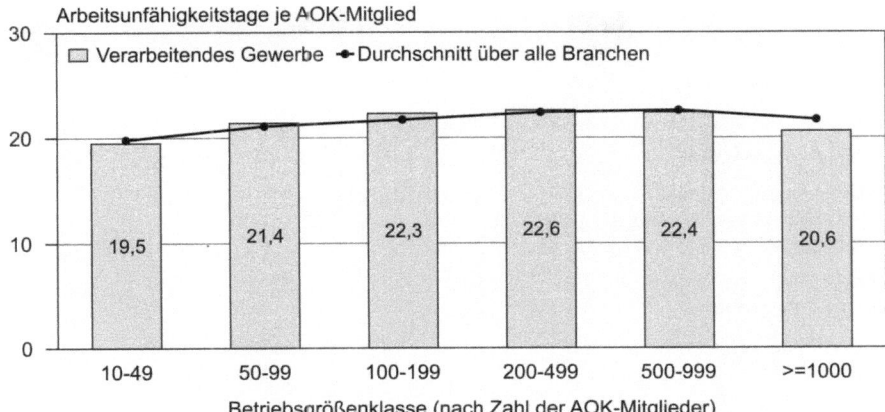

Abb. 19.11.5. Arbeitsunfähigkeitstage im Verarbeitenden Gewerbe nach Betriebsgröße, 2001

Tabelle 19.11.5. Verarbeitendes Gewerbe, Arbeitsunfähigkeitstage je AOK-Mitglied nach Betriebsgröße, 2001

Wirtschaftsabteilung	10–49	50–99	100–199	200–499	500–999	≥1000
Bekleidungsgewerbe	16,6	17,1	20,0	20,4	22,8	–
Chemische Industrie	20,8	21,2	21,5	20,3	21,8	17,0
Ernährungsgewerbe	18,5	21,3	23,5	24,1	23,8	24,1
Glasgewerbe, Keramik, Verarbeitung von Steinen und Erden	21,9	22,4	22,3	23,3	21,2	–
Herstellung von Gummi- und Kunststoffwaren	20,6	22,1	22,9	22,3	20,7	22,2
Herstellung von Möbeln, Schmuck, Musikinstrumenten, Sportgeräten, Spielwaren und sonstigen Erzeugnissen	19,0	22,1	22,2	23,0	22,8	20,1
Holzgewerbe (ohne Herstellung von Möbeln)	20,0	21,5	22,7	21,7	22,8	–
Kokerei, Mineralölverarbeitung, Herstellung und Verarbeitung von Spalt- und Brutstoffen	20,3	18,6	26,8	16,7	–	–
Ledergewerbe	20,7	22,2	21,8	25,3	26,9	17,4
Papiergewerbe	21,2	22,9	22,0	20,9	22,1	17,4
Recycling	21,4	25,8	26,9	38,3	–	41,6
Tabakverarbeitung	22,9	26,8	26,1	26,2	19,1	–
Textilgewerbe	19,8	21,4	22,8	23,2	21,8	15,7
Verlagsgewerbe, Druckgewerbe, Vervielfältigung von bespielten Ton-, Bild- und Datenträgern	17,1	18,6	19,3	20,0	23,6	19,0
Durchschnitt über alle Branchen	19,8	21,1	21,7	22,4	22,6	21,7

19.11.8 Krankenstand nach Stellung im Beruf

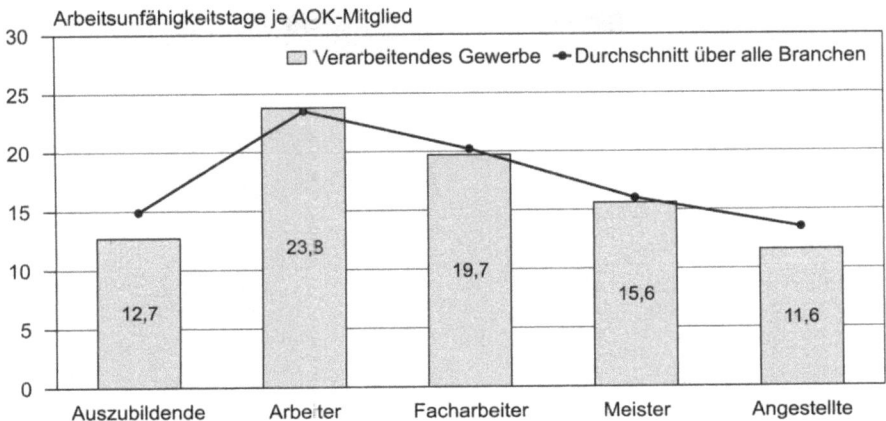

Abb. 19.11.6. Arbeitsunfähigkeitstage im Verarbeitenden Gewerbe nach Stellung im Beruf, 2001

Tabelle 19.11.6. Verarbeitendes Gewerbe, Krankenstand (in %) nach Stellung im Beruf, 2001

Wirtschaftsabteilung	Auszubildende	Arbeiter	Facharbeiter	Meister, Poliere	Angestellte
Bekleidungsgewerbe	3,2	5,5	4,7	4,5	2,9
Chemische Industrie	2,9	6,5	5,1	3,6	3,1
Ernährungsgewerbe	3,8	6,7	5,5	4,1	3,7
Glasgewerbe, Keramik, Verarbeitung von Steinen und Erden	3,9	6,5	6,1	4,8	2,8
Herstellung von Gummi- und Kunststoffwaren	3,3	6,5	5,4	4,5	2,9
Herstellung von Möbeln, Schmuck, Musikinstrumenten, Sportgeräten, Spielwaren und sonstigen Erzeugnissen	3,6	6,5	5,4	4,3	2,7
Holzgewerbe (ohne Herstellung von Möbeln)	3,8	6,3	5,4	3,9	2,7
Kokerei, Mineralölverarbeitung, Herstellung und Verarbeitung von Spalt- und Brutstoffen	2,8	6,5	5,6	3,5	2,7
Ledergewerbe	3,8	6,8	5,9	6,0	2,3
Papiergewerbe	3,2	6,6	5,4	4,4	2,9
Recycling	5,0	7,5	6,2	5,5	3,3
Tabakverarbeitung	3,3	7,3	6,5	2,8	3,1
Textilgewerbe	3,7	6,4	5,7	4,0	2,8
Verlagsgewerbe, Druckgewerbe, Vervielfältigung von bespielten Ton-, Bild- und Datenträgern	2,8	6,4	4,6	4,4	3,1

19.11.9 Arbeitsunfälle

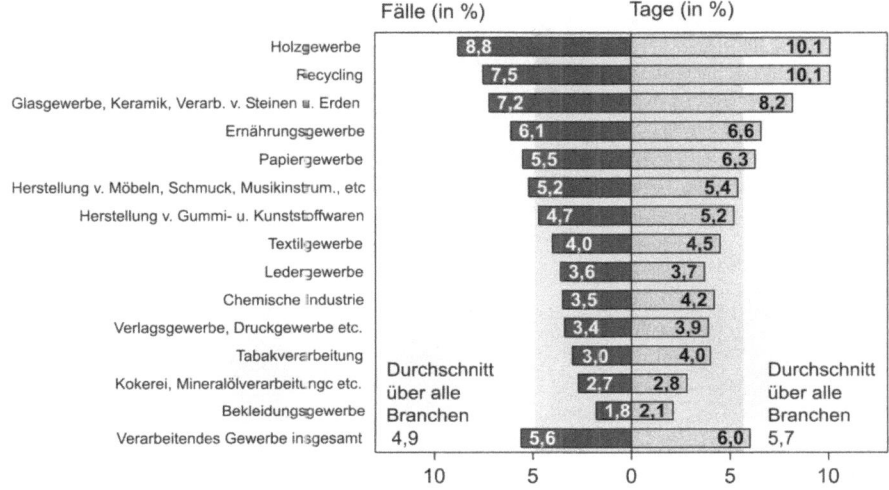

Abb. 19.11.7. Arbeitsunfälle im Verarbeitenden Gewerbe nach Wirtschaftsabteilungen, Anteil an den AU-Fällen und -Tagen in %, 2001

Tabelle 19.11.7. Verarbeitendes Gewerbe, Arbeitsunfähigkeitstage durch Arbeitsunfälle nach Berufsgruppen, 2001

Tätigkeit	AU-Tage je 1000 AOK-Mitglieder	Anteil an den AU-Tagen insgesamt (in %)
Formstein-, Betonhersteller	2673,0	11,0
Fleischer	2466,6	11,9
Holzaufbereiter	2204,4	9,7
Kraftfahrzeugführer	2142,5	9,6
Betriebsschlosser, Reparaturschlosser	2039,6	10,0
Tischler	1830,8	10,1
Fleisch-, Wurstwarenhersteller	1792,1	6,9
Hilfsarbeiter ohne nähere Tätigkeitsangabe	1453,0	6,2
Lager-, Transportarbeiter	1320,0	6,1
Sonstige Papierverarbeiter	1289,2	5,2
Kunststoffverarbeiter	1185,8	5,1
Druckerhelfer	1183,5	5,1
Warenaufmacher, Versandfertigmacher	1107,1	4,4
Backwarenhersteller	1077,0	5,8
Chemiebetriebswerker	1026,3	4,5
Verkäufer	721,5	4,7

19.11.10 Krankheitsarten

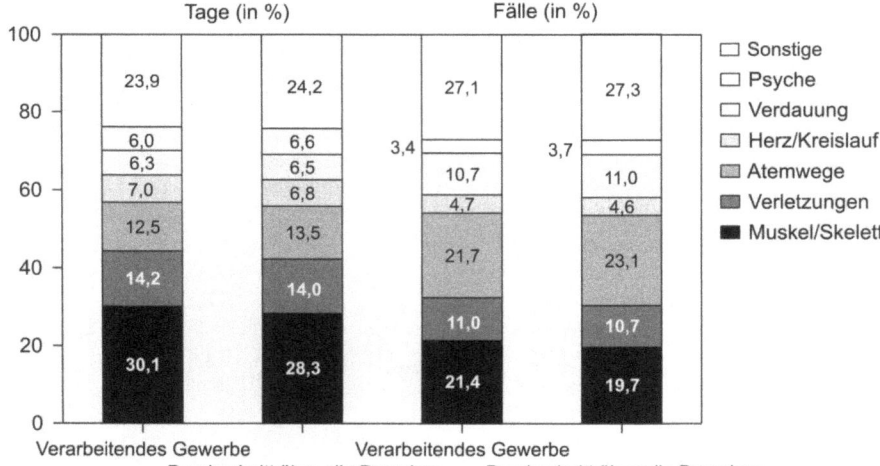

Abb. 19.11.8. Arbeitsunfähigkeiten im Verarbeitenden Gewerbe nach Krankheitsarten, 2001

Tabelle 19.11.8. Verarbeitendes Gewerbe, Arbeitsunfähigkeitstage nach Krankheitsarten (in %), 2001

Wirtschaftsabteilung	Muskel/Skelett	Atemwege	Verletzungen	Herz/Kreislauf	Verdauung	Psyche	Sonstige
Bekleidungsgewerbe	28,5	12,2	8,4	6,5	5,7	8,7	30,0
Chemische Industrie	29,4	14,2	12,3	7,1	6,6	6,1	24,2
Ernährungsgewerbe	29,7	12,2	14,8	6,8	6,1	5,7	24,7
Glasgewerbe, Keramik, Verarbeitung von Steinen und Erden	32,0	11,2	16,7	8,0	6,0	4,7	21,4
Herstellung von Gummi- und Kunststoffwaren	30,5	13,0	13,6	6,7	6,5	6,1	23,6
Herstellung von Möbeln, Schmuck, Musikinstrumenten, Sportgeräten, Spielwaren und sonstigen Erzeugnissen	31,7	12,1	13,9	6,9	6,2	5,8	23,4
Holzgewerbe (ohne Herstellung von Möbeln)	30,3	11,3	19,9	6,4	6,1	4,8	21,2
Kokerei, Mineralölverarbeitung, Herstellung und Verarbeitung von Spalt- und Brutstoffen	30,3	13,5	13,7	6,7	8,0	5,6	22,1
Ledergewerbe	31,0	11,9	10,3	7,1	6,1	7,8	25,9
Papiergewerbe	30,8	12,5	14,6	6,9	6,4	6,0	22,9
Recycling	27,9	13,4	18,0	7,0	7,1	4,9	21,7
Tabakverarbeitung	31,3	12,3	10,0	7,8	6,2	7,7	24,7
Textilgewerbe	30,7	12,4	11,4	7,4	6,0	6,7	25,4
Verlagsgewerbe, Druckgewerbe, Vervielfältigung von bespielten Ton-, Bild- und Datenträgern	27,9	13,0	12,5	7,6	6,5	7,3	25,3

Tabelle 19.11.9. Verarbeitendes Gewerbe, Arbeitsunfähigkeiten nach Krankheitsarten, Anteile der ICD-Untergruppen an den ICD-Hauptgruppen, 2001

ICD-Untergruppen	Anteil an den AU-Fällen (in %)	Anteil an den AU-Tagen (in %)
Muskel-/Skeletterkrankungen		
Krankheiten der Wirbelsäule und des Rückens	57,2	54,5
Krankheiten der Weichteilgewebe	20,5	18,9
Arthropathien	16,5	21,3
Sonstige	5,9	5,3
Verletzungen		
Verletzungen nicht näher bez. an Rumpf/Extremitäten/etc.	21,3	16,0
Verletzungen des Handgelenkes und der Hand	16,2	16,9
Verletzungen der Knöchelregion und des Fußes	10,7	10,8
Verletzungen des Knies und des Unterschenkels	9,7	14,9
Verletzungen des Kopfes	7,1	5,3
Sonstige	35,0	36,1
Atemwegserkrankungen		
Akute Infektionen der oberen Atemwege	41,6	34,4
Sonstige akute Infektionen der unteren Atemwege	21,2	20,0
Chronische Krankheiten der unteren Atemwege	17,5	21,8
Grippe und Pneumonie	9,0	9,9
Sonstige	10,7	13,9
Herz-/Kreislauferkrankungen		
Hypertonie [Hochdruckkrankheit]	28,1	23,3
Krankheiten der Venen/Lymphgefäße/Lymphknoten	20,3	17,4
Sonst. u. nicht näher bez. Krankheiten des Kreislaufsystems	17,0	6,0
Ischämische Herzkrankheiten	13,9	23,3
Sonstige	20,6	30,1
Verdauung		
Krankheiten des Ösophagus/Magens/Duodenums	29,0	27,8
Nichtinfektiöse Enteritis und Kolitis	25,3	16,9
Krankheiten der Mundhöhle/Speicheldrüsen/Kiefer	23,3	8,0
Sonstige Krankheiten des Darmes	6,3	9,9
Hernien	5,0	15,6
Sonstige	11,1	21,8
Psychische und Verhaltensstörungen		
Neurotische, Belastungs- und somatoforme Störungen	42,1	36,0
Affektive Störungen	30,2	36,6
Psych. u. Verhaltensstörungen d. psychotrope Substanzen	18,4	15,2
Schizophrenie, schizotype und wahnhafte Störungen	3,2	5,3
Sonstige	6,1	6,8

19.12 Verkehr und Transportgewerbe

19.12.1	Kosten der Arbeitsunfähigkeit	463
19.12.2	Allgemeine Krankenstandsentwicklung	463
19.12.3	Krankenstandsentwicklung nach Wirtschaftsabteilungen	465

Tabellarische Übersichten und Abbildungen

19.12.4	Krankenstand nach Berufsgruppen	466
19.12.5	Kurz- und Langzeiterkrankungen	468
19.12.6	Krankenstand nach Bundesländern	469
19.12.7	Krankenstand nach Betriebsgröße	471
19.12.8	Krankenstand nach Stellung im Beruf	472
19.12.9	Arbeitsunfälle	473
19.12.10	Krankheitsarten	474

19.12.1 Kosten der Arbeitsunfähigkeit

Im Verkehrs- und Transportgewerbe waren im Jahr 2001 1,53 Millionen Arbeitnehmer sozialversicherungspflichtig beschäftigt[1]. Der Anteil der AOK-Versicherten in dieser Branche lag bei 46,4% (710 582 Erwerbstätige). Jedes Mitglied der AOK war im Jahresmittel 20,1 Kalendertage krank gemeldet. Hochgerechnet auf die Branche addierten sich die krankheitsbedingten Fehlzeiten insgesamt auf 30,8 Millionen Tage oder 84 389 Erwerbsjahre. Bei einem durchschnittlichen Arbeitnehmerentgelt im Verkehrs- und Transportgewerbe von 32 737[2] Euro ergaben sich für das Jahr 2001 hochgerechnet auf alle Beschäftigten Ausfallkosten durch Arbeitsunfähigkeit in Höhe von 2,76 Mrd. Euro. Bei einem Betrieb mit 100 Beschäftigten entspricht dies einer Belastung von 180 307 Euro, die auf die Abwesenheit erkrankter Mitarbeiter zurückzuführen war.

19.12.2 Allgemeine Krankenstandsentwicklung

Im Verkehrs- und Transportgewerbe erreichte der Krankenstand im Jahr 2001 5,5% und blieb damit gegenüber dem Vorjahr unverändert (Tabelle 19.12.1). Die mittlere Krankheitsdauer war im Vergleich zu allen übrigen Wirtschaftszweigen mit 14,4 Kalendertagen die längste (vgl. Kap. 19.1, S. 291). In Ostdeutschland lag der Krankenstand mit 4,9% deutlich niedriger als in Westdeutschland (5,6%). Er blieb gegenüber

---

[1] Bundesanstalt für Arbeit, Sozialversicherungspflichtig Beschäftigte nach Wirtschaftszweigen der WZ93/BA in der Bundesrepublik Deutschland im März 2001.
[2] Statistisches Bundesamt, Volkswirtschaftliche Gesamtrechnungen, Fachserie 18, Reihe 1.3, Arbeitnehmerentgelt je Arbeitnehmer, Hauptbericht 2001, Wiesbaden 2002.

Tabelle 19.12.1. Krankenstandsentwicklung im Bereich Verkehr und Transport, 2001

	Kranken-stand (in %)	Arbeitsunfähigkeiten je 100 AOK-Mitglieder				Tage je Fall	AU-Quote (in %)
		Fälle	Veränd. z. Vorj. (in %)	Tage	Veränd. z. Vorj. (in %)		
West	5,6	144,1	0,6	2045,6	−0,4	14,2	51,6
Ost	4,9	108,7	−1,0	1788,4	1,5	16,5	47,1
BRD	5,5	139,3	0,7	2010,3	0,0	14,4	51,0

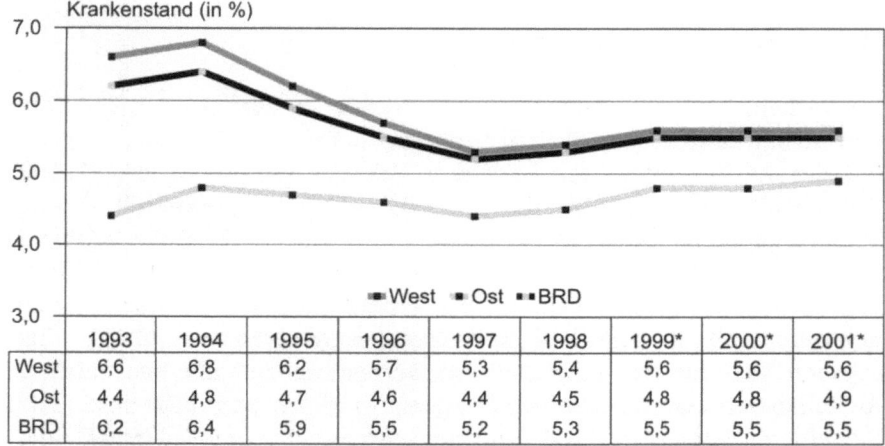

Abb. 19.12.1. Krankenstandsentwicklung im Bereich Verkehr und Transport 1993–2001

dem Vorjahr für Westdeutschland stabil, in Ostdeutschland stieg er um 0,1 Prozentpunkte an. Der Anteil der Arbeitnehmer, die sich mindestens einmal krank meldeten, war im Westen höher als im Osten (AU-Quote West: 51,6%; Ost: 47,1%). Bundesweit betrug die Arbeitsunfähigkeitsquote für das Verkehrs- und Transportgewerbe 51,0%.

Die Zahl der Arbeitsunfähigkeitsfälle je 100 AOK-Mitglieder nahm 2001 im Vergleich zum Vorjahr im Verkehrs- und Transportgewerbe im Bundesdurchschnitt geringfügig um 0,7% zu. In Westdeutschland stieg die Zahl der Krankheitsfälle an (0,6%), in Ostdeutschland dagegen ging sie zurück (−1,0%). Bei den Arbeitsunfähigkeitstagen je 100 AOK-Mitgliedern blieben die Werte für das Jahr 2001 auf Bundesebene stabil. Im Westen Deutschlands verringerten sich die Arbeitsunfähigkeitstage um 0,4% im Vergleich zu 2000, im Osten stiegen sie um 1,5% an.

Abb. 19.12.1 zeigt die Entwicklung des Krankenstands im Verkehrs- und Transportgewerbe in den Jahren 1993 bis 2001. Von 1994 bis 1997 ging der Krankenstand von 6,4% auf 5,2% zurück. Danach stieg er wieder geringfügig an und erreichte 1999 einen Wert von 5,5%. In den Folgejahren blieb der Krankenstand stabil und befindet sich damit nach wie vor auf einem niedrigeren Stand als in den Jahren 1993 bis 1995. 1993 lag der Krankenstand in Westdeutschland noch 2,2 Prozentpunkte höher als in Ostdeutschland. In den folgenden Jahren verringerte sich der Abstand zwischen den Krankenstandswerten in Ost und West kontinuierlich, 2001 betrug er nur noch 0,7 Prozentpunkte.

19.12.3 Krankenstandsentwicklung nach Wirtschaftsabteilungen

Die Höhe des Krankenstandes variierte in den einzelnen Wirtschaftsabteilungen des Verkehrs- und Transportgewerbes teilweise erheblich. Den niedrigsten Stand verzeichnete die Luftfahrt (4,7%), den höchsten die Abteilung „Hilfs- und Nebentätigkeiten für den Verkehr, Verkehrsvermittlung" etc. mit 5,7%. Die nicht unerheblichen Unterschiede im Krankenstand zwischen den einzelnen Wirtschaftsabteilungen sind zum Teil auf unterschiedliche Beschäftigtenstrukturen zurückzu-

Tabelle 19.12.2. Krankenstandsentwicklung im Bereich Verkehr und Transport nach Wirtschaftsabteilungen, 2001

Wirtschafts-abteilung	Krankenstand (in %)			Arbeitsunfähigkeiten je 100 AOK-Mitglieder				Tage je Fall	AU-Quote (in %)
	2001	2001 stand.*	2000	Fälle	Veränd. z. Vorj. (in %)	Tage	Veränd. z. Vorj. (in %)		
Hilfs- und Nebentätigkeiten für den Verkehr, Verkehrsvermittlung	5,7	5,5	5,8	147,4	−0,5	2072,8	−1,5	14,1	53,5
Landverkehr, Transport in Rohrfernleitungen	5,4	5,2	5,4	123,4	−0,6	1976,7	0,2	16,0	48,7
Luftfahrt	4,7	5,2	4,8	173,4	−0,2	1725,6	−1,7	10,0	59,2
Nachrichtenübermittlung	5,2	5,4	4,7	163,3	9,5	1885,5	10,2	11,5	48,3
Schifffahrt	4,9	4,4	5,4	116,9	0,7	1788,6	−10,1	15,3	43,5

* alters- und geschlechtsstandardisiert

führen. Standardisiert man die Krankenstände nach Alter und Geschlecht, reduzieren sich, abgesehen vom Bereich der Schifffahrt, die Unterschiede deutlich (s. Tabelle 19.12.2). Die Schifffahrt weist nach der Standardisierung den mit Abstand niedrigsten Krankenstandswert auf.

Im Vergleich zum Jahr 2000 stieg der Krankenstand in der Nachrichtenübermittlung um 0,5 Prozentpunkte an. In der Schifffahrt ging er um 0,5 Prozentpunkte und in der Verkehrsvermittlung und Luftfahrt um jeweils 0,1 Prozentpunkte zurück. Im Landverkehr war er gleichbleibend gegenüber dem Vorjahr.

Die größte Zunahme an Krankheitsfällen fand mit 9,5% in der Abteilung Nachrichtenübermittlung statt. Die höchste Anzahl an Arbeitsunfähigkeitsfällen je 100 AOK-Mitglieder verzeichnete die Luftfahrt (173,4 Fälle). Dieser Bereich wies auch die höchste Arbeitsunfähigkeitsquote (59,2%) des gesamten Verkehrs- und Transportwesens auf. Die geringste Anzahl von Krankheitsfällen (116,9) sowie die niedrigste AU-Quote der Branche (43,5%) war in der Schifffahrt festzustellen. Die längste Falldauer – im Mittel 16,0 Tage je Krankheitsfall – war im Landverkehr zu finden.

Tabellarische Übersichten und Abbildungen

19.12.4 Krankenstand nach Berufsgruppen

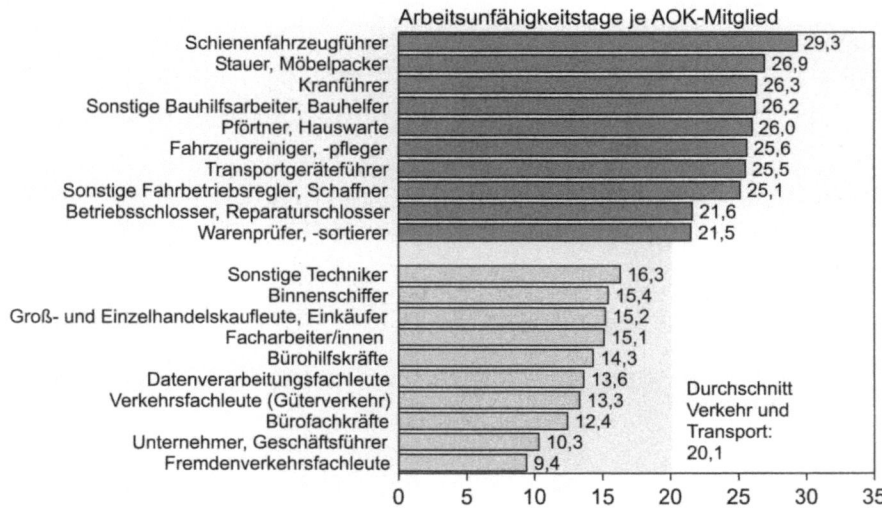

Abb. 19.12.2. 10 Berufsgruppen im Bereich Verkehr und Transport mit hohen und niedrigen Krankenständen, 2001

Tabelle 19.12.3. Verkehr und Transport, Krankenstandskennzahlen nach ausgewählten Berufsgruppen, 2001

Tätigkeit	Krankenstand in (%)	Arbeitsunfähigkeiten je 100 AOK-Mitglieder		Tage je Fall	AU-Quote (in %)	Anteil Arbeitsunfälle an den AU-Tagen (in %)
		Fälle	Tage			
Betriebsschlosser, Reparaturschlosser	5,9	175,8	2155,6	12,3	65,1	8,4
Binnenschiffer	4,2	75,2	1539,2	20,5	31,7	14,2
Bürofachkräfte	3,4	120,2	1239,6	10,3	46,3	2,5
Bürohilfskräfte	3,9	101,2	1431,1	14,1	39,1	3,1
Eisenbahnbetriebsregler, -schaffner	6,8	156,4	2480,3	15,9	60,8	4,2
Elektroinstallateure, -monteure	5,4	149,3	1961,4	13,1	61,0	6,9
Fahrzeugreiniger, -pfleger	7,0	173,1	2563,9	14,8	59,0	4,6
Fremdenverkehrsfachleute	2,6	123,9	943,6	7,6	45,4	1,4
Hilfsarbeiter ohne nähere Tätigkeitsangabe	6,3	151,8	2294,5	15,1	43,2	7,6
Kraftfahrzeugführer	5,6	118,6	2038,1	17,2	48,7	9,3
Kraftfahrzeuginstandsetzer	5,5	142,7	2004,9	14,0	60,4	9,4
Kranführer	7,2	150,4	2631,8	17,5	64,7	11,7
Lager-, Transportarbeiter	6,2	178,1	2274,2	12,8	56,0	7,0
Luftverkehrsberufe	5,5	164,3	2010,7	12,2	59,9	3,3
Schienenfahrzeugführer	8,0	185,3	2927,8	15,8	69,6	3,7
Stauer, Möbelpacker	7,4	189,7	2685,4	14,2	56,5	9,2
Transportgeräteführer	7,0	184,9	2549,6	13,8	65,5	7,6
Unternehmer, Geschäftsführer	2,8	70,4	1032,6	14,7	32,9	3,1
Verkehrsfachleute (Güterverkehr)	3,6	163,0	1327,9	8,1	54,5	4,0
Warenaufmacher, Versandfertigmacher	6,4	206,0	2334,7	11,3	59,0	3,4

Berufsgruppen mit mehr als 2000 AOK-Versicherten

19.12.5 Kurz- und Langzeiterkrankungen

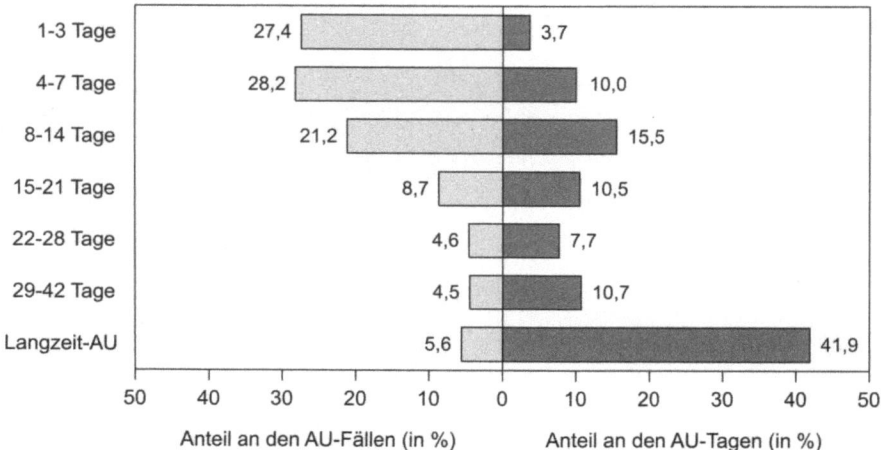

Abb. 19.12.3. Arbeitsunfähigkeitsfälle und -tage im Bereich Verkehr und Transport nach der Dauer, 2001

19.12.6 Krankenstand nach Bundesländern

Tabelle 19.12.4. Verkehr und Transport, Arbeitsunfähigkeit nach Bundesländern, 2001 im Vergleich zum Vorjahr

	Arbeitsunfähigkeiten je 100 AOK-Mitglieder					
	AU-Fälle 2001	Veränd. z. Vorj. (in %)	AU-Tage 2001	Veränd. z. Vorj. (in %)	Tage je Fall 2001	Veränd. z. Vorj. (in %)
Baden-Württemberg	139,4	1,0	1895,5	2,7	13,6	1,5
Bayern	123,0	−1,8	1813,8	−1,9	14,7	−0,7
Berlin	139,8	−2,4	2736,8	−1,3	19,6	1,0
Brandenburg	107,6	−*	1781,3	−*	16,6	−*
Bremen	175,5	1,0	2597,9	0,0	14,8	−1,3
Hamburg	154,2	0,5	2453,7	−0,3	15,9	−0,6
Hessen	176,0	2,5	2257,6	1,5	12,8	−1,5
Mecklenburg-Vorpommern	104,1	−4,1	1765,8	3,0	17,0	7,6
Niedersachsen	138,5	−2,3	1660,2	−9,5	12,0	−7,0
Nordrhein-Westfalen	152,2	2,6	2239,1	1,0	14,7	−2,0
Rheinland-Pfalz	150,5	1,6	2169,0	2,9	14,4	1,4
Saarland	127,8	−3,3	2322,5	−3,1	18,2	0,6
Sachsen	107,9	−2,8	1758,4	−2,5	16,3	0,6
Sachsen-Anhalt	109,6	−2,2	1857,2	0,9	16,9	3,0
Schleswig-Holstein	133,6	−0,5	1991,5	0,4	14,9	0,7
Thüringen	113,2	−2,4	1807,6	−1,1	16,0	1,3
Bund	139,3	0,7	2010,3	0,0	14,4	−0,7

* Die Veränderungswerte für das Land Brandenburg werden aufgrund von Umstellungen in der Datenbasis nicht ausgewiesen

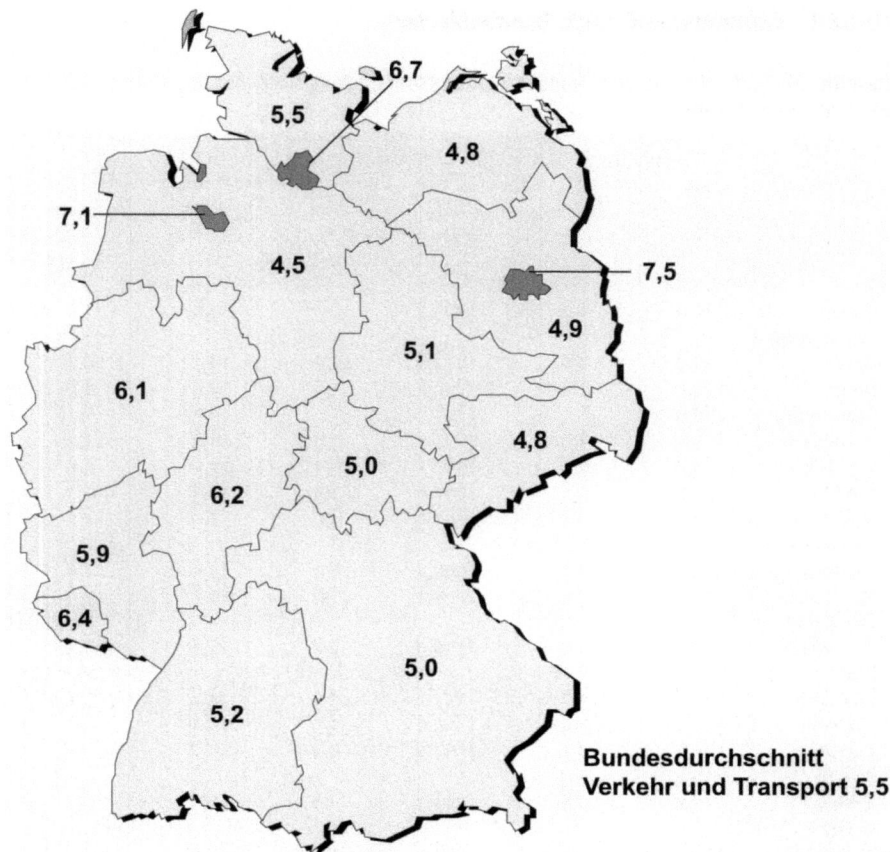

Abb. 19.12.4. Krankenstand in % im Bereich Verkehr und Transport nach Bundesländern,

Verkehr und Transportgewerbe

19.12.7 Krankenstand nach Betriebsgröße

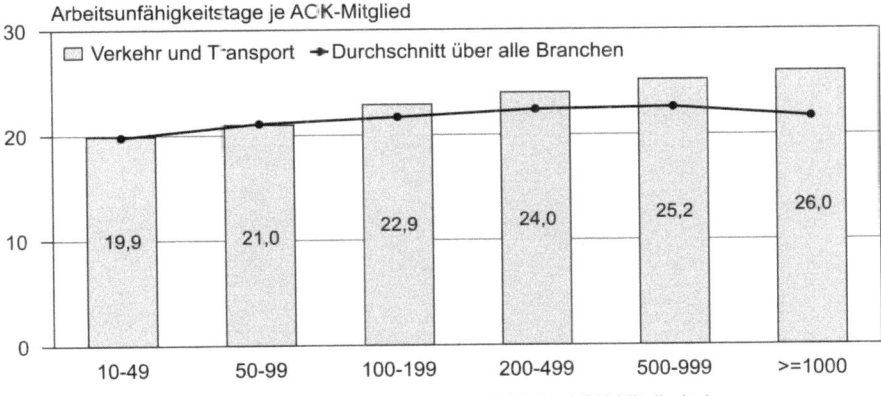

2001

Tabelle 19.12.5. Verkehr und Transport, Arbeitsunfähigkeitstage je AOK-Mitglied nach Betriebsgröße (Anzahl der AOK-Mitglieder), 2001

Wirtschaftsabteilung	10–49	50–99	100–199	200–499	500–999	≥1000
Hilfs- und Nebentätigkeiten für den Verkehr, Verkehrsvermittlung	20,9	21,1	22,8	24,1	28,4	24,6
Landverkehr, Transport in Rohrfernleitungen	19,1	21,8	24,0	27,7	26,7	32,0
Luftfahrt	15,2	18,6	19,0	18,4	21,1	–
Nachrichtenübermittlung	17,6	18,6	20,8	19,7	20,4	20,9
Schifffahrt	20,9	19,2	32,0	18,7	–	–
Durchschnitt über alle Branchen	19,8	21,1	21,7	22,4	22,6	21,7

19.12.8 Krankenstand nach Stellung im Beruf

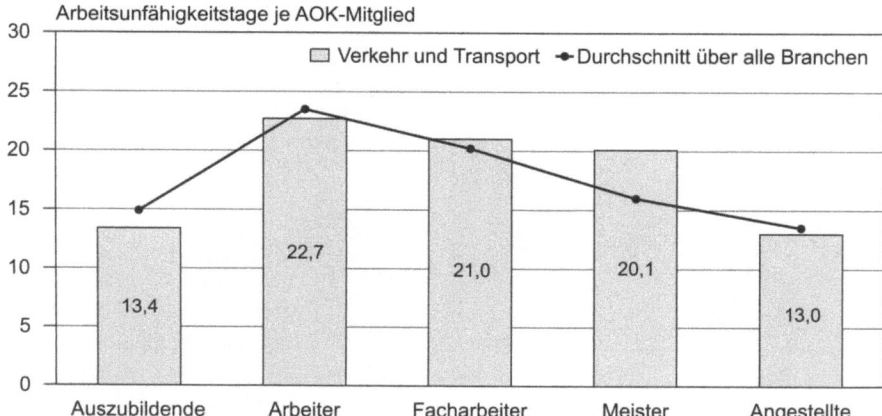

Abb. 19.12.5. Arbeitsunfähigkeitstage im Bereich Verkehr und Transport nach Betriebsgröße, 2001

Tabelle 19.12.6. Verkehr und Transport, Krankenstand (in %) nach Stellung im Beruf, 2001

Wirtschaftsabteilung	Auszubildende	Arbeiter	Facharbeiter	Meister, Poliere	Angestellte
Hilfs- und Nebentätigkeiten für den Verkehr, Verkehrsvermittlung	3,6	6,5	6,0	5,5	3,5
Landverkehr, Transport in Rohrfernleitungen	4,1	5,9	5,6	5,5	3,7
Luftfahrt	2,7	7,5	6,4	7,7	4,0
Nachrichtenübermittlung	3,3	6,2	5,5	6,6	3,7
Schifffahrt	2,5	5,4	4,9	4,8	4,0

19.12.9 Arbeitsunfälle

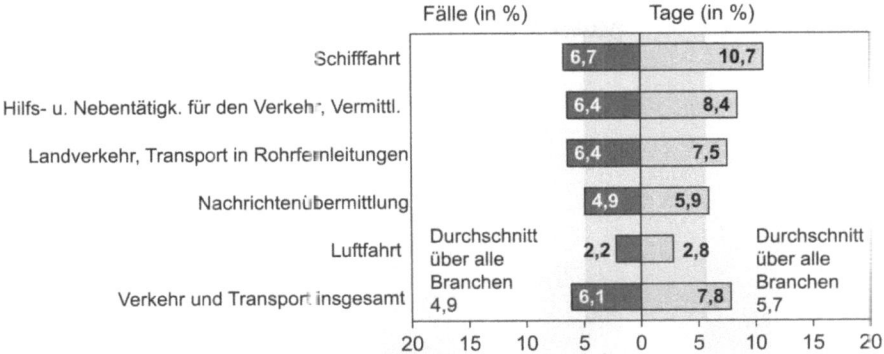

Abb. 19.12.6. Arbeitsunfähigkeitstage im Bereich Verkehr und Transport nach Stellung im Beruf, 2001

Tabelle 19.12.7. Verkehr und Transport, Arbeitsunfähigkeitstage durch Arbeitsunfälle nach Berufsgruppen, 2001

Tätigkeit	AU-Tage je 1000 AOK-Mitglieder	Anteil an den AU-Tagen insgesamt (in %)
Stauer, Möbelpacker	2479,4	9,2
Binnenschiffer	2181,0	14,2
Transportgeräteführer	1930,8	7,6
Kraftfahrzeugführer	1909,2	9,3
Kraftfahrzeuginstandsetzer	1892,2	9,4
Betriebsschlosser, Reparaturschlosser	1802,5	8,4
Hilfsarbeiter ohne nähere Tätigkeitsangabe	1757,2	7,6
Lagerverwalter, Magaziner	1643,5	6,9
Lager-, Transportarbeiter	1596,3	7,0
Facharbeiter/innen	1463,6	9,6
Warenprüfer, -sortierer	1328,8	6,1
Postverteiler	1227,8	5,9
Schienenfahrzeugführer	1092,6	3,7
Warenaufmacher, Versandfertigmacher	816,7	3,4
Verkäufer	569,0	2,9
Verkehrsfachleute (Güterverkehr)	542,8	4,0
Bürofachkräfte	325,0	2,5

19.12.10 Krankheitsarten

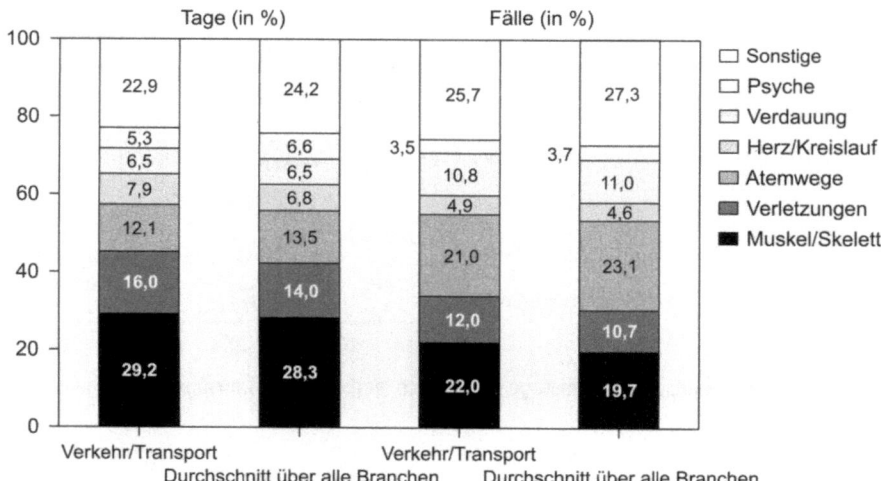

Abb. 19.12.7. Arbeitsunfälle im Bereich Verkehr und Transport nach Wirtschaftsabteilungen, Anteil an den AU-Fällen und -Tagen in %, 2001

Tabelle 19.12.8. Verkehr und Transport, Arbeitsunfähigkeitstage nach Krankheitsarten (in %), 2001

Wirtschafts-abteilung	Muskel/Skelett	Atem-wege	Verlet-zungen	Herz/Kreislauf	Verdau-ung	Psyche	Sons-tige
Hilfs- und Nebentätigkeiten für den Verkehr, Verkehrsvermittlung	29,6	12,1	16,4	7,6	6,5	5,1	22,6
Landverkehr, Transport in Rohrfernleitungen	29,2	11,3	15,6	8,9	6,5	5,3	23,1
Luftfahrt	20,3	22,8	10,8	3,9	7,6	9,3	25,2
Nachrichten-übermittlung	28,3	14,9	15,6	4,9	6,6	6,5	23,2
Schifffahrt	29,0	11,0	19,2	9,3	6,5	4,9	20,2

Tabelle 19.12.9. Verkehr und Transport, Arbeitsunfähigkeiten nach Krankheitsarten, Anteile der ICD-Untergruppen an den ICD-Hauptgruppen, 2001

ICD-Untergruppen	Anteil an den AU-Fällen (in %)	Anteil an den AU-Tagen (in %)
Muskel-/Skeletterkrankungen		
Krankheiten der Wirbelsäule und des Rückens	60,3	58,7
Krankheiten der Weichteilgewebe	18,5	17,0
Arthropathien	15,5	19,3
Sonstige	5,7	5,0
Verletzungen		
Verletzungen nicht näher bez. an Rumpf/Extremitäten/etc.	18,4	14,2
Verletzungen der Knöchelregion und des Fußes	13,3	13,5
Verletzungen des Handgelenkes und der Hand	11,8	12,0
Verletzungen des Knies und des Unterschenkels	11,1	16,2
Verletzungen des Kopfes	7,9	6,0
Sonstige	37,6	38,0
Atemwegserkrankungen		
Akute Infektionen der oberen Atemwege	41,1	33,9
Sonstige akute Infektionen der unteren Atemwege	21,0	20,0
Chronische Krankheiten der unteren Atemwege	17,7	21,7
Grippe und Pneumonie	9,0	10,0
Sonstige	11,2	14,4
Herz-/Kreislauferkrankungen		
Hypertonie [Hochdruckkrankheit]	29,4	23,2
Ischämische Herzkrankheiten	18,6	29,2
Krankheiten der Venen/Lymphgefäße/Lymphknoten	16,2	12,0
Sonst. u. nicht näher bez. Krankheiten des Kreislaufsystems	13,6	4,3
Sonstige	22,2	31,3
Verdauung		
Krankheiten des Ösophagus/Magens/Duodenums	29,8	29,0
Nichtinfektiöse Enteritis und Kolitis	25,5	17,6
Krankheiten der Mundhöhle/Speicheldrüsen/Kiefer	21,3	7,4
Sonstige Krankheiten des Darmes	7,0	11,4
Hernien	5,4	15,1
Sonstige	11,0	19,5
Psychische und Verhaltensstörungen		
Neurotische, Belastungs- und somatoforme Störungen	43,5	40,1
Affektive Störungen	25,5	31,4
Psych. u. Verhaltensstörungen d. psychotrope Substanzen	21,7	17,2
Schizophrenie, schizotype und wahnhafte Störungen	2,6	4,1
Sonstige	6,7	7,3

Anhang

Übersicht der Krankheitsartengruppen nach dem ICD-Schlüssel (10. Revision, 1999)

I. Bestimmte infektiöse und parasitäre Krankheiten (A00–B99)

A00–A09	Infektiöse Darmkrankheiten
A15–A19	Tuberkulose
A20–A28	Bestimmte bakterielle Zoonosen
A30–A49	Sonstige bakterielle Krankheiten
A50–A64	Infektionen, die vorwiegend durch Geschlechtsverkehr übertragen werden
A65–A69	Sonstige Spirochätenkrankheiten
A70–A74	Sonstige Krankheiten durch Chlamydien
A75–A79	Rickettsiosen
A80–A89	Virusinfektionen des Zentralnervensystems
A90–A99	Durch Arthropoden übertragene Viruskrankheiten und virale hämorrhagische Fieber
B00–B09	Virusinfektionen, die durch Haut- und Schleimhautläsionen gekennzeichnet sind
B15–B19	Virushepatitis
B20–B24	HIV-Krankheit [Humane Immundefizienz-Viruskrankheit]
B25–B34	Sonsitge Viruskrankheiten
B35–B49	Mykosen
B50–B64	Protozoenkrankheit
B65–B83	Helminthosen
B85–B89	Pedikulose [Läusebefall], Akarinose [Milbenbefall] und sonstiger Parasitenbefall der Haut
B90–B94	Folgezustände von infektiösen und parasitären Krankheiten
B95–B97	Bakterien, Viren und sonstige Infektionserreger als Ursache von Krankheiten, die in anderen Kapiteln klassifiziert sind
B99	Sonstige Infektionskrankheiten

II. Neubildungen (C00–D48)

C00–C75	Bösartige Neubildungen an genau bezeichneten Lokalisationen, als primär festgestellt oder vermutet, ausgenommen lymphatisches, blutbildendes und verwandtes Gewebe
C76–C80	Bösartige Neubildungen ungenau bezeichneter, sekundärer und nicht näher bezeichneter Lokalisationen
C81–C96	Bösartige Neubildungen des lymphatischen, blutbildenden und verwandten Gewebes, als primär festgestellt und vermutet
C97	Bösartige Neubildungen als Primärtumoren an mehreren Lokalisationen
D00–D09	In-situ-Neubildungen
D10–D36	Gutartige Neubildungen
D37–D48	Neubildungen unsicheren oder unbekannten Verhaltens

III. Krankheiten des Blutes und der blutbildenden Organe sowie bestimmte Störungen mit Beteiligung des Immunsystems (D50–D89)

D50–D53	Alimentäre Anämien
D55–D59	Hämolytische Anämien
D60–D64	Aplastische und sonstige Anämien
D65–D69	Koagulopathien, Purpura und sonstige hämorrhagische Diathesen
D70–D77	Sonstige Krankheiten des Blutes und der blutbildenden Organe
D80–D89	Bestimmte Störungen mit Beteiligung des Immunsystems

IV. Endokrine, Ernährungs- und Stoffwechselkrankheiten (E00–E90)

E00–E07	Krankheiten der Schilddrüse
E10–E14	Diabetes mellitus
E15–E16	Sonstige Störungen der Blutglukose-Regulation und der inneren Sekretion des Pankreas
E20–E35	Krankheiten sonstiger endokriner Drüsen
E40–E46	Mangelernährung
E50–E64	Sonstige alimentäre Mangelzustände
E65–E68	Adipositas und sonstige Überernährung
E70–E90	Stoffwechselstörungen

V. Psychische und Verhaltensstörungen (F00-F99)

F00-F09	Organische, einschließlich symptomatischer psychischer Störungen
F10-F19	Psychische und Verhaltensstörungen durch psychotrope Substanzen
F20-F29	Schizophrenie, schizotype und wahnhafte Störungen
F30-F39	Affektive Störungen
F40-F48	Neurotische, Belastungs- und somatoforme Störungen
F50-F59	Verhaltensauffälligkeiten mit körperlichen Störungen und Faktoren
F60-F69	Persönlichkeits- und Verhaltensstörungen
F70-F79	Intelligenzminderung
F80-F89	Entwicklungsstörungen
F90-F98	Verhaltens- und emotionale Störungen mit Beginn in der Kindheit und Jugend
F99	Nicht näher bezeichnete psychische Störungen

VI. Krankheiten des Nervensystems (G00-G99)

G00-G09	Entzündliche Krankheiten des Zentralnervensystems
G10-G13	Systematrophien, die vorwiegend das Zentralnervensystem betreffen
G20-G26	Extrapyramidale Krankheiten und Bewegungsstörungen
G30-G32	Sonstige degenerative Krankheiten des Nervensystems
G35-G37	Demyelinisierende Krankheiten des Zentralnervensystems
G40-G47	Episodische und paroxysmale Krankheiten des Nervensystems
G50-G59	Krankheiten von Nerven, Nervenwurzeln und Nervenplexus
G60-G64	Polyneuropathien und sonstige Krankheiten des peripheren Nervensystems
G70-G73	Krankheiten im Bereich der neuromuskulären Synapse und des Muskels
G80-G83	Zerebrale Lähmung und sonstige Lähmungssyndrome
G90-G99	Sonstige Krankheiten des Nervensystems

VII. Krankheiten des Auges und der Augenanhangsgebilde (H00-H59)

H00-H06	Affektionen des Augenlides, des Tränenapparates und der Orbita
H10-H13	Affektionen der Konjunktiva
H15-H22	Affektionen der Sklera, der Hornhaut, der Iris und des Ziliarkörpers

H25-H28	Affektionen der Linse
H30-H36	Affektionen der Aderhaut und der Netzhaut
H40-H42	Glaukom
H43-H45	Affektionen des Glaskörpers und des Augapfels
H46-H48	Affektionen des N. opticus und der Sehbahn
H49-H52	Affektionen der Augenmuskeln, Störungen der Blickbewegungen sowie Akkommodationsstörungen und Refraktionsfehler
H53-H54	Sehstörungen und Blindheit
H55-H59	Sonstige Affektionen des Auges und der Augenanhangsgebilde

VIII. Krankheiten des Ohres und des Warzenfortsatzes (H60-H95)

H60-H62	Krankheiten des äußeren Ohres
H65-H75	Krankheiten des Mittelohres und des Warzenfortsatzes
H80 H83	Krankheiten des Innenohres
H90-H95	Sonstige Krankheiten des Ohres

IX. Krankheiten des Kreislaufsystems (I00-I99)

I00-I02	Akutes rheumatisches Fieber
I05-I09	Chronische rheumatische Herzkrankheiten
I10-I15	Hypertonie [Hochdruckkrankheit]
I20-I25	Ischämische Herzkrankheiten
I26-I28	Pulmonale Herzkrankheit und Krankheiten des Lungenkreislaufs
I30-I52	Sonstige Formen der Herzkrankheit
I60-I69	Zerebrovaskuläre Krankheiten
I70-I79	Krankheiten der Arterien, Arteriolen, und Kapillaren
I80-I89	Krankheiten der Venen, der Lymphgefäße und der Lymphknoten, anderenorts nicht klassifiziert
I95-I99	Sonstige und nicht näher bezeichnete Krankheiten des Kreislaufsystems

X. Krankheiten des Atmungssystems (J00-J99)

J00-J06	Akute Infektionen der oberen Atemwege
J10-J18	Grippe und Pneumonie
J20-J22	Sonstige akute Infektionen der unteren Atemwege
J30-J39	Sonstige Krankheiten der oberen Atemwege
J40-J47	Chronische Krankheiten oder unteren Atemwege
J60-J70	Lungenkrankheiten durch exogene Substanzen
J80-J84	Sonstige Krankheiten der Atmungsorgane, die hauptsächlich das Interstitium betreffen

J85–J86	Purulente und nekrotisierende Krankheitszustände der unteren Atemwege
J90–J94	Sonstige Krankheiten der Pleura
J95–J99	Sonstige Krankheiten des Atmungssystems

XI. Krankheiten des Verdauungssystems (K00–K93)

K00–K14	Krankheiten der Mundhöhle, der Speicheldrüsen und der Kiefer
K20–K31	Krankheiten des Ösophagus, des Magens und des Duodenums
K35–K38	Krankheiten des Appendix
K40–K46	Hernien
K50–K52	Nichtinfektiöse Enteritis und Kolitis
K55–K63	Sonstige Krankheiten des Darms
K65–K67	Krankheiten des Peritoneums
K70–K77	Krankheiten der Leber
K80–K87	Krankheiten der Gallenblase, der Gallenwege und des Pankreas
K90–K93	Sonstige Krankheiten des Verdauungssystems

XII. Krankheiten der Haut und der Unterhaut (L00–L99)

L00–L08	Infektionen der Haut und der Unterhaut
L10–L14	Bullöse Dermatosen
L20–L30	Dermatitis und Ekzem
L40–L45	Papulosquamöse Hautkrankheiten
L50–L54	Urtikaria und Erythem
L55–L59	Krankheiten der Haut und der Unterhaut durch Strahleneinwirkung
L60–L75	Krankheiten der Hautanhangsgebilde
L80–L99	Sonstige Krankheiten der Haut und der Unterhaut

XIII. Krankheiten des Muskel-Skelett-Systems und des Bindegewebes (M00–M99)

M00–M25	Arthropathien
M30–M36	Systemkrankheiten des Bindegewebes
M40–M54	Krankheiten der Wirbelsäule und des Rückens
M60–M79	Krankheiten der Weichteilgewebe
M80–M94	Osteopathien und Chondropathien
M95–M99	Sonstige Krankheiten des Muskel-Skelett-Systems und des Bindegewebes

XIV. Krankheiten des Urogenitalsystems (N00–N99)

N00–N08	Glomeruläre Krankheiten
N10–N16	Tubulointerstitielle Nierenkrankheiten
N17–N19	Niereninsuffizienz
N20–N23	Urolithiasis
N25–N29	Sonstige Krankheiten der Niere und des Ureters
N30–N39	Sonstige Krankheiten des Harnsystems
N40–N51	Krankheiten der männlichen Genitalorgane
N60–N64	Krankheiten der Mamma [Brustdrüse]
N70–N77	Entzündliche Krankheiten der weiblichen Beckenorgane
N80–N98	Nichtentzündliche Krankheiten des weiblichen Genitaltraktes
N99	Sonstige Krankheiten des Urogenitalsystems

XV. Schwangerschaft, Geburt und Wochenbett (O00–O99)

O00–O08	Schwangerschaft mit abortivem Ausgang
O10–O16	Ödeme, Proteinurie und Hypertonie während der Schwangerschaft, der Geburt und des Wochenbettes
O20–O29	Sonstige Krankheiten der Mutter, die vorwiegend mit der Schwangerschaft verbunden sind
O30–O48	Betreuung der Mutter im Hinblick auf den Feten und die Amnionhöhle sowie mögliche Entbindungskomplikationen
O60–O75	Komplikation bei Wehentätigkeit und Entbindung
O80–O84	Entbindung
O85–O92	Komplikationen, die vorwiegend im Wochenbett auftreten
O95–O99	Sonstige Krankheitszustände während der Gestationsperiode, die anderenorts nicht klassifiziert sind

XVI. Bestimmte Zustände, die ihren Ursprung in der Perinatalperiode haben (P00–P96)

P00–P04	Schädigung des Feten und Neugeborenen durch mütterliche Faktoren und durch Komplikationen bei Schwangerschaft, Wehentätigkeit und Entbindung
P05–P08	Störungen im Zusammenhang mit der Schwangerschaftsdauer und dem fetalen Wachstum
P10–P15	Geburtstrauma
P20–P29	Krankheiten des Atmungs- und Herz-Kreislaufsystems, die für die Perinatalperiode spezifisch sind
P35–P39	Infektionen, die für die Perinatalperiode spezifisch sind
P50–P61	Hämorrhagische und hämatomologische Krankheiten beim Feten und Neugeborenen

P70–P74	Transitorische endokrine und Stoffwechselstörungen, die für Feten und das Neugeborene spezifisch sind
P75–P78	Krankheiten des Verdauungssystems beim Feten und Neugeborenen
P80–P83	Krankheitszustände mit Beteiligung der Haut und der Temperaturregulation beim Feten und Neugeborenen
P90–P96	Sonstige Störungen, die ihren Ursprung in der Perinatalperiode haben

XVII. Angeborene Fehlbildungen, Deformitäten und Chromosomenanomalien (Q00–Q99)

Q00–Q07	Angeborene Fehlbildungen des Nervensystems
Q10–Q18	Angeborene Fehlbildungen des Auges, des Ohres, des Gesichts und des Halses
Q20–Q28	Angeborene Fehlbildungen des Kreislaufsystems
Q30–Q34	Angeborene Fehlbildungen des Atmungssystems
Q35–Q37	Lippen-, Kiefer- und Gaumenspalte
Q38–Q45	Sonstige angeborene Fehlbildungen des Verdauungssystems
Q50–Q56	Angeborene Fehlbildungen der Genitalorgane
Q60–Q64	Angeborene Fehlbildungen des Harnsystems
Q65–Q79	Angeborene Fehlbildungen und Deformitäten des Muskel-Skelett-Systems
Q80–Q89	Sonstige angeborene Fehlbildungen
Q90–Q99	Chromosomenanomalien, anderenorts nicht klassifiziert

XVIII. Symptome und abnorme klinische und Laborbefunde, die anderenorts nicht klassifiziert sind (R00–R99)

R00–R09	Symptome, die das Kreislaufsystem und Atmungssystem betreffen
R10–R19	Symptome, die das Verdauungssystem und das Abdomen betreffen
R20–R23	Symptome, die die Haut und das Unterhautgewebe betreffen
R25–R29	Symptome, die das Nervensystem und Muskel-Skelett-System betreffen
R30–R39	Symptome, die das Harnsystem betreffen
R40–R46	Symptome, die das Erkennungs- und Wahrnehmungsvermögen, die Stimmung und das Verhalten betreffen
R47–R49	Symptome, die die Sprache und die Stimme betreffen
R50–R69	Allgemeinsymptome

R70–R79	Abnorme Blutuntersuchungsbefunde ohne Vorliegen einer Diagnose
R80–R82	Abnorme Urinuntersuchungsbefunde ohne Vorliegen einer Diagnose
R83–R89	Abnorme Befunde ohne Vorliegen einer Diagnose bei der Untersuchung anderer Körperflüssigkeiten, Substanzen und Gewebe
R90–R94	Abnorme Befunde ohne Vorliegen einer Diagnose bei bildgebender Diagnostik und Funktionsprüfungen
R95–R99	Ungenau bezeichnete und unbekannte Todesursachen

XIX. Verletzungen, Vergiftungen und bestimmte andere Folgen äußerer Ursachen (S00–T98)

S00–S09	Verletzungen des Kopfes
S10–S19	Verletzungen des Halses
S20–S29	Verletzungen des Thorax
S30–S39	Verletzungen des Abdomens, der Lumbosakralgegend, der Lendenwirbelsäule und des Beckens
S40–S49	Verletzungen der Schulter und des Oberarms
S50–S59	Verletzungen des Ellenbogens und des Unterarms
S60–S69	Verletzungen des Handgelenks und der Hand
S70–S79	Verletzungen der Hüfte und des Oberschenkels
S80–S89	Verletzungen des Knies und des Unterschenkels
S90–S99	Verletzungen der Knöchelregion und des Fußes
T00–T07	Verletzung mit Beteiligung mehrer Körperregionen
T08–T14	Verletzungen nicht näher bezeichneter Teile des Rumpfes, der Extremitäten oder anderer Körperregionen
T15–T19	Folgen des Eindringens eines Fremdkörpers durch eine natürliche Köperöffnung
T20–T32	Verbrennungen oder Verätzungen
T36–T50	Vergiftungen durch Arzneimittel, Drogen und biologisch aktiver Substanzen
T51–T65	Toxische Wirkungen von vorwiegend nicht medizinisch verwendeten Substanzen
T66–T78	Sonstige nicht näher bezeichnete Schäden durch äußere Ursachen
T79	Bestimmte Frühkomplikationen eines Traumas
T80–T88	Komplikationen bei chirurgischen Eingriffen und medizinischer Behandlung, anderenorts nicht klassifiziert

Anhang

T90–T98	Folgen von Verletzung, Vergiftungen und sonstigen Auswirkungen äußerer Ursachen

XX. Äußere Ursachen von Morbidität und Mortalität (V01–Y98)

V01–X59	Unfälle
X60–X84	Vorsätzliche Selbstbeschädigung
X85–Y09	Tätlicher Angriff
Y10–Y34	Ereignis, dessen nähere Umstände unbestimmt sind
Y35–Y36	Gesetzliche Maßnahmen und Kriegshandlungen
Y40–Y84	Komplikationen bei der medizinischen und chirurgischen Behandlung

XXI. Faktoren, die den Gesundheitszustand beeinflussen und zur Inanspruchnahme des Gesundheitswesen führen (Z00–Z99)

Z00–Z13	Personen, die das Gesundheitswesen zur Untersuchung und Abklärung in Anspruch nehmen
Z20–Z29	Personen mit potentiellen Gesundheitsrisiken hinsichtlich übertragbarer Krankheiten
Z30–Z39	Personen, die das Gesundheitswesen im Zusammenhang mit Problemen der Reproduktion in Anspruch nehmen
Z40–Z54	Personen, die das Gesundheitswesen zum Zwecke spezifischer Maßnahmen und zur medizinischen Betreuung in Anspruch nehmen
Z70–Z76	Personen, die das Gesundheitswesen aus sonstigen Gründen in Anspruch nehmen
Z80–Z99	Personen mit potentiellen Gesundheitsrisiken aufgrund der Familien- oder Eigenanamnese und bestimmte Zustände, die den Gesundheitszustand beeinflussen

Klassifikation der Wirtschaftszweige (WZ 93/NACE) Übersicht über den Aufbau nach Abteilungen

A + B Land- und Forstwirtschaft, Fischerei und Fischzucht
01 Landwirtschaft, gewerbliche Jagd
02 Forstwirtschaft
05 Fischerei und Fischzucht

C Bergbau und Gewinnung von Steinen und Erden
10 Kohlenbergbau, Torfgewinnung
11 Gewinnung von Erdöl und Erdgas, Erbringung damit verbundener Dienstleistungen
12 Bergbau auf Uran- und Thoriumerze
13 Erzbergbau
14 Gewinnung von Steinen und Erden, sonstiger Bergbau

D Verarbeitendes Gewerbe
15 Ernährungsgewerbe
16 Tabakverarbeitung
17 Textilgewerbe
18 Bekleidungsgewerbe
19 Ledergewerbe
20 Holzgewerbe (ohne Herstellung von Möbeln)
21 Papiergewerbe
22 Verlagsgewerbe, Druckgewerbe, Vervielfältigung von bespielten Ton-, Bild- und Datenträgern
23 Kokerei, Mineralölverarbeitung, Herstellung und Verarbeitung von Spalt- und Brutstoffen
24 Chemische Industrie
25 Herstellung von Gummi- und Kunststoffwaren
26 Glasgewerbe, Keramik, Verarbeitung von Steinen und Erden
27 Metallerzeugung und -bearbeitung
28 Herstellung von Metallerzeugnissen
29 Maschinenbau

Anhang

30 Herstellung von Büromaschinen, Datenverarbeitungsgeräten und -einrichtungen
31 Herstellung von Geräten der Elektrizitätserzeugung, -verteilung
32 Rundfunk-, Fernseh- und Nachrichtentechnik
33 Medizin-, Mess-, Steuer- und Regelungstechnik, Optik
34 Herstellung von Kraftwagen und Kraftwagenteilen
35 Sonstiger Fahrzeugbau
36 Herstellung von Möbeln, Schmuck, Musikinstrumenten, Sportgeräten, Spielwaren und sonstigen Erzeugnissen
37 Recycling

E Energie- und Wasserversorgung
40 Energieversorgung
41 Wasserversorgung

F Baugewerbe
45 Baugewerbe

G Handel; Instandhaltung und Reparatur von Kraftfahrzeugen und Gebrauchsgütern
50 Kraftfahrzeughandel; Instandhaltung und Reparatur von Kraftfahrzeugen; Tankstellen
51 Handelsvermittlung und Großhandel (ohne Handel mit Kfz)
52 Einzelhandel (ohne Handel mit Kraftfahrzeugen und ohne Tankstellen); Reparatur von Gebrauchsgütern

H Gastgewerbe
55 Gastgewerbe

I Verkehr und Nachrichtenübermittlung
60 Landverkehr; Transport in Rohrfernleitungen
61 Schifffahrt
62 Luftfahrt
63 Hilfs- und Nebentätigkeiten für den Verkehr; Verkehrsvermittlung
64 Nachrichtenübermittlung

J Kredit- und Versicherungsgewerbe
65 Kreditgewerbe
66 Versicherungsgewerbe
67 Mit dem Kredit- und Versicherungsgewerbe verbundene Tätigkeiten

K Grundstücks- und Wohnungswesen, Vermietung beweglicher Sachen, Erbringung von Dienstleistungen überwiegend für Unternehmen
70 Grundstücks- und Wohnungswesen
71 Vermietung beweglicher Sachen ohne Bedienungspersonal
72 Datenverarbeitung und Datenbanken
73 Forschung und Entwicklung
74 Erbringung von Dienstleistungen überwiegend für Unternehmen

L Öffentliche Verwaltung, Verteidigung, Sozialversicherung
75 Öffentliche Verwaltung, Verteidigung, Sozialversicherung

M Erziehung und Unterricht
80 Erziehung und Unterricht

N Gesundheits-, Veterinär- und Sozialwesen
85 Gesundheits-, Veterinär- und Sozialwesen

O Erbringung von sonstigen öffentlichen und persönlichen Dienstleistungen
90 Abwasser- und Abfallbeseitigung und sonstige Entsorgung
91 Interessenvertretungen sowie kirchliche und sonstige religiöse Vereinigungen (ohne Sozialwesen und Sport)
92 Kultur, Sport und Unterhaltung
93 Erbringung von sonstigen Dienstleistungen

P Private Haushalte
95 Private Haushalte

Q Exterritoriale Organisationen und Körperschaften
99 Exterritoriale Organisationen und Körperschaften

Die Autoren

Michael Astor

Prognos AG
Dovestr. 2–4
10587 Berlin

Jg. 1961, Studium der Soziologie, Geschichte und Philosophie an der Georg-August-Universität Göttingen (M.A.), empirische Forschung an der Gesamthochschule Kassel und an der Universität Göttingen (Integration deutschstämmiger Aussiedler, Sterbehilfe). Von 1992 bis 1995 wissenschaftlicher Mitarbeiter bei der Daimler-Benz AG, Forschung im Bereich Technik und Gesellschaft (gesellschaftliche Trends, Szenarien), von 1996 bis 2002 Seniorberater bei der VDI/VDE-Technologiezentrum Informationstechnik GmbH in Teltow (Innovationsforschung, Politikberatung). Seit 1.4.2002 Seniorprojektleiter der Prognos AG, Berlin. Arbeitsfelder: Analysen von betrieblichen Innovationsprozessen, Anwendungen moderner Technologien und ihre gesellschaftlichen Implikationen, Szenariobildung, Konzeption und Evaluation wirtschafts-, innovations- und technologiepolitischer Maßnahmen.

Prof. Dr. Bernhard Badura

Universität Bielefeld
Fakultät für Gesundheitswissenschaften
Postfach 10 01 31
33501 Bielefeld

Geboren 1943. Dr. rer. soc., Studium der Soziologie, Philosophie, Politikwissenschaften in Tübingen, Freiburg, Konstanz, Harvard/Mass.; Professor der Fakultät für Gesundheitswissenschaften der Universität Bielefeld; Leiter der Arbeitsgruppe Sozialepidemiologie und Gesundheitssystemgestaltung; Vorstandsvorsitzender der Deutschen Gesellschaft für Public Health. Arbeitsschwerpunkte: Sozialepidemiologie, Stressforschung, Gesundheitsförderung, Evaluationsforschung, Rehabilitation, Gesundheitspolitik.

Prof. Dr. phil. habil. Johann Behrens

Martin-Luther-Universität
Institut für Gesundheits-
und Pflegewissenschaften
Magdeburger Str. 27
06097 Halle

Geboren 13. 3. 1949 in Hamburg, zwei Kinder, studierte Philosophie, Soziologie, Ökonomie und Gesundheits- und Pflegewissenschaften in Frankfurt a. M. und Ann Arbor, lehrte und forschte an den Universitäten McMaster, Hamilton, Bochum, Bremen, Neapel, Frankfurt a. M. und Halle. (Gründungs)direktor des Institutes für Gesundheits- und Pflegewissenschaften der Medizinischen Fakultät der Universität Halle-Wittenberg. Veröffentlichungen im Bereich Arbeitswissenschaften, Soziologie, Gesundheits- und Pflegewissenschaften.

Hartmut Buck

Fraunhofer Institut für Arbeitswirtschaft
und Organisation (IAO)
Nobelstraße 12
70569 Stuttgart

Hartmut Buck ist Leiter des Marktstrategieteams „Entwicklungsförderliche Organisationsgestaltung" am Fraunhofer Institut für Arbeitswirtschaft und Organisation (IAO) in Stuttgart. Er koordiniert das vom Bundesministerium für Bildung und Forschung geförderte Transferprojekt „Öffentlichkeits- und Marketingstrategie demographischer Wandel". Seine Arbeitsschwerpunkte konzentrieren sich auf die Bewertung und Gestaltung von Arbeitssystemen, zukünftige Entwicklungen der Erwerbsarbeit sowie Wandlungsprozesse in Unternehmen.

Prof. Dr. Dieter Frey

Ludwig-Maximilians-Universität München
Lehrstuhl für Sozialpsychologie
Leopoldstr. 13
80802 München

Professur für Sozial- und Wirtschaftspsychologie, Ludwig-Maximilians-Universität, München, Dekan der Fakultät für Psychologie und Pädagogik. Prof. Dr. Dieter Frey versucht Theorie und Praxis zu verbinden nach dem Motto „Nichts ist praktischer als eine gute Theorie". Schwerpunkte: Sozialpsychologische Theorien, Motivation, Kreativität, Innovation und Führung, Psychologische Faktoren von Krankheit und Gesundheit und Implementierung von Center of Excellence-Kulturen in sozialen und kommerziellen Organisationen.

Prof. Dr. Ekkehart Frieling

Institut für Arbeitswissenschaft
Universität Gesamthochschule Kassel
Heinrich-Plett-Str. 40
34109 Kassel

Geboren 1942 in Göttingen. Studium der Psychologie, 1974 Promotion zum Dr. phil. an der TU München, 1979 Habilitation für das Fach Psychologie an der TU München. Seit 1982 Inhaber der Professur Arbeitswissenschaft für Technikstudiengänge an der Universität Gesamthochschule Kassel, Geschäftsführender Direktor des Instituts für Arbeitswissenschaft im FB 15 Maschinenbau. Arbeitsschwerpunkte: Arbeitsanalyse, Arbeitsgestaltung, Kompetenzentwicklung, Unternehmensflexibilität, Fehlermanagement und Gruppenarbeit.

Prof. Juhani Ilmarinen, Ph.D.

Department of Physiology
Finnish Institute of Occupational Health
Tapeliuksenkatu 41 a A
00250 Helsinki
Finland

Juhani Ilmarinen, 56 Jahre, ist seit 1992 Professor und Leiter der Abteilung Physiologie des Finnischen Instituts für Arbeitsmedizin (FIOH), Helsinki, Finnland und seit 1982 Privat-Dozent für Arbeitsphysiologie an der Universität Kuopio, Finnland. Seine Forschungsschwerpunkte sind Altern und Arbeit, Arbeitsfähigkeit und Arbeitsphysiologie. Er war Research-Professor und Leiter des Programms »FinnAge – Respect for the Aging« von 1990 bis 1992. Zur Zeit ist er Vorsitzender des »Technical Committee Aging, International Ergonomics Association (IEA)« und Sekretär des »Scientific Committee Aging and Work, International Commission on Occupational Health«.

Rudolf Kerschreiter

Ludwig-Maximilians-Universität München
Fachbereich Psychologie
Sozial- und Wirtschaftspsychologie
Leopoldstr. 13
80802 München

Wissenschaftlicher Mitarbeiter bei Prof. Dr. Dieter Frey am Lehrstuhl für Sozial- und Wirtschaftspsychologie der Ludwig-Maximilians-Universität München. Forschungsschwerpunkte: Führungsprinzipien, Betriebliches Vorschlagswesen und Ideenmanagement, Innovative Unternehmenskultur, Informationssuche, Informationsverarbeitung und Entscheidungsprozesse in Gruppen.

Dr. Annegret Köchling

Gesellschaft für Arbeitsschutz und Humanisierungsforschung (GfaH)
Friedensplatz 6
44135 Dortmund

Annegret Köchling studierte Industrie- und Betriebssoziologie an der Freien Universität Berlin mit den Nebenfächern Volkswirtschaft, Betriebswirtschaft und Arbeitsrecht. Seit 1982 arbeitet sie bei der Gesellschaft für Arbeitsschutz- und Humanisierungsforschung mbH Volkholz und Partner (GfAH) Dortmund. Dort betreut sie seit 1990 als Projektleiterin das Themengebiet „Unternehmen und demographischer Wandel" in mehreren vom BMBF geförderten Vorhaben zur Grundlagenforschung und zum Forschungstransfer. Eine Ausweitung und Anreicherung wird in den nächsten Jahren über ein betriebliches Verbundvorhaben zum Thema Diversity Management erfolgen. Weitere Arbeitsschwerpunkte sind „Humanressource-Management" und „Präventionsdienstleistungen".

Prof. Dr. Karl Kuhn

Bundesanstalt für Arbeitsschutz
und Arbeitsmedizin
Postfach 170202
44061 Dortmund

Studium der Sozialwissenschaften an den Universitäten Tübingen, Lund und Stockholm. Direktor und Professor bei der Bundesanstalt für Arbeitsschutz und Arbeitsmedizin, Wissenschaftlicher Leiter der Bundesanstalt. Arbeitsgebiete sind Arbeitsschutz und Wirtschaftlichkeit, Betriebliche Gesundheitsförderung, Ältere Arbeitnehmer, Arbeitsorganisation u. v. m.

Ingrid Küsgens

Wissenschaftliches Institut der AOK (WIdO)
Kortrijker Str. 1
53177 Bonn

Diplom-Geographin. Geboren 1963 in Aachen. Studium der Geographie an der RWTH Aachen und der Rheinischen Friedrich-Wilhelms-Universität Bonn. 1991 wissenschaftliche Mitarbeiterin in einem Abgeordnetenbüro des Deutschen Bundestages, Arbeitsschwerpunkte Natur-/Umweltschutz und Abfallwirtschaft. Danach Tätigkeiten im Abfallwirtschafts- und Verlagswesen im Bereich Angewandte Statistik und Programmierung. Seit Mai 2001 wissenschaftliche Mitarbeiterin am Wissenschaftlichen Institut der AOK, Projektbereich Betriebliche Gesundheitsförderung.

Dr. med. Gunda Maintz

Bundesanstalt für Arbeitsschutz
und Arbeitsmedizin
FB „Betrieblicher Arbeitsschutz"
Nöldnerstr. 40/42
10317 Berlin

Ausbildung als Fachärztin für Arbeitsmedizin am Zentralinstitut für Arbeitsmedizin (ZAM) in Berlin Lichtenberg, Leiterin einer funktionsdiagnostischen Abteilung. Publikationen zu epidemiologischen Untersuchungen zur Verursachung und Begutachtung von Lungenkrankheiten. Nach kurzer Tätigkeit in einem Gewerbeaufsichtsamt 1990 Abteilungsleiterin Arbeitsschutz im Ministerium für Arbeit und Soziales in Berlin, seit 1991 Abteilungs- bzw. Fachbereichsleiterin in der jetzigen Bundesanstalt für Arbeitsschutz und Arbeitsmedizin (BAuA). Vortrags- und Publikationstätigkeit zu Themen wie Ältere Arbeitnehmer und der Wandel der Arbeitswelt; physikalische und psychosoziale Faktoren bei der Verursachung arbeitsbedingter Erkrankungen; betriebsärztliche Tätigkeit im Wandel.

Dr. Gerd Marstedt

Universität Bremen
Zentrum für Sozialpolitik – Barkhof –
Parkallee 39
28209 Bremen

Geboren 1946, wissenschaftlicher Mitarbeiter am Sonderforschungsbereich 186 der Universität Bremen, Mitglied des Zentrums für Sozialpolitik; Veröffentlichungen u.a. zu den Themen: Technisch-organisatorische Rationalisierung und Arbeitsbelastungen, Psychische Belastungen in der Arbeitswelt, betriebliche Unternehmenskultur, Medizinische Rehabilitation, Gesetzliche Krankenversicherung und Gesundheitspolitik, Gesundheitsberichterstattung, Arbeitsunfähigkeit und Krankenstand, Arbeitsbelastungen im Handwerk, Integration älterer Arbeitnehmer in die Arbeitswelt, Belastungen in der Berufsausbildung.

Dr. Martina Morschhäuser

ISO-Institut
Trillerweg 68
66117 Saarbrücken

Diplom-Psychologin und Sozialwissenschaftlerin, wissenschaftliche Angestellte am Institut für Sozialforschung und Sozialwirtschaft (ISO-Institut) in Saarbrücken. Arbeitsschwerpunkte: demographischer Wandel in der Erwerbsbevölkerung, betriebliche Strategien für eine altersgerechte Arbeits- und Personalpolitik, betriebliche Gesundheitsförderung, Frauen in Gesellschaft und Beruf.

Prof. Dr. Rainer Müller

Universität Bremen
Zentrum für Sozialpolitik – Barkhof –
Parkallee 39
28209 Bremen

Geboren 1941, Leiter der Abteilung „Gesundheitspolitik, Arbeits- und Sozialmedizin" am Zentrum für Sozialpolitik der Universität Bremen; Sachverständiger u. a. in der Arbeitsgruppe „Reform des Arbeitsschutzgesetzes" des Deutschen Bundestags; Expertisen und Veröffentlichungen u. a. zu den Themen: betrieblicher Arbeits- und Gesundheitsschutz, arbeitsbedingte Erkrankungen und Berufskrankheiten, kommunale Gesundheitspolitik und „public health", Gesetzliche Krankenversicherung, Gesundheitsförderung und Rehabilitation.

Anhang

Prof. Dr. Gerhard Naegele

Forschungsgesellschaft für Gerontologie
Evinger Platz 13
44339 Dortmund

Geboren 23. 01. 1948 in Berlin. Habilitation über „Älterwerden in der Arbeitswelt" (1991, GHS Universität Kassel), seit 1991 zunächst Vorstandsvorsitzender, seit 1995 geschäftsführendes Vorstandsmitglied der Forschungsgesellschaft für Gerontologie e.V., Dortmund, seit 1992 Universitätsprofessor und Inhaber des Lehrstuhls für Soziale Gerontologie an der Universität Dortmund (C4), seit 1995 Direktor des Instituts für Gerontologie an der Universität Dortmund. Weitere Funktionen: 1992 bis 1998 sachverständiges Mitglied in der Bundestags-Enquête-Kommission „Demographischer Wandel", seit 1990 Mitglied im Kuratorium, seit 1994 im Vorstand des Kuratoriums Deutsche Altershilfe. Mit-Herausgeber der *Zeitschrift für Gerontologie und Geriatrie* und Mitglied im Herausgeberbeirat der *Zeitschrift Theorie und Praxis der Sozialen Arbeit*. Zahlreiche Buch- und Zeitschriftenveröffentlichungen zu sozialpolitischen und sozial gerontologischen Themen. Arbeitsschwerpunkte in Forschung und Lehre: Soziale Gerontologie, Sozialpolitik, Ältere Arbeitnehmer, Soziale Dienste, Armut.

Dr. Rigmar Osterkamp

ifo Institut für Wirtschaftsforschung
Bereich Internationaler Institutionenvergleich
Poschingerstraße 5
81679 München

Forschungsschwerpunkte: Internationale Wirtschaftspolitikvergleiche; Ökonomik der Transformations- und der Entwicklungsländer; Gesundheitsökonomik; Leiter Internationaler Institutionenvergleich/DICE (www.cesifo.de/DICE).

Babette Raabe

Siemens Qualifizierung und Training
St.-Martin-Str. 76
81541 München

Diplom-Psychologin, M.A. Industrial/Organizational Psychology. Ausbildung zur Industriekauffrau und Betriebswirtin, Studium der Psychologie in Hamburg und Michigan (USA). Seit 1999 verantwortlich für Weiterbildungsmaßnahmen im Bereich Karriereentwicklung sowie Führungskräftetraining (Coaching, Führen virtueller Teams) bei Siemens Qualifizierung und Training. Lehrbeauftragte an der Justus-Liebig-Universität Gießen und der Ludwig-Maximilians-Universität München. Forschungsschwerpunkte: Karriereentwicklung, Mentoring, Eigeninitiative und Selbstmanagement, Führung.

Natascha Rossiyskaya

Wissenschaftliches Institut der AOK (WIdO)
Kortrijker Str. 1
53177 Bonn

Diplom-Sportlehrerin. Geboren 1973 in Moskau. Studium der Sportwissenschaften an der Russischen Sporthochschule Moskau. Promotionsstudium in Sportsoziologie an der Deutschen Sporthochschule Köln mit den Schwerpunkten Sport- und Gesundheitssoziologie. In der Zeit von April bis September 2002 Praktikantin beim Wissenschaftlichen Institut der AOK im Projektbereich Betriebliche Gesundheitsförderung.

Dr. Henner Schellschmidt

Wissenschaftliches Institut der AOK (WIdO)
Kortrijker Str. 1
53177 Bonn

Dr. rer. pol. Henner Schellschmidt (1962). Studium der Volkswirtschaftslehre, Soziologie und Politologie in Kiel und Köln; Mitarbeiter am Seminar für Sozialpolitik der Universität Köln; Wissenschaftlicher Mitarbeiter an der Wirtschaftswissenschaftlichen Fakultät der Universität Bielefeld, Lehrbereich Wirtschaftspolitik; Mitglied der Arbeitsgruppe Sozialepidemiologie und Gesundheitssystemgestaltung der Fakultät für Gesundheitswissenschaften der Universität Bielefeld; Wiss. Geschäftsführer des Nordrhein-Westfälischen Forschungsverbundes Public Health; seit 1999 Wissenschaftlicher Mitarbeiter im WIdO; seit Ende 2000 dort Forschungsbereichsleiter Krankenhaus/Betriebliche Gesundheitsförderung. Mitherausgeber des Krankenhaus-Reports.

Dr. Ferdinand Schliehe

Leiter der Hauptabteilung
Rehabilitation und Sozialmedizin
Verband Deutscher Rentenversicherungsträger
Eysseneckstraße 55
60322 Frankfurt

Studium der Soziologie, Volkswirtschaft, Sozial- und Gesundheitspolitik in Münster und Bielefeld, anschließend Forschung und Lehre an den Universitäten Bielefeld und Essen. Seit 1988 beim Verband Deutscher Rentenversicherungsträger, Frankfurt am Main, in folgenden Funktionen: Leiter der Rehabilitationswissenschaftlichen Abteilung, Koordinator der Reha-Kommission (1989 bis 1991), des Qualitätssicherungsprogramms der gesetzlichen Rentenversicherung (seit 1994), des Rehabilitationswissenschaftlichen Förderschwerpunktes (seit 1996). Seit 2000 Leiter der Hauptabteilung Rehabilitation und Sozialmedizin.

Dr. med. Jürgen Tempel

Moorwerder Osterdeich 12
21109 Hamburg

Geboren 1944. Facharzt für Anästhesie und Allgemeinmedizin, seit 1996 Weiterbildung in Arbeitsmedizin mit freiberuflicher Betreuung unterschiedlicher Unternehmen als Betriebsarzt oder externer Berater in Hamburg und Bremen. Arbeits- und Forschungsschwerpunkte bilden Nacht- und Schichtarbeit und die arbeitsmedizinische Betreuung von älteren Mitarbeiterinnen und Mitarbeitern.

Wolfgang Timm

AOK-Institut für Gesundheits-Consulting
Regionalbüro Osnabrück
Neuer Graben 17
49074 Osnabrück

Jahrgang 1947. Diplom in Soziologie 1973. Planungstätigkeit in der Arbeitsgruppe Psychosoziale Studiengänge, Universität Ulm bis 1975. Studienaufenthalt CIF/USA: Sozialarbeit im Gesundheitswesen, 1975. Wiss. Ass. und Praxisbetreuung im Fachgebiet Sozialpädagogik, Universität Osnabrück 1976 bis 1986. Leiter einer Berufsqualifizierung „Kommunale Gesundheitsförderung", VHS Bremen 1987 bis 1990. Koordinator Weiterbildung Kommunale Gesundheitsförderung und Mitarbeiter Forschungsprojekt zur Gesundheitsberichterstattung/Altenplanung in NRW, Universität Bielefeld 1990–1995. Seit Februar 1995 tätig als Berater für Betriebliches Gesundheitsmanagement der AOK Niedersachsen. Schwerpunkte: Mitarbeiterbefragungen, Gesundheitswesen,

Chronische Krankheiten im Betrieb, Projekt „LauRA: Langzeitarbeitsunfähigkeit – Rehabilitation in der Arbeitswelt".

Christian Vetter

Wissenschaftliches Institut der AOK (WIdO)
Kortrijker Str. 1
53177 Bonn

Diplom-Psychologe. Studium der Psychologie, Soziologie und Philosophie an der Universität Münster. 1988 bis 1991 freiberufliche Tätigkeit im Bereich der Erwachsenenbildung und Personalentwicklung, u.a. Referent am Management-Institut Dr. Kitzmann. 1991 bis 1993 Durchführung von Modellprojekten im Bereich der betrieblichen Gesundheitsförderung für die AOK für den Kreis Warendorf. Seit 1993 wissenschaftlicher Mitarbeiter am Wissenschaftlichen Institut der AOK (WIdO). Arbeitsschwerpunkte: Arbeit und Gesundheit, Gesundheitsmanagement in Unternehmen, betriebliche und branchenbezogene Gesundheitsberichterstattung, Fehlzeitenanalysen, Mitarbeiterbefragungen, Evaluation von Präventionsprogrammen.

Prof. Alan Walker

Department of Sociological Studies
The University of Sheffield
Elmfield
Northumberland Road
Sheffield S10 2TU
UK

Dr. Alan Walker ist Professor für Sozialpolitik an der Universität Sheffield in England. Er ist Leiter des Growing Older Programme des britischen Economic and Social Research Council (http://www.shef.ac.uk/uni/projects/gop/index.htm) und der Arbeitsgruppe National Collaboration on Ageing Research (http://www.shef.ac.uk/ukncar/). Zudem zeichnet er für das European Forum on Population Ageing verantwortlich. Er ist Mitbegründer und Vorsitzender der European Foundation on Social Quality. Er war Mitglied des für die Neufassung des Aktionsprogramms zur Alterung der Gesellschaft verantwortlichen UN-Fachausschusses. Zuvor war er Vorsitzender des Observatory on Ageing and Older People der EU. Er forscht und schreibt seit fast 30 Jahren über Alterung und verwandte Themen und hat mehr als 20 Bücher, 200 Gutachten und 300 wissenschaftliche Artikel veröffentlicht. Neuere Veröffentlichungen sind u.a. The New Generational Contract, Ageing Europe, Combating Age Barriers in Employment, The Politics of Old Age in Europe und The Social Quality of Europe. Er war als Gastprofessor in Kanada, China, Israel und Japan tätig.

Eberhard Zimmermann

AOK Westfalen-Lippe
Regionaldirektion Bochum, Dortmund, Herne
Schaeferstr. 11
44623 Herne

Diplom-Sozialwissenschaftler. Geboren 1959 in Hagen. Studium der Sozialwissenschaften an der Ruhr-Universität Bochum. Von 1990 bis 1996 und 1998 bis 2001 wissenschaftlicher Mitarbeiter beim Forschungs- und Beratungsinstitut AIQ Arbeit Innovation Qualifikation, Dortmund. Von 1996 bis 1998 wissenschaftlicher Mitarbeiter beim Institut für Gerontologie an der Universität Dortmund. Arbeitsschwerpunkte in dieser Zeit: Durchführung von Forschungsarbeiten sowie Modell- und Beratungsprojekten in den Bereichen Arbeitsforschung, Organisationsentwicklung, Personal- und Qualifikationsentwicklung in unterschiedlichen Branchen. Schwerpunktthemen: Labor- und Produktionsarbeit in der chemisch-pharmazeutischen Industrie; Lernen im betrieblichen Wandel; Arbeitsorganisation im Call Center; Innovative Arbeitszeitgestaltung; Integration älterer Arbeitnehmer; Lernkultur, Kompetenzentwicklung. Seit Mitte 2001 Projektkoordinator im Bereich der betrieblichen Gesundheitsförderung für die Regionaldirektion Bochum, Dortmund, Herne der AOK Westfalen-Lippe.

Pia Zollmann

Verband Deutscher Rentenversicherungsträger
Rehabilitationswissenschaftliche Abteilung
Eysseneckstraße 55
60322 Frankfurt

Geboren 1955. Studium der Soziologie in Frankfurt, anschließend wissenschaftliche Mitarbeiterin im Sonderforschungsbereich 3 „Mikroanalytische Grundlagen der Gesellschaftspolitik" und Hochschulassistentin am Institut für Soziale Medizin der Freien Universität Berlin mit gesundheitsökonomischen Forschungsschwerpunkten. Seit 1989 beim Verband Deutscher Rentenversicherungsträger als wissenschaftliche Mitarbeiterin zunächst im Rahmen der Reha-Kommission, danach in der Rehabilitationswissenschaftlichen Abteilung mit den Schwerpunkten Qualitätssicherung, Reha-Verlaufsstatistik sowie Versorgungsforschung.

Sachverzeichnis

Abschluss, schulischer 116
Akademisierung 126
Akzeptanz 176
Alkoholabhängigkeit 324
Altenpflege 120
Altern, aktives
– Politik 80
Alternskomponente 124
Altersproblem, betriebsdemographisches 124
Alternsprozess, biologischer 116
Altersdiskriminierung 225–227
Alterserwerbstätigkeit 168
Alterserwerbstätigkeitsquote im internationalen Vergleich 18
Altersgang 47, 48
Altersgrenze 158, 168, 231
– verschiedener Berufe, tätigkeitsbedingte 123
Arbeitnehmerproblemgruppen 241
Altersmanagement am Arbeitsplatz 80
Alterspolitik der EU 79
Alterssicherung 178
Altersstruktur 156, 238, 241, 273
– Analyse 239, 243, 235
– ausgewogene 233
– betriebliche 239, 242, 243
– gemischte 226
– Gestaltbarkeit 239
– organisationsdemographische Betrachtung 237
– Personalprobleme 239
– Probleme 240
– unausgegorene betriebliche 128
Altersteilzeit 30, 124, 169
Alterung
– der Bevölkerung 5
– Folgen 75
Alterungsprozess 73

Angststörung 324
Anpassungsstörung 313
Anreizwirkung 129
Arbeit, ärztliche
– mitarbeiterzentriert 96
– patientenzentriert 96
Arbeitnehmer
– älterer 59, 167
– Bedürfnisse 31
– Interessen 31
Arbeitsanforderung, alternskritische 62, 63
Arbeitsbelastung 49
– Abbau 66
Arbeitsbewältigungsfähigkeit 88
Arbeitsbewältigungsindex (ABI) 54, 93, 220
Arbeitsfähigkeit 53, 61, 77, 81, 143, 170, 204, 242, 244
– Haus der 91
Arbeitsgestaltung 118
– altersgerechte 101, 112
– Feedbackschleife 126
Arbeitskosten, höhere 20
Arbeitskräfteangebot 7, 43, 236, 237
– Altersgruppen 235
Arbeitslosenquote 44
Arbeitsmarkt 9
Arbeitsmarktbedingung 191
Arbeitsorganisation 205
– Gestaltung 110
Arbeitsplatz
– Abwesenheit 141
Arbeitsplatzanpassung 220
Arbeitsplatzgestaltung 117, 129, 230
– altersneutrale 231
Arbeitsplatzwechsel 231
Arbeitspolitik, alternsgerechte 125

Arbeitsschutzgesetz
- Kür 97
- Pflicht 97
Arbeitsumgebungseinfluss 119
Arbeitsumwelt 204, 220
Arbeitsunfähigkeit 45, 46, 53, 216, 266–274
- häufigste Einzeldiagnosen 311
- Kennzahlen 279
- Verteilung 286
- volkswirtschaftliche Kosten 278
Arbeitsunfähigkeitsfall
- Dauer in Abhängigkeit vom Alter 250
Arbeitsunfall 45, 316
- Berufsgruppen 305
- Betriebsgröße 303
- Krankheitsarten 306
- West- und Ostdeutschland 305
- Wirtschaftszweig 304
Arbeitszeit 68, 469
- flexible 230
Arbeitszeitarrangement 170
Arbeitszeitfunktion 175
Arbeitszeitgestaltung 108, 169
Arbeitszeitkultur 179
Arbeitszeitmodell 170
Arbeitszeitoption 177
Arbeitszeitpolitik 180
Arbeitszeitverkürzung, kollektive 181
Arthropathie 320
Atemwegserkrankung 306, 313, 315
AU-Quote
- Definition 280
Ausgrenzung, soziale 78
Ausstattung, biologische 116
Automobilmontage 119
Autonomie, geringe 119

Bandscheibenschaden 311
Bank 120, 289
Bau 120
Bauhof 119
Beeinträchtigung, psychische 38
Beförderungsstau 121
Beitragssatzstabilität 115
Belastung 49, 176
- schwere 313
Belastungsfaktor 171
Belastungsstörung 324
Belegschaft, alternde 204, 221
Beratungskonzept 235
Berufsaustritt 59

Berufsunfähigkeitsrente 189
Berufsverlauf 177
Beschäftigung
- von Ausländern 125
- von Frauen 125
Beschäftigungsfähigkeit 33, 61, 81
Beschäftigungspolitik, aktive 81
Beschäftigungsquote 81
Beschäftigungsrisiko 170
Beschäftigungssicherung 178
Beschäftigungssituation 169
Beschäftigungsstrategie, europäische 77, 82
Beschäftigungsstruktur 156
Beschäftigungssystem 181
Beschleunigung 165
Betriebswechsel 134
Bevölkerungsalterung 80
Bewegungsorgane
- Krankheiten 195
Bindegewebe
- Krankheiten 193
Bundesanstalt für Arbeitsschutz und Arbeitsmedizin
Bundesvereinigung der Deutschen Arbeitgeberverbände 277

Case Management 202, 206, 12
Checkliste 155

Defizitmodell 87, 153
Depression 324
Diagnose
- Mehrfachdiagnosen 283
- Verschlüsselung 283
Diskriminierung 78
- Älterer 24

EDV 120
Einkommen 178
Einsatz von Arbeitsmitteln, geschlechtsspezifischer 104
Einstellungspolitik
- gegenüber Älteren 125
Einwirkung
- altersbedingte 48
- lebensstilbedingte 48
- psychosoziale 48
Employability 54
Entdichtung 169
Enteritis, nichtinfektiöse 322
Entgeltfortzahlung
- Kosten 277
Entmutigung 119, 171

Sachverzeichnis

Entzündung der oberen Atemwege 313
Epidemiologie
– Betrieb 90
– Branchen 90
Episode, depressive 313
Erfahrungsaustausch 208, 220, 221
Erholungsbedürfnis 53
– Erholungszeiten 54
Erkrankung
– arbeitsbedingte 230
– chronische 205
– der Gallenwege 322
– der Speiseröhre 322
– der Verdauungsorgane 316, 322
– des Atmungssystems 321
– des Darms 322
– des Magens 322
– des Pankreas 322
– des Zwölffingerdarms 322
– muskuloskelettale
– – Genese 258
– psychische
– – Frühberentungen 261
Erwerbsbeteiligung 167
– älterer Arbeitnehmer 16
– älterer Arbeitnehmerinnen 16
Erwerbsbiographie 11, 164, 169
Erwerbsdauer 167
Erwerbsintegration 16
– Älterer
– – Fallstudien 28
Erwerbsminderungsrente 186, 189, 195
Erwerbsperson 11
Erwerbsquote Älterer 17
Erwerbsrente 189
Erwerbsunfähigkeit 61, 95
Erwerbsunterbrechung 174
EU/BU-Rente (s. auch Erwerbsminderungsrente) 189
Europäische Agentur für Sicherheit und Gesundheitsschutz am Arbeitsplatz 261
Evaluation 208
Existenzsicherung 178
Externalisierung 30, 117, 129
– Älterer 124
– Feedbackschleife 126
Externalisierungsstrategie, personalwirtschaftliche 116

Fachkarriere 67
Fachkraft, ältere 158
Fachkräftemangel 236
Fähigkeit 50, 51
Faktor, belastender 159
Fallstudie 155
Familienphase 132
Fehlentscheidung, strategische 122
Fehlzeit 115
Fehlzeitenanalyse 220
FinnAge-Programm 53
Flexibilisierung 169
Flexibilisierungsmöglichkeit 176
Fluktuation 132
Frauenerwerbsquote 273
Frühberentung (s. auch Erwerbsminderungsrente) 115, 195
Frühverrentung 226
Frühverrentungsmaßnahme 232
Führungsverantwortung 205

Gefangenendilemma 130
Gegenstrategie 121
Gelenkerkrankung 313
Generation
– Austausch 237, 239
– generationsübergreifende Zusammenarbeit 240
Generationsverhältnis 126
Gesamtlebensperspektive
– Konzept 80
Geschlecht 116
Gestaltung von Laufbahn 133
Gesundheit 175, 204
Gesundheitsberichterstattung 38
Gesundheitsbeschwerden 45
Gesundheitskompetenz 205
Gesundheitskosten 203
Gesundheitsmanagement 218
– betriebliches 38, 41
Gesundheitspolitik, betriebliche 35
Gesundheitsstörung 45
Gesundheitswesen
– Finanzierung 115
Good-practice-Beispiel 70
Gruppenarbeit 124
– altersgemischte 220
– kompetenzgemischte 220
Güter, kollektive 116

Hans-Böckler-Stiftung 290
Heben 124
– schweres 122

Hernie 322
Herrschaft
– durch Karriere 131
– durch vertikale Karriere 132
Herz- und Kreislauferkrankungen 317, 319
– nach Altersgruppen 255–260
Herzkrankheit, ischämische 323
Humankapital 154
Hypertonie 323

ICD (International Classification of Diseases) 283
Infektion, akute 313
– der oberen und unteren Atemwege 321
Innovationsfähigkeit 157
Innovationsleitbild 166
Innovationsmanagement 156
Innovationsmilieu 165
Innovationstätigkeit 154
Integration 167
Integrationspotential 176
Intelligenz 141
Internalisierung, kostenmäßige 130
Interventionsergebnis 209
Invalidenquote 273

Jugendarbeitslosigkeit 115

Kapazität, funktionelle
– mentale 89
– physische 89
– soziale 89
Karenztage 270
Karriere, vertikale 123
Karriereversprechen 121
Know-how-Karriere 67
Kolitis 322
Kompetenzentwicklung 111
Komponente des Alterns 118
Kontinuität 177
Kontrollüberzeugung, interne 143
Körperkraft 53
Kostenmanagement 202
Kosten-Nutzen-Analyse 97
Krankengeld 203
– Kosten 277
Krankenpflege 120
Krankenstand 203, 265–274
– Alters- und Geschlechtsstruktur 293, 295
– berufliche Stellung 299

– Betriebsgröße 298
– Bundesländer 294
– Definition 280
– Einfluss der Altersstruktur 249
– längerfristige Entwicklung 284
– nach Alter und Berufsgruppen 252
– standardisiert 293
Krankenstandsentwicklung
– allgemeine 284
– Branchen 289
Krankenversicherung, gesetzliche
– Erwerbsverlaufsdaten 125
Krankheit
– chronische 41
– – der unteren Atemwege 322
– der Lymphgefäße 324
– der Lymphknoten 324
– der oberen Atemwege 322
– der Venen 324
– der Weichteilgewebe 320
– des Kreislaufsystems 323
Krankheitsart
– Entwicklung 307
– nach Altergruppen 255
– nach Branchen 313
– nach Diagnosegruppen 320
– West- und Ostdeutschland 310
Krankheitsbewältigung 211, 212
Krankheitsrate 141
Krankheitstage 268–274
Kreislaufsystem
– Krankheiten 187
Kurzzeiterkrankung 279, 287–289, 299–301
– Definition 280
– nach Berufsgruppen 300
– nach Wochentagen 301

Längsschnittuntersuchung 50, 53
Langzeitarbeitsunfähigkeit 205
Langzeiterkrankung 202, 287–289
– Definition 280
– in Abhängigkeit vom Alter 251
Langzeitfälle 279
Langzeitkonto 173
Langzeitarbeitsunfähigkeit
– Krankheitsarten 318
Laufbahn 131
– horizontale 133
– – Absehbarkeit 127
– vertikale 122
Laufbahnentwicklung 229

Sachverzeichnis

Laufbahngestaltung 118, 129
Laufbahnpolitik
- betriebliche 117
- überbetriebliche 117
Lean production 126
Lebensarbeitszeit 168, 226
- Verlängerung 80
Lebenserwartung 43
Lebensführung 169
Lebenslage 172
Lebensphase 168
Lebensstil 49
Lebensverlauf 168
Leistung 140
Leistungen zur Teilhabe
 am Arbeitsleben 187
Leistungsbeurteilung 52
Leistungseinschätzung 52
Leistungsfähigkeit 47, 53, 62, 156–158, 165
Leistungsminderung 44, 52
Leistungsvermögen 171
Leistungswandel 153
Leitbild 180
Leitfaden 235, 243, 244
Leitlinie, evidenzbasierte 214
Lernen 143
- lebenslanges 179, 229
Lernfähigkeit 52
Lernmotivation 229
Lernzeitkonto 180
Lohnfortzahlung 269–274
Lohnnebenkosten 115

Männerarbeitsplatz 132
Marketingstrategie 124
- demographischer Wandel 25
Maßnahme 220
Mehrfachdiagnose 283
Meinung über ältere Arbeitnehmer 28
Mentoring 146
Mischarbeitsplatz 121
Mitarbeiter
- älterer
- - Einbindung 145
- - Führung 144
- leistungseingeschränkter 220
Mitarbeiterpotential 96
Monotonieresistenz 119
Montag, blauer 302
Montagebereich 120
Moral hazard 274
Mortalitätsstatistik 35

Motivationssystem 121
Multimorbidität 251
Muskel- und Skeletterkrankung 306, 313, 319, 320
- Frühberentungen 258
- nach Altersgruppen 255–258
- nach Berufsgruppen 257, 258
Muskelkrankheiten 193

Nachtarbeit 119
Nervensystem
- Krankheiten 187
Neubildung 187
Normalarbeitszeit 180
Nullsummenspiel 115

Öffentlichkeitsstrategie demographischer Wandel 25
Organisationsdemographie
- Erklärungsansatz 235, 237
- Humankapitalbetrachtung 238
- Wissenschaft 239
Organisational commitment 147

Paradigmenwechsel 51
Personalabbau 74
Personalbedarfsplanung 29
Personalbestand
- Ausbau 240
- betriebliche Altersstruktur 242
- Diversität 242
- Erhaltung 240
- heterogener 242
- homogener 242
- Personalplanung 240
- Personalstruktur 239, 242
- Personalstrukturplanung 240
Personaleinsatzstrategie 10
Personalentwicklung 29, 30, 67, 221
Personalmanagement 75, 156
Personalplanung 30, 170
- altersneutrale 228
Personalpolitik 153, 157, 163–165
- altersausgewogene 243
- altersneutrale 229
- Altersrenten 237
- betriebliche 15, 34, 228, 238
- Betriebsbindung 237, 241, 243
- Gleichbehandlung 240
- Gleichstellungspolitik 241
- Handlungsmuster 239
- Personaleinsatz 240
- Rekrutierung 237
- Rekrutierungsprobleme 243

- Rekrutierungsstrategie 243
- vorzeitige Verrentung 237, 238, 243
Personalproblem 29
Personalstrategie
- gestaltbare 239
- idealtypische 238
- Typ 1 239
- Typ 2 239
- vorausschauende 240
Persönlichkeitsmerkmal 52
Pflege 119
Phobie 324
Positionswechsel 67
Prävention 171
Problem, alterstrukturelles 73
Projekt LauRA 205
Projektumsetzung 208
Proportionalhaftung, zivilrechtliche 130
Prozessanalyse 155

Qualifikation
- Verhalten 119
Qualifikationsphase 176
Qualifikationsrisiko 171
Qualitätszirkel 208
Quereinstieg für Ältere 126
Querschnittsuntersuchung 50

Region 116
Rehabilitation 213
- betriebliche 218
Rehabilitationsleistung, medizinische 187
Rehabilitationsmaßnahme, verschleißbezogene 121
Rehabilitationspolitik, betriebliche 202
- Steuerung 218
Rekrutierung 162, 163
Rekrutierungsstrategie 10
Rente 115
Renteneintrittsalter 16
- Erhöhung 23
- späteres
- - Akzeptanz 24
Rentenpolitik
- Grundsätze 78
- Rentensysteme 79
Rentenversicherung 185
Rentenzugang 19
Reputationsverlust 119, 123
- Alternsrisiko 133

Reservekapazität 89
Reservierung 124
Risikoeinschätzung 90
Rückenerkrankung 320
- Behandlungsstrategie 214
- betriebliche Zusammenhänge 210
- Chronifizierung 214
- chronischer Verlauf 210
- exemplarischer Fall 217
- innerbetriebliche Umorientierung 216
- körperliche Aktivität 214
- psychosoziale Risiken 214
- Yellow Flags 214
Rückenschmerz 311
Rückkehrrechte 177
Rückkopplung 118
Rufverlust 119
Ruhestand
- Eintritt 23
- Übergang 232
Ruhestandsbewusstsein 21

Sabbatical 174
Sackgasse
- gesundheitliche 116
- qualifikatorische 116, 119
Schattenwirtschaft 273
Schichtarbeit 119, 122
Schnittstellenproblem 206
Schwerbehinderter 290
Senioritätsprinzip 71
Sinnesfunktion 48, 53, 54
Skelettkrankheiten 193
Sozialintegration 131
Sozialkapital 39
Sozialversicherung 129
Sozialversicherungssystem 129
Spezialisierung, virtuose in veraltende Wissensbestände 127
Standardisierung 293
Störung
- affektive 324
- neurotische 324
- psychische 310, 313, 318, 319, 324
- - nach Altersgruppen 260
- somatoforme 313, 324
Strategie 112
Stress 261
Strukturwandel, demographischer 202, 205, 221
Synchronisation 172
System
- soziales 40

Sachverzeichnis

– biopsychosoziales 51

Tarifvertragspartei 180
Tätigkeit
– Mischung 127
Tätigkeitsdauer, begrenzte 117, 118, 132
Tätigkeitswechsel 121
– rechtzeitiger 118
Team
– altersgemischtes 162
– –nicht altershomogenes 129
– Teamorganisation 157
Teamarbeit 124, 161
Teilzeit 174
Telearbeit 173
Tragen 124
– schweres 122
Trainingsmaßnahme, verschleißbezogene 121
Transport 120

Überalterung 44
Übergang, kränkungsloser 122
Umweltökonomie 130
Unfallquote 303
Unfallrate 141
Ungleichheit, soziale 116
Unternehmensablauf
– rehabilitationsförderlicher 220
Unternehmenskultur 68, 151

Variabilität, interindividuelle 53
Verdauungssystem
– Störungen 313
Verhaltensstörung 310, 313, 318, 319
– durch psychotrope Substanzen 324
– psychische 187
Verkehr 120
Verlaufsanalyse 188
Verlaufssteuerung 206, 213
Verletzung 313, 315, 319, 321
Vernetzung 206
Verschleiß, physisch-psychischer 118, 119
Versichertenbetreuung, intensive 206, 210
Versicherung 289
Verwaltung, öffentliche 289

Verweildauer
– Begrenzung 67
Verzerrungseffekt 158
Vorurteil
– gegenüber Älteren 26, 30

Wahlarbeitszeit 173
Wandel, demographischer 73, 75, 78, 82, 156
– Altersschere 235
– Alterschereneffekt 236
– Altersstrukturen 242
– demographische Veränderung 74
– demographische Verschiebung 74
– Fachkräftemangel 237, 241–243
– Personalbestand 242
– Rekrutierung 241
– Rekrutierungsprobleme 237
Wartezeiten 269, 275
Weisheit 141
Weiterbeschäftigung
– Wünsche 25
Weiterbildung 11, 175
– berufliche
– –Teilnahme 20
Weiterbildungsbedarf 179
Weiterbildungsinteresse 176, 177
Weiterbildungsmaßnahme, berufliche 19
Widerstand 112
Wiedereingliederung 220
– berufliche 207, 211, 213
– in das Erwerbsleben 186
Wirtschaftsgruppensystematik 281
Wissen 154, 156, 159
– Erfahrungswissen 158
– Produktwissen 161, 166
– Prozesswissen 161, 166
– Tacit knowledge 160
– Wissenstransfers 162

Zeitautonomie 172
Zeitbedürfnis 181
Zeitguthaben 173
Zeitkonto 173
Zuhausearbeit 173
Zulieferer Automobilindustrie 120
Zuschreibungsmuster 160
Zuweisung 116
Zwangshaltung 119

MIX
Papier aus verantwortungsvollen Quellen
Paper from responsible sources
FSC® C105338

If you have any concerns about our products,
you can contact us on
ProductSafety@springernature.com

In case Publisher is established outside the EU,
the EU authorized representative is:
Springer Nature Customer Service Center GmbH
Europaplatz 3, 69115 Heidelberg, Germany

Printed by Libri Plureos GmbH
in Hamburg, Germany